Tributes
Volume 54

Rethinking the History of Logic, Mathematics, and Exact Sciences
Volume 2: Figures, Institutions, Standpoints

Volume 47
Festschrift for Martin Purvis. An Information Science "Renaissance Man"
Mariusz Nowostawski and Holger Regenbrecht, eds.

Volume 48
60 Jahre DVMLG
Benedikt Löwe and Deniz Sarikaya, eds.

Volume 49
Logically Speaking. A Festschrift for Marie Duží
Pavel Materna and Bjørn Jespersen, eds

Volume 50
Sciences, Circulations, Révolutions. Festschrift pour Philippe Nabonnand
Pierre Edouard Bour, Manuel Rebuschi and Laurent Rollet, eds

Volume 51
A Century since Principia's Substitution Bedazzled Haskell Curry. In Honour of Jonathan Seldin's 80th Anniversary
Fairouz Kamareddine, ed

Volume 52
Waves of Trust: Science, Technology and Society. Essays in Honor of Rino Falcone
Alessandro Sapienza, Filippo Cantucci, Fabio Paglieri and Luca Tummolini, eds.

Volume 53
Rethinking the History of Logic, Mathematics, and Exact Sciences.
Volume 1: Problems, Methods, Frameworks
Elena Ficara, Julia Franke-Reddig, Anna-Sophie Heinemann and Andrea Reichenberger, eds.

Volume 54
Rethinking the History of Logic, Mathematics, and Exact Sciences.
Volume 2: Figures, Institutions, Standpoints
Elena Ficara, Julia Franke-Reddig, Anna-Sophie Heinemann and Andrea Reichenberger, eds.

Tributes Series Editor
Dov Gabbay

dov.gabbay@kcl.ac.uk

Rethinking the History of Logic, Mathematics, and Exact Sciences
Volume 2: Figures, Institutions, Standpoints

Edited by

Elena Ficara

Julia Franke-Reddig

Anna-Sophie Heinemann

Andrea Reichenberger

© Individual authors and College Publications 2025. All rights reserved.

ISBN 978-1-84890-452-1

College Publications
Scientific Director: Dov Gabbay
Managing Director: Jane Spurr

http://www.collegepublications.co.uk

Cover design by Laraine Welch

All rights reserved. No part of this publication may be reproduced, stored in a retrieval system or transmitted in any form, or by any means, electronic, mechanical, photocopying, recording or otherwise without prior permission, in writing, from the publisher.

Preface

What is the history of logic good for? Why should we care about a historical reconstruction of forgotten, neglected, traditionally excluded, or misunderstood contributions to logic? History – not only the history of logic – is constantly being rewritten and reinterpreted from the here and now; source material and classics are rediscovered, read, and interpreted differently. History, understood in this way, is not an arbitrary endeavour but serves the critical and reflective handling of historiographical categories and standard narratives, such as the juxtaposition of classical versus non-classical logic or analytical versus continental approaches.

Volker Peckhaus has made decisive contributions to the history and historiography of logic and developed new methods of scholarly engagement with authors and works, such as the prosopographical perspective, which was initiated in 1987 together with Christian Thiel and other colleagues with the project *Case Studies for the Establishment of a Social History of Logic*. However, these contributions and approaches are only partially recognised in the contemporary Anglo-American philosophical discussion; they have only recently been developed further by younger authors in various countries.

The aim of our collection is to promote this new way of thinking and practising the historiography and history of logic and, in so doing, to cherish the academic achievement of Volker Peckhaus, who introduced and fostered this approach to logic at the Department of Philosophy at Paderborn University through his research, his activity as editor-in-chief of *History and Philosophy of Logic*, and his engagement as mentor, teacher, and colleague.

The contributions offer new insights into the broad spectrum of the history of logic, mathematics, and the exact sciences. They examine topics belonging to fields of research such as the role of traditional philosophical logic as related to historical courses of differentiation of alternative logical systems, the role of formalisms in logic and philosophy, the interplay between logic and the practical sphere, or the interplay between mathematics and philosophy. The contributions gathered in Volume I, "Problems, Methods, Frameworks," provide analyses that pertain to questions related to these topics. The second volume, "Figures, Institutions, Standpoints," highlights contributions that focus on the relevance to be ascribed to specific authors, institutional developments, or sources, or offer new interpretations.

Acknowledgement: We would like to take this opportunity to thank the authors for their contributions. They reflect, with impressive variety, the broad spectrum of international research into the philosophy and history of logic and the exact sciences that Volker Peckhaus has intensified and refined over many years. Last but not least, our special thanks go to Timo Handwerk (University of Siegen) for his help with the proof-reading and formatting as well as to Michael Gabbay and Jane Spurr of College Publication (London).

Elena Ficara
Julia Franke-Reddig
Anna-Sophie Heinemann
Andrea Reichenberger

VORWORT

Wozu Geschichte der Logik? Wozu eine historische Rekonstruktion vergessener, vernachlässigter, traditionell ausgeschlossener oder missverstandener Beiträge zur Logik? Geschichte – nicht nur die Geschichte der Logik – wird aus dem Hier und Jetzt stets neu geschrieben und umgeschrieben, Quellenmaterial und Klassiker werden neu entdeckt und anders gelesen und interpretiert. Geschichte, so verstanden, ist kein willkürliches Unterfangen, sondern dient dem kritischen und reflektierten Umgang mit historiographischen Kategorien und Standardnarrativen – wie etwa mit den Gegenüberstellungen klassischer versus nicht-klassischer Logik, oder analytischer versus kontinentaler Ansätze.

Volker Peckhaus hat zur Geschichte der Logik entscheidende Beiträge geliefert und neue Methoden der wissenschaftlichen Auseinandersetzung mit Autorinnen und Autoren und Werken entwickelt – wie etwa die prosopographische Methode, die 1987 gemeinsam mit Christian Thiel und anderen Mitarbeiterinnen und Mitarbeitern mit dem Projekt *Fallstudien zur Begründung einer Sozialgeschichte der Logik* initiiert wurde. Diese Beiträge und Zugänge werden jedoch nur zum Teil in der zeitgenössischen anglo-amerikanischen philosophischen Diskussion rezipiert; erst seit kurzer Zeit werden sie von jüngeren Autorinnen und Autoren in verschiedenen Ländern weiterentwickelt.

Das Ziel des hier vorliegenden Sammelbandes ist es, diese innovative Art, die Historiographie der Logik zu denken und zu praktizieren, und dadurch insbesondere die wissenschaftliche Leistung von Volker Peckhaus zu würdigen, der diesen Zugang zur Logikgeschichte am Institut für Philosophie der Universität Paderborn eingeführt und durch seine Forschung, seine Tätigkeit als Herausgeber der Zeitschrift *History and Philosophy of Logic* und sein Engagement als Mentor, Lehrer und Kollege kontinuierlich gefördert hat.

Die Beiträge widmen sich Themenfeldern wie der Rolle der traditionellen philosophischen Logik im Verhältnis zur historischen Ausdifferenzierung anderer logischer Systeme, der Rolle von Formalismen in der Logik und in der Philosophie, der Wechselwirkung zwischen Logik und der praktischen Sphäre oder der Wechselwirkung zwischen Mathematik und Philosophie. Die im ersten Band – „Problems, Methods, Frameworks" – versammelten Beiträge stellen exemplarische Analysen zu Fragestellungen im Zusammenhang mit diesen Themenfeldern dar. Im zweiten Band – „Figures, Institutions, Standpoints" werden Beiträge präsentiert, die in besonderem Maße auf die besondere Bedeutung bestimmter Autorinnen und Autoren, institutioneller Verflechtungen oder bislang kaum beachteter, wenn nicht unbekannter Quellen fokussieren oder neue Interpretationen vorschlagen.

Danksagung: Wir möchten an dieser Stelle ganz herzlich den Autoren und Autorinnen für ihre Beiträge danken. Sie spiegeln nicht nur das weite Spektrum einer Philosophie und Geschichte der Logik und mathematischen Grundlagenforschung in einer beeindruckenden Vielfalt wider, sondern sind auch Zeugnis der Wertschätzung für Volker Peckhaus, der über viele Jahre dieses Forschungsfeld national wie international prägte und mitgestaltete. Unser Dank geht nicht zuletzt und ganz besonders an Timo Handwerk (Universität Siegen) für seine Mithilfe bei der formalen Gestaltung und an Michael Gabbay und Jane Spurr des Verlags College Publication (London).

Elena Ficara
Julia Franke-Reddig
Anna-Sophie Heinemann
Andrea Reichenberger

CONTENTS

Inhaltsverzeichnis

Entscheidungstheoretische, modallogische und metaethische
   Gesichtspunkte in Carnaps „Value Concepts (1958)" 1
Christian Damböck

Über Krisensituationen in der Mathematik und wie sie gelöst
   wurden 25
Ulrich Felgner

Rudolf Carnap and the Leibnizian Dream 65
Massimo Ferrari

Freges Analyse der Idee der Reihe und Kerrys frühe Kritik
   an ihrer „imprädikativen" Formulierung 95
María Gabriela Fulugonio

Frege, Peirce, and the Ethics of Asserting 137
Leila Haaparanta

Grundlagenforschung der exakten Wissenschaften:
die DVMLG und die Philosophie 157
Benedikt Löwe

Some Unpublished Letters by Gödel and von Neumann in
the Fraenkel Archive 179
Paolo Mancosu and Richard Zach

Verwendet Frege eine Kalkülsprache? Eine Kritik an der Lesart
von Heinrich Scholz (1935) 223
Ingolf Max

Hans Reichenbach's Debt to David Hilbert and Bertrand
Russell 263
Nikolay Milkov

Jan Franciszek Drewnowski und sein philosophisches Programm
(für Mathematik und Logik) 291
Roman Murawski

Isaac Newton: Entdeckung des Weltsystems – System der
Weltentdeckung? 309
Helmut Pulte

Mathematische Logik und Grundlagenkrise:
Autobiographisches Denken beim frühen Heinrich Scholz . 341
Monja Reinhart

Zur Funktion der Merkmale in Kants Logik 379
Maja Schepelmann

John Venn's Pluralism Regarding Logical Forms 407
Dirk Schlimm and David Waszek

Vasiliev's Imaginary Logic and Two-Dimensional Semantics . 449
Werner Stelzner

Bernard Bolzanos formale Ästhetik 473
Michael Stöltzner

Heinrich Scholz als Zeitzeuge des Paradigmenwechsels in der
Logik 505
Niko Strobach

Sichere und unsichere Quellen der Logikgeschichte:
Der Fall Moses Schönfinkel 525
Christian Thiel

„In vorzüglicher Hochachtung":
Über den Briefwechsel zwischen Abraham Adolf Fraenkel
und dem Verlag von Julius Springer 561
Matthias Wille

List of Authors 571

List of Editors 579

ENTSCHEIDUNGSTHEORETISCHE, MODALLOGISCHE UND METAETHISCHE GESICHTSPUNKTE IN CARNAP'S „VALUE CONCEPTS (1958)"

CHRISTIAN DAMBÖCK

Zusammenfassung

Rudolf Carnap hat die reifste Fassung seiner Metaethik in der 1963 veröffentlichten Antwort auf Abraham Kaplan in dem Carnap gewidmeten Schilpp-Band niedergelegt [Carnap, 1963, 999–1013]. Im Zentrum dieses Textes steht eine hier nicht näher zu diskutierende Theorie über den nonkognitiven Charakter von Werturteilen. Diese sind, nach Carnaps Auffassung, keine logischen oder faktischen Urteile (dann wären sie kognitiv). Ihre Annahme oder Ablehnung hängt vielmehr von der Einstellung des wertsetzenden Subjektes ab.[1] Dem 1958 entstandenen Text hatte Carnap ursprünglich eine „Ergänzung" hinzufügen wollen, die sich mit der Formalisierung von sogenannten Wertfunktionen befasst. Da der Text mit dieser Ergänzung „zu lang werden [würde]" hatte er ihn aber aus dem Manuskript wieder herausgelöst und „für [einen] späteren Aufsatz" aufbewahrt [Carnap, 1958, 1]. Der Aufsatz ist nie zustande gekommen und der Text der Skizze von 1958 wurde schließlich 2017 von A.W. Carus aus dem kurzschriftlichen Original transkribiert, ins Englische

---

This essay will appear in a modified English translation under the title 'Carnap's Explication of Ethics in Value Concepts (1958)' in a special issue of the journal *Discipline Filosofiche*, edited by Massimo Ferrari, planned for 2025.

[1]Für nähere Informationen, Literaturhinweise und eine historische Rekonstruktion von Carnaps Nonkognitivismus siehe [Damböck, 2022, 2024].

übersetzt und mit einem Kommentar publiziert [Carnap, 2017].[2] Während der Kommentar von Carus sich auf die Implikationen des Textes für Carnaps übergeordneten Rationalitätsbegriff konzentriert (vgl. [Carus, 2017]), soll in diesem Aufsatz eine Interpretation der formalen Details des Textes in ihrer Relevanz für Carnaps Metaethik versucht werden. Demnach weist Carnaps Skizze Bezüge zum entscheidungstheoretischen Kontext der von ihm entwickelten induktiven Logik auf, aber auch überraschende Querbeziehungen zur in den 1950er-Jahren im Entstehen befindlichen modelltheoretischen Modallogik. Es zeigen sich frühe Spuren des später durch David Lewis berühmt gewordenen Konzeptes einer Semantik, die sich auf Nähe möglicher Welten stützt, sowie interessante Bezüge zwischen dieser Semantik von Kausalität und dem entscheidungstheoretischen Rahmenwerk der induktiven Logik. Der Zusammenhang zwischen theoretischer und praktischer Philosophie in Carnaps Denken lässt sich so besser verstehen.

1 Technische Vorbemerkungen

Den Rahmen von Carnaps Text bildet eine modelltheoretische Auffassung von atomaren Aussagen, die hier in der Gestalt einer (von Carnap üblicher Weise endlich gedachten) Menge P gegeben seien. Anschaulich sind atomare Aussagen Zuschreibungen von Eigenschaften zu (physikalischen) Gegenständen bzw. Zuschreibungen von Beziehungen zwischen mehreren (physikalischen) Gegenständen: „Dieser Baum ist grün"; „Karl und Markus sind verheiratet." Eine Auflösung von P in eine prädikatenlogische Syntax und Semantik ist für die Zwecke dieses Aufsatzes jedoch nicht erforderlich.

Eine „mögliche Weltgeschichte"[3] [1] W ist gegeben als die Men-

---

[2]Im Folgenden zitiere ich stets nach dem deutschsprachigen Original [Carnap, 1958], verwende aber die Übersetzung [Carnap, 2017] zur Korrektur des Textes. Manche der Stellen sind nur in Paraphrase zitiert, was jeweils eigens angemerkt wird. Bei Zitaten aus [Carnap, 1958] wird hier immer nur die Originalpaginierung in eckigen Klammern angegeben.

[3]Ich verwende hier durchgängig diese von Carnap gewählte Bezeichnung, weil sie den für seine Überlegungen wichtigen Schwerpunkt auf kausalen Zusammenhang und ganze mögliche Weltverläufe legt und daher präziser ist als der heute übliche

ge $W \subseteq P$ aller in W wahren atomaren Aussagen. Die syntaktische und semantische Bestimmung der zusammengesetzten Aussagen einer Junktorenlogik kann auf dieser Grundlage in intuitiver Weise erfolgen.[4] Wichtig ist, für Carnaps Überlegungen, dass nicht jede beliebige Teilmenge von P auch zwangsläufig eine *mögliche* Weltgeschichte repräsentiert. Vielmehr beschränken sich mögliche Welten auf mögliche Verläufe der Weltgeschichte, deren Rahmen durch das kausal Mögliche begrenzt ist.

Ausgedrückt werden kann das Maß der Möglichkeit oder Unmöglichkeit einer Weltgeschichte in Carnaps antimetaphysischer Denkweise allerdings nur induktiv. Grundlage dafür ist der für Carnaps induktive Logik zentrale und auch in „Value Concepts" wichtige Ansatz der Glaubwürdigkeit oder „credibility" (vgl. [Carnap, 1963]), die von Carnap als zweistellige Funktion Cred(W, E) definiert wird, die einen Wert im Intervall $[0, 1]$ bestimmt. E drückt hier die dem epistemischen Subjekt zu einem bestimmten Zeitpunkt vorliegende empirische Evidenz aus, anschaulich alles was wir über das Hier und Jetzt wissen und wie es dazu gekommen ist bzw. wie es sich zu anderen Zuständen der Wirklichkeit verhält (zu allen vergangenen und gegenwärtigen Zeiten, an allen Orten). Die so berechneten Werte Cred(W, E) einer möglichen Weltgeschichte W schätzen insbesondere alle möglichen kontrafaktischen Annahmen hinsichtlich ihrer Glaubwürdigkeit (Wahrscheinlichkeit) ein (mögliche alternative Weltverläufe, mögliche zukünftige Zustände der Welt).

Neben der empirischen Evidenz E stützt sich Cred auf eine Reihe von normativen Annahmen über rational optimales induktives Schließen wie sie etwa in [Carnap, 1963, 1950] diskutiert sind. Carnap denkt aber, dass auch hier am Ende ein subjektiver Anteil verbleibt, eine „induktive Intuition" [Carnap, 1963, 1968], auf die sich das epistemische Subjekt stützt, sodass auch optimal rationale induktive Berechnungen bei unterschiedlichen epistemischen Subjekten zu unterschiedlichen

---

Ausdruck „mögliche Welt".

[4]Ein $p \in P$ ist wahr in W genau dann, wenn $p \in W$; es gilt $\neg \phi$ in W genau dann wenn ϕ nicht in W gilt; es gilt $\phi \vee \psi$ in W genau dann wenn ϕ oder ψ in W gilt (oder beides).

Resultaten führen können. Dieser subjektive Anteil kann jedoch für die Überlegungen in diesem Abschnitt weitgehend ignoriert werden. Carnap illustriert in „Value Concepts" vor allem die Unterschiede zwischen epistemischen Subjekten, die sich selbst dann ergeben können, wenn diese epistemischen Subjekte induktiv und deduktiv gleich funktionieren, also dieselbe Logik verwenden und auf der Grundlage von identischen Evidenzwerten E und identischen credibility Funktionen Cred ihre Entscheidungen treffen.

2 Wertfunktionen

Der zentrale Begriff, den Carnap in „Value Concepts" einführt, ist der einer *Wertfunktion V*, die allen „möglichen Weltgeschichten", repräsentiert durch Teilmengen von P, eine reelle Zahl zuordnet. Die Wertfunktion *V* ist nicht zu verwechseln mit der in [Carnap, 1963, 304] ebenfalls mit diesem Buchstaben bezeichneten und ebenfalls „value function" genannten Funktion, die dort jedoch den Präferenzwert bezeichnet. Ich verwende für den *Präferenzwert* hier, um Verwechslungen zu vermeiden, den Buchstaben $\mathfrak{P}$. Im Rahmen von „Value Concepts" entspricht die hier so bezeichnete Wertfunktion formal dem was man in der Entscheidungstheorie gewöhnlich als *utility function* bezeichnet (siehe weiter unten in diesem Abschnitt). Es kommt dabei, wie Carnap festlegt, „nur auf Differenzen zwischen Werten von V" an, weshalb „zwei Wertfunktionen, die sich nur durch einen festen Betrag unterscheiden," als äquivalent angesehen werden [1].[5]

Hintergrund dieser Definition sind die in dem entscheidungstheoretischen Rahmenwerk der induktiven Logik (siehe unten) verwendeten „utility functions", die jeder möglichen Weltgeschichte eine reelle Zahl zuordnen, die deren Nutzen (oder Wert) für ein bestimmtes Subjekt repräsentieren, also eine subjektive Einschätzung. Die Begriffe „Nutzen" und „Wert" sind für Carnap nahe verwandt, weil er als Nonkognitivist Werte strikt subjektgebunden sieht [Damböck, 2022, Abschnitt 1]. Eine Aussage der Art: p mag zwar für X von hohem Nutzen sein,

---

[5]Die Werte von V können also beliebige positive oder negative reelle Zahlen sein und sind nicht auf das probabilistische Intervall [0,1] beschränkt.

es ist aber abzulehnen, weil es den ewigen und objektiven Werten widerspricht ist für Carnap ein Unding, weil Werte nur insofern gültig sein können als sie die Einstellung einer bestimmten Person oder Gruppe repräsentieren, nie aber in einem allen Personen und Gruppen übergeordneten Sinn.

Man kann nur Wertsysteme untereinander vergleichen. So kann es sein, dass die Werte von X denen einer anderen Person oder Gruppe (eventuell der gesamten Menschheit) Y widersprechen oder mit diesen konvergieren. Aber auch für ein epistemisches Subjekt X selbst können unterschiedliche Wertsysteme existieren. „Eine Person X hat zu einer gegebenen Zeit nicht nur *eine* Wertfunktion, sondern eine ganze Reihe von solchen, die verschiedene Wertaspekte repräsentieren" [3c]. Carnap nennt als Beispiel Diätratschläge: eine diesen folgende Wertfunktion müsste mögliche Weltgeschichten, in denen die Diät eingehalten wird, stets höher bewerten als solche, in denen das nicht geschieht. Andere Beispiele für solche Wertfunktionen, die Carnap nennt, sind ästhetisches Behagen, Wohlergehen von Einzelpersonen, Familien, Nationen bzw. der ganzen Menschheit. Carnap fügt aber hinzu, dass es für jedes Subjekt X eine Wertfunktion geben muss, „die alle Aspekte umfasst, und in der dann auch zum Ausdruck gebracht ist, welches relative Gewicht der eine oder andere Aspekt in irgendeiner möglichen Gesamtsituation haben soll, Aspekte, die zuweilen in Konflikt miteinander sind" [3c].

Carnap schlägt vor, den Begriff der „moralischen Wertung" auf diese Gesamtbewertung zu beschränken [3c]. Diese Festlegung ist von grundlegender Bedeutung für Carnaps Wertphilosophie und sie weist auch auf einen prinzipiellen Unterschied zwischen gewöhnlichen utility functions und moralischen Wertfunktionen hin. Zwar sind utility functions insofern auch subjektiv als sie eine von einem bestimmten epistemischen Subjekt vorgenommene Bewertung widerspiegeln. Dennoch stehen utility functions häufig eher für etwas Objektives, intersubjektiv Verankertes: Diätvorschriften gelten aufgrund von wissenschaftlichen Befunden, selbst das Wohlergehen von Personen und Gruppen ist insofern eine objektive Angelegenheit als es beispielsweise an einer gerechten Einkommensverteilung u.dgl. gemessen werden kann: nützlich dafür ist, was diese fördert. Wirklich subjektiv in der oben genannten Liste scheint eigentlich nur das ästhetische Empfinden zu sein. Die übrigen Wertfunktionen stehen eher für Abschätzungen der Mittel zu einem vorgegebenen Zweck und sind insofern in Carnaps Sprache durchaus kognitiv. Das Subjektive an der utility function für Optimierung in einem bestimmten Feld besteht in der Regel nämlich nicht in der Festlegung ihrer einzelnen Werte — diese wird häufig durchaus objektiv faktenbasiert sein —, sondern in der Tatsache, dass eine Person X ausgerechnet *diese* utility function und die mit ihr im Zusammenhang stehenden Zielvorgaben wählt. Das Nonkognitive besteht nicht in der Angabe der Mittel, sondern nur in der Festlegung auf ein Ziel [Carnap, 1934]. Deshalb ist es wichtig, dass eine moralische Wertfunktion die Gesamtheit der von einer Person veranschlagten Nutzen- und Wertfunktionen integriert, weil nur so die Ziele einer Person wirklich sichtbar werden und nur so klar wird, *welches Gewicht* die unterschiedlichen Ziele am Ende haben: Priorisierungen können entscheidenden Einfluss auf unser Handeln haben.

Diese Zielsetzungen und Abwägungen zwischen unterschiedlichen Zielen sind subjektiv, wie objektiv faktenbasiert die einzelnen Befunde über den „Wert" (utility) unterschiedlicher Mittel zu einem Zweck auch sein mögen. Wertfunktionen können in ihrer Eigenschaft, Mittel zu einem Zweck zu gewichten, immer objektiv sein. Subjektiv ist nur die Setzung der Zwecke als solche. Der Nonkognitivismus unterscheidet sich hier für Carnap nur dadurch von kognitivistischen Wertsystemen, dass eine echte Abweichung zwischen rationalen Agenten im Nonkognitivismus denkbar ist. Dies wird in der „Reply to Kaplan" wie folgt ausgeführt:

> It is logically possible that two persons A and B at a certain time agree in all beliefs, that their reasoning is in perfect accord with deductive and inductive standards, and that they nevertheless differ in an optative attitude component. [Carnap, 1963, 1008]

In die hier verwendete Terminologie übersetzt: Zwei Personen können epistemisch identisch sein — sie haben identisches empirisches Wissen

E und verwenden dieselbe credibility function Cred —, und dennoch ist es logisch möglich, dass diese beiden Personen die Welt unterschiedlich bewerten und also unterschiedliche Entscheidungen treffen, kraft von divergierenden Wertfunktionen, die sie anlegen.

Hier zeigt sich auch, dass es durchaus wichtig ist, dass wir uns, wenn es um moralische Fragen geht, auf im oben angedeuteten Sinn umfassende Wertfunktionen beschränken. Die eine Person — das folgende Beispiel stammt nicht von Carnap — mag Diätärztin sein, die andere Vertreterin für Chunkfood. Lokale Wertsysteme dieser beiden Personen laufen auf Diätoptimierung (Ärztin) und Gewinnmaximierung (Vertreterin) hinaus. Dann ist klar, dass die eine Person in ihrer beruflichen Rolle empfiehlt, genau das Essen zu meiden, das die andere anpreist. Aber mit diesem geschäftsmäßigen Aspekt sind die individuellen moralischen Einstellungen der beiden Personen noch nicht erfasst. Die Diätärztin mag im realen Leben eine passionierte Kundin der Chunkfoodvertreterin sein, während letztere in der stillen Kammer das Dietbuch ihrer Widersacherin verschlingt und sich ausschließlich von Müsli und Bioblattsalat ernährt. Moralisch wird die Frage also erst, wenn wir die gesamte Lebensrealität eines Menschen miteinbeziehen und alle denkbaren Priorisierungen abgefragt haben. Paradoxien sind auch hier möglich: die Chunkfoodvertreterin mag ihre aus eigener Sicht unmoralische Tätigkeit aus der wirtschaftlichen Not heraus rechtfertigen, die Diätärztin veranschlagt als Erklärung für ihre Sucht ein Kindheitstrauma. Die vollständige und also moralische Wertfunktion hat zunächst nur die Eigenschaft, das reale Verhalten der beiden Personen zu erklären, das eben nicht auf objektiv vorgegebenen Berufsnormen beruht, sondern auf deren gesamter subjektiver Lebensrealität (die gegebenenfalls von beruflichen oder gesellschaftlichen Vorgaben abweicht). Ob die Lebensrealität durch ein Entwickeln von Rationalitätsnormen für moralische Wertfunktionen verbessert werden kann (die Diätärztin ändert ihre Essgewohnheiten, die Chunkfoodvertreterin quittiert ihren Job) bleibt dabei zunächst offen.

3 Die kausal nächstgelegene mögliche Weltgeschichte in der ϕ wahr ist

Im Zentrum des ersten Abschnittes von „Value Concepts" steht die Skizze einer formalen Theorie, die auf der obigen Grundlage beliebigen komplexen Aussagen Werte zuordnet. Wie bewerten wir eine Aussage ϕ auf der Grundlage des auf Modellen für ganze mögliche Weltverläufe basierten Konzeptes der Wertfunktionen? Ausgangspunkt dafür muss natürlich die wirkliche Welt sein: die „wahre Weltgeschichte" W_T (in ihrem Verlauf bis zur Gegenwart). Bei der Bewertung von Aussagen beschränkt sich Carnap außerdem auf solche, die sich „auf eine beschränkte Zeitspanne t_ϕ und eine beschränkte Raumgrenze R_ϕ „beziehen" [1], also die Gegenwart — das Hier und Jetzt und ihm nahe stehende mögliche zukünftige Zustände der Welt. Ist nun eine beliebige komplexe Aussage ϕ, die sich auf dieses Hier und Jetzt bezieht, wahr in W_T, dann setzt Carnap:

$$V(\phi) = V(W_T).$$

Wenn die Aussage lautet (nicht Carnaps Beispiel) Chunkfood beeinträchtigt die Gesundheit, dann wäre die Bewertung dieser Aussage, die sich als heute wahr erweist (in einer fernen Ausbaustufe der Welt mag sie aufgrund chemischer Behandlungen von Chunkfood und dessen Verzehrern falsch werden), nur abhängig von der subjektiven Bewertung dieser unserer wirklichen Welt. (Diese Bewertung kann divergieren: die häretische Diätärztin gibt ihr eine niedrige Bewertung — sie pfeift auf die Gesundheitsbeeinträchtigung —, die ambivalente Chunkfoodvertreterin eine hohe.)

Wie aber geht man bei einer falschen Aussage vor? Diese könnte die Form "Chunkfood macht körperlich gesund" haben. Vor allem denkt Carnap hier aber an Aussagen, die einen Plan oder eine Prognose darstellen und daher in der Gegenwart nicht gelten, wohl aber in einem dieser nahen (also kausal anschlussfähigen) möglichen Zukunft. Dieses Szenario ist für die Entscheidungstheorie maßgebend, wo es immer um die Frage geht, was man in einem absehbaren oder unmittelbar bevorstehenden Zustand tun soll; es betrifft aber auch wissenschaftliche

Prognosen, die ebenfalls in der Regel kurzfristig funktionieren.

Carnap versucht im ersten Abschnitt von „Value Concepts", mit der für sein Spätwerk charakteristischen Technik [Carnap, 1950, ch. I],[Sznajder, 2018, 419-422] eine „Explikation" für den Begriff der Bewertung einer in der wirklichen Welt falschen Aussage. Dabei muss zunächst, ausgehend von einem informellen Vorverständnis, ein formal unpräzises Explikandum als Zielvorgabe beschrieben werden. Die Explikation präzisiert dann in der Gestalt des „Explikatums" — eines formal ausgereiften Konzeptes — diesen Begriff. Das Explikandum beschreibt Carnap im vorliegenden Fall so, dass wir für die falsche (aber in einer nahen Zukunft möglicher Weise wahre) Aussage ϕ den Wert $V(\phi)$ aufgrund der „möglichen Weltgeschichte" W_ϕ definieren, „die eintreten würde, wenn ϕ stets bestände" [1]. Für die Explikation dieses Begriffs stützt er sich auf „eine counterfactual conditional", obwohl, wie er einräumt, „die Explikation von solchen [...] noch umstritten [ist]" [1]. Das sind die Grundideen:

W_ϕ muss sich, wie oben ausgeführt, auf einen Zustand der Welt in einer kausal nahen möglichen Zukunft beziehen. Außerdem muss ϕ „verträglich sein mit der Gesamtheit der bestehenden physikalischen Gesetze PL" [1]. Das heißt, ϕ darf nichts konstruieren, was physikalisch undenkbar ist. Für derartige ϕ ist keine plausible Definition von $V(\phi)$ möglich bzw. könnte man hier einfach $V(\phi) = 0$ setzen (dieser Fall wird von Carnap jedoch nicht diskutiert). Für eine plausible Definition eines Wertes $V(\phi)$ ungleich Null muss für ein falsches ϕ eine physikalisch-kausal mögliche Entwicklung existieren, in der ϕ wahr ist bzw. wird. Dann ist, so Carnaps zentrale Definition, das gesuchte für die Bewertung von ϕ verantwortliche W_ϕ wie folgt definiert (Carnaps Text wurde hier sprachlich geglättet, wird aber sonst eins zu eins wiedergegeben):

1. W_ϕ stimmt mit W_T im gesamten Verlauf *vor* der Zeit t_ϕ überein.

2. W_ϕ stimmt mit W_T zur Zeit t_ϕ *außerhalb* des Raumgebietes R_ϕ überein.

3. Innerhalb des Raum- und Zeitgebietes t_ϕ, R_ϕ stimmt W_ϕ so weit wie möglich mit W_T überein und weicht von W_T nur so weit ab

wie es nötig ist, um ϕ wahr zu machen.

4. *Nach* der Zeit t_ϕ stimmt W_ϕ mit W_T in allen Raum-Zeit-Gebieten überein, die nicht vom vorherigen ϕ kausal affektiert sind, während sie für die durch ϕ beeinflussten Gebiete so weit von W_T abweicht wie es durch ϕ zusammen mit den Gesetzen PL bestimmt ist. [2]

Die entscheidende Idee ist hier, dass die kausal nächstliegende mögliche Weltgeschichte gesucht wird, in der ϕ gilt. Das Konditional wird also modelltheoretisch interpretiert, in einer Weise wie sie in der Literatur erst gut ein Jahrzehnt später zu finden ist, etwa in [Stalnaker, 1968; Lewis, 1973]. Heute hat sich für diesen Zweig der Modallogik — die konditionale Logik — die Praxis etabliert, diese modelltheoretische Interpretation anhand einer linearen oder partiellen Ordnung $<$ über der Menge der möglichen Weltgeschichten zu definieren (vgl. [Priest, 2008, 85]), deren grundsätzliche Funktionsweise sich wie folgt beschreiben lässt:

Gilt $W < W' < W''$, so bedeutet dies, dass W' ähnlicher (oder mindestens genau so ähnlich) der möglichen Weltgeschichte W ist wie W'''. Dies führt in natürlicher Weise zur Definition der Ordnung $<_\phi$, für eine beliebige Formel ϕ. Es gelte $W <_\phi W'$ genau dann wenn $W < W'$ gilt und ϕ in W' wahr ist. Das von Carnap gesuchte W_ϕ ist dann definiert als die in $<$ der möglichen Weltgeschichte W nächstgelegene mögliche Weltgeschichte W' für die auch $W <_\phi W'$ gilt.

Das nächstliegende W' mit $W_T <_\phi W'$ ist also der mögliche künftige Zustand der Welt, der am wenigsten vom gegenwärtigen abweicht und in dem gleichzeitig ϕ gilt, mit anderen Worten: genau das von Carnap spezifizierte W_ϕ. Wir definieren im Sinne Carnaps:

W_ϕ ist die mögliche Weltgeschichte sodass
$\forall W : (W_T <_\phi W <_\phi W_\phi) \to (W = W_\phi)$[6]
$V(\phi) := V(W_\phi)$

---

[6]Wir folgen hier Carnap und nehmen stillschweigend an, dass dieses W_ϕ eindeutig vorliegt.

Ist der Plan ϕ (Beispiel nicht von Carnap), eine bestimmte Partei zu wählen und ihr so zum Wahlsieg zu verhelfen, dann bewertet $V(\phi)$ den nächstliegenden möglichen Weltverlauf, in dem diese Partei die Wahlen gewinnt (ist der Wahlsieg unmöglich gilt $V(\phi) = 0$). Ist der Plan, das Licht einzuschalten, dann bewertet $V(\phi)$ den nächstliegenden Zustand, in dem das Licht eingeschaltet wurde. Es handelt sich hier also um das Fragment einer Logik der Kausalitäten, die zur Abschätzung kausaler Konsequenzen möglicher Handlungen herangezogen werden kann.

4 Carnap: ein Pionier der relationalen Semantik der Modallogik?

Bevor wir die Untersuchungen fortsetzen, ein kleiner historischer Exkurs: Wie konnte es zustande kommen, dass Carnap in einem Fragment von 1958 eine Theorie formuliert, die als modallogisches modelltheoretisches Konzept erst ein Jahrzehnt später von Stalnaker, noch später von Lewis und anderen publiziert wurde? Die Antwort scheint naheliegend. Carnap war seit 1954 Professor an der UCLA und hatte dort intensiven Kontakt mit jüngeren Kollegen wie Richard Montague, Donald Kalish, David Kaplan, Dana Scott, Wilfrid Sellars, davor auch schon Hilary Putnam, etwas später auch Lewis: sie alle tauchen in Diskussionen über „Modalitäten" bzw. „kausale Modalitäten" auf, über die Carnap in seinem Tagebuch berichtet.[7]

So plante Carnap mit Kalish (und zeitweise auch mit Montague) 1954/55 einen Aufsatz über Modalitäten zu schreiben und es wurden in zahlreichen Diskussionen (an denen gelegentlich auch Dana Scott teilnahm) Entwürfe dazu diskutiert. Die Schlüsselüberlegung dafür scheint von Carnap gekommen zu sein, wie er am 21.12.1954 Kalish berichtet: „Über Modalitäten. Ich erkläre auch die neue Idee: wird ersetzt durch Quantifier". — Ob das eine vollgültige relationale Modal-

---

[7]Vgl. die zahlreichen Hinweise in (Carnap in Vorbereitung). Das Material ist umfangreich und kann daher hier nur sehr kursorisch ausgewertet werden. Das Konzept eines kontrafaktischen Konditionals zum Ausdruck von Kausalität diskutiert Carnap, wie aus dem Tagebuch hervorgeht, seit der zweiten Hälfte der 1930er-Jahre.

logik bedeutet, kann aus dieser kursorischen Aussage natürlich nicht geschlossen werden, liegt aber nahe, geht es doch in der relationalen Modallogik genau darum, den Notwendigkeitsoperator durch Quantifikation über mögliche Welten zu interpretieren (in einer Prädikatenlogik erster Stufe, in der Prädikate Relationen zwischen möglichen Welten beschreiben): Notwendigkeit bedeutet Allquantifikation, Möglichkeit Existenzquantifikation.

Am 9.1.1955 greift Kalish die Idee auf: „Über Modalitäten. Er will anregen, Aufsatz darüber zu schreiben, zunächst nur über das semantische System". Die Arbeit stockt als Montague bei den Diskussionen hinzugezogen wird. Noch 1961 bemerkte Carnap zu David Kaplan, offenbar mit Bezug auf diesen Aufsatzplan, dass Kalish damals „die gemeinsame Arbeit abbrach, als Montague kam" und er, Carnap, seither „nicht mehr viel daran getan" habe. (Carnap in Vorbereitung, Eintrag 4.6.1961). Die 1957 (vgl. Carnap in Vorbereitung, Eintrag zum 17.9.1957) geschriebene Sektion über Modalitäten im Schilpp-volume [Carnap, 1963, 889–900] bleibt jedenfalls in dem in [Carnap, 1947(1956)] vorgegebenen Rahmen und fasst Notwendigkeit als äquivalent mit logischer Wahrheit auf (vgl. Goldblatt 2006, 22-24). Modelltheoretisch wird Notwendigkeit damit hier wie dort als Wahrheit in allen formal möglichen semantischen Interpretationen definiert. Im Gegensatz dazu setzt das von Carnap in „Value Concepts" angedachte kontrafaktische Konditional eine komplexere Mögliche-Welten-Semantik voraus, die, wie oben angedeutet, auf einer Relation über der Menge der semantischen Interpretationen basiert, die darin nichttrivial ist, dass sie stets Untermengen von kausal möglichen semantischen Interpretationen selektiert, während der klassische Ansatz aus [Carnap, 1947(1956), 1963, 889–900] immer nur von Notwendigkeit als Wahrheit in *allen* semantischen Interpretationen spricht. Dieses nichttriviale Konzept wird, auf das klassische modallogische System S5 bezogen, erstmals in den späten 1950-er Jahren angewendet, bei Saul Kripke, Jaakko Hintikka und Stig Kanger (vgl [Goldblatt, 2006, Kapitel 4]). Kausale oder konditionale Systeme tauchen erst Jahre später in der Literatur auf [Stalnaker, 1968; Lewis, 1973]. Carnap diskutiert dagegen seit 1954 mit Putnam, Kalish, Montague, Scott, Sellars, Kaplan und anderen Möglichkeiten einer

Logik kausaler Modalitäten, wie sie in „Value Concepts" skizziert sind, und er arbeitet offenbar Rudimente relationaler Semantik für Modallogik aus, die über den Rahmen von „Meaning and Necessity" hinausgehen. Für eine genauere Einschätzung dieser Ausarbeitungen wird jedoch eine eingehende Sichtung des Carnap-Nachlasses nach weiteren erhaltenen Manuskripten und eine genaue Lektüre der entsprechenden Spuren in den Tagebüchern und der Korrespondenz erforderlich sein, die hier nicht geleistet werden kann.

5 Gut, besser, optimal

Die von Carnap vorgeschlagene Definition ist sehr leistungsfähig für moralische Einschätzungen, da sie nicht bloß eine Bewertung von wahren Aussagen ermöglicht (der Wert ist dann derjenige, den wir der wirklichen Welt zuschreiben), sondern auch eine Bewertung von noch falschen, aber realisierbaren Aussagen: von Plänen und Prognosen.

Aussagen über die Zukunft sind in Carnaps formalem Rahmenwerk stets falsch, weil sie in der wirklichen Welt W_T (bis hier und jetzt) noch nicht realisiert sind. Ob wir eine Aussage über die Zukunft dennoch in diesem Rahmenwerk bewerten können, hängt von ihrer kausalen Möglichkeit ab. Die Aussage (Beispiele nicht von Carnap) „Ich laufe beim nächstjährigen Wien-Marathon eine Zeit unter 2 Stunden" kann wie die Aussage „Der Mond besteht nächstes Jahr aus grünem Käse" nicht bewertet werden, weil es keine kausal mögliche Weltgeschichte gibt, in der so etwas eintritt (der Wert beider Aussagen ist Null). Wohl aber könnte ich eine mögliche Weltgeschichte finden, in der ich den Marathon in 5 Stunden (oder überhaupt) laufe oder in der ich morgen im Lotto gewinne, und diese könnte dann in einer Wertfunktion bewertet werden. Entscheidend ist nun, dass man in diesem formalen Ansatz unterschiedliche Szenarien vergleichen kann. Dies ist Carnaps Definition für „besser":

> ψ ist *besser* als ϕ mit Bezug auf die Wertfunktion $V =_{Df}$ $V(\psi) - V(\phi) > 0$. [3a]

Ist es besser für mich, nächstes Jahr den Wien Marathon in 5 Stunden zu laufen oder stattdessen zu rauchen zu beginnen? Die Bewertung hängt von meiner subjektiven Einstellung ab, vorausgesetzt es ist überhaupt realistisch, dass dies oder jenes passiert. Es ergibt sich aus dieser Definition auch eine elegante Definition für „gut":

> ψ ist *gut* mit Bezug auf die Wertfunktion $V =_{Df}$
> ψ ist besser als nicht- ψ. [3a]

Ist es besser für mich, nächstes Jahr einen Marathon zu laufen oder es bleiben zu lassen? Die Antwort liegt in meiner subjektiven Bewertung der beiden kausal der wirklichen nächstgelegenen möglichen Weltgeschichten wo das eine oder das andere passiert. Ist das erste der Fall, dann bedeutet das, dass es für mich „gut" wäre, nächstes Jahr einen Marathon zu laufen.

Ebenso ergibt sich aus der Definition für „besser" in natürlicher Weise eine Definition für die „optimale" Handlung unter einer Reihe von Alternativen. Sind A_X die Handlungsoptionen, die einem Agenten X in einer Situation zur Verfügung stehen, dann definiert Carnap:

> Die mögliche Aktion a aus A_X ist ein Optimum inbezug auf
> die Wertfunktion $V =_{Df}$ keine Aktion von A_X ist besser
> als a mit Bezug auf V. [3b]

Es kann mehrere optimale Aktionen geben (ob ich den Marathon in 5 Stunden oder 4:55 laufe ist gleich gut). Man kann insgesamt versuchen, dieses Rahmenwerk zur Evaluierung möglicher Aktionen heranzuziehen. Der Vorteil ist, dass es insofern Rücksicht auf kausale Zusammenhänge nimmt als es überhaupt nur die Aktionen einer Bewertung zuführt, die kausal möglich sind. Andererseits werden unterschiedlich wahrscheinliche Möglichkeiten nicht unterschiedlich bewertet, was die Methode zur Handlungsentscheidung zahnlos macht. Seien die Alternativen Szenarien die (meine Beispiele), dass ich für morgen entweder einen langweiligen Waldspaziergang oder eine Fahrt in dem mit dem morgen möglicher Weise stattfindenden Lottogewinn gekauften Ferrari plane, dann mag die zweite Option höher bewertet sein, ihre geringe Wahrscheinlichkeit lässt es dennoch sinnlos erscheinen mit ihr fix zu planen und heute schon verbindlich einen Ferrari zu bestellen (den ich dann morgen nicht zahlen kann und mir nur Probleme einhandle, wenn der Lottogewinn nicht eintritt). Ich müsste den Ferrari aber bestellen, wenn die Wertfunktion mein einziges Kriterium der Abschätzung von Handlungsalternativen ist (eine Fahrt im neu gekauften Ferrari ist attraktiver als ein langweiliger Waldspaziergang), weil ich dann die am höchsten bewertete mögliche Weltgeschichte wählen muss, egal wie unwahrscheinlich diese ist (Klage und Rückabwicklung des Kaufs sind die sehr wahrscheinliche Folge). Das führt uns mit Carnap zurück zur induktiven Logik:

6 Relative Rationalität

Um die unterschiedlichen Wahrscheinlichkeiten unterschiedlicher Szenarien in den Entscheidungsprozess mit einzubeziehen, ist die Methode der induktiven Logik geeignet, weil sie sowohl auf das Gespür für Wahrscheinlichkeiten als auch auf das empirische Wissen einer Person Rücksicht nimmt. Ist a wie oben eine der einer Person X verfügbaren Handlungsmöglichkeiten A_X, dann errechnet sich mit Carnaps bevorzugter entscheidungstheoretischer Formel folgender Wert für die Präferenz $\mathfrak{P}$ für a:

$$\mathfrak{P}(a) = \sum V(W) \mathrm{Cred}(W, a \cdot e)$$

Die credibility wird hier anhand der für X bestimmten Funktion Cred und anhand der X jeweils vorliegenden empirischen Evidenz E berechnet, die anhand der Annahme modifiziert wird, dass die Handlung a gesetzt wurde (vgl. [Carnap, 1963, 971]): ich bestelle den Ferrari in Erwartung eines Lottogewinns/ich plane den langweiligen Waldspaziergang. Es fließen in die Berechnung alle möglichen Weltgeschichten ein, deren Gewichtung in Cred jedoch immer in Abhängigkeit von der Handlung oder des Ereignisses, für die der Präferenz-Wert berechnet wird, anders gewichtet sind. Eben dadurch werden die unterschiedlichen Wahrscheinlichkeiten solcher Szenarien („Ich gewinne im Lotto" „Ich gehe im Wald spazieren.") gewichtend mit einbezogen. Carnap definiert (hier in Paraphrase wiedergegeben):

Eine Handlung a aus A_X ist *relativ rational*, wenn für keine andere Handlung a' aus A_X gilt, dass $\mathfrak{P}(a') > \mathfrak{P}(a)$.

Die Entscheidungen, die sich aus diesem Berechnungsszenario ergeben, sind rationaler und realistischer als eine bloß auf der Bewertung möglicher Weltgeschichten basierende Entscheidung, weil eben auch die Wahrscheinlichkeit eines Szenarios mit einkalkuliert wird: ich rechne mit dem morgigen Waldspaziergang und bestelle keinen Ferrari weil es sehr unwahrscheinlich ist, dass ich morgen im Lotto gewinne. Die Entscheidung wird ungeachtet der Tatsache gefällt, dass die Lotto-Gewinn-Welt in V ungleich höher bewertet ist als die Waldspaziergang-Welt.

7 Wertfunktionen bewerten

Carnap verweist darauf, dass Wertfunktionen unabhängig von faktischen und kausalen Zusammenhängen sind. Insbesondere können verschiedene Wertfunktionen verschiedene mögliche Weltgeschichten konträr bewerten. Dennoch glaubt Carnap, dass es möglich sein sollte, Rationalitätskriterien für Wertfunktionen zu definieren, die jedoch nichts mit den Standards für induktive Logik zu tun haben. [5] Er beschränkt sich auf Andeutungen. So solle „eine Wertfunktion ableitbar sein aus allgemeinen Prinzipien über die Bewertung von Einzelvorgängen", die „aus gewissen Vorgängen von Gefühlen in Menschen" kommen. Wertfunktionen müssen in irgendeiner Form aus einfachen und allgemeinen Prinzipien ableitbar sein. Außerdem sollen die mathematischen Funktionen, die sie ausdrücken, „stetig und verhältnismäßig glatt" sein [6-7].

> Aber es scheint klar, dass, wenn solche Standards ausgearbeitet werden würden, sie nur gewisse Wertfunktionen als irrational ausschalten würden, aber doch noch eine unendliche Menge von verschiedenen Wertfunktionen zulassen würden, die außerordentlich verschieden voneinander sind, und darunter viele, die von den meisten Menschen und vielleicht von allen, als gänzlich verkehrt und immoralisch angesehen werden würden. Die Standards, von denen ich

gesprochen habe, haben also keineswegs die Funktion, ‚Immoralität' auszuschalten oder eine Entscheidung zwischen den Werturteilen, die psychologisch in Kontroversen über Moral oder politische Fragen vorkommen, zu treffen. [7-8]

Carnap lässt hier vieles offen. Er denkt, dass es zwar bestimmte rationale Kriterien für Wertfunktionen gibt, dass diese aber kaum etwas zu tun haben damit, ob jemand in meinem oder deinem Sinn unmoralisch agiert. Auch (perfekt) rationale Agenten können im Sinne der moralischen Auffassungen Anderer gänzlich amoralisch agieren.

Das bedeutet nicht, dass Rationalitätskriterien für Wertfunktionen ohne jede ethische Relevanz sind. In der „Reply to Kaplan" weist Carnap mehrfach auf folgenden Umstand hin: „value statements express more than merely a momentary feeling of desire, liking, being satisfied, or the like" [Carnap, 1963, 1009 (vgl. ebd., 1000)]. Vielmehr drücken Wertaussagen etwas Längerfristiges aus, "namely satisfaction in the long run" (ebd.). Das konvergiert mit zwei Aspekten aus „Value concepts". Erstens mit der Idee, dass Wertfunktionen, um eine moralische Bedeutung zu haben, alle Teilfunktionen einer Person integrieren und aufeinander abstimmen müssen. Zweitens mit der Forderung, dass Wertfunktionen „stetig und verhältnismäßig glatt" sein sollen. Moralische Werte drücken die Gesamtheit unserer Gefühle und Lebenseinstellung aus und weder bloß irgendeine lokale Zweckmäßigkeit noch etwas, das uns momentan einschießt aber auf lange Sicht nichts sein kann, das wir wirklich verteidigen. Umsicht und Kontinuität sind moralische Kriterien, auch wenn sie in unterschiedlichen Menschen (die umsichtige Demokratin und die umsichtige Faschistin) immer noch zu konträren Werthaltungen führen können.

8 Perfekte Rationalität

Der am Schluss von Carnaps Aufsatz definierte Begriff der perfekten Rationalität unterscheidet sich formal nur geringfügig von der relativen Rationalität bzw. baut auf dieser unmittelbar auf. Was Carnap hinzufügt sind bloß einige zusätzliche Überlegungen über einen Agenten, der (was aber bei der relativen Rationalität ohnehin bereits vorausgesetzt wäre) im deduktiven und induktiven Denken perfekt agiert und Wertfunktionen verwendet, die den später noch zu definierenden Standards für Rationalität genügen. Eine Aktion des perfekt rationalen Agenten muss stets relativ rational sein, in Bezug auf die den angesprochenen Standards genügenden Wert- und credibility-Funktionen und die optimale Anwendung der induktiven Berechnungsmethode.

Ein wichtiger Hinweis ergibt sich wie oben bereits angedeutet aus der Einbeziehung der Wahrscheinlichkeit möglicher Szenarien: es ist möglich, dass eine perfekt rationale Handlung a „*nicht ein Optimum inbezug auf V_X ist*" [10]. Ich bewerte meinen morgigen denkbaren Lottogewinn extrem hoch und bestelle, aufgrund der errechneten Präferenzwerte, dennoch nicht schon heute einen Ferrari und stelle mich eher auf den langweiligen Waldspaziergang ein, der zwar ungleich niedriger bewertet aber viel wahrscheinlicher ist. Abgesehen davon bringt der am Ende der Skizze eingeführte Begriff wenig neues. Wichtig ist eher die Feststellung Carnaps, dass es sich bei der perfekten (wie bei der relativen) Rationalität um eine Idealvorstellung handelt, die wir in der Praxis kaum erreichen können.

> Kein Mensch ist jemals perfekt rational. [...] Grob gesprochen, ist ein Verhalten mehr rational als ein anderes, wenn es dem perfekt rationalen Verhalten näherkommt. Aber da Abweichungen vom perfekt rationalen Verhalten in ganz verschiedenen Hinsichten möglich sind [im deduktiven und induktiven Denken, in den Wertfunktionen, in der konsequenten Durchführung der oben skizzierten Berechnung, C.D.] und innerhalb jeder von diesen wiederum in verschiedenen Hinsichten, so ist es wohl kaum ohne willkürliche Festsetzung möglich zu bestimmen, unter welchen Bedingungen eine Abweichung in einer gewissen Hinsicht als gleich gelten soll oder zu einer Abweichung in einer gewissen anderen Hinsicht. [10]

Mit anderen Worten: es gibt keine konsistente Möglichkeit hier ein weiteres Meta-Rahmenwerk zu konzipieren, in dem unterschiedliche Abweichungen von der perfekten Rationalität vergleichend bewertet werden, als mehr oder weniger imperfekt. Ob das ein Nachteil ist, sei dahingestellt. Wichtiger als die eventuelle Gewichtung von Abweichungen ist die von Carnap in seinem Aufsatz zumindest implizit angedeutete moralische Gewichtung der perfekten Rationalität selbst, das heißt, der Angabe ihrer Grenzen, Stärken und Schwächen.

9 Grenzen der (perfekten) Rationalität

Die Grenzen der (perfekten wie auch der imperfekten) Rationalität sind in dem oben bereits zitierten Slogan der „Reply to Kaplan" zusammengefasst:

> It is logically possible that two persons A and B at a certain time agree in all beliefs, that their reasoning is in perfect accord with deductive and inductive standards, and that they nevertheless differ in an optative attitude component. [Carnap, 1963, 1008]

Das zeigt auch den hauptsächlichen Zweck, den „Value Concepts" als „Ergänzung" der „Reply to Kaplan" gehabt hätte, nämlich zu präzisieren, in welchen Belangen A und B übereinstimmen: sie agieren beide perfekt rational, weichen dennoch in ihren moralischen Einschätzungen grundlegend voneinander ab und treffen deshalb in wichtigen Fragen konträre Entscheidungen.

Die Grenzen der Rationalität liegen aus Sicht des ethischen Nonkognitivismus darin, dass es auch unter völlig rationalen Menschen, die alle wissenschaftlichen Tatsachen akzeptieren und sich in ihrem Handeln nach diesen richten, zu unüberbrückbaren moralischen Gegensätzen kommen kann. Dagegen kann man auf einer rationalen Ebene einfach nichts tun: die einzige verbleibende Möglichkeit ist diese: „Wenn wir kein gemeinsames Ziel haben, sind nicht theoretische Argumente möglich, sondern nur Beeinflussung, *education*, schließlich *fighting*" [Carnap, 1955].

Andererseits sollten diese Grenzen der Rationalität aber auch nicht überbewertet werden. In vielen Fällen ist es doch so, dass für uns inakzeptable Einschätzungen und Handlungen gerade aus hochgradig irrationalem Denken entstehen: Ignorieren logischer Zusammenhänge und wissenschaftlicher Fakten führt häufig dazu, dass Sachverhalte anders bewertet werden, einfach, weil man sie nicht oder nicht richtig sieht. Gerade im Zeitalter von fake news und denialism sollte klar sein, dass in sehr vielen moralischen Debatten schon eine rationalere Einschätzung der Ausgangssituation Konflikte bereinigen könnte. Wenn jemand deshalb gegen Maßnahmen zur Eindämmung der Erderwärmung ist, weil sie/er glaubt, dass es keine Erderwärmung gibt; wenn jemand alle Maßnahmen gegen COVID-19 ablehnt, weil sie/er glaubt, dass diese Krankheit überhaupt nicht existiert, dann ist zumindest nicht auszuschließen, dass diese Personen umdenken könnten, sollte es gelingen, sie mit den Fakten vertraut zu machen: Der Maßstab der (perfekten) Rationalität hat so eine große Bedeutung für moralische Diskussionen, gerade in heutiger Zeit [Damböck, 2022, Abschnitt 5–6].

10 Theoretische Fragen und praktische Entscheidungen

Carnap wollte für den entscheidungstheoretischen Formalismus normative Vorgaben definieren. Für die wahrscheinlichkeitstheoretische Seite hat er dies mit seinem Ansatz der induktiven Logik (credibility functions, logische Wahrscheinlichkeit) geleistet. Für die subjektive Bewertung von Ereignissen (Wertfunktionen, utility functions) hingegen konnte er zum Zeitpunkt der Abfassung von „Value Concepts" wenig anbieten. Er wollte zu einem späteren Zeitpunkt konkrete Vorschläge ausarbeiten, wie man Wertfunktionen durch axiomatische Festlegungen rationaler machen kann und hat den Aufsatz deshalb nicht publiziert. Aus heutiger Sicht ist das Fehlen dieser axiomatischen Festsetzungen aber nicht zwangsläufig ein Mangel von Carnaps Ansatz, sind doch gerade seine Axiome der induktiven Logik bis heute umstritten [Sznajder, 2018, 427–428]. Von bleibendem Wert scheint eher die übergeordnete Idee Carnaps zu sein, Rationalität als Wechselspiel aus objektiver wahrscheinlichkeitstheoretischer Einschätzung und subjektiver Bewertung zu sehen. In dieser Hinsicht weist der späte Algorithmus Carnaps zurück auf sein Frühwerk.

Es ist deshalb bedauerlich, dass „Value Concepts" von Carnap zurückgezogen wurde, weil dieser skizzenhafte Text eine Art Schlussstein seiner Philosophie markiert, der so in seinem publizierten Werk einfach fehlt. Bereits in [Carnap, 1929] und dann erneut in [Carnap, 1934] findet sich die einfache Theorie formuliert, dass unsere Wertsetzungen und „praktischen Entscheidungen" am Ende subjektiv sind [Damböck, 2022, Abschnitt 2]. So etwa bei der Frage, „ob ich den vor mir liegenden Apfel essen soll oder nicht":

> Theoretisch — durch alltägliches oder wissenschaftliches Wissen — kann nur gesagt werden: ‚*wenn* du den Apfel ißt, so wird dein Hunger verschwinden' (oder: ‚so wirst du dich vergiften', ‚so wirst du ins Gefängnis kommen' oder dergl.). Diese theoretischen Angaben über die zu erwartenden Folgen können gewiß für mich sehr wichtig sein; aber durch sie kann mir der Entschluß nicht abgenommen werden. Es ist Sache des praktischen Entschlusses, ob ich mich sättigen oder hungrig bleiben will; ob ich mich vergiften oder gesund bleiben will; die Begriffe ‚wahr' und ‚falsch' können hier nicht angewendet werden. [Carnap, 1934, 258]

Es gilt also (a) die kausalen Folgen einer Handlung zu studieren und (b) sich zu überlegen, welche Ziele man anstrebt; (a) ist eine empirische Frage, die „durch alltägliches oder wissenschaftliches Wissen" beantwortet werden kann, (b) ist eine praktische Frage, deren Beantwortung nur von unserer subjektiven Einstellung, den von uns gesetzten Zielen abhängt.

Die Spätphilosophie Carnaps kulminiert in dem oben zitierten entscheidungstheoretischen Konzept, das Aussagen über kausale Möglichkeit mit subjektiver Gewichtung möglicher Szenarien kombiniert. Damit liefert dieser entscheidungstheoretische Ansatz eine Explikation dessen was Carnap in seinem Aufsatz von 1934 noch informell formuliert. „Value Concepts" ist hier entscheidend wichtig, weil es, anders als die übrigen im Schilpp-Band versammelten Erläuterungen Carnaps, diesen Zusammenhang aus induktiver Logik und Metaethik explizit macht.

Literatur

[Carnap, 1929] Carnap, R. 1929. „Wissenschaft und Leben." In *Archives of Scientific Philosophy*, University of Pittsburgh, Hillman Library, RC 110-07-49, https://doi.org/10.48666/807581

[Carnap, 1934] Carnap, R. 1934. „Theoretische Fragen und praktische Entscheidungen." *Natur und Geist* 2: 257–260.

[Carnap, 1950] Carnap, R. 1950. *Logical Foundations of Probability*. Chicago: University of Chicago Press.

[Carnap, 1955] Carnap, R. 1955. "Theoretical Questions and Practical Decisions (28.5.1955)." In *Archives of Scientific Philosophy*, University of Pittsburgh, Hillman Library, RC 085-73-03, https://doi.org/10.48666/828965

[Carnap, 1947(1956)] Carnap, R. [1947] 1956. *Meaning and Necessity. A Study in Semantics and Modal Logic*. Chicago: University of Chicago Press.

[Carnap, 1958] Carnap, R. 1958. "Value Concepts [= dt. Original von Carnap 2017]." In *Archives of Scientific Philosophy*, University of Pittsburgh, Hillman Library, RC 089-14-01, https://doi.org/10.48666/828973

[Carnap, 1962] Carnap, R. 1962. "The Aim of Inductive Logic." In E. Nagel, P. Suppes, A. Tarski (eds.) *Logic, Methodology and Philosophy of Science. Proceedings of the 1960 International Congress*. Stanford: Stanford University Press, 303–318.

[Carnap, 1963] Carnap, R. 1963. "Replies and Systematic Expositions." In P.A. Schilpp (ed.) *The Philosophy of Rudolf Carnap*. Chicago: Open Court, 859–1013.

[Carnap, 1968] Carnap, R. 1968. "Inductive Logic and Inductive Intuition." In I. Lakatos (ed.) *The Problem of Inductive Logic. Proceedings of the International Colloquium in the Philosophy of Science*, London, 1965, vol. 2. Amsterdam: North-Holland Publishing Company, 258–267.

[Carnap, 2017] Carnap, R. 2017. "Value Concepts (1958)." *Synthese* 194: 185–194.

[Carnap, in Vorbereitung] Carnap, R. *Tagebücher 1936-1970*. C. Damböck (ed.) unter Mitarbeit von B. Arden, P. L. Bauer und B. Parakenings. Hamburg: Meiner Verlag. [in Vorbereitung].

[Carus, 2017] Carus, A.W. 2017. "Carnapian Rationality." *Synthese* 194: 163–184.

[Damböck, 2022] Damböck, C. 2022. "The politics of Carnap's non-cognitivism and the scientific world-conception of left-wing logical empiricism." *Perspectives on Science* **30**(4), 2022, 493-524, https://doi.org/10.1162/posc_a_00372

[Damböck, 2024] Damböck, C. 2024. "Carnap's noncognitivism: paths and influences", in A. Richardson, A. T. Tuboly (eds.) *Interpreting Carnap*. Cambridge: Cambridge University Press, 13-31.

[Goldblatt, 2006] Goldblatt, R. 2006. "Mathematical Modal Logic. A View of its Evolution." In D.M. Gabbay, J. Woods (eds.) *Handbook of the History of Logic*, vol. 7, 1–98.

[Lewis, 1973] Lewis, D. 1973. *Counterfactuals*. Oxford: Basil Blackwell.

[Priest, 2008] Priest, G. 2008. *An Introduction to Non-Classical Logic*. Cambridge: Cambridge University Press.

[Sznajder, 2018] Sznajder, M. 2018. "Inductive Logic as Explication: The Evolution of Carnap's Notion of Logical Probability." *The Monist* 101: 417–440.

[Stalnaker, 1968] Stalnaker, R. 1968. "A Theory of Conditionals." *Studies in Logical Theory. American Philosophical Quaterly Monograph Series*, no. 2, Oxford: Basil Blackwell.

Über Krisensituationen in der Mathematik und wie sie gelöst wurden

Ulrich Felgner

Zusammenfassung

Wir wollen prüfen, ob es in der Mathematik Krisen gab, und falls es sie gab, wie man sie bewältigt hat. Wir behandeln vier Situationen, die in der Literatur als „Krisen" bezeichnet werden. Es handelt sich dabei um Krisen, die ausgelöst wurden durch die Entdeckung *inkommensurabler Größen* in der Antike, die Einführung *negativer Zahlen* und die Einführung *komplexer Zahlen* in der frühen Neuzeit und schließlich um die *Grundlagenkrise* zu Beginn des 20. Jahrhunderts. Die „Krisen" traten auf, weil die Mathematik seit ihrem ersten Auftreten in der frühen Antike von außermathematischen, z.B. weltanschaulichen, kulturellen oder sprachlichen Vorgaben abhängig war. Die Bewältigung der Krisen bestand immer wieder darin, dafür zu sorgen, daß keine der Mathematik unzugänglichen Erkenntnisquellen verwendet werden. Dazu mußten die Leitlinien, innerhalb derer sich der Aufbau einer mathematischen Theorie abspielt, immer wieder neu gezogen werden. Es ist üblich geworden, hier von Paradigmenwechseln zu sprechen. Um eine genaue Schilderung dieser Paradigmenwechsel geht es in dem vorliegenden Essay.

1 Der Begriff der „Krise"

> „Krise ist ein produktiver Zustand.
> Man muß ihm nur den Beigeschmack
> der Katastrophe nehmen." Max Frisch

Wir wollen prüfen, ob es in der Mathematik Krisen gab, und falls es sie gab, wie man mit ihnen umgegangen ist und wie man sie gegebenenfalls bewältigt hat. Aber bevor wir versuchen, eine Antwort zu geben, wollen wir prüfen, was unter einer „Krise" generell zu verstehen ist.

Eine „Krise" ist im heute üblichen Sprachverständnis ein Höhepunkt oder Wendepunkt einer gefährlichen Konfliktentwicklung, wie es in den großen Wörterbüchern und Lexika heißt. Eine „Krise" ist demnach stets ein *bedrohlicher Zustand*, der zu *Verunsicherung, Ungewißheit* und oft genug auch zu *Zukunftsängsten* führen kann. Man verwendet das Wort „Krise" beispielsweise beim Vorliegen einer Weltwirtschafts*krise*, einer Finanz*krise*, einer Regierungs*krise*, und ganz aktuell der Klima*krise* und der Corona-*Krise*.

Da das Wort aus dem Griechischen entlehnt ist, wollen wir auch einen Blick in die Wörterbücher der lateinischen und der griechischen Sprachen werfen. Wir erfahren, daß in diesen alten Sprachen mit den Wörtern „crisis", bzw. κρίσις, nicht ganz dasselbe wie im Deutschen gemeint ist. Es ist in den alten Sprachen im genauen Wortsinn ein Zustand gemeint, der eine Entscheidung verlangt – mehr nicht! Bemerkenswert ist, daß ein solcher Zustand selber keineswegs bedrohlich sein muß!

Das Wort κρίσις ist ein Verbalabstraktum, das vom Verb κρίνειν abgeleitet ist. Dieses Verb bedeutet in erster Linie:

„trennen", „scheiden", und damit auch: „unterscheiden", „entscheiden",

und schließlich auch im erweiterten Wortsinne:

„beurteilen", „(richterlich) entscheiden" sowie „verurteilen".

Ein Verbalabstraktum ist ein Substantiv, das den abstrakten Typ der Tätigkeit bezeichnet, die im zugrundeliegenden Verb ausgedrückt ist. Dies wird von der Endsilbe (dem Suffix) „σις" angedeutet (im Lateinischen von der Endsilbe „tio" (im Präsens) und „tus" (im Perfekt) und im Deutschen von der Endsilbe „ung"). Demnach hat χρίσις die ursprüngliche Bedeutung von „Scheidung", „Entscheidung".

Das Verb χρίνειν hat viele Ableitungen: χριτήριον ist das *entscheidende* Merkmal oder Kennzeichen, χριτήρ ist der Richter (der, der *entscheidet*), χριτής ist der Kampfrichter (oder *Beurteiler*), etc.

In der Medizin wird das Wort χρίσις schon in den Hippokratischen Schriften verwendet, um auf die *Entscheidungen* anzuspielen, die bei einem Krankheitsverlauf an „kritischen Tagen" zu fällen sind. Daß der Krankheitsverlauf nicht unbedingt bedrohlich verlaufen muß, mag das folgende Beispiel belegen. Lucius Annäus Seneca (4 v.u.Z.–65 u.Z.) schrieb in seinem 83. Brief an Lucilius über seinen Heilpraktiker, der ebenso wie er selbst schon dem Greisenalter angehörte:

> *nos eandem crisim habere, quia utrique dentes cadant,*
> [... wir beide hätten dieselbe Krisis, indem mir wie ihm
> die Zähne ausfallen,..]

Hier hat die Verwendung des Wortes „Krisis" sogar einen leicht humorvollen, selbstkritischen Beigeschmack.

Wir wollen jetzt auf die Mathematik blicken und prüfen, ob es in ihrer Geschichte „Krisen-Situationen" gegeben hat. Wenn wir das Wort „Krise" so verstehen wollen, wie es heute in der deutschen Sprache üblich ist (siehe oben), dann ist die Antwort sehr einfach und kurz: – *Es gab keine!* – Es gab bisher zu keinem Zeitpunkt Zustände in der Mathematik, die ihren Fortbestand gefährdeten.

Wenn wir das Wort „Krise" jedoch so verstehen wollen, wie es im Lateinischen und im Griechischen verstanden wurde (siehe oben), dann müssen wir zugeben, daß es in der Mathematik im Laufe ihrer langen Geschichte durchaus mehrere „Krisen" gab. Es gab Zustände, in denen *Entscheidungen* sehr grundsätzlicher Art getroffen werden mußten.

Eine derartige Entscheidung mußte bereits in der Antike getroffen werden, nachdem die Pythagoräer die Existenz inkommensurabler geometrischer Größen bewiesen hatten: sie führte zur Abkehr von der Gewißheit, die auf sinnlicher Anschauung beruht, und wurde ersetzt durch die Hinwendung zur größeren Gewißheit, die auf begrifflich geführten Beweisen beruht. Weitere *Entscheidungen* grundsätzlicher Art mußten in späteren Zeiten getroffen werden und betrafen die Aufgabe weltanschaulicher Vorgaben und umgangssprachlicher Vorgaben. In allen Fällen waren die „Krisen" verbunden mit sogenannten *Paradigmenwechseln*, in denen die Mathematik – zu Gunsten größerer Klarheit und Sicherheit – ihr vertrautes Erscheinungsbild verlor.

Wir beginnen mit einer Krise, die bereits in der Antike auftrat, und wenden uns abschließend einigen Krisen zu, die in der Neuzeit auftraten.

2 Führte die Entdeckung inkommensurabler Größen durch die Pythagoräer zu einer Grundlagenkrise?

Die Entdeckung inkommensurabler Größen war eine Sensation und hatte bedeutende Folgen für die Weiterentwicklung der Mathematik. Wir wollen der Frage nachgehen, worin diese Sensation bestand und ob sie zu einer *Krise in der Mathematik* geführt hat, wie oft behauptet wird. Zunächst wollen wir beschreiben, unter welchen Umständen es zu der Entdeckung inkommensurabler Größen überhaupt kommen konnte.

2.1 Die Entdeckung inkommensurabler Größen durch die Pythagoräer

Pythagoras (ca. 570/560–480 v.u.Z.) hatte in Kroton/Süditalien etwa im Jahre 520 v.u.Z. eine religiös-philosophische Gemeinschaft gegründet, deren Mitglieder „Pythagoräer"[1] genannt wurden. Manche von ihnen wurden „Mathematiker" (μαθηματικοί) genannt, da es ihnen vergönnt war, eigene Forschungen zu betreiben, um auf diese Weise die

---

[1] Auch die Schreibweise „Pythagoreer" ist üblich. Sie ist ein Gräzismus, der sich an die griechische Schreibweise (und Sprechweise) Πυθαγόρειοι anlehnt.

Lehren ihres Meisters Pythagoras vom harmonischen Aufbau der Welt immer wieder bestätigt zu finden und um dadurch zu einem tieferen Verständnis dieser Lehren zu kommen.

Die „Mathematiker" unter den Pythagoräern betrieben insbesondere umfangreiche Forschungen in der Geometrie, in der Arithmetik, in der Astronomie etc., und auch in der Musik. In der Geometrie stießen sie auf zahlreiche Probleme, darunter das Problem der Verdopplung von Quadraten (der Fläche nach) und der Verdopplung von Würfeln (dem Volumen nach).[2] Das Problem von der Quadratverdopplung hat auch etwas später Platon (ca. 428–348 v.u.Z.) in seinem Dialog *Menon* behandelt. Es hat dadurch bereits in der Antike eine gewisse Berühmtheit erlangt. Es wird in diesem Problem verlangt, bei vorgegebener Seitenlänge a eine Seitenlänge b zu finden, so daß das Quadrat mit der Seitenlänge b doppelt so groß wie das Quadrat mit der Seitenlänge a ist.

Mit einfachen geometrischen Methoden läßt sich die Quadratverdopplung leicht ausführen. Wenn ein Quadrat mit der Seitenlänge a gegeben ist, dann konstruiert man (mit Zirkel und Lineal) über der Diagonalen d des Quadrates ein neues Quadrat und dieses ist offenbar doppelt so groß wie das vorgegebene. Mit rein geometrischen Mitteln ist die Quadratverdopplung also ein Kinderspiel. Aber kann man sagen, wie lang die Seite des doppelt so großen Quadrates ist? Kann man auch mit arithmetischen Begriffen, die in unserer Sprache verfügbar sind, sagen, um wieviel größer die Diagonale d im Vergleich zur Seite a eines Quadrates ist? „Verzweifachung" ist ja auch ein arithmetischer Begriff.

Es ist also gefragt, ob das, was mit geometrischen Methoden anschaulich gezeigt werden kann, auch mit arithmetischen Begriffen von uns verstanden werden kann. Mit anderen Worten: *es ist gefragt, ob das, was mit den Augen sinnlich wahrnehmbar ist, auch mit den Augen des Geistes erkannt werden kann.*

Für uns ist es heute ganz leicht, die Frage zu beantworten: es ist

---

[2]Das Problem der Würfelverdopplung, auch „Delisches Problem" genannt, wurde etwa 400 v.u.Z. von dem Pythagoräer Archytas gelöst, und danach auch von vielen anderen.

$d = \sqrt{2} \cdot a$. In dieser Antwort haben wir jedoch Begriffe verwendet, die uns erst Descartes' *Analytische Geometrie* (1637) bereitgestellt hat. Diese Begriffe standen den Mathematikern der Antike noch nicht zur Verfügung. Sie konnten Längen von Strecken nur durch die Angabe von Verhältnissen zwischen natürlichen Zahlen mitteilen, etwa so, wenn man in der Musik sagt, daß die *Oktave* durch das Verhältnis 1:2, die *Quinte* durch 2:3 und die *Quarte* durch 3:4 bestimmt ist. Andere Zahlen als die natürlichen Zahlen, kannten die Mathematiker der Antike (noch) nicht. Mit den Begriffen, die den Pythagoräern zur Verfügung standen, läßt sich nur sagen, daß im Quadrat mit der Seite a und der Diagonalen d die Verhältnisse $a : d$ und $d : 2a$ gleich sind.[3] Also ist d das geometrische Mittel zwischen a und $2a$. Aber dennoch sind d und a nicht kommensurabel.[4] Es war der antiken Überlieferung zufolge der Pythagoräer Hippasos von Metapont, der diese Einsicht etwa zwischen 470 und 450 v.u.Z. beweisen konnte (cf. v. Fritz 1945/1965, 275). Er bewies den folgenden erstaunlichen Satz:

Satz. (Hippasos, ca 470/450 v.u.Z.) *Das Verhältnis der Längen von Diagonale und Seite eines Quadrates ist nicht mit natürlichen Zahlen ausdrückbar: es ist unsagbar, es ist irrational* (ἄρρητος).

Beweis. Gegeben sei ein Quadrat mit den Eckpunkten A, B, C, D. Sei $s = AB$ eine der vier Seiten und $d = AC$ eine der beiden Diagonalen. (Wir bezeichnen mit AB die gerade Strecke, die den Punkt A mit dem Punkt B verbindet.) Wir erweitern das Diagramm um ein zweites Quadrat (mit den Eckpunkten α, β, γ, δ), das aus dem vorgegebenen Quadrat durch Drehung (um den Mittelpunkt) um 45° hervorgeht. Wir stellen fest, daß auf diese Weise im Inneren der beiden Quadrate

---

[3] Beweis: Das rechtwinklig, gleichschenklige Dreieck mit den beiden Katheten der Länge a und der Hypotenuse mit der Länge d und das rechtwinklich, gleichschenklige Dreieck mit den beiden Katheten der Länge d und der Hypotenuse $2a$ sind ähnlich, die Verhältnisse *Kathete zu Hypotenuse* sind also gleich, woraus sofort $a : d = d : 2a$ folgt.

[4] Zwei Strecken a und b sind *kommensurabel*, wenn sie ein gemeinsames Maß haben, d.h. wenn es eine Strecke g gibt, so daß sowohl a als auch b ganzzahlige Vielfache von g sind.

(aus Symmetrie-Gründen) ein regelmäßiges Achteck entstanden ist (in der Abbildung ist es grau gefärbt). Alle acht Seiten sind also gleich lang.

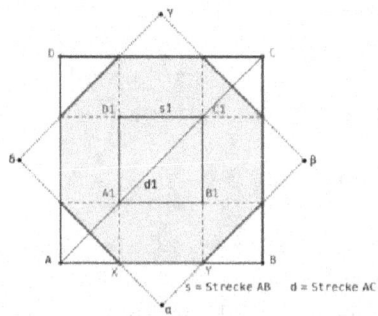

Die Schnittpunkte $X, Y, \ldots$ der Seiten der beiden Quadrate verbinden wir mit den gegenüberliegenden Schnittpunkten mit Linien, die zu den Seiten des vorgegebenen Quadrates parallel sind, wie in der Figur eingezeichnet. Wir sehen, daß in dem vorgegebenen Quadrat in den Ecken vier kleinere Quadrate und in der Mitte ein etwas größeres Quadrat entstanden ist, dessen Eckpunkte A_1, B_1, C_1, D_1 sind, und dessen Seiten s_1 nach Konstruktion alle so lang wie die Seiten des Achtecks sind. Dem Diagramm entnimmt man, daß die Achteckseite die Länge $s_1 = d - s$ hat, und daß für die Diagonale d_1 des inneren Quadrates mit den Eckpunkten A_1, B_1, C_1, D_1, die Beziehung $d_1 = s - s_1$ gilt.

Ergebnis: Die oben angegebene Konstruktion führt vom vorgegebenen Quadrat mit den Eckpunkten A, B, C, D und den Seiten s und Diagonalen d zu einem etwas kleineren inneren Quadrat mit den Eckpunkte A_1, B_1, C_1, D_1 und den Seiten $s_1 = d - s$ und den Diagonalen $d_1 = s - s_1$.

Es liegt hier ein Prozeß vor, der *Wechselwegnahme* (ἀνθυφαίρεσις, euklidischer Algorithmus) genannt wird. Der Prozeß wird mit den beiden Größen d und s begonnen und führt zu den Strecken:

(†) $s_1 = d - s$ & $d_1 = s - s_1$.

Iteration: Ausgehend von dem kleineren Quadrat $A_1B_1C_1D_1$ können wir wie zuvor ein noch viel kleineres inneres Quadrat konstruieren, und diesen Prozeß erneut wiederholen, etc. und das beliebig oft.[5] Das führt uns zu weiteren Quadraten mit den Eckpunkten $A_{n+1}, B_{n+1}, C_{n+1}, D_{n+1}$ und mit den folgenden Seiten s_{n+1} und Diagonalen d_{n+1}. Für sie gilt in Analogie zu (†):

$$s_{n+1} = d_n - s_n \quad \& \quad d_{n+1} = s_n - s_{n+1}.$$

Dabei gilt $s = d_1 + s_1 > s_1 + s_1$, also $s_1 < \frac{s}{2}$, und analog $s_{n+1} < \frac{s_n}{2}$. Es liegt also eine (potentiell) unendliche Folge von ineinander geschachtelten Quadraten vor, deren Seiten gegen Null konvergieren.

Wenn wir jetzt annehmen, daß Seite und Diagonale des Quadrates A, B, C, D kommensurabel wären, dann wären s und d jeweils ganzzahlige Vielfache von einer Strecke g. Nach (†) sind dann aber auch s_1 und d_1 ganzzahlige Vielfache von g. Eine analoge Behauptung gilt nach Konstruktion auch für s_2 und d_2, etc. Aber als ganzzahlige Vielfache von g müssen sie alle größer als g sein. Das widerspricht der oben bewiesenen Feststellung, daß die Längen der Seiten s_n gegen Null konvergieren. Die Annahme ist also zu verwerfen und es gilt, daß Seite und Diagonale eines Quadrates inkommensurabel sind.[6] Q.E.D.

---

[5]Die Iteration führt offenbar auch zu einer Folge ineinander geschachtelter regulärer Achtecke. Es ist bemerkenswert, daß diese einfache Iteration auch dem Bauplan des *Felsendoms* in Jerusalem und ebenso dem Bauplan des *Castel del Monte* (ca. 1240–1250), das der Stauferkaiser Friedrich II in Apulien (nach seiner Eroberung Jerusalems) errichten ließ, zugrunde liegt.

[6]Der einzige aus der Antike überlieferte Beweis des Satzes von Hippasos findet sich in Andeutungen bei Aristoteles (*Analytica priora*, XXIII & XLIV) und ausführlich in Euklids *Elementen*, Buch X, §115a. Der Beweis geht von der Tatsache aus, daß das Quadrat über der Diagonalen ein gegebenes Quadrat verdoppelt und stützt sich auf Eigenschaften der Primzahl 2. Es könnte sein, daß dies der ursprünglich von Hippasos gegebene Beweis ist. Otto Toeplitz [Rademacher und Toeplitz, 1930, op. cit.] und Kurt von Fritz [Fritz, 1945, op. cit.] haben versucht, geometrische Beweise zu rekonstruieren. Den hier vorgelegten Beweis habe ich 2006 gefunden und zuerst im Winter-Semester 2006/2007 in Tübingen vorgetragen. Im Unterschied zu den Beweisen von Toeplitz und v. Fritz ist es nicht nötig, die

In einem Quadrat stehen also die Länge der Diagonalen und die Länge ihrer Seiten in keinem nennbaren (oder ausdrückbaren) Verhältnis: ihr Verhältnis ist unausdrückbar, unsagbar, ἄρρητος! Das war eine sensationelle Entdeckung!

2.2 Die orphisch-pythagoräische Lehre vom harmonischen Aufbau der Welt und das Dogma „Alles ist Zahl"

Die oben in dem Satz ausgesprochene Entdeckung war sensationell, weil sie einem Dogma der Pythagoräer widerspricht, demzufolge „in diesem Weltall alles in harmonischer Weise nach Zahl und Verhältnis (von Zahlen) geordnet ist" [Iamblichos, 1963, XII 58, op. cit., 62–63].

Wir wollen an dieser Stelle etwas ausführlicher über das soeben erwähnte religiös-philosophische Dogma sprechen, dem die Pythagoräer anhingen: es gehört zur orphisch-pythagoräischen Lehre vom harmonischen Aufbau der Welt. Diese Lehre besagt, daß die Welt aus der ungeordneten, gestaltlosen und eigenschaftslosen Urmasse, dem Chaos (χάος), entstanden ist, und daß es ein Gott gewesen ist, der aus dem Chaos die wohlstrukturierte, harmonisch geordnete Welt geschaffen hat. Die harmonische Ordnung zeigt sich nach Pythagoras und seinen Anhängern dort, wo (wie in der Musik) die einzelnen Teile in einfachen, ganzzahligen Verhältnissen angeordnet sind. Insofern haben die Pythagoräer davon gesprochen, *daß alles Zahl sei*. Der Pythagoräer Philolaos aus Kroton (er lebte um 400 v.u.Z.) beschrieb diese Überzeugung mit den folgenden Worten:

> Und in der Tat hat ja alles, was man erkennen kann, eine Zahl. Denn ohne sie läßt sich nichts erfassen oder erkennen.
> [Diels and Kranz, 1951–52, 408, Fragment 4.]

Bei Aristotles lesen wir in seiner *Metaphysik*, Buch A, 986a:

> Und da sie (die Pythagoräer) sahen, daß die Eigenschaften und Verhältnisse der musikalischen Harmonien durch Zah-

---

Kenntnis irgendwelcher Sätze der Geometrie vorauszusetzen. All diese Beweise verwenden jedoch den euklidischen Algorithmus der Wechselwegnahme.

len bestimmt sind, und da es ihnen schien, daß auch alle anderen Dinge ihrer ganzen Natur nach den Zahlen nachgebildet und die Zahlen im ganzen Universum das erste sind, so meinten sie, die Elemente der Zahlen seien die Elemente aller Dinge und der ganze Himmel sei Harmonie und Zahl.

Die natürlichen Zahlen und ihre Verhältnisse sind also nach Ansicht der Pythagoräer der wichtigste Schlüssel zum Verständnis der Welt und ihrer Struktur und Ordnung. Aber die oben als „Satz" formulierte Einsicht brachte diese Überzeugung zum Einsturz: *nicht alles in der Welt ist Zahl!* Mit dieser Einsicht war ein wichtiger Pfeiler im Weltbild der Pythagoräer eingestürzt.

2.3 Führte diese Einsicht zu einer Krise in der Mathematik?

In der Antike wurde die genannte Entdeckung nicht als „Krisis" bezeichnet. Es war wohl erst Paul Tannery, der in seinem Buch *La Géométrie grecque* [1887, 98] zum ersten Male davon sprach, daß die Entdeckung inkommensurabler Größen vor etwa zweieinhalbtausend Jahren eine Krise ausgelöst habe und daß man von einem „wirklichen logischen Skandal" (*„un véritable scandale logique"*) sprechen könne.

Danach haben auch Helmut Hasse and Heinrich Scholz ein schmales Büchlein mit dem Titel *Die Grundlagenkrisis der griechischen Mathematik* [Hasse and Scholz, 1928] verfaßt, in dem sie die genannte Entdeckung ausführlich kommentierten. Hasse hat sich auch in seinem Büchlein *Proben mathematischer Forschung* [1955] mit der Entdeckung inkommensurabler Größen beschäftigt und dort von „einem Geschehen von dramatischer Spannung" [1955, 28] gesprochen. Auf Seite 32 schreibt er [1955, 32]:

> Man kann sich denken, welch' schwere Erschütterung das für die pythagoreische μάϑησις bedeutet hat. Wir wissen nicht, wer es gewesen ist, der zuerst zu dieser Grundlagenkrisis den Anstoß gegeben hat. Aber wir können uns ein Bild darüber machen, wie schwer und verhängnisvoll sie empfunden wurde. Eine pythagoreische Über-

lieferung berichtet uns nämlich, daß der Entdecker jenes ersten Inkommensurabilitätsbeweises zur Strafe für seine Entdeckung bei einem Schiffbruch ums Leben gekommen sei.

Die Überlieferung, auf die sich Hasse bezieht, ist im Werk *De Vita Pythagorica Liber* des Neuplatonikers Iamblichos, der etwa von 250 bis 330 lebte, enthalten (1963, XVIII, §89, S. 96/97, sowie XXXIV, §§246–247, S. 238/239). Der Entdecker, der hier bei Hasse nicht genannt wird, ist der Überlieferung nach Hippasos aus Metapont (cf. Iamblichos op. cit., S.96/97, und die beiden zitierten Abhandlungen von Kurt von Fritz). Auch andere Autoren, beispielsweise Dirk J. Struik [Struik, 1972, 52], folgten der Einschätzung von Tannery und sprachen davon, daß die Entdeckung inkommensurabler Größen vermutlich durch den Pythagoräer Hippasos zu einer „Grundlagenkrise" in der frühen griechischen Mathematik geführt habe. Wir erwähnen noch, daß sogar A.A. Fraenkel, Y. Bar-Hillel and A. Levy in ihrem einflußreichen Werk *Foundations of Set Theory* [1973, 13] davon sprachen, daß die Entdeckung inkommensurabler Größen eine „*Krisis*" ausgelöst habe, die die griechischen Mathematiker „schockiert" habe.

Überliefert ist dazu (Plutarch, *Lebensbeschreibung des römischen Königs Numa Pompilius*, op. cit. Band 1, S. 191), daß die Pythagoräer überzeugt waren, daß

> die geheimen Probleme aus der Geometrie' keinem Unwürdigen offenbart werden dürfen und sollte dies doch geschehen, ,daß die Gottheit einen solchen Frevel als Gottlosigkeit ansehen müsse und mit einem allgemeinen Unglück rächen würde.

Wir sprachen oben schon davon, daß (nach dem Zeugnis von Iamblichos, op.cit., S. 238) ein solches Unglück „dem widerfahren sei, der das Geheimnis des Irrationalen und Inkommensurablen verraten habe, und daß er wie ein Frevler im Meer ertrunken wäre". Die oben angegebenen Zeugnisse von Plutarch (ca. 45–120) und Iamblichos (ca. 250–330) stammen aus einer Zeit, in der die Vorkommnisse im Kreis der Pythagoräer schon etwa 500 bzw. 750 Jahre zurücklagen. Sie sind daher wenig glaubwürdig, und insbesondere auch deshalb nicht, weil andere Zeugnisse aus sehr viel früherer Zeit etwas anderes berichten. Darauf hat Kurt Reidmeister [1949, 30–31], hingewiesen.

Platon (427–347 v.u.Z.) schreibt in seinen *Nomoi*, 819d–820e, voll Bewunderung über die Entdeckung inkommensurabler Strecken, und voller Abscheu über die Hellenen, die alles Meßbare für kommensurabel halten. Er vergleicht sie mit einer „Herde von Schweinen". Wenn die Entdeckung inkommensurabler Größen bei den Pythagoräern einen Skandal ausgelöst hätte, dann hätte Platon sicherlich sich auch dazu geäußert.

Aristoteles (ca. 384–322 v.u.Z.) berichtet in seiner *Metaphysik*, Buch I, Kapitel 2, 983a15–23, ebenfalls sehr anerkennend über die Entdeckung inkommensurabler Strecken durch die Pythagoräer. Er meint, daß jedem das Ergebnis zunächst „verwunderlich erscheint", daß aber „ein der Geometrie Kundiger sich mehr verwundern würde, wenn die Diagonale mit der Seite kommensurabel wäre". Auch hier findet sich kein Hinweis auf einen Skandal, den die Entdeckung angeblich ausgelöst haben soll.

Árpád Szabó [1969, 40] hat darauf hingewiesen, daß das Wort ἄρρητος einen Doppelsinn hat. Es hat nicht nur die Bedeutung von „irrational, unaussprechlich", die es in dem oben genannten mathematischen Satz von Hippasos hat, sondern in der mystisch-religiösen Literatur, insbesondere bei den Neupythagoräern, auch die Bedeutung von „sorgfältig gehüteten und dem Unberufenen gefährlichen Geheimlehren". Beim Lesen des Wortes ἄρρητος mag ein Nicht-Mathematiker in späterer Zeit leicht daran gedacht haben, daß es auf ein mystisch-religiöses Geheimnis hindeutet, und somit die Veröffentlichung ein „frevelhafter Bruch mit geheiligten Traditionen" ist. Aus all diesen Äußerungen können wir entnehmen, daß die Berichte vom Skandal und dem Tod im Meer mit großer Wahrscheinlichkeit nachträglich erfundene Legenden sind, die nicht der Wahrheit entsprechen. Die Entdeckung der Existenz inkommensurabler Größen führte in keine „gefährliche" Grundlagenkrise.

2.4 Die „Krise", die zur Auflösung des Bundes der Pythagoräer führte

Die Gemeinschaft der Pythagoräer stand damals vor einem anderen, sehr großen Problem. Dieses Problem ergab sich aus der allmählich auch in Süditalien einsetzenden Bewegung der Demokratisierung, die auch von Hippasos gefördert wurde, aber von anderen Pythagoräern, die „hartnäckig ihre altaristokratischen und oligarchischen Traditionen verteidigten" abgelehnt wurde.[7] Es gab „unter den pythagoräischen Politikern eine Gruppe, die ängstlich und fanatisch an den ältesten pythagoräischen Traditionen festhielt und Neuerungen in jeder Weise abhold waren." (cf. [Fritz, 1960, 23]). In dieser Situation war der „kühne Neuerer" Hippasos den traditionell ausgerichteten Bundesgenossen verdächtig und suspekt, was schließlich zur Spaltung der Gemeinschaft der Pythagoräer führte und dann auch zu ihrer Auflösung.

Aus dieser Schilderung ergibt sich, daß die Gemeinschaft der Pythagoräer etwa von der Mitte des fünften Jahrhunderts v.u.Z. an in eine „Krise" geriet, daß sich diese aber nicht aufgrund eines „unerhörten" mathematischen Satzes ergab. Die „Krise" ergab sich vielmehr aus dem Festhalten an einer veralteten, undemokratischen Leitungs-Struktur der Gemeinschaft. Da die Leitungsstruktur der Gemeinschaft nicht erneuert wurde, führte die entstandene „Krise" zu einem gefährlichen Konflikt und dieser schließlich zur Auflösung der Gemeinschaft, und damit zu ihrem Ende.

---

[7]Die Monarchie in Rom wurde durch den Sturz des letzten Königs Tarquinius 510/509 (nach Polybios erst 508/507) beendet. Es wurde die Republik ausgerufen und zur Neuordnung des Gemeinwesens wurden jährlich vom Volk zu wählende Amtsträger (*praetores*) eingeführt, die später *consules* genannt wurden. 447 v.u.Z. wurden vom Volk gewählte *Quästoren* und 443 v.u.Z. *Censoren*, 336 v.u.Z. ein *Prätor* und zwei *kurulische Ädilen* vorgesehen. Weitere Ämter kamen im Laufe der Jahrzehnte hinzu. Man mag von einer langsam fortschreitenden Demokratisierung sprechen. Vergl. dazu K. Lomas [2019, 219 ff.].

2.5 Die geforderte „Entscheidung" führte zu einem Paradigmenwechsel in der Geometrie

Das mathematische Ergebnis führte nicht zu einem gefährlichen Konflikt innerhalb der Mathematik, wohl aber in einen Zustand, der eine *Entscheidung* verlangte, wie die Mathematik weitergeführt werden sollte (vgl. Abschnitt 1).

Aus der Sicht der Mathematiker besagt der Satz von Hippasos, daß der klassische „altpythagoräische" Begriff der Gleichheit von Verhältnissen zu eng ist, um das Verhältnis der Längen von Seite und Diagonale eines Quadrates einer mathematischen Behandlung zugänglich zu machen. Der Satz besagt dies, aber auch nicht mehr! Die Längen von Seite und Diagonale eines Quadrates sind „Größen" (μέγεθοι) und können daher auch ins Verhältnis gesetzt werden. Das Problem dabei ist allerdings, wie man die Gleichheit von „Verhältnissen" definieren soll, damit man mit "Verhältnissen" rechnen kann.

„Logos" (λόγος, *ratio*) ist das Verhältnis zweier Zahlen oder zweier Größen a und b. Es wird heute üblicherweise mit dem Zeichen $a : b$ dargestellt. Es ist nicht überliefert, wie die Pythagoräer diesen Begriff des „Verhältnisses" definiert haben. Überliefert ist nur, wie sie den Begriff der Gleichheit von Verhältnissen aufgefaßt haben. Das steht in den *Elementen* Euklids, Buch VII, Def. 20, und lautet wie folgt:

Definition (altpythagoräisch): Paare von Größen a, b und c, d haben gleiche Verhältnisse (was in der heute üblichen Notation $a : b = c : d$ geschrieben wird), wenn die erste Größe a der gleiche Teil oder das gleiche Vielfache von der zweiten Größe b ist, wie die dritte c von der vierten d.

Der Satz von Hippasos besagt also, daß im Sinne dieser Definition das Verhältnis (der Längen) von Diagonale und Seite eines Quadrates nicht einem Verhältnis zwischen natürlichen Zahlen gleich sein kann. Um auch für derartige Größen eine tragfähige Proportionenlehre aufbauen zu können, hat Euxodos von Knidos (Εὔδοξος, ca. 400 – 347 v.u.Z.) die folgende allgemeine Definition vorgeschlagen. Sie findet sich in den *Elementen* Euklids, Buch V, Def. 4 & Def. 5, und lautet wie folgt:

Definition (Eudoxos). Zwei gleichartige Größen a und b haben ein Verhältnis, wenn es natürliche Zahlen n und m gibt mit $a \leq nb$ & $b \leq ma$ (das heißt in heute üblicher Ausdrucksweise, wenn a und b in derselben archimedischen Klasse liegen). Das Verhältnis wird mit $a : b$ bezeichnet. Dabei ist nb nicht als Produkt zu lesen, sondern als n-fache Aneinandersetzung von b.

Definition (Eudoxos). Wenn a und b ein Verhältnis haben und auch c und d, dann sind die beiden Verhältnisse $a : b$ und $c : d$ gleich (in Zeichen: $a : b = c : d$), wenn für alle natürlichen Zahlen n und m gilt: $(na < mb \Leftrightarrow nc < md)$ & $(na > mb \Leftrightarrow nc > md)$ & $(na = mb \Leftrightarrow nc = md)$.

Die „Übereinstimmung in den Verhältnissen" wird im Griechischen mit dem Wort ἀναλογία und (nach einem Vorschlag von Cicero) im Lateinischen mit „proportio" ausgedrückt. Das griechische Wort ist aus der Präposition ἀνά und dem Hauptwort λόγος zusammengesetzt und hat daher die wörtliche Bedeutung von „im wiederholten Logos stehend". Die deutsche Übersetzung „Verhältnis" geht auf Paracelsus 1520 (*Werke*, I,1,24) zurück.

Die beiden Definitionen von Eudoxos haben bereits in der Antike große Bewunderung hervorgerufen, weil sie gestatten, auch über die Verhältnisse von Paaren inkommensurabler Größen zu sprechen. Bemerkenswert ist hier, daß es sich um eine *infinitäre* Eigenschaft handelt, denn es wird über alle natürlichen Zahlen quantifiziert.

Damit ist deutlich geworden, daß das Verhältnis von Diagonale und Seite eines Quadrates zwar von allen Verhältnissen der Form $m : n$, wo m und n natürliche Zahlen sind, verschieden ist, daß es aber dennoch nicht „aus der Mathematik herausfällt". Dieses Verhältnis ist (nach Eudoxos) eine mathematische Größe, und die läßt sich mit dem Instrumentarium der Mathematik weiter untersuchen, etwa mit dem Instrumentarium, das im zehnten Buch der *Elemente* Euklids bereitgestellt wird.

Wir müssen aber noch auf ein weiteres Phänomen hinweisen, das sich im Beweis des Satzes von Hippasos gezeigt hat. In der Durchführung des Algorithmus' der Wechselwegnahme muß in jedem Schritt eine neues, etwas kleineres Quadrat konstruiert werden. Dabei dürfen die konstruierten Linien so gut wie keine Breite haben, da andernfalls schon nach einigen Iterationen die vielen Linien immer enger nebeneinander liegen und kaum noch unterschieden werden können und der Beweis abgebrochen werden muß. Um sicherzustellen, daß der Prozeß *ad infinitum* fortgesetzt werden kann, dürfen die Punkte gar keine Ausdehnung und die Linien gar keine Breite haben! Die Linien dürfen nur noch „Länge" haben! Solche Punkte und Linien sind allerdings nicht mehr sinnlich wahrnehmbar. Es sind Objekte, die durch *Abstraktion und Idealisierung* entstanden sind und die man nur noch mit den Augen des Geistes „sehen" kann. Von solchen Objekten war in der älteren ägyptisch-babylonischen Geometrie und auch noch bei Thales nie die Rede. Die griechischen Geometer sprachen aber von nun an nur noch von solchen Objekten. Auch Euklid (ca. 340–270 v.u.Z.) begann seine berühmten *Elemente* (geschrieben um 300 v.u.Z.) mit den Definitionen:

1. Punkt ist, was keinen Teil hat.
2. Linie ist breitenlose Länge.
3. Fläche ist, was allein Länge und Breite hat, etc.

Es entstand eine Geometrie, die von Dingen handelt, die man mit den Sinnen nicht mehr wahrnehmen kann und die nur für das Denken existieren. Auf empirischem Wege läßt sich nicht herausfinden, ob eine geometrische Aussage wahr oder falsch ist, sondern allein durch das Denken mit den Mitteln der Dialektik.

Die Entdeckung inkommensurabler Größen, die wohl zunächst zu Irritationen, vielleicht sogar zu heftigen Irritationen geführt hat, führte also auch zu einer gründlicheren Auseinandersetzung mit Fragen, die den Gegenstandsbereich und die Methodik der Mathematik betrafen. Das führte zu einem *Paradigmenwechsel*. Er bestand darin, daß auch in der Geometrie nicht mehr die empirisch wahrnehmbaren Punkte, Linien und Kreise etc. die Gegenstände der Untersuchungen waren, sondern vom Wahrgenommenen zu *Abstrahierungen und Idealisierungen* übergegangen wurde und diese zu Gegenständen der Geometrie gemacht wurden. Diese sind keine Gegenstände, die in der sinnlich wahrnehmbaren realen Welt vorkommen, aber wir können sie mit *Begriffen* erfassen und sie so unserem Denken zugänglich machen. Eine Darstellung der Geometrie und der Arithmetik, die von diesem Paradigmenwechsel Zeugnis ablegt, findet sich in den *Elementen* Euklids.

3 Die Krise, die bei der Einführung der „negativen Zahlen" auftrat

Zahlen waren ursprünglich nur Zeichen, die man zum Abzählen gebrauchte; sie waren ursprünglich nur die Zählzeichen oder die sogenannten „natürlichen Zahlen" 1, 2, 3, ... „Negative Zahlen" tauchten im frühen Mittelalter zunächst nur im kaufmännischen Rechnen auf. Es handelte sich hier dennoch nur um „echte", d.h. positive Zahlen, da es Zahlen waren, die lediglich in der Spalte der Schulden aufgeführt wurden. In europäischen mathematischen Traktaten begegnet man negativen Zahlen erst von etwa 1200 an, beispielsweise in den Abhandlungen von Leonardo von Pisa, genannt Fibonacci.

Erst von 1484 an wurden „negative Zahlen" in systematischen Abhandlungen ganz allgemein in die Mathematik eingeführt. Dies geschah zuerst in einem Werk von Nicolas Chuquet (das allerdings erst 1880 veröffentlicht wurde und daher lange Zeit hindurch nicht wirksam werden konnte) und danach auch in der *Arithmetica integra* von Michael Stifel (Nürnberg 1544). Die „negativen Zahlen" wurden hier bei Stifel als „numeri ficti infra nihil" (d.h. „erdichtete Zahlen kleiner als Nichts") bezeichnet. Diese Bezeichnung ging allmählich in die Lehrbuchliteratur ein. Isaac Newton beispielsweise übernahm sie in seiner *Arithmetica Universalis* [Newton, 1707] und schrieb:

> Quantitates vel Affirmativae sunt seu majores nihilo, vel Negativae seu nihilo minores.

In der 1720 erschienen englischen Übersetzung heißt das:

> Quantities are either Affirmative, or greater than nothing; or Negative, or less than nothing. [Newton, 1707, 3]

Auch Leonhard Euler hat 1770 in seinem Algebra-Lehrbuch die „negativen" Zahlen als *Größen* bezeichnet, die „kleiner als Nichts" sind (dort im ersten Kapitel, §18).

Aber wie kann eine Größe (quantitas, quantity) *„kleiner als Nichts"* sein? Eine *Größe*, die kleiner als „nichts" ist, ist doch auch „nichts", und warum soll ein „Nichts" kleiner als ein anderes „Nichts" sein? Eine *Größe* ist doch immer ein Ding, also etwas Vorhandenes und daher immer eine positive Größe.

In seiner *Dissertation on the Use of the Negative Sign in Algebra* (Cambridge 1758) hat Francis Masères die Existenz negativer Zahlen verworfen. Das hat in Cambridge, der Stadt, in der Newton gelebt und gelehrt hat, sehr viel Aufsehen erregt. Der irisch-englische Schriftsteller Laurence Sterne (1713–1768), der von 1733 bis 1737 in Cambridge studiert hatte, und vermutlich von diesem Aufsehen erregenden Angriff auf die Lehre von den negativen Zahlen erfahren hat, gab im 1. Band seines Romans *Tristram Shandy* (geschrieben 1758, publiziert 1759 [Sterne, 1759] eine feine ironische Anspielung. Es geht dort im 19. Kapitel um Vornamen. Es heißt dort:

> Jack, Dick, and Tom (...) my father called neutral names. (The name) „Andrew" was something like a negative quantity in Algebra with him, ... twas worse, he said, than nothing. But of all the names in the universe, he had the most unconquerable aversion for Tristram.

Die Zweifel an der Sinnhaftigkeit negativer Zahlen verbreiteten sich auch auf dem europäischen Kontinent und lösten Irritationen aus. In der berühmten *Encyclopédie méthodique* (1781) von Diderot and D'Alembert heißt es bereits:

> Dire que la quantité negative est au-dessous du rien, c'est avancer une chose qui se peut pas concevoir.
>
> [Zu sagen, daß eine negative Größe unterhalb des Nichts stehe, heißt etwas Unbegreifliches vorbringen.]

Die Einführung „negativer Zahlen" als „numeri ficti infra nihil" durch Stifel, Newton und Euler hat in England sehr heftige Diskussionen ausgelöst, die sich sogar zu einer beachtlichen *Krise* ausweiteten. In seinem Buch *Tracts on the Resolution of Affected Algebraick Equations* (London 1800, Seite LV) schrieb der Autor Francis Masères, Esq. F.R.S., über die Einführung „negativer Wurzeln" algebraischer Gleichungen voller Empörung, daß durch sie:

> ... the Science of Algebra, or Universal Arithmetick, has been disgraced and rendered obscure and difficult, and disgusting to men of a just taste for accurate reasoning, ever since it's introduction by Harriot and Des Cartes.
>
> [... seit ihrer Einführung durch Harriot und Descartes, die Wissenschaft der Algebra, die auch Allgemeine Arithmetik genannt wird, geschändet wurde, und ihre Darstellung anrüchig (obskur) und beschwerlich wurde, und widerlich für Männer mit einem rechten Sinn für exaktes Denken.]

Der dies schrieb, war immerhin ein *Fellow of the Royal Society* (F.R.S.), also ein Mitglied der königlichen Gesellschaft der Wissenschaften. Aber auch von Mitgliedern anderer wissenschaftlichen Gesellschaften, von manchen Professoren an Universitäten und Lehrern an Schulen wurde die Verwendung negativer Zahlen in der Mathematik vehement abgelehnt. Zur Begründung führten sie an:

> ... when a person cannot explain the principles of a science without reference to a metaphor, the probability is, that he has never thought accurately upon the subject. [Frend, 1796, X]
>
> [Wenn eine Person die Prinzipien einer Wissenschaft nicht erklären kann, ohne sich metaphorisch auszudrücken, dann ist es sehr wahrscheinlich, daß sie noch nie akkurat über den Gegenstand nachgedacht hat.]

Das Rechnen mit negativen Zahlen als Rechnen mit „Schulden" zu erklären, wäre beispielsweise eine solche törichte metaphorische Ausdrucksweise, denn welchen (wörtlichen) Sinn sollte beispielsweise eine Multiplikation (wörtlich: eine „Vervielfältigung") haben, wenn der

Multiplikator eine „negative" Zahl ist? Ebenso metaphorisch ist es, die „Multiplikation" einer Zahl mit -1 als Umkehrung der „Richtung" auf dem Zahlenstrahl zu definieren.

Im ausgehenden 18. und beginnenden 19. Jahrhundert gab es eine Flut von Abhandlungen und Zeitungsaufsätzen in England und in Schottland, in denen die Verwendung negativer Zahlen im Mathematik-Unterricht heftig angegriffen wurde (vergl. dazu Pycior 1981).[8]
Man mag diese Periode durchaus als „Krise" in der Mathematik bezeichnen, denn es stand auf dem Spiel, daß die Arithmetik negativer Zahlen aus dem Unterricht an Schulen und Hochschulen verbannt werden könnte. Die Krise konnte allmählich behoben werden, als in England George Peacock 1830 und einige andere einen neuen Standpunkt in Bezug auf die Grundlagen der Mathematik bezogen, der sich schließlich durchsetze, und den man als „formalen Standpunkt" bezeichnete (vgl. dazu §5 in diesem Essay und auch [Felgner, 2020, Kap. 18]).

Die endgültige Bewältigung der „Krise" war allerdings erst Hermann Hankel 1867 (op. cit.) gelungen. Er führte die Subtraktion nicht mehr als Operation mit „Größen" sondern als formale Umkehrung der Addition ein. Er sprach von einer „lytischen" Operation, um zu betonen, daß es sich hier um eine Operation handelt, die aus der Mathematik kommt und nicht an den außermathematischen Begriff der „Größe" gebunden ist.

Der überlieferte Standpunkt, daß *Zahlen* grundsätzlich für *Größen*

---

[8]Das, was die Autorin Pycior als „symbolic algebra" bezeichnet, soll aber gerade keine „symbolische" Algebra sein, sondern eine „formale" Algebra, d.h. eine Algebra, in der die Operationen $+, -, \cdot$, etc. keine Symbole sind, also keine Zeichen, die eine fest vorgegebene außermathematische Bedeutung haben, sondern *leere Zeichen*, die erst in den formalen Axiomen, in denen sie eingeflochten sind, in den Möglichkeiten, was sie bedeuten könnten, eingeschränkt werden. Symbole sind keine „leeren Zeichen", sondern tragen Bedeutungen, die ihnen beigelegt wurden. Das Wort „Symbol" (σύμβολον) ist aus σύν (= zusammen) und dem Verb βάλλειν (= werfen, legen) zusammengesetzt! George Boole, beispielsweise, hat 1847 erkannt, daß der Formalismus der neuen „formalen Algebra" auch benutzt werden kann, um die Operationen der Aussagen-Logik darzustellen, was zur sogenannten Booleschen Algebra führte. Das war nur möglich, weil den Zeichen der Algebra, als „leere Zeichen" aufgefaßt, auch neue, unübliche Bedeutungen beigelegt werden können.

stehen, wurde aufgegeben. Dies bedeutete, daß die Zahlzeichen nicht mehr als *Symbole* (vgl. Fußnote 8) aufzufassen sind, d.h. als Zeichen, denen die Bedeutung für *Größen* zu stehen, beigelegt ist. Die außermathematische Bindung an diese Bedeutung konnte man nicht mehr beibehalten, denn schon seit langer Zeit war klar geworden, daß die negativen Zahlen eine ungeheure Bereicherung für die Arithmetik sind, auf die man nicht verzichten möchte. In einem modernen Aufbau der Arithmetik dürfen also die Zahlzeichen und die Zeichen für die arithmetischen Operationen nicht mehr Symbole sein, denen eine vorgegebene Interpretation beigelegt ist, sondern „leere Zeichen". Diesen *leeren Zeichen* sind keine außermathematischen Bedeutungen beigelegt. Alles, was für ihren Gebrauch bedeutsam ist, ist in den explizit angegebenen Rechenregeln enthalten.

Die positiven und die negativen Zahlen und ebenso die Operationen der Addition und Multiplikation mit ihnen haben zwar einen „zivilen Gebrauch", aber ihr mathematischer Gehalt geht weit über den „zivilen Gebrauch" hinaus. Der *Inhalt* der Arithmetik der positiven und negativen Zahlen läßt sich nicht in den Umgangssprachen vollständig und exakt mitteilen. Insbesondere läßt sich in den Umgangssprachen nicht akkurat erklären, welchen *Inhalt* die Operation, die salopp „Multiplikation" genannt wird, hat. Der Inhalt kann nur angemessen mitgeteilt werden, indem man die dazugehörigen Rechenregeln in einem *formalen Axiomensystem* angibt (vgl. Kant 1763, Einleitung zum 1. Abschnitt).

In einem *formalen Axiomensystem* lassen sich die Zahlen und die Operationen mit ihnen aber nur auf implizite Weise festlegen. Die Zahlen und die Operationen werden hier mit „leeren" Zeichen bezeichnet, also mit Zeichen, denen noch keine Bedeutungen beigelegt wurden (die also keine *Symbole* sind). Diese leeren Zeichen sind in die Formulierungen der Axiome „eingefaltet" (*plicare* (lat.) = falten, *implicare* = einfalten). Auf diese „implizite" Weise werden ihre möglichen Interpretationen eingegrenzt.

Schon bei Stifel (1544) liegt der Darstellung der Theorie der ganzen Zahlen, also der Theorie der positiven und der negativen Zahlen, das *Modell* der nach beiden Seiten hin unendlichen Zahlgeraden zugrunde. Die diskret verteilten Punkte auf dieser Zahlgeraden sind *per se* geometrische Punkte und somit im Hinblick auf ihr „Wesen" keine Zahlen. Diese Punkte spielen also nur im Sinne des Modells die Rolle von ganzen Zahlen und sind (wenn es erlaubt ist, bereits hier die Terminologie von Aristoteles zu benutzen) insofern nur *per accidens* (κατὰ συμβεβηκός) ganze Zahlen, aber nicht *per se* (καθ' αὐτό). Der Beweis, daß die diskret verteilten Punkte auf der Zahlengeraden ein *Modell* der Arithmetik der ganzen Zahlen bildet, wurde damals nirgendwo in der Literatur exakt durchgeführt. Er müßte sich auf Axiome der Geometrie stützen. Aber man darf doch sagen, daß hier rudimentär ein allererster Gedanke an eine Struktur vorliegt: die *Struktur* der ganzen Zahlen.

Zur Behebung der beschriebenen „Krise" war es also nötig, die Mathematik von einem neu geschaffenen Standpunkt aus zu betreiben, dem *formalen Standpunkt*. Dieser Standpunkt steht im Einklang mit den Auffassungen, die bereits in der Antike zum Aufbau mathematischer Theorien führten. Sie waren aber in früheren Zeiten nie ausdrücklich formuliert worden und auch nicht immer eingenommen worden. Jetzt aber war es nötig geworden, diesen Standpunkt ausdrücklich zu formulieren. Das hat aber erneut zu Unruhen geführt, die sich zu Beginn des 20. Jahrhunderts sogar zu einem heftig geführten Grundlagenstreit ausweiteten. Darüber werden wir in §5 berichten.

4 Die Krise, die bei der Einführung der "komplexen Zahlen" auftrat

Es gab in der Mathematik auch noch andere Perioden, die zu „*Krisen*" führten, beispielsweise die lange Periode etwa vom 16. bis zum 19. Jahrhundert, als die „komplexen Zahlen" eingeführt wurden (Rafael Bombelli in seinem Werk *L'Algebra Opera*, Bologna 1572/1579). Auch hier gab es heftig geführte Auseinandersetzungen und man mag von „Irritationen" oder sogar von einer lang andauernden „Krise" in der Mathematik sprechen.

Die Ursachen der Irritationen lassen sich klar benennen: man warf dem Erfinder der imaginären Zahlen vor, *daß diese sogenannten „Zahlen" in der Wirklichkeit kein Substrat hätten*. Erst das Eintreten von Carl Friedrich Gauss für ihre Akzeptanz führte zu Beginn des 19. Jahrhunderts zu einem Abklingen der Vorbehalte, die man diesen „Amphibien zwischen Sein und Nicht-Sein" (wie Leibniz 1702 schrieb) gegenüber hatte. Lazare Carnot hatte sie 1797 noch als „hiéroglyphes de quantités absurdes" und Jacob Steiner als „Gespenster" bezeichnet, die einem „Schattenreich der Geometrie" angehören würden.

Gauss widersprach der Behauptung, daß die imaginären Zahlen in der Wirklichkeit kein Substrat hätten, keineswegs. Aber er führte inner-mathematische Gründe an, die ihre Akzeptanz nahelegen. Gauss war sehr wohl bewußt, daß die Akzeptanz der imaginären Zahlen nicht mit demselben Argument gefordert werden kann, wie die Akzeptanz der negativen Zahlen. In der „Selbstanzeige" [Gauss, 1831, 175] zu seiner Abhandlung *Theoria Residuorum Biquadratorum, commentatio secunda*, schrieb er, daß schon das Voranschreiten von den positiven zu den negativen Zahlen „anfangs immer noch mit furchtsam zögernden Schritten geschehen" sei, und fährt wie folgt fort:

> Allein so wenig man in der Allgemeinen Arithmetik [d.h. in der Algebra] Bedenken hat, die gebrochenen Zahlen mit aufzunehmen, obgleich es so viele zählbare Dinge gibt, wobei eine Bruchzahl ohne Sinn ist, eben so wenig durften in jener [d.h. in der Algebra] den negativen Zahlen gleiche Rechte mit den positiven deshalb versagt werden, weil unzählige Dinge kein Entgegengesetztes zulassen: die Realität der negativen Zahlen ist hinreichend gerechtfertigt, da sie in unzähligen andern Fällen ein adäquates Substrat finden.

Gauss beklagt, daß im Gegensatz zu den negativen Zahlen die imaginären Zahlen bisher aber immer noch nicht in der Algebra das volle Bürgerrecht erhalten hätten. Sie sind

> nur geduldet und erscheinen (...) mehr wie ein an sich inhaltleeres Zeichenspiel, dem man ein denkbares Substrat unbedingt abspricht, ohne jedoch den reichen Tribut, welchen dieses Zeichenspiel zuletzt in den Schatz der Verhältnisse der reellen Größen steuert, verschmähen zu wollen.

Während die negativen Zahlen zwar nicht überall in der Naturbetrachtung anwendbar sind, aber es doch in „unzähligen Fällen" sind, haben die imaginären Zahlen in der Wirklichkeit kein Substrat und wurden deshalb von der Mehrheit der Mathematiker der damaligen Zeit als „inhaltsleeres Zeichenspiel" abgelehnt.

Aber Gauss wendet ein, daß die imaginären Zahlen für die reine Mathematik eine ungeheure Bereicherung sind, da mit ihrer Hilfe Begriffe eingeführt werden können, mit deren Hilfe in „unzähligen Fällen" Probleme der klassischen Zahlentheorie und Probleme der reellen Analysis auf *elegante Weise* (d.h. begrifflich klar und rechnerisch beherrschbar) gelöst werden können. Dies ist der Vorteil, den die imaginären und die komplexen Zahlen bieten, und der sollte nach Gauss nicht verschmäht werden!

Gauss weist darauf hin, daß die komplexen Zahlen zwar nicht durch Abstraktion aus der realen Umwelt gewonnen werden können, daß es aber dennoch reale Dinge gibt, die ihnen „unterlegt" werden können, beispielsweise die Punkte der euklidischen Ebene.

Es war wohl zuerst Leonhard Euler (1707–1783), der bereits 1749 in seiner Abhandlung *De la controverse entre Mrs. Leibniz et Bernoulli sur les logarithmes des nombres negatives et imaginaires* (op. cit.) in einer Formulierung andeutete, daß er als Modell des Bereiches aller komplexen Zahlen die Punkte der euklidischen Ebene vor Augen habe. (Darauf hat [Remmert, 1983, 49], hingewiesen.)

Nach Euler haben auch Caspar Wessel (1797) und Jean Robert Argand (1806) die Punkte der reellen Ebene zur Modellierung der komplexen Zahlen herangezogen. Auch Gauss hatte dieses Modell schon seit 1796 vor Augen, hat es aber erst 1828 im Zusammenhang mit seinen zahlentheoretischen Untersuchungen sorgfältig ausgearbeitet. Er bewies, daß die Menge aller Punkte der reellen euklidischen Ebene (oder in der Sprechweise der Descartes'schen Analytischen Geometrie: die Menge aller geordneten Paare reeller Zahlen) zusammen mit geeigneten (künstlichen) Definitionen einer Addition und einer Multiplikation ein *Modell* des Körpers $\mathbb{C}$ der komplexen Zahlen ist.

Die Dinge, die zu diesem Bereich gehören, sind *per se* (καθ' αὑτό) geometrische Punkte und nur im Sinne des Modells, also *per accidens* (κατὰ συμβεβηκός), d.h. *akzidentell*, komplexe Zahlen. Damit haben die Dinge, über die die Theorie der komplexen Zahlen vorgibt zu sprechen, einen Gegenstandsbezug bekommen und die Irritationen waren behoben: es gibt (vermutlich) keine Dinge in der Welt, die wesenhaft komplexe Zahlen sind, es gibt also nicht „die" komplexen Zahlen, aber es gib Dinge, die es akzidentell sein können.

Die Situation ist hier offenbar ähnlich wie im Falle der Theorie der ganzen Zahlen, wo Michael Stifel, 1544, das Modell der sogenannten „Zahlengeraden" angegeben hat, und wo die auf der Geraden diskret liegenden Punkte ebenfalls nur akzidentell „ganze Zahlen" sind (siehe oben, §3).

Es zeigt sich hier in Andeutungen eine Umdeutung der Existenzweise mathematischer Objekte: es wird nicht mehr verlangt, daß es Individuen gibt, die *per se* komplexe Zahlen sind, sondern es reicht aus, daß es Dinge gibt, die es *per accidens* sind, die es also im Sinne eines Modells sind.

Das war ein Schritt von fundamentaler Bedeutung in der Entwicklung der Mathematik. Man mag wieder, wie schon oben in §2 und in §3, von einem *Paradigmenwechsel* sprechen, denn er führte allmählich zu einem neuen Standpunkt. Eine sorgfältige Explikation dieses neuen Standpunktes wurde 1888 von Richard Dedekind (op. cit.) und 1899 von David Hilbert (op. cit.) gegeben.

Seit etwa 1950 wurde dieser Standpunkt als *„Strukturalismus"* bezeichnet. Er besagt, daß es keine Dinge in der Welt gibt, die *sui generis* mathematische Objekte sind. Mathematische Objekte gibt es nur als Elemente von geeigneten *Strukturen* (Modellen) und die fraglichen Eigenschaften haben diese Objekte nicht *per se* sondern nur *im Sinne* der Struktur. Erst mit dieser Umdeutung war die in eine „Krise" geratene Entwicklung der Mathematik behoben.

5 Führte der Grundlagenstreit zu Beginn des 20. Jhs. in eine „Grundlagenkrise"?

Eine leidenschaftlich geführte Debatte über die Frage, auf welcher Grundlage das Gebäude der Mathematik errichtet werden soll, brach schon im 19. Jahrhundert aus. Hintergrund waren die beiden *Krisen*, die die Einführung der negativen Zahlen (cf. §3) und die Einführung der komplexen Zahlen (cf. §4) betrafen. Nachdem diese beiden *Krisen* im Prinzip bewältigt worden waren, wurde deutlich, daß es aber noch nicht einmal klar war, was die natürlichen Zahlen und was die reellen Zahlen sind.

Was sind eigentlich Zahlen? Wo gibt es sie und in welchem Sinne gibt es sie? Was ist der ontologische und was ist der epistemologische Status der natürlichen Zahlen und der reellen Zahlen? Diese Fragen waren seit der Antike nicht geklärt worden. Im Laufe der Zeit war versucht worden, angemessene Antworten zu finden, aber all diese Versuche konnten den Ansprüchen, die inzwischen im 19. Jahrhundert gestellt wurden, nicht mehr genügen. *Gesucht waren Begründungen der Zahlbereiche, in denen keine der Mathematik unzugänglichen Erkenntnisquellen verwendet werden.*

5.1 Dedekinds Begründung der Theorie der reellen Zahlen

Der erste Versuch, „eine wirklich wissenschaftliche Begründung" der Theorie der reellen Zahlen zu geben, wurde 1872 von Richard Dedekind (1831–1916) mit der Publikation seiner Schrift *Stetigkeit und irrationale Zahlen* unternommen (cf. [Dedekind, 1932, 315–334] – vergl. dazu auch [Dugac, 1985]).

Dedekind setzte die „Arithmetik der rationalen Zahlen als fest begründet" voraus, wie er in einem Brief an R. Lipschitz am 6.10.1876 schrieb (op. cit., 1932, S. 470). Als „Schnitt" im Bereich $\mathbb{Q}$ der rationalen Zahlen bezeichnete er jedes geordnete Paar (A, B) von disjunkten Teilmengen von $\mathbb{Q}$, wo A ein Anfangsabschnitt und B ein Endabschnitt von $\mathbb{Q}$ ist derart, daß ihre Vereinigungsmenge $A \cup B$ ganz $\mathbb{Q}$ ist. Die linear geordnete Menge $\mathbb{Q}$ ist nicht *stetig* geordnet, da sie „*Lücken*" enthält. Dabei nannte Dedekind einen Schnitt (A, B) eine „Lücke" im Bereich $\mathbb{Q}$, wenn es keine rationale Zahl gibt, die die beiden Teilmengen A und B trennt, d.h., wenn A kein letztes und B kein erstes Element besitzt. Aus $\mathbb{Q}$ entsteht der Bereich $\mathbb{R}$ aller reellen Zahlen, indem man in jede Lücke von $\mathbb{Q}$ eine neue Zahl einfügt.

Auf die Frage, welche „neuen Zahlen" einzufügen sind und woher sie kommen, gab Dedekind allerdings keine befriedigende Antwort. Er schrieb (op. cit., 1932, S. 325):

> Jedesmal nun, wenn ein Schnitt (A, B) vorliegt, welcher durch keine rationale Zahl hervorgebracht wird, so erschaffen wir eine neue, eine irrationale Zahl α, welche wir als durch diesen Schnitt (A, B) vollständig definiert ansehen; wir werden sagen, daß die Zahl α diesem Schnitt entspricht, oder daß sie diesen Schnitt hervorbringt.

In einem Brief an Heinrich Weber vom 24.1.1888 (op. cit., 1932, S. 488–490) kommentierte Dedekind diesen Schöpfungsakt wie folgt:

> ... so möchte ich doch rathen, unter der Zahl ... etwas Neues zu verstehen, was der Geist erschafft. Wir sind göttlichen Geschlechts und besitzen ohne jeden Zweifel schöpferische Kraft nicht blos in materiellen Dingen (Eisenbahnen, Telegraphen), sondern ganz besonders in geistigen Dingen. ... Du sagst, die Irrationalzahl sei überhaupt Nichts anderes als der Schnitt selbst, während ich es vorziehe, etwas Neues (vom Schnitte Verschiedenes) zu erschaffen, was dem Schnitte entspricht, und wovon ich sage, daß es den Schnitt hervorbringe, erzeuge. Wir haben das Recht, uns eine solche Schöpfungskraft zuzusprechen.

Problematisch ist hier die Auffassung, daß der menschliche Geist der Schöpfer der einzufügenden Irrationalzahlen sein könne. In unserem Geist spielt sich der Prozeß des Denkens ab, aber der Geist kann keine Dinge erschaffen oder erzeugen. Es zeigt sich hier eine Auffassung, die auf John Locke zurückgeht (1690) und im 19. Jahrhundert weit verbreitet war und von etwa 1900 an mit dem polemisch gemeinten Wort *Psychologismus* bezeichnet wurde. Man kann den ansonsten einwandfreien Aufbau des Körpers $\mathbb{R}$ der reellen Zahlen, den Dedekind gegeben hat, korrigieren, wenn man dem Vorschlag von Weber folgt und die Schnitte selbst als Objekte nimmt und sie die Rolle der einzufügenden Irrationalzahlen spielen läßt. Die Existenz der Schnitte als mathematische Gegenstände ist hier allerdings „nur" auf der Grundlage der formalen mengentheoretischen Axiome gegeben. Es zeigt sich wieder, wie schon in den §§3 und 4, daß es keine Objekte gibt, die *per se* (also ihrem Wesen nach) Irrationalzahlen sind, sondern nur Objekte, die es *per accidens* sein können. Bemerkenswert ist auch, daß die zufriedenstellende Einführung des Körpers der reellen Zahlen erst unter Verwendung mengentheoretischer Konstruktionen gelungen ist.

5.2 Der Fregesche Zahlbegriff und der Cantorsche Begriff der Menge

Obwohl die Menschen schon vor Urzeiten gelernt haben zu zählen, war die Frage, was denn eigentlich die (natürlichen) Zahlen „sind", auch im ausgehenden 19. Jahrhundert immer noch nicht befriedigend beantwortet worden. Gottlob Frege nahm sich vor (etwa von 1880 an), für diese Frage die endgültige Antwort zu finden. 1884 publizierte er ein schmales Buch mit dem Titel *Die Grundlagen der Arithmetik, eine logisch-mathematische Untersuchung über den Begriff der Zahl* (op. cit.). Hier deutete er an, daß nach seiner Auffassung die Arithmetik ein Teil der Logik sei und daß sie innerhalb der Logik einwandfrei begründet werden könne. Zugleich kritisierte er — zumeist sehr sachlich und treffend, gelegentlich aber auch mit beißendem Spott — die Begründungsversuche seiner Kollegen.

Aber mit seiner eigenen Begründung des Zahlbegriffs hatte Frege sich ebenfalls angreifbar gemacht, da sie einen schwerwiegenden Fehler enthielt, den er nicht korrigieren konnte. Frege hatte die „Anzahl des Begriffes $\Phi(x)$" [in Zeichen: $\sharp\Phi(x)$] als *Umfang des Begriffes* „mit $\Phi(x)$ gleichzahlig zu sein" definiert (*Grundgesetze der Arithmetik*, 1893, §40, 57). Dann ist beispielsweise $0 = \sharp(x \neq x)$ die Klasse aller unerfüllbaren Begriffe, und $1 = \sharp(x = 0)$ die Klasse aller Begriffe, die von genau einem Ding erfüllt werden, etc.

Auf den Fehler hatte ihn Bertrand Russell im Sommer 1902 aufmerksam gemacht: Russell schrieb ihm, daß die Prinzipien, mit deren Hilfe er die Arithmetik begründen wolle, in sich widersprüchlich seien. Eines der Prinzipien erlaubte, etwas vereinfach ausgedrückt, jeden Begriffsumfang als Ding (und daher nicht-nominalistisch) zu behandeln. Folglich ist auch die Existenz des Umfangs Z des Begriffes „sich nicht selbst als Element zu enthalten" aufgrund der zugrunde gelegten Prinzipien wieder ein Ding. Für diesen Begriffsumfang Z gilt dann aber offenbar $Z \in Z \Leftrightarrow Z \notin Z$, und dies ist eine veritable Antinomie. Es handelt sich um eine Variante der von Eubulides schon in der Antike aufgestellten *Antinomie vom Lügner* (vgl. Diogenes Laërtios, op.cit., und Felgner [2012]). Der von Frege vorgelegte Versuch einer Begründung des Zahlbegriffs war gescheitert.

Ironie der Geschichte: Obwohl Russell den Fehler in der Fregeschen Definition des Zahlbegriffes erkannt hatte und diesen Fehler in aller Ausführlichkeit in Kapitel X seines Buches *The Principles of Mathematics*, Cambridge 1903, dargelegt hatte, schlich sich dieser Fehler auch in seine eigene Begründung des Zahlbegriffs im anschließenden Kapitel XI (♯111, S. 115) ein. Die Kardinalzahl einer Klasse M definierte Russell als die Klasse aller Klassen, die mit M gleichmächtig sind. Er meinte, daß ihm damit „an irreprochable definition of the number of a class in purely logical terms" gelungen wäre. Die Zahl 1 wäre dann – beispielsweise – die Klasse aller einelementigen Klassen, $A = \{\{y\}; y \subseteq 1 \& \{y\} \notin y\}$ wäre eine Teilklasse von 1 und $\{A\} \in A \Leftrightarrow \{A\} \notin A$ ergäbe sich wie üblich sofort als Konsequenz. Die Russellsche Theorie gibt also zum Auftreten einer nahezu identischen Antinomie Anlaß wie die Fregesche Theorie. Aber das ist Russell nicht aufgefallen.

Frege hätte seinen Fehler vermeiden können, wenn er die Abhandlung von Georg Cantor, die ihm zur Rezension 10 Jahre zuvor zugeschickt worden war, gründlicher gelesen hätte (vgl. [Frege, 1892, 163–166]). Die Abhandlung Cantors mit dem Titel *Mitteilungen zur Lehre vom Transfiniten* (1887/1888) enthält gleich auf der ersten Seite den ausdrücklichen Hinweis, daß in seiner Lehre nur solche Vielheiten (beispielsweise Begriffsumfänge) untersucht werden sollen, die in ihrer Größe übertroffen werden können. Es sind dies die Vielheiten, die in Cantors Terminologie entweder *endlich* oder *transfinit* sind. Nur die endlichen und die transfiniten Vielheiten sollen bei Cantor der Kürze halber „Mengen" genannt werden, und dies sind die „Dinge", die in der Cantorschen Theorie betrachtet werden. „Transfinit" sind also für

Cantor per definitionem solche nicht-endlichen Vielheiten, die in ihrer Größe übertroffen werden können, so wie es der klassische Größenbegriff der Mathematik verlangt. „Absolut-unendlich" sind dagegen solche Vielheiten, die der Größe nach nicht übertroffen werden können. Daß nur das Endliche und das Transfinite als „Infinitum creatum" dem mathematischen Raisonnement zur Verfügung steht, hat Cantor sehr sorgfältig mit theologisch-philosophischen Argumenten begründet. Auf der Grundlage dieses Mengenbegriffs lassen sich die bekannten Antinomien nicht ableiten (Siehe dazu: [Purkert, 1986] und [Felgner, 2020, Kap. 15]).

Aber nicht nur Frege, auch nahezu alle anderen Kollegen Cantors haben diese Cantorsche Abhandlung kaum zur Kenntnis genommen. Sie haben sich alle etwas vorschnell eingeredet, daß die von Russell mitgeteilte Antinomie auch in der Cantorschen Mengenlehre beweisbar wäre. Sie alle haben auch die Cantorsche theologisch-philosophische Motivation des Cantorschen Mengenbegriffs nicht ernstgenommen oder nicht einmal zur Kenntnis genommen. Sie haben nicht gesehen, daß der Cantorsche Mengenbegriff vom umgangssprachlichen Mengenbegriff verschieden ist. Sie hielten daher auch die Cantorsche Mengenlehre für gescheitert. Erst als Ernst Zermelo 1908 eine Formalisierung der Prinzipien der Cantorschen Mengenlehre gelang, die etwas später von Adolf Abraham Fraenkel und Thoralf Skolem noch erweitert und präzisiert wurde, änderten sie ihre Meinung. Die Mengenlehre wurde von da an allmählich als einer „der fruchtreichsten und kräftigsten Wissenszweige der Mathematik" [Hilbert, 1917, p. 411] geachtet und eifrig studiert. Insbesondere ließen sich alle bis dahin in der Mathematik studierten Objektbereiche einwandfrei als Mengen konstruieren, auch die Bereiche der natürlichen Zahlen [Dedekind, 1888], der ganzen, der gebrochenen, der reellen und der komplexen Zahlen, der topologischen Räume, der Gruppen, der Polynomringe, etc., etc. Die Mengenlehre blieb dennoch vielen unheimlich, insbesondere aufgrund der Existenz der hohen Unendlichkeiten und der Wohlordenbarkeit des Kontinuums aufgrund des Auswahlaxioms.

5.3 Der Grundlagenstreit

Die Arbeit an den Grundlagen der Mathematik, die in der zweiten Hälfte des 19. Jahrhunderts begann und im 20. Jahrhundert fortgesetzt wurde, führte zu einer Dominanz des „formalen Standpunktes" und der Herausarbeitung des „Strukturalismus" auf mengentheoretischer Grundlage. Das bedeutete einen Umbruch in der bisherigen Auffassung dessen, womit sich die Mathematik beschäftigt. Viele sprachen begeistert von einem Schritt der Mathematik in die *Moderne*, aber es gab auch viele, die diesen Schritt nicht mitgehen wollten und die sich von etwa 1912 an auch sehr lautstark und sehr polemisch zu Wort meldeten. Es entstand ein Streit, der sehr viel Aufsehen erregte und als „Grundlagenstreit" in die Geschichte der Mathematik einging. Es ging immer noch um das Problem, wie man einzelne mathematische Theorien vor dem Auftreten von Antinomien „retten" kann (die Arithmetik der natürlichen Zahlen, die Analysis, die Mengenlehre, ...), aber dabei stieß man auf ein sehr viel allgemeineres und grundsätzlicheres Problem, nämlich: *geht es in der Mathematik um die Wahrheit* oder „nur" um die *Beweisbarkeit* ihrer Theoreme?

Wenn es in der Mathematik um *Wahrheit* gehen soll, dann wird vorausgesetzt, daß die Mathematik einen Inhalt hat, der ihr vorgegeben ist und daß sie diesen Inhalt wahrheitsgemäß und so genau wie möglich wiedergeben soll, eventuell unter Einbeziehung der sinnlichen Anschauung oder der mentalen Intuition. Dieser Standpunkt wird als „inhaltlicher Standpunkt" bezeichnet.

Wenn man jedoch der Auffassung ist, daß die Mathematik nur das untersuchen kann, was sich in einem formalen System darstellen läßt und alles außer Acht läßt, was sich nicht formalisieren läßt, wie z. B. die Anschauung, dann vertritt man den *formalen Standpunkt*. Von vorgegebenen Inhalten kann die Mathematik mit ihren Methoden nur solche Sachverhalte untersuchen, die nach geeigneter *Abstraktion und Idealisierung* eine Formalisierung erlauben. Wenn man den *formalen Standpunkt* vertritt, dann kann es nur darum gehen, die behaupteten Aussagen auf der Grundlage von Axiomen zu „beweisen".

Manche vertraten den inhaltlichen Standpunkt (Hermann Weyl, Edmund Husserl, Luitzen Egbertus Jan Brouwer und andere) und waren davon überzeugt, daß die Mathematik einen Inhalt hat, der ihr vorgegeben ist und der jeder Formalisierung vorangeht. Sie gingen davon aus, daß die in der Mathematik verwendeten Zeichen *Symbole* seien (siehe oben, Fußnote 8), also Zeichen, denen Bedeutungen beigelegt sind, und daß man sich auf diese Bedeutungen in Beweisen stützen darf, auch wenn man gar nicht in der Lage ist, all das, was an Bedeutung verwendet wurde, explizit anzugeben. Sie waren der Meinung, wie es Hermann Weyl in seinen *Diskussionsbemerkungen* [Weyl, 1928] zu einem Vortrag von Hilbert ausdrückte, daß die Mathematik früher „ein System inhaltlicher, sinnerfüllter, einsichtiger Wahrheiten" gewesen sei und daß heute „die Grenzen des inhaltlichen Denkens überall weit überschritten wurden". Es war Weyl, der deshalb als erster davon sprach, daß die Mathematik in eine *Krise* geraten wäre. Der Titel eines Aufsatzes von Weyl trug sogar die Überschrift *Über die neue Grundlagenkrise der Mathematik* [Weyl, 1921].

Der Begründer des sogenannten *Intuitionismus*, L.E.J. Brouwer (1881–1966), stand sogar auf dem Standpunkt, daß das Betreiben von Mathematik eine rein subjektive Angelegenheit sei und daß es verkehrt wäre, die dabei benutzten logischen Schlüsse als formale Regeln explizit anzugeben. In Anlehnung an Descartes' Intuitionismus und Kants Theorie der „reinen Anschauung" (die sich in der Mathematik auf die von Tschirnhaus 1687 betrachteten „genetischen Definitionen" stützt) meinte Brouwer in seiner Dissertation 1907, daß es in der Mathematik um die Untersuchung rein mentaler Konstruktionen gehe und daß insofern die Reihe der natürlichen Zahlen nicht als vollendete Gesamtheit dem Denken zur Verfügung stehe und folglich das wohlbekannte Beweis-Prinzip des *tertium non datur* in der Mathematik keine Gültigkeit habe.

Gerhard Gentzen [1938, 7] kommentierte diese radikale Auffassung mit dem Ausspruch, daß dann „von der ganzen klassischen Analysis nur ein Trümmerhaufen" übrig bliebe. David Hilbert äußerte sich auf ähnliche Weise:

> Dieses Tertium non datur dem Mathematiker zu nehmen, wäre etwa, wie wenn man dem Astronomen das Fernrohr oder dem Boxer den Gebrauch der Fäuste untersagen wollte.

Das Verbot der Existenzsätze und des Tertium non datur kommt ungefähr dem Verzicht auf die mathematische Wissenschaft überhaupt gleich [Hilbert, 1928, 80].

Das genannte Prinzip der Logik mit dem mittelalterlichen Namen „tertium non datur" („ein Drittes ist nicht gegeben") hatte schon Aristoteles in seiner *Zweiten Analytik* (1. Buch, 71a14) und in seiner *Metaphysik* (4. Buch, 1011b24) betrachtet und jeder Wissenschaft empfohlen, es in die Liste ihrer „Allgemeinen Grundsätze" (κοιναὶ δόξαι) aufzunehmen. Seine Gültigkeit in der zweiwertigen Aussagenlogik ist beweisbar (d.h. für jede Aussage Φ is $\Phi \vee \neg \Phi$ stets „wahr"), und in der Prädikatenlogik allerdings nur über endlichen Individuenbereichen. Bei unendlichen Individuenbereichen läßt sich die Gültigkeit des Prinzips $\neg \forall x : \Phi(x) \Rightarrow \exists x : \neg \Phi(x)$ nur bei Einnahme des sogenannten „an sich"-Standpunktes begründen. Es stellt sich die Frage, ob man dieses infinitäre Beweisprinzip in der Mathematik verwenden darf. Brouwer und seine Anhänger haben seinen Gebrauch verboten, da es vom inhaltlichen Standpunkt aus nicht zu rechtfertigen ist.

Kurt Gödel konnte 1933 mit den Methoden der Hilbertschen Metamathematik beweisen, daß die Verwendung des *tertium non datur* in der axiomatisch aufgebauten Dedekind-Peano-Arithmetik (der 1. Stufe), DPA, „ungefährlich" ist. Eine arithmetische Aussage Φ ist in der klassischen Arithmetik DPA unter Verwendung des „tertium non datur" genau dann beweisbar, wenn ihre Transformierte Φ^0 in der intuitionistischen Heyting-Arithmetik HA ohne Verwendung des *tertium non datur* beweisbar ist. Dabei entsteht Φ^0 aus Φ indem man jede in Φ auftretende atomare Formel durch ihre doppelt-negierte Formel ersetzt. Wenn die intuitionistische Heyting-Arithmetik HA Vertrauen genießen kann, dann kann also auch die klassische Dedekind-Peano-Arithmetik, DPA, Vertrauen genießen.

Leider ist eine analoge Aussage für die Analysis nicht bekannt und wohl auch nicht beweisbar. Der Gebrauch des Beweisprinzips des *tertium non datur* kann also noch nicht für die gesamte Mathematik „freigegeben" werden. Die Erfahrung hat jedoch gezeigt, daß seine Verwendung bisher immer völlig unproblematisch war und daß man es daher wohl auch weiterhin verwenden darf. Eine Rechtfertigung dafür

hat [Gentzen, 1938, 17] gegeben. Er argumentierte wie folgt.
Problematisch ist im Beweisprinzips des „tertium non datur" $\neg\forall x :$ $\Phi(x) \Rightarrow \exists x : \neg\Phi(x)$ das Auftreten des Existenz-Quantors $\exists x$, der in den Anwendungen des mathematischen Formalismus' auf die physikalische Wirklichkeit im Sinne von „wirklich vorhanden" zu deuten ist. In der klassischen Mathematik, die unter Einnahme des „formalen Standpunktes" betrieben wird, kann man das „tertium non datur" hingegen nur im Sinne von „an sich vorhanden" deuten. Gentzen argumentierte, daß die klassische Mathematik unter Einnahme des „formalen Standpunktes" auf die physikalische Wirklichkeit anwendbar sei, sofern man klar machen kann, daß in jedem Einzelfall die Behauptung, daß ein Gegenstand „an sich" existiere, zur Behauptung, daß er „wirklich vorhanden" ist, erweitert werden kann.

Solche Argumente trugen zur Schlichtung des Streites bei. Er kam in den dreißiger-Jahren des 20. Jahrhundert zum Erliegen, vor allem aufgrund der einflußreichen Abhandlung *Geometrie und Erfahrung* von Albert Einstein (1921), der Abhandlungen von Gödel (1930, 1931, 1933) und von Gentzen (1936, 1938), der *Modernen Algebra* von Barthel van der Waerden (Bd.1: 1930, Bd. 2: 1932) und der enzyklopädischen Darstellung zahlreicher mathematischer Disziplinen in dem viel-bändigen Werk *Éléments de Mathématique* von Nicolas Bourbaki (1939 ff.). Aufgrund dieser Werke hat sich die Auffassung des *Strukturalismus* auf mengentheoretischer Basis endgültig durchgesetzt.

Rückblickend können wir festhalten, daß der Grundlagenstreit zwar gelegentlich äußerst heftig und voller Angriffslust verlief, daß aber in dieser Zeit der Fortbestand der Mathematik nie ernsthaft gefährdet war. Es war eine κρίσις, aber keine „bedrohliche Krise" (cf. §1). Es gab eine lang-anhaltende, sehr in die Tiefe gehende Diskussion über die Grundlagen der Mathematik, die auch die „klassische Mathematik" veränderte. Die Veränderungen führten zu einem Paradigmenwechsel, der zu der „modernen" Auffassung führte, die man etwa seit 1950 als „Strukturalismus" bezeichnet. Sie veränderte aber auch die „intuitionistische" Mathematik hin zu einer vertieften Theorie des Konstruierbaren. Beide Entwicklungen waren sehr zum Vorteil der gesamten Mathematik.

6 Abschließende Betrachtungen

Die *Krisen*, die in der Mathematik im Laufe ihrer Geschichte auftraten, waren stets Begleiterscheinungen größerer Umwälzungen, die nötig wurden, um das, was „Mathematik" sein will und sein sollte, zu immer größerer Klarheit zu bringen. Statt von *Umwälzungen* spricht man auch von *Paradigmenwechseln*, um anzudeuten, daß es sich um *Abänderungen der Leitlinien* handelt, innerhalb derer sich der Aufbau mathematischer Theorien abspielt.

Der erste große Paradigmenwechsel fand in der Antike statt, als die Entdeckung inkommensurabler Größen (vermutlich) durch Hippasos dazu führte, zu erkennen, daß es in der Mathematik nicht darum geht, mit dem, was sinnlich wahrnehmbar ist, zu operieren, sondern vielmehr darum, das, *was davon rein verstandesmäßig erfaßbar ist,* zu erforschen. Dazu wurde es beispielsweise nötig, die Gültigkeit geometrischer Aussagen nicht mehr mit einem Hinweis auf die Augenscheinnahme zu begründen, sondern mit einem begrifflich geführten Beweis.

Ein weiterer Paradigmenwechsel wurde durchgeführt, als es nötig wurde, sich aus der Umklammerung der Umgangssprache zu lösen. Man hatte eingesehen, daß manche Begriffe, so wie sie in der Umgangssprache verstanden werden, in einer mathematischen Theorie nicht uneingeschränkt verwendbar sind. Die Umgangssprache muß flexibel sein, um über vieles reden zu können; aber in der Mathematik darf die verwendete Sprache nur eindeutig definierte Begriffe enthalten. Die Grundbegriffe einer mathematischen Theorie müssen daher immer so eingeführt werden, daß ihr Gebrauch streng geregelt ist und sie sich nicht auf die (nicht formalisierbare) sinnliche Anschauung stützen. Damit unterscheiden sich die Begriffe einer mathematischen Theorie zumeist grundlegend von den Begriffen, die auch in der Umgangssprache vorhanden sind.

Die Notwendigkeit, einen Paradigmenwechsel, der sich auf die Sprache bezieht, durchzuführen, wurde bereits in der Antike spürbar, als die Pythagoräer einsahen, daß es nicht ausreicht, über geometrische Sachverhalte in der Umgangssprache zu reden. Die Grundbegriffe der Geometrie müssen neu definiert werden. Die Griechen versuchten dementsprechend einen neuen Aufbau der Geometrie (vergl. etwa Euklids „*Elemente*", Buch 1), aber erst Hilbert ist es 1899 gelungen, einen solchen neuen Aufbau einwandfrei durchzuführen. Dabei aktualisierte er auch den *formalen Standpunkt* in der Mathematik. Damit wäre die alte Krise endgültig behoben gewesen, wenn nicht andere traditionell ausgerichtete Mathematiker gegen die Einnahme dieses Standpunktes protestiert hätten und damit eine neue Krise ausgelöst hätten, die sogenannte „*Grundlagenkrise*" des vergangenen Jahrhunderts.

Vom *formalen Standpunkt* aus ließ sich der *Strukturalismus* einführen und begründen und mit ihm ließen sich auch die Krisen bewältigen, die die *Theorie der negativen Zahlen*, die *Theorie der komplexen Zahlen*, und ebenso die *Theorie der natürlichen Zahlen* und die *Theorie des Kontinuums* ausgelöst haben.

Vom *formalen Standpunkt* aus ließ sich auch der Streit um die *Mengenlehre* beheben, indem sie axiomatisiert wurde und der *Begriff der Menge* dabei mit einer *impliziten* (!) Definition eingeführt wurde. Während der umgangssprachliche Mengenbegriff nicht zwischen „transfiniten" und „absolut-unendlichen" Vielheiten zu unterscheiden vermag, ist dies für den implizit definierten Mengenbegriff, der der axiomatischen Mengenlehre zugrunde liegt, möglich. Der gesamte Inhalt der Cantor'schen Mengenlehre läßt sich in der formal konzipierten Mengenlehre in einer beeindruckenden Folge von Lehrsätzen beweisen.

Es ist deutlich geworden, daß alle Krisen, die in der Geschichte der Mathematik auftraten, inzwischen bewältigt wurden. Das war aber nur möglich, weil die Mathematik zugleich immer „formaler" und damit auch immer „strenger" wurde. Das Auftreten von Krisen, oder vielleicht auch nur von mehr oder weniger starken Irritationen und Streitereien, war vielleicht manchmal störend und schwer zu ertragen, aber es hat der Mathematik schließlich geholfen, nicht zur Mathematik gehörende Einmischungen abzuschütteln, wie z.B. theologische und welt-anschauliche Vorurteile, Vorgaben aus den Umgangssprachen, etc. Das führte insgesamt zu einer Tieferlegung ihrer Fundamente und einer genaueren Darlegung ihrer Methodik.

Der Gedanke von Max Frisch, den wir als Motto unserem Essay vorangestellt haben, findet hier seine Bestätigung: die „Krisen" waren für die Mathematik stets sehr produktive Zustände und hatten nie den Beigeschmack von Katastrophen.

Literatur

[Cantor, 1888] Cantor, G. 1887–1888. „Gesammelte Abhandlungen zur Lehre vom Transfiniten." *Zeitschrift für philos. Kritik*, Bd. 91 (1887), 81–125, & Bd. 92 (1888), 240–-265. Enthalten auch in E. Zermelo (Hg.) 1932. G. Cantor. *Gesammelte Abhandlungen*. Berlin: Springer Verlag, 378–439. Nachdruck im G. Olms Verlag Hildesheim 1962.

[Dedekind, 1888] Dedekind, R. 1888. *Was sind und was sollen die Zahlen?* Braunschweig: Verlag Vieweg und Sohn.

[Dedekind, 1932] Dedekind, R. 1932. *Gesammelte mathematische Werke*, Band 3, R. Fricke et al. (eds.). Braunschweig: Vieweg-Verlag.

[Diels and Kranz, 1951–52] Diels, H. und Kranz, W., 1951–1952. *Die Fragmente der Vorsokratiker*. Griechisch und Deutsch von Hermann Diels. Sechste Auflage herausgegeben von Walter Kranz. Berlin: Weidmann. Band 1 (1951), Band 2 (1952), Band 3 (1952).

[Diogenes, 1967] Diogenes Laertios (Διογένης Λαέρτιος). *Leben und Meinungen berühmter Philosophen* (Περὶ βίων, δογμάτων, καὶ ἀποφθεγμάτων τῶν ἐν φιλοσοφίᾳ εὐδοκιμησάντων), herausgegeben und übersetzt von O. Apelt. Hamburg: F. Meiner Verlag 1967.

[Dugac, 1985] Dugac, P. 1985. *Grundlagen der Analysis*. In J. Dieudonné (ed.). *Geschichte der Mathematik, 1700 bis 1900*, fr.-dt. Braunschweig: Vieweg-Verlag, 359–-421.

[Einstein, 1921] Einstein, A. 1921. „Geometrie und Erfahrung." *Sitzungsberichte der Preußischen Akad. Wiss. Berlin*. Nachdruck in K. Strubecker (ed.) 1972. *Geometrie*. Darmstadt: Wiss. Buchges, 413—420.

[Euler, 1749] Euler, L. 1749. „De la controverse entre Mrs. Leibniz et Bernoulli sur les logarithmes des nombres negatives et imaginaires." *Mémoires de l'Academie des Sciences de Berlin*, 139-179. Nachdruck in H. Weber (ed.). 1911. *Opera Omnia*, vol. I, XVII, 195–232, Leipzig und Berlin: Teubner.

[Euler, 1770] Euler, L. 1770. *Vollständige Anleitung zur Algebra*. Nachdruck in H. Weber (ed.). 1911. *Opera Omnia*, vol. I, Lepizig und Berlin: Teubner.

[Felgner, 2012] Felgner, U. 2012. „Dichtung und Wahrheit – zur Geschichte der Antinomie vom Lügner." In G. Löffladt (ed.). *Mathematik – Logik*

– *Philosophie, Ideen und ihre historischen Wechselwirkungen.* Frankfurt a.M.: Verlag Harry Deutsch, 119—140.

[Felgner, 2014] Felgner, U. 2014. „Hilberts ‚Grundlagen der Geometrie' und ihre Stellung in der Geschichte der Grundlagendiskussion." *Jahresbericht der Dtsch. Math. Ver.* 115, 185–206.

[Felgner, 2020] Felgner, U. 2020. *Philosophie der Mathematik in der Antike und in der Neuzeit.* Cham/Schweiz: Birkhäuser-Verlag. Eine stark erweiterte Übersetzung ins Englische erschien 2023 im selben Verlag unter dem Titel: "Philosophy of Mathematics in Antiquity and in Modern Times".

[Fraenkel et al., 1973] Fraenkel, A. A., Bar-Hillel, Y., and Levy, A. 1973. *Foundations of Set Theory.* Amsterdam: North-Holland Publ. Company.

[Frege, 1884] Frege, G. 1884. *Die Grundlagen der Arithmetik, eine logisch-mathematische Untersuchung über den Begriff der Zahl.* Breslau: W. Koebner-Verlag. Nachdruck bei der Wissenschaftlichen Buchgesellschaft Darmstadt 1961.

[Frege, 1892] Frege, G. 1892. Rezension von G. Cantor. „Zur Lehre vom Transfiniten." Gesammelte Abhandlungen aus der Zeitschrift für Philosophie und philosophische Kritik. *Zeitschrift für Philosophie und philosophische Kritik*, Bd. 100, 269–272. Nachdruck in I. Angelelli (ed.). Gottlob Frege. *Kleine Schriften.* Hildesheim: G. Olms-Verlagsbuchhandlung 1967, 163–166.

[Frend, 1796] Frend, W. 1796. *The Principles of Algebra.* London: G.G. and J. Robinson.

[Fritz, 1945] Fritz, K. V. 1945. *The Discovery of Incommensurability by Hippasus of Metapontium.* Annals of Mathematics, 46, pp. 242–264. Eine deutsche Übersetzung erschien 1965 unter dem Titel: „*Die Entdeckung der Inkommensurabilität durch Hippasos von Metapont*" in der Reihe „Wege der Forschung" in Band XXXIII zum Thema „Zur Geschichte der griechischen Mathematik", den Oskar Becker herausgegeben hat, Darmstadt: Wissenschaftliche Buchgesellschaft, 271—307.

[Fritz, 1960] Fritz, K. V. 1960. *Mathematiker und Akusmatiker bei den alten Pythagoreern.* Bayerische Akademie der Wissenschaften, Philosophisch-historische Klasse, Sitzungsberichte, Heft 11.

[Gauss, 1831] Gauss, C. F. 1831. Selbstanzeige seiner Abhandlung „Theoria residuorum biquadraticorum, commentatio secunda". *Göttingische gelehrte Anzeigen*, April 1831. Nachdruck in Gauss. *Werke*, Bd. 2, 1876, 169–-178.

[Gentzen, 1938] Gentzen, G. 1938. „Die gegenwärtige Lage der mathematischen Grundlagen-forschung." *Forschungen zur Logik und Grundlegung der exakten Wissenschaften*, Neue Folge Nr. 4. Nachdruck bei der Wissenschaftlichen Buchgesellschaft Darmstadt 1969.

[Hankel, 1867] Hankel, H., 1867. *Theorie der complexen Zahlsysteme*. Leipzig: Leopold Voss-Verlag.

[Hasse, 1955] Hasse, H. 1955. *Proben mathematischer Forschung in allgemeinverständlicher Behandlung*. Frankfurt a.M.: Otto Salle Verlag.

[Hasse and Scholz, 1928] Hasse, H. and Scholz, H. 1928. *Die Grundlagenkrisis der griechischen Mathematik*. Charlottenburg: Pan-Verlag [Kant-Studien, Band 33].

[Hilbert, 1917] Hilbert, D. 1917. „Axiomatisches Denken." Mathematische Annalen 78: 405-415.

[Hilbert, 1928] Hilbert, D. 1928. „Die Grundlagen der Mathematik." *Abhandlungen aus dem Math. Seminar der Universität Hamburg*, Band 6, 65—85. Zusätze von H. Weyl, 86—88, und von P. Bernays, 89—92.

[Iamblichos, 1963] Iamblichos (Ἰάμβλιχος). *De Vita Pythagorica liber* (Περὶ Πυθαγόρου αἱρέσεως), herausgegeben, übersetzt und eingeleitet von M. v. Albrecht, Zürich und Stuttgart: Artemis Verlag, 1963.

[Kant, 1763] Kant, I. 1763. *Versuch, den Begriff der negativen Größen in die Weltweisheit einzuführen*. Königsberg: Kanter.

[Lomas, 2019] Lomas, K. 2019. *Der Aufstieg Roms von Romulus bis Pyrrhus*. Stuttgart: Klett-Cotta Verlag. Übersetzung des Werkes *The Rise of Rome: from the Iron Age to the Punic Wars, 1000 – 264 BCE*. London 2017.

[Newton, 1707] Newton, I. 1707. *Arithmetica Universalis: sive de compositione et resolutione arithmetica*. Cambridge: Typis Academicus. Englische Übersetzung in 2. Auflage: London 1728.

[Plutarch, 1913] Plutarch (Πλούταρχος). *Lebensbeschreibungen* (Βίοι Παράλληλοι), Übersetzung ins Deutsche von Kaltwasser und H. Floerke (ed.), 6 Bände. München: G. Müller-Verlag, 1913.

[Purkert, 1986] Purkert, W. 1986. „Georg Cantor und die Antinomien der Mengenlehre." *Bulletin de la Société Mathématique de Belgique* 18, 313--327.

[Pycior, 1981] Pycior, H. M. 1981. „George Peacock and the British origins of symbolic Algebra." *Historia Mathematica*, Band 8, pp. 23–45.

[Rademacher und Toeplitz, 1930] Rademacher, H. and Toeplitz, O. 1930. *Von Zahlen und Figuren*. Berlin: Springer Verlag.

[Reidemeister, 1949] Reidemeister, K. 1949. *Das exakte Denken der Griechen*. Hamburg: Claasen & Goverts Verlag. Nachdruck bei der Wissenschaftliche Buchgesellschaft Darmstadt 1974.

[Remmert, 1983] Remmert, R. 1983. *Komplexe Zahlen*. In H.-D. Ebbinghaus et al. (ed.). *Zahlen*. Berlin: Springer Verlag, 45--77.

[Russell, 1903] Russell, B. 1903. *The Principles of Mathematics*. Cambridge.

[Sterne, 1759] Sterne, L. 1759. *The Life and Opinions of Tristram Shandy, Gentleman* , Band 1. York: Verlag von Ann Ward.

[Struik, 1972] Struik, D. J. 1972. *Abriß der Geschichte der Mathematik*. Berlin: VEB Deutscher Verlag der Wissenschaften.

[Szabó, 1969] Szabó, Á. 1969. *Anfänge der griechischen Mathematik*. München-Wien: Oldenbourg-Verlag.

[Tannery, 1887] Tannery, P. 1887. *La Géométrie grecque*. Paris.

[Weyl, 1921] Weyl, H. 1921. „Über die Grundlagenkrise in der Mathematik." *Mathematische Zeitschrift* 10, 39--79.

[Weyl, 1928] Weyl, H. 1928. „Diskussionsbemerkungen zu dem zweiten Hilbertschen Vortrag über die Grundlagen der Mathematik." *Abhandlungen aus dem Math. Seminar Hamburg*, Band 6, 86–88. Nachdruck in Weyls *Gesammelten Abhandlungen*, Bd. 3, Berlin 1968, 147--149.

Rudolf Carnap and the Leibnizian Dream

Massimo Ferrari

Abstract

The reception of Leibniz within the Vienna Circle represents an issue still worthy of closer investigation. Carnap can be considered as an interesting case study, being his work tied in many respects, at least until the late 1920th century, both to Leibniz's heritage and his pioneering contribution in paving the path to modern logic. From Carnap's diaries only recently published we can ascertain the acquaintance he had with some of Leibniz's most important writings in this field; moreover, it emerges, at once, to what extent Carnap had taken into account part of contemporary scholarship on Leibniz's thought (for instance Couturat, Cassirer and Dürr). The aim of this paper is to shed some light on this promising field of inquiry, in particular by considering Carnap's commitment both to the characteristica universalis and universal language. The first station of this logical-philosophical journey is surely Frege and his lectures in Jena, the last one is the very idea of language and logic elaborated by Carnap in the 1930th.

1 Leibniz and his Legacy in Vienna

Leibniz's pivotal role in promoting a grounding "reform of logic" is clearly stated in the Manifesto of scientific world-conception published in August 1929 by Rudolf Carnap, Hans Hahn and Otto Neurath. According to this programmatic pamphlet, such a "reform" allowed "to master reality through a greater precision of concepts and inferential processes, and to obtain this precision by means of a symbolism fashioned after mathematics" [Carnap, Hahn and Neurath, 2012, 85]. These statements would surely require a more detailed account, with the purpose of highlighting relevant features of the history of the Vienna Circle, integrating it into a broader intellectual and philosophical landscape. Indeed, the genealogical tree of the scientific world-conception sketched by the Manifesto is not only rooted in the modern logic stretching just from Leibniz to Peano, Frege, Schröder, Russell, Whitehead and Wittgenstein. Its origins are also tied to the influence of the Leibnizian tradition, which comprehends, among others outstanding figures, the long-forgotten Bernard Bolzano, highly estimated by Franz Brentano and his school because of his commitment to "a rigorous new foundation of logic." [79] Focusing on such an extended family, Carnap, Hahn, and Neurath intended to emphasize an historical and philosophical background still worthy of deep investigation, although scholars of Logical Empiricism have mostly neglected this quite relevant topic (a valuable exception is, however, [Cat, 2019]). In particular, Leibniz can be surely regarded as a veritable ancestor of the Viennese group thanks to his pioneering work in paving the way to the development of modern logic; and thereby he was, in more general terms, the initiator of a philosophical tradition that would have represented an enduring alternative to German philosophy since Kant. As Otto Neurath pointed out in his paper on the history of Vienna Circle [Neurath, 1935, 12–17], the main characteristic of Austrian philosophy consisted in having escaped the "Kantian interlude," an historical circumstance that could be precisely explained through Leibniz's legacy within the Habsburg culture in the 19th century (by contrast, Bonnet [2014] offers a more nuanced view of the alleged Austrian anti-Kantianism). Leibniz had been, for Neurath, the only German philosopher who, by conjoining logic and mathematics, could still be regarded as the veritable "modern" thinker, more than Kant and even more than his idealistic successors from Fichte to Hegel. Leibniz, in short, appears to Neurath as the "forerunner" of Logical Empiricism, and this had been made possible, to his mind, through the Austrian Herbartian tradition, which had to be credited for having safeguarded the Leibnizian heritage in Vienna [Neurath, 1935, 28–33].

The very idea of an Austrian tradition (or "style") in philosophy goes back, in fact, to the Neurath's overview we have briefly summarized, and it has been reworked, in contemporary debates, by Rudolf Haller and Barry Smith [Haller, 1986, 21–43] (see also [Haller, 1979, 1992], [Smith, 1994, 1997]). According to this interpretation, no doubt can subsist that a clearly distinct "Austrian philosophy" characterizes the long way from Bolzano to Wittgenstein, deeply in contrast with, and explicitly opposing to, the German tradition from Kant to "classic" Idealism. In particular, the privileged role attributed to logic and symbolic language by Leibniz, and essentially diverging from Kant's so-called "Copernican revolution", may be considered, on the one hand, as a characteristic feature – or at least one of the characteristic features – of the Vienna Circle. On the other hand, the critical attitude towards Kant and the contemporary trends of Kantianism in Germany goes back to Brentano, who deemed the Kantian theory of synthetic a priori judgments to be a distinctive example of the 'decline' of Western philosophy, as had already happened after Aristotle in ancient Greece and after Thomas Aquinas in the Middle Ages [Brentano, 1686a, 20–25].

The Austrian anti-Kantianism epitomized by Brentano appears at the same time as intertwined with the influence of Leibniz, whose metaphysical vision of cosmic harmony supporting the enlightened Reform-Catholicism (or "Josephinism") in Bohemia can be regarded, as Neurath suggested, as the backdrop to cultural and political debate in Austria at the beginnings of 19th century [Neurath, 1935, 33–41] (we also refer to [Johnston, 1983, 281–289]). Within the philosophical landscape of Austrian culture, Leibniz was not only the author of the somewhat puzzling *Monadology*, namely the short metaphysical treatise composed just at the end of Leibniz's stay in Vienna between 1712 and 1714. Leibniz's substantial contribution rather consisted of exercising some influence on, and in experiencing a correspondent reception within, the emerging new trends of modern, post-Kantian logic, while the extraordinary richness of Leibniz's logical work was only partially acknowledged in the German speaking world over the course of 19th century [Peckhaus, 1997, 130–182; 233–296].

In this context, Bolzano's work towers over his contemporaries, although his fortune is essentially a posthumous one. The "Bohemian Leibniz," as Bolzano has been significantly labeled, attempted to systematize, in the 4 volumes of his *Wissenschaftslehre* published in 1837, the variety of rules of thinking that organize the truths of all the sciences according to a "strictly scientific" method (WL, §§1, 9, 15).[1] The pivotal point of Bolzano's theory of science is a logical-mathematical structure which rests upon the twofold articulation of representations in themselves and propositions in themselves, constituting "the realm of truths in themselves." Truths in themselves are knowable by man, but they are strongly separated from knowing truths, that is to say from the fact that a human subject actually knows them (WL, §26). The domain of the "itself" (*an sich*) neither has real existence in space and time, nor belongs to the sphere of mental or psychological events (WL, §§19, 25), being rather purely "valid" (WL §§20, 147). Bolzano's core metaphysical-logical assumptions were conceived in intimate connection with both Leibniz's conceptual platonic realism and his fundamental conviction that it is impossible to think, roughly speaking, without using signs of some kind [Mugnai, 1992, 2012]. Bolzano explicitly stressed his agreement with Leibniz on this point, maintaining that Leibniz seemed to endorse something as the "proposition in itself" (WL, §21). Furthermore, Bolzano's major ideas concerning both the formalization and the mathematization of logic were intimately tied to Leibniz's attempt to elaborate a *calculus ratiocinator*, meant by Leibniz as the mathematical instrument capable of building up the very *scientia generalis* [Danek, 1970, 72–77]. In deepening this project Bolzano was thus led to consider Leibniz as a proper modern thinker, although not yet adequately acknowledged by contemporary philosophy. Hence, Bolzano was highly influential in awakening new interest in Leibniz's philosophical heritage, in opposition to the German Kantian and idealistic tradition, which he regarded, despite his high respect for Kant, as an age of philosophical decline. In particular, one could even contend that Bolzano was the first to renew Leibniz's logical heritage and, at the same time, to be

---

[1] In the following we refer to the *Wissenschaftslehre* [Bolzano, 1837] quoting it as WL and giving only the paragraph numbers.

his very "disciple" [Danek, 1975, 143–155].

Both the renewed Leibnizianism and the logical anti-Kantianism professed by Bolzano were converging with the very significant role played by Herbart and his legacy within the Austrian philosophical context [Maigné, 2012, 2021]. An important point of reference in order to focus on Bolzano's relationship both to Leibniz and Herbart is Franz Exner, an influential protagonist of Habsburg culture in the mid-19th [Coen, 2007, 33–63], whose correspondence with Bolzano casts light on the main philosophical issues debated within the Bolzano's milieu in Prague (see the excellent French edition available in [Bolzano, 2008]). Devoting a pioneering study to Leibniz's idea of universal science (*Universal-Wissenschaft*), Exner offered one of the first contributions to the rediscovery of Leibnizian logic in the German speaking philosophy of the 1840s ([Exner, 1843];[Peckhaus, 1997, 171–175]). The influence of Bolzano's *Wissenschfatslehre* on Exner's reappraisal of Leibniz's universal science is clearly detectable indeed, in particular in what concerns the anti-Kantian account of mathematics as a science of quantities (*Grössenlehre*) grounded on pure concepts [31]. Nevertheless, Exner's point of view, strongly tied to Herbart's psychology, conceives both the *calculus ratiocinator* and the universal science not as a finished building, but as a still-to-be-reached ideal. What Exner criticizes is the assumption of simple elements similar to alphabetic letters (in Bolzano's terms, "representations in themselves") [16-18, 37].

Another remarkable figure in this context is surely Robert Zimmermann, a former student of both Bolzano and Exner, who translated in 1846 Leibniz's *Monadology* into German, providing it with a long critical essay. Zimmermann, a key figure for the history of Herbartianism in Austria [Fisette, 2021], emphasized that Leibniz had opened the path for genuine philosophical inquiry, quite differently from the age inaugurated by Kant and concluded by German speculative idealism [Leibniz, 1847, 2–3]. Starting from this conviction, Zimmermann carried out a systematic comparison between Leibniz and Herbart in what regards their conception of reality; at stake for him was indeed a kind of new monadic metaphysics grounded on all-embracing interaction amid Leibnizian monads and Herbart's *realia* [197-202] (similar views are developed by Zimmermann [1849]). In doing so, Zimmerman referred to Bolzano's doctrine of "truths in themselves" and accepted his distinction between concepts and individual representations [Leibniz, 1847, 71-73, 162-165] promoting thereby a wider reception of some core ideas of the *Wissenschaftslehre*, as it is further testified by Zimmermann's influential *Philosophische Propädeutik*, published in three editions, respectively in 1853, 1860, 1867 (see [Uebel, 2000, 110-112]; [Raspa, 2012, 255-275]).

From this point of view, Zimmermann has been a key figure in a remarkable period of transition, since it was through his teaching that Bolzano's work was revaluated by, and put to the attention of, the school of Franz Brentano [Haller, 1992, 201]. Actually, Brentano's appreciation of Leibniz had influenced, in turn, the reception of Bolzano's work in Vienna since the end of 19th century, even though Brentano was not in agreement with Bolzano and mainly criticized his very idea of a "theory of science." Nevertheless, Brentano's firm conviction was that "in a time of extreme decadence [Bolzano] had clearly comprehended the essential character of his age, refusing to be impressed by Kant. At a glance he preferred rather Leibniz" [Sebestik, 2001, 37]. Indeed, Brentano believed that Leibniz had not only been the most enlightened politician of his time, and as such capable of embodying the role of the prophet in Austrian culture, but also "the greatest thinker of modern [philosophy]" [Brentano, 1686a, 64]. It seems thus not accidental that, in his juvenile theses presented in order to obtain the *venia docendi* in Würzburg in 1862, Brentano endorsed some typical Leibnizian insights. While Brentano vindicated that the method of philosophy is the method of natural sciences ("*Vera philosophiae methodus nulla alia nisi scientiae naturalis est*"), he insisted in particular on the fundamental epistemological assumption of Leibniz, according to which "*Nihil est in intellectu, quod non prius fuerit in sensu, nisi intellectus ipse*" [Brentano, 1968b, 136, 138]. Furthermore, Brentano pointed out that Herbart had been wrong in conceiving language only as a mean of communication, whereas language – according to Leibniz's right view – rather constitutes an unavoidable aid to expressing thought [Brentano, 1968b, 138]. It is particularly worth stressing, in more general terms, that Brentano's main conviction was that philosophy has to be a science just like all other sciences, resting therefore on the same method used by natural sciences ([Brentano, 1895, 32]; see also [Mariani, 2020]; [Fréchette, 2020, 101–106]; [Antonelli and Boccaccini, 2021, 53–56]). Brentano's work and legacy were thus connected, broadly speaking, to the idea of Leibniz's universal science, as he himself underlined by defining his descriptive psychology in terms of a *characteristica universalis* which aimed at showing "the combination of mental components from which the whole of mental phenomena arises, exactly as the whole of words arises from the alphabetic letters" [Brentano, 1895, 34].

The story about Leibniz's influence in Austrian philosophy from Bolzano to the Vienna Circle should be told elsewhere, beyond the summarizing sketch we have briefly suggested (see [Ferrari, 2023]). However, it is an undeniable historical circumstance that some of the major protagonists of Logical empiricism in Vienna were indebted, at least in general terms, to Leibniz and his followers, first of all to the "Bohemian Leibniz" founder of modern logic (Hans Hahn once called Bolzano a "genuine Austrian" [Hahn, 1980, 104]). Hahn himself had published in 1920 a new edition of Bolzano's *Paradoxes of Infinite* providing this posthumous work of Bolzano with careful mathematical remarks, although without any philosophical comment [Bolzano, 1920]. Hahn deemed Bolzano's great contribution to the revolutionary transformation of arithmetics, analysis and geometry as a powerful impulse to the "crisis of intuition" emerging from mathematics over the 19th century, a definition which focuses perfectly on a decisive turning point in the history of modern mathematical thought [Hahn, 1980, 73–77]. No wonder, then, that in this context Hahn also refers sometimes, along with Bolzano, to Leibniz, though more to Leibniz as founder of the differential calculus than as a philosopher [Hahn, 1980, 77].

The aim of this paper is to offer, within the framework of this wide context, an essential account of Rudolf Carnap's relationship with Leibniz, in particular with some aspects of Leibniz's logic, although his references to this topic are relatively scarce and scattered. Moreover, a question arises: what Carnap exactly knew of Leibniz's immense work? Was he acquainted with (or rather with some of) the logical writings of Leibniz? And, finally, are there any aspects of Carnap's philosophy that, at least until the *Logical Syntax of Language*, could be regarded as inspired by Leibniz or in some way tied to Leibniz? Put in other words, are there any substantial *traces* of Leibniz in Carnap's philosophical development from the 1920s to the mid-1930s?

But before we address this intriguing question, it still seems useful to briefly consider to what extent Neurath also saw a kind of ideal partner for the Viennese group in Leibniz, in particular as forerunner of the Encyclopedia of Unified science. This does not mean, however, that Neurath ignored the extraordinary contributions of Leibniz as logician, given his early works on Schröder's algebra of logic that are more or less connected to the Leibnizian tradition of an ideal language and rational calculation [Cat, 2019, 279–289]. The main point for Neurath remains, nonetheless, the Leibnizian project of the Encyclopedia encompassing the whole of human knowledge. The Encyclopedia of Unified Science, to which Neurath devoted tireless efforts in the last decade of his activity, was "linked to a certain degree – as he himself remarked in 1937 – with Leibniz who, in his projects, had also thought of visual representations" [Neurath, 1983, 143]. Neurath insisted elsewhere on the relationship between the logic as *ars combinatoria* and the empirical materials of the various sciences that lies at the core of Leibniz's project. Neurath regarded Leibniz's great merit in having assumed a rigorous "logical framework" which would, on the contrary, be neglected by the French Encyclopedists. The core aspect of Leibniz's own dream of a universal science is thus the recourse to scientific language, able to assure a logical structure to the systematization of the sciences [Neurath, 1935, 30–31]. For this reason, Neurath paid tribute to Leibniz as a forerunner of Logical Empiricism, and, in doing so, especially asserted the primacy of visualization as unavoidable instrument in order to realize the Encyclopedia of Unified Science: "The two main features of Logical Empiricism seem to have been contained in him [Leibniz], namely logical analysis and visualization" [Neurath, 1995, 274].

In pointing out the forward-looking idea of Leibniz, Neurath also referred to Louis Couturat's *La logique de Leibniz* (1901), an extremely influential work for the Leibniz scholarship that we have briefly to take into account. Couturat had offered a detailed reconstruction of Leibniz's lifelong attempts to realize "a collection of all the human knowledge," grounded on a *Biblioteca contracta* (to say, the different types of sciences contained in books), on an *Atlas universalis*, which illustrates by visualization the main aspects of the encyclopedia, and then a general view of all the experiences and observations upon which human culture rests. The methodological and conceptual tool required for such universal organization of every kind of knowledge was the *Vera methodo inveniendi ac judicandi*, representing the first step of Leibniz's major project of the *scientia generalis*. This was, according to Couturat, the great work Leibniz had conceived in his juvenile years, although he would not achieve the Encyclopedia project before his death [Couturat, 1901, 119–175]. Despite the fact that he was somewhat skeptical toward Couturat's "metaphysics of rationalism" [Neurath, 1935, 30], Neurath was highly impressed by Couturat's account of Leibniz's ambitious goal considered in its historical and philosophical context. As he writes in 1936, the encyclopedia the logical empiricists intend to carry out "is an historically given formation to which no 'extra-historical' ideal can be opposed." And Neurath added, in a passage worthy to be quoted at length:

> According to our conception we make efforts to endow this encyclopedia with the greatest logical coherence that we can achieve, to build it up in the empiricist spirit of radical physicalism, as far as one can succeed here, and to make it contain the greatest possible number of disciplines while at the same time incorporating the statements that have so far remained isolated but have been in constant use. We have here a program that links itself to the panlogism of a Leibniz, the empiricism of a Hume, the total science of a Comte. But we are trying to abstain from the metaphysical speculations that were always associated with these three attitudes. [Neurath, 1983, 157]

For Neurath, Leibniz's historical merit as advocate of the Encyclopedia consisted in having bridged "the gap between scholastic logicism and modern empiricism. He moved from Raimundus Lullus – Neurath suggested – to the modern physicists. He was interested in all kinds of physical and technical inventions and drew many sketches for himself. He attempted to compile an encyclopedia and to accompany it by an atlas, thus connecting logical tendencies with visual tendencies, both characterizing our own period" [Neurath, 1995, 280]. Hence, Leibniz still appears today as "one of the last great thinkers connected to Scholasticism and one of the first modern ones concerned with Logical Empiricism" [274]. It seems thus, broadly speaking, that Neurath regarded Leibniz's great project as the mirror to his own utopia, in which – to quote Leibniz's motto – theory and praxis ought to be strictly entangled (*theoria cum praxis*). And it is precisely in this sense that Leibniz became an ancestor of the scientific world-conception in Vienna.

2   Carnap's Leibnizianism and its sources

Returning now to Vienna in the 1920s, let us consider Carnap's philosophical development against the backdrop of the tradition of thought that, broadly speaking, can be traced back to Leibniz. A close relationship with Leibniz seems, at first glance, quite obvious for a major protagonist of the Vienna Circle such as Carnap, who was well acquainted since his formative years with both modern logic and the groundbreaking novelties introduced by Frege and Russell in the philosophy of logic. Nonetheless, a closer investigation of Carnap's own reworking of Leibniz's philosophy of logic is needed in order to better highlight his commitment to "the Leibnizian dream of unifying the whole of science of knowledge [...] through logic" [Carus, 2007, 103].

As is well known, Carnap attended Frege's lectures on logic in Jena in winter semester 1910/11, in summer semester 1913 and in summer semester 1914. The former two classes were devoted to the *Begriffschrift*, while the latter class was concerned with "Logic in mathematics" [Frege, 1984]. In his autobiography Carnap would describe his early encounter with this "extremely introverted" Professor of mathematics, who was exclusively concentrated in drawing "the strange diagrams of his symbolism on the blackboard." [Carnap, 1963, 4–5]. And Carnap adds:

> Although Frege gave quite a number of examples of interesting applications of his symbolism in mathematics, he usually did not discuss general philosophical problems. It is evident from his works that he saw the great philosophical importance of the new instrument which he had created, but he did not convey a clear impression of this to his students. Thus, although I was intensely interested in his system of logic, I was not aware at that time of its great philosophical significance. Only much later, after the first world war, when I read Frege's and Russell's books with greater attention, did I recognize the value of Frege's work not only for the foundations of mathematics, but for philosophy in general. [Carnap, 1963, 6]

Carnap's autobiographical recollections are noteworthy in many respects. Although Frege's influence on both the young Carnap and his later work has not to be discussed in detail here (see [Gabriel, 2007]), one can at least underline that Carnap recognizes the "great philosophical significance" of the "new instrument" he had learned by attending Frege's lectures. To be sure, Carnap's notes witness to the wide range of issues discussed by Frege, who explained not only the "strange diagrams" of the *Grundgesezte der Arithmetik*, but also illustrated the core themes of his semantic insights based on the crucial distinction between *sense* and *meaning* (see in particular [Frege, 1984, 87; 147–148]. In what concerns especially Leibniz, we can only speculate whether Frege took him into account in his lectures (likewise he did not). What is relevant, however, is that Carnap was acquainted already in his years in Jena, as we will see below, with the *Begriffschrift*, and thus with the programmatic proposal Frege had clearly formulated in the *Preface*, where he wrote:

> Leibniz [...] recognized – and perhaps overrated – the

advantage of an adequate system of notation. His idea of a universal characteristic, of a *calculus philosophicus* or *ratiocinator*, was so gigantic that the attempt to realize it could not go beyond the bare preliminaries. The enthusiasm that seized its originator when he contemplated the immense increase in the intellectual power of mankind that a system of notation directly appropriate to objects themselves would bring about led him to underestimate the difficulties that stand in the way of such an enterprise. But, even if this worthy goal cannot be reached in one leap, we need to despair of a slow, step-by-step, approximation. When a problem appears to be unsolvable in its full generality, one should temporally restrict it; perhaps it can be then conquered by a gradual advance. It is possible to view the signs of arithmetic, geometry, and chemistry as realizations, for specific fields, of Leibniz's idea. The ideography proposed here adds a new one to these fields, indeed the central one, which borders on all the others. If we take our departure from there, we can with the greatest expectation of success proceed to fill the gaps in the existing formula languages, connect their hitherto separated fields into a single domain, and extend this domain to include fields that up to now have lacked such a language. [Frege, 1879, 6–7]

This long declaration addressed to the reader of the *Begriffschrift* is very highlighting. Frege clearly states that the "ideography" has to be considered as a further step in realizing Leibniz's "gigantic" attempt, despite the "difficulties" that "stand in the way of such an enterprise." This accordance with Leibniz's dream has no rhetorical meaning, Frege's essential goal being, by contrast, a complete "system of notations" aiming at unifying the "existing formula languages" through a powerful logical tool. Frege's ideography can thus be regarded as rooted in Leibniz's very idea of universal characteristic. It is however to be noticed that Frege does not quote any text or passage drawn from Leibniz, but he refers exclusively to Adolf Trendelenburg's essay on Leibniz's universal characteristic first appeared in 1857 [Frege, 1879, 6, note 2]; [Trendelenburg, 1867, 1–47]. Trendelenburg's extensive investigation is one of the first contributions to the assessment of Leibniz's ideas of universal language in Germany [Peckhaus, 1997, 178–181], in which he also made known some drafts on the topic preserved in the Leibniz's estate in Hannover. Trendelenburg spoke of "a characteristic language of concepts and laws" and, expressly, of *Begriffschrift* [Trendelenburg, 1867, 4], a term that arguably inspired Frege in formulating his "ideography" or "conceptual notation" [Vilkko, 2002, 125]. No less noteworthy is that Trendelenburg wrongly used the term *characterica universalis* (which is nowhere to be found in Leibniz's writings) in order to designate the alphabet of human thoughts upon which Leibniz's project lies [Trendelenburg, 1867, 6]. Frege repeating this mistake clearly shows that his knowledge of Leibniz came from Trendelenburg's paper rather than from the original sources.

Frege actually later clarified, in a 1896 writing in which he examined Giuseppe Peano's work in comparison with own logical views, that the goal of the *Begriffschrift* could be explained by resorting to Leibnizian terminology: "In Leibnizian terminology, we can say: Boole's logic is a *calculus ratiocinator*, but not a *lingua characterica*; Peano's mathematical logic is in the main a *lingua characterica*, and at the same time also a *calculus ratiocinator*; whereas my conceptual notation (*Begriffschrift*) is both, with equal emphasis" ([Frege, 1984, 42]; see [Patzig, 1969]). However, Frege did not recalls Leibniz's terminology as a mere concession to Peano. It is enough to keep in mind his examination of Boole's work in a slightly later text, in which the references to Leibniz were such as to suggest the intention to return to the Leibnizian notion of ideal language and the *calculus ratiocinator* as the first beginning of modern symbolic logic ([Frege, 1969, 9–13]; on Frege and Leibniz see [Kluge, 1980, 231–262]; [Bertran-San-Millán, 2021]).

For his part, in 1891 Peano pointed out the analogies discovered by Leibniz "between the operations of algebra and those of logic", acknowledging the German philosopher's role as initiator of a line that — stretching from Boole to Schröder — ended with Peano himself: "One of the most remarkable results reached is that, with a very limited number of signs, one can express all imaginable logical relations; so that by adding signs to represent entities of algebra, or geometry, one can express all the propositions of these sciences" [Peano, 1891, 1]. Peano's celebrated *Formulario mathematico* was explicitly intended as the realization of Leibniz's quite utopian idea aiming to treat all the truths of reason by means of a simple calculation. According to Peano's emphatic claim, the results of *Formulario* were simply "wonderful" and therefore worthy of the enthusiasm which Leibniz had already reserved to the project of "universal science." In Peano's opinion, the consequence was nothing but that all philosophical controversies could from now on be resolved through a simple *calculemus* [Roero, 2011]. As the *Formulario* took shape, Leibniz's dream seemed to Peano to be close to being completed. In the *Notationes de logique mathématique*, published in 1894 as an introduction to the *Formulario*, he recalled, referring to Leibniz's *Dissertatio de arte combinatoria*, that the project to create a universal language, "within which all the composed thoughts could be expressed through conventional signs referring to simple ideas, according to established laws," had, two centuries later, finally found a solution thanks to the "new and important science which has labeled mathematical logic" and by virtue of the research promoted by Boole and De Morgan, Frege and Peirce, Venn and Mc Coll, Schröder and Jevons [Peano, 1957-59, vol. 2, 123–124]. The certainty of having found not just *a solution*, but *the definitive solution* would later inspire Peano, as he presented the second volume of the *Formulario*, some pages of which emphatically aimed at exalting the continuity with respect to Leibniz's grandiose idea of a *speciosa generalis*, which would allow all the truths of reason to be dealt with by means of a simple calculus. The famous *calculemus* had now become a reality and the results of the *Formulario* appeared so "wonderful" as to be worthy "of Leibniz's praise of the science he had prophesied" [Peano, 1957-59, vol. 2, 198].

Coming back to Carnap now, we can consider these different references to Leibniz scattered in both Frege's and Peano's writings as some of the main sources of his acquaintance with the *scientia universalis*.

This does not mean that Carnap was acquainted with all the texts where Frege takes into account Leibniz, but it seems arguable that Frege's rather peculiar Leibnizianism was in some respects present to Carnap even beyond the early phase of his career. Indeed, Carnap's diaries and the list of readings he accurately recorded from 1909 to 1935 that are now available thanks to the masterful edition by Christian Damböck [Carnap, 2022], make it possible to precisely ascertain what Carnap actually had read with regard both to Leibniz and, in more general terms, the Lebnizian tradition in logic. In summer 1910 Carnap had surely on his desk the *Begriffschrift* [Carnap, 2022, vol. 1, 436], but only later (in February 1913) Frege's *Grundgesetze der Arithmetik* [446]. However, only from 1920 onwards did Carnap devote himself to extensive readings of Peano (including parts of the *Formulario* [738, 740]) and, above all, both of Leibniz and Leibniz scholars. Whereas he was writing his doctoral thesis, Carnap read in winter 1921 the first volume of Leibniz's *Hauptschriften zur Grundlegung der Philosophie*, edited by Ernst Cassirer and Arthur Buchenau in 1904 [738] (see [Leibniz, 1904]). This volume contains some grounding papers regarding logic, mathematics, dynamics, according to a rather systematic order, while in the second volume, published in 1906, Leibniz's metaphysics is documented by all his most famous texts (e.g. the *Monadology*). Nonetheless it seems, very significantly, that Carnap never took into account this part of Leibniz's work. By contrast, in the same period he consulted at least the volumes 5 and 7 of the *Mathematische Schriften* edited by Gerhardt [738]. All the writings of Leibniz to which we have briefly referred are listed in the wide bibliography completing the 1922 dissertation on space, although Carnap never quotes or discusses directly Leibniz in the main text [Carnap, 2019, 136–137] (see also below).

Moreover, it must be said that much later, on May 16th, 1929, Carnap delivered, in Vienna, a lecture on Leibniz, which was part of the course devoted to *The Development of Theoretical Philosophy* since Descartes he held in summer semester of that year [404]. On this occasion Carnap used again the first volume of Leibniz's *Hauptschriften*, but also Cassirer's book on Leibniz he had already read in January

1921 [737] (see [Cassirer, 1902]). This latter circumstance deserves some considerations. First of all, Cassirer's great work on the "system of Leibniz" is surely one of the most important contributions both to the philosophy of Marburg Neo-Kantianism in the early 1900s and to the, as it were, "Leibniz-Renaissance" that took shape in a very brief period thanks to the outstanding works of Bertrand Russell [1900] and Louis Couturat [1901]. To tell the truth, it seems that Carnap had no acquaintance with Russell's book, but it results from his readings list that in March 1921 he had in his hands Couturat's *Logique de Leibniz* as well as Leibniz's *Opuscules et fragments inédits* edited by Couturat in 1903 [740-741]. In the appendix to Cassirer's work Carnap could find an extensive discussion of both Russell's and Couturat's interpretations of Leibniz, concerning the status of logical relations, the relationship of logic to mathematics and natural philosophy, and finally the dependence of metaphysics from logic, a crucial issue on which Couturat expressed just his main thesis on the foundation of the latter on the former ([Cassirer, 1902, 532–548]; see [Ferrari, 1988, 261–267]). Cassirer's Neo-Kantian point of view represented, in this sense, an alternative to emerging logicism and, at the same time, the defense of a Kantian philosophy of mathematics that was surely of the greatest interest for the young Carnap, as it results especially from his dissertation on the concept of space [Carnap, 2019, 23–171]. The following debate on logicism (or "logistic," as Couturat preferred to call Russell's logical foundation of mathematics) that developed in and outside Germany is patently a further philosophical scene, extremely significant for Carnap's early apprenticeship ([Richardson, 1998, 116–138]; [Pulkkinen, 2005, 231–292]).

Some other highlighting remarks should be added in order to complete the landscape of Carnap's Leibnizianism. First of all, Carnap — not unlike the major figures of scientific philosophy at that time — estimated Couturat not only as the author of masterful investigations on Leibniz's logic, but also for the criticism of Kant's philosophy of mathematics he had provided in a very influential essay of 1904 promptly reprinted a year later in his *Les Principes des Mathématiques* [Couturat, 1905, 235–308], whose German translation appeared in

1908. Very succinctly put, Couturat's claim was that Leibniz could be regarded as the veritable "modern" thinker within the development of logic, whereas Kant rather played the role of "conservative," unable to comprehend that logic has done, already through Leibniz, an enormous progress in comparison to Aristotle's logical theories [Couturat, 1905, 303]. Carnap was surely sensitive to Couturat's engagement in defense of the new logic (in 1922 he also read his *Algèbre de la logique* [Carnap, 2022, vol. 2, 744], not to say that Carnap's was affiliated with the Esperanto movement from the age of 17 ([Carus, 2007, 16]; see [Carnap, 2022, vol. 2, 252–253]). This circumstance witnesses to his interest in conducting the fight, undertaken also by Couturat along with Peano, in favor of an international, universal language.

Beyond Couturat, two other references remain worth remembering. The first one is Husserl. In 1900, in §60 of the *Prolegomena zur reinen Logik* introducing the two volumes of the *Logical investigations* (1900/1901), Husserl wrote that Leibniz's conceptions "stir a particular sympathy in us" [Husserl, 1982, vol. 1, 238]. Husserl, in particular, fully recognized Leibniz's merit of having promoted a reform of logic resting on the very idea of a *mathesis universalis*. According to Husserl, Leibniz "had intuitions of genius: he foresaw the most splendid gains which logic has had to register since the time of Aristotle [...] Leibniz bases himself on the same Idea of pure logic as we here support" [140]. In writing such a praise of Leibniz, Husserl probably had in mind his teacher Brentano, who had initiated him to the study of Leibniz; but still more important is, in this context, the key figure of Bernard Bolzano, which Husserl calls "one of the greatest logicians of all times." And Husserl adds that "[Bolzano] must be placed historically in fairly close proximity to Leibniz, with whom he shares important thoughts and fundamental conceptions, and to him he is also philosophically akin in other respects" [142]. All these remarks from Husserl about Leibniz and Bolzano were surely known to Carnap, who read the *Logical investigations* between November 1920 and January 1921 [Carnap, 2022, vol. 2, 736–737]. Furthermore, it should be noted that Carnap attended Husserl's lectures in Freiburg in winter semester 1923-1924 [789], that is to say the lectures Husserl devoted to *First Philosophy*. The first part of these lectures regarding the *Critical History of Ideas* included a section on the philosophical significance of Leibniz's monadology [Husserl, 1956, 197–200]; but it is questionable whether Carnap had been impressed with Husserl's *cogitationes* about the metaphysician Leibniz.

The second source we have to stress dates to the period in which Carnap was opening a new path of his philosophical inquiry, namely during the preparation phase of the *Logical syntax of language*. An entry of Carnap's diary dated Zurich, 12 January 1931, refers to an encounter with Karl Dürr, who had recently published a study on Leibniz's logical calculus [Dürr, 1930]. The day after, Carnap met again Dürr on the occasion of a lecture the latter delivered at the Mathematisches Colloquium. Carnap notes that the discussion about the lecture had been very intensive, and he adds, interesting enough, that Dürr's concept of logical subtraction is a "metalogical" one [Carnap, 2022, vol. 2, 503] (see [Dürr, 1930, 79–163]). To conclude now this review concerning Carnap, Leibniz's logic and the debate about the legacy of Leibniz, it remains only a latter reference having to do anew with Dürr. His book is quoted, indeed, in the §45 of the *Logical Syntax of Language*, where Carnap examines the role of indefinite terms [Carnap, 1937, 166] (see [Dürr, 1930, 87]). But all of this is unfortunately too little to reconstruct Carnap's own interpretation, if any, of the Leibnizian logic. Some other ways deserve, therefore, still to be explored.

3 From the Aufbau to the Logical Syntax

One of the most important references to Leibniz we can find in Carnap's writings is readable at the beginning of the *Aufbau* (§3), where Carnap argues that "the fundamental concepts of the theory of relations are found as far back as Leibniz' ideas of a *mathesis universalis* and of an *ars combinatoria*. The application of the theory of relations to the formulation of a constitutional system is closely related to Leibniz' idea of a *characteristics universalis* and of a *scientia generalis*" [Carnap, 2003, 8] (translation modified). This passage deserves some comments.

As it has been emphasized by recent scholarship (see for instance [Friedman, 1999, 89–162]; [Richardson, 1998]), Carnap's core idea of the *Aufbau* lies on the assumption that the "theory of relations" provides, in its combination with the logical instrument of Russell's and Whitehead's logic, the essential structure of objective knowledge. Being influenced by the Neo-Kantian conception of logic – not reducing it simply to formal logic, but conceiving it rather as the transcendental framework allowing us to apply logic to the mathematical science of nature in a sense quite similar to Cassirer's transformation of Russell's logicism – one might state that Carnap employs the logic of relations as a formal tool in order to develop his own theory of constitution. This question is clearly stated in §75 of the *Aufbau*, where Carnap tells us:

> We have realized earlier (§61) that, to lay down the basis of a system of constitution (*Konstitutionssystem*), we need not only the basic elements, but also certain initial ordering concepts, since otherwise it is not possible to produce any constitution starting from the basic elements [...] But after the basic elements were chosen (§67) and the elementary experiences which were chosen turned out to be units unanalyzable in principle, it appeared that any assertion about them would have to have the form of a pair list (§69). From this it follows that (one or more) basic relations must be chosen as the first ordering concepts. These basic relations, and not the basic elements, form the undefined basic concepts of the system. The basic elements are constituted only starting from the basic relations (*Grundrelationen*) (as their field). ([Carnap, 2003, 122], translation modified)

Carnap also makes two remarks integrating this programmatic claim. First, he stresses that in order to lay the foundation of the "system of constitution" it is not sufficient to assume the basic elements of data experience, as the Positivists (for instance Mach and Avenarius) do. By contrast, Carnap acknowledeges the great merit of transcendental idealism (Carnap refers to Rickert, Cassirer, and Bauch) in having argued that "these elements do not suffice. Order concepts, our basic relations (*Grundrelationen*), must be added" (122). Second, Carnap praises Cassirer's theory of relations he has developed in *Substance and function*, to which Carnap refers sharing Cassirer's main argument. According to Cassirer, Carnap says,

> A science which has the aim of characterizing unique entities through contexts of laws without loss of individuality must utilize, not class ("generic") concepts, but relational concepts, since these can lead to the formation of series and thus to the establishment of systems of ordering. As a result, it is necessary to conceive relations rather as first positions (*erste Setzungen*), since one can easily make the transition from relations to classes, but the opposite is possible only very rarely. ([Carnap, 2003, 122], translation modified)

Keeping in mind now what Carnap argues in §3, namely that (we quote again) "the application of the theory of relations to the formulation of a constructional system is closely related to Leibniz' idea of a *characteristics universalis* and of a *scientia generalis*," one can suggest that Leibniz too is a major reference for Carnap's aim at individuating the (not ultimate) system of categories constituting the structure of the world (165-166). This claim can be strengthened by considering one of the chapters of the story we are telling in this paper. As we have seen above, Carnap was acquainted with Cassirer's book on Leibniz, to be sure an outstanding work offering, among many others issues, a "transcendental" reading of Leibniz's *scientia universalis* as general theory of relations, the first of all of logical mathematical relations, in quite differing way from the traditional form subject-predicate, that has to be applied to reality (or, more precisely, to natural science). So, for instance, Cassirer states that for Leibniz "the determination of a content as single content can be gained through its order and its full determination within the series of space and time. The single element is the ideal outcome of objective relations that are implied in both space and time systems" [Cassirer, 1902, 246]. On the other hand, by opposing Russell's interpretation of Leibniz view of relations as mere mental constructions essentially akin to Kantian categories [Russell, 1900, 13–15, 118–119], Cassirer points out that relations in Leibniz's own sense mean "laws," objective structures upon which the field of phenomena rests [Cassirer, 1902, 537]. Put in other words, the *Grundrelationen* (as Carnap says) are purely "valid" logical forms, they do not belong to the mind (as Russell suggests), but rather represent both the articulation and the foundation of objective knowledge. This is the reason why Cassirer considers Leibniz not only relatively close to Kant, but, above all, as a kind of ally in shaping the Neo-Kantian/Marburg theory of scientific knowledge.

It is highly probable that Carnap was well aware of this backdrop when he referred to Leibniz in the *Aufbau*, for otherwise we could not explain his assessment of *Scientia generalis* as a sort of epistemological framework in which the theory of constitution has to be integrated. Nevertheless, this is the only trace we can detect by exploring Carnap's commitment (at least: a direct commitment) to Leibniz in the *Aufbau*. Yet, another passage in which Carnap deals with Leibniz can be found in the same work. By discussing the role of nominal definitions as a rule of substitutions within the constitutional system, Carnap underlines that, in order to replace in all statements a certain sign (the *definiendum*) by another sign (the *definiens*), it is necessary to respect Leibniz's principle (and implicitly Bolzano's own reworking) of *salva veritate*. The concern with nothing but the logical value (truth value) for a constructional derivation agrees with Leibniz' definition of identity: "Eadum sunt, quorum unum potest substitui alteri salva veritate" [Carnap, 2003, 85]. However, as interesting as it is, this second reference does not reveal that Carnap had carefully studied Leibniz's logic.

Apart from that, Carnap has professed a kind of Leibnizianism which is testified, to some extent, by his positive opinion of the book by Rudolf Gätschenberger *Symbola. Anfangsgründe einer Erkenntnistheorie*, actually mentioned several times in the *Aufbau* (§§60, 65, 95, 178, 180). Gätschenberger's extremely interesting, but unfortunately forgotten work, was published in 1920 and immediately read by Carnap in March 1921 [Carnap, 2022, vol. 2, 741]. According to Gäschtenberger, the core problem of the theory of knowledge is the relationship between "symbols and their objects." He maintains however that symbolic language is in this sense still far from Leibniz's pasigraphy, because "expression" (note that this a Leibnizian term) is, except for mathematics, subject to ambiguities and errors and can give origin to pseudo-problems (*Scheinprobleme*) in philosophy [Gätschenberger, 1920, 4–6]. The basis of the theory of knowledge or, rather, of *Wissenschafstlehre* appears thus as the transformation of simple objects into a system of symbolic representations [6].

For his part, Carnap makes it clear how many convergences subsist between his own point of view and Gäschtenberger's theory of symbolic knowledge. Hence, he tells us in §60:

> Gätschenberger ([Symbola] 437 ff., esp. 451) shows the possibility of two 'sublanguages', which correspond to (in our terminology) the system forms with psychological and physical basis respectively: the scientific 'language of the postulated' and the psychological 'language of the given'. Gätschenberger is of the opinion that a pure language of the given cannot be accomplished; however, by using such a language in our constructional system, we shall show that a system form with psychological basis can be achieved. [Carnap, 2003, 97]

Moreover, Carnap claims in §95 that the basic language of the system of constitution is nothing but the symbolic language of modern logistic:

> Gätschenberger [Symbola] gives an explicit discussion of the relation between different languages which deal with the same state of affairs. His considerations can be used to facilitate the understanding of the multilingual technique which we are using here. The basic language of our constitutional system forms a sketch for a unified language such as is demanded by Gätschenberger; it also has the algorithmic properties which Gätschenberger desires. ([Carnap, 2003, 153], translation modified)

Carnap's acknowledgement of Gätschenberger's work, and in particular of his attention for the "unified language," does suggest that the integration of a kind of Leibnizianism in the framework of the general theory of constitution represents, at any rate, one of the crucial points of the *Aufbau*. Precisely for this reason, Leibniz remains, in Carnap's later development, an author whose importance is still worthy to be emphasized. Actually, Carnap would underscore, in the article *Die alte und die neue Logik* published in 1930 in the first issue of *Erkenntnis*, that Leibniz was doubtlessly the initiator of the new logic, in particular in what concerns the first attempts to elaborate a logic of relations which would be only later fully realized by contemporary logic [Carnap, 2004, 65, 68; 1934, 108]. Carnap also makes it explicit that theory of knowledge means, in general, a kind of applied logic, that is to say that epistemology is a part of the logical syntax of language [Carnap, 1935, 83]. Starting from this more general framework, Carnap insists with a certain emphasis that, since Leibniz had recognized the possibility of a logic of relations, he was also able to reach the right conception of space, which is not to be defined as "the placement of a body," but only it consists of relations of position (*Lagebeziehungen*) among bodies that represent "the basic state of affairs" [Carnap, 2004, 70]. It should be recalled that Carnap had already dealt with this issue in the dissertation on space, where we find some remarks on Leibniz as founder of projective geometry. "The treatment of formal space – Carnap significantly states – goes back originally to Leibniz [...] Leibniz considered formal geometry as a special case of his planned 'mathesis universalis' – a universal theory that presents the formal law of any contentful particular theory" [Carnap, 2019, 145]. And little further Carnap adds: "projective geometry is to be regarded as the realization of the Leibnizean plan, and not topology, which is also frequently called Analysis Situs" [155].

On the other hand, Leibniz's pioneering work was arguably in Carnap's mind as he made a further step after the *Aufbau*. Indeed, Carnap's very idea of the logical syntax of language seems to some extent indebted to Leibniz's conception of *calculus ratiocinator*. As Carnap stresses in the opening remarks of the *Syntax*, "by a calculus is understood a system of conventions or rules of the following kind. These rules are concerned with elements – the so-called symbols – about the nature and relations of which nothing more is assumed than that they are distributed in various classes. Any finite series of these symbols is called an expression of the calculus in question" [Carnap, 1937, 4]. Two questions thus arise. First, by assuming logic as calculus (or *calculus rationicinator* in Leibniz' terminology), Carnap embraces the tradition that Volker Peckhaus has explored opposing it to the *characteristica universalis* [Peckhaus, 2004]. In a nutshell, a similar view implies that Carnap, in the *Logical Syntax of Language*, diverges from Frege's semantics (and, at least in this phase, from semantic implications at all); accordingly, Carnap also departs from Leibniz's *characteristica universalis* constituting the semantic part of the *lingua rationalis* [8]. In this way, one could say, Frege's Leibnizianism is essentially undermined. Second, Carnap's syntactical-formal conception of language echoes at the same time the hope already nurtured by Peano that philosophical and metaphysical controversies could be solved by turning to a logical calculus or, in Carnap's terms, to the translation of the material mode of speech into the formal, purely syntactical one. As he says, "the use of this material mode often leads to confusion and idle philosophical controversies which can be settled by translating the theses of the controversy into the formal mode" [Carnap, 1935, 69]. For its part, the formal mode of speech is the proper syntactical language intended "as the construction and the manipulation of a calculus" [Carnap, 1937, 5].

A last, concluding remark should be added to these statements. It can hardly be only a coincidence, but Leibniz is only once quoted in the *Logical Syntax of Language*, and what is more in very general terms and without any textual reference [Carnap, 1937, 49]. Could such a circumstance testify that Carnap's technique of logical syntax has deprived scientific philosophy of his historical and philosophical background [Engler and Renn, 2018, 88]?

References

[Antonelli and Boccaccini, 2021] Antonelli, M. & Boccaccini, F. 2021. *Franz Brentano. Mente, coscienza, realtà.* Roma: Carocci.

[Bertran-San-Millán, 2021] Bertran-San-Millán, J. 2021. "Lingua characterica and calculus ratiocinator: the Leibnizian Background of the Frege-Schröder Polemic." *The Review of Symbolic Logic* **14**(2), 411—446.

[Bolzano, 1837] Bolzano, B. 1837. *Wissenschaftslehre. Versuch einer ausführlichen und größtentheils neuen Darstellung der Logik mit steter Rücksicht auf deren bisherigen Bearbeiter*, 4. vol., Sulzbach: Seidelsche Buchhandlung. (Reprinted in *Bernard-Bolzano Gesamtausgabe*. J. Berg et al. (eds.), Section I, vols. 11–14. Stuttgart-Bad Cannstatt: Frommann, 1985–2000).

[Bolzano, 1920] Bolzano, B. 1920. *Paradoxien des Unendlichen*. Leipzig: Meiner.

[Bolzano, 2008] Bolzano, B. 2008. *Correspondance Bolzano-Exner*. C. Maigné & J. Sebestik (tr.). Paris: Vrin.

[Bonnet, 2014] Bonnet, C. 2014. « Kant en Autriche: entre réception et rejet. » *Austriaca. Cahiers universitaires d'information sur l'Autriche* **39**(78), 125—142.

[Brentano, 1895] Brentano, F. 1895. *Meine letzten Wünsche für Österreich*. Stuttgart: Cotta'schen Buchhandlung.

[Brentano, 1686a] Brentano, F. 1968a. *Die vier Phasen der Philosophie*. Hamburg: Meiner.

[Brentano, 1968b] Brentano, F. 1968b. *Über die Zukunft der Philosophie*. Hamburg: Meiner.

[Carnap, 1934] Carnap, R. 1934. *Die Aufgabe der Wissenschaftslogik*, Wien: Gerold (Reprinted in B. McGuinness, J. Schulte (eds.) *Einheitswissenschaft*. Frankfurt am Main: Suhrkamp, 90—117).

[Carnap, 1935] Carnap, R. 1935. *Philosophy and Logical Syntax*. London: Kegan Paul, Trench, Trubner.

[Carnap, 1937] Carnap, R. 1937. *Logical Syntax of Language*. London: Routledge.

[Carnap, 1963] Carnap, R. 1963. "Intellectual Autobiography." In P. A. Schilpp (ed.) *The Philosophy of Rudolf Carnap*. La Salle (Illinois): Open Court, 3—84.

[Carnap, 2003] Carnap, R. 2003. *The Logical Structure of the World and Pseudoproblems in Philosophy*. R. A. George (tr.). Chicago and La Salle

(Illinois): Open Court.

[Carnap, 2004] Carnap, R. 2004. *Scheinprobleme in der Philosophie und andere metaphysikkritische Schriften*. T. Mormann (ed.). Hamburg: Meiner.

[Carnap, 2019] Carnap, R. 2019. *The Collected Works of Rudolf Carnap, vol. 1, Early Writings*. A. W. Carus et al. (eds.). Oxford: Oxford University Press.

[Carnap, 2022] Carnap, R. 2022. *Tagebücher*, 2 vols. C. Damböck (ed.). Hamburg: Meiner.

[Carnap, Hahn and Neurath, 2012] Carnap, R. & Hahn, H. & Neurath, O. 2012. "The Scientific World-Conception. The Vienna Circle." In T. Uebel (tr.) *Wissenschaftliche Weltauffassung. Der Wiener Kreis. Hrsg. vom Verein Ernst Mach* (1929). Reprint der Erstausgabe. Mit Übersetzungen ins Englische, Französische, Spanische und Italienische. Herausgegeben mit Einleitungen und Beiträgen von Friedrich Stadler und Thomas Uebel. Wien-New York: Springer.

[Carus, 2007] Carus, A. W. 2007. *Carnap and Twentieth-Century Thought. Explication as Enlightenment*. Cambridge: Cambridge University Press.

[Cassirer, 1902] Cassirer, E. 1902. *Leibniz' System in seinen wissenschaftlichen Grundlagen*. Marburg: Elwert.

[Cat, 2019] Cat, J. 2019. "Neurath and the Legacy of Algebraic Logic." In J. Cat, A. T. Toboly (eds.) *Neurath Reconsidered. New Sources and Perspectives*. Cham: Springer, 241—337.

[Coen, 2007] Coen, D. R. 2007. *Vienna in the Age of Uncertainty. Science, Liberalism & Private Life*. Chicago: The University of Chicago Press.

[Couturat, 1901] Couturat, L. 1901. *La logique de Leibniz d'après des documents inédits*. Paris: Alcan.

[Couturat, 1905] Couturat, L. 1905. *Les Principes des Mathématiques. Avec un'appendice sur la philosophie des mathématiques de Kant*. Paris: Alcan.

[Danek, 1970] Danek, J. 1970. *Weiterentwicklung der Leibnizschen Logik bei Bolzano*. Maisenheim am Glan: Verlag Anton Hain.

[Danek, 1975] Danek, J. 1975. *Les projets de Leibniz et de Bolzano: deux sources de la logique contemporaine*. Québec: Presses Université de Laval.

[Dürr, 1930] Dürr, K. 1930. *Neue Beleuchtung einer Theorie von Leibniz. Grundzüge des Logikkalküls*. Darmstadt: Reichl.

[Engler and Renn, 2018] Engler, F. O. & Renn, J. 2018. *Gespaltene Vernunft. Vom Ende eines Dialogs zwischen Wissenschaft und Philosophie*. Berlin: Matthes & Seitz.

[Exner, 1843] Exner, F. 1843. *Über Leibniz Universal-Wissenshaft*. Prag: Borrosch & André.

[Ferrari, 1988] Ferrari, M. 1988. *Il giovane Cassirer e la scuola di Marburgo*. Milano: Angeli.

[Ferrari, 2023] Ferrari, M. 2023. Leibniz and the Vienna Circle. In P. Cantù and G. Schiemer (eds.) *Logic, Epistemology, and Scientific Theories – From Peano to the Vienna Circle*. Cham: Springer, 89–113.

[Fisette, 2021] Fisette, D. 2021. "Robert Zimmermann and Herbartianism in Vienna: The Critical Reception of Brentano and his Followers." In C. Maigné (ed.) *Herbartism in Austrian Philosophy*. Berlin-Boston: de Gruyter, 33–62.

[Fréchette, 2020] Fréchette, G. 2020. "Brentano on Phenomenology and Philosophy of Science." In D. Fisette, G. Fréchette, F. Stadler (eds.) *Franz Brentano and Austrian Philosophy*. Cham: Springer, 101—115.

[Frege, 1879] Frege, G. 1967 [1879]. "Begriffschrift, a formal language, modelled upon that of arithmetics, for pure thought." In J. van Heijenoort (ed.) *From Frege to Gödel. A Source Book in Mathematical Logic, 1879-1931*. Cambridge, Massachusetts: Harvard University Press, 1—82.

[Frege, 1969] Frege, G. 1969. *Nachgelassene Schriften*. H. Hermes, F. Kambartel, F. Kaulbach (eds.). Hamburg: Meiner.

[Frege, 1984] Frege, G. 1984. *Collected Papers on Mathematics, Logic, and Philosophy*. B. McGuinness (tr., ed.). Oxford: Blackwell.

[Friedman, 1999] Friedman, M. 1999. *Reconsidering Logical Positivism*, Cambridge: Cambridge University Press.

[Gabriel, 2007] Gabriel, G. 2007. Frege and Carnap.. In M. Friedman, R. Creath (eds.), *The Cambridge Companion to Rudolf Carnap*. Cambridge: Cambridge University Press, 65—80.

[Gätschenberger, 1920] Gätschenberger, R. 1920. *Symbola. Anfangsgründe einer Erkenntnistheorie*. Karlsruhe i. B.: Braunschen Hofbuchdruckerei und Verlag.

[Hahn, 1980] Hahn, H. 1980. *Empiricism, Logic, and Mathematics. Philosophical Papers*, B. McGuinness (ed. with an Introduction by K. Menger). Dordrecht/Boston/London: Reidel.

[Haller, 1979] Haller, R. 1979. *Studien zur Österreichischen Philosophie*. Variationen über ein Thema, Amsterdam: Rodopi.

[Haller, 1986] Haller, R. 1986. *Fragen zu Wittgenstein und Aufsätze zur österreichischen Philosophie*. Amsterdam: Rodopi.

[Haller, 1992] Haller, R. 1992. "Bolzano and Austrian Philosophy." Centro

Fiorentino di Storia e Filosofia della scienza (ed.) *Bolzano's Wissenschaftslehre*. Firenze: Olschki, 191—206.

[Husserl, 1956] Husserl, E. 1956. *Erste Philosophie (1923/24)*. Erster Teil: *Kritische Ideengeschichte*. In *Husserliana*, vol. VI, ed. by R. Boehm, The Hague: Martinus Nijhoff.

[Husserl, 1982] Husserl, E. 1982. *Logical Investigations*, vol. 1. J. N. Findlay (tr.). London and New York: Routledge. Naberhaus. Dordrecht: Springer.

[Johnston, 1983] Johnston, W. M. 1983. *The Austrian Mind. An Intellectual and Social History 1848-1938*. Berkeley and Los Angeles: University of California Press.

[Kluge, 1980] Kluge, E.-H. W. 1980. *The Metaphysics of Gottlob Frege. An Essay in Ontological Reconstruction*. The Hague: Martinus Nijhoff.

[Leibniz, 1847] Leibniz, G. W. 1847. *Monadologie, Deutsch mit einer Abhandlung über Leibniz' und Herbarts Theorien des wirklichen Geschehens von Dr. R. Zimmermann*. Wien: Braumüller und Seidel.

[Leibniz, 1904] Leibniz, G. W. 1904. *Hauptschriften zur Grundlegung der Philosophie*, vol. 1. E. Cassirer & A. Buchenau (tr., ed.). Leipzig: Dürr.

[Maigné, 2012] Maigné, C. 2012. *Formalisme esthétique. Prague et Vienne au XIXe siècle*. Paris: Vrin.

[Maigné, 2021] Maigné, C. 2021. *Herbartism in Austrian Philosophy*. Berlin/Boston: de Gruyter.

[Mariani, 2020] Mariani, E. 2020. « De l'être à l'âme, et retour. Brentano, Aristote et le project d'une philosophie scientifique. » *Revue de métaphysique et de morale* **106**(2), 247—269.

[Mugnai, 1992] Mugnai, M. 1992. "Leibniz and Bolzano on the Realm of Truths." In Centro Fiorentino di Storia e Filosofia della scienza (ed.) *Bolzano's Wissenschaftslehre*. Firenze: Olschki, 207—220.

[Mugnai, 2012] Mugnai, M. 2012. "Bolzano e Leibniz." In S. Besoli, L. Guidetti, V. Raspa (eds.) *Bernard Bolzano e la tradizione filosofica*. Macerata: Quodlibet, 93—108.

[Neurath, 1935] Neurath, O. 1935 *Le développement du Cercle de Vienne et l'avenir de l'empirisme logique*. Paris: Hermann.

[Neurath, 1983] Neurath, O. 1983. *Philosophical Papers 1913-1946*. R. S. Cohen & M. Neurath (ed., tr.). Dordrecht/Boston/Lancaster: Reidel.

[Neurath, 1995] Neurath, O. 1995. "Visual Education. Humanities versus Popularisation." J. Manninen (ed.). In E. Nemeth, F. Stadler (eds.) *Encyclopedia and Utopia. The Life and Work of Otto Neurath (1882-1945)*. Dordrecht–Boston/–London: Kluwer, 245—335.

[Patzig, 1969] Patzig, G. 1969. „Frege und die sogenannte lingua characteristica universalis". *Studia Leibnitiana Supplementa* 3, 103—112.

[Peano, 1891] Peano, G. 1891. "Principii di logica matematica." *Rivista di matematica* **I**, 1—10.

[Peano, 1957-59] Peano, G. 1957-1959. *Opere scelte*, 3 vols. Unione Matematica Italiana (ed.). Roma: Edizioni Cremonese.

[Peckhaus, 1997] Peckhaus, V. 1997. *Logik, Mathesis universalis und allgemeine Wissenschaft. Leibniz und die Wiederentdeckung der formalen Logik im 19. Jahrhundert*. Berlin: Akademie Verlag.

[Peckhaus, 2004] Peckhaus, V. 2004. "Calculus ratiocinator versus characteristica universalis? The two traditions in logic, revised." *History and Philosophy of Logic* **25** (February), 3—14.

[Pulkkinen, 2005] Pulkkinen, J. 2005. *Thought and Logic. The Debates between German Speaking Philosophers and Symbolic Logicians at the Turn of 20th Century*. Frankfurt am Main–Berlin–Bern: Peter Lang.

[Raspa, 2012] Raspa, V. 2012. "Bolzano e la filosofia austriaca." In S. Besoli, L. Guidetti, V. Raspa (eds.) *Bernard Bolzano e la tradizione filosofica*. Macerata: Quodlibet, 245—285.

[Richardson, 1998] Richardson, A. W. 1998. *Carnap's construction of the world. The Aufbau and the emergence of logical empiricism*. Oxford: Oxford University Press.

[Roero, 2011] Roero, C. S. 2011. "The *Formulario* between Mathematics and History." In F. Skof (ed.) *Giuseppe Peano between Mathematics and Logic*. Milano: Springer Verlag–Italia, 83—132.

[Russell, 1900] Russell, B. 1900. *A Critical Exposition of the Philosophy of Leibniz*. Cambridge: Cambridge University Press.

[Sebestik, 2001] Sebestik, J. 2001. « Le Cercle de Vienne et ses sources autrichiennes. » In J. Sebestik, A. Soulez (eds.) *Le Cercle de Vienne. Doctrines et controversies*. Paris: L'Harmattan, 21—41.

[Smith, 1994] Smith, B. 1994. *Austrian Philosophy. The Legacy of Franz Brentano*. Chicago and La Salle (Illinois): Open Court.

[Smith, 1997] Smith, B. 1997. "The Neurath-Haller Thesis: Austria and the Rise of Scientific Philosophy." In K. Lehrer, J. C. Marek (eds.) *Austrian Philosophy Past and Present. Essays in Honor of Rudolf Haller*. Dordrecht–Boston–London: Kluwer Academic Publishers, 1—20.

[Trendelenburg, 1867] Trendelenburg, A. 1867. *Historische Beiträge zur Philosophie*, Dritter Band. Berlin: Bethge.

[Uebel, 2000] Uebel, T. 2000. *Vernunftkritik und Wissenschaft: Otto Neurath und der erste Wiener Kreis.* Wien–New York: Springer.

[Vilkko, 2002] Vilkko, R. 2002. *A Hundred Years of Logical Investigations. Reform Efforts of Logic in Germany (1781–1897).* Paderborn: Mentis Verlag.

[Zimmermann, 1849] Zimmermann, R. 1849. *Leibniz und Herbart. Eine Vergleichung ihrer Monadologien.* Wien: Braumüller.

FREGES ANALYSE DER IDEE DER REIHE UND KERRYS FRÜHE KRITIK AN IHRER „IMPRÄDIKATIVEN" FORMULIERUNG

María Gabriela Fulugonio

Zusammenfassung

Zwischen 1885 und 1889 veröffentlicht Benno Kerry eine Reihe von acht Artikeln „Über Anschauung und ihre psychische Verarbeitung" in der *Vierteljahrsschrift für wissenschaftliche Philosophie*. Bekannt ist davon seine vor allem im vierten Artikel vorgebrachte Kritik an Freges Konzept des Begriffs. Weniger bekannt ist, dass der junge Wiener Philosoph dort darüber hinaus auch Freges in der *Begriffsschrift* gegebene Definition des Nachfolgers kritisiert. Diese Kritik ruft aber kaum Reaktionen hervor. Erst fünfzehn Jahre später nimmt Bertrand Russell im „Appendix A" von *Principles of Mathematics* (1903) Bezug darauf, wenngleich ohne sich dabei lange aufzuhalten. Erst 1906 wird er anlässlich seiner Diskussion mit Poincaré noch einmal auf die Sache zurückkommen.

In meinem Beitrag argumentiere ich zum einen — und gegen das, was von der sogenannten analytischen Tradition gelehrt wird — für die Bedeutung des dritten Teils der *Begriffsschrift* und dessen Platz in Freges allgemeinem Programm. Zum anderen zeige ich, dass Russell Kerrys Hinweis auf die Zirkularität der

---

Danken will ich Christian Thiel für seine schriftliche Kommentare und Korrekturen zu dieser und vorheriger Fassungen meines Beitrags sowie Constanze Sauer, Gerhard Heinzmann, und den Herausgeberinnen für ihre sprachliche Überarbeitung. Von der Universidad de Buenos Aires Javier Legris für seine wie immer guten und professionellen Ratschläge und Cecilia Sanseverino für ihre großartige Hilfe mit den Internet- und Rechnermitteln, aber vor allem Volker Peckhaus für die meiner Arbeit gewidmete Aufmerksamkeit und die durch den DAAD geförderten Einladungen nach Paderborn.

Definition der Nachfolgerbeziehung kennt und dass dies ohne Zweifel ein klarer Präzedenzfall aus der Zeit vor Russells Diagnose des Problems der Antinomien in seinen „Mathematical Logic as Based on the Theory of Types" (1908) ist. Mit dem Ziel, etwas Licht auf den problematischen Punkt der Zirkularität solcher Definitionen zu werfen, biete ich eine detaillierte Analyse der Definition Freges und der Beziehungen der Anschauungen zu reinen Begriffen.

Einleitung

Im „Vorwort" von *Begriffsschrift. Eine der arithmetischen nachgebildete Formelsprache des reinen Denkens* [1879, im Folgenden *Bs.*] erklärt Gottlob Frege, dass er angesichts der Frage nach der Natur mathematischer Urteile, d.h. der Frage, ob ihre Beweise rein logisch sind oder auf empirischen Fakten beruhen, zunächst untersuchen musste, „wie weit man in der Arithmetik durch Schlüsse allein gelangen könnte, nur gestützt auf die Gesetze des Denkens, die über allen Besonderheiten erhaben sind" [1879, iv]. Die *Bs.* ist also die öffentliche Präsentation dieses Versuchs, in der Tat der erste Schritt zu seinem größeren Ziel: die reine Logik der Arithmetik zu beweisen. Dies geschieht mit der notwendigen Klarstellung, dass die zur Verfügung stehende Sprache für diesen Zweck offensichtlich ungeeignet war. Aus diesem Grund schuf Frege das Notationssystem, das er im ersten Teil des Buches darlegt. Im zweiten Teil präsentiert Frege das axiomatische System, mittels dessen er alle arithmetischen Sätze zu beweisen strebt. Im dritten und letzten Teil der *Bs.* sucht Frege „den Begriff der Anordnung in einer Reihe auf die logische Folge zurückzuführen" [1879, iv]. Das ist der erste Schritt seines Programms. Der zweite wird es sein, „von hier aus zum Zahlbegriff fortzuschreiten" [1879, iv], eine Aufgabe, die Frege in *Die Grundlagen der Arithmetik* [1884, im Folgenden *Gl.*] in Angriff nehmen wird. Um den Begriff der Anordnung in einer Reihe werde ich mich kümmern.

Zwischen 1885 und 1889 erscheint in der *Vierteljahrsschrift für wissenschaftliche Philosophie* [im Folgenden *VwPh*], der gleichen Zeitschrift, in der Frege später seinen berühmten Aufsatz *Über Begriff und Gegenstand* [im Folgenden *BuG*] veröffentlichen wird, eine Reihe von acht Artikeln, die den Titel *Über Anschauung und ihre psychische Verarbeitung* [im Folgenden *AuV*] trägt. Der Autor ist der junge Wiener Philosoph Benno Kerry. Frege veröffentlicht *BuG* nicht zuletzt motiviert durch die Kritik, die Kerry vor allem im vierten Artikel dieser Serie an seinem Konzept des Begriffs übt. Aber darüber hinaus kritisiert Kerry, der übrigens der erste war, der die Konzeption Freges — abwertend — als *logizistisch*[1] bezeichnete, dort auch Freges Definition des *Nachfolgers* (oder: *Vorgängers*, wie er später genannt wurde), d.h. Freges Ansatz, „den Begriff der Anordnung in einer Reihe auf die *logische* Folge zurückzuführen" [1879, iv]. Doch obwohl Kerrys Kritik auf einen Kernaspekt des Fregeschen Systems verweist, übersieht dies Frege selbst, höchstwahrscheinlich aufgrund der psychologistischen Grundhaltung, die der gesamten Serie eigen ist. Sie ruft kaum Reaktionen hervor. Erst 15 Jahre später bezieht sich Bertrand Russell im „Appendix A" von *Principles of Mathematics* [1903, im Folgenden *PoM*] darauf, wenngleich ohne sich daran lange aufzuhalten. Trotzdem wird er 1906 anlässlich seiner Diskussion mit Poincaré noch einmal auf die Sache zurückkommen.

Im Folgenden werde ich zum einen die Bedeutung des dritten Teils von *Bs.* betonen und zum anderen argumentieren, dass Kerrys Hinweis auf eine Zirkularität in Freges Definition der Nachfolgebeziehung als Präzedenzfall noch vor Russells Diagnose des Problems der Antinomien in seinen "Mathematical Logic as Based on the Theory of Types" (1908) verstanden werden sollte. In Abschnitt I entfalte ich Freges Analyse der intuitiven Idee der Reihenfolge. In Abschnitt II stelle ich Benno Kerry sehr kurz vor, um den Wert seiner Kritik zu kontextualisieren, und Abschnitt III widmet sich der Analyse von Kerrys Argumenten sowie Russells Abwandlungen derselben.

---

[1]Siehe z.B., [Kerry, 1885–91, IV, 261, 268, 275]. Zu diesem Primat vgl. [Peckhaus, 1996].

1 „Einiges aus einer allgemeinen Reihenlehre" (*Bs.*, III. Teil)

In einem Brief an den niederländischen Physiker und Philosophen Buchard de Volder, mit dem Gottfried Wilhelm Leibniz ausführlich über den Stoffbegriff und die Bewegung der Körper debattierte und mit dem er zwischen 1698 und 1706 eine ausführliche Korrespondenz führte, schreibt Leibniz:

> In serie (qualis numerorum) nihil ais successivi concipi. Quid tum? Ego non dico seriem esse successionem, sed successionem esse seriem et habere hoc aliis seriebus commune, ut lex seriei ostendat quorsum in ea progrediendo debeat perveniri seu ut posito initio et lege progressus termini ordine prodeant sive sit ordo aut prioritas naturae tantum sive temporis quoque.[Leibniz, 1875–1890, 263][2]

Rund hundertachzig Jahre später schreibt Frege:

> §42. Auch der Ausweg, räumliche und zeitliche Anordnung durch einen allgemeinern Reihenbegriff zu ersetzen, führt nicht zum Ziele; denn die Stelle in der Reihe kann nicht der Grund des Unterscheidens der Gegenstände sein, weil diese schon irgendworan unterschieden sein müssen, um in eine Reihe geordnet werden zu können. *Eine solche Anordnung setzt immer Beziehungen zwischen den Gegenständen voraus, seien es nun räumliche oder zeitliche oder logische oder Tonintervalle oder welche sonst, durch die man sich von einem zum andern leiten lässt,* und die mit deren Unterscheidung nothwendig verbunden sind. ([Frege, 1884, §42], meine Emphase)

Die Leibnizsche Inspirationsquelle ist offensichtlich, ganz unabhängig von der Frage, ob Frege Zugriff auf die zitierte Korrespondenz gehabt

---

[2]Der Brief wurde 1879 erstmals bei Carl Immanuel Gerhardt in Band II von Die Philosophischen Schriften von Gottfried Wilhelm Leibniz herausgegeben. Ich verdanke Christian Thiel den Hinweis auf diese Passage und Oscar Esquisabel ihre Einordnung in den oben skizzierten Kontext.

haben könnte. Leibniz verteidigt die darin dargelegten Ideen auch in den zeitgleich verfassten *Nouveaux Essais sur l'entendement humaine*.[3]

Frege erkennt in *Gl.* [1884, §6],[4] dass er mit dem bekannten Beweis der *Nouveaux Essais*, dass $2+2=4$, konfrontiert ist. Er will aber noch einen Schritt weiter gehen und untersuchen, ob die eigene Definition der Reihe der natürlichen Zahlen rein logisch ist. Das würde bedeuten, dass nicht der Ort, den die Zahlen in der Reihe einnehmen, die Grundlage ihrer Differenz wäre, sondern vielmehr ihre Beziehungen zueinander die Grundlage ihrer Serienordnung darstellten. Frege wird versuchen herauszufinden, was die logische Beziehung zwischen den Zahlen ist, in der seine Präsentation der Serie gründet. In den *Gl.* nimmt Frege dementsprechend eine Untersuchung über den Begriff der Zahl vor. In *Bs.* versucht er ausgehend von einer Analyse des Begriffs der Reihe zu begründen, dass es eine rein logische Definition der Reihe der natürlichen Zahlen gibt.

1.1 Die intuitive Idee und die reine Idee der Nachfolge

Angesichts der Tatsache, dass der Begriff der numerischen Abfolge auf mathematischer Induktion beruht, beabsichtigt Frege, die reine Idee der Abfolge, oder Serie, zu erfassen. Er vertritt die These, dass die Konzeptionalisierung der Abfolge der Zahlen nicht von einer zeitlichen oder räumlichen Anschauung getragen wird, sondern diese Fälle von ersterem sind:

> Ausserdem sieht man an diesem Beispiele, wie das von jedem durch die Sinne oder selbst durch eine Anschauung a priori gegebenen Inhalte absehende reine Denken allein aus dem Inhalte, welcher seiner eigenen Beschaffenheit entspringt, Urtheile hervorzubringen vermag, die auf den ersten Blick nur auf Grund irgendeiner Anschauung

---

[3]Zu den Auswirkungen der Erdmann-Ausgabe auf die Verbreitung des Leibnizschen Denkens und insbesondere zu den logischen Studien von Leibniz vgl. [Peckhaus, 1997, 164 ff.].

[4]In Fn. 11 liest man: „*Nouveaux Essais*, IV, §10, Ed. Erdmann, S. 363." (Buch IV trägt den Titel: „De la connaisance".)

> möglich zu sein scheinen [...] Die im Folgenden entwickelten Sätze über Reihen übertreffen an Allgemeinheit bei weitem alle ähnlichen, welche aus irgendeiner Anschauung von Reihen abgeleitet werden können. Wenn man es daher für angemessener halten möchte, eine anschauliche Vorstellung von Reihe zu Grunde zu legen, so vergesse man nicht, dass die so gewonnenen Sätze, welche etwa gleichen Wortlaut mit den hier gegebenen hätten, doch lange nicht ebensoviel als diese besagen würden, weil sie nur in dem Gebiete eben der Anschauung Giltigkeit hätten, auf welche sie gegründet wären. [Frege, 1879, §23]

Die Auseinandersetzung mit Kant ist offensichtlich: Durch reines Denken kann man eine absolut allgemeine Idee der Nachfolge erkennen, wobei sowohl die Idee der zeitlichen als auch die der räumlichen Abfolge diese Erkenntnis auf die Inhalte eines bestimmten Bereichs beschränken. Nur so lässt sich erklären, dass die zeitlichen und die räumlichen Phänomene nicht aufeinander reduzierbar sind und dass sich die Abfolge der ersteren mittels derer der letzteren darstellen lässt, wobei wiederum Reihen verwendet werden, deren Elemente sowohl die ausgewählten Ereignisse der Zeitreihe als auch die der räumlichen Reihe bezeichnen. Nur weil wir eine allgemeine Vorstellung von der Abfolge haben, die weder von der Bewegung eines Zeigers auf einer Uhr noch von der Abfolge der Ziffern auf einer Digitaluhr oder vom aufeinanderfolgenden Fall der angemessen angeordneten Dominosteine noch von einer anderen räumlichen Beziehung abhängt, ist es möglich, den Lauf der Zeit in einer Linie darzustellen, die — gerade oder kreisförmig — intuitiverweise einfach räumliche Aspekte hat.

Das Folgende ist dann ein sehr interessantes Beispiel für eine konzeptuelle Analyse einer intuitiven Idee: Frege vertritt die These, dass die Idee der Abfolge ohne Rückgriff auf die Anschauung der zeitlichen oder räumlichen Abfolge analysiert werden kann. In §80 von *Gl.* äußert sich Frege deutlicher über die intuitive Idee der Nachfolge sowie die Beziehung zwischen ihr und einer Definition, die keine Anschauungen enthält:

Der Satz

„wenn jeder Gegenstand, zu dem x in der Beziehung φ steht, unter den Begriff F fällt, und wenn daraus, dass d unter den Begriff F fällt, allgemein, was auch d sei, folgt, dass jeder Gegenstand, zu dem d in der Beziehung φ steht, unter den Begriff F falle, so fällt y unter den Begriff F, was auch F für ein Begriff sein möge"

sei gleichbedeutend mit

„y folgt in der φ-Reihe auf x". [Frege, 1884, §79]

Im folgenden Absatz lesen wir:

Da die Beziehung φ unbestimmt gelassen ist, so ist die Reihe nicht nothwendig in der Form einer räumlichen und zeitlichen Anordnung zu denken, obwohl diese Fälle nicht ausgeschlossen sind.

Man könnte vielleicht eine andere Erklärung für natürlicher halten z.B.: wenn man von x ausgehend seine Aufmerksamkeit immer von einem Gegenstande zu einem andern lenkt, zu welchem er in der Beziehung φ steht, und wenn man auf diese Weise schliesslich y erreichen kann, so sagt man y folge in der φ-Reihe auf x.

Dies ist eine Weise die Sache zu untersuchen, keine Definition. Ob wir bei der Wanderung unserer Aufmerksamkeit y erreichen, kann von mancherlei subjectiven Nebenumständen abhangen z.B. von der uns zu Gebote stehenden Zeit, oder von unserer Kenntniß der Dinge. Ob y auf x in der φ-Reihe folgt, hat im Allgemeinen gar nichts mit unserer Aufmerksamkeit und den Bedingungen ihrer Fortbewegung zu thun, sondern ist etwas Sachliches [...]

Durch meine Erklärung ist die Sache *aus dem Bereiche subjectiver Möglichkeiten* in das der objectiven Bestimmtheit erhoben. ([Frege, 1884, §80], meine Emphase)

In der „naürlichen Erklärung", die Frege hier als Beispiel vorschlägt, wird die Beziehung φ, unter der es heißt, dass y auf x folgt, unbestimmt gelassen. Dennoch bleibt eine solche intuitive oder „natürliche" Erklärung nach Freges Behauptung zu sehr an die „subjectiven Nebenumstände" gebunden und setzt eine zeitliche Abfolge voraus: ausgehend von x kommt man Schritt für Schritt immer durch das Verhältnis φ zu y.

Frege muss daher die Idee allgemein ausdrücken, dass ein Element, das eine bestimmte Eigenschaft hat, in einer bestimmten Weise mit einem anderen Element verbunden ist, das diese ebenfalls besitzt, wobei es unter sämtlichen Elementen ebenso viele im gleichen Zustand geben kann. Jahre später wird Frege in einer 1892 in der *Zeitschrift für Philosophie und philosophische Kritik* veröffentlichen Rezension von: G. Cantor, *Zur Lehre vom Transfiniten. Gesammelte Abhandlungen aus der Zeitschrift für Philosophie und philosophische Kritik. Erste Abteilung* (1890) sagen:

> [Cantors] Definition (S. 61, Anm.) der endlichen Menge ist im Grundgedanken meiner Definition der endlichen Anzahl ähnlich (Grundlagen §83) nur fehlerhaft ausgeführt; denn was heißt es, „dass auch rückwärts aus M durch *sukzessive* Entfernung der Elemente in umgekehrter Ordnung das ursprüngliche Element gewonnen werden kann"? [...] Es erweist sich hier die psychologische und damit empirische Wendung schädlich, die Herr Cantor der Sache eigentlich wider Willen gibt; denn diese Entfernung der Elemente soll doch wohl ein psychischer Vorgang sein. Was der Verfasser mit dem Worte „*sukzessive*" sagen will, habe ich in meiner Begriffsschrift und wieder in meinen Grundlagen (§97)[5] genau definiert, ohne die Zeit einzumischen, und da ist auch der Zusammenhang mit der vollständigen Induktion deutlicher erkennbar. [Frege, 1990, 164f.][6]

---

[5] Der Hinweis ist hier offensichtlich. Die Anspielung muss auf §79 bezogen sein, in dem Frege seine Definition der Aufeinanderfolge darlegt.

[6] Ich verdanke Christian Thiel den Hinweis auf diese Passage.

Während Frege sich zu Beginn seiner Rezension mit vielen der ursprünglichen Ideen Cantors einverstanden erklärt, ist er offenkundig kritisch gegenüber Cantors zunehmender Vermengung von psychologischen oder einfach subjektiven Aspekten und Mathematik. In den posthum veröffentlichten Entwürfen dieser Rezension vergleicht er die Haltung Cantors zur Abstraktion sogar mit der Haltung der Verehrung der hinduistischen Göttin Schiva angesichts der ihr zugeschriebenen magischen Kräfte, die Welt zu zerstören (vgl. [Frege, 1969, 77 ff.], *Nachgelassene Schrifte* im Folgenden *NS*).[7]

1.2 Die begriffliche Analyse der intuitiven Idee der Nachfolge: das Erben

Doch wie denkt Frege über die Idee der Nachfolge? Freges Leitmotiv lässt sich, zusätzlich zu dem bereits zitierten Absatz von *Gl.*, anhand verschiedener Beispiele von Sukzessionen unterschiedlicher Art in *Bs.* nachvollziehen: Perlen auf einer Schnur, die Verzweigung eines Stammbaums, die Vereinigung mehrerer Zweige,[8] ein kreisförmiger Prozess, der zu sich zurückkehrt — kurz gesagt: Eins-zu-Eins- und Viele-zu-Eins-Beziehungen. Dem im §24 der *Bs.* vorgeschlagenen Beispiel nach zu urteilen, geht Frege von einem sehr gemeinfasslichen Begriff aus und stellt fest, dass, wenn ein Vererbungsverhältnis zwischen zwei Personen besteht, es eine Eigenschaft geben muss, die diese Personen teilen, die gemeinhin als erbliche Eigenschaft bezeichnet wird, so dass der Ahnherr sie auf den Nachfolger überträgt:

Sei $f(x,y)$ der Umstand, dass y Sohn von x ist und F die Eigen-

---

[7]Für weitere Einzelheiten vgl. [Frege, 1969, 76-80 und 76 Fn. 1 des Herausgebers]

[8]Vgl. [Frege, 1879, §27, Fn. 13]. Es muss klargestellt werden, dass hier genau genommen ein- und dasselbe Beispiel zweimal erwähnt wird: jenes, das durch die Viele-zu-Einem-Überprojektivbeziehung formalisiert wird. Wenn wir dagegen, wie der Text auf den ersten Blick suggeriert, „die Vereinigung mehrerer Zweige" und „die Verzweigung eines Stammbaumes" als umgekehrte Beziehungen zueinander verstehen, dann muss auf die Verschiebung hingewiesen werden, etwas, das nicht einmal eine Funktion, sondern eine Ein-zu-Viele-Beziehung ist, als eine Reihe zu benennen.

schaft, ein Mensch zu sein. Auf diese Weise bedeutet

$$(\forall x)\{Fx \to (\forall y)(f(x,y) \to Fy)\}$$

dass jedes Kind eines Menschen ein Mensch ist, d.h. dass die Eigenschaft, Mensch zu sein, in der Eltern-Kind-Beziehung vererbt wird (vgl. §24).

Sofort verallgemeinert Frege und definiert den Begriff der *erblichen Eigenschaft in einer Beziehung* (in Anbetracht der Tatsache, dass das Konzept der Beziehung als ein grundlegender logischer Begriff im ersten Teil von *Bs.* vorgeschlagen wurde) wie folgt (*Bs.*, §24): [9]

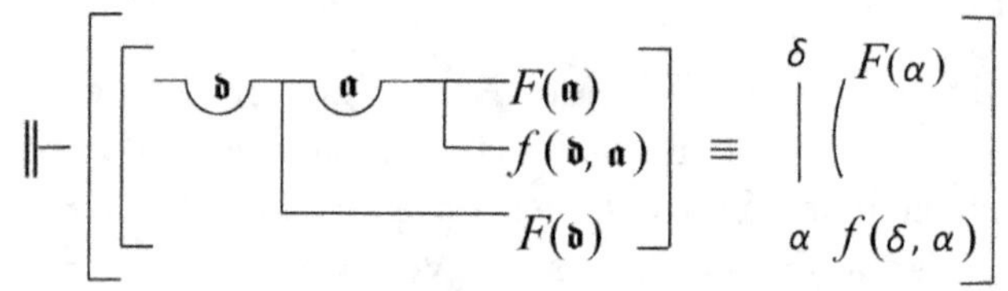

Abbildung 1: Frege, *Bs.*, §24, (69).

In Worten könnte der Satz (69) Frege zufolge so ausgedrückt werden:

> Wenn aus dem Satze, dass δ die Eigenschaft F hat, allgemein, was auch δ sein mag, geschlossen werden kann, dass jedes Ergebnis einer Anwendung des Verfahrens f auf δ die Eigenschaft F habe, so sage ich: „die Eigenschaft F vererbt sich in der f-Reihe."[Frege, 1879, §24]

---

[9] Hier sollte erwähnt sein, dass Raum zwischen dem sogenannten Urteilsstrich, dem Frege einen weiteren Strich nach links hinzufügt, um den Unterschied zum Urteilsstrichzeichen zu betonen, und dem Klammerstrich liegt. D.h. man urteilt nicht, man schlägt eine Definition vor. Dies ist ein Hinweis, den ich Herrn Thiel verdanke. Seit 2007, als ich meine Dissertation zu diesem Thema verteidigt habe, ist er der einzige gewesen, der dies bemerkt hat. Dies ist ein unscheinbares Detail, das zwar bedeutend ist, aber in der Literatur keine Erwähnung findet. Das Thema wurde so sehr ignoriert, dass die Leerstelle in der spanischen Übersetzung von Hugo Padilla aus 1972 einfach fehlt, was meiner Meinung nach der schwerwiegendste Fehler unter den mehreren vorhandenen ist.

Die Idee, die sich im Zusammenhang mit der gesuchten Definition der Folge abzeichnet, ist, dass es, wenn etwas aus etwas anderem in einer Beziehung folgen soll, es eine solche Eigenschaft geben muss, sodass, wenn das erste sie besitzt, dann auch das Nachfolgende: hierin besteht die Definition der erblichen Eigenschaft. Schon an dieser Stelle können Gegner des Fregeschen Projekts folgende kritische Bemerkung machen: Nach der Definition ist *zuerst* δ erforderlich, um *danach* auf δ die Prozedur f anwenden zu können, und erst nach Durchführung dieser Prozedur erhält man dann das Ergebnis, anhand dessen beurteilt werden soll, ob es die Eigenschaft F besitzt oder nicht. Mithin ließe sich einwenden, die Definition beruhe zumindest auf einer reinen Anschauung der Zeit: die Anwendung einer Prozedur auf etwas, die infolgedessen ein Resultat herbeiführt, das vor solcher Anwendung nicht existierte, setzt die zeitliche Abfolge voraus. Aber Freges Position ist in dieser Hinsicht eindeutig platonisch: Auf dem Feld der Logik gibt es keine Phänomene, sondern alles ist gegeben. Zeitliche Kategorien tauchen jedenfalls auf, wenn wir versuchen, die logische Struktur bestimmter komplexer Konzepte zu beschreiben.

Allerdings muss man akzeptieren, dass eine erste kritische Distanzierung in Bezug auf die Analyse des hier zu behandelnden intuitiven Begriffs stattfindet. Wir wissen, dass nicht jede Eigenschaft, die intuitiv als erblich betrachtet wird, zwangsläufig vererbt wird. Folglich entspricht das, was Frege als erbliche Eigenschaft bezeichnet, nicht dem, was wir intuitiv — abgesehen von den Zweideutigkeiten des Falles — als solche bezeichnen. Ein Mitglied einer genealogischen Erbfolge kann ein Muttermal haben, das von seinen Vorfahren geerbt wird, und dessen Sohn kann es nicht erben. Wir würden nicht sagen, dass der Sohn deshalb nicht in diese Kette gehört, oder? Wenn wir uns aber nun von Freges Definition leiten lassen, müssen wir stattdessen sagen, dass das besagte Muttermal nicht erblich ist. Will man also beurteilen, ob sich in einem Fall um eine Erbfolge in Freges Sinne handelt, so sind ausschließlich die im Sinne Freges vererbten Eigenschaften zu berücksichtigen, d.h. diejenigen, die notwendigerweise vererbt werden und daher in der gesamten Kette vorhanden sind.

Freges Definition besagt, dass eine Eigenschaft erblich in einer

Beziehung ist, wenn und nur wenn, jemand sie hat und auch jeder, der mit dem Besitzer dieser Eigenschaft über die betreffende Beziehung verbunden ist. Vielleicht ist deshalb das Menschsein das einzige Beispiel für eine erbliche Eigenschaft, so spekuliere ich, das Frege im Hinblick auf eine genealogische Sukzession anbietet. Schließlich ist der Katalog der Erbanlagen (ein Problem, das bald auftauchen wird) in einer genealogischen Abfolge vielleicht nicht so groß. Abgesehen von den Eigenschaften, die für den Menschen als wesentlich angesehen werden, sieht man nicht, wie die Vererbung einer Eigenschaft bestimmt werden kann, außer durch Berufung auf die Tatsache, dass sie in allen Gliedern einer Reihe vorhanden ist; folglich muss sie unabhängig von eben dieser Eigenschaft definiert werden, um Zirkularität zu vermeiden. Aber gerade die Definition der Erbschaftseigenschaft wurde im Hinblick auf eine Definition der Erbfolge in einer Reihe gegeben. Wenn wir andererseits für einen Moment die Tatsache beiseitelassen, dass der Begriff der Reihe dem Begriff des Erbbesitzes untergeordnet ist, ist es offensichtlich, dass, wenn wir eine Reihe haben, die Eigenschaft, aufgrund derer die Reihe eine solche ist, in der gesamten Kette vorhanden sein wird. Aber dass eine Eigenschaft in einer bestimmten Beziehung vererbt wird, verhindert nicht, dass sie auch in einer anderen Beziehung vererbt werden kann.

Selbst wenn es einen Katalog der unwesentlichen Erbgüter einer Person gäbe, ist es also immer möglich, dass diese Eigenschaften auch bei einer Person außerhalb der Kette vorhanden sind. (Gute Chancen hätten z.B. die Nachfahren eines Zwillingsbruders dessen, der die uns interessierende Erbfolge hervorruft.) Aber es gibt eine Eigenschaft, die ausschließlich den Mitgliedern einer bestimmten Erbschaftsfolge zukommt: nämlich die Eigenschaft, Mitglied dieser Folge zu sein, die dann berücksichtigt wird, wenn verlangt ist, dass man, um Mitglied der Erbschaftsfolge zu sein, alle Eigenschaften besitzen muss, die alle Nachfolger desjenigen besitzen, von dem die Kette ihren Ursprung nimmt. So fügt Frege in seine Definition der Nachfolge eine Klausel ein, die notwendig erscheint, um seinen Ansatz abzusichern: die Forderung, dass man, um Mitglied der Nachfolgekette zu werden, Mitglied der

Nachfolgekette sein muss![10] Begriffsschriftlich dargestellt:[11]

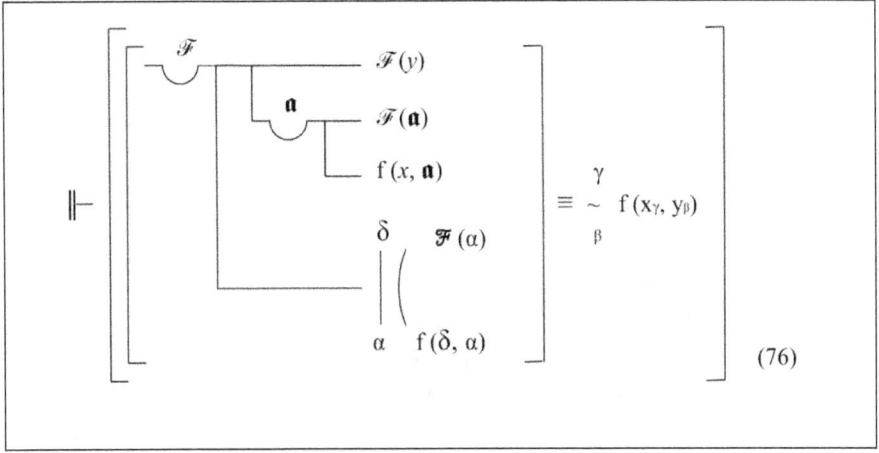

Abbildung 2: Figur 2: Frege, *Bs.*, §26, (76)

In Worten kann (76) etwa folgendermaßen ausgedrückt werden:

> Wenn aus den beiden Sätzen, dass jedes Ergebnis einer Anwendung des Verfahrens f auf x die Eigenschaft F habe, und dass die Eigenschaft F sich in der f-Reihe vererbe, was auch F sein mag, geschlossen werden kann, dass y die Eigenschaft F habe, so sage ich: „y folgt in der f-Reihe auf x". [Frege, 1879, §26]

---

[10]In Fulugonio [2008], das seine Inspiration Gesprächen mit Ignacio Angelelli verdankt, wird dieses Problem detaillierter entwickelt. Angelellis eigene Darstellung findet sich in [Angelelli, 2012]. In [Heck, 2016] wird eine in ihren technischen Aspekten sehr sorgfältig durchgeführte Analyse und eine dem Anspruch nach verbesserte Definition angeboten. Schmidt [2020] überprüft all diese Diskussionen zur Verteidigung der Definition Freges trotz ihres „inevitably impredicative character" [Schmidt, 2020, 204].

[11]Vgl. Fußnote 9 zu Abb. 1.

2 Benno Kerry

Heute kennen wir Benno Kerry im Grunde als denjenigen, der Freges *BuG* inspirierte. Dieses Werk eröffnet Frege tatsächlich mit folgenden Worten:

> Benno Kerry hat in einer Reihe von Artikeln über Anschauung und ihre psychische Verarbeitung in dieser Vierteljahrsschrift vielfach theils zustimmend, theils bestreitend auf meine Grundlagen der Arithmetik und andere von meinen Schriften Bezug genommen. Dies kann mir nur erfreulich sein, und ich glaube, mich am besten dadurch erkenntlich zu zeigen, dass ich die Erörterung der von ihm bestrittenen Punkte aufnehme. [Frege, 1892, 192][12]

Aber eine Durchsicht der acht Artikel, aus denen die von Frege erwähnte Reihe besteht, reicht aus, um in Kerry einen authentischen Philosophen zu finden, der völlig in das zeitgenössische Problem der Grundlagen der Mathematik eingetaucht ist. Diese Artikel erschienen, wie gesagt, zwischen 1885 und 1891 in der *Vierteljahrsschrift für wissenschaftliche Philosophie* [Frege, 1892, im Folgenden *VfwPh*]. Insbesondere im zweiten und vierten Artikel kritisiert Kerry die logizistische Herangehensweise an den Begriff der Zahl. Im vierten geht er schließlich auch auf die Definition der Nachfolge ein.[13]

Freges berechtigte Ernüchterung angesichts der Rezeption der *Bs.* ist gut bekannt. Heute können wir jedoch sagen, dass Frege Kerrys scharfe Kommentare nicht angemessen zu schätzen wusste. Auch wenn diese erst 1887, d.h. acht Jahre nach der Veröffentlichung von *Bs.*, erschienen, hätten sie sicherlich eine Antwort verdient, die zumindest im

---

[12]Die Analyse von „Über den Begriff der Zahl" [1891/1892] (posthum veröffentlichte Notizen, die einen ersten Leitartikel der *BuG* enthalten hätten) deutet darauf hin, dass Frege dort auf Kerrys Kritik im vierten Artikel reagieren würde (vgl. *NS,* 96–127 sowie insbesondere 97, 99). Die Zitate aus Kerrys zweitem Artikel entsprechen größtenteils Fußnoten (vgl. die ausführliche Anmerkung ab Seite 109).

[13]Wille [2018, 183 f.], stellt das Thema in einer pointierten und präzisen Weise dar und weist auch darauf hin, dass Benno Kerry der erste war, der die Zirkularität der Definition Freges als ein Problem verstand, vor dem jedes Programm stehen muss, das auf die Klärung von Begriffen abzielt.

Einklang mit Freges Reaktion auf Kerrys Einwand gegen seine Konzeption des Begriffs stünde. Auf jeden Fall bezeugen Kerrys Kommentare von 1887 eine detaillierte Lektüre und ein profundes Verständnis des neuartigen logischen Systems Freges — was nicht wenig ist, wenn man die spärliche Anzahl an Reaktionen betrachtet, die ein solches Werk erhalten hat.[14] Kerrys Einwände hingegen beziehen sich auf Kernaspekte sowohl des logischen Systems als auch des Fregeschen Programms im Allgemeinen. Dieser Hinweis sollte genügen, um die Behauptung zu rechtfertigen, dass Kerry der bis dahin scharfsinnigste Leser der *Bs.* war — eine Einschätzung, die ihre Gültigkeit durchaus über viele darauf folgende Jahre hinweg behalten dürfte.

Warum dann wurde, wenngleich Frege Kerrys Arbeit nicht ignoriert hat, so doch die allgemeine Kritik an seinem Programm vernachlässigt, die sich daraus ergibt? Natürlich wird die Antwort, die auf eine Frage dieser Art gegeben werden kann, immer spekulativ sein, aber meine Hypothese ist, dass die Gründe in Freges Zurückweisung des Psychologismus liegen.

Kerry wurde am 11. Dezember 1858 in Wien als Benno Bertram Kohn geboren.[15] Er nahm 1875 das Studium der Geschichte, des Rechts und der Naturwissenschaften auf und besuchte 1877 in Straßburg Kurse in Physiologie und Philosophie bei Otto Liebmann und Ernst Laas, dessen Schüler er wurde. Wieder in Wien besuchte er im Wintersemester 1877 Brentanos Kurs über die Philosophie des Aristoteles. Nach

---

[14]Posthum veröffentlicht sind [Frege, 1880/81] und [1882] im Wesentlichen eine Verteidigung des in der *Bs.* vorgeschlagenen Systems angesichts der von Ernst Schröder vorgebrachten Kritik (vgl. [Schröder, 1880]).

[15]Die hier vorgestellten biographischen Daten stammen aus [Kohn, 1890], dem Prolog des Wiener Herausgebers und Mathematikers Gustav Kohn zum posthum herausgegeben *System einer Theorie der Grenzbegriffe. Ein Beitrag zur Erkenntnistheorie* (es gibt keine bekannten Beweise dafür, dass es eine Verwandtschaft zwischen ihm und Kerry, d.h. Benno Bertram Kohn gäbe) und aus [Höfler, 1892], einem in *VfwPh* erschienen Rückblick auf *System*. Eine Biografie mit einigen anderen Details findet sich in [Peckhaus, 1994, 2–7]. In [Picardi, 1994] wird der Briefwechsel zwischen Cantor und Kerry ausführlich dargestellt, zusätzlich zu interessanten Notizen über die Rezeption, die letzterer zu dieser Zeit erfuhr, sowie über seine Unterstützung durch Edmund Husserl (vgl. z.B. [Husserl, 1891, I. Teil, VII. Kapitel, „Kerry's Versuch"]).

seinem Wehrdienstjahr setzte er seine Studien der Mathematik, Physik und Philosophie in Wien und Straßburg fort. Nach seiner Promotion im Jahre 1881 besuchte er erneut Kurse in Mathematik und Physik, um seine Habilitation im Fach Philosophie vorzubereiten, die er 1885 an der Universität Straßburg vorlegte: *Grundzüge einer Theorie der mathematischen und nicht mathematischen Grenzbegriffe. Ein Beitrag zur Erkenntnistheorie* (unveröffentlicht),[16] und deren Material in *AuV* überarbeitet wird. 1889 verfasste Kerry sein *System einer Theorie der Grenzbegriffe. Ein Beitrag zur Erkenntnistheorie* [im Folgenden *System*, wiederum eine Überarbeitung und Synthese von *AuV*. Er starb am 20. Mai 1889 in Wien. Trotz der wenigen Jahre, die zwischen der *AuV*-Artikelreihe und der Arbeit an *System* liegen (streng genommen verfasste er die zweite Hälfte der Serie zeitgleich mit *System*), erlauben es die Stilunterschiede zwischen ihnen, *System* sein „Werk der Reife" zu nennen.

1894 erscheint in der *Zeitschrift für Psychologie und Physiologie der Sinnesorgane* [im Folgenden *ZfPP*],[17] 44–58, „Besprechungen",[18] eine Rezension von Alois Höfler, die die folgenden Werke zusammenfassend betrachtet: Kerrys acht Artikel „Über Anschauung und ihre psychische Verarbeitung", Husserls *Philosophie der Arithmetik. Psychologische und logische Untersuchungen* (1891) und „Zur Philosophie der Mathematik", ein Artikel, der 1891 von Christian von Ehrenfels in derselben Zeitschrift veröffentlicht wurde wie Kerrys *AuV*. Dort stellt Höfler fest:

> Es liegt in der Natur der Gegenstände aller drei Arbeiten, dass jede von ihren psychologischen Ausgangspunkten aus

---

[16]Ich danke Christian Thiel dafür, mir Zugang zu der Xerokopie in der Bibliothek der Universität Erlangen-Nürnberg (Abteilung für Philosophie) verschafft zu haben.

[17]Die *Zeitschrift für Psychologie und Physiologie der Sinnesorgane*, 1890 von Hermann Ebbinghaus und Arthur König in Zusammenarbeit mit Hermann von Helmholtz in Berlin gegründet, ist der Vorläufer der *Zeitschrift für Psychologie*, der ältesten und am weitesten verbreiteten Zeitschrift für Psychologie in Europa. Die Zeitschrift steht im programmatischen Gegensatz zu Wundts Programm einer *Völkerpsychologie*, das höhere mentale Prozesse adressiert: Sie orientiert sich vielmehr an der experimentellen Psychologie. Der für philosophische Überlegungen geduldete Raum war demnach minimal. Daher Höflers einleitende Bemerkungen.

[18]Ich danke der Handschriftenabteilung der Bibliothek der Universität München für den Zugang zu diesem Material.

auch in andere Gebiete der Philosophie, nämlich in Logik und Erkenntnistheorie und zum Teil auch in die Mathematik selbst übergreift. Wenn aber ein solcher praktischer Erweis der grundlegenden Bedeutung gerade der Psychologie auch für jene anderen Disciplinen den Zwecken dieser Zeitschrift keineswegs fremd ist, so wollen wir uns bei der Berichterstattung doch möglichst auf jene erste, die psychologische Seite der Arbeiten beschränken. [Höfler, 1894, 44]

Diese spezifische Verbindung von Interessen — Höflers und seiner Zeit — trug vermutlich dazu bei, dass die einzige publizierte Rezension von *AuV* offen gesagt schlecht und deutlich voreingenommen für die Darstellung der mit dem Psychologismus verbundenen Seiten ist.[19] Leider gilt dies bis heute, und ich selbst werde mich im vorliegenden Beitrag aus offensichtlichen Kontext- und Raumgründen nur auf den vierten Artikel der *AuV*-Reihe konzentrieren, der sich auf unsere Diskussion bezieht.

Erwähnt sei an dieser Stelle noch, dass Volker Peckhaus die Habilitationsschrift Kerrys im Nachlass des Göttinger Philosophen Leonard Nelson fand und annimmt, dass sie möglicherweise im Besitz von Paul Hensel[20] gewesen sein könnte, der während der kurzen Straßburger Periode Kerrys Kollege war, obwohl sie Nelson auch über Höfler erreicht haben könnte. In einem Brief vom 9. März 1908[21] empfahl Nelson dem Mathematiker Gerhard Hessenberg dringend die Lektüre von Freges Gl. und stellte fest, dass Frege auf Kerrys Kritik nicht mit der *gebotenen* Aufmerksamkeit reagierte und dass es angemessen wäre, ihr gerecht zu werden. Doch das ist bis heute Ausdruck eines Wunsches geblieben.[22]

---

[19]Zwei Jahre zuvor war in *VfwPh* eine Rezension von Höfler zu Kerrys *System* erschienen. Dort berichtet Höfler über den intensiven philosophischen Austausch, der sie vor allem in der Zeit von 1881 bis 1885 verband (vgl. [Höfler, 1892, 230 ff.]).

[20]In Peckhaus [1994, 7] wird Paul Hensel als Leonard Nelsons Onkel genannt, wobei die Bezeichnung „Onkel" freilich nur in einem sehr weiten Sinne genommen werden darf, da keine direkte Onkel-Neffe-Beziehung besteht.

[21]Nelson, *Nachlass*, 389.

[22]Dieser Beitrag hat seinen Ursprung in meiner Dissertation, die 2007 an der Universität Buenos Aires vorgelegt wurde. Die Arbeit daran hatte ich im Winterse-

3 Die Kontroverse zwischen Frege, Kerry und Russell

Was ich „die Kontroverse zwischen Frege, Kerry und Russell" nenne, ist grundsätzlich motiviert durch Kerrys Kritik an Freges Projekt, die im vierten Artikel der *AuV*-Serie ausführlich dargelegt wird. Die Ausführungen konzentrieren sich auf die folgenden zwei Themen: erstens auf Freges Konzeption des Begriffs und zweitens auf seine Definition der Nachfolge.[23] Aufgrund der umfangreichen Literatur zum ersten Thema werde ich mich darauf beschränken, Russell's angesichts von Kerrys Kritik an Freges Konzeption des Begriffs im oben genannten *PoM*-„Appendix A" mangelnde Konsistenz nachzuweisen. (Es sollte noch daran erinnert werden, dass Kerrys Kritiken auf das Jahr 1887 zurückgehen, sich also gegen das richten, was Frege in Gl. geschlossen hat.) Zum zweiten Thema aber möchte ich zeigen, dass Kerrys Punkt mit Russells späterer Charakterisierung bestimmter Definitionen als „imprädikativ" in seiner Diskussion mit Poincaré übereinstimmt.

3.1 Funktionen, Begriffe und Gegenstände

In der 1937 verfassten „Introduction to the Second Edition" von *PoM* räumt Russell ein, den Wert von Freges Werk — und seinen Inhalt — erst spät verstanden zu haben, weshalb es in seinem eigenen Forschung völlig ignoriert werde (vgl. [Russell, 1937, xvi]). Aber bereits bei der ersten Auflage von PoM erkannte Russell diesen Mangel und fügte zwei Anhänge hinzu. Einer davon ist vollständig dem Werk Freges gewidmet, um einer solchen Auslassung 'gerecht zu werden':[24] Den für

---

mester 2006/2007 während eines zu diesem Zweck geplanten Aufenthalts an der Universität Paderborn unter der Betreuung von Volker Peckhaus und Christian Thiel aufgenommen. Meine Dissertation zielt darauf ab, Nelsons Vorschlag zu beherzigen. Da sie nicht veröffentlicht wurde, wünsche ich mir, dass das Erscheinen der vorliegenden Festschrift die Gelegenheit dazu bietet. Auf Kerrys Arbeit wurde ich dank Ignacio Angelelli aufmerksam.

[23]Ich halte es für sehr interessant, den Zusammenhang zwischen diesen beiden Kritikpunkten zu untersuchen, eine Angelegenheit, die für eine zukünftige Arbeit bestehen bleibt.

[24]Der zweite ist eine Darstellung der Typentheorie.

die Ausarbeitung des Anhangs geschriebenen Notizen nach zu urteilen scheint Russell diesmal Freges Werk doch sorgfältig Aufmerksamkeit geschenkt zu haben (vgl. [Linsky, 2005]).

Russell organisiert die Herangehensweise an Freges Arbeit unter folgenden Rubriken: (i) Meaning and Indication;[25] (ii) Truthvalues and Judgement; (iii) Begriff and Gegenstand (sic); (iv) Klassen; (v) Implication and Symbolic Logic; (vi) The Definition of Integers and the Principle of Abstraction; und schließlich (vii) Mathematical Induction and the Theory of Progression. In jedem Fall weist Russell auf Diskrepanzen hin, während er zugleich ihre inhaltliche Übereinstimmung untereinander hervorhebt. Wie für jeden, der mit Freges sogenannten „semantischen Texten" vertraut ist, anzunehmen ist, wird Kerry bei diesem Rundgang in §480 auftauchen, den Russell nun als *„Begriff and Gegenstand. Functions"* betitelt, zweifellos weil Kerry der erste war, der eine inhaltliche Kritik an Freges Theorie der Begriffe vorgetragen hat.

Noch einmal: 1892 veröffentlichte Frege *BuG* in *VfwPh* (Bd. 16, 192–205) angesichts der Kritik, die seine Konzeption von Begriff im vierten Artikel von Kerrys Serie *AuV* erhielt, der fünf Jahre zuvor in derselben Zeitschrift veröffentlicht worden war. Dort wendet sich Kerry gegen die scharfe Unterscheidung zwischen Begriffen und Gegenständen, indem er entgegen Freges Charakterisierung darauf hinweist, dass Begriffe oft grammatikalische Subjekte eines Satzes sind, eine Eigenschaft, die Frege zufolge Gegenstände charakterisiert (vgl. [Kerry, 1885–91, IV, 272 ff.]).[26] In Bezug auf Freges Konzeption des Begriffs sagt Russell im §480, dass sie nicht genau mit irgendeiner in seinem System übereinstimme, aber dass sie seinem Begriff der Behauptung sehr nahe komme. Glücklicherweise (und unter Missachtung jeglicher Inkonsistenz in dieser Hinsicht) stellt er im folgenden Absatz fest, dass

---

[25] *Meaning* im Original in Entsprechung zu *Sinn* und *indication* in Entsprechung zu *Bedeutung* (vgl. *PoM*, 502).

[26] Dies führt zu dem, was durch Kerry als das Paradox des Begriffs *Pferd* bekannt geworden ist. Dieses geht von der Beobachtung aus, dass der Satz „Der Begriff *Pferd* ist ein Begriff." nach Freges Theorie falsch ist. Die Literatur zu diesem Thema ist sehr umfangreich. Für das, was in diesem Zusammenhang von Interesse ist, nämlich die Durchdringung von Kerrys Analyse, siehe [Picardi, 1994].

Freges *Begriff* praktisch dasselbe bedeute wie seine *propositional function*, was viel präziser sei. Aber seine ambivalente Position in Bezug auf Freges Charakterisierung der Begriffe wird wenige Zeilen weiter unten verdeutlicht.

Entgegen Kerrys Behauptung, dass der Unterschied zwischen Begriffen und Gegenständen jedenfalls nicht so sei, wie Frege es ausdrückt, da Begriffe auch als Subjekte in einem Satz erscheinen können, zitiert Russell Freges Erwiderung, dass es eine wichtige Unterscheidung sei, dass einige Begriffe nur als Subjekte, andere aber auch als Prädikate vorkommen können (vgl. [Frege, 1892, 195] sowie [Russell, 1903, 507]). Aber nur wenige Absätze später heißt es: „On the question whether concepts can be made logical subjects, I find myself in agreement with his criticism" [Russell, 1903, 520]. In diesem Fall stimmt er Frege nicht in der Art und Weise zu, wie ursprünglich beabsichtigt, da ein wesentliches Merkmal von Freges Begriffen darin besteht, dass sie keine logischen Subjekte sein können.

Die These von der ausschließenden Unterscheidung zwischen Gegenständen und Begriffen ist übrigens explizit eines der „Grundprinzipien", die die Untersuchungen in *Gl.* leiten. Da Frege diese als solche anerkennt, wird er daher nicht direkt zu dessen Gunsten argumentieren, sondern versuchen zu zeigen, dass das, was in Kerrys Artikel von 1887 als Gegenbeispiel dargestellt wird, kein Gegenbeispiel ist. Gleichzeitig wird es Kriterien bieten, um diesen Unterschied zu erkennen, insbesondere Kriterien, um feststellen zu können, wann ein Ausdruck der natürlichen Sprache ein Name ist (der als solcher immer der Name eines Gegenstandes ist) und wann es sich um einen Prädikatausdruck handelt. Aber sie sind weit davon entfernt, als endgültige Kriterien zu dienen. Tatsächlich erklärt Frege in „Erkenntnisquellen der Mathematik und der mathematischen Naturwissenschaften" [im Folgenden *EMmN*] (*NS*, 286–294), einem zwischen 1924 und 1925 geschriebenen Text, das Folgende:

> Eine für die Zuverlässigkeit des Denkens verhängnisvolle Eigenschaft der Sprache ist ihre Neigung Eigennamen zu schaffen, denen kein Gegenstand entspricht [...] Durch den bestimmten Artikel entsteht der Schein, es solle hiermit ein

Gegenstand bezeichnet werden, oder, was dasselbe ist, „der Begriff Fixstern" sei ein Eigenname, während doch „der Begriff Fixstern" eine Begriffsbezeichnung ist und damit im schärfsten Gegensatze zu jedem Eigennamen steht. [Frege, 1969, 288f.][27]

Wenden wir uns nun dem heiklen Thema der Imprädikativität zu.

3.2 *AuV*, IV.: eine frühe und ignorierte Kritik am Logizismusprogramm

Im vierten Artikel der *AuV*-Reihe plädiert Kerry für eine Zwischenposition, das Problem der Grundlagen der Arithmetik betreffend. Bis dahin hatte er darauf abgezielt, die These zu widerlegen, dass Aussagen über Zahlen auf Anschauung beruhen. Sein Argument kann so zusammengefasst werden: Aussagen dieser Art beruhen nicht nur auf Begriffen, deren Realität vom Bewusstsein abhängt, sondern auch auf der damit verbundenen psychischen Arbeit. Das Substrat, auf dem diese psychische Arbeit durchgeführt wird, begründet den Unterschied zwischen den Urteilen, die die Realität der Kardinalzahlen bestätigen, und denen, die sie von den Begriffen über andere Zahlen bestätigen: bei den ersteren ist dieses Substrat gar nicht intuitiver Natur (vgl. [Kerry, 1885–91, IV, 249]). Das andere Extrem aus gnoseologischer Sicht passt zur Unabhängigkeit der Zahlentheorie von der Anschauung.

---

[27] Aus dem Briefwechsel zwischen Hönigswald und Frege geht hervor, dass *EMmN* von Bruno Bauch für die Schriftenreihe *Wissenschaftliche Grundfragen* in Auftrag gegeben wurde, die er zusammen mit Hönigswald herausgeben wollte. Im Brief vom 24. April 1925 teilt ihm Hönigswald mit, dass der Artikel sehr angemessen sei, schlägt aber eine Erweiterung angesichts der Tatsache vor, dass die Serie aus kleinen Büchern bestehen würde. Aus Freges Nachlaß weiß man, dass Frege in den Monaten vor seinem Tod daran gearbeitet hat, obwohl diese Arbeiten vermutlich durch alliierte Bombenangriffe verloren gegangen sind (vgl. [Wehmeier & Schmidt, 2005, 54–67]). Ich danke dem Institut für mathematische Logik und Grundlagenforschung der Universität Münster, insbesondere Wolfram Pohlers und Justus Diller, die mir Zugang zum Frege-Archiv verschafft haben, und Christian Thiel, Michael Beaney und Marcello Ghin für die Verbindung mit dem Institut der Universität Münster und dem Frege-Archiv.

Der Beweis dieser These, deren Unterfangen, so Kerry, Frege paradigmatisch angenommen hat, erfordert in erster Linie einen „allgemeinen Begriff der Zahl" (Kerry zitiert hier *Gl.* [Frege, 1882, §18]) zu finden, danach den Begriff der Zahl 1 und endlich den Begriff „1 zu einer Zahl hinzuzufügen" (vgl. [Kerry, 1885–91, IV, 250]). Auf der anderen Seite steht unter den arithmetischen Urteilen „dasjenige der Unbegrenztheit der Anzahlenreihe (natürliche Zahlenreihe)" [Kerry, 1885–91, IV, 251]. Ausgehend von der kantischen Unterscheidung zwischen analytischen und synthetischen Urteilen hebt Kerry Freges Charakterisierung hervor, nach der ein arithmetisches Urteil analytisch ist, wenn sein Beweis durch primitive Wahrheiten ausgedrückt werden kann und dies ausschließlich auf logischen Gesetzen und Definitionen beruht.

Im Einklang mit der Argumentation, die später so oft vorgebracht wurde, kritisiert Kerry das Projekt, Arithmetik auf Logik zu reduzieren, unter Bezugnahme auf die Tatsache, dass Frege in keiner seiner Schriften bestimmt, was unter Logik zu verstehen sei,[28] wohlwissend, dass keine schon gegebene Charakterisierung für seine Belange zufriedenstellend ist (vgl. [Kerry, 1885–91, IV, 262]). Kerry stellt die in *Gl.* geführten Beweise dar, denen zufolge Zahlen Gegenstände sind, die zu dem berühmten Ergebnis des ersten Teils beitragen, wonach numerische Aussagen von Begriffen handeln (vgl. [Kerry, 1885–91, IV, 264–266]). Damit stellt Kerry das Verhältnis zwischen dem Inhalt eines Anerkennungsurteils und dem der numerischen Gleichheit her (vgl. [Kerry, 1885–91, IV, 267]) und legt die Schwierigkeiten der kontextuellen Zahldefinition offen, auf die Frege eingegangen ist (vgl. [Kerry, 1885–91, IV, 267 f.]). Danach, und sobald die Definition der Zahl im Sinn des *Umfangs eines Begriffs* akzeptiert wird, werden die bekannten Definitionen von 0 und „n folgt unmittelbar auf m in der Reihe der natürlichen Zahlen" eingeführt, wodurch die Definition der Zahl 1 erreicht wird (vgl. [Kerry, 1885–91, IV, 270]). Die Aufgabe wird

---

[28]Diese Kritik leidet meiner Meinung nach darunter, dass dem „Vorwort" der *Bs.* nicht genügend Aufmerksamkeit gezollt wird. Dort verkündet Frege, dass er darauf abzielt, den Begriff der Nachfolge auf den Begriff der logischen Konsequenz zurückzuführen: Mit dem genannten Ziel im Geiste führt Frege die Sprache ein (I. Teil der *Bs.*), in der das axiomatische System seiner Logik dargestellt wird (II. Teil).

nun darin bestehen, die Unendlichkeit der oben genannten Reihe zu beweisen, ein Beweis, der, wie wir gesehen haben, auf der Definition der erblichen Eigenschaft beruht, mit der „y folgt in einer Reihe auf x" aufgebaut wird.

Mit solchen Definitionen soll also das Konzept der Ordnung in einer Reihe auf das der logischen Konsequenz zurückgeführt werden: Beachten wir, dass die Definition der Nachfolge in der Tat eine Verallgemeinerung einer materiellen Implikation ist und dass Frege den *Modus Ponens*, die einzige explizite Regel der Schlussfolgerung von *Bs.*, bei diesem logischen Zeichen charakterisiert (vgl. [Frege, 1879, §5]).[29] Schließlich sagt Kerry in Bezug auf die Darstellung der Definition der Nachfolge:

> Wo es aber recht eigentlich gilt, die Unbegrenztheit des Weiterzählen-Könnens nachzuweisen, tritt jene frühere Bestimmung nur als Specialfall einer allgemeineren, der „Begriffsschrift" F.'s entnommenen Definition des „Folgens von y auf x in einer f-Reihe" auf. Es fragt sich [...] ob diejenige Subsumption des „unmittelbaren Folgens von n auf m in der natürlichen Zahlenreihe" unter das „Folgen von y auf x in einer f-Reihe überhaupt" [...] gerechtfertigt oder auch nur möglich sei.
>
> Ich leugne beides. Werfen wir einen Blick auf die oben angeführte Definition des Sich-Vererbens der Eigenschaft F in der f-Reihe, bevor wir zu der auf ihr ruhenden des Folgens von y auf x in der f-Reihe übergehen, so ist vorerst zur Aufklärung des Begriffes eines „Verfahrens f" anzumerken, dass der Satz: „b ist das Ergebnis einer Anwendung des

---

[29]Doch bevor er auf die konkrete Analyse des Begriffs der Nachfolge eingeht, führt Kerry seine bereits in zweiten Artikel erwähnte kritische Haltung gegenüber der Unterscheidung zwischen Gegenständen und Begriffen an (vgl. [Kerry, 1885–91, IV, 272 ff.]) Die Analyse von „Über den Begriff der Zahl" [1891/1892] (posthum veröffentlichte Notizen, die eine erste Überarbeitung von *BuG* enthalten hätten) deutet darauf hin, dass Frege dort auf Kerrys Einwand reagiert hätte (vgl. *NS*, S. 96–127 sowie insbesondere 97 und 99). Die Zitate zu Kerrys zweitem Artikel entsprechen größtenteils Fußnoten (vgl. die ausführliche Anmerkung ab Seite 109).

Verfahrens f auf a" denselben Sinn haben soll,[4)] wie der
uns schon von früher her bekannte Satz: „a steht zu b in der
Beziehung f". In kritischer Hinsicht drängt sich weiterhin
die Bemerkung auf, dass weder in der fraglichen Definition,
noch sonst irgendwo eine Bestimmung Dessen auftritt, was
unter „f-Reihe" verstanden werden soll: unsere Definition
sagt weder, was „Sich-Vererben der Eigenschaft F", noch
was „f-Reihe" bedeute, sie erklärt nur den Gesamtausdruck
des „Sich-Vererbens von f in der f-Reihe". M. a. W.: dass
Etwas eine f-Reihe ist, bildet für sich keinen beurtheilbaren
Inhalt.

4) Begriffsschrift, S. 18 und 57. [Kerry, 1885–91, IV, 292 f.]

Die Möglichkeit, weiterhin unendlich zu zählen, wird als Spezialfall der in *Bs.* gegebenen Definition dargestellt, nämlich „y folgt x in der von f erzeugten Reihe". Die Frage ist, ob aus dieser Definition folgt, was beabsichtigt ist, d.h., ob für Frege die Subsumption des „unmittelbaren Folgens von n auf m in der natürlichen Zahlenreihe" unter das „Folgen von y auf x in einer f-Reihe überhaupt" gerechtfertigt oder auch nur möglich ist. Kerry bestreitet beides. Er weist vorerst darauf hin, dass Frege weder definiert, was eine Reihe ist, noch was eine erbliche Eigenschaft ist, sondern den vollständigen Ausdruck „die Eigenschaft F wird in der von f erzeugten Reihe vererbt" verwendet. Andererseits könne keine der fraglichen Definitionen garantieren, dass es ein Verfahren gibt, das Ergebnisse liefert, auf die ein solches Verfahren erneut angewendet werden kann, sodass eine Reihe erzeugt wird (vgl. [Kerry, 1885–91, IV, 292 f.]). Um die Sache noch schlimmer zu machen, zeigt Kerry später, dass die Definition der Nachfolge, d.h. „y folgt x in der von f erzeugten Reihe wenn und nur wenn y alle erblichen Eigenschaften hat, die alle mit x durch f verbundenen Mitglieder haben", zirkulär ist: Jenseits der Schwierigkeit, eine Aussage über alle in einer Beziehung vorhandenen erblichen Eigenschaften zu machen, ist sofort ersichtlich, dass eine von ihnen genau „y folgt x in der von f erzeugten Reihe" ist (vgl. *Bs.*, Formel 97). Demnach hängt die Entscheidung, ob y in der von f erzeugten Reihe auf x folgt, definitionsgemäß u.a. davon ab, ob y in dieser Reihe auf x folgt (vgl. [Kerry, 1885–91, IV, 295]).

Damit beweist Kerry, dass Freges Versuch gescheitert ist und bietet, nachdem er die gegnerische These widerlegt hat, seine eigene Alternative an, ausgehend vom klassischen kantischen Beispiel „7 + 5 = 12". Laut Kerry stellt ein solcher Prozess einen Komplex von mehreren Urteilen dar, von denen eines hypothetisch-analytisch ist, der Rest aber existentiell und daher synthetisch. Für Kerry ist ein hypothetisches Urteil wie „Wenn es zusätzlich zur Gleichheit und der Summe der ganzen Zahlen etwas wie 5, 7, 12 gibt, dann ist 7+5=12" zweifellos analytisch. Aber die Existenz solcher Entitäten kann nicht aus ihren Begriffen abgeleitet werden. Wenn man also mit „7+5=12" ein existenzielles Erfülltsein ausdrücken will, muss ein solches Urteil als synthetisch qualifiziert werden (vgl. [Kerry, 1885–91, IV, 297 ff.]). Eine angemessene Charakterisierung der Arithmetik wird daher nur durch die Berücksichtigung der verschiedenen Formen psychischer Arbeit erreicht, die Elemente unterschiedlicher Natur miteinander verbinden (vgl. [Kerry, 1885–91, IV, 305]).

3.3 Begriffliche Definitionen und ihre Übersetzung in die natürliche Sprache

In ähnlicher Art und Weise, wie es in der *Bs.* der Fall war (wie Bertrand Russell selbst in seiner *Autobiographie* feststellt, vgl. [1967–69, 65]), scheint es, dass Russell Kerrys Kritik der Zirkularität nicht durchdrungen hat. Denn während er sie an dieser Stelle ablehnt, kehrt sie wieder, wenn er im Hinblick auf seinen Streit mit Poincaré das „Vicious Circle Principle" und die Imprädikativität als einen Mangel bestimmter problematischer Definitionen ansieht (vgl. [Russell, 1908], insbesondere 225).

In der hier besprochenen Darstellung von Freges Theorie in *PoM*, zitiert Russell, wie gesagt, Kerry im Abschnitt (iii) „Begriff and Gegenstand" und erneut im letzten Abschnitt von „Appendix A": vii) „Mathematical Induction and the Theory of Progression" (§495 bis zum Ende). Russell beginnt §495 mit einer Würdigung der Progressionstheorie Freges, „or rather of all series that can be generated by many-one relations". Nachdem er die Definitionen erblichen Eigentums und der Nachfolge aus der *Bs.* zitiert hat, weist Russell darauf hin, dass auf einer solchen Grundlage eine erfolgreiche nicht-numerische Theorie der Reihe steht und dass die Definition der Folge die bekannteste Behandlung der mathematischen Induktion ermöglicht. Er denkt auch über Freges Kritik des psychologischen Standpunkts in der Logik und des formalistischen Standpunkts in der Mathematik nach und weist darauf hin, dass Kerrys Anspruch, bewiesen zu haben, dass eine rein logische Theorie der Arithmetik unmöglich ist, auf Missverständnissen beruht. Dann stellt er Freges Definition von Zahl in Bezug auf Äquivalenzklassen dar und beschuldigt Kerrys Kritik systematisch eines Mangels an Verständnis.

Wenden wir uns nun dem Ende von „Appendix A" zu, wo Russell kurz auf Kerrys Kritik an Freges Definition von Nachfolge eingeht:

> The definition of immediate sequence in the series of natural numbers is also severely criticized (p. 292 ff.). This depends upon the general theory of series set forth in *Bs*. Kerry objects that Frege has defined "*F* is inherited in the *f*-series," but has not defined "the *f*-series" nor "*F* is inherited". The latter essentially ought not to be defined, having no precise sense, the former is easily defined, if necessary, as the field of the relation *f*. [Russell, 1903, 522]

Angesichts von Kerrys Kritik, dass Frege nicht den Begriff der Reihe oder der erblichen Eigenschaft definiert, sondern den vollständigen Ausdruck „*F* wird in der von *f* erzeugten Serie vererbt" einführt, verteidigt Russell hier zwei Ideen: dass „*F* ist erblich" nicht definiert werden muss, und dass, falls erforderlich, „die Reihe *f*" als das Feld der Relation *f* definiert werden kann.[30] Die Diskussion interessiert

---

[30]Dementsprechend weist z.B. Boolos [1985, 332], nach Hervorhebung der Charakterisierung Freges von *f* als Verfahren darauf hin, dass *f* während des gesamten dritten Teils der *Bs*. konstant bleibt: daher wird sie im Interesse einer Notationsvereinfachung gestrichen. Auf einen Leser der *Bs.*, dessen Interesse der Möglichkeit einer abstrakten Idee der Nachfolge gilt und der daher Wert darauf legt, feststellen zu können, wann eine Eigenschaft erblich ist, wirkt dies mit Recht wie eine extreme Maßnahme, die die Tatsache vernachlässigt, dass eine erbliche Eigenschaft nur in Bezug auf eine bestimmte Beziehung als solche aufzufassen ist. Meiner Meinung nach ist Heck [2005] in dieser Hinsicht sensibler aber auch technischer.

mich insbesondere im Hinblick auf die Natur der Definitionen und die Beziehung zwischen formaler Sprache, natürlicher Sprache und den Motivationen, die hinter einer Verkettung ohne Konsens erfundener Zeichen bestehen oder stehen können.

Sowohl im „Vorwort" der *Bs.* als auch in unmittelbar darauffolgenden Werken wie Frege 1880/81 und Frege 1882 stellt Frege mehrfache Vergleiche zwischen verschiedenen Sprachtypen her, unter denen es sich im Extremfall um eine künstliche Schriftsprache und um die gesprochene Sprache handelt. Aber er sagt wenig über die Übersetzungsprobleme, die zwischen diesen Extremfällen auftreten können. Das ist besonders auffällig, weil die Begriffsschrift als universelle Sprache präsentiert wird, d.h. als eine Sprache, die jeden Diskurs mit kognitiven Ansprüchen ausdrücken kann. Und sie soll in der Lage sein, solch eine Aufgabe besser als die natürliche Sprache zu erfüllen, in dem Sinne, dass ihre Formeln nur den gültigen oder konzeptionellen Inhalt natürlichsprachlicher Sätze ausdrücken. Sie soll sogar in der Lage sein, bestimmte Inhalte auszudrücken, die, wenn sie durch natürliche Sprache ausgedrückt werden sollen, direkt oder durch Analyse als widersprüchlich ausgewiesen werden können, worauf schon so oft hingewiesen wurde. Daraus folgt, dass, selbst wenn die Begriffsschrift eine Sprache ist, die in der Lage ist, die inferenziellen Eigenschaften der natürlichen Sprache auszudrücken, durch diese Sprache etwas mehr erreicht worden wäre, nämlich die Möglichkeit, bestimmte Schlussfolgerungen auszudrücken, die wir gerne in natürlicher Sprache ausdrücken würden, aber nicht können. Das heißt, dass direkte Übersetzungen für Begriffsschriftformeln nicht beansprucht werden können. Aber das Problem ist, dass die Begriffe, die erklärt werden sollen, diejenigen sind, die in unseren originalen Sprachen erscheinen, wie der Begriff der Reihe, den Frege in rein logischen Begriffen analysieren will. Hier ist dann eine Spannung, die ich im Folgenden anhand der Leitfrage entwickeln werde: Welche Rolle spielt das, was Frege in natürlicher Sprache sagt, in Bezug auf das, was er begriffsschriftlich zeigt?

Ich behaupte, dass es in dieser Hinsicht im Kern von Kerrys Kritik eine gewichtige Intuition gibt. Kerry beklagt, dass Frege kontextuelle

Definitionen, aber keine expliziten Definitionen[31] der Begriffe von erblicher Eigenschaft und von Folge anbiete, sodass insbesondere der Begriff der Folge ungeklärt bleibe. Nur aus diesem Grund läuft die Nützlichkeit der sogenannten logizistischen Reduktion Gefahr, in Frage gestellt zu werden. Frege stellt seine Thesen immer in Begriffsschriftsprache dar und nur manchmal, jedenfalls wenn er Definitionen darstellt, bietet er eine Übersetzung in die natürliche Sprache an. Solche Definitionen finden sich erst in diesem dritten und letzten Teil der *Bs.*, der mit „Einiges aus einer allgemeinen Reihenlehre" betitelt wird. Frege ist sich zunächst einmal sehr klar darüber, dass sie Abkürzungen sind. Daraus folgt nichts, was nicht abgeleitet werden kann, wenn wir sie entfernen. Ihr Wert ist in diesem Sinne rein pragmatisch: der einer „äusserliche[n] Erleichterung" (vgl. [Frege, 1879, §24]. Frege fügt jedoch etwas sehr Interessantes hinzu: „Ausserdem dienen sie dazu eine besondere Verbindung von Zeichen aus der Fülle der möglichen hervorzuheben, um daran einen festern Anhalt für die Vorstellung zu gewinnen". [1879, §24] Wir wissen, dass für Frege jedes logische begriffliche Zeichen selbst mit Bedeutung ausgestattet ist. Dies ermöglicht es, durch bestimmte Kombinationen Ideen widerzuspiegeln, die für das logizistische Programm von besonderem Interesse sind.

Nun, diese Definitionen in der Begriffsschriftsprache sind Abkürzungen, aber wie sollen wir Freges Übersetzungen von ihnen in die natürliche Sprache verstehen? Ich riskiere nicht zu viel, wenn ich sage, dass Frege im Allgemeinen durch seine Kommentare zu den Formeln in der *Bs.* darauf abzielt, die Bedeutung bestimmter Ideen hervorzuheben und in vielen Fällen eine Anschauung anzubieten, die ihr Verständnis sicherstellt oder verstärkt. Was geschieht aber im konkreten Fall der

---

[31] In Fulugonio [2007] bespreche ich die Schwierigkeiten, mit denen Frege selbst in *Gl.* bei seinem Vorschlag einer kontextuellen Definition für einen grundlegenden mathematischen Begriff wie Zahl konfrontiert war und die ihn dazu führten, eine explizite Definition zu bevorzugen. Dies im Rahmen einer Revision der kanonischen Interpretation, die dem problematischen Prinzip des Kontextes besonders seit [Dummett, 1991] gegeben wurde. Ich verdanke Ignacio Angelelli die ursprüngliche Motivation meiner Arbeit. Was ich hier „kontextuelle Definition" nenne, ist nicht von derselben Art der kontextuellen Definition der Zahl, aber in beiden Fällen kann man die Schwierigkeit sehen, explizite Definitionen anzubieten.

Übersetzung der untersuchten Definitionen in die natürliche Sprache? Hier riskiere ich etwas mehr. Angesichts der Grenzen, die Frege für letztere erkennt,[32] sollte es natürlich nicht beabsichtigt sein, dass das, was auf dieser Ebene gesagt wird, mit absoluter Treue das reproduziert, was auf der formalen Ebene erscheint (besser „gezeigt wird" als „gesagt"). Im Übrigen riskiere ich also, dass es sich bei den Übersetzungen der untersuchten Definitionen in die natürliche Sprache um ungenaue Kommentare handelt, die aber zugleich wichtig sind, da sie die Motivation hinter dem formalen Ausdruck bestätigen müssen.

Wenden wir uns nun Kerrys Beobachtung zu, dass Frege keine Definition von „f-Reihe" anbietet. In seinen erläuternden Kommentaren bezeichnet Frege f zuerst als Funktion, dann als Relation, dann als Verfahren[33] und verwendet schließlich „f", um die von einer solchen Funktion ausgehende Reihe zu charakterisieren; aber nichts von dieser Vieldeutigkeit erscheint auf der formalen Ebene,[34] wobei f vom Moment seiner Einführung an und bis zum Ende des Werkes eine binäre Funktion ist. Andererseits sind alle diese Definitionen Teil des Kapitels, das Frege mit „Einiges aus einer allgemeinen Reihenlehre" betitelt und das mit einem Absatz beginnt, der lautet:

> Die im Folgenden entwickelten Sätze über Reihen übertreffen an Allgemeinheit beiweitem alle ähnlichen, welche aus irgendeiner Anschauung von Reihen abgeleitet werden können. Wenn man es daher für angemessener halten möch-

---

[32]Vgl. das „Vorwort" der *Bs.* [Frege, 1879, 8 ff.] und insbesondere [Frege, 1882, 106 ff.].

[33]Es gibt nicht genügend Hinweise, um zu sagen, dass Frege an *Verfahren* darüber denkt, was Wittgenstein später als Operation charakterisieren wird, obwohl dies als möglicher Vorläufer zu vermerken ist. In diesem Punkt haben sich in den verschiedenen Gesprächen, die ich mit ihnen geführt habe, Wolfgang Kienzler, Gottfried Gabriel, Volker Peckhaus und Christian Thiel geeinigt. In Bezug auf Wittgensteins Kritik an Russells und Freges Logizismus vgl. insbesondere den *Tractatus* [1922, 4.1273].

[34]Ich habe mich mit Christian Thiel über diese Vieldeutigkeit unterhalten und bin zu dem Schluss gekommen, dass Frege in § 24 „Beziehung f" anstelle von „f-Beziehung" hätte sagen müssen, ein Fehler, der in *Gl.* korrigiert wird, und den Hugo Padilla in seiner klassischen spanischen Übersetzung übernimmt (vgl. [Frege, 1972]).

> te, eine anschauliche Vorstellung von Reihe zu Grunde zu legen, so vergesse man nicht, dass die so gewonnenen Sätze, welche etwa gleichen Wortlaut mit den hier gegebenen hätten, doch lange nicht ebensoviel als diese besagen würden, weil sie nur in dem Gebiete eben der Anschauung Giltigkeit hätten, auf welche sie gegründet wären. [Frege, 1879, §23]

All dies bedeutet, dass der Autor tatsächlich eine Vorstellung von Reihen hat, die er für selbstverständlich hält. Aber da eine solche Vorstellung kein primitives Konzept wie beispielsweise das der Funktion ist, ist Kerrys Beobachtung kritisch.

Es besteht kein Zweifel, dass das Gewicht der Bedeutung für Kerry in der natürlichen Sprache liegt, für Russell jedoch — und auch für Frege, wenngleich möglicherweise nicht in gleichem Maße — ist, was zu diesem Thema in der natürlichen Sprache gesagt wird, zweitrangig. Aber unabhängig davon, wie diese Frage entschieden wird, bleibt etwas sehr Interessantes in Kerrys Beobachtung: Wenn, wie gesagt, in den Kommentaren zu den Formeln die Motivation, die Frege leitet, deutlich wird, dann hat die Passage, die von der Benennung von f als Funktion zur Verwendung als Teil des Namens einer Reihe reicht, etwas Eloquentes an sich. Frege versucht, den begrifflichen Unterschied, die unterscheidungskräftige Note, die zwischen einer Beziehung und einer Reihe besteht, zu erfassen, und er findet sie in der Idee der erblichen Eigenschaft, die absolut in die Idee der Implikation oder Konsequenz hineingezogen wird. Daher ist sie der Kern der logischen Reduktion des Prinzips der Induktion. Hier ist, was ich als den Schlüsselsatz des ganzen „Vorworts" von *Bs.*, iv, betrachte:

> Der Gang war hierbei dieser, dass ich zuerst den Begriff der Anordnung in einer Reihe auf die logische Folge zurückzuführen suchte, um von hier aus zum Zahlbegriff fortzuschreiten. [Frege, 1879, iv]

3.4 Die Definition der Erbfolge und das Problem der Imprädikativität

Kerrys Kritik geht nun weiter, insbesondere in Bezug auf Freges Definition der Nachfolge:

> So liegt aber die Sache [...] bei der den eigentlichen Gegenstand unserer Betrachtung ausmachenden des Folgens von y auf x in der f-Reihe.[1] Dieselbe hat genau erwogen den Sinn, dass y als auf x in der f-Reihe folgend dann bezeichnet werden solle, wenn darauf geschlossen werden kann, dass y alle sich in der f-Reihe vererbenden Eigenschaften besitze. Nun ist dieses Kriterium schon darum von zweifelhaftem Werthe, weil kein Katalog solcher Eigenschaften existirt, man also nie sicher ist, den Inbegriff derselben erschöpft zu haben. Hiezu kommt aber als ausschlaggebend noch der Umstand, dass, wie unser Autor selbst nachgewiesen hat,[2] eine der in der f-Reihe sich vererbenden Eigenschaften auch ist: in der f-Reihe auf x zu folgen. Hienach hängt die Entscheidung darüber, ob y auf x in der f-Reihe folge, laut der für diesen Begriff gegebenen Definition davon ab, dass man, nebst sehr vielem Anderen über vererbende Eigenschaften überhaupt, speciell von der vererbenden Eigenschaft: auf x zu folgen, das wisse, ob y sie besitze oder nicht. [Kerry, 1885–91, IV, 294–295 f.]
>
> 1) Vgl. oben, S. 270, 293.
> 2) Begriffsschrift, S. 71 (Formel 97).

Kerry konzentriert seine Kritik auf die folgenden zwei Punkte: i) die Schwierigkeit oder, strenggenommen, Unmöglichkeit, die Menge der erblichen Eigenschaften zu spezifizieren und ii), dass die Eigenschaft „des Folgens von y auf x in der f-Reihe" genau eine dieser erblichen Eigenschaften ist und so stehen wir vor einem *Circulus Vitiosus*. Russell seinerseits verteidigt die Definition Freges über den ersten Punkt, sagt aber absolut nichts über den zweiten. Siehe:

> there is an attack on the definition: "y follows x in the

f-series if y has all the properties inherited in the f-series and belonging to all terms to which x has the relation f."*

This criterion, we are told, is of doubtful value, because no catalogue of such properties exists, and further because, as Frege himself proves, following x is itself one of these properties, whence a vicious circle. This argument, to my mind, radically misconceives the nature of deduction. In deduction, a proposition is proved to hold concerning *every* member of a class, and may then be asserted of a particular member: but the proposition concerning *every* does not necessarily result from enumeration of the entries in a catalogue.

* Kerry omits the last clause, wrongly; for not all properties inherited in the f-series belong to all its terms; for example, the property of being greater than 100 is inherited in the number-series. [Russell, 1903, 522]

Hierzu ist zunächst anmerken, dass, während Russells Fußnote in Bezug auf Kerry [1885–91, IV, 294], korrekt ist, Kerry Freges Definition der Nachfolge auf Seite 270, auf die er sich bezieht, korrekt zitiert hat. Und zweitens verweist Kerrys Kritik nicht nur auf die faktische Schwierigkeit, die Menge der erblichen Eigenschaften in einer Reihe zu bestimmen, sondern auch auf das vermutlich unmögliche Definitionserfordernis: Um festzustellen, ob y in der von f erzeugten Reihe auf x folgt, ist es erforderlich, dass bewiesen wird, dass y alle erblichen Eigenschaften dieser Reihe hat, die zu allen Mitgliedern gehören, die in der Beziehung f zu x stehen. Dies ist, wie Kerry betont, unmöglich, weil unter allen zu identifizierenden Eigenschaften eine von ihnen die „des Folgens von y auf x in der f-Reihe" ist und wir nicht wissen, wie wir den Beweis bewerkstelligen sollen, denn genau das ist es, was wir zu definieren versuchen. Und diese Beobachtung ist unabhängig vom Kerrys Psychologismus. Die einzige Annahme, die Kerrys Kritik an Freges Definition der Nachfolge enthält, ist, dass die gesamte Konstruktion und insbesondere die Definition der Nachfolge dem Zweck dienen soll, den Begriff der Erbfolge zu erläutern. Und doch: Freges begriffliche

Klärung der Erbfolge ist — gelinde gesagt — unbefriedigend, wenn sie unter anderem verlangt, dass das, was sie bestimmen soll, bereits bekannt wäre.

Wenn im Buch Z der *Topik* diskutiert wird, wie die Definitionen korrekt zu etablieren sind, weist Aristoteles auf einen Fehler hin, der im Prinzip trivial ist: der Rückgriff auf das *Definiendum* selbst im *Definiens*. Eine solche Zirkularität vereitelt den erklärenden Zweck, für den die Definition festgelegt wird, insbesondere in Fällen, in denen neue Symbole durch Bedeutungsbestimmungen eingeführt werden. Viele Jahre nachdem Kerry auf diese Schwierigkeiten in Freges Erklärung hingewiesen hat, konfrontiert Bertrand Russell den großen Mathematiker Poincaré im Kampf um die theoretische Priorität zwischen Logik und Mathematik. Während der zweite sich dem logizistischen Projekt widersetzte und bekanntermaßen argumentierte, dass alles, was ein solches Projekt schließlich zu demonstrieren vermöge, nicht darin bestehe, dass Logik steril sei, sondern Widersprüche erzeuge, versuchte der erste, die Wurzel solcher Widersprüche in einer bestimmten Art von Aussagen zu verorten, die im Laufe der Geschichte immer problematisch waren. Insbesondere wird heutzutage eine Definition als imprädikativ bezeichnet, wenn sie einen Quantifikator enthält, in dessen Bereich das zu definierende Objekt enthalten ist. Diese Art der imprädikativen Konstruktion von Begriffen ist seit langer Zeit in der unkritischen Arbeit von Mathematikern üblich, während erst zu Beginn des letzten Jahrhunderts die ersten kritischen Hinweise bei der Untersuchung der möglichen Ursachen der Paradoxien der Mengenlehre auftauchten. Im Jahr 1906 nannte Russell vor der *London Mathematical Society* die Aussagenformen, die konsistente Mengen bestimmen, „prädikativ" und den Rest „nicht-prädikativ" (vgl. [Russell, 1906, 34]); aber Poincaré war der erste, der auf ein Merkmal hinwies, das diesen Antinomien gemeinsam ist: In den Definitionen, die den Antinomien zugrunde liegen, wird ein Objekt in Bezug auf eine Totalität eingeführt, zu der es selbst gehört, eine Totalität, die anscheinend ohne ein solches Objekt nicht als existent angesehen werden kann (vgl. [Poincaré, 1906, 306 ff.]).

In seinem 1908 erschienenen Werk „Mathematical Logic as Based on the Theory of Types" (eigentlich schon in [Russell, 1906]) hielt Russell an dieser Charakterisierung als *ad hoc*-Lösung für die Beseitigung von Antinomien fest, und sie bildete die Grundlage seines *Circulus-Vitiosus*-Prinzips; für Poincaré hingegen ist eine imprädikative Definition per se fehlerhaft, unabhängig davon, ob sie zu Antinomien führt oder nicht. In diesem Sinne waren bestimmte Schnittmengenkonstruktionen im Beweis des Satzes Zermelos von der Wohlordnung oder Cantors Diagonalmethode auch inakzeptabel (vgl. [Poincaré, 1906, 308, 311]). In seiner Arbeit von [1908] machte Zermelo jedoch den harmlosen Charakter bestimmter imprädikativer Konstruktionen von Begriffen glaubhaft: Dort bot er ein axiomatisches System für die Mengenlehre an, in dem es imprädikative Methoden gab, während er gleichzeitig die Forderung nach einer Demonstration des Nicht-Widerspruchs formulierte. Andererseits unterstützen auch die in der Analysis üblicherweise verwendeten imprädikativen Methoden eine solche Vorgehensweise. Obwohl dies natürlich keine ausreichende Rechtfertigung ist, erzeugen sie doch einen gewissen Konsens, „dass man die imprädikativen Begriffsbildungen allein nicht für das Auftreten der logischen Antinomien verantwortlich machen kann" [Kutschera, 1971, 404].[35] Es gibt jedoch eine Möglichkeit, Poincarés Kriterium so zu klären, dass eine Unterscheidung innerhalb der imprädikativen Aussagen eingeführt wird. Dem deutschen Mathematiker und Philosophen Paul Lorenzen (1915–994) verdanken wir diesen Vorschlag, aus dem sich der fruchtbare konstruktivistische Ansatz der Erlanger Schule ergibt. Das Problem der Imprädikativität bleibt jedoch auch heute eines der wichtigsten Probleme in der Beweistheorie und in den trotz allem noch fortdauernden Forschungsprogrammen über die Grundlagen der Wissenschaften.

4 Schlussfolgerungen

Ich habe versucht zu zeigen, dass der dritte Teil der *Bs.* kein bloßes Beispiel der Verwendung der neuen Notation in einem Zweig der Mathematik ist (wie es beispielsweise in dem ziemlich einflussreichen

---

[35]Eine klare Darstellung des Themas, sowohl historisch als auch inhaltlich, findet sich in [Thiel, 1972, 130–156].

[Kneale and Kneale, 1971, 492], dargestellt wird), sondern der Kern des Fregeschen Programms. Damit dasselbe erfolgreich durchgeführt werden kann, muss man i) zeigen, dass die Induktion — eine angeblich spezifische Schlussfolgerungsweise der Arithmetik — streng genommen eine logische Schlussfolgerung ist, die nicht an raumzeitliche Anschauungen appelliert, und ii) eine Definition der Zahl in rein logischen Begriffen anbieten. In der *Bs.* gibt es nur einen Teil des Programms: die logische Reduktion der Induktion. Möglicherweise ist diese Tatsache einer der Gründe, warum Freges großem Werk *Grundgesetze der Arithmetik*, in dem, wie wir wissen, das Programm in seiner Gesamtheit durchgeführt wird, immer mehr Aufmerksamkeit geschenkt wurde. Zweifellos trug die von Russell entdeckte Inkonsistenz seines axiomatischen Systems (eine Inkonsistenz, die im axiomatischen System der *Bs.* nicht auftritt) paradoxerweise auch zu seinem Ruhm bei, zusammen mit den sogenannten „semantischen Texten", die die Entwicklung der technisch-konzeptuellen Innovationen der *Grundgesetze* in Bezug auf die *Bs.* erklären. So wird die Betrachtung des dritten Teils der *Bs.* häufig vernachlässigt. Und auf diese Weise bleibt das Problem der Zirkularität, das im Ursprung der zeitgenössischen Logik selbst vorhanden ist, größtenteils unbemerkt. Während Freges Vorschlag, eine abstrakte Reihendefinition anzubieten, insbesondere in Bezug auf die Eigenschaft der Vererblichkeit als möglicher Kern der reinen Idee der Reihung ernst genommen werden sollte, treten die Schwierigkeiten sofort auf.

Was die Arbeit Kerrys oder besser gesagt die rekonstruierte Diskussion zwischen Kerry, Frege und Russell betrifft, so liefert seine Analyse sowohl aus historischer als auch aus systematischer Sicht wertvolle Elemente. Aus historischer Sicht war es meine Absicht zu zeigen, dass Kerrys Arbeit, die heute weitgehend unbekannt ist, die erste eingehende und kritische Analyse von Freges logizistischem Ansatz ist, wie er in der *Bs.* und in *Gl.* vorgetragen wird. So war Kerry der erste, der insbesondere auf die Zirkularität in Freges Erklärung der Nachfolge hingewiesen hat, in dem Bewusstsein, dass er damit einen Grundpfeiler des Logizismus angriff. Über die spärliche Aufmerksamkeit, die diese Arbeit erhielt, habe ich versucht zu zeigen, dass Russells Einschätzung im „Appendix A" zu *PoM* gelinde gesagt oberflächlich ist. Es kann nur spekuliert werden, dass sowohl in seinem Fall als auch in dem von Frege (der die Kritik der Zirkularität direkt ignoriert) der Grund für diese Nachlässigkeit Kerrys Orientierung am Psychologismus war. Aber, wie wir gesehen haben, hängt Kerrys Vorwurf der Zirkularität nicht mit seiner psychologistischen Position zusammen. Vielmehr spielt sein Psychologismus nur in seiner eigenen These über die Grundlagen der Mathematik eine tragende Rolle. Des Weiteren hat Freges und Russells Vorherrschaft in der Geschichte der Logik und Philosophie des zwanzigsten Jahrhunderts dazu geführt, dass unter anderem ignoriert wurde, dass Kerrys Kritik an der Definition der Nachfolge genau die gleiche ist, die Russell kraft seines *Circulus-Vitiosus*-Prinzips (eingeführt im Artikel von 1908 und erneut in der „Introduction" zu *Principia*) als schädlich in Definitionen diagnostiziert, und die wir aus seiner Polemik zu Poincaré heutzutage als Imprädikativität kennen. Ein zentrales Ergebnis dieser Arbeit ist daher, dass es in Kerry 1887, IV, einen klaren Vorläufer dieses Prinzips gibt, von dem Russell hinreichend Kenntnis hatte.

Was einen systematischen Beitrag betrifft, so können wir zu dem Schluss kommen, dass der Begriff der erblichen Eigenschaft, obschon er einen ersten Ansatz zur Erläuterung des Begriffs der Reihe erlaubt, unzureichend ist. Darüber hinaus führte uns Kerrys Hinweis auf Fehler in Freges Theorie der (expliziten) Definitionen bestimmter Begriffe, die alles andere als primitiv sind, wie Reihen oder erbliche Eigenschaften, dazu, über die Beziehung zwischen einer formalen Sprache wie der *Begriffsschrift* und der natürlichen Sprache nachzudenken. Schon die kurze Analyse des Problems des Unterschiedes zwischen Begriffen und Gegenständen erlaubte uns zu sehen, wie man durch eine künstliche Sprache Dinge zeigen kann, die in natürlicher Sprache nicht richtig gesagt werden können, ohne in Widersprüche zu verfallen. Hier liegt einer ihrer offensichtlichen Vorteile. Dass eine solche Sprache auf Grundlage rein logischer Vorstellungen konstruiert wurde, sichert außerdem die logische Natur von allem, was mit Erkenntnisanspruch in ihr ausgedrückt wird. Aber sowohl wenn Definitionen eingeführt werden als auch wenn die relevantesten Ergebnisse erzielt werden, bietet Frege

Übersetzungen in die natürliche Sprache an. Zweifellos gibt es dafür eine initiale Motivation, die darin besteht, das Verständnis solcher Formeln zu befördern; wir sind jedoch gezwungen, uns streng zu fragen, was natürliche Sprache bringt, wenn nicht jene Mehrdeutigkeit, die durch die Konstruktion einer Sprache von Struktur und Bedeutungen, die auf definierte Weise geklärt sind, beseitigt werden sollte. Folglich stellt sich die Frage, warum die natürliche Sprache dennoch zu Hilfe genommen wurde (in der Tat können wir uns darauf einigen, dass dies zunächst bei dem Verständnis der Formeln der Fall ist).

Wir haben gesehen, dass der Appell Freges an Anschauungen sowohl in seinen Beispielen als auch in den Paraphrasen der Begriffsschriftformeln erkennbar wird. Gleichzeitig weist Frege auf die Abwesenheit von Anschauungen in seinen formalen Definitionen hin. Daraus folgt, dass Frege es als legitim akzeptiert, an Anschauungen zu appellieren, solange sie uns helfen, einen Begriff auszuweisen, was jedoch nicht bedeutet, dass dieser Begriff anschauliche Elemente in sich enthält.

Literatur

[Angelelli, 2012] Angelelli, I. 2012, "Frege's Ancestral and its Circularities." *Logica Universalis* **6**(3), 477–483.

[Boolos, 1985] Boolos, G. 1985. "Reading the Begriffsschrift." *Mind*. New Series **94**(375), 331–344.

[Dummett, 1991] Dummett, M. 1991. *Frege. Philosophy of Mathematics*. Cambridge, Mass.: Harvard University Press.

[Frege, 1879] Frege, G. 1879. *Begriffsschrift. Eine der arithmetischen nachgebildete Formelsprache des reinen Denkens* [*Bs.*]. Halle. Neuaufl. in Frege 1964.

[Frege, 1880/81] Frege, G. 1880/81. „Booles rechnende Logik und die Begriffsschrift". In *Nachgelassene Schriften*, 9–52.

[Frege, 1882] Frege, G. 1882. „Ueber den Zweck der Begriffsschrift". In [Frege, 1964, 106–114].

[Frege, 1884] Frege, G. [1884] 1988. *Die Grundlagen der Arithmetik. Eine logisch mathematische Untersuchung über den Begriff der Zahl [Gl.]*, C. Thiel (ed.), Hamburg: Meiner.

[Frege, 1892] Frege, G. 1892. „Über Begriff und Gegenstand" [BuG]. *Vierteljahrsschrift für wissenschaftliche Philosophie* **16**, 192–205.

[Frege, 1893] Frege, G. [1893] 1962. *Grundgesetze der Arithmetik, begriffsschriftlich abgeleitet*, Band I., Hildesheim: Olms.

[Frege, 1964] Frege, G. 1964. *Begriffsschrift und andere Aufsätze*. I. Angelelli (ed.), Hildesheim: Olms. Nachdruck 1988, Darmstadt: Wissenschaftliche Buchgesellschaft.

[Frege, 1969] Frege, G. 1969. *Nachgelassene Schriften*, H. Hermes, F. Kambartel, F. Kaulbach (eds.). Hamburg: Meiner.

[Frege, 1972] Frege, G. 1972. *Conceptografía. Los fundamentos de la aritmética. Otros estudios filosóficos*, H. Padilla (tr.). Mexiko: UNAM.

[Frege, 1990] Frege, G. 1990. *Kleine Schriften, 2nd ed.* I. Angelelli (ed.). Hildesheim: Olms.

[Fulugonio, 2007] Fulugonio, M. G. 2007. "Avatares en la definición de número fregeana". In P. Lorenzano, H. Miguel (eds.) *Filosofía e Historia de la Ciencia en el Cono Sur*, vol. II, Buenos Aires: Prometeo Libros-AFHIC, 153–165.

[Fulugonio, 2008] Fulugonio, M. G. 2008, "Benno Kerry: an Early Critique of Frege's Logicism and an Antecedent in the History of the Problem of Unpredictability." *CLE e-Prints* **8**(6).

[Heck, 2005] Heck, R. G. Jr. 2005, "A Note on the Major Results of Begriffsschrift." http://rgheck.frege.org/philosophy/pdf/notes/begriffsschrift.pdf.

[Heck, 2016] Heck, R. G. Jr. 2016. "Is Frege's Definition of the Ancestral Adequate?" *Philosophia Mathematica* **24**(1), 91–116.

[Höfler, 1892] Höfler, A. 1892. „Rez. v. Kerry 1890". *Vierteljahrsschrift für wissenschaftliche Philosophie* **16**, 230–242.

[Höfler, 1894] Höfler, A. 1894. „Besprechungen". *Zeitschrift für Psychologie und Physiologie der Sinnesorgane* **6**, 44–58.

[Husserl, 1891] Husserl, E. G. 1891. *Philosophie der Arithmetik. Psychologische und logische Untersuchungen*, Halle: Pfeffer.

[Husserl, 1891a] Husserl, E. G. [1891] 1970. *Philosophie der Arithmetik. Psychologische und logische Untersuchungen*. Mit ergänzenden Texten (1890–1901), Kritische Ausgabe, L. Eley, M. Nijhoff (eds.), Den Haag (= Husserliana 12).

[Kerry, 1884] Kerry, B. 1884. *Grundzüge einer Theorie der mathematischen und nicht-mathematischen Grenzbegriffe. Ein Beitrag zur Erkenntnistheorie*, unveröffentlichte Habilitationsschrift, Xerokopie in der Bibliothek der

Universität Erlangen-Nürnberg (Abteilung für Philosophie).

[Kerry, 1885–91] Kerry, B. 1885–1891. „Über Anschauung und ihre psychische Verarbeitung" [AuV]. *Vierteljahrsschrift für wissenschaftliche Philosophie* 9, 433–493 [I]; 10, 419–467 [II]; 11, 53–116 [III], 246–307 [IV]; 13, 71–124 [V], 392–419 [VI]; 14, 317–353 [VII]; 15, 127–167 [VIII].

[Kerry, 1890] Kerry, B. 1890. *System einer Theorie der Grenzbegriffe. Ein Beitrag zur Erkenntnistheorie*. Erster Theil, G. Kohn (ed.), Leipzig, Wien: Deuticke.

[Kneale and Kneale, 1971] Kneale, W. and Kneale, M. 1971 (1962). *The Development of Logic*, Oxford: Clarendon Press.

[Kohn, 1890] Kohn, G. 1890. „Vorwort des Herausgebers". In [Kerry, 1890, V–XI].

[Kutschera, 1971] Kutschera, F. v. 1971, „Antinomien (log.)". In *Historisches Wörterbuch der Philosophie*, vol. I, Basel, Stuttgart: Schwabe & Co.

[Leibniz, 1765] Leibniz, G. W. 1765. *Nouveaux Essais sur l'entendement humaine, in lateinischer und französischer Sprache philosophische Werke des verstorbenen Herrn de Leibnitz* [...], M. R. E. Raspe (ed.), Amsterdam, Leipzig: Schreuder.

[Leibniz, 1839] Leibniz, G. W. 1839/40. *Gott. Guil. Leibnitii opera philosophica quae exstant Latina Gallica Germanica omnia*, 2 vols. J. E. Erdmann (ed.). Berlin: Eichler.

[Leibniz, 1875–1890] Leibniz, G. W. 1875–1890. *Die Philosophischen Schriften von Gottfried Wilhelm Leibniz*, 7 vols. C. I. Gerhardt (ed.). Berlin: Weidmannsche Buchhandlung, Nachdruck 1960, Hildesheim: Olms.

[Linsky, 2005] Linsky, B. 2005. "Russell's Notes on Frege for Appendix A of The Principles of Mathematics." *The Journal of Bertrand Russell Studies* 24, 1–39.

[Moretti, 2007] Moretti, A. 2007. "Dos problemas clásicos en la ontología de Frege". https://www.researchgate.net/publication/311714565.

[Nelson,] Nelson, L. *Nachlass*. Bundesarchiv, Abt. Potsdam, NL Leonard Nelson 90 Ne 1.

[Peckhaus, 1994] Peckhaus, V. 1994. „Benno Kerry: Beiträge zu seiner Biographie". *History and Philosophy of Logic* 15, 1–8.

[Peckhaus, 1996] Peckhaus, V. 1996. "On the Origins of the Word 'Logicism'." http://www.rbjones.com/rbjpub/philos/glossary/logicism.htm

[Peckhaus, 1997] Peckhaus, V. 1997. *Logik, Mathesis universalis und allgemeine Wissenschaft*, Berlin: Akademie Verlag.

[Picardi, 1994] Picardi, E. 1994. „Kerry und Frege über Begriff und Gegenstand". *History and Philosophy of Logic* **15**, 9–32.

[Poincaré, 1906] Poincaré, H. 1906. « Les mathématiques et la logique (III) ». *Revue de Métaphysique et de Morale* **13**, 294–317.

[Russell, 1906] Russell, B. 1906. "On Some Difficulty in the Theory of Transfinite Numbers and Order Types." *Proceedings of the London Mathematical Society*, Ser. **2** 4(I,7.3), 29–53.

[Russell, 1908] Russell, B. 1908. "Mathematical Logic as Based on the Theory of Types." *American Journal of Mathematics* **30**(3), 222–262.

[Russell, 1903] Russell, B. 1903. *The Principles of Mathematics [PoM]*, Cambridge University Press.

[Russell, 1937] Russell, B. 1937. "Introduction to the Second edition." In *Principles of Mathematics*, London: George Allen & Unwin.

[Russell, 1956] Russell, B. 1956. *Logic and Knowledge: Essays 1901–1950*. R. C. Marsh (ed.). London: Allen & Unwin.

[Russell, 1967–69] Russell, B. [1967–1969] 1993. *Autobiography*. London: Routledge.

[Russell and Whitehead, 1910] Russell, B. & Whitehead, A. N. 1910. *Principia Mathematica*, vol. I. Cambridge: Cambridge University Press.

[Schmidt, 2020] Schmidt, João V. 2020. "On the Impredicativity and Circularity of Frege's Ancestral." Perspectiva Filosófica 24 (2), 204–230.

[Schröder, 1880] Schröder, E. 1880. „Rez. v. Frege 1879". *Zeitschrift für Mathematik und Physik, Historisch-literarische Abteilung* **25**, 81–94.

[Thiel, 1972] Thiel, C. 1972. *Grundlagenkrise und Grundlagenstreit. Studie über das normative Fundament der Wissenschaften am Beispiel von Mathematik und Sozialwissenschaft*. Meisenheim am Glan: Hain.

[Wehmeier & Schmidt, 2005] Wehmeier, K. F. and Schmidt am Busch, H.-C. 2005, "The Quest for Frege's Nachlass." In M. Beaney, E. Reck (ed.) *Gottlob Frege. Critical Assessments of Leading Philosophers*. London, New York: Routledge, vol. I, 54–67.

[Wille, 2018] Wille, M. 2018. *Frege: Begriffsschrift, eine der arithmetischen nachgebildete Formelsprache des reinen Denkens*. Berlin, Heidelberg: Springer.

[Wittgenstein, 1922] Wittgenstein, L. [1922] 1994. *Tractatus Logico-Philosophicus*. J. Muñoz, I. Reguera (tr.). Barcelona: Altaya (1, Hg. Kegan Paul).

[Zermelo, 1908] Zermelo, E. 1908 „Untersuchungen über die Grundlagen der

Mengenlehre, I". *Mathematische Annalen* 65, 261–281.

Frege, Peirce, and the Ethics of Asserting

Leila Haaparanta

Abstract

Contemporary theories of assertion share the basic assumption that the distinction between sayings and assertions catches something philosophically important. They differ in their ways of analyzing or characterizing the special feature that asserting contributes to what is merely said. Gottlob Frege was one of those philosophers who emphasized the distinction between thoughts, judgments, and assertions. Charles Peirce distinguished between propositions and assertions, which he construed as acts. This paper argues that the distinction between thoughts, or propositions, and assertions made by the two pioneers of modern logic, had an ethical motivation and their interest in the acts of judging and asserting was a sign of their belief in the primacy of the practical. The paper pays attention to inferences and assertions as conclusions of inferences. It argues that even if no direct influence could be shown between Kant and Frege or Kant and Peirce at this point, both Frege and Peirce upheld a construal of inferences and assertions which was guided by the idea of the primacy of practical reason. It is argued that in order to fully understand Frege's and Peirce's views of logic, we have to introduce a kind of virtuous inferrer and asserter, serving as an ideal for us who take inferential steps within the limits of our psychological capacities.

1 Introduction: Contemporary Theories of Assertion

Late twentieth century philosophy of language took a step from syntactic and semantic themes of discussion towards the pragmatics of language. That turn initiated an intensive interest in the social aspects of language and in the various ways linguistic expressions are used in communication. The rise of theories of assertion was an expression of this philosophical trend. Those theories propose special features which are thought to distinguish assertions from mere sayings. Some of them argue that assertions, unlike mere sayings, are governed by norms [Brown and Cappelen, 2011b, 1]. The constitutive norm or rule may require that an asserter believes or even knows what she says, that she is able to justify or give warrant to her belief, or that what she says is true. Timothy Williamson, who supports the view that a knowledge norm constitutes an assertion, does not intend to argue that a person who breaks the norm, does not manage to assert. Instead, he means that such a person is subject to criticism, because she has performed an act which is constituted by the given norm [Williamson, 2000, 240]. Other philosophers argue that assertions, unlike mere sayings, must have effects on the conversation or on what the hearer believes. Still others propose that the speaker's beliefs and intentions concerning the hearer's beliefs are causes of sayings, and they are what make the sayings into assertions. The theory of assertion, which is a key element in Robert B. Brandom's inferentialist philosophy of language, individuates assertions in terms of commitments and entitlements, hence, in terms of permissions and obligations that assertions add to encounters between the speaker and the addressee [Brandom, 1994, 157–163].

Herman Cappelen opposes the idea that assertion is a genuine linguistic category. He claims that the term "assertion" is largely a philosophers' invention, and it can be used conventionally to pick up many kinds of things, but that assertion is not a theoretically useful category [Cappelen, 2011, 21]. It seems to me that what needs to be taken into account in order to evaluate the distinction between sayings and assertions, is its original motivation. The distinction between a thought and a judgment, and further an assertion, was introduced because a few philosophers and logicians realized that it is one thing to utter a proposition and another thing to say something with assertoric force, no matter what the specific difference is that constitutes the distinction. It is a task of philosophy to introduce concepts and conceptual distinctions, and that distinction was among those that Gottlob Frege and Charles Peirce emphasized. Volker Peckhaus has extensively studied the two philosophers' writings, as well as their background figures and followers.[1] The present paper does not illuminate Frege's and Peirce's views on thoughts or propositions and assertoric force in their historical contexts. Instead, it compares their writings and argues that the idea of the primacy of the practical is common to Frege's and Peirce's approaches to logic. Moreover, it seeks to show that the distinctions they make are an expression of the general idea that we ought to consider inferences and assertions as actions and regard ourselves as agents who ought to perform virtuous inferential and assertoric acts. I do not claim that such terms as "virtue", "obligation", or "prohibition" occur in the two philosophers' logical studies; it is rather the case that by introducing the idea of the virtuous inferrer and asserter to their views of logic, I hope to throw light on a few aspects in their views that have significant contemporary relevance. As for Frege's view, my construal continues the lines of thought that can be found in studies by Olav Gjelsvik [2014] and Maria van der Schaar [Schaar, 2018].

In what follows, I will first introduce the vocabulary of what we may call Frege's and Peirce's theories of assertion and asserting. Frege and Peirce put forward permissions and prohibitions that concern the acts of inferring and asserting. The expression "ethics of asserting" occurs in the title of this paper, because on my construal, the permissions and prohibitions involved are not only epistemic, but they also have ethical import. I will illuminate Frege's and Peirce's accounts of inference and assertion in view of Kant's thesis concerning the primacy of practical reason. I will argue that Frege and Peirce consider steps in inferential chains and the final act of asserting on the model of human conduct that ought to follow ethical standards. It seems that the best candidate among ethical theories is virtue ethics and among epistemological theories virtue epistemology. It means that one who infers, the ideal inferrer, whose inferential steps are the measure for

---

[1]See, e.g., [Peckhaus, 1997, 1999; 2009b], just to mention a few of his contributions.

our inferring activities, is a virtuous agent, whose acts are guided by logical and epistemological, yet basically ethical, principles. Frege's view of logic allows two analyses, one that focuses on the realm of thoughts and the laws under which we assert, and the other that pays attention to the ideal subject, who can be called a virtuous inferrer and asserter. In what follows, I will seek to build a bridge between those analyses. I will conclude that Peirce's view also presupposes an ideal and virtuous agent, whose acts serve as a model for us mundane inferrers and asserters.

2 Frege and Peirce on Assertions

In the *Grundlagen der Arithmetik* [1884] Frege lists his basic principles, which include the following: "always to separate sharply the psychological from the logical, the subjective from the objective" [Frege, 1884, GLA, x]. His logical concepts include those of judgment (*Urteil*) and assertion (*Behauptung*), which do not refer to psychological or subjective acts or ideas. In his *Begriffsschrift* [1879], Frege distinguishes between a judgeable content (*beurteilbare Inhalt*) and a judgment, which is an acknowledgment of the truth of such a content, a content as judged [1879, BS, §2]. The distinction is shown by two strokes, the content stroke (*Inhaltsstrich*) and the judgment stroke (*Urteilsstrich*), which belong to the logical vocabulary of his conceptual notation. In the *Grundgesetze der Arithmetik I* (1893) Frege uses the terms "the judgment stroke" and "the horizontal" (*Wagerechte*) [1893, GGA I, §5]. In his later writings, he distinguishes between grasping a thought, which is thinking, the acknowledgment of the truth of a thought, which is judging, and the manifestation of the judgment, which is assertion (*Behauptung*) [1967, *Der Gedanke*, 1918, KS, 346]. In contemporary terms, Frege's expressions of thoughts would be mere sayings. When we judge, we intend to proceed from the thought to its truth. As a juridical concept, Frege's concept of judgment is tied to the concepts of obligation, permission, and prohibition.

In his papers written before 1900 and in the early twentieth century, Frege emphasizes the close connection between assertion and truth. In his *Logik* (1897) [Frege, 1969] he points out that even where we use the form of expression "it is true that ... ", the assertoric form of a sentence (*die Form des Behauptungssatzes*) is essential [1969, NS, 140]. Occasionally, it is obvious from what he says that he regards the expression "it is true that" as redundant. In "Einleitung in die Logik" (1906)[Frege, 1969], he states that at bottom the sentence "it is true that 2 is prime" says no more than the sentence "2 is prime". Moreover, he thinks that we do not express the judgment because we use the word "true"; instead, it is the assertoric force (*Behauptungskraft*) that we give to the word "is" where the judgment is located [1969, NS, 211]. He repeats in his "Meine grundlegenden logischen Einsichten" (1915)[Frege, 1969] that in linguistic expressions assertoric force is tied to the predicate [1969, NS, 272]. In his "Was kann ich als Ergebnis meiner Arbeit ansehen?" (1906)[Frege, 1969] he expresses the same idea by stating that the judgment stroke of his conceptual notation has arisen from the dissociation of assertoric force from the predicate (*die Ablösung der behauptenden Kraft vom Prädikate*) [1969, NS, 200]. A few scholars have shown, and sought to explain, similarities between Frege's distinctions and those made in Stoic logic. On the interpretation proposed by Gottfired Gabriel, Karlheinz Hülsel, and Sven Schlotter, Frege realized the importance of his distinction between thought and judgment after having learnt about a similar distinction from Rudolf Hirzel, the philologist, who was specialized in Stoicism. Susanne Bobzien, for her part, suggests and argues for the view that Frege came to know the distinction from Karl von Prantl's *Geschichte der Logik im Abendland* [Prantl, 1855].[2]

Peirce's remarks on propositions and assertions are quite scattered. What is certain, however, is that he also distinguishes between a proposition and an assertion, which he describes as "the deliberate exercise [...] of a force tending to determine a belief in it in the mind of the interpreter" [1976, NEM 4, 249]. For him, assertion is an act of an utterer, just like affirmation, denial, judging, doubting, putting a question, commanding, or merely expressing, and the proposition remains the same, whatever the act may be. He also notes that a

---

[2]See [Mates, 1953, 21–22]. Also see [Gabriel *et al.*, 2009; Bobzien, 2021].

proposition is a sign of which the judgment and the lingual expression are two replicas. However, he notes, the judgment is more than a mental replica of a proposition; besides expressing a proposition, it also accepts it [1976, NEM 4, 248–249]. Peirce also writes that to assert a proposition is to make oneself responsible for it, although no definite forfeit is imposed [1931–1958, CP 5.543]. For Peirce, a proposition is something that might be assented to and asserted [1931–1958, CP 2.315].[3] Peirce mentions the Stoics in several connections, and he also knows von Prantl's work, just like Frege [1931–1958, CP 4.38–4.40]. As Kenneth Boyd has argued, Peirce was an anticipator of the so-called commitment view of assertion, represented by Brandom, for example. Peirce argues that assertion is distinguished from a mere saying in that it has normative effects; unlike one who merely expresses a proposition, the asserter undertakes certain commitments. Especially, she must be able to provide reasons to believe what she asserts. In Peirce's words, she must take the responsibility for the truth of the proposition [Boyd, 2016, 21].[4] If we think of logical inference, as it is natural to think in connection with Frege and Peirce, we may say that for the two logicians, giving a proof for a proposition signalizes that the agent has taken the responsibility to provide her audience with reasons for which the audience are allowed to ask.

The Aristotelian tradition did not pay attention to the distinction between judgments or assertions and their contents. Aristotelian logicians divided logic into three parts, which were the theory of concepts, the theory of judgments, and the theory of inferences. In the history of logic, views have varied concerning the priorities. In his *Booles rechnende Logik und die Begriffsschrift* (1880/1881) Frege speaks in favor of the priority of judgments over concepts, and that idea was also codified in his conceptual notation [1969, NS, 14, 17–18 and 52]. Frege and Peirce both argue that a judgment is not an aggregate of terms which represent concepts. In his early paper *Grounds of Validity of the Laws of Logic: Further Consequences of Four Capacities* (1869)[1982–2010] Peirce even holds the opinion that every judgment results from

---

[3]See [Hookway, 1985, 128–130].
[4]Also see [Pape, 2002].

inference, hence, that inferences are prior to judgments [1982–2010, W2, 242]. Volker Peckhaus shows that in 1875 von Prantl argued for the priority of the theory of judgment over the theory of concept and the theory of inference [Peckhaus, 2009a, 14]. That observation also suggests that whether Frege followed von Prantl's view, or perhaps a similar view presented by Kant, the idea of the priority of judgment was under discussion before Frege's *Begriffsschrift* appeared.[5]

Besides rejecting the priority of concepts, Frege and Peirce are interested in agents and acts. As modern thinkers, they focus on subjects who act and who are responsible for what they do. However, I will argue that the subject of judging, asserting, and inferring, which they presuppose in their studies on language and inference, though without laying emphasis on their assumption, is not a natural or psychological subject; instead, it is an ideal agent who serves as an example for mundane subjects.

3 The Primacy of the Practical in Epistemology and Logic

Immanuel Kant argued for the primacy of practical reason [Kant, 1908, 119–121]. The present paper does not seek to open up the content of Kant's thesis, which has been studied a great deal in Kant scholarship. Instead, it has a more modest aim, as it seeks to argue that Frege and Peirce regard the practical as primary. However, that idea also allows several interpretations. It may simply mean that Frege and Peirce use overt action as a model of inference, not that they regard inference as literally consisting of acts with assertion as its conclusive act. Even if we do not wish to argue that Frege and Peirce follow in Kant's footsteps, support can also be given to the claim that they construe rules of logical inference as norms of action. Jonathan Dancy, who discusses the thesis concerning the primacy of the practical, argues that the notion of deciding that things are thus and so can be seen as

---

[5]Hans Sluga argues that the doctrine of the priority of judgments over its constitutive concepts reached Frege through Hermann Lotze's influence. See [Sluga, 1980, 94, 95]. Cf. [Kant, 1904, KRV, A 68/B 93.]

the theoretical analogue of deciding what to do. Moreover, he defends the view that believing is not merely a state that happens to a person; instead, he speaks in favor of a notion of judgment in which the judger is an agent, hence, not a recipient. He points out that in all thinking we are operating agents [Dancy, 2018, 175]. What I wish to argue is that the same line of thought can also be found in Frege and Peirce.

In the history of modern logic, two basic traditions can be discerned. In one of them, the important notions include judgment and inference and the relation between premises and their conclusion is construed as the relation of inference. In the other tradition, the notions of proposition and logical consequence are focal, and the relation between premises and their conclusion is construed as the relation of logical consequence.[6] In the picture that I wish to draw, there are three levels that can be distinguished; first, the semantic relations between propositions or thoughts, the syntactic operations or manipulations of symbols, and the pragmatic level of inferences as the actual doings of inferrers. Frege combines these three levels in his view of logic. Olav Gjelsvik favors the approach which he ascribes to Frege that logic is primarily the study of inference and inference is an act.[7] On Gjelsvik's view, the idea of logical consequence that holds between premises and conclusion is unable to catch the active role of the subject and the epistemic value of logical reasoning [Gjelsvik, 2014, 624]. While noting the central role of inference in Frege's view, the question also arises how Frege's realm of thoughts, which he introduces in the 1890's, is connected to what the inferring subject does when taking the steps of inference. I will come back to this question later in this article.

Gjelsvik considers Fregean inferences in terms of virtue epistemology. I will rely on the same view in my analysis of Frege. As for Peirce, it is even easier to see his construal of logical inference in terms of virtue epistemology. Epistemological theories which are based on the model of virtue ethics take beliefs to be like actions. Moreover, they regard epistemology as a normative doctrine with such basic concepts as norms, duties, and values. In virtue epistemology, the focus is shifted

---

[6]For extensive discussion of these traditions, see [Sundholm, 2009].
[7]Also see [Prawitz, 2015, 65–100].

from the propositional contents of beliefs to agents and communities, whose epistemic virtues are evaluated.[8] In some of the theories, in Ernest Sosa's view, for example, attention is paid to the intellectual faculties of persons and to the levels that agents can reach in their epistemic performances, up to fully reflective knowledge.[9] The faculty that I am concerned here is the faculty of making judgments and assertions that result from using the faculty of inference in inferential acts.

4 The Primacy of Virtues in Frege and Peirce

How is the idea of the primacy of the practical present in Frege's and Peirce's views on inference and asserting? Even if Frege and Peirce do not raise the inferrer and the asserter explicitly to the forefront, their ways of presenting what inference and assertion are, presuppose that the agent be placed at the center of logic. The agent, whom they presuppose, wants to reach a goal, that is, to make an assertion, and to accomplish her task by steps of inference as a virtuous inferrer, hence, by competently following the given rules.

Brandom and Jaroslav Peregrin emphasize that Frege is a precursor of inferentialism.[10] In his *Begriffsschrift* Frege maintains:

> [T]he contents of two judgements can differ in two ways: either the conclusions that can be drawn from one when combined with certain others also always follow from the second when combined with the same judgements, or else this is not the case. The two propositions "At Plataea the Greeks defeated the Persians" and "At Plataea the Persians were defeated by the Greeks" differ in the first way. Even if a slight difference in sense can be discerned, the agreement predominates. Now I call that part of the content that is the same in both the *conceptual content*. ([Frege, 1879, BS, §3;]; [Beaney, 1997, 53])

---

[8] See [Greco and Turri, 2012, vii–viii] and [Turri *et al.*, 2021].
[9] See, e.g., [Sosa, 2011].
[10] See, e,g., [Brandom, 2000, 50] and [Peregrin, 2014, 3–4].

Frege here claims that the conceptual content of a judgment can be opened up by means of inferential steps. It is the process, a series of inferential steps that makes the content of the judgment explicit. As noted above, Aristotelian syllogistics is not the basis of logic for Frege; instead, for him, the theory of judgments is the core, and the syntactic and the semantic aspects of logic are combined in his conceptual notation. Volker Peckhaus has shown that pragmatic aspects of language were also acknowledged in the philosophy of language in German post-Hegelian philosophy.[11] The same feature can also be seen in Frege's conceptual notation, precisely because he pays attention to judgments and assertions. In Frege's view on inference and judgment, the conceptual content becomes visible gradually when the inferrer takes the steps needed; when she opens up the inferential relations of the judgment.

In the first volume of his *Grundgesetze der Arithmetik* and in his article *Der Gedanke*, Frege makes a distinction between the subjective realm of ideas (*Vorstellungen*), the realm of objective and actual (*wirklich*) objects, and the realm of objects which do not act on our senses but which are objective, that is, the realm of such abstract objects as numbers and thoughts.[12] He writes:

> So the result seems to be: thoughts are neither things in the external world nor ideas. A third realm must be recognized. Anything belonging to this realm has it in common with ideas that it cannot be perceived by the senses, but has in common with things that it does not need an owner so as to belong to the contents of his consciousness. [Frege, 1918, KS, 353]; 'Thought', in [Beaney, 1997, 336-337].

If we emphasize the inferentialist aspect of Frege's view, we shift the focus from the realm of thoughts to the inferrer and her inferrings. That seems to be a deviation from Frege's doctrine of the third realm, which objectifies the inferential relations to an ideal sphere and sees them as relations between thoughts. We as natural inferrers and asserters have

---

[11]See [Peckhaus, 2009a, 16].
[12][Frege, 1893, GGA I, XVIII – XXIV] and [1967, KS, 353].

then the role of those who seek to represent the relations of logical consequence which are present in the third realm. The doctrine of three realms resembles similar views upheld by nineteenth century philosophers like Hermann Lotze, who was one of Frege's teachers. According to Lotze, the being of abstract objects, such as thoughts, is not like the being of concrete objects. Unlike concrete objects, abstract objects are valid (*geltend*). Lotze makes a distinction between validity and being (*was gilt, was ist*) [Lotze, 1874, 15 and 507]. Whether Frege receives his doctrine of the three realms from any specific source, it naturally results from, and is motivated by his requirement that the psychological must be sharply separated from the logical. However, as already noted, the same motivation can be seen in his logical concept of judgment, which differs from his concept of judging as a mental act. The contents of judgments, that is, thoughts, can be taken to be denizens of the third realm, but thoughts together with assertoric force cannot be such entities. Therefore, we must complete the picture by an agent who adds the force to thoughts.

In the Preface of the *Grundgesetze der Arithmetik I* Frege argues that the logical laws should be guiding principles for thought in its effort to attain truth. He then adds:

> The ambiguity [*Doppelsinn*] of the word 'law' is fatal here. In one sense it states what is, in the other it prescribes what should be. Only in the latter sense can the logical laws be called laws of thought, in laying down how one should think. Any law that states what is can be conceived as prescribing that one should think in accordance with it, and is therefore in that sense a law of thought.... [logical laws] are the most general laws, which prescribe universally how one should think if one is to think at all. ... I understand by logical laws not psychological laws of holding as true, but laws of being true. ([Frege, 1893, GGA I, XV–XVI]; [Beaney, 1997, 202-203])

Here Frege presupposes a subject who seeks for truth and uses logical laws as an instrument in her huge project. Even if he says that logical laws gives norms to our thought, he also adds that any law of being, not only logical laws, prescribes how we ought to think. Frege thus argues that logical laws both are laws of all thought and prescribe how we ought to think; on his view, there is no thinking outside those laws. He thus claims that logical laws determine the limits of all thought, which can be described as a transcendentalist view of logic. However, since we, natural human beings, actually think outside those laws, Frege must make a distinction between our thinking and ideal thinking which is true to those laws. Similarly, he must distinguish our psychological judgings and assertings from ideal judgings and assertings, which are true to logical laws. The ideal inferrer mirrors the structures and relations of thoughts in her inferrings. Frege uses the word "anerkennen", "recognize" or perhaps rather "acknowledge", when he describes the attitude which we ought to take to the third realm. Acknowledging presupposes that we neither create nor challenge the constitution of the third realm.

Logical laws constitute rationality and can be called transcendental, though perhaps in a limited sense, without referring to Kant's thought in every detail. The limited sense only repeats what Frege explicitly says; namely that we cannot but acknowledge the logical concepts and laws, because there is no thinking outside those laws. What is it to obey those laws, and why is it that the laws bind our thought? I proposed above that Frege postulates an ideal inferrer and asserter, who acknowledges the laws and also has the complete faculty to follow them. Maria van der Schaar argues that Frege's subject determines the first-person point of view and that it must be construed as transcendental ego [Schaar, 2018]. Even if that interpretation may sound surprising, it gives a plausible background for Frege's view that the concepts of judgment and assertion play an important role in logic. Frege's agent, who judges and asserts, cannot be a natural agent, who can be described by means of psychological or anthropological vocabulary. Frege must also build a bridge between ideal thought-entities and acts of the human mind. For that purpose, he has to postulate a subject which is not natural; instead, it must be an ideal subject, and we as inferrers, judgers, and asserters ought to be her followers in our acts of inferring, judging, and asserting. The ideal agent is intellectually virtuous and serves as a model for our inferential steps. We may propose that the ideal agent is somehow "in us", that is, as critical or evaluating reason for our psychological, occasionally less virtuous, inferences.

Unlike Frege, Peirce belongs to the algebraic tradition of logic, and he is also a representative of the tradition in which logic is seen as a calculus instead of a universal language in which form and content, syntax and semantics, are united.[13] Still, as we saw, the two philosophers' views on assertion are strikingly similar. In his paper *Of Reasoning in General* (1895), Peirce notes that in the history there has been disputes as to whether logic is an art or a science. He accepts both views [Peirce, 1992–1998, EP 2, 11]. On Peirce's description, an inference starts from beliefs, and leads to a belief, which is its conclusion. Peirce construes a belief as "a state of mind of the nature of a habit, of which the person is aware, and which, if he acts deliberately on a suitable occasion, would induce him to act in a way different from what he might act in the absence of such a habit" [Peirce, 1992–1998, EP 2, 12]. Peirce thus excludes the use of the word "belief" from occasions of action in which no deliberation is involved. He also characterizes a belief as "an intelligent habit" [Peirce, 1992–1998, EP 2, 19]. In a paper written in about 1898 Peirce presents his "first rule of reason", which is that in order to learn you must desire to learn and you must not to be satisfied with what you already incline to think. He also adds the corollary that you must not block the way of inquiry ([Peirce, 1992–1998, EP 2, 48]; [Peirce, 1931–1958, CP 1.135]).[14] On his view, logic is a tool in formation of beliefs, and beliefs arise from deliberation.

In Peirce's classification of the sciences, mathematics is the basic and independent science. He takes philosophy to be a positive science, which is divided into phenomenology, normative science – or normative sciences – and metaphysics. The task of the normative sciences is to distinguish what ought to be from what ought not to be, and what

---

[13]See [Heijenoort, 1967; Hintikka, 1979], and [Goldfarb, 1979]. Also see [Haaparanta, 1995; Grattan-Guinness, 1997; Peckhaus, 2004], and [Peckhaus, 2009b].

[14]See [Haack, 1997].

is good from what is bad, and they depend on both mathematics and phenomenology. Peirce lists three normative sciences, which are aesthetics, ethics, and logic [Peirce, 1931–1958, CP 1.183–1.186]. Logic is related to the realm of cognition, ethics to the realm of action, and aesthetics to the realm of feeling [Peirce, 1992–1998, EP 2, 146–147]. Peirce characterizes aesthetics as the science of ideals, or the science of what is objectively admirable. On his view, ethics, which is the science of right and wrong, depends on aesthetics, and logic as the theory of self-controlled and deliberate thought, depends for its principles on ethics, which is the theory of self-controlled or deliberate conduct. What this means is that Peirce is committed to the primacy of action and the practical over theoretical reason in his construal of inference and rationality [Peirce, 1931–1958, CP 1.191]. Even if logic is a theoretical science, it is connected to practice.

Peirce divides logic into speculative grammar, or the general theory of the nature and meanings of signs, critic, which classifies arguments and determines their validity and force, and methodeutic, which studies the methods that ought to be used in "the investigation, in the exposition, and in the application of truth" [Peirce, 1931–1958, CP, 1.191]. He remarks in "Minute Logic" in 1902–1903, that "truth the conditions of which the logician endeavors to analyze, and which is the goal of the reasoner's aspirations, is nothing but a phase of the summum bonum which forms the subject of pure ethics, ... " [Peirce, 1931–1958, CP, 1.575]. Hence, from Peirce's sayings we may conclude that he accepts the primacy of the practical, regards inferences and assertions as actions, and requires from inferrers and asserters that they follow the model of an ideal, or we might say, an intellectually virtuous inferrer and asserter.

Like Frege, Peirce must explain how it is possible that logical laws have normative power over human minds. He takes it to be a project of human beings to advance knowledge and to search for truth; in that project, logic has turned out to be valuable [Peirce, 1992–1998, EP 2, 256]. His argument is not that there is a realm of abstract objects, which ought to guide us. Still, like Frege, Peirce takes the principles of logic to be the laws of truth in the sense that they lead to truth, and links theoretical reason to ethical ideals.

5 Conclusions

This paper argued that Frege and Peirce share the idea that logical inference and assertions should be modeled on over action, and that an agent, an inferrer and an asserter, must be postulated; she is the one who serves as the intellectually virtuous ideal for us natural agents. It is easy to see that Peirce sees logic as depending on ethical principles; it is less easy to show that Frege relies on an ideal virtuous agent, especially because he acknowledges a third realm of logical objects like thoughts. However, a bridge can be built between his view of inference and the acknowledgment of the third realm. It was argued that both Frege and Peirce rely on what is nowadays called virtue epistemology, that is, on the version of that epistemology in which an ideal inferrer, judger, and asserter is assumed, who shows intellectual virtue in each and every act of inferring, judging, and asserting.

We may also ask whether the virtuous agent can choose her logic. That would require another discussion. However, some comments can be made here. I suggest that even if it were not possible to formulate a meaningful thesis concerning which logic to choose, on which grounds the choice is made, or not even on whether another logic is possible, we may say that the virtuous agent *believes in the thesis, or acts upon the thesis* that the logic she listens to is the correct one. We may also ask whether the very rules of logic are rational. If they are construed as practical rules of action, rules of moving forward in the chains of inference, they may be called rational, or perhaps reasonable, if we have sought to reflect on our choice of the rules. That proposal may capture some of what Kant is after in his idea of the reason of the Enlightenment.

References

[Beaney, 1997] Beaney, M. (ed.). 1997. *The Frege Reader*. Oxford: Blackwell.

[Bobzien, 2021] Bobzien, S. 2021. "Frege plagiarized the Stoics." In F. Leigh (ed.) *Themes in Plato, Aristotle, and Hellenistic Philosophy: Keeling Lectures 2011-2018*. London: University of London Press, 149-206.

[Boyd, 2016] Boyd, K. 2016. "Peirce on Assertion, Speech Acts, and Taking Responsibility." *Transactions of the Charles S. Peirce Society* **52**, 21—46.

[Brandom, 1994] Brandom, R. B. 1994. *Making It Explicit. Reasoning, Representing & Discursive Commitment.* Cambridge: Harvard.

[Brandom, 2000] Brandom, R. B. 2000. *Articulating Reasons. An Introduction to Inferentialism.* Cambridge: Harvard.

[Brown and Cappelen, 2011a] Brown, J. & Cappelen, H. (eds.). 2011. *Assertion: New Philosophical Essays.* New York: Oxford.

[Brown and Cappelen, 2011b] Brown, J. & Cappelen, H. 2011. "Assertion: An Introduction and Overview." In [Brown and Cappelen, 2011a, 1-17].

[Cappelen, 2011] Cappelen, H. 2011. "Against Assertion." In [Brown and Cappelen, 2011a, 21-47].

[Dancy, 2018] Dancy, J. 2018. *Practical Shape: A Theory of Practical Reasoning.* Oxford: Oxford University Press.

[Frege, 1879] Frege, G. 1879. *Begriffsschrift, eine der arithmetischen nachgebildete Formelsprache des reinen Denkens*, Halle a.S.: Verlag von L. Nebert. Reprinted in Frege 1964, 1–88. (Referred to as BS); *Begriffsschrift (1879): Selections (Preface and Part I)*, M. Beaney (tr.). In [Beaney, 1997, 47-78].

[Frege, 1964] Frege, G.1964. *Begriffsschrift und andere Aufsätze*, I. Angelelli (ed.). Hildesheim: Georg Olms.

[Frege, 1884] Frege, G. 1884. *Die Grundlagen der Arithmetik: eine logisch mathematische Untersuchung über den Begriff der Zahl*, Breslau: Verlag von W. Koebner. Reprinted in *The Foundations of Arithmetic/Die Grundlagen der Arithmetik*. J. L. Austin (tr.). Oxford: Basil Blackwell, 1968. (Referred to as GLA.)

[Frege, 1893] Frege, G. 1893. *Grundgesetze der Arithmetik, begriffsschriftlich abgeleitet*, I. Band, Jena: Verlag von H. Pohle (Referred to as GGA I); *Grundgesetze der Arithmetik, Volume I (1893): Selections.* M. Beaney (tr.). In [Beaney, 1997, 194-223].

[Frege, 1918] Frege, G. 1918. "Der Gedanke: eine logische Untersuchung." In KS, 342–362; "Thought." P. Geach, R.H. Stoothoff (tr.). In [Beaney, 1997, 325-345].

[Frege, 1967] Frege, G. 1967. *Kleine Schriften.* I. Angelelli (ed.). Hildesheim: Georg Olms. (Referred to as KS.)

[Frege, 1969] Frege, G. 1969. *Nachgelassene Schriften.* H. Hermes, F. Kambartel, F. Kaulbach (eds.). Hamburg: Felix Meiner. (Referred to as NS.)

[Gabriel et al., 2009] Gabriel, G., Hülsel, K, and Schlotter, S. 2009. "Zur Miete bei Frege–Rudolf Hirzel und die Rezeption der stoischen Logik und Semantik in Jena." *History and Philosophy of Logic* 30, 369–88.

[Gjelsvik, 2014] Gjelsvik, O. 2014. "Fregean Inferences." In J. Dutant, D. Fassio, and A. Meylan (eds.) *Liber Amicorum Pascal Engel*, Université de Genève, Faculté des Lettres, Départment de Philosophie, 623– 646. http://www.unige.ch/lettres/philo/publications/engel/liberamicorum

[Goldfarb, 1979] Goldfarb, W. D. 1979. "Logic in the Twenties: the Nature of the Quantifier." *The Journal of Symbolic Logic*, 44, 351–368.

[Grattan-Guinness, 1997] Grattan-Guinness, I. 1997. "Peirce between Logic and Mathematics." In N. Houser, D.D. Roberts, J. Van Evra, (eds.) *Studies in the Logic of Charles Sanders Peirce*. Bloomington and Indianapolis: Indiana University Press, 23–42.

[Greco and Turri, 2012] Greco, J. & Turri, J. (eds.) 2012. *Virtue Epistemology: Contemporary Readings*. Cambridge, MA: The MIT Press.

[Haaparanta, 1995] Haaparanta, L. 1995. "Perspectives into Analytical Philosophy." *Synthese*, **105**, 123–139.

[Haaparanta, 2009] Haaparanta. L. (ed.) 2009. *The Development of Modern Logic*. New York: Oxford University Press.

[Haack, 1997] Haack, S. 1997. "The First Rule of Reason." In J. Brunning, P. Forster (eds.) *The Rule of Reason: The Philosophy of C.S. Peirce*. Toronto: University of Toronto Press, 241–261.

[Hintikka, 1979] Hintikka, J. 1979. "Frege's Hidden Semantics." *Revue Internationale de Philosophie* **33**, 716–722.

[Hookway, 1985] Hookway, C. 1985. *Peirce*. London: Routledge and Kegan Paul.

[Kant, 1904] Kant, I. 1904. *Kritik der reinen Vernunft* (1781, 1787). In *Kant's gesammelte Schriften*, Band IV, Berlin. G. Reimer (ed.), N. Kemp Smith (tr.), London and Basingstoke: The Macmillan Press, 1929. (Referred to as KRV, A/B.)

[Kant, 1908] Kant, I. 1908. *Kritik der praktischen Vernunft* (1788). In *Kant's gesammelte Schriften*, Band V, Berlin: G. Reimer, 1–167.

[Lotze, 1874] Lotze, H. 1874. *System der Philosophie, Erster Teil: Drei Bücher der Logik*. Leipzig: Verlag von G. Hirzel.

[Mates, 1953] Mates, B. [1953] 1961. *Stoic Logic*. Berkeley and Los Angeles: University of California Press.

[Pape, 2002] Pape, H. 2002. "Pragmatism and the Normativity of Assertion." *Transactions of the Charles S. Peirce Society* **38**, 521–542.

[Peckhaus, 1997] Peckhaus, V. 1997. *Logik, Mathesis universalis und allgemeine Wissenschaft: Leibniz und die Wiederentdeckung der formalen Logic im 19. Jahhundert.* Berlin: Akademie Verlag.

[Peckhaus, 1999] Peckhaus, V. 1999. "19th Century Logic between Philosophy and Mathematics." *The Bulletin of Symbolic Logic* **5**, 433–450.

[Peckhaus, 2004] Peckhaus, V. 2004. "Calculus ratiocinator versus characteristica universalis? The two traditions of logic, revisited." *History and Philosophy of Logic* **25**, 3–14.

[Peckhaus, 2009a] Peckhaus, V. 2009a. "Language and Logic in German Post-Hegelian Philosophy." *Baltic International Yearbook of Cognition, Logic and Communication* **4**, 1–17, https://doi.org/10.4148/biyclc.v4i0.135

[Peckhaus, 2009b] Peckhaus, V. 2009b. "The Mathematical Origins of Nineteenth-Century Algebra of Logic." In [Haaparanta, 2009, 159–195].

[Peirce, 1931–1958] Peirce, C. S. 1931–1958. *The Collected Papers of Charles Sanders Peirce*, 8 vols, Vols. 1–6, C. Hartshorne and P. Weiss (eds.); Vols. 7–8, A. W. Burks (ed.), Cambridge, Mass.: Harvard University Press. (Referred to as CP.)

[Peirce, 1976] Peirce, C. S. 1976. *The New Elements of Mathematics*, 4 vols. C. Eisele (ed.). The Hague: Mouton. (Referred to as NEM.)

[Peirce, 1982–2010] Peirce, C. S. 1982–2010. *The Writings of Charles S. Peirce: A Chronological Edition*, 7 vols. to date, The Peirce Edition Project (ed.). Bloomington: Indiana University Press. (Referred to as W.)

[Peirce, 1992–1998] Peirce, C. S. 1992–1998. *The Essential Peirce: Selected Philosophical Writings*, 2 vols, Vol. 1. N. Houser, C. Kloesel (eds.), Vol. 2, The Peirce Edition Project, Bloomington: Indiana University Press. (Referred to as EP.)

[Peregrin, 2014] Peregrin, J.. 2014. *Inferentialism. Why Rules Matter.* Basingstoke: Palgrave Macmillan.

[Prantl, 1855] Prantl, Carl. 1855. *Geschichte der Logik Im Abendlande.* Gustav Fock.

[Prawitz, 2015] Prawitz, D. 2015. In H. Wansing (ed.) *Dag Prawitz on Proofs and Meaning, Outstanding Contributions to Logic 7.* Dordrecht: Springer.

[Schaar, 2018] van der Schaar, M. 2018. "Frege on Judgement and the Judging Agent." *Mind* **127**, 225–249.

[Sosa, 2011] Sosa, E. 2011. *Knowing Full Well.* Princeton and Oxford: Princeton University Press.

[Sluga, 1980] Sluga, H. 1980. *Gottlob Frege*. London: Routledge.

[Sundholm, 2009] Sundholm, G. 2009. "A Century of Judgment and Inference, 1837–1936: Some Strands in the Development of Logic." In [Haaparanta, 2009, 263–317].

[Turri et al., 2021] Turri, J. & Alfano, M. & Greco, J. 2021. "Virtue Epistemology." *The Stanford Encyclopedia of Philosophy* (Winter 2021 Edition), Edward N. Zalta (ed.), https://plato.stanford.edu/archives/win2021/entries/epistemology-virtue/.

[Heijenoort, 1967] van Heijenoort, J. 1967. "Logic as Language and Logic as Calculus." *Synthese* **17**, 324–330.

[Williamson, 2000] Williamson, T. 2000. *Knowledge and its Limits*. Oxford: Oxford University Press.

GRUNDLAGENFORSCHUNG DER EXAKTEN WISSENSCHAFTEN: DIE DVMLG UND DIE PHILOSOPHIE

BENEDIKT LÖWE

1 Einleitung

Volker Peckhaus war zwölf Jahre lang (2004 bis 2016) im Vorstand der *Deutschen Vereinigung für mathematische Logik und für Grundlagenforschung der exakten Wissenschaften* (DVMLG), davon vier Jahre als stellvertretender Vorsitzender (2012 bis 2016). Die Satzung der DVMLG verweist auf die „in ihrem Namen aufgeführten Wissenschaftszweige" und Peckhaus bezeichnete sich selbst gerne als Repräsentanten des zweiten der im Namen der DVMLG aufgeführten Wissenschaftszweige, der *Grundlagenforschung der exakten Wissenschaften.* Er führte aus, daß er diese Aufgabe von seinem akademischen Lehrer Christian Thiel übernommen hatte, der in gleicher Rolle von 1980 bis 2004 im Vorstand der DVMLG tätig gewesen war. Im Gegensatz dazu verstehen viele Mitglieder den eponymen Begriff *Mathematische Logik und Grundlagenforschung der exakten Wissenschaften* als Hendiadyoin und fassen das so benannte Gebiet als Teilgebiet der Mathematik auf. Dieser Artikel beleuchtet den Hintergrund der Gründung und Namensgebung der DVMLG und erörtert die folgenden Fragen:

Der Autor dankt Volker Peckhaus, Andrea Reichenberger und Niko Strobach für Diskussionen über Heinrich Scholz. Besonderer Dank gilt Andrea Reichenberger, Jürgen Lenzing und den involvierten Mitarbeiterinnen und Mitarbeitern der Universitäts- und Landesbibliothek Münster für das Auffinden und Bereitstellen von Dokumenten aus dem Scholz-Nachlaß. Dieser Artikel ist ein leicht modifizierter Nachdruck des gleichnamigen Artikels im Jubiläumsband *60 Jahre DVMLG*, veröffentlicht zur Feier des sechzigsten Jahrestags der Gründung der DVMLG im Jahre 2022 [Löwe & Sarikaya, 2022a, 187–202].

> War das Gebiet *Logik und Grundlagenforschung* im Verständnis der Gründer der DVMLG ein einheitliches Gebiet oder zwei separate Forschungszweige und wurde es als Teilgebiet der Mathematik verstanden?

Quellen für diesen Artikel sind das Archiv der DVMLG und Teile des Scholz-Nachlasses in der Universitäts- und Landesbibliothek Münster. Das Archiv der DVMLG befindet sich derzeit an der Universität Hamburg; die Unterlagen bis 1990 sind im Jahre 2012 von Peter Koepke und Daniel Witzke konsolidiert, in fünf Ordner (A bis E) gegliedert und teildigitalisiert worden. Es befinden sich zusätzliche Dokumente im Universitätsarchiv Freiburg (Archivaliensignatur B 0160/2; Laufzeit 1967–1979), welche für diesen Artikel nicht eingesehen wurden. Der Scholz-Nachlaß ist bislang nur teilweise erschlossen.[1]

2 Heinrich Scholz und die DVMLG

Die DVMLG wurde zweimal gegründet, zunächst als nichteingetragener Verein, vermutlich im Jahre 1954,[2] dann als eingetragener Verein in Marburg am 28. Juli 1962 (DVMLG-Archiv A18). Dieser Gründungsprozess ist unmittelbar und eng mit der Vertretung des Gebiets *Logik und Grundlagenforschung* in der damals neuen globalen Wissenschaftslandschaft verknüpft: der Anlaß für die erste Gründung war die Bitte Ferdinand Gonseths (1890–1975), eine „deutsche Sektion" der *Societé International de Logique et de Philosophie des Sciences* (SILPS) zu gründen. Dieser Hintergrund wird in Abschnitt 3 ausführlich geschildert.

---

[1] Dokumente aus dem erschlossenen Teil des Scholz-Nachlasses werden mit Kapselnummer und Dokumentennummer zitiert; Dokumente aus dem nicht erschlossenen Teil werden lediglich als "Scholz-Nachlaß" zitiert.

[2] Das Archiv der DVMLG enthält das Protokoll einer Sitzung des nichteingetragenen Vereins in Marburg am 18. November 1954. Diese Sitzung ist nicht die Gründungssitzung, aber das erste Präsidium (Hans Hermes, 1912–2003, Arnold Schmidt, 1902–1967, und Heinrich Scholz) wurde bestätigt und ein Satzungsentwurf wurde diskutiert; es ist davon auszugehen, dass es sich um die erste Sitzung nach der Gründung der Vereinigung handelt (DVMLG-Archiv A3). Vgl. auch [Löwe, 2022, 172-175] und [Löwe & Sarikaya, 2022c, 211-213].

Eine der zentralen Personen in diesem Prozess (und Adressat der erwähnten Bitte Gonseths) war Heinrich Scholz (1884–1956) aus Münster, der ausschlaggebend für die Wahl des Namens der Vereinigung war. Scholz war ein protestantischer systematischer Theologe, bekannt für sein Werk zur Religionsphilosophie [Scholz, 1921], der, von Russell und Whitehead beeinflußt, in das Gebiet der mathematischen Logik wechselte. Scholz war fasziniert von der Anwendung rein mathematischer Methoden auf Fragen der philosophischen Grundlagen und war davon überzeugt, daß es sich bei diesem innovativen Zugang zu den Grundlagen der Mathematik um ein transformatives, zukunftsweisendes Forschungsgebiet handelt. Er wurde 1928 auf einen Lehrstuhl für Philosophie nach Münster berufen und betrieb in den folgenden Jahren die Umorientierung dieses Lehrstuhls. Zwischen 1928 und 1938 versuchte Scholz einen geeigneten Namen für dieses Forschungsgebiet zu finden, um es als wichtiges Forschungsgebiet in Deutschland zu etablieren. In dieser Zeit wurde das Wort „Logistik" im deutschen Sprachraum synonym mit „formale Logik" oder „symbolische Logik" verwendet und Scholz' Spezialisierung wurde zunächst als „logistische Logik und Grundlagenforschung" bezeichnet und seine Abteilung als „Logistische Abteilung des Philosophischen Seminars".[3] Scholz bevorzugte stattdessen die Begriffskomplexe „neue mathematische Logik und Grundlagenforschung", „mathematische Logik und Grundlagenforschung" und „Logik und Grundlagenforschung".[4] Im folgenden wird in diesem Artikel die Bezeichnung *„Logik und Grundlagenforschung"* für das von Scholz umrissene Gebiet verwendet, ohne daß wir anfangs den Charakter und Umfang dieses Gebiets genauer eingrenzen; diese genauere Eingrenzung ist eines der Ziele dieses Artikels.

---

[3]Vgl. [Peckhaus, 1987].

[4]Die Bezeichnung des Scholz'schen Lehrstuhls von 1938 bis 1943 war *Philosophie der Mathematik und Naturwissenschaften (mit besonderer Berücksichtigung der neuen mathematischen Logik und Grundlagenforschung)* [Peckhaus, 1987, 2007]. Ab 1943 heißt der Scholz'sche Lehrstuhl *Mathematische Logik und Grundlagenforschung* und im Jahre 1950 wird das Logistische Seminar in das heute noch existierende *Institut für mathematische Logik und Grundlagenforschung* umbenannt. Peckhaus konstatiert, daß „mit dieser Institutsgründung ... der Institutionalisierungsprozess der mathematischen Logik in Deutschland abgeschlossen [war]" [Peckhaus, 2007, 104]. Vgl. auch [Pohlers, 2022].

Im Jahre 1938 setzte sich Scholz unter Verwendung regimekonformen Vokabulars auf der politischen Ebene dafür ein, daß dieses von ihm benannte Gebiet eine prominente Stellung in der deutschen Wissenschaftslandschaft einnehmen sollte. In einer Denkschrift an den nationalsozialistischen Reichsminister für Wissenschaft (Bernhard Rust, 1883–1945) beschreibt Scholz das Gebiet und beklagt, daß diese „Schöpfung des deutschen Geistes" sich in Polen und den Vereinigten Staaten durchgesetzt hat, aber „in Deutschland ... trotz Hilbert ganz unverhältnismässig zurückgeblieben" sei:[5]

> Es gibt heute eine mathematische Logik und Grundlagenforschung, [die], wie alle positiven Grundwissenschaften nichthistorischer Art, aus der Philosophie hervorgegangen [ist]. Jn den letzten zwanzig Jahren ist sie zu einer selbständigen Wissenschaft geworden, ... die mit anerkannten mathematischen Methoden und mathematisierten Konstruktionsmitteln und Fragestellungen arbeitet und auf dieser Basis ... eine grosse Zukunft hat [Scholz, 1938b, 1].

Scholz' Bemühungen um die Markenbildung der *Logik und Grundlagenforschung* waren erfolgreich und der Begriff findet sich innerhalb und außerhalb Deutschlands in verschiedenen Namensgebungen wieder: in der 1950 von Jürgen von Kempski (1910–1998) und Arnold Schmidt gegründeten Zeitschrift *Archiv für mathematische Logik und Grundlagenforschung*,[6] im 1952 gegründeten *Instituut voor Grondsla-*

---

[5]Zitate aus [Scholz, 1938b, 1f.]. Der Denkschrift liegt ein Unterstützungsschreiben vom „Führer der polnischen Logistiker Herrn Professor Dr. Jan Łukasiewicz–Warschau" (datiert auf den 8. Februar 1936) bei; außerdem verweist Scholz auf den deutschen Botschafter in Warschau, Hans-Adolf von Moltke (1884–1943), der bestätigen könne, dass Łukasiewicz ein „Forscher von Weltruf" sei (S. 7). Diese Denkschrift wurde von Peckhaus im Behmann-Nachlaß (Staatsbibliothek zu Berlin, Preußischer Kulturbesitz, Nachlaß 335) eingesehen, konnte aber auf Nachfrage bei der Staatsbibliothek derzeit nicht im Nachlaß gefunden werden (persönliche Nachricht, 25. Februar 2022). Peckhaus stellte ein Digitalisat zur Verfügung, bei dem allerdings die letzte Seite und die Datierung fehlen. Scholz datiert die Denkschrift auf den 15. Januar 1938 [Peckhaus, 2018]. Scholz verfaßte im Jahre 1938 mehrere Denkschriften, die er an den Reichsminister schickte; z.B. [Scholz, 1938a].

[6]Im Geleitwort zur ersten Ausgabe des ersten Bandes (1950) schreiben die

genonderzoek an der *Universiteit van Amsterdam*.[7] in der 1955 von Günter Asser (1926–2015) und Karl Schröter (1905–1977) in der DDR gegründeten *Zeitschrift für Mathematische Logik und Grundlagen der Mathematik*,[8] der 1962 errichtete *Lehrstuhl für Logik und Grundlagenforschung* an der Rheinischen Friedrich-Wilhelms-Universität Bonn[9] und das dazu gehörende bis 2014 existierende Promotionsfach *Logik und Grundlagenforschung* in Bonn.[10]

3 Die Neuordnung der globalen Wissenschaftswelt

In den Jahren nach dem zweiten Weltkrieg ordnete sich die globale Wissenschaftswelt neu: am 16. November 1945 wurde die *United Nations Educational, Scientific and Cultural Organization* (UNESCO) gegründet und unterzeichnete am 16. Dezember 1946 eine Kooperationsvereinbarung mit dem seit 1931 existierenden *International Council of Scientific Unions* (ICSU).[11] Die Disziplinen und ihre Vertretungen positionierten sich, um innerhalb diesen neugegründeten Institutionen für ihr jeweiliges Gebiet zu sprechen. Dafür wurden internationale

---

Herausgeber: „Wenn mit dem ‚Archiv für mathematische Logik und Grundlagenforschung' die im Titel bezeichnete Disziplin auch im deutschen Sprachgebiet ein eigenes Organ erhält, so bedarf das heute keiner Rechtfertigung mehr." Die Zeitschrift wurde im Jahre 1988 in *Archive for Mathematical Logic* umbenannt.

[7]Vgl. [van Ulsen, 2000, 35f.].

[8]Im Vorwort zum ersten Heft des ersten Bandes (1955) schreiben Asser und Schröter: „Die mathematische Logik, die bekanntlich aus der sog. formalen Logik entstanden ist, hat sich inzwischen zu einer selbständigen mathematischen Disziplin entwickelt. ... [E]s sind die mathematischen Untersuchungen, die dieser Disziplin heute das Gepräge geben. (S. 1)". Die Zeitschrift wurde 1993 in *Mathematical Logic Quarterly* umbenannt und erscheint seit 2011 unter der wissenschaftlichen Schirmherrschaft der DVMLG.

[9]Vgl. [Brendel & Stuhlmann-Laeisz, 2022].

[10]Vgl. Neufassung der Promotionsordnung der Philosophischen Fakultät der Rheinischen Friedrich-Wilhelms-Universität Bonn vom 04. Juni 2010; §5.

[11]Vgl. [Petitjean, 2006a; Greenaway, 1996]. ICSU fusionierte im Jahre 2018 mit dem *International Social Sciences Council* (ISSC) zum *International Science Council* (ISC).

Vereinigungen gegründet, die diesen Vertretungsanspruch wahrnehmen sollten.

Verschiedene Persönlichkeiten aus dem Umfeld der *Logik und Grundlagenforschung* versuchten, innerhalb dieses institutionellen Gefüges einen Ort für ihr Forschungsgebiet zu etablieren. Die *Association for Symbolic Logic* (ASL) existierte bereits seit 1936,[12] die *Société Internationale de Logique et de Philosophie des Sciences* (SILPS) wurde am 10. November 1946 unter Beteiligung von Paul Bernays (1888–1977), Evert Willem Beth (1908–1964), Józef Maria Bocheński (1902–1995) und Gonseth in Bern gegründet,[13] im Jahre 1947 gründete Stanisłas Dockx (1901–1985) die *Académie Internationale de Philosophie des Sciences* (AIPS), mit SILPS als Gründungsmitglied folgte die *Fédération Internationale des Sociétés de Philosophie* (FISP) im Jahre 1948 und dann, mit FISP als Mitglied, das *Conseil International de Philosophie et des Sciences Humaines* (CIPSH) auf Empfehlung des ersten UNESCO-Direktors Sir Julian Huxley (1887–1975) im Jahre 1949. Auf der mathematischen Seite wurde die *International Mathematical Union* (IMU) im Jahre 1950 wiedergegründet (nach der ursprünglichen Gründung im Jahre 1920 und einer Auflösung im Jahre 1932).[14]

Die genannten Logiker und Wissenschaftsphilosophen hatten Bedenken gegen eine einseitige Unterordnung des Forschungsgebiets in die Mathematik oder die Philosophie:

> The prominent Dutch and European logician-philosopher Beth held that logic and philosophy of science were closely connected; it was bad to separate them. Moreover, only a coalition of the two could achieve independence and university-wide influence. If logic remains dependent on others, e.g. the mathematicians, then it will be in a marginalized and disdained position, and contacts with philosophy of science and other sciences will be cut off.

---

[12] Die Vorsitzenden in den für diese Diskussion relevanten Jahren waren Alfred Tarski (1901–1983), Ernest Nagel (1901–1985), J. Barkley Rosser (1907–1989) und Willard Van Orman Quine (1908–2000).

[13] Vgl. [van Ulsen, 2017, 71].

[14] Vgl. [Lehto, 1998]

> This was the reason for many people to avoid organizing within the International Mathematical Union (IMU). ... But on the other hand, nobody wanted to be dependent on the philosophers either ... In the view of the well-known historian of logic Bochenski [Brief von Bocheński an Quine vom 15. Mai 1953]: „We have to fight against both mathematicians and philosophers for its [formal logic's] recognition." [van Ulsen, 2022][15]

Die Alternative war die Gründung einer eigenen globalen Vereinigung für das umrissene Gebiet. Im Jahre 1949 gründeten Dockx und Gonseth die *Union Internationale de Philosophie des Science*, welche das Gebiet in ICSU vertreten sollte und als Dachorganisation der anderen Gesellschaften intendiert war. Gonseth warb unter den Vertretern des Gebiets in den verschiedenen Ländern um die Gründung von nationalen Sektionen (später: Nationalkomitees), die die jeweiligen Nationen vertreten konnten.

Gonseth hatte Scholz am 21. April 1950 um die Gründung einer „deutschen Sektion der Internationalen Gesellschaft für Philosophie der Wissenschaften und Logik" (SILPS) gebeten;[16] Scholz war zunächst skeptisch über die Einbettung der Logik in die Wissenschaftsphilosophie und hätte eine direkte Vertretung der Logik ohne Verbindung zur Wissenschaftsphilosophie vorgezogen.[17] Daher erteilte Scholz Gonseth zunächst eine Absage,[18] wurde dann aber von Beth und Stephen Kleene (1909–1994), die ihn im Sommer in Münster besuchte, anderweitig überzeugt.[19] Am 3. August 1950 schrieb Scholz acht deutsche Logiker an:

---

[15] Vgl. auch den Brief von Beth an Rosser vom 21. Dezember 1952: „As you know, I do not think that this [association with IMU] would be a wise decision. In most countries, mathematicians are hardly interested in symbolic logic or in the philosophy of science, so the influence of the logicians in the Mathematics Union would be very small." Zitiert nach [van Ulsen, 2000, 29]

[16] Brief von Gonseth an Scholz v. 21. April 1950 (Scholz-Nachlaß 111,089).

[17] Brief von Scholz an Alonzo Church (1903–1995) v. 9. Mai 1950 (Scholz-Nachlaß).

[18] Brief von Gonseth an Scholz v. 10. Mai 1950 (Scholz-Nachlaß 111,090).

[19] Briefe von Kleene an Scholz v. 17. Mai, 30. Mai und 7. Juni 1950 (Scholz-Nachlaß 112,005, 112,006 und 112,007); Brief von Scholz an Rosser v. 13. Juli

> Jch bringe den oben genannten Herren zur Kenntnis, dass ich dringend gebeten worden bin, eine <u>deutsche Gesellschaft für mathematische Logik und Grundlagenforschung</u> ins Leben zu rufen, damit die durch sie repräsentierte deutsche Forschung auf eine angemessene Art beteiligt werden kann an den Mitteln, die die Unesco auswerfen will für die Philosophy of Science. ... Es kommt darauf an, dass für die mathematische Logik und Grundlagenforschung der ihr zukommende Raum rechtzeitig gesichert wird. ... Um das Gewicht unserer Forschung zu erhöhen, sollen so bald als möglich möglichst viele zusätzliche nationale Verbände derselben Art ins Leben gerufen werden. Jch bitte die genannten Herren im Jnteresse der guten Sache, mir so bald als möglich unverbindlich mitzuteilen, ob sie bereit sein würden, ihren Namen für die geplante Schöpfung zur Verfügung zu stellen.[20]

Dieser Brief ist die erste Erwähnung der Gesellschaft und somit ist der in ihm genannte Name die erste Version des Namens der späteren DVMLG. Bereits am 29. August 1950 kann Scholz Gonseth mitteilen, daß alle acht Herren „grundsätzlich bereit [sind], einer solchen Vereinigung beizutreten".[21] Allerdings bleibt die Angelegenheit danach liegen, weil Scholz Gonseth nicht vollständig vertraut[22] und erst nach einem

---

1950 (Scholz-Nachlaß); in diesem Brief schlägt Scholz vor, dass die UIPS eine Unterorganisation der ASL werden sollte.

[20] Brief von Scholz an Wilhelm Ackermann (1896–1962), Heinrich Behmann (1891–1970), Hermes, von Kempski, Paul Lorenzen (1915–1994), Arnold Schmidt, Schröter und Kurt Schütte (1909–1998) v. 3. August 1950 (Scholz-Nachlaß; Unterstreichung im Original).

[21] Brief von Scholz an Gonseth v. 29. August 1950 (Scholz-Nachlaß). Vgl. auch Brief von Lorenzen an Scholz v. 4. August 1950 (Scholz-Nachlaß 112,037).

[22] Brief von Scholz an Arnold Schmidt v. 14. Oktober 1952 (Scholz-Nachlaß): „[Die] Zusammenfassung der Repräsentanten der mathematischen Logik und Grundlagenforschung im deutschen Raum mit dem Ziel einer Eingliederung in die Unesco ... ist in der letzten Augustwoche ... in Paris besprochen worden. ... [V]or rund 2 Jahren [hatte ich] die Sache schon fast auf die Beine gestellt ... Jch habe sie aber damals liegengelassen, weil die Korrespondenz mit Herrn Gonseth so undurchsichtig war, dass ich mich nicht entschliessen konnte, unsere Sache in seine Hände zu

Austausch des Vorstands der UIPS setzte Scholz seine Vorbereitungen der Gründung der DVMLG zur Gründung einer deutschen Sektion in der UIPS fort.[23] Er deligiert Aufgaben an Britzelmayr, Lorenzen, Schmidt und Schröter, so daß dann die DVMLG (zum ersten Male) gegründet werden kann.[24] Der erste Satzungsentwurf aus dem Jahre 1954 enthält den jetzigen Namen *Deutsche Vereinigung für mathematische Logik und für Grundlagenforschung der exakten Wissenschaften*.[25] Diese Vereinigung vertrat dann das *nationale Mitglied Bundesrepublik Deutschland* in der UIPS-Nachfolgeorganisation DLMPS (s. Anm. 23). In den schlecht dokumentierten frühen Jahren der DLMPS bis 1960 war Arnold Schmidt einer ihrer Vorsitzenden.

---

legen."

[23]Hodges beschreibt die Vorgänge als „a coup in [UIPS]" [Hodges, 2015, 12]; Feferman & Feferman nennen sie einen „putsch by Beth and his friends" [Feferman, A. B. & Feferman S., 2004, 250]. Vgl. hierzu einen Brief von Robert Feys (1889–1961) an Rosser, September 1952, zitiert nach [van Ulsen, 2022]: „With the elimination of prof. Gonseth, Dockx and Bayer from the committee, the fundamental difficulties to the adhesion of the ASL to [UIPS] are removed. ... These three colleagues ... were interested in rather literary forms of 'Philosophy of Science'."

In diesem Zusammenhang ist auch der direkte, aber nicht namentliche Angriff auf Gonseth in Quines *ASL Presidential Address* vom 4. September 1953 zu sehen: „The network of organised academia in Europe, the [UIPS] and ICSU and CIPSH and FISP and SILPS and their bewildering kin, are not without unscrupulous men greedy for power and influence. ... Such men ... have the strength of many; for science claims none of their energy and conscience none of their resolve. [van Ulsen, 2000, 28]"

Die personellen Änderungen an der Spitze der UIPS erlaubten den Beitritt der ASL zur UIPS und die Fusion der UIPS mit der *Union Internationale de Histoire des Sciences* (UIHS). In der neuen, fusionierten Institution, der *International Union of History and Philosophy of Science* (IUHPS) hieß die Nachfolgeorganisation der UIPS nun *Division for Logic, Methodology and Philosophy of Science* (DLMPS) mit expliziter und prominenter Erwähnung der Logik im Namen der Institution. Vgl. auch [van Ulsen, 2022] und [Feferman, A. B. & Feferman S., 2004, 248–253].

[24]Vgl. Brief von Scholz an Gonseth v. 19. Juni 1952 (Scholz-Nachlaß) und Brief von Scholz an Jean-Louis Destouches (1909–1980) v. 9. August 1952 (Scholz-Nachlaß).

[25]DVMLG-Archiv A2. Vgl. auch [Löwe & Sarikaya, 2022c].

4 Die exakten Wissenschaften

Zwischen Scholz' Brief vom 3. August 1950 (s. Anm. 20) und der Gründung der DVMLG war der Begriff „Grundlagenforschung" durch die zusätzliche Spezifikation „der exakten Wissenschaften" eingeengt worden. Es ist interessant festzustellen und sicherlich kein Zufall, dass die niederländische Schwestergesellschaft der DVMLG, die *Nederlandse Vereniging voor Logica en Wijsbegeerte der Exacte Wetenschappen* (VvL) ebenfalls diesen Begriff im Namen trägt.[26]

Im wissenschaftsphilosophischen Diskurs der 1940er und 1950er Jahre hatten die Begriffe *deduktive Wissenschaften* [Tarski, 1994] und *Formalwissenschaften* [Carnap, 1935] eine deutlich umrissene Bedeutung und bezeichneten „Logik, einschließlich der Mathematik" [Carnap, 1935, 30]. Der Begriff der *exakten Wissenschaften* ist weniger klar definiert. In der antiken und mittelalterlichen Tradition werden als *exakte mathematische Wissenschaften* die sogenannten *scientiae mediae* (oft Optik, Astronomie und Statik) bezeichnet:

> [T]he exact mathematical sciences fell somewhere between natural philosophy and pure mathematics, perhaps closer to the latter than the former. But the exact sciences belong neither wholly to natural philosophy nor to mathematics but are relevant to both. Because they were viewed as lying between the two disciplines, the exact sciences came to be known as middle sciences (scientiae mediae) during the Middle Ages. [Grant, 2007, 43]

Grant beschreibt, wie sich die Bedeutung des Begriffs „exakte Wissenschaften" in der frühen Neuzeit verschiebt und die Physik mit einschliesst [Grant, 2007, Kapitel 10, insbesondere S. 319–322]. Der Begriff wird regelmäßig in der heutigen Wissenschaftswelt verwendet, sein Umfang divergiert allerdings erheblich: in manchen Kontexten sind lediglich Mathematik, Informatik und Teile der Physik gemeint,

---

[26]Die VvL war am 15. November 1947 von Evert Willem Beth (1908–1964), Arend Heyting (1898–1980) und A. G. M. van Melsen (1912–1994) gegründet worden. Vgl. [van Ulsen, 2017, 72f.] und [van Benthem, 2003].

manchmal auch der Rest der Physik und die Chemie und manchmal sind zusätzlich mathematische Teile der Technikwissenschaften Teil des Umfangs.[27]

In Scholz' hochschulpolitischen Denkschriften findet sich der Begriff der exakten Wissenschaften nicht: er erwähnt zwar eine „generalisierte Grundlagenforschung", beschreibt aber im Detail nur die „auf die Mathematik spezialisierte Grundlagenforschung" [Scholz, 1938b, 5]. In einem Schreiben an Karl Friedrich Schmidt, den damaligen Direktor des Mathematischen Instituts in Münster, diskutiert Scholz die Möglichkeit einer Grundlagenforschung der Physik oder Biologie. Er verwirft ersteres, weil „der einzige, der das wirklich vermag ... ist ... Carl Friedrich v. Weizsäcker, [der] ... sich von der Atomphysik nicht trennen [wird]" und letzteres, weil in der Biologie „alles, was sich ... als philosophische ... Durchdringung bezeichnet, ... unscharf und ... verschwommen" sei.[28] Diese Einstellung entspricht der von Tarski, der im Vorwort zur ersten amerikanischen Ausgabe (1941) seines Buchs *Introduction to Logic and to the Methodology of the Deductive Sciences* schrieb:

> I am inclined to doubt whether any special 'logic of empirical sciences' ... exists at all. ... [T]he methodology of empirical sciences constitutes an important domain of scientific research. ... [U]p to the present, logical concepts and methods have not found any specific or fertile applications in this domain. And it is certainly possible that this state of affairs is not simply a reflection of the present stage of methodological research. Perhaps it arises from

---

[27]Z.B. hatte die *Nederlande Organisatie voor Wetenschappelijk Onderzoek* (NWO) bis vor wenigen Jahren eine Organisationseinheit *Exacte Wetenschappen*, welches aus Astronomie, Informatik und Mathematik bestand; die *Raymond & Beverly Sackler Faculty of Exact Sciences* an der *Tel Aviv University* umfasst Chemie, Informatik, Geowissenschaften, Mathematik, Physik und Astronomie; der Studiengang *Bacharelado em Ciências Exatas* an der *Universidade Federal de Juiz de Fora* umfasst die Fächer *Ciência da Computação, Engenharia Computacional, Engenharia Elétrica, Engenharia Mecânica Estatística, Física, Matemática*, und *Química*.

[28]Brief von Scholz an Friedrich Karl Schmidt v. 17. Dezember 1950 (Scholz-Nachlaß), S. 6 & 7.

> the circumstance that ... an empirical science may have to be considered not simply as a scientific theory ... but rather as a complex, consisting partly of [the statements of a theory] and partly of human activities. ... [T]he methodology of these sciences can hardly boast of ... definitive achievements—despite the great efforts that have been made. [Tarski, 1994, xii–xiii]

Weder Scholz noch Tarski schränken den Wirkungsbereich der *Grundlagenforschung* grundsätzlich ein; sie behalten sich die Option einer „generalisierten Grundlagenforschung" vor, bestanden aber auf einer Grundlagenforschung die „mit anerkannten mathematischen Methoden und mathematisierten Konstruktionsmitteln und Fragestellungen arbeitet" [Scholz, 1938b, 1]. Für Scholz war es eine kontingente Tatsache der zeitgenössischen Forschungslage in der Grundlagenforschung der empirischen Wissenschaften, daß es für diese keine mathematisch-exakte Grundlagenforschung gab; somit mußte sich die Grundlagenforschung auf diejenigen Disziplinen einschränken, in denen eine Grundlagenforschung „mit anerkannten mathematischen Methoden" existierte.

Es ist also davon auszugehen, daß durch die Spezifikation „der exakten Wissenschaften" im Namen der DVMLG weniger eine konkrete Einschränkung auf bestimmte zu betrachtende Wissenschaften als vielmehr eine methodische Einschränkung der Grundlagenforschung auf die mathematisch-exakten Methoden intendierte. Dies entspricht der Verwendung des Wortes „exakt" in der Denkschrift von 1938, in der Scholz als neuen Titel für seinen Lehrstuhl „Professur für Logik und exakte Philosophie der Mathematik und Naturwissenschaften" vorschlägt.[29]

---

[29]Vgl. [Scholz, 1938b, 7]. Der Schweizer Wissenschaftssoziologie Emil J. Walter verwendet ebenfalls den Begriff der „exakten Wissenschaften" bei seiner Beschreibung „der gegenwärtig wohl dringlichsten wissenschaftstheoretischen Aufgabe, die methodischen Fortschritte der exakten Wissenschaften anderen, in ihrer inneren Entwicklung zurückgebliebenen Realwissenschaften zugänglich zu machen" [Walter, 1937, 2]. Er führt aus: „[E]s steht [zu erwarten], die Uebertragung gewisser, in den exakten Wissenschaften gewonnener Resultate auf andere, nicht so ausgebaut Zweige der Einheitswissenschaft werde das wissenschaftliche Streben in Zukunft

5 Ist Grundlagenforschung Philosophie?

In den Abschnitten 3 und 4 wurde der Begriff *Logik und Grundlagenforschung* für die von Scholz intendierte Forschungsgemeinschaft verwendet, ohne genauer zu definieren, um welche Gemeinschaft es sich handelt. Eingangs war erwähnt worden, daß dieser Begriff bisweilen als Hendiadyoin verstanden wird und dieser Forschungszweig als „mathematische Subdisziplin" [Peckhaus, 2007, 103] bezeichnet wird.

Die Frage nach dem Verhältnis der Grundlagenforschung zur Philosophie stellte sich nicht erst in den 1950er Jahren. Bereits beim gescheiterten Versuch der von Gerhard Hessenberg (1874–1925) betriebenen Gründung der *Zeitschrift für die Grundlagen der gesamten Mathematik* im Jahre 1908 gerät der Versuch, der „streng mathematischen Richtung [der Grundlagenforschung] ein Organ [zu] schaffen",[30] in Kritik. Alexander Rüstow vom Teubner-Verlag antwortet auf Hessenbergs Vorschlag und beklagt den Ton,

> aus welchem dauernd ein etwas reizbares odi profanum vulgus et arceo als Unterton mitklingt, wobei unter dem fernzuhaltenden Pöbel aber schlechthin jeder Nicht-Fach-Mathematiker gemeint war. ... [E]s ist doch klar, dass man für die wichtigsten Probleme der Grundlagen der Mathematik ebenso sehr Philosoph wie Mathematiker sein muss.[31]

Jahrzehnte später vertrat Heinrich Scholz eine Position, die der in [Peckhaus, 2007] beschriebenen Position Hessenbergs sehr ähnlich war: er sprach einer methodisch exakten Philosophie eine wichtige Rolle in der Grundlagenforschung zu, forderte aber einen klaren Primat der

---

noch mehr als bisher befruchten können (S. 20)." In seinen wissenschaftsklassifikatorischen Schriften verwendet Walter ausschließlich die Carnapsche Dichotomie der Formal- und Realwissenschaften und nicht den Begriff der „exakten Wissenschaften" [Walter, 1943].

[30] Brief von Hessenberg an den Teubner-Verlag v. 29. April 1908; zitiert nach [Peckhaus, 2007, 110].

[31] Brief von Rüstow an Hessenberg v. 29. Oktober 1908, zitiert nach [Peckhaus, 2007, 111].

Mathematik und war gegenüber anderen Strömungen der Philosophie äußerst skeptisch. Für Scholz sind Logik und Grundlagenforschung nicht identisch und beide Gebiete sind zumindest traditionell in der Philosophie zu verorten:

> Logik und Grundlagenforschung sind seit <u>Aristoteles</u> zwei anerkannte philosophische Disziplinen im abenländischen [sic!] Raum. Es liegt nicht an mir, sondern an einem Gang der Dinge, den niemand aufzuhalten vermocht hat, dass die Logik mit der auf ihr fussenden Grundlagenforschung, insbesondere mit der hoch entwickelten Wissenschaftslehre der deduktiven Wissenschaften, heute nur noch durch mathematische Methoden und Fragestellungen beherrscht und gefördert werden kann.[32]

In seinen hochschulpolitischen Denkschriften betont er den philosophischen Charakter von *Logik und Grundlagenforschung*:

> [P]hilosophisch ist diese neue Logik und Grundlagenforschung ... in dem Sinne, dass sie primär auf eine Tieferlegung und Klärung der Fundamente gerichtet ist und dass sie wenigstens bis jetzt noch keine Methoden hervorgerufen hat, für welche gezeigt werden konnte, dass mit Hilfe dieser Methoden innermathematische Probleme gelöst werden können, die sich vor der Entdeckung dieser Methoden einer Lösung entzogen haben [Scholz, 1938b, 3].

---

[32]Brief von Scholz an Friedrich Karl Schmidt v. 17. Dezember 1950 (Scholz-Nachlaß; Unterstreichung im Original). Vgl. auch [Scholz, 1938b, 6]: „Die eine [Brücke in die Zukunft] muß von der Philosophie ausgehen; denn es ist unrühmlich für uns, wenn wir noch länger zulassen, daß die Logik und die wissenschaftsverbundene Grundlagenforschung, die seit <u>Aristoteles</u> zwei unbestritten philosophische Grundlagendisziplinen sind, nur so weit der Mühe wert sein sollen, wie sie im klassischen Sinne behandelt werden." In diesem Zitat scheint Scholz zu behaupten, dass Aristoteles eine Disziplin *Grundlagenforschung* gekannt habe. Da das Wort selbst im aristotelischen Organon nicht auftaucht, kann man sich fragen, worauf sich Scholz hier bezieht. Peckhaus vermutet, dass Scholz hier die Tradition des ausgehenden 19. Jahrhunderts aufnimmt, die Logik in „formale Logik" und „Methodenlehre" zu trennen [Peckhaus, 2022].

Gleichzeitig meinte Scholz, daß er unter den Ordinarien der Philosophie in Deutschland keine Verbündeten für *Logik und Grundlagenforschung* finden kann und daß man dieses Gebiet gegen negative Einflüsse der herkömmlichen Philosophie beschützen mußte:

> Jch habe den Kreis so eng gehalten, um sicher zu sein, dass wir gegen den Einbruch der Dilettanten und Schwätzer in jedem Fall gesichert sind. Jch habe Grund hinzufügen, dass die ernsten Befürchtungen, die ich schon im Januar geltend gemacht habe auf eine mir ganz und gar nicht erwünschte Art bestätigt worden sind durch die seltsamsten Dinge, die sich im Namen der mathematischen Logik inzwischen in München zugetragen haben. Mit diesen Leuten kann und werde ich in keinem Falle zusammengehen; denn sie haben einen anderen Geist als wir.[33]

Dieser „andere Geist" ist eine Bezugnahme auf den Psychologismusstreit; Scholz kritisiert eine Form der Philosophie, welche keine exakten, sondern lediglich historische und psychologische Methoden verwendet.[34] Es ist auffällig (aber nicht einfach zu interpretieren), daß Scholz in seiner gesamten deutschsprachigen Korrespondenz mit Gonseth, Rosser und den Gründungsmitgliedern der DVMLG durchgehend den englischen Begriff „*philosophy of science*" verwendet.[35]

Methodisch eng an der Mathematik orientiert und dennoch von philosophischem Charakter berührt also die *Logik und Grundlagenforschung* beide Disziplinen. Allerdings ist die Wissenschaftswelt stark disziplinär geordnet, und ein interdisziplinäres Forschungsgebiet kann zwischen die Stühle fallen, wenn es sich nicht an einer der beiden relevanten Disziplinen orientiert. Konfrontiert mit der Frage, welche

---

[33] Brief von Scholz an Gonseth v. 29. August 1950 (Scholz-Nachlaß).

[34] Vgl. [Rath, 1994], [Galliker, 2016, Abschnitt 5.2] und [Kusch, 2020]. Vgl. auch Feys' Vorwurf, daß Gonseth, Dockx und Bayer an einer „literary form of 'Philosophy of Science'" interessiert seien (Anmerkung 23).

[35] Brief von Scholz an Rosser v. 13. Juli 1950, Brief von Scholz an Ackermann, Behmann, Hermes, von Kempski, Lorenzen, Arnold Schmidt, Schröter, Schütte v. 3. August 1950 und Brief von Scholz an Gonseth v. 29. August 1950 (Scholz-Nachlaß).

der beiden Disziplinen man wählen sollte, wenn man gezwungen wäre, ist Scholz' Antwort klar und eindeutig: die Mathematik.

> Es sollte auf keine Art verantwortet werden können, dass man, aus welchem Grunde auch immer, dies opfert, um den alten elenden Schlendrian wieder hereinzulassen, Hierfür wird man in jedem Falle verantwortlich sein, wenn ein Philosoph im alten Sinne für meinen Lehrstuhl vorgeschlagen wird. Das, was zu fordern ist, kann nur von einem gelernten Mathematiker geleistet werden.
>
> [Es] muss mit der Möglichkeit gerechnet werden, dass der bis jetzt bestehende Zusammenhang mit der Philosophie in Frage gestellt wird. ... Es scheint mir nicht unmöglich zu sein, ... zum Ausdruck zu bringen, wie sehr es im Jnteresse eines vorschreitenden, nicht nur im Historischen oder Psychologischen stecken bleibenden Philosophierens erwünscht ist ..., dass eine Prüfung in mathematischer Logik und Grundlagenforschung als philosophische Prüfung anerkannt wird. ... Wenn dies <u>nicht</u> gelingt, so sollte die mathematische Logik und Grundlagenforschung in die Mathematik ... eingebaut werden. ...
>
> Ich kann natürlich nicht bestreiten, daß in diesem Falle formal eine philosophische Professur für die Fakultät verloren geht. Aber auch nur formal, in keinem Fall in einem tiefer liegenden Sinne; denn ... Logik bleibt Logik, Grundlagenforschung bleibt Grundlagenforschung. Ob man bereit ist, sie auch noch auf der Stufe der heute erreichbaren Standfestigkeit als philosophische Disziplinen anzuerkennen, oder ob man umgekehrt gewillt ist, ihnen um dieser Zuverlässigkeit willen die philosophische Würde abzusprechen, ist eine Entscheidungsfrage, die an ihrer Substanz und an ihrem Charakter in gar keinem Fall etwas ändern wird.[36]

---

[36] Brief von Scholz an Friedrich Karl Schmidt v. 17. Dezember 1950 (Scholz-Nachlaß; Unterstreichung im Original), S. 4–6.

GRUNDLAGENFORSCHUNG DER EXAKTEN WISSENSCHAFTEN

Innerhalb der DVMLG entwickelt sich die Frage nach dem Verhältnis zwischen Logik und Philosophie zu einem Streit in den Jahren 1978 bis 1980: nach einer Diskussion auf der Mitgliederversammlung am 3. Oktober 1978 in Aachen wurden Peter Janich und Christian Thiel aufgefordert, ein Memorandum zu den „wissenschaftlichen Aktivitäten der Gesellschaft auf dem Gebiet der Grundlagenforschung der exakten Wissenschaften sowie [der Intensivierung der] Mitgliedergewinnung unter Wissenschaftlern dieser Forschungsrichtung" zu verfassen (DVMLG-Archiv A84). Dieses Memorandum wurde im November 1978 mit dem Protokoll der Mitgliederversammlung an die Mitglieder verschickt:

> Die Deutsche Vereinigung für mathematische Logik und für Grundlagenforschung der exakten Wissenschaften (DVMLG) hat sich selbst in ihrer Satzung die Aufgabe gestellt, neben der mathematischen Logik auch die ‚Grundlagenforschung der exakten Wissenschaften' zu fördern. ... [D]ie Zusammensetzung der Mitgliedschaft [hat sich] weitgehend zu Gunsten der Vertreter der mathematischen Logik verschoben. Wir möchten anregen, die philosophisch-wissenschaftstheoretische Fraktion wieder zu beleben.[37]

Das Memorandum löste eine vehemente Debatte aus. Walter Felscher verfaßte im Februar 1979 eine Replik, die ebenfalls an alle Mitglieder versandt wurde:

> [D]ie DVMLG [ist] (ebenso wie übrigens die ASL) keine Vereinigung zur Beförderung der Philosophie—handele es sich nun um die diversen Philosophien der Mathematik ... oder um die verschiedenen, neuerdings als Wissenschaftstheorien bezeichneten philosophischen Bemühungen. ... Es besteht ... gar kein Grund, die DVMLG zum Orte solcher Aktivitäten zu machen und, wie es im Memorandum heißt, ihren *institutionellen Rahmen* für solche, der Mathematischen

---

[37] Memorandum von Peter Janich und Christian Thiel v. 21. November 1978 (DVMLG-Archiv A87).

Logik gänzlich fremdartigen Beschäftigungen zu nutzen.
... Im Übrigen würde eine solche ausserwissenschaftliche Aktivität die Vereinigung und die Mathematische Logik überhaupt unter den Kollegen der Mathematik und der Naturwissenschaften erneut in Verruf bringen, nachdem sich während der letzten 30 Jahre die Mathematische Logik gerade von dem Odeur philosophisch-ideologischer Doktrinen befreit und als eine seriöse mathematische Disziplin Verständnis gefunden hat.[38]

Der damalige Vorsitzende, Gert H. Müller versuchte, in einem Rundschreiben und einer informellen Mitgliederbesprechung in Oberwolfach am 26. April 1979, den Streit zu schlichten.[39] Im Protokoll der nächsten Mitgliederversammlung am 24. August 1979 in Hannover (bei der Felscher anwesend war) gibt es allerdings keine Anzeichen größerer Differenzen: es wird angeregt,

> dass der Vorstand Tagungen veranstalten möge, die das gesamte Spektrum des Vereins abdecken. Herr Müller verweist auf seinen Vorschlag, auch in Oberwolfach andere Themen von Zeit zu Zeit miteinzubeziehen. Herr Thiel berichtet, dass von ihm selbst und den Herren W. Oberschelp und M. Richter demnächst eine Tagung vorbereitet wird. Derartige Initiativen werden von der Versammlung begrüßt (DVMLG-Archiv A90).

---

[38]W. Felscher, Note zum Memorandum der Herren Janich und Thiel v. Februar 1979 (DVMLG-Archiv A87).

[39]Vgl. Brief von Gert H. Müller an die Mitglieder der DVMLG v. März 1979 (DVMLG-Archiv A87): „Eine Aufspaltung in zwei Vereinigungen oder durch 'Fraktionen' erscheint mir angesichts der Mitgliederzahl ca. 120 nicht am Platze. ... Wissenschaftstheorie heute ist von Argumenten math.-log.-Art [sic!] stark durchdrungen— nicht zu reden von Denkweisen der Informatik, so dass diese eher in unserer Vereinigung als sonstwo einen Platz findet." Vgl. auch Brief von Gert H. Müller an die Mitglieder der DVMLG v. Juli 1979 (DVMLG-Archiv A88; Unterstreichung im Original): „Bei der informellen Mitgliederbesprechung in Oberwolfach (26.IV.) brachte Herr Felscher ... eine <u>deutlich</u> ablehnende Haltung gegenüber den von mir ... vorgebrachten Vorschlägen zum Ausdruck."

Im folgenden Jahr wurde Christian Thiel in den Vorstand der DVMLG gewählt;[40] in den folgenden Jahren sollte die Frage nach dem Verhältnis zwischen Logik und Philosophie durch die Frage nach dem Verhältnis zwischen Logik und Informatik verdrängt werden, die einen Streit mit größeren Auswirkungen für den Verein auslöste.[41]

Literatur

[van Benthem, 2003] van Benthem, L. 2003. "The Dutch Association for Logic and Philosophy of the Exact Sciences (De Nederlandse Vereniging voor Logica en Wijsbegeerte der Exacte Wetenschappen)". *Ontsluitingsdocument* **860**, Noord-Hollands Archief.

[Brendel & Stuhlmann-Laeisz, 2022] Brendel, E. & Stuhlmann-Laeisz, R. 2022. „Geschichte des Lehrstuhls für Logik und Grundlagenforschung an der Rheinischen Friedrich-Wilhelms-Universität Bonn". In B. Löwe, D. Sarikaya, (eds.) *60 Jahre DVMLG*, Tributes **48**. London: College Publications, 45–50.

[Carnap, 1935] Carnap, R. 1935. „Formalwissenschaft und Realwissenschaft". *Erkenntnis* **5.1**, 30–37.

[Feferman, A. B. & Feferman S., 2004] Feferman, A. B. & Feferman, S. 2004. *Alfred Tarski. Life and Logic*. New York: Cambridge University Press.

[Galliker, 2016] Galliker, M. 2016. *Ist die Psychologie eine Wissenschaft? Ihre Krisen und Kontroversen von den Anfängen bis zur Gegenwart*. Wien/New York: Springer-Verlag.

[Grant, 2007] Grant, E. 2007. *A History of Natural Philosophy. From the Ancient World to the Nineteenth Century*. New York: Cambridge University Press.

[Greenaway, 1996] Greenaway, F. 1996. *Science International: A history of the International Council of Scientific Unions*. New York: Cambridge University Press.

[Hodges, 2015] Hodges, W. 2015. "DLMPS—Tarski's vision and ours." In P. Schroeder-Heister, G. Heinzmann, W. Hodges, P. E. Bour (eds.) *Logic, Methodology and Philosophy of Science. Logic and Science Facing the*

---

[40]Protokoll der Mitgliederversammlung der DVMLG am 19.9.1980 in Dortmund (DVMLG-Archiv A93).

[41]Vgl. [Löwe & Sarikaya, 2022b, x-xii].

New Technologies. Proceedings of the 14th International Congress (Nancy). London: College Publications, 9–26.

[Kusch, 2020] Kusch, M. 2020. "Psychologism." In E. N. Zalta (ed.) *The Stanford Encyclopedia of Philosophy*, Spring 2020 Edition.

[Lehto, 1998] Lehto, O. 1998. *Mathematics without borders. A history of the International Mathematical Union*, Wien/New York: Springer-Verlag.

[Löwe & Sarikaya, 2022a] B. Löwe, D. Sarikaya (eds.) *60 Jahre DVMLG*, Tributes **48**. London: College Publications.

[Löwe & Sarikaya, 2022b] B. Löwe, D. Sarikaya. 2022. „Vorwort". In B. Löwe, D. Sarikaya (eds.) *60 Jahre DVMLG*, Tributes **48**. London: College Publications, vii-xiii.

[Löwe & Sarikaya, 2022c] Löwe, B. & Sarikaya, D. 2022. „Satzungen der DVMLG durch die Jahrzehnte". In B. Löwe, D. Sarikaya, Deniz (eds.) *60 Jahre DVMLG*, Tributes **48**. London: College Publications, 203–224.

[Löwe, 2022] Löwe, B. 2022. „Die Mitgliederentwicklung in der Frühzeit der DVMLG". In B. Löwe, D. Sarikaya, Deniz (eds.) *60 Jahre DVMLG*, Tributes **48**. London: College Publications, 171–185.

[Peckhaus, 1987] Peckhaus, V. 1987. *Geschichte des Scholz-Seminars 1936–1942 im Spiegel der Vorlesungsverzeichnisse der Universität Münster*. Maschinenschriftliche Aktennotiz, Erlangen, 2. November 1987.

[Peckhaus, 2007] Peckhaus, V. 2007. „Die Zeitschrift für die Grundlagen der gesamten Mathematik. Ein gescheitertes Zeitschriftenprojekt aus dem Jahre 1908". *Mathematische Semesterberichte* **54**, 103–115.

[Peckhaus, 2018] Peckhaus, V. 2018. "Heinrich Scholz." In E. N. Zalta (ed.) *The Stanford Encyclopedia of Philosophy*, Fall 2018 Edition.

[Peckhaus, 2022] Peckhaus, V. Persönliche Nachricht per e-mail an B. Löwe vom 1. Februar 2022.

[Petitjean, 2006a] Petitjean, P. 2006. "The Early Years of UNESCO-ICSU Partnership." In P. Petitjean, V. Zharov, G. Glaser, J. Richardson, B. de Padirac, G. Archibald (eds.) *Sixty Years of Sciences at Unesco 1945-2005*. UNESCO, 77–78.

[Petitjean, 2006b] Petitjean, P. 2006. "UNESCO and the International Union for History of Science." In P. Petitjean, V. Zharov, G. Glaser, J. Richardson, B. de Padirac, G. Archibald (eds.) *Sixty Years of Sciences at Unesco 1945-2005*. UNESCO, 81–82.

[Pohlers, 2022] Pohlers, W. 2022. „Eine kurze Geschichte der Entwicklung der Logik in Münster". In B. Löwe, D. Sarikaya, Deniz (eds.) *60 Jahre DVMLG*, Tributes **48**. London: College Publications, 225–232.

[Rath, 1994] Rath, M. 1994. *Der Psychologismusstreit in der deutschen Philosophie.* Freiburg: Verlag Karl Alber.

[Scholz, 1921] Scholz, H. 1921. *Religionsphilosophie.* Berlin: Verlag von Reuther & Reichard.

[Scholz, 1938a] Scholz, H. 1938. *Denkschrift über die Neugestaltung des Hochschulunterrichts in der Philosophie überhaupt und der mathematischen Logik und Grundlagenforschung im besonderen.* An den Herrn Reichs- und Preussischen Minister für Wissenschaft, Erziehung und Volksbildung, 28. Dezember 1938 (Scholz-Nachlaß 102,006).

[Scholz, 1938b] Scholz, H. 1938. *Denkschrift über die neue mathematische Logik und Grundlagenforschung.* An den Herrn Reichs- und Preussischen Minister für Wissenschaft, Erziehung und Volksbildung; Digitalisat, von Volker Peckhaus zur Verfügung gestellt (vgl. Anmerkung 5).

[Tarski, 1994] Tarski, A. *Introduction to Logic and to the Methodology of the Deductive Sciences.* Oxford Logic Guides, **24**, ed. 4. New York: Oxford University Press.

[van Ulsen, 2000] van Ulsen, P. 2000. *E. W. Beth als logicus.* Universiteit van Amsterdam, ILLC Publications DS-2000-04.

[van Ulsen, 2017] van Ulsen, P. 2017. "Organisaties en genootschappen." Teilbericht des Forschungsprojekts *E. W. Beth and A. J. Heyting. Their influence and ideas on philosophy, logic and related sciences.*

[van Ulsen, 2022] van Ulsen, P. 2022. "The birth pangs of DLMPS." In B. Löwe, D. Sarikaya, Deniz (eds.) *60 Jahre DVMLG*, Tributes **48**. College Publications, London, 239–242.

[Walter, 1937] Walter, E. J. 1937. „Logistik, logische Syntax und Mathematik". *Vierteljahrsschrift der Naturforschenden Gesellschaft in Zürich* **82**, 2–20.

[Walter, 1943] Walter, E. J. 1943. „Einheitswissenschaft". *Vierteljahrsschrift der Naturforschenden Gesellschaft in Zürich* **88**, 22–35.

SOME UNPUBLISHED LETTERS BY GÖDEL AND VON NEUMANN IN THE FRAENKEL ARCHIVE

PAOLO MANCOSU

RICHARD ZACH

1 Introduction

In the present paper we edit and discuss several letters by Kurt Gödel and Johann (János) von Neumann which are found in the archive of Abraham Adolf Fraenkel at the National Library of Israel. The archive is still uncatalogued.

Adolf (later Abraham) Fraenkel (1891–1975) was a professor of mathematics at Marburg University until 1928. In 1928 he moved to Kiel and after one year he accepted a position at the Hebrew University of Jerusalem where he remained for the rest of his professional career (for a biographical memoir see [Fraenkel, 2016]). The existence of some of the letters we publish was mentioned by Ivor Grattan-Guinness, who had been shown them by Fraenkel's widow when the letters where still in her possession. Referring to "an astounding 14-page letter dated 26 October 1923" by von Neumann, published below, Grattan-Guinness wrote:

We gratefully acknowledge permission to publish the letters from Gödel and von Neumann to Fraenkel by the National Library of Israel, the Institute for Advanced Study, Princeton (for the letters by Gödel), and Marina von Neumann Whitman (for the letters by von Neumann). Thanks to Shaul Greenstein, archivist at the National Library of Israel, for his assistance in locating the correspondence between Fraenkel, Gödel, and von Neumann. Thanks also to Juliette Kennedy, Mark van Atten, Paola Cantù, Ulf Hashagen, and especially Aki Kanamori.

I saw this letter in the presence of his widow in 1982, at her flat in Jerusalem; it is now in his Papers. It includes also letters from Carnap, Gödel and Quine. No copy of this letter exists in the von Neumann Papers, held at the Library of Congress, Washington. [Grattan-Guinness, 2000, note 33, p. 479]

As mentioned, we publish here all the letters from Gödel and von Neumann contained in the Fraenkel archive. While some are more valuable than others, we include everything we found in the spirit of contributing to making available more unpublished correspondence by Gödel and von Neumann and, consequently, to contribute to a better understanding of some crucial moments in the development of the foundations of mathematics in the 1920s and 1930s.

Both Gödel and von Neumann are towering intellectual figures of the 20th century. Their importance is highlighted by two trade biographies published recently and making the bestseller lists [Bhattacharya, 2021, Budiansky, 2021]. Academic interest in Gödel's thought also continues to grow, fueled by the outstanding achievement of the five volumes of Gödel's papers and correspondence (see [Gödel, 2003a, Gödel, 2003b] for the correspondence). More recent archival work continues to shed light on the development of Gödel's life and thought.[1] Von Neumann's early biography is also receiving its well-deserved attention by historians; see in particular [Hashagen, 2006a, Hashagen, 2006b, Hashagen, 2010].

We think it fitting to present this paper in a volume honoring the scholarly achievements of Volker Peckhaus, whose archival work has dramatically increased our understanding of the history of the foundations of logic and mathematics and whose personal assistance during our own investigations on these subjects has been immensely

---

[1] See, among other publications for the last ten years, [Adžić and Došen, 2016], [Crocco and Engelen, 2016] and several articles therein contained, [Gödel, 2019], [Kanckos and Lethen, 2021], [Kennedy, 2020], [Lethen, 2021], [van Atten, 2015], and [von Plato, 2020]. Transcription from the Philosophical notebooks by Gabriella Crocco's research group are published on HAL at the following link: https://hal.archives-ouvertes.fr/search/index/q/*/authIdHal_s/gabriella-crocco

valuable to us. As we will see, the correspondence with von Neumann concerns a pivotal moment in the history of set theory, the study of which is one of Volker's main interests [Peckhaus, 1990, Peckhaus, 1992, Peckhaus, 2005, Ebbinghaus and Peckhaus, 2015].

2 Letters from Gödel

The letters from Gödel found in the Fraenkel archive fall into two distinct groups.[2] To the first group belong three fragments dating from 1931–1932. The longer fragment (four handwritten pages) comes from a letter datable to the end of 1931 and corresponds, as can be gathered from the numbering on the upper left corner of the extant pages, to the last four pages of a letter whose first two pages are missing. The other two, much smaller, fragments come from the last two pages of a letter datable to 1932. In this case it is not possible to know how long the original letter was. Only the lower halves of the last two pages, from which the fragments originate, are extant. These fragments are historically the more interesting, since they concern the relationship between Gödel's incompleteness theorem [Gödel, 1931] and work by Herbrand, Presburger, and Zermelo.

To the second group belong three complete letters written in 1958. We will first briefly describe this second group of letters, which is merely of biographical interest, and then devote more attention to the fragments from 1931–1932. The first letter in this second group concerns Michael Rabin and Azriel Levy. Both Rabin and Levy had studied with Fraenkel at the University of Jerusalem. Rabin had done his Ph.D. at Princeton in 1956 under Alonzo Church; Levy obtained his Ph.D. in 1958 at the University of Jerusalem under Fraenkel and Abraham Robinson. Fraenkel had apparently asked Gödel's opinion in regards to a possible appointment for Rabin as Assistant Professor in one of the previous letters Gödel refers to, of 2 December 1957 and 2 January 1958. Gödel provides a very positive evaluation of Rabin's work, but says he can't comment on his abilities as a teacher. In the

---

[2]No letters between Fraenkel and Gödel are listed in the finding aid of the Gödel Papers published in [Gödel, 2003b, pp. 469–562].

second part, Gödel responds to an inquiry by Fraenkel concerning a possible fellowship for Levy at the Institute for Advanced Study. He writes that it is too late in the year to make arrangements. In the letter of 12 May 1958, Gödel mentions funds have become available, but that he has learned that Levy has found another position in the meantime, and so would not be able to take up the fellowship at the IAS. He suggests the possibility of renewing the offer of a fellowship for the 1959/60 academic year. The final letter concerns a visit by Fraenkel to Princeton. Gödel mentions that he usually does not attend the department tea, and asks Fraenkel to make arrangements by telephone.

We now move to the first group of (fragments of) letters from 1931–1932, which are of greater scientific interest. The first fragment begins with Gödel commenting on someone's work in set theory, as if he had been asked something about it by Fraenkel in a (presumably lost) previous letter. We do not know which paper or book Gödel may be referring to here. The second, long paragraph concerns [Herbrand, 1931]. Fraenkel reviewed [Herbrand, 1931] for the *Jahrbuch für die Fortschritte der Mathematik* (JFM 57.0056.04). We have no other letter by Gödel where he discusses Herbrand's article on the consistency of arithmetic at length. However, there are brief mentions: in a letter to Heyting of 15 November 1932 [Gödel, 2003b, p. 61] and in an exchange with van Heijenoort (14 August, 27 August, 18 September 1964) [Gödel, 2003b, pp. 316, 318–319]. These mentions occur much later and in the context of interpreting what Herbrand meant by strict intuitionism. It is true that Gödel's letter to Herbrand dated 25 July 1931 [Gödel, 2003b, pp. 20–21] addresses some of the issues under consideration. The reason is that Herbrand wrote to Gödel on 7 April 1931, in order to discuss how Gödel's results fit with results he had obtained previously (the nomenclature of the theories he discusses are the same as those of [Herbrand, 1931]).

Herbrand's article [1931] was completed on 14 July 1931. It was received by the journal on 27 July 1931 and appeared in the first issue of volume 166 (1932), which was released on 12 November 1931. Since the second *Heft* came out on 10 December 1931, and Gödel refers to the "latest" issue of *Journal für die Reine und Angewandte Mathematik* (which was usually referred to by its subtitle, *Crelle's Journal*), we can date this letter approximately as written between mid-November and mid-December 1931, allowing for a possible shift forward depending on how long it would have taken for the issue to reach Gödel or the library used by Gödel. There is however something puzzling in the letter. This is the final request concerning von Neumann: "Should you, dear professor, have corresponded with Mr. v. Neumann about the question of the consistency proof, I would be grateful if you could communicate to me his views." What is surprising here is the fact that Gödel knew perfectly well what von Neumann's position was since they had corresponded on the issue and he had mentioned what von Neumann's position was already in the presentation of his results in front of the Schlick Circle in January 1931 (see [Mancosu, 1999]). Von Neumann had expressed his position on the incompleteness theorems in the letter to Gödel dated 10 January 1931 [Gödel, 2003b, pp. 338–339]. But perhaps Gödel wanted to know whether von Neumann's position had shifted.

In his letter to Fraenkel, Gödel indicates his acceptance of all of the mathematical theorems demonstrated by Herbrand. In particular, he agrees with Herbrand that there is no inconsistency between Herbrand's consistency proof and Gödel's incompleteness theorems. Indeed, the proof of consistency given by Herbrand, for a system weaker than Weyl's system given in *Das Kontinuum* [Weyl, 1918], is not formalizable in the system itself even though the consistency proof is unobjectionable from the intuitionistic, i.e., finitary,[3] point of view.

Gödel's position concerning Herbrand's methodological standpoint corresponds to the opinions he expressed also on other occasions (see the correspondence with Bernays, Herbrand, and von Neumann published in [Gödel, 2003a, Gödel, 2003b]). Gödel does not agree with all of Herbrand's conjectures. In particular, he discusses the issue of the extent of "finitism". He points out that Hilbert and his school use the notion in a rather intuitive and contentful (i.e., meaningful) way and that their finitist proofs are not formalized in a specific sys-

---

[3] At the time, intuitionism and finitism were identified.

tem. Gödel thinks, in agreement with Herbrand and the intuitionists, that a definition of "finitism" cannot be given in principle. Where he disagrees with Herbrand and von Neumann is in the claim that all finitary proofs can be formalized within the axiom system of classical analysis. Herbrand had made the following conjecture in a letter to Gödel (and in almost identical words in [Herbrand, 1931]):

> It reinforces my conviction that it is impossible to prove that every intuitionistic proof is formalizable in Russell's system, but that a counterexample will never be found. There we shall perhaps be compelled to adopt a kind of logical postulate. [Gödel, 2003a, p. 21]

Gödel, by contrast, believed that it could be in principle possible that some finitary proofs could go beyond the formal proof procedures of classical analysis and thus, contrary to Herbrand and von Neumann, he did not believe that his result showed the impossibility of carrying out Hilbert's program. This was the position he had already put forth in his 1931 article. Gödel in his 1931 paper states that his results

> do not contradict Hilbert's formalistic viewpoint. For this viewpoint presupposes only the existence of a consistency proof in which nothing but finitary means of proof are used, and it is conceivable that there exist finitary proofs that cannot be expressed in the formalism of P. [Gödel, 1986, p. 195][4]

In the letter to Fraenkel, Gödel grants that the finitary arguments so far used in the Hilbert's school do not suffice to prove the consistency of analysis (or arithmetic). Gödel, however, continued to take

---

[4]P refers to the modification of the system of *Principia Mathematica* used, and proved incomplete, in [Gödel, 1931]. Gödel's *Nachlaß* contains notes written in 1968 where Gödel clarifies what he had in mind in his comments on finitary reasoning at the end of the 1931 paper. Briefly, when Gödel there conjectured that finitary mathematics might conceivably not be contained even in set theory, he was persuaded that "systems obtained by reflection on finitary systems" were themselves finitary. For a full translation of Gödel's 1968 notes see [van Atten, 2015, p. 227].

the view taken in his 1931 article, that the possibility remains open that finitary modes of reasoning capable of establishing this consistency result might still be found and employed to carry out Hilbert's program. Gödel also objects to Herbrand's conjecture by claiming that it is almost meaningless or unintelligible, for it would require a definition of "finitary proof" for it to make sense (a similar claim is made in his letter to Herbrand dated 7 April 1931).[5]

As pointed out, Gödel's position on finitism in this letter corresponds to that defended in other letters from the period. Gödel will later hold, starting in 1933 (see [Sieg, 2003, p. 8]), that his incompleteness theorems show that Hilbert's program, as originally conceived, cannot be carried out. For a more detailed discussion of Gödel's evolution with respect to the notion of finitism we refer to [Feferman, 2003], [Sieg, 2003], and [Mancosu, 2004].

Let us conclude with the remaining two fragments which, as mentioned earlier, stem from a single letter. In the first fragment of this second letter, Gödel stresses that the article by [Presburger, 1930] does not conflict with his own incompleteness result. This is the only place in Gödel's entire correspondence where Gödel cites Presburger's result. The contribution by Presburger was cited in a letter from Bernays to Gödel dated 18 January 1931 [Gödel, 2003a, p. 90]. Gödel also refers to Presburger in his 1934 Princeton lectures (see [Gödel, 1986, p. 367]). Fraenkel also reviewed [Presburger, 1930], in JFM 56.0825.04.

The second fragment of this second letter reads (almost) in full:

> I would like to mention on this occasion that Zermelo in *Jahresbericht* Bd 41, 2. Abt. p. 87 [[Zermelo, 1932]] has made completely inadequate claims about my paper [[Gödel, 1931]], to which I hope to respond in the *Jahres-*

---

[5] "I would like now to enter into the question of the formalizability of intuitionistic proofs in certain formal systems (say that of Principia mathematica), since here there appears to be a difference of opinion. I think, insofar as this question admits a precise meaning at all (due to the undefinability of the notion "finitary proof", that could justly be doubted), the only correct standpoint can be that we admit not knowing anything about it" [Gödel, 2003b, p. 23].

bericht in due course.

The reference to Zermelo's article in the *Jahresbericht* and Gödel's indicated intention to reply, which he did not pursue, allows us to safely date this letter to 1932. For more on the Gödel-Zermelo exchange see [Grattan-Guinness, 1979], and [Dawson, 1985, Dawson, 2003].

3 Letters from von Neumann

The Fraenkel papers contain six letters from von Neumann. The first is the "astounding" 14-page letter mentioned by Grattan-Guinness, dated 26 October 1923. At the time, 19-year-old von Neumann was nominally studying chemical engineering at the ETH Zürich.[6] He had just completed two years of studying chemistry at the University of Berlin (in preparation for the ETH entrance exam), as well as mathematics and physics. There, he had caught the eye of Erhard Schmidt, who shared von Neumann's interest in set theory. In August 1923, von Neumann completed a manuscript on set theory, which he sent to Zermelo (a lifelong friend of Schmidt's), and which Schmidt sent to Fraenkel. Fraenkel later recalled:

> In 1923, Erhard Schmidt, who had been a professor in Berlin since 1920 and was one of the editors of the journal *Mathematische Zeitschrift*, sent me a lengthy manuscript while I was in Marburg entitled "Die Axiomatisierung der Mengenlehre" (The Axiomatization of Set Theory), written by Johann von Neumann, a name as yet unfamiliar to me. Schmidt, who a year earlier had presented a paper of mine to the Prussian Academy of Sciences, accompanied the manuscript with a letter saying that they could find no one in Berlin who was competent to evaluate the manuscript, and so he requested a statement from me whether a publication in the *Mathematische Zeitschrift* should be considered. The article, 84 printed pages, did in

---

[6]See [Hashagen, 2006a] on von Neumann's student years.

fact appear five years later in the 27th volume of the journal, but had already been published in essentially the same form in 1925 in Hungarian as von Neumann's doctoral dissertation in Budapest. At around the same time, with an accompanying letter of August 14, 1923, von Neumann sent me his work directly, and expanded it two months later with comments in a letter comprising 14 large quarto-sized pages. [Fraenkel, 2016, 143]

The letter of 14 August appears to be lost, but it likely does not differ much from the letter von Neumann sent to Zermelo (see [Meschkowski, 1967, pp. 271–273]). The first letter in the Fraenkel archive is evidently a response to a reply by Fraenkel.

As Fraenkel acknowledges following the passage quoted above, "it took considerable effort for me to work through the treatise, which not only deviated from everything that had thus far been published on the axiomatization of set theory, but it also contradicted previous ideas." The fundamental difference between von Neumann's approach and those before him (such as Zermelo, Skolem, and Fraenkel himself) concerns both the choice of primitives and the choice of axioms. Rather than taking sets and classes as primitive, von Neumann's theory distinguished between arguments ("*I Dinge*", I objects) and functions ("*II Dinge*," II objects). Objects which are both functions and arguments are "*I II Dinge.*" The primitive operations are $[x, y]$, the application of the function x to argument y, and $\langle x, y \rangle$, the ordered pair of x and y.[7] In this framework, sets (*Mengen*) and classes (*Bereiche*) are represented by functions (II objects) a which take only one of two possible values, A and B, which are fixed I objects: the corresponding class contains x iff $[a, x] = B$, or equivalently: $[a, x] \neq A$. Thus sets and classes, in von Neumann's system, are both II objects. The difference lies in whether they can themselves be elements of other classes (sets can be elements; classes cannot be). So in von Neumann's framework, the difference comes down to whether they can be *arguments*, i.e., I objects. Something that is both a function

---

[7][von Neumann, 1925] uses (x, y) for ordered pairs. For von Neumann's notations and definitions, see [von Neumann, 1928a].

and an argument is a I II object; so a set is a I II object that takes only A and B as values, and a proper class is a II object like this which isn't a I object.

The letter to Fraenkel sets out von Neumann's motivations for this approach. The first reason is that, according to von Neumann, an axiomatic set theory stands and falls with its ability to develop a theory of ordinals. But Zermelo's axioms are not enough to do this. Cantor's approach was to define ordinals as order types. This approach is not available to Zermelo, for, as von Neumann puts it,

> nothing guarantees [in Zermelo's set theory], that the "ordinal number" of a set that is not "too large" doesn't itself become "too large." After all, the only thing one knows about this ordinal number is that it is similar to a given set (and thus equivalent). From this one can only conclude that the ordinal number is not too large if one is in possession of its "replacement axiom."

The replacement axiom had been introduced independently by [Fraenkel, 1922] and [Skolem, 1923].[8] Briefly, it states that if X is a set and f is a function mapping the elements of X to sets, then "replacing" every element a of X by its value $f(a)$ results in a set. However, von Neumann continues,

> In Zermelo's axiomatics it is hardly possible to accommodate the replacement axiom. For the definition of "function" in Zermelo (set of all pairs $x, f(x)$) requires from the outset that the domain as well as the range are "not too large." The replacement axiom, which stipulates that the former implies the latter, would then indeed be superfluous, and not even expressible in its strongest form [*in voller Schärfe*]. One is therefore forced to introduce the notion of function with arbitrary domain in a different way, or independently. And I think the absolutely simplest

---

[8]For an in-depth discussion of the replacement axiom and its history, see [Kanamori, 2012].

way to do this is to assume the "function" with arbitrary domain *and* range from the outset.

Von Neumann's system, however, does not include the replacement axiom. Instead, it contains the central axiom IV 2:

IV 2 A II object a is not a I II object if and only if there is a II object b such that for every I object x there is a y with $[a, y] \neq A$, $[b, y] = x$.

Recall that I II objects correspond to sets, and II objects that aren't I II objects to proper classes. So this axiom roughly says that a is a proper class iff there is a function b such that, for any x whatsoever, there is some "element" y of a such that the value of b for argument y is x. In other words, proper classes are exactly those classes for which there is a surjective map to the universe.

This does not at all look like the replacement axiom, and from von Neumann's reply we can assume that Fraenkel had asked for a justification of axiom IV 2. Von Neumann provides it on pp. 3–5. First of all, he grants that one could replace it by axioms which more directly correspond to replacement and choice, namely:

IV 2* Let a, c be II objects, b a I II object. Suppose for every y such that $[a, y] \neq A$ there is an x such that $[b, x] \neq A$, $[c, x] = y$. Then a is also a I II object.

III 2* Let a be a II object. Then there is a II object b, so that whenever there is a y with $[a, \langle x, y \rangle] \neq A$, then $[b, x]$ is such a y.

Similar considerations can be found in the proof in [von Neumann, 1929, p. 230ff] that the system of [von Neumann, 1928a] is equiconsistent with the system S^*, which replaces axiom IV 2 by the above two.

However, what counts in favor of IV 2 are (1) that it is a clear definition of when a set is "too large," (2) it implies the axiom of choice in the strong form of having a global choice function, and (3) it allows the development of a theory of finite sets without the "infinite" axioms V 2 and V 3.

On p. 5, von Neumann compares axiom IV 2 with the separation axiom, which can be formulated in von Neumann's system as:

IV 2** Let a be a II object, and b a I II object. Suppose $[a,x] \neq A$ implies $[b,x] \neq A$. Then a is also a I II object.

This follows from axiom IV 2 (cf. [von Neumann, 1928a, p. 685]). Conversely, axiom IV 2 follows from IV 2** together with the requirement that the class Ω of all I objects has a well-ordering W in which all proper initial segments of Ω are sets.[9]

Von Neumann goes on to discuss some further aspects of parts I and II of the manuscript, namely:

1. a critique of axiom group V (about infinity),

2. the reasons for why equivalence (sameness of cardinality) is treated after similarity (sameness of order type),

3. the failure of the claim, made in the manuscript, that not only well-ordered sets but also well-ordered classes are pairwise comparable,

4. a proof sketch (missing in the manuscript) of the possibility of definition by transfinite induction (cf. §IX of [von Neumann, 1928a]).

On pp. 9–11 of the letter, von Neumann discusses part III of the manuscript, which apparently concerned methodological reflections on the purpose of an axiomatic development of set theory and a comparison with an "intuitionistic" development of the same, as well as the question of "relativity" of set-theoretic notions such as (un)countability in the sense of [Skolem, 1923].[10] Von Neumann first clarifies that his approach takes the logical notions as meaningfully given, whereas the notions of set, function, and choice are treated

---

[9]See [Kanamori, 2009] on the relationship between von Neumann's original axiomatization and that of Bernays, what is now known as the von Neumann-Bernays-Gödel (NBG) system.

[10]See [Jané, 2001] for discussion of Skolem's arguments.

axiomatically—these are the notions which are suspected of being "impredicative" and so objectionable from the standpoint of Brouwer and Weyl (cf. §1 of [von Neumann, 1925]). He states that set theory can be integrated into Hilbert's axiomatization of mathematics [Hilbert, 1923]. He also indicates agreement with [Skolem, 1923] insofar as the "countability of the system" does not conflict with the "axiomatic existence of uncountable sets." (He notes that he was not aware of Skolem's paper when composing the manuscript and thanks Fraenkel for drawing his attention to it.) He writes:

> As regards the "relativity," or as I put it, the "irreality" of cardinalities, I am in agreement with Skolem. However, I do not draw the same conclusions from it that he does: I believe, rather, that it provides a strong argument *against* intuitionism. One will never even come close to the concept of an uncountable continuum on an intuitionistic basis, since the actual world of ideas is countable. The continuum is essentially transfinite, impredicative, and can *only* be captured by the formalist method.

He continues to explain that, following Hilbert, such a formalist treatment of the uncountable requires a proof of consistency of the system. A consistency proof of the system containing logical implication, negation, identity, and choice is easily possible.[11] To deal with set theory, the notion of function must also be introduced, but for this system no consistency proof is as of yet available. He would attempt to provide such a consistency proof in [von Neumann, 1927].

Finally (pp. 11–13), von Neumann discusses the question of categoricity of the system and the relativity of cardinality and well-ordering. Here, he raises the same points as he does in more detail in §II of [von Neumann, 1925]: the axiom system does not settle whether there are I objects that are not I II objects and it does

---

[11]Here von Neumann presumably has in mind Hilbert's consistency proof of logic in the ε-calculus in [Hilbert, 1923]. See [Zach, 2003, Zach, 2004] on Hilbert's consistency proofs and the relation to [von Neumann, 1927], and [Bellotti, 2016] on von Neumann's consistency proof specifically.

not settle whether non-well-founded sets exist or not (e.g., sets that satisfy $a = \{a\}$).[12] These questions could be settled by additional axioms, but more importantly, the relativity of well-orderedness and finitude suggests that set theory is inherently non-categorical. Not only is there no maximal model, but there need not be a minimal model either. Before he gives a proof sketch of the relativity of well-orderedness, he writes:

> Following all this, I believe that set theory is incapable of being axiomatized categorically. Then, however, there is no categorical axiomatic system at all in the world (with the exception of finite systems). (Systems which seem to be categorical, such as mathematics, depend on set theory.) I am as of yet unsure of the scope and importance of this fact.

Von Neumann concludes the letter by mentioning that Schmidt had promised to publish the manuscript (after revisions which von Neumann considered necessary), in the *Mathematische Zeitschrift*. He mentions that the article would run to 40 printed pages, and asks Fraenkel if an earlier publication without these changes would be advisable, and if so, in what venue. Finally, von Neumann wonders if the theory of ordinals that he proposed is new.

In addition to the inherent interest of von Neumann's extensive discussion, which gives us a glimpse of the early development of von Neumann's theory, the letter also sheds light on the relationship between von Neumann's publications on set theory. It has been assumed that the manuscript is more or less identical to [von Neumann, 1928a]. However, that paper runs to 84 printed pages, over twice as long as the manuscript sent to Zermelo and Fraenkel. At least the proof of transfinite induction therein was not yet included in the manuscript. We also see that many topics dealt with in [von Neumann, 1925] (intuitive vs. axiomatic development of set theory, models of set theory, Skolem's paradox, categoricity), [von Neumann, 1927] (consistency

---

[12] Von Neumann identifies these as Mirimanoff's "ensembles extraordinaires," which establishes that he was familiar with [Mirimanoff, 1917] already in 1923.

proof of the notion of function), and [von Neumann, 1929] (relation between axiom IV 2 on the one hand, and replacement, separation, and choice on the other) were already on von Neumann's mind in 1923.

The second letter is dated 17 June 1927. At this point, von Neumann was just completing his semester-long visit to Göttingen after graduating in chemical engineering at the ETH in October 1926. He had also just submitted his application for *Habilitation* in mathematics at the University of Berlin on 26 April 1927.[13] Von Neumann provides a proof of the existence of the set M ($\{\omega, \wp(\omega), \wp(\wp(\omega)), \ldots\}$, in modern notation), answering a question by Fraenkel. This is exactly the set the existence of which does not follow from Zermelo's original axioms, and requires replacement, as Fraenkel had shown. However, the notion of "function" in [Fraenkel, 1926] does not suffice for this purpose, as [von Neumann, 1928b] shows. He therefore introduced an "extension of the notion of function," the necessity of which, he says, became clear to him in correspondence with Fraenkel (see [von Neumann, 1928b, p. 376]). This letter is most likely part of this correspondence, as the proof indicates how the extended notion of function suffices for the existence of M.[14] See also Fraenkel's reply to von Neumann's article [Fraenkel, 1928].

The next three letters are from 1935 and 1936. They concern the publication of [Fraenkel, 1937]. Fraenkel had apparently asked von Neumann if it could be published in the *Annals of Mathematics*, to which von Neumann agreed in the letter of 5 December 1936. The manuscript wasn't finished yet, as in his reply, von Neumann asked when Fraenkel would be able to send it. In the letter of 9 May 1936

---

[13] The *Habilitationsschrift* was entitled "Der axiomatische Aufbau der Mengenlehre," very likely a version of [von Neumann, 1928a]. There apparently was concern that the contents of this work (the version submitted is not preserved), was too close to von Neumann's 1925 dissertation at the University of Budapest, and he ultimately replaced it with a paper on operator theory. See [Hashagen, 2006a, Hashagen, 2010].

[14] [von Neumann, 1928b] was received by the publisher three months prior. We may thus suppose that Fraenkel reviewed the paper for the *Mathematische Annalen*, or that von Neumann sent Fraenkel the paper for comments. Thanks to Aki Kanamori for clarification of the context of this letter.

(sent while von Neumann was travelling across the Atlantic), he acknowledges receipt of the manuscript and proposes an extension of a result in it. He also tells Fraenkel about the new *Journal of Symbolic Logic*, to be edited by Alonzo Church. This new journal should become a first-rate venue for work in mathematical foundations, and he wonders whether Fraenkel would agree to have his article published there rather than in the *Annals*. Fraenkel agreed, and in the final reply of late May 1936, von Neumann indicates that Church will be especially grateful and hopes to meet Fraenkel again soon, perhaps in Jerusalem.

In the final letter of 13 November 1951, von Neumann (or presumably his secretary, as the letter is in English) indicates that he would be available to meet in Princeton on November 28 or 29.

A Appendix: transcriptions of the letters

In what follows, we present transcriptions of the surviving letters from Gödel and von Neumann to Fraenkel. Editorial interpolations and insertions are indicated by [[text]]. Page breaks and pagination is indicated by $|^n$. Text that the author has deleted (struck through) is indicated by ⟨⟨text⟩⟩. Underlining is rendered in *italics*. Footnotes indicated by asterisks in the original are here numbered consecutively. Handwritten letters are indicated by "ms," typed letters by "ts." With few exceptions, we have not corrected von Neumann's idiosyncratic, somewhat archaic spelling.

A.1 Fragment of a letter from Gödel to Fraenkel, c. late 1931, ms

[[The first two pages are missing; the first extant page is labeled as p. 3.]]

Indem man derartige Sätze mehrmals hintereinander verwendet, kann man in der Reihe der Ord[[inal]]-Zahlen immer höher hinaufgelangen. — ⟨⟨Eines⟩⟩ Als Hauptbeweismittel wird der Begriff der „Typenmenge"¹⁵ verwendet. Darunter wird verstanden die Menge derjenigen Elemente einer Menge M von Ord〚inal〛-Zahlen, welche gleich sind dem Ordungstypus der in M vorangehenden Elemente. Die Reihe der successiven „Typenmengen" kann natürlich durch Durchschnittsbildung in's Transfinite fortgesetzt warden. Fehler in den Beweisen sind mir nicht aufgefallen, doch wird vielfach Bekanntes bewiesen.

Die Arbeit von Herbrand in letzten Crelle-Heft 〚Herbrand, 1931〛 habe ich ⟨⟨bewiesen⟩⟩ gelesen und stimme in allen wesentlichen Punkten (d.h. in allem, was bewiesen u. nicht bloß vermutet wird) mit ihm überein. Der Widerspr〚uchsfreiheits〛-Beweis für das arithmetische System in §3 steht ja im wesentlichen schon in den „Thèses" 〚Herbrand, 1930〛. Dieses System enthält übrigens keineswegs alle Schlußweisen der |⁴ klassischen Arithmetik oder des Weylschen „Kontinuum" 〚Weyl, 1918〛, denn die vollständige Induktion darf darin nur auf rekursiv definierte (daher entscheidbare) Eigenschaften angewendet werden.¹⁶ Daß der Herbrandsche Wid〚erspruchsfreiheits〛-Beweis nicht mit meinem Resultat in Widerspruch steht hat ja Herbrand selbst (Seite 7 u. 8) auseinandergesetzt. Er ist eben *niemals* in demselben System, dessen Widerspruchsfreiheit er beweist, formaliserbar [auch nicht in dem Fall, wo man ihn auf das *ganze* in §2 beschriebene System anwendet], obwohl er intuitionistisch einwandfrei ist. ⟨⟨Der⟩⟩ Hilbert u. seinen Schülern kommt es natürlich gar nicht auf Formalisierbarkeit ihrer ⟨⟨Beweise⟩⟩ Widerspr〚uchsfreiheits〛-Beweise in irgendwelchen Systemen an, sondern nur darauf, daß sie „finit" sind, wobei der Terminus „finit" wohl anschaulich einen ziemlich deutlichen Sinn hat, aber keine präzise Definition. Eine solche Definition ist sogar prinzipiell |⁵ unmöglich, worin ich mit den Intuitionisten und Herbrand (vgl. S. 8) völlig einer Meinung bin. Trotz dieser zugegebenen „Uferlosigkeit" der finiten Beweise ⟨⟨glaubt⟩⟩ vermutet Herbrand (und soviel ich weiß auch v. Neumann), daß *alle* finiten Beweise schon im Axiomsystem der klassischen Analysis formalisiert werden können, und halten daher auf Grund meines Resultats die Undurchführbarkeit des

---

¹⁵in der üblichen Ausdruckweise = Menge der kritischen Stellen einer Normalfunktion

¹⁶Vgl. Seite 5, §3 (gesperrter Satz)

Hilbertschen Programms für bewiesen. Mir scheint dies nur insofern richtig, als *die* Beweismittel, mit welchen die formalistische Schule bisher den Widerspruchfreiheitsbeweis zu führen suchte, für diesen Zweck sicher *nicht* ausreichen; im übrigen scheint mir die Herbrandsche Vermutung (die er sogar als neues logisches Postulat vorschlägt) durchaus unbegründet und schon ihren Sinn halte ich wegen des Fehlens einer exakten Definition für den Be|[6]griff des finiten Beweises für einigermaßen problematisch (Nebenbei: Man kann nicht etwa das arithm. Axiomsystem in §2 als eine Definition für den Begriff „finiter Beweis" ansehen, denn der zu definierende Terminus wird ja bei Aufstellung der Axiome selbst wieder verwendet—in Gruppe C und D).

Sollten Sie, sehr geehrter Herr Professor, mit Herrn v. Neumann über die Frage der Wid-Beweise korrespondiert haben, so wäre ich Ihnen für eine gelegentliche Mitteilung seiner Ansicht sehr dankbar.

Mit vorzüglicher Hochachtung

    Ihr ergebener   Kurt Gödel

Wien VIII Josefstädterstr. 43

A.2 Fragment of a letter from Gödel to Fraenkel, c. 1932, ms

[The fragment consists of two sides of one sheet of paper. Only the middle of the sheet remains; the top and bottom 5 cm (approx.) are cut off. The first side contains:]

[...] ich Ihrem Wunsche entsprechend nach 14 Tagen zurücksenden und erwarte mir bis dahin die Angabe Ihrer Adresse.

Zwischen meiner und der Presburgerschen Arbeit „Über die Vollständigkeit eines gewissen Systems..." [Presburger, 1930] besteht nicht der geringste Gegensatz. Denn in dem Presb. System ist Addition der einzige arithm. Grundbegriff und es läßt sich daraus innerhalb des Systems die [...]

[The first paragraph above is struck out diagonally in red pencil; the second one in is struck out in black pencil, and highlighted by a vertical line in red pencil in the left margin.

The second side reads:]

[...Inkong?]gruenzen angeben kann—Bei dieser Gelegenheit möchte ich noch bemerken, daß Zermelo im Jahresbericht Bd 41, 2. Abt. S. 87 [Zermelo, 1932] völlig unzutreffende Behauptungen über meine Arbeit aufgestellt hat, worauf ich noch im Jahresbericht zurückzukommen hoffe.

Nochmals vielen Dank und die besten Grüße

Ihr ergebener   Kurt Gödel

[Fraenkel placed an exclamation mark in red pencil in the right margin, next to "völlig unzutreffende."]

A.3 Gödel to Fraenkel, 26 January 1958, ts

Princeton, Jan. 26, 1958.

Sehr geehrter Herr Kollege:

In Beantwortung Ihrer beiden Briefe vom 12. Dez. und 2. Jan. möchte ich Ihnen folgendes mitteilen:

Dr. Michael Rabin ist mir durch seine Dissertation und mehrere Gespräche, die ich mit ihm über logische Frage hatte, bekannt. Das genügt natürlich nicht, um mir in allen Punkten eine Meinung über seine Eignung für eine Stellung als Assistent [sic] Professor zu bilden. Aber ich kann jedenfalls das folgende sagen:

Dr. Rabin ist zweifellos ein ausserordentlich befähigter Logiker. Seine Dissertation enthält sehr interessante Ergebnisse. Sie beweist ein allgemeines Theorem von grossem Interesse auf eine überraschend einfache und höchst elegante Weise. Uber seine Befähigung als Lehrer kann ich nichts aus eigener Anschauung sagen. Ich glaube aber aus seiner analytischen Begabung und der grossen Klarheit seines Denkens schliessen zu können, dass er ein ausgezeichneter Lehrer ist. Für seine Eignung zur Zusammenarbeit mit andern liegen ebenfalls klare Beweise vor.

Was Herrn Azriel Levy betrifft, so habe ich aus den mir zugesandten Manuskripten ebenfalls einen sehr günstigen Eindruck von seinem Fähigkeiten gewonnen. Bezüglich einer Stellung am Institut für 1958/59 sind die Aussichten leider sehr ungünstig, da über Stipendien an Ausländer im wesentlichen bereits vor Weihnachten entschieden wurde und unter den bisher nicht befriedigten Antragstellern sich sogar solche mit wichtigen originelle Leistungen befinden. Ich werde mir aber jedenfalls Herrn Levy's Namen vormerken für den, allerdings unwahrscheinlichen, Fall, dass sich im Laufe der $|^2$ nächsten Wochen doch irgend eine Möglichkeit ergeben sollte.

Mit besten Empfehlungen

    Ihr

        Kurt Gödel

A.4 Gödel to Fraenkel, 12 May 1958, ms

Princeton, 12./V.1958

Sehr geehrter Herr Professor Fraenkel!

Es tut mir leid, dass es heuer nicht möglich war, rechzeitig ein Stipendium des Instituts für Herrn Levy zu erwirken. Es sind vor kurzem unerwarteter Weise Geldbeträge verfügbar geworden, die für Herrn Levy reserviert wurden, aber Prof. Dvoretzky teilte mir mit, dass Herr Levy bereits andere Verfügungen getroffen hat u. daher nicht in der Lage wäre, eine Stellung am Institut for Advanced Study anzunehmen.

Ich hoffe, dass es möglich sein wird, das Stipendium für 1959/1960 zu erneuen; es ist jedoch dazu eine neue Entscheidung der Fakultät erforderlich.

Mit besten Grüssen

    Ihr   Kurt Gödel

A.5 Gödel to Fraenkel, 21 November 1958, ms

[On letterhead: Institute for Advanced Study
Princeton, New Jersey
School of Mathematics]

Princeton, 21./XI. 1958

Lieber Professor Fränkel!

Besten Dank für Ihren Brief. Ich würde mich sehr freuen, Sie in Princeton zu sehen. Da ich fast nie beim Institutstee anwesend bin, wäre es vielleicht am besten, wenn wir die Zeit telephonisch vereinbaren. Die Tel. No. meiner Wohnung ist: WA 4–0569

Mit besten Grüssen

Ihr   Kurt Gödel

A.6 von Neumann to Fraenkel, 26 October 1923, ms

Zürich, den 26. X. 1923

Sehr geehrter Herr Professor!

Ich habe Ihren w[ehrten] Brief und Ihre Arbeit soeben erhalten. Entschuldigen Sie, daß Ich erst jetzt antworte, aber dieselben mußten mir erst von Budapest hierher nachgeschickt werden.— Ich bin Ihnen für Ihr Interesse an der Sache und ihrer Kritik sehr dankbar, und möchte jetzt meinen Standpunkt auseinandersetzen. Das kann ich nach Ihrer Antwort genauer und vollständiger tun, als es in meinem ersten Briefe möglich war.

Ich glaube, daß ich nicht übertreibe, wenn ich behaupte, daß der wesentliche Teil der ganzen Mengenlehre, an dem sich die Brauchbarkeit einer Methode zeigt, die Theorie der Ordnungszahlen ist. (Mitinbegriffen die Alephs.) Man verlangt wohl in erster Reihe von einer (formalistisch-axiomatischen) Mengenlehre, daß sie

1., aus allen gleichmächtigen (bzw. ähnlich-wohlgeordneten) Mengen eine representative auswählen soll, und zwar auf axiomatisch einwandfreiem Wege;

2., daß die „Vergleichbarkeit" nachgewiesen werde.

Daß ist aber eben die Leistung einer „Ordnungszahlen Theorie." Nun ist aber die Zermelosche Axiomatik zur Herstellung des Ordnungszahlenbegriffes unbrauchbar. Denn nichts garantirt in ihr, daß die „Ordnungszahl" einer „nicht zu großen" Menge nicht „zu groß" wird. Man weiß ja von dieser Ordnungszahl eigentlich nur, daß sie einer gegebenen Menge ähnlich (also gleichmächtig) ist. Hieraus kann man aber nur dann folgern, daß |² die Ordnungszahl nicht zu groß ist, wenn man im Besitze Ihres „Ersetzungs-Axioms" ist. Ich war infolgedessen stets davon überzeugt, daß dasselbe für die formalistische Mengenlehre unbedingt notwendig ist.[17]—

Ferner glaube ich, daß das Ers. Ax. ziemlich unbedenklich ist. Sicherlich ist es unbedenklich in der Richtung der Richard'schen Antinomie.— Natürlich wäre es falsch, ohne Rücksicht auf die Definitität, ⟨⟨nur⟩⟩ es nur auf die Mächtigkeit (die tatsächliche, nicht die axiomatische) ankommen zu lassen. Da letzten Endes doch alles abzählbar ist, wäre das widerspruchsvoll. (D.h., man würde die Richard'sche Antinomie bekommen.)

Aber ich fordere (wie es auch Skolem betonte) viel weniger: die „Ersetzung" der Elemente einer Menge muß auf definite Art und Weise (durch eine Operation $y = [cx]$, c ein II Ding) erfolgen. Es kommt also nicht nur roh auf den Umfang an: der definite Character bleibt unbedingt gewahrt.—

In der Zermeloschen Axiomatik ist es jedoch kaum möglich das Ers. Ax. unter zu bringen. Den[n] die Definition der „Function" bei

---

[17]Um so mehr überrascht und interessirt es mich, daß Sie es für provisorisch halten. Ich wäre Ihnen sehr dankbar, wenn Sie mir mitteilen wollen, wie Sie es zu ersetzen gedenken? Daß man etwa noch die Existenz des $\aleph_\alpha$ für jedes α auf anderem Wege auch sichern könnte, kann ich mir noch vorstellen. Es würde mich aber sehr interessiren, ob auch der Begriff der Ordnungszahl vom Ers. Ax. frei zu machen ist? Ich glaube kaum, daß das möglich ist. Höchstens wenn Sie die Möglichkeit der allgemeinen Definition durch *transfinite* Induction [sic] postuliren.

Zermelo (Menge aller Paare $x, f(x)$) setzt ab ovo voraus, daß sowohl der Argument- wie der Wertevorrat „nicht zu groß" ist. Das |³ Ers. Ax., welches fordert, daß aus dem ersteren das letztere folge, wäre da in der Tat überflüssig, und in seiner vollen Schärfe garnicht ausdrückbar.

So wird man gezwungen, die Function mit *beliebigem* Wertevorrat auf andere Art, oder unabhängig einzuführen. Und ich glaube, daß es dann am allereinfachsten ist, sofort von der „Function" mit beliebigem Argument- *und* Wertevorrat aus zu gehen.

Davon abgesehen kann ich zur Motivirung de⟦s⟧ primären Characters der Function anführen, daß man beim formuliren des „Aussonderungs-Axioms" doch auf die Function (mit beliebigem Wertevorrat) angewiesen ist. Durch das Ausgehen aus der Function, erspart man sich hier eine weitgehende Complication.

Ich habe versucht die Gründe auseinander zu setzen, die mich veranlaßt haben, das Ers. Ax. in die Axiomatik (explicit oder implicit) auf zu nehmen. Das ist freilich noch keine Motivirung für das Axiom IV 2. Man könnte statt IV 2 einfach das Ers. Ax. fordern, d.h. (mit meinen Bezeichnungen):

IV 2* a, c seien II Dinge, b ein I II Ding. Es gebe zu jedem y mit $[ay] \neq A$ ein x mit $[bx] \neq A$, $[cx] = y$.
Dann ist auch a ein I II Ding.

Ich gebe zu, daß mit diesem Satz alles erreicht werden kann, was die Mengenlehre braucht, bis auf die Auswahl. Dieselbe ließe sich, ziemlich einfach, erreichen, wenn man III 2, 3 durch

III 2* a sei ein II Ding. Dann gibt es ein II Ding b, so daß man immer, wenn ein y mit $[a\langle xy\rangle] \neq A$ existiert, $[bx]$ ein solches y ist. |⁴

ersetzte. Ich gebe zu, daß mit diesem System wirklich alles erreicht werden kann, was in Frage kommt (während IV 2 daraus nicht folgt). Und dabei würde der Auswahl ihre Sonderstellung erhalten bleiben.—

Trotzdem glaube ich einen Schritt über das unumgänglich notwendige hinaus tun zu dürfen. Der Grund ist allerdings sehr subiectiv: mir imponirt die gewaltige Leistungsfähigkeit dieses Axioms. Denn

1., Es sagt klipp und klar aus, wann eine Menge „zu groß" wird.

2., Es liefert ohne weiteres die Auswahl.

3., Und schließlich schafft es eine[n] (so glaube ich) großen Schönheitsfehler der Mengenlehre weg: daß nähmlich zur Begründung der Theorie der *endlichen* Mengen gewöhnlich die spezifisch „*unendlichen*" Axiome IV 2, 3 [axioms V 2, 3 are evidently meant here; see below] herangezogen werden müßen. (Um nämlich zu beweisen, daß Mengen wie (a), (a, b), (a, b, c) nicht „zu groß" sind.)

Man kann dieses Axiom IV 2 auch so darstellen:
Ersetzen wir IV 2 durch das mindestmögliche an dieser Stelle, das Aussonderungs Axiom. Es würde so lauten:

IV 2** a sei ein II Ding, b ein I II Ding. Aus $[ax] \neq A$ folge $[bx] \neq A$. Dann ist auch a ein I II Ding.

Man kann dann den folgenden Satz beweisen (genau so wie die Russel[l]'sche Antinomie):

Ein II Ding a ist sicherlich kein I II Ding, wenn es |⁵ ein II Ding gibt, so daß zu jedem y ein x mit $[ax] \neq A$, $[bx] = y$ existirt.

IV 2 fordert nun, daß auch die Umkehrung richtig sei, daß diese hinreichende Bedingung auch notwendig sei. D.h.: daß *möglichst viele* Bereiche Mengen seien.—

IV 2* (das Ers. Ax.) kann man folgendermaßen zu IV 2 ergänzen (wobei die Auswahl, d.h. III 2* nicht vorausgesetzt wird):

Es soll eine Wohlordnung W des Bereichs der I Dinge Ω geben, bei der *alle* echten Abschnitte von Ω Mengen (nicht nur Bereiche) sind.

Dies folgt aus IV 2 (auf Seite 39, oben: man wähle W so, daß $\Omega, W \approx \Omega^{**}, \overline{\Sigma}(\Omega^{**})$ wird). Aber umgekehrt ergibt das mit IV 2* das Axiom IV 2.

Ich glaube daß die Axiomen Gruppe V (Unendlichkeits Axiome) ein großer Schönheitsfehler des ganzen Systems ist. Sie sind aus dem Zermeloschen System übernommen und sehr complicirt. Ihre Bedeutung (besonders V 2 3) ist mir absolut unkar. Sie sind aber notwendig, um

1., die Existenz der unendlichen Ordnungszahl ω zu zeigen,

2., um zu zeigen, daß der Bereich aller Alephs, Γ, keine Menge, also „zu groß" ist.

Dies auf andere Art zu sichern, ist mir noch nicht gelungen. Es wäre aber sehr erwünscht, denn vielleicht ist die Quelle der Schwierigkeiten des *Continuum-Problems* hier.

Der Grund, die Aequivalenz *nach* der Ähnlichkeit zu behan|[6]deln, ist der: man braucht schon für die einfachsten Sätze der Aequivalenz (Definition der Alephs, Vergleichbarkeit, Aleph-Operationen) die ganze Theorie der Ordnungszahlen und den Wohlordnungssatz.

Umgekehrt setzt die Theorie der Wohlordnung nichts über die Aequivalenz voraus. Es wäre unschön das ganze Kapitel II zwischen den Bernsteinschen Satz und die Vergleichbarkeit einzuschieben. (Bei der gegenwärtigen Anordnung geht man immer mehr und mehr vom Allgemeinen aufs Spezielle über.)

Der Begriff der Ordnungszahl ist eben (wenigstens in meiner Darstellung) das wesentliche, alles andere ist secundär.

Ich möchte die Gelegenheit benützen, um einen Irrtum in meinem Aufsatz zu corrigieren. Auf Seite 39 unten behaupte ich, daß die Vergleichbarkeit von wohlgeordneten Bereichen sich auch dann nachweisen läßt, wenn dieselben keine Mengen mehr sich („zu groß" sind). Der Beweis wäre ohne Ordnungszahlen zu führen, etwa indem man je zwei Elemente mit ähnlichen Abschnitten einander zuordnet.

Das ist falsch. Alle Methoden versagen daran, daß auch die echten Abschnitte keine Mengen mehr zu sein brauchen. (Es ist unmöglich die Existenz eines II Ding c das die Abschnitte von x und y aufeinander ähnlich abbildet als Function von x, y aus zu drücken. Denn c braucht kein I Ding zu sein.)

Das ist wohl ein weiterer Beleg dafür, daß nicht die Wohlordnung, sondern die Ordnungszahl der zentrale Begriff ist: |[7] wenn die Ordnungszahl fehlt, hat der wohlgeordnete Bereich gar nichts mehr vor den übrigen voraus.

In dem Teile II fehlt der Beweis eines Satzes, der auch hierher gehört, um so mehr als er vielfach für selbstverständlich gehalten wird. Es ist die Möglichkeit der Definition durch transfinite Induction. In der weitesten Fassung lautet er so:

> a sei ein II Ding. Es gibt dann ein II Ding b, und nur eins, mit den folgenden Eigenschaften:
>
> 1., Es ist $[bx] = A$, wenn nicht x O⟦rdnungs⟧Z⟦ahl⟧ ist.
> 2., Es ist $[bx] = [a\langle x\,|[bx]|\rangle]$, wenn x O⟦rdnungs⟧Z⟦ahl⟧ ist.

Der Beweis ist dem Beweis der Existenz der Ordnungszahlen weitgehend analog. (Dort ist a sehr einfach gewählt: es ist stets $[a\langle xy\rangle] = y$. Die Allgemeinheit a-s muß hier berücksichtigt werden. Vereinfachungen hat man hierbei, weil der Begriff der Ordnungszahl schon vorhanden ist.)

Das ist es ungefähr, was ich über die Teile I, II sagen kann. Ich will nun auf den Teil III übergehen.—

Das Verhähltnis dieser axiomatischen Mengentheorie zum „Intuitionismus" wird in diesem Teil III so gedacht:

Wir befinden uns in einem Bereiche (Bereich soll von nun an nicht mehr den ⟪Sinn⟫ axiomatischen Sinn habe, es ist einfach der naïve Collectivbegriff), dem die I und II Dinge angehören. In ihm sind die elementaren Operationen der Logik:

> logisches Schließen, Negation, Gleichheit, Begriffe „alle" |[8]
> und „es gibt"

schon sinnvoll festgelegt, und diese werden auch nicht mehr analysirt werden; demgegenüber fehlen noch vollständig die der „Imprädikativität" verdächtigen Begriffe der

Menge, Function, Auswahl.

Diese sollen axiomatisirt werden.

Dieser Bereich ist also nicht ganz „intuitionistisch", wie etwa diejenigen aus denen Brouwer oder Hilbert vorgehen. Er entspricht vielmehr dem ersten, weniger radikalen, Standpunkte Weyl's, und ist von ihm in seinem Buche „Das Kontinuum" wohl zuerst *genau* beschrieben worden.—

Ich weiß, daß das ein halber und überholter Standpunkt ist: um die Mengenlehre zu reconstruiren, muß man sich, wie Hilbert, rückhaltlost auf den Boden des intransingentesten Brouwerschen Intuitionismus stellen. (Solange man „inhaltlich schließt".) Da es mir aber nicht auf den Nachweis der Widerspruchsfreiheit ankommt, sondern nur darauf, überhaupt anzugeben, was die formalistische Mengenlehre ist, tue ich es lieber nicht.

Die Axiome lassen sich in einem solchen halb-intuitionistischen Bereich (wie i⟦h⟧n auch Zermelo benützt hat) viel leichter formuliren. Außerdem kann man ⟨⟨dieses System⟩⟩ diesen Bereich (Logik ohne Collectivbegriffe) leicht im Sinne des Hilbertschen Verfahrens herstellen, und seine Widerspruchsfreiheit nach|⁹weisen. (Hilbert, Logische Grundlagen der Mathematik, Math. ⟨⟨Zeits.⟩⟩ Annalen Bd. 88 [[Hilbert, 1923]]. Hier kommen in Frage: Axiome I 1–4, II 5–6, III 7–8, V 11.) Man hat dann die wesentliche Frage, das Mengenlehren-Axiomensystem isolirt.—

Man kann übrigens auch das ganze direct in das Hilbertsche System eingliedern. Einige ⟨⟨kleine⟩⟩ Abweichungen von der ursprünglichen Form treten dabei auf.

Die Abzählbarkeit des Systems steht zur Existenz von (axiomatisch) unabzählbaren Mengen in keinem Widerspruch. Wie es auch

Skolem bemerkt hat, bedeutet die axiomatische Unabzählbarkeit gar nicht die tatsächliche Unabzählbarkeit.—

Ich möchte hier das folgende bemerken: beim Abfassen des Aufsatzes war mir die Skolemsche Arbeit noch nicht bekannt. Ich habe eine überflüssige Complication beim Beweise der ⟪Un⟫ Abzählbarkeit eingeführt (beim Axiom V 1): darum konnte ich bloß nachweisen, daß der Bereich (naïv) nur der I und II Dinge dem ω (tatsächlich) aequivalent ist. Nach dem ich die Skolemsche Arbeit eingesehen hatte (ich bin Herrn Professor sehr dankbar dafür, mich auf dieselbe verwiesen zu haben), constatirte ich dies. Man kann, wie ich nachher sah, mit denselben Mitteln auch *direct* die Aequivalenz mit der „*Folge*" $0, F(0), F(F(0)), F(F(F(0))), \ldots$ (also $1, 2, 3, \ldots$; das ist ein⟪e⟫ *Teil*⟪menge⟫ von ω, eventuell ein⟪e⟫ echter) nachweisen. Man behandelt nur dazu das Axiom V 1 ebenso wie die übrigen Axiome (etwa wie III 2, 3 oder IV 2).

Bezüglich der „Relativität", oder wie ich sagte „Scheinbar|[10]keit" der Mächtigkeiten stehe ich ganz auf Skolems Standpunkt. Allerdings ohne dieselbe Consequenzen hieraus zu ziehen wie er: ich glaube vielmehr, daß das ein schweres Argument *gegen* den Intuitionismus ist. Nie wird man auf Intuitionistischer Basis dem Begriff des unabzählbaren Continuums auch nur nahe kommen können, denn die wirkliche Ideenwelt ist abzählbar. Das Continuum ist in seinem Wesen transfinit, imprädikativ, und *nur* für die formalistische Methode faßbar.

Ich bin, wie aus dem obigen hervorgeht bezüglich der Imprädikativität alles unabzählbaren vollkommen Ihrer Meinung. Man kommt mit der intuitionistischen Methode nicht durch: man muß sozusagen den formalistischen Apparat (wie ihn Hilbert andeutet) zwischen das unmittelbare („inhaltliche", intuitionistische) Schließen und die Mengenlehre bzw. Mathematik einschieben.—

Und das ist nur zulässig, wenn der Apparat widerspruchsfrei ist. Es ist nun leicht nach zu weisen, daß dies der Fall ist, solange [n]ur das Folgern,[18] die Negation, die Identität, die Auswahl[19] darin vorkommt.

Will man aber die Mengenlehre erhalten, so muß man die Function[20] |[11] mit den entsprechenden Axiomen einführen. (Meine Axiomatik z.B. läßt sich leicht so umformen. Die Teile II, III, IV 1 fallen automatisch weg.) Die Widerspruchslosigkeit für *diesen* Formalismus ist aber noch nicht nachgewiesen.—

Ich wei[ß] nicht einmal, ob Hilbert diesen Weg eingeschlagen hat. Vielleicht will er die Mengenlehre „stufenweise" herstellen. Ich glaube daß diese „Umgehung der Imprädikabilität" kaum möglich sein wird. Russel[l]s Fiasko beweist es.

Allenfalls fehlt hier, wo die formalistische Mengenlehre anhebt, ein Widerspruchsfreiheitsbeweis. Diese Lücke ist aber wohl das, was man als „Imprädikabilität" zu bezeichnen pflegt.

Zum Schluße möchte ich noch drei Bemerkungen machen.—

Das Axiomensystem ist *nicht* kategorisch. Das ist ja klar, ich fordere nicht einmal, daß alles Function sei. Noch weniger sind Mengen mit Eigenschaften wie $a = (a)$, $a = (((a)))$, $a = (a((a)))$, etc. ausgeschlossen. (Das sind wohl die „Ensembles extraordinaires" des Herrn Mirimanoff?) Allein *nicht das* ist das Wesentliche.

Denn man kann leicht das System so einengen, daß ⟨⟨jede⟩⟩

1., alle I Dinge auch I II Dinge sind,

---

[18]Das Folgern, $a \to b$, ist vom Schließen, $\dfrac{a}{\quad a \to b \quad}{b}$, streng zu unterscheiden!

[19]Die ganz allgemeine Auswahl ist auch unbedenklich, solange das wa[h]re Imprädikative Element, die *Function*, fehlt. Man kann die Widerspruchsfreiheit solange leicht nachweisen.

[20]Hilbert verwirrt den Tatbestand ziemlich, indem er einen neuen Begriff, die Prädikate $A(a)$, einführt. Man vermeidet dieselben besser, in dem man bei den gewöhnlichen Ausdrücken a bleibt, und die Substitution einer Variabeln, $\mathrm{Subst}(^b_x)a$, definirt. Etwas Vorsicht ist geboten, eine Variable kann, z.B. wegen der Auswahl ev. nicht „frei" sein.)

Die „Function" wären zwei Operationen f, ϕ derart, daß $\mathrm{Subst}(^b_x)a = \phi(f_{a,x}, b)$ Axiom ist. (Allgemein führt das freilich zur Russel[l]schen Antinomie. Man muß eben wieder einschränken.)

2., keine „Absteigende Functionen-Folge" existirt (wie bei Skolem), d.h.: Es gibt kein II Ding a, so daß für jede N⟦aturliche⟧Z⟦ahl⟧ p $[aF(p)]$ einem x oder einem $[[ap]x]$ mit $[[ap]x] \neq A$ gleich ist.[21] |[12]

Hierdurch hätte man erreicht, daß jede Function in einer wohlgeordneten Reihe von Schritten aus 0 und (0)[22] aufgebaut werden kann. Die vorhin angeführten barokken Mengenbildungen würden wegfallen.—

Trotzdem hilft das alles nichts; das System ist noch immer nicht kategorisch. Der Grund mag in dem „relativen" Character der Wohlordnung liegen.

Nach alledem glaube ich, daß sich die Mengenlehre gar nicht kategorisch axiomatisiren läßt. Dann gibt es aber (von endlichen Systemen abgesehen) überhaupt keine kategorische Axiomatik auf der Welt. (Scheinbar kategorische, wie z.B. die Mathematik, sind von der Mengenlehre abhängig.) Über die Tragweite und die Bedeutung dieser Tatsache kann ich mir zunächst gar keinen Begriff machen.—

Übrigens braucht es auch keine „kleinsten" Systeme zu geben. D.h.: ich kann nicht die Existenz eines Systems nachweisen, welches meinen Axiomen genügte, während keines ⟪ihrer T⟫ seiner Teilsysteme diesen genügt. (Bei unverändertem Beibehalten von A, B, $[x,y]$, $\langle x,y \rangle$, siehe Seite 48.)

Der Begriff der Wohlordnung, oder spezieller der der Endlichkeit ist relativ. D.h.:

Es sei ein Complex $\mathfrak{A}$ von Dingen gegeben. Σ sei ein den Axiomen genügendes System. Wenn nun

---

[21] Bei Skolem würde es lauten: ..., so daß für jede NZ p $[aF(p)]$ ein Element von $[ap]$ ist. Also: daß $[aF(p)]$ gleich einem x mit $[[ap]x] \neq A$ ist.—Das wäre bei *Mengen* so. Bei Functionen muß ausser x auch $[bx]$ in Betracht genommen werden.—
Der Satz gilt nur mit gewissen Beschränkungen, vgl. folgende Note.

[22] Man könnte noch leicht $A = 0$, $B = (0)$ erreichen. Hierauf will ich nicht eingehen. Dann währen 0, (0) characterisirt durch das folgende:

0 is ein a, so daß stets $[ax] = a$ ist.
(0) is ein b, so daß $[ba] = b$, und sonst $[bx] = a$ ist.

Diese beiden sind also auf nichts früheres zurückführbar.

1., alle Elemente von $\mathfrak{A}$ I Dinge in Σ sind,

2., ⟨⟨ein II Ding $\mathfrak{A}_\Sigma$⟩⟩ ein Bereich in Σ, $\mathfrak{A}_\Sigma$, existirt, dessen Elemente mit denen von $|^{13}$ $\mathfrak{A}$ identisch sind,

so heiße $\mathfrak{A}$ zu Σ gehörig.

Wenn nun $\mathfrak{A}$ ein beliebiges Complex ist, so kann es mehrere Systeme Σ', Σ'', Σ''', ... geben, zu denen $\mathfrak{A}$ gehört. Wenn $\mathfrak{A}$ endlich ist (naïv) so sind die $\mathfrak{A}_{\Sigma'}$, $\mathfrak{A}_{\Sigma''}$, $\mathfrak{A}_{\Sigma'''}$, ... (axiomatisch in bzw. Σ', Σ'', Σ''', ...) auch endlich.—

Die Umkehrung gilt aber nicht.

So kann für dasselbe $\mathfrak{A}$ in einem Σ das $\mathfrak{A}_\Sigma$ endlich sein, und in einem anderen unendlich. (Dabei muß es tatsächlich unendlich sein.)

So ist es denkbar, daß $\mathfrak{A}_\Sigma$ in Σ zwar unendlich ist, aber im Teil-Systeme Σ' von Σ endlich erscheint. D.h.: beim *verfeinern* des Systems Σ' zu Σ stellt es sich von *scheinbar* endlichen $\mathfrak{A}$ heraus, daß ⟨⟨es unendlich ist⟩⟩ sie unendlich sind.—

Wenn man nun nicht gerade zu intuitionistisch ist, so kann man fragen:

Gibt es ein „ideales" System, so daß es sich bei keiner weiteren Verfeinerung mehr von endlichen Mengen herausstellen kann, daß sie unendlich sind?

Oder ist jedes System, wie man es auch wählt, verfeinerungsfähig, derart, daß man endliche Mengen als unendlich erkennt?

D.h.:

Entspricht wenigstens dem anschaulichen Begriff der Endlichkeit etwas formales? Oder is das „unendliche" nach unten hin ebenso relativ und verschwommen begrenzt, wie wir es nach oben bereits wissen? — Ich glaube, obzwar mir der Beweis fehlt, daß das letztere $|^{14}$ der Fall ist. Wenn sich das nachweisen ließe, so wäre es ein vernichtendes Argument *gegen* den vom Intuitionismus verfochtenen anschaulichen Character der finiten Induction und der positiven ganzen Zahl.

Ich habe in den bisherigen Zeilen meine Ansicht über die formalistische Mengenlehre und ihre Axiomatisirung zu entwickeln versucht.

Ich wäre Herrn Professor sehr dankbar, wenn Sie mir Ihre Ansicht darüber mitteilen würden.—

Die Publikation der Arbeit ist mir von Herrn Professor Erhard Schmidt im Sommer in Berlin versprochen worden. Und zwar im vollen Umfange (ca. 40 Druckseiten) in der Math⟦ematischen⟧ Zeitschrift. Ehe ich veröffentliche, möchte ich die Arbeit noch einmal umstylisiren und einige Änderungen, die notwendig sind, vornehmen. Ich hoffe das bis Mitte November zu erledigen. Halten Herr Professor eine vorläufige Publication auch so für zweckmässig? Ich wäre dazu gerne bereit. Welche Zeitschrift käme da in Betracht?—

Ich möchte Herrn Professor fragen, ob die Ordnungszahlen-Theorie, die ich aufstelle, neu ist. Oder kannte sie schon Zermelo oder jemand anderer früher?

Indem ich ihnen für Ihr Interesse nochmals danke,

    verbleibe ich hochachtungsvoll

        Ihr ergebener   Johann v. Neumann

Zur Zeit: Zürich, Plattenstr. 52 bei Degen. Ich bleibe hier bis März 1924, mit Ausnahme von 20 December–5 Januar. Dann bin ich in Budapest, Vilmos császár út 62.III

A.7   von Neumann to Fraenkel, 17 June 1927, ms

⟦On Letterhead: Hôtel Bristol
Telegramm-Adresse: Bristol, Karlsbad⟧

                                    Karlsbad, den 17. 6. 1927

Sehr geehrter Herr Professor!

Ich habe Ihre Karte soeben erhalten, und beeile mich Ihre Frage zu beantworten.

$\mathfrak{Z}$ sei die Menge der positiven ganzen Zahlen, $\mathfrak{A}(x)$ die Potenzmenge von x, $[x,y]$ das *geordnete* Paar von x und y. (Natürlich sind $\mathfrak{A}(x)$ und $[x,y]$ durch Funktionen darstellbar.)

Ich nenne eine Menge M einen „Anfang", wenn sie die folgende Eigenschaften hat:

Jedes Element u von M ist von der Form

$$u = [1, 3]$$

oder

$$u = [x + 1, \mathfrak{A}(y)]$$

wobei aber auch $[x, y]$ zu M gehört.⟦von Neumann drew a vertical line in the left margin along the above.⟧

Man bringt diese Bedingung leicht auf die Form

$$f(\mathsf{M}) = 0. \qquad\qquad |^2$$

Man zeigt: wenn $\mathfrak{M}$ eine Mengen von „Anfängen" ist, so ist der Durchschnitt von $\mathfrak{M}$ auch ein „Anfang"; wenn also u zu einem „Anfange" gehört, so gibt es einen „Anfang" M mit dieser Eigenschaft:

$u \; \varepsilon$ M; für keinen „Anfang" M' der echte Teilmengen von M ist, ist $u \; \varepsilon$ M'.⟦Line along left margin.⟧

Auch diese Eigenschaft bringt man ohne weiteres auf die Form

$$g(u, \mathsf{M}) = 0.$$

Auf Grund seiner Definition existirt für jedes u kein oder nur ein M mit dieser Eigenschaft.

Also bilden alle M mit

$$g(u, \mathsf{M}) = 0$$

eine Menge, und *hier erst* wende ich die besprochene Erweiterung des Funktionsbegriffs an: die Menge aller dieser M ist $= h(u)$.

Die Vereinigungsmenge von $h(u)$ ist $k(u)$, es ist leer, oder der kleinste u enthaltende Anfang. $|^3$

⟨⟨Nun bildet man das durch k vermittelte Bild von 3⟩⟩ Man beweist leicht, dass für jedes x von 3 ein x enthaltender „Anfang" existirt (Induktions-*Beweis*), also enthält $k(x)$ ein Element $[x,y]$: y ist offenbar die x-mal iterirte Potenzmenge von 3. Man könnte es als $j(x)$ darstellen.

Am schnellsten aber kommt man so durch: unter Anwendung des Ersetzungs-Axioms sei Z das durch $k(x)$ vermittelte Bild von 3; die Vereinigungsmenge von Z sei $\overline{Z}$. Dieses $\overline{Z}$ ist, wie man sofort zeigt, die gewünschte Menge

$$\{3, \mathfrak{A}3, \mathfrak{A}\mathfrak{A}3, \mathfrak{A}\mathfrak{A}\mathfrak{A}3, \ldots\}.$$

Im übrigen verlasse ich Göttingen am 1.7. endgültig, ich habe einen Vortrag in Kiel am 2.7., und gehe dann nach Berlin. Um Pfingsten habe ich in Königsberg 3 Vorträge über die Wi|⁴derspruchsfreiheit gehalten.

In der Hoffnung, Sie möglichst bald wiederzusehen

verbleibe ich Ihr ganz ergebener

J. v. Neumann

A.8 von Neumann to Fraenkel, 5 December 1935, ms

[[On letterhead: Institute for Advanced Study
Princeton, New Jersey]]

Dec. 5.

Lieber Herr Professor Fraenkel,

vielen Dank für Ihren lieben Brief. Wir sind selbstverständlich hocherfreut, dass Sie daran denken, eine Arbeit in den "Annals" zu publizieren, und ich kann Ihnen die gewünschte prinzipielle Zusage im Namen der Redaktion gerne geben. Wann können sie uns das Mskr. schicken?

Farkas bin ich im Sommer in Budapest begegnet, und |² ich habe von ihm wieder gehört—was ich ohnehin wusste—wie interessant und anziehend Palästina ist. Auch ich hoffe es früher oder später besuchen zu können.

Uns geht es gut, seit 9 Monaten bin ich Vater einer Tochter, die Marina heisst.

Besteht keine Aussicht, Sie ausserhalb von Palästina wiederzusehen? Gehen Sie nach Oslo?

Ich habe im Mai 1936 Vorlesungen in Paris zu halten, und bin dann für 2–3 Sommermonate in Ungarn.

Mit den besten Grüssen,

Ihr ergebener J. v. Neumann

A.9 von Neumann to Fraenkel, 9 May 1936

[On letterhead: United States Lines
On Board S.S. —]

May 9., 1936

Lieber Herr Professor Fraenkel,

vielen Dank für Ihren Brief und für das Manuskript, dessen Inhalt mich übrigens auch persönlich sehr interessiert hat.

Im Zusammenhange damit möchte ich Sie noch fragen, ob die Erledigung des Falles mit 2-Element-Mengen nicht doch miteingeschlossen werden könnte. Nicht-axiomatisch ist es ja ziemlich einfach:

Nehmen wir an, das Produktaxiom wäre für alle jene Mengen $\mathfrak{M}$ gesichert, deren Elemente paarweise elementfremde endliche Mengen mit ≥ 3 Elementen sind. Dann kann man Mengen $\mathfrak{M}$, deren Elemente paarweise elementfremde endliche Mengen mit ≥ 1 Elementen sind, so erledigen: |²

Seien $\bar{1}, \bar{2}, \bar{3}$ drei verschiedene Objekte $\notin \mathfrak{S}(\mathfrak{M})$, sei $f(x)$ eine Funktion derart, dass

$$f((x,u)) = x$$

falls $x \neq \overline{1}, \overline{2}, \overline{3}$ und $u = \overline{1}$ oder $\overline{2}$ oder $\overline{3}$. Sei ferner $g(a)$ eine Funktion derart, dass $\langle\!\langle g(a) \rangle\!\rangle$ falls a eine Menge ist, $g(a)$ die Menge aller (x,u), $x \, \varepsilon \, a$, $u = \overline{1}$ oder $\overline{2}$ oder $\overline{3}$ ist. $(g(a) \subset a + (\overline{1}, \overline{2}, \overline{3}).)$

Die Menge $\mathfrak{M}$ der $g(a)$, $a \, \varepsilon \, \mathfrak{M}$, ist leicht gebildet, *ohne* Ersetzungs-Axiom, da sie $\subset \mathfrak{P}(\mathfrak{P}(\mathfrak{S}(\mathfrak{N}) + (\overline{1}, \overline{2}, \overline{3})))$ ist. Anwendung des Produktaxioms auf $\mathfrak{M}$ gibt ein $\mathfrak{X}$, das mit jedem Element von $\mathfrak{M}$ genau ein Element gemein hat. Das $f(x)$-Bild $\mathfrak{Y}$ von $\mathfrak{X}$ (*ohne* Ersetzungsaxiom, denn es ist $\subset \mathfrak{S}(\mathfrak{N})$) hat daher mit jedem Element von $\mathfrak{N}$ genau ein Element gemein.

Wird diese Betrachtung in der axiomatischen Formalisierung wesentlich schlimmer?— |[3]

⟦In top margin, possibly in Fraenkel's hand:⟧
1) Sonderabz.
2) Eingangsdatum

In den Monaten, die zwischen Ihrem ersten und zweiten Briefe vergangen sind, ist bei uns die folgende Änderung eingetreten: Eine neue Zeitschrift, "Journal of Symbolic Logic", wurde gegründet, deren Redakteur A. Church, Princeton, ist. Wir haben im Zusammenhange damit beschlossen, alle logisch-mengentheoretische-Grundlagen Abhandlungen in unserem Bereich nicht mehr in den "Annals" sondern im "J.S.L." zu drucken. In diesem Zusammenhange möchte ich Sie daher fragen, ob es Ihnen angenehm wäre, falls auch Ihre Arbeit dort erschiene. Church wäre sehr froh, wenn er Ihre Arbeit bekommen würde, und es ist mit Bestimmtheit zu erwarten dass das "J.S.L." eine erstklassige Zeitschrift (übrigens wohl die erste dieser Art) sein wird.

Die erste Nummer des "J.S.L." erscheint |[4] in einigen Wochen. Church versprach mir, dass Ihre Arbeit in der 2-ten oder 3-ten Nummer (3 oder 6 Monate später) erscheinen würde.

Betr. der Korrekturen wäre es vielleicht am besten, wenn Sie mit Church direkt in Verbindung träten. (Princeton University, Dept. of Math., Fine Hall—Princeton, N.J., USA)—

Wie Sie sehen bin ich auf dem Wege nach Europa. Ich habe in Paris 2 Wochen lang Vorträge, dann gehe ich vielleicht nach Ungarn. Meine Pläne sind noch recht unbestimmt, und vielleicht kehre ich noch vor dem Ende des Sommers nach U.S.A. zurück. Nach Oslo gehe ich voraussichtlich nicht.

Aber ich hoffe sehr, dass wir uns in nicht allzulanger Zeit doch noch persönlich wiedersehen.

Mit den besten Grüssen

    bin ich ihr sehr ergebener   J. v. Neumann

[[In left margin:]] Meine Adresse ist bis zum 26 Mai: Institut Henry [[sic]] Poincaré, Paris. Nachher: Die Princetoner Adresse, von wo mir die Post nachgeschickt wird.

A.10   von Neumann to Fraenkel, May 1936, ms

[[On letterhead: Université de Paris, Faculté des Sciences, Institute Henri Poincaré, 11, Rue Pierre-Curie (V^e), Tél: Odéon 42-10]]

                                                      Paris, le Mai 1936

Lieber Herr Professor Fraenkel,

herzlichsten Dank für Ihren lieben Brief, der mich noch hier erreicht hat. Ich danke Ihnen für die liebenswürdige Bereitwilligkeit, Ihre Abhandlung auch dem J. f. S. L. zu geben, und Church wird Ihnen ganz besonders verbunden sein. Ich nehme an, dass mit den Separaten alles in Ordnung sein wird. Und ich hoffe sehr, dass Sie auch uns nicht vergessen werden, und sich noch eine Gelegenheit ergeben wird, dass die "Annals" etwas von Ihnen bekommen.—

    Ich habe hier (am Inst. H. P.) Vorträge gehalten, und fahre am 4. Juni nach Princeton zurück, während meine Frau noch einige Zeit in Europa bleibt. Nach $|^2$ Oslo gehe ich nicht, es tut mir wirklich sehr leid, dass damit eine Gelgenheit des Wiedersehens vorbeigeht. Hoffentlich sehen wir uns bald anderswo wieder, vielleicht in Jerusalem!

    Mit den besten Grüssen, denen sich unbekannterweise auch meine Frau anschliesst,

Ihr stehts ergebener

    J. v. Neumann

A.11 von Neumann to Fraenkel, 13 November 1951, ts

[On letterhead: Institute for Advanced Study
Princeton, New Jersey
School of Mathematics]

November 13, 1951

Dear Colleague,

Thank you for your note of November 1. I expect to be in Princeton on November 28 and 29, and I very much hope that we can see each other at that time. Please let me know when you arrive here.

With best personal regards, in which Mrs. von Neumann joins me, I am,

> Cordially yours,
>
> John von Neumann

JvN:eg

References

[Adžić and Došen, 2016] Miloš Adžić and Kosta Došen. Gödel's Notre Dame course. *The Bulletin of Symbolic Logic*, 22(4):469–481, 2016.

[Bellotti, 2016] Luca Bellotti. Von Neumann's consistency proof. *The Review of Symbolic Logic*, 9(3):429–455, September 2016.

[Bhattacharya, 2021] Ananyo Bhattacharya. *The Man from the Future: The Visionary Life of John von Neumann*. Penguin, London, 2021.

[Budiansky, 2021] Stephen Budiansky. *Journey to the Edge of Reason: The Life of Kurt Gödel*. Norton, New York, NY, May 2021.

[Crocco and Engelen, 2016] Gabriella Crocco and Eva-Maria Engelen, editors. *Kurt Gödel Philosopher-Scientist*. Presses universitaires de Provence, 2016.

[Dawson, 1985] John W. Dawson, Jr. Completing the Gödel-Zermelo correspondence. *Historia Mathematica*, 12(1):66–70, February 1985.

[Dawson, 2003] John W. Dawson, Jr. Introductory note to the Gödel-Zermelo correspondence. In Feferman et al. [2003b], pages 419–421.

[Ebbinghaus and Peckhaus, 2015] Heinz Dieter Ebbinghaus and Volker Peckhaus. *Ernst Zermelo*. Springer, Berlin, 2015.

[Ewald, 1996] William Bragg Ewald, editor. *From Kant to Hilbert: A Source Book in the Foundations of Mathematics*, volume 2. Oxford University Press, Oxford, 1996.

[Feferman, 2003] Solomon Feferman. Introductory note to the Gödel-Bernays correspondence. In Feferman et al. [2003a], pages 41–78.

[Fraenkel, 1922] Adolf Abraham Fraenkel. Zu den Grundlagen der Cantor-Zermeloschen Mengenlehre. *Mathematische Annalen*, 86:230–237, 1922.

[Fraenkel, 1926] Adolf Abraham Fraenkel. Axiomatische Theorie der geordneten Mengen. (Untersuchungen über die Grundlagen der Mengenlehre. II.). *Journal für die reine und angewandte Mathematik*, 155(3):129–158, January 1926.

[Fraenkel, 1928] Adolf Abraham Fraenkel. Zusatz zu vorstehendem Aufsatz Herrn v. Neumanns. *Mathematische Annalen*, 99(1):392–393, December 1928.

[Fraenkel, 1937] Adolf Abraham Fraenkel. Ueber eine abgeschwaechte Fassung des Auswahlaxioms. *The Journal of Symbolic Logic*, 2(1):1–25, March 1937.

[Fraenkel, 2016] Abraham A. Fraenkel. *Recollections of a Jewish Mathematician in Germany*. Birkhäuser, Basel, 2016.

[Gödel, 1931] Kurt Gödel. Über formal unentscheidbare Sätze der *Principia Mathematica* und verwandter Systeme I. *Monatshefte für Mathematik und Physik*, 38:173–198, 1931. Reprinted and translated in [Gödel, 1986, 144–195].

[Gödel, 1986] Kurt Gödel. *Publications 1929–1936*, volume 1 of *Collected Works*. Oxford University Press, Oxford, 1986.

[Gödel, 2003a] Kurt Gödel. *Correspondence A–G*, volume 4 of *Collected Works*. Oxford University Press, Oxford, 2003.

[Gödel, 2003b] Kurt Gödel. *Correspondence H–Z*, volume 5 of *Collected Works*. Oxford University Press, Oxford, 2003.

[Gödel, 2019] Kurt Gödel. *Philosophie I Maximen 0 / Philosophy I Maxims 0*. Number 1 in Philosophical notebooks. De Gruyter, Berlin, September 2019.

[Grattan-Guinness, 1979] Ivor Grattan-Guinness. In memoriam Kurt Gödel: His 1931 correspondence with Zermelo on his incompletability theorem. *Historia Mathematica*, 6(3):294–304, 1979.

[Grattan-Guinness, 2000] Ivor Grattan-Guinness. *The Search for Mathe-

matical Roots 1870–1940: Logics, Set Theories and the Foundations of Mathematics from Cantor through Russell to Gödel. Princeton University Press, Princeton, N.J., 2000.

[Hashagen, 2006a] Ulf Hashagen. Johann Ludwig Neumann von Margitta (1903–1957) Teil 1: Lehrjahre eines jüdischen Mathematikers während der Zeit der Weimarer Republik. *Informatik-Spektrum*, 29(2):133–141, April 2006.

[Hashagen, 2006b] Ulf Hashagen. Johann Ludwig Neumann von Margitta (1903–1957) Teil 2: Ein Privatdozent auf dem Weg von Berlin nach Princeton. *Informatik-Spektrum*, 29(3):227–236, June 2006.

[Hashagen, 2010] Ulf Hashagen. Die Habilitation von John von Neumann an der Friedrich-Wilhelms-Universität in Berlin: Urteile über einen ungarisch-jüdischen Mathematiker in Deutschland im Jahr 1927. *Historia Mathematica*, 37(2):242–280, May 2010.

[Herbrand, 1930] Jacques Herbrand. *Recherches sur la théorie de la démonstration*. PhD thesis, University of Paris, 1930. Reprinted in [Herbrand, 1968, 36–153]. English translation in [Herbrand, 1971, 44–202].

[Herbrand, 1931] Jacques Herbrand. Sur la non-contradiction de l'arithmétique. *Journal für die Reine und Angewandte Mathematik*, 166:1–8, 1931. Reprinted in [Herbrand, 1968, 221–232]. English translation in [van Heijenoort, 1967, 618–628] and in [Herbrand, 1971, 282–298].

[Herbrand, 1968] Jacques Herbrand. *Écrits logiques*. Presses universitaires de France, Paris, 1968.

[Herbrand, 1971] Jacques Herbrand. *Logical Writings*. Harvard University Press, 1971.

[Hilbert, 1923] David Hilbert. Die logischen Grundlagen der Mathematik. *Mathematische Annalen*, 88(1–2):151–165, 1923. Translated in [Ewald, 1996, 1134–1148].

[Jané, 2001] Ignacio Jané. Reflections on Skolem's relativity of set-theoretical concepts. *Philosophia Mathematica*, 9(2):129–153, June 2001.

[Kanamori, 2009] Akihiro Kanamori. Bernays and set theory. *Bulletin of Symbolic Logic*, 15(1):43–69, March 2009.

[Kanamori, 2012] Akihiro Kanamori. In praise of replacement. *The Bulletin of Symbolic Logic*, 18(1):46–90, March 2012.

[Kanckos and Lethen, 2021] Annika Kanckos and Tim Lethen. The development of Gödel's ontological proof. *The Review of Symbolic Logic*, 14(4):1011–1029, December 2021.

[Kennedy, 2020] Juliette Kennedy. *Gödel, Tarski and the Lure of Natural*

Language: Logical Entanglement, Formalism Freeness. Cambridge University Press, Cambridge, 2020.

[Lethen, 2021] Tim Lethen. *Gespräche, Vorträge, Séancen: Kurt Gödels Wiener Protokolle 1937/38: Transkriptionen und Kommentare*. Number 31 in Veröffentlichungen des Instituts Wiener Kreis. Springer, Cham, 2021.

[Mancosu, 1999] Paolo Mancosu. Between Vienna and Berlin: The immediate reception of Gödel's incompleteness theorems. *History and Philosophy of Logic*, 20:33–45, 1999.

[Mancosu, 2004] Paolo Mancosu. Review of Kurt Gödel, *Collected Works*, vols. IV and V, Solomon Feferman, et al., eds. Oxford: Oxford University Press, 2003. *Notre Dame Journal of Formal Logic*, 45:109–125, 2004.

[Meschkowski, 1967] Herbert Meschkowski. *Probleme des Unendlichen. Werk und Leben Georg Cantors*. Vieweg, Braunschweig, 1967.

[Mirimanoff, 1917] Dmitri Mirimanoff. Les antinomies de Russell et de Burali-Forti et le problème fondamental de la théorie des ensembles. *L'Enseignement Mathématique*, 19(1–2):37–52, 1917.

[Peckhaus, 1990] Volker Peckhaus. 'Ich habe mich wohl gehütet, alle Patronen auf einmal zu verschießen'. Ernst Zermelo in Göttingen. *History and Philosophy of Logic*, 11(1):19–58, January 1990.

[Peckhaus, 1992] Volker Peckhaus. Hilbert, Zermelo und die Institutionalisierung der mathematischen Logik in Deutschland. *Berichte zur Wissenschaftsgeschichte*, 15(1):27–38, 1992.

[Peckhaus, 2005] Volker Peckhaus. Pro and contra Hilbert: Zermelo's set theories. *Philosophia Scientiæ. Travaux d'histoire et de philosophie des sciences*, CS 5:199–215, August 2005.

[Presburger, 1930] Mojèsz Presburger. Über die Vollständigkeit eines gewisse Systems der Arithmetik ganzer Zahlen, in welchem die Addition als einzige Operation hervortritt. In Franciszek Leja, editor, *Comptesrendus du I Congrès des Mathématiciens des Pays Slaves, Varsovie 1929*, pages 92–101, 1930. English translations in [Stansifer, 1984] and [Presburger, 1991].

[Presburger, 1991] Mojżesz Presburger. On the completeness of a certain system of arithmetic of whole numbers in which addition occurs as the only operation. *History and Philosophy of Logic*, 12(2):225–233, 1991.

[Sieg, 2003] Wilfried Sieg. Introductory note to the Gödel-Herbrand correspondence. In Feferman et al. [2003b], pages 3–13.

[Skolem, 1923] Thoralf Skolem. Einige Bemerkungen zur axiomatischen Begründung der Mengenlehre. In *Matematikerkongressen i Helsingfors 4–7 Juli 1922. Den femte skandinaviska matematikerkongressen, Redogörelse*, pages 217–232, Helsinki, 1923. Akademiska Bokhandeln. Reprinted in [Skolem, 1970, 137–152]; English translation in [van Heijenoort, 1967, 290–301].

[Skolem, 1970] Thoralf Skolem. *Selected Works in Logic*. Universitetsforlaget, Oslo, 1970.

[Stansifer, 1984] Ryan Stansifer. Presburger's article on integer airthmetic: Remarks and translation. Technical Report TR84-639, Cornell University, Computer Science Department, 1984.

[van Atten, 2015] Mark van Atten. *Essays on Gödel's Reception of Leibniz, Husserl, and Brouwer*. Number 35 in Logic, Epistemology, and the Unity of Science. Springer, Cham, 2015.

[van Heijenoort, 1967] Jean van Heijenoort, editor. *From Frege to Gödel: A Source Book in Mathematical Logic, 1897–1931*. Harvard University Press, Cambridge, MA, 1967.

[von Neumann, 1925] Johann von Neumann. Eine Axiomatisierung der Mengenlehre. *Journal für die reine und angewandte Mathematik*, 154(4):219–240, October 1925. Reprinted in [von Neumann, 1961, 34–56]. English translation in [van Heijenoort, 1967, 393–413].

[von Neumann, 1927] Johann von Neumann. Zur Hilbertschen Beweistheorie. *Mathematische Zeitschrift*, 26(1):1–46, 1927. Reprinted in [von Neumann, 1961, 256–300].

[von Neumann, 1928a] Johann von Neumann. Die Axiomatisierung der Mengenlehre. *Mathematische Zeitschrift*, 27:669–752, 1928. Reprinted in [von Neumann, 1961, 339–422].

[von Neumann, 1928b] Johann von Neumann. Über die Definition durch transfinite Induktion und verwandte Fragen der allgemeinen Mengenlehre. *Mathematische Annalen*, 99(1):373–391, 1928. Reprinted in [von Neumann, 1961, 320–338].

[von Neumann, 1929] Johann von Neumann. Über eine Widerspruchfreiheitsfrage in der axiomatischen Mengenlehre. *Journal für die reine und angewandte Mathematik*, 160(4):227–241, August 1929. Reprinted in [von Neumann, 1961, 494–508].

[von Neumann, 1961] John von Neumann. *Logic, Theory of Sets and Quantum Mechanics*. Number 1 in Collected Works. Pergamon Press, Oxford, 1961.

[von Plato, 2020] Jan von Plato, editor. *Can Mathematics Be Proved*

Consistent? Gödel's Shorthand Notes & Lectures on Incompleteness. Sources and Studies in the History of Mathematics and Physical Sciences. Springer, Cham, 2020.

[Weyl, 1918] Hermann Weyl. *Das Kontinuum.* Veit, Leipzig, 1918.

[Zach, 2003] Richard Zach. The practice of finitism: Epsilon calculus and consistency proofs in Hilbert's Program. *Synthese*, 137(1/2):211–259, November 2003.

[Zach, 2004] Richard Zach. Hilbert's '*Verunglückter Beweis*', the first epsilon theorem, and consistency proofs. *History and Philosophy of Logic*, 25(2):79–94, May 2004.

[Zermelo, 1932] Ernst Zermelo. Über Stufen der Quantifikation und die Logik des Unendlichen. *Jahresbericht der Deutschen Mathematiker-Vereinigung*, 41:85–88, 1932.

Verwendet Frege eine Kalkülsprache? Eine Kritik an der Lesart von Heinrich Scholz (1935)

Ingolf Max

Zusammenfassung

Ziel dieses Aufsatzes ist es, Freges Standpunkt einer stets *inhaltlich* verstandenen Arithmetik und Logik zu verdeutlichen, indem wir die Argumentation von Scholz bezogen auf drei von ihm selbst benannte Punkte zurückweisen: (1) den Versuch, Freges *Begriffsschrift* als Logik-*Kalkül* im Sinne Hilberts aufzufassen, (2) die problematische Verwendung einer Textstelle aus Freges *Grundgesetzen der Arithmetik*, Band II und (3) die höchst erstaunliche Umdeutung von Freges Position zu Schachanalogien. Für meine Analyse verwende ich statt der Version von Scholz die präzise Darstellung eines konkreten Systems der klassischen Aussagenlogik als *uninterpretierten* Kalkül aus Church 1956. Mittel der Darstellung ist außerdem die Redeweise von *Kodizes*, die es ermöglicht, bestimmte strukturierte Regelsysteme in ihren Beziehungen zueinander prägnant darstellen zu können. Schließlich werden wir unter Verwendung einer *interpretierten* aussagenlogischen Sprache im Sinne von Church die Position Freges nochmals beleuchten und im Ausblick eine alternative Verortungsmöglichkeit skizzieren.

1 Einleitung

Nicht nur die Vielzahl der Veröffentlichungen von Volker Peckhaus ist höchst bemerkenswert. Es sticht vor allem auch die Themenvielfalt in seinen historischen Analysen und die Anzahl der von ihm betrachteten

Denker hervor, deren Namen im engen Zusammenhang mit der Geschichte der Logik und Mathematik in ihrer komplexen Vernetzung mit der Philosophie stehen. Darunter finden wir naturgemäß auch einige Arbeiten zu Friedrich Ludwig Gottlob Frege (1848–1925)[1] und Heinrich Scholz (1884–1956) [Peckhaus, 1993, 1998/99, 2004a 2008a, 2018] Soweit ich sehe, findet sich darunter aber keine Arbeit, die die Sichtweise von Scholz *auf* die *Logik* von Frege explizit thematisiert.

In seinem Artikel „Heinrich Scholz" in der *Stanford Encyclopedia of Philosophy* charakterisiert Peckhaus Scholz als deutschen protestantischen Theologen, Logiker und Philosophen,

> who supported the neo-positivistic scientific world view, applying it, however, to a scientific metaphysics as well. He helped to establish the academic field "Mathematical Logic and Foundations", claiming the priority of language construction and semantics in order to solve foundational problems even outside mathematics. He was also the driving force for the institutionalization of Mathematical Logic in Germany and a pioneer in the historiography of logic. [Peckhaus, 2018]

Scholz hatte ab 1921 einen Lehrstuhl für Philosophie an der Universität Kiel inne und begann somit erst im Alter von ca. 37 Jahren unter dem nachhaltigen Eindruck der *Principia Mathematica* (1910–1913) von Russell und Whitehead [1910] mit seinem intensiven Studium der modernen Logik. 1928 wechselte er nach Münster und lehrte dort ab 1936 mit einem Lehrauftrag für *Mathematische Logik und Grundlagenforschung*, der ab 1943 zu einem Lehrstuhl gleichen Namens wurde.

Unter https://sammlungen.ulb.uni-muenster.de/hd/periodical/titleinfo/546271 finden wir die ausführlichen Personal- und Vorlesungsverzeichnisse der Westfälischen Wilhelms-Universität Münster ab 1935, dem Jahr, aus dem die hier zu besprechende Arbeit von Scholz stammt. In der Ausgabe zum Sommersemester 1935 wird zunächst unter „A.

---

[1]Siehe [Peckhaus, 1997, 2000, 2004b, 2008b] sowie [Bernhard and Peckhaus, 2008].

Ordentliche Professoren" vermerkt: „Scholz, Heinrich, Dr. phil. et theol., Direktor des Philosophischen Seminars B., Melchersstraße 24. F. 20738. Philosophie (18.11.1917)" (Seite 26). Unter „5. Philosophisches Seminar. F. 24071" folgt die Angabe „Allgemeine Abteilung B (Alte Universität, I. Obergeschoß), Direktor: Prof. D. Dr. Scholz" (Seite 32). Auf Seite 63 finden wir dann

V. Philosophische und Naturwissenschaftliche Fakultät
a) Philosophisch-philologisch-historische Abteilung.
1. Philosophie und Pädagogik.

295.	Grundlagen der Logistik (in axiomatisch-deduktiver Darstellung), mit Uebungen, Mo. Di. Do. Fr. 8–9.	Scholz
296.	Logistische Uebungen (Arbeitsgemeinschaft über Themen aus der Vorlesung), Fr. 18–20 (14tg.).	Scholz
297.	Uebungen über Raum und Zeit, Di. 18–20 (14tg.).	Scholz u. Kratzer

Die „Grundlagen der Logistik" werden also „in axiomatisch-deduktiver Darstellung" präsentiert. Diese Form geht auf David Hilbert zurück. Die Grundidee dabei ist, dass wir Logik ausgehend von einer rein syntaktischen, von jeglicher Bedeutung freien *Formelsprache*, als ein ebenfalls rein syntaktisches *Axiomensystem* bzw. einen *uninterpretierten Kalkül* darstellen können. In diesem Sinne wäre Logik eine formale Theorie ohne eine semantische Interpretation. Scholz bewegt sich eindeutig im Fahrwasser von Hilbert.

Zum historischen Kontext gehört auch, dass sich Scholz ab 1935 aktiv um den wissenschaftlichen Nachlass Freges bemühte. „Auf dem *Congrès International de Philosophie Scientifique* in Paris 1935 forderte Scholz alle auf, ihm bei seiner Suche behilflich zu sein und wiederholte diesen Aufruf in dem von ihm und *Friedrich Bachmann* verfaßten Bericht *Der wissenschaftliche Nachlaß von Gottlob Frege* [Scholz and Bachmann, 1936]" [Frege, 1976, XX]. Auch wenn seine Bemühungen durch kriegsbedingte Verluste nicht durchweg von Erfolg gekrönt waren, so sind die enormen Verdienste von Scholz bei der Bewahrung des Nachlasses von Frege im Speziellen und die Entwicklung von Logik und einer methodisch verstandenen analytischen Philosophie im Allgemeinen anerkannt.

Scholz hat Frege bewundert:

> Es gibt einen grossen deutschen Denker. Er ist noch immer so wenig bekannt, dass weder in der letzten Auflage des Grossen Brockhaus noch in der des Meyerschen Lexikons auch nur sein Name zu finden ist. Dieser grosse deutsche Denker heisst GOTTLOB FREGE [...] Dieser FREGE ist ein Logiker von der Grössenordnung eines ARISTOTELES und LEIBNIZ gewesen, also bahnbrechend im strengsten Sinne des Wortes. Er ist der eigentlich so zu nennende Schöpfer der neuen exakten logistischen Logik. Der Logik, die LEIBNIZ vorgeschwebt hat, so dass wir also auch sagen können: er ist der eigentlich so zu nennende Schöpfer der Logik im LEIBNIZschen Sinne des Wortes. [Scholz, 1935, 22]

Scholz hat sich mit großem Nachdruck für die Beachtung des Lebenswerkes von Frege durch die wissenschaftliche Öffentlichkeit ausgesprochen:

> Denn erstens lernen wir auf diesem Wege ein wesentliches Stück von dem Lebenswerk eines unbegreiflich übersehenen grossen deutschen Denkers kennen. [Scholz, 1935, 23]

Doch wie ordnet Scholz die Logik von Frege ein? Versteht er sie als eine stets auf *Inhalte*, auf *Bedeutungen* bezogene symbolische Theorie oder im Sinne Hilberts als eine ausschließlich *formale*, allein auf die Zeichen selbst ausgerichtete Theorie?

> Zweitens erfahren wir zugleich, was im FREGEschen Sinne unter einem Logik-Kalkül zu verstehen ist. [Scholz, 1935, 23]

Erste Zweifel werden durch die Verwendung der Charakterisierung mittels „Logik-Kalkül" im Kontext der bereits oben erwähnten „axiomatisch-deduktive[n] Darstellung" geweckt. Die Redeweise von „Kalkül" deutet auf eine *rein formal, rein syntaktisch* aufgefasste Logik hin. Wir sollen ausschließlich die Beziehungen der uninterpretierten Zeichen zueinander betrachten.

Die oben zitierten Aussagen von Scholz stammen allesamt aus seinem offenbar maschinenschriftlich erstellten Aufsatz „Was ist ein Kalkül und was hat Frege für eine pünktliche Beantwortung dieser Frage geleistet?". Er wurde in den *„Semester-Berichten zur Pflege des Zusammenhangs von Universität und Schule aus den mathematischen Seminaren* 7. Semester (Sommer 1935)" veröffentlicht [Scholz, 1935]. Die Beantwortung dieser Frage soll unzweifelhaft beinhalten, „dass zwischen einer Kalkülsprache in unserem und einer Kalkülsprache im FREGEschen Sinne eine eigentlich so zu nennende Spannung überhaupt nicht besteht" [Scholz, 1935, 43]. Dies ist schon angesichts der Tatsache überraschend, dass Frege niemals von „Kalkül", sondern immer von „Begriffsschrift" und zumeist nicht von „Axiomen", sondern von „Grundgesetzen" spricht. Frege hat doch sein ganzes Leben lang eine rein formal verstandene Mathematik und Logik abgelehnt. Belegstellen dafür finden sich in seinen Werken,[2] in der heftigen Kontroverse mit Thomae (vgl. [Max, 2020b]) und z.B. in seinem Briefwechsel mit Hilbert ([Frege, 1976] bzw. [Frege, 1980]).

Scholz überrascht den Leser dadurch, dass er einerseits wohl die „Spannung" zwischen „Kalkülsprache in unserem [...] Sinne" und im „FREGEschen Sinne" bemerkt, dass er andererseits aber letztlich argumentativ diesen Unterschied völlig aufheben möchte? Offenbar ist seine Arbeit ganz im Sinne Hilberts verfasst, obgleich er David Hilbert (1862–1943) nirgendwo erwähnt.

Scholz verwendet zudem den Terminus „FREGEsche Kunstsprache" (Scholz 1935, 43). Dagegen lautet der Untertitel der *Begriffsschrift* Freges von 1879 „*Eine der arithmetischen nachgebildete Formelsprache*

---

[2]Z.B. widmet sich der gesamte Abschnitt „c) Die Theorien des Irrationalen von E. Heine und J. Thomae." (§§ 86–137) der Grundgesetze der Arithmetik, Band II [1903, 96–139] dieser Frage.

des reinen Denkens". Scholz versteht unter einer „Kunstsprache" „eine mit genauen Verwendungsvorschriften syntaktischer Art versehene Zeichenmenge" von der nicht verlangt wird, „dass dieser Zeichenmenge eine Lautmenge so zugeordnet ist, dass eine syntaktisch korrekte Zeichenreihe auch ausgesprochen werden kann. Sie ist damit immer eine Schriftsprache" [Scholz, 1935, 43]. Man kann eine Kunstsprache allerdings auch als eine Sprache verstehen, die *erfunden* wird. Diesen Aspekt macht Frege bereits in seiner *Begriffsschrift* (1879) sehr deutlich:

> So ist diese Begriffsschrift ein für bestimmte wissenschaftliche Zwecke ersonnenes Hilfsmittel, das man nicht deshalb verurtheilen darf, weil es für andere nichts taugt. [Frege, 1879, V]
>
> Schon das Erfinden dieser Begriffsschrift hat die Logik, wie mir scheint, gefördert. [Frege, 1879, VII]
>
> Ich musste daher andere Zeichen für die logischen Beziehungen erfinden. [Frege, 1883, 4]

Auf diesen Aspekt geht Scholz allerdings in keinster Weise ein.

Ziel dieses Aufsatzes ist es, Freges Standpunkt einer stets *inhaltlich* verstandenen Arithmetik und Logik zu verdeutlichen, indem wir die Argumentation von Scholz bezogen auf die drei von ihm genannten Punkte zurückweisen. Für meine Analyse verwende ich statt der Version von Scholz die präzise Darstellung eines konkreten Systems der klassischen Aussagenlogik als *uninterpretierten Kalkül* von Church 1956.[3] Mittel der Darstellung ist außerdem die Redeweise von *Kodizes*, die es ermöglicht, bestimmte *strukturierte Regelsysteme* in ihren Beziehungen zueinander prägnant darstellen zu können. Schließlich werden wir unter Verwendung einer *interpretierten* aussagenlogischen Sprache im Sinne von Church die Position Freges nochmals beleuchten.

---

[3]Dies bietet sich auch deshalb an, da Church einerseits einen solchen Kalkül — wie auch Scholz — im Stile Hilberts in Form eines *axiomatischen Systems* präsentiert, andererseits aber in semantischen Begründungsfragen konsequent Frege folgt. Church würde allerdings keine Gleichsetzung der von ihm selbst angegebenen präzisen *Syntax* mit der von Frege gebrauchten *inhaltlich* verstandenen Sprache verlangen.

2 Kalkül und Kodizes

Was versteht Scholz unter einem *Kalkül*?

> Ein Kalkül ist der Inbegriff dessen, was aus einer durch gewisse Verwendungsregeln normierten Zeichenmenge durch eine geschickte, so weit als möglich vorgetriebene Ausnutzung dieser Regeln herausgeholt werden kann. [Scholz, 1935, 16]

Leider erläutert Scholz den von ihm verwendeten Terminus „Inbegriff" nicht näher. Die unbestimmten Redeweisen von „gewisse" und „geschickte, so weit als möglich vorgetriebene Ausnutzung" zeigen an, dass er eine möglichst allgemeine, in diesem Sinne *philosophische* Charakterisierung vornimmt.

Ich werde in meiner Analysesprache den Terminus „Kodex" zunächst ebenfalls sehr allgemein bestimmen: Ein *Kodex* ist eine *abgeschlossene* Menge von *Regeln*, mittels derer bestimmte Ausdrücke in dem Sinne als *interne* Ausdrücke charakterisiert werden, dass zu ihrer Bestimmung außer diesem Kodex kein weiterer Kontext erforderlich ist. Zu den Regeln gehören auch die Bestimmung von Grundzeichen, Ausgangsstellungen in Spielen, Axiome, Prinzipien, Grundgesetze, Regeln zur Bildung von Ausdrücken jeglicher Art, Beweis- bzw. Rechenregeln, Interpretationsregeln usw. Gelingt es uns z.B. für ein Spiel einen Kodex anzugeben, dann werden z.B. die Termini „korrekter Spielzug", „korrekte Spielstellung" u.ä. zu intern bestimmten Ausdrücken (vgl. Max [2017a; 2017b]). Kandidaten für interne Ausdrücke mit Blick auf uninterpretierte Kalküle sind „wohlgeformter Ausdruck", mit Blick auf Aussagenlogiken der Spezialfall „wohlgeformte Formel", außerdem „... ist Theorem" bzw. „... ist (deduktiv) ableitbar". Mit Blick auf interpretierte Sprachen verwenden wir z.B. „... ist allgemeingültig" bzw. „... ist Tautologie".

Das Streben nach einem *Kodex* ist somit Ausdruck des Wunsches nach einem bestimmten Ideal. Für Scholz liegt offenbar nun nahe zeigen zu können, dass Freges „*Eine der arithmetischen nachgebildete Formelsprache des reinen Denkens*" schon wegen der Verwendung von „Formel-" und „reinen" unbedingt einen *Kodex* bzw. einen *Kalkül* darstellen muss. Das Problem ist aber, dass Freges Grundverständnis einer stets *auf Inhalte bezogenen* Logik und der ausstehende Nachweis der gewünschten Kodifizierung des rein formal aufgefassten Ausdrucks „wohlgeformte Formel" in seiner zweidimensionalen Notation dem entgegensteht. Scholz drückt diesen Konflikt so aus:

> Der aufmerksame Leser wird längst bemerkt haben, dass zwischen einer Kalkülsprache in unserem Sinn und der hier von FREGE diskutierten Kalkülsprache eine Spannung besteht. In unserm Sinn sollte eine Kalkülsprache eine (durch gewisse syntaktische Regeln normierte) Zeichenmenge sein. [Scholz, 1935, 41]

Oben wurde bereits darauf verwiesen, dass Scholz hier in seiner Analysesprache ohne Begründung den Ausdruck „von FREGE diskutierten Kalkülsprache" verwendet und nicht den von Frege klar bevorzugten Terminus „Begriffsschrift". Die Redeweise „(durch gewisse syntaktische Regeln normierte) Zeichenmenge" zeigt das Streben nach einem Kodex an. Dieser kann hier aber nur dadurch erreicht werden, dass der Bezug auf Inhalte komplett ausgeschaltet wird:

> Von irgend welchen mathematischen oder anderen Inhalten, die durch eine Kalkülsprache ausgedrückt werden, ist überhaupt nicht gesprochen worden. Im Gegenteil! Wir haben ausdrücklich verlangt, dass in den normierten syntaktischen Regeln nur auf die Art und Anordnung der betrachteten Zeichen Bezug genommen werden darf und nicht auf die eventuelle inhaltliche Bedeutung derselben. Und nun haben wir gesehen, dass FREGE, noch ehe er überhaupt auf die syntaktischen Regeln eingeht, dauernd von den Inhalten spricht, die durch eine Begriffs[s]chrift dargestellt werden sollen. Hier liegt offenbar eine Spannung vor, vielleicht sogar ein Widerspruch. [Scholz, 1935, 42]

Scholz muss somit eine Argumentationsstrategie finden, die die Tatsache, „dass FREGE [...] dauernd von den Inhalten spricht" letztlich als irrelevant nachweist. Leider erläutert er seine Redeweise von „syntaktischen Regeln" mit Blick auf Frege nicht.

3 Das Ziel von Scholz und einige Gegenthesen

Was versucht Scholz 1935 zu zeigen?

> Eine Spannung besteht hier in der Tat; aber sie ist leicht aufzulösen. [Scholz, 1935, 42]

Bei der Angabe des Zieles seiner Argumentation vermeidet er bereits die vage Redeweise von „Widerspruch". Seine These lautet somit:
  Kalkülsprache in Freges Sinn = Kalkülsprache in unserem (formalistischen) Sinn.
Meine Gegenthesen lauten:

(a) Die Spannung bleibt bestehen! Die Unterschiede zwischen einem *formalen* und einem *inhaltlichen* Verständnis von Mathematik und Logik lassen sich mit Blick auf Frege nicht zugunsten einer *formalistischen* Sicht beseitigen.

(b) Diese „Spannung" ist keine Frage, die relativ zur Bereitstellung eines Kodex geklärt werden kann. Diese Frage betrifft das *Grundverständnis* von Logik überhaupt und ist somit *philosophischer* Natur.

(c) Dies ist daran zu prüfen, inwieweit auch unterschiedliche Verstehensweisen nicht nur von Logik insgesamt (formal vs. inhaltlich), sondern auch von Ausdrücken wie „Kalkül" vs. „Begriffsschrift", „Axiom" vs. „Grundgesetz", „implizite Definition" vs. „inhaltlich begründete Definition" etc. vorliegen.

(d) Sollte eine „Auflösung" erreichbar sein, so lässt diese sich auf alle Fälle nicht „leicht" erreichen und schon gar nicht auf dem von Scholz vorgeschlagenen Weg. Es ist zu prüfen, ob die Forderung nach *semantischer Adäquatheit* als eine *Äquivalenzforderung* zwischen verschiedenen Kodizes, die einen gemeinsamen Basiskodex voraussetzen, sinnvoll auf Freges inhaltliches Verständnis von Logik bezogen werden kann. Allerdings würde dann erst im Nachhinein etwas bewiesen, was bei Frege bereits zu den unbewiesenen Voraussetzungen jeglicher Logik gehört: Die Untrennbarkeit der inhaltlichen von der formalen Seite von Logik.

4 Die Argumente von Scholz nebst einigen Bemerkungen

Argument 1: Freges *Begriffsschrift* als Logik-Kalkül?

> Die Sache steht so. FREGE hat nicht einen Kalkül überhaupt schaffen wollen, sondern von Anfang an einen Logik-Kalkül. Das soll heissen: einen Kalkül, dessen Sätze als Sätze einer Logik und weiterhin auch als mathematische Sätze gedeutet werden können. Folglich spricht er nicht so, wie wir es getan haben, zunächst von einer Kalkülsprache überhaupt, sondern sogleich von seiner Kalkülsprache. Von seiner Kalkülsprache in dem prägnanten Sinne, dass er von einer Kalkülsprache spricht, die als eine Präzisionssprache für die Darstellung von logischen und weiterhin von mathematischen Inhalten gedeutet werden kann. [Scholz, 1935, 42]

Der problematische Ausdruck „seiner Kalkülsprache" gehört offenbar zur *Analysesprache* von Scholz. „Kalkül" bzw. „Kalkülsprache" kommt in Freges Werken nicht vor. Die Deutung eines Kalküls tritt nur als Möglichkeit auf: „gedeutet werden können" bzw. „gedeutet werden kann". Scholz versucht die Nähe zu Frege terminologisch dadurch zu erreichen, dass er nun „Präzisionssprache" verwendet und diese als syntaktischen Kodex ausgibt. Eine weitere Schwierigkeit besteht in der Klärung des Unterschiedes bzw. der Beziehung zwischen „Kalkül" und „Kalkülsprache". Benötigen wir zunächst eine Kalkülsprache, um zu einem Kalkül zu gelangen?

Argument 2: Problematische Verwendung einer Textstelle aus Freges *Grundgesetzen der Arithmetik*, Band II [1903]

> Er sagt ausdrücklich, dass jemand, dem es Vergnügen macht, alles, was in den „Grundgesetzen der Arithmetik" mit den FREGEschen Zeichen gemacht worden ist, auch machen könne „ohne dass er eine Ahnung von Sinn und

> Bedeutung dieser Zeichen hätte, noch von den Gedanken,
> deren Ausdruck die Formeln sind. (Gg II 99 f.)[4] [Scholz,
> 1935, 43]

Wir werden später sehen, dass sich Frege probeweise tatsächlich auf diese Position einlässt, sie aber anschließend energisch zurückweist. Zu zeigen ist, wie Scholz diese Textstelle aus dem Zusammenhang reißt, um seine Argumentation zu stützen.

Argument 3: Problematische Umdeutung von Freges Position zu Schachanalogien

> Auch die nahe liegende Vergleichung dieser Prozesse mit
> den Zügen im Schachspiel ist hier schon von FREGE selber
> ausdrücklich herangezogen worden. Ihm selbst zwar ist die
> Ausspinnung dieser Dinge nicht sympathisch gewesen; denn
> er hat von Anfang an eine sehr ernste Arbeit leisten wollen.
> [Scholz, 1935, 43]

Dieses Argument hat den Charakter einer direkten Verkehrung ins Gegenteil. Frege hat insbesondere in seiner Auseinandersetzung mit Thomae und der Kritik an der formalen Auffassung der Arithmetik die Analogien zum Schachspiel energisch zurückgewiesen (vgl. [Max, 2020b]).[5] Dies betrifft insbesondere die Analogien Zahl – Schachfigur, Grundgesetz – Ausgangstellung, Beweisschritt – Zug im Schachspiel etc. Es wird zudem bereits hier nicht klar, wie „ausdrücklich herangezogen" mit „nicht sympathisch gewesen" zusammen gehen soll, wobei sich Letzteres als eine arge Untertreibung nachweisen lässt!

Es sind diese drei Argumente, die Scholz anführt, um sein Ziel zu erreichen:

---

[4]Scholz verwendet „Gg II" als Abkürzung für Band II von Freges Werk *Grundgesetze der Arithmetik*, ergänzt um die Seitenzahl der Originalausgabe von 1903.

[5]Andeutungen zur Frage, welche Rolle die Fregeschen Bemerkungen zu Schachanalogien für Wittgensteins Übergang zu seiner späteren Philosophie spielen, finden sich in [Max, 2020a].

> Aber so wichtig dies auch für die Beurteilung seiner menschlich-persönlichen Haltung ist: hier ist es noch wichtiger, dass wir von ihm ein Zeugnis haben, aus welchem so klar und deutlich hervorgeht, dass zwischen einer Kalkülsprache in unserem und einer Kalkülsprache im FREGEschen Sinne eine eigentlich so zu nennende Spannung überhaupt nicht besteht. [Scholz, 1935, 43 f.]

5 Klassische Aussagenlogik als uninterpretierter Kalkül 1: Kodex$_{\text{WFF}}$

Wir hatten oben *Kodex* recht allgemein bestimmt, d.h., ohne die Berücksichtigung eines konkreten Regelsystems. Wir wollen die *klassische Aussagenlogik* in einer konkreten Formulierung von Church 1956 betrachten. Die Darstellungsform ist die folgende:

> we begin by setting up, in abstraction from all considerations of meaning, the purely formal part of the language, so obtaining an uninterpreted calculus or *logistic system.* [Church, 1956, 48]

Church nimmt eine Unterscheidung vor, die wir bei Scholz nicht finden. Er unterscheidet streng zwischen *uninterpretierten* und *intepretierten* Kalkülen. Scholz betrachtet ausschließlich einen *uninterpretierten* Kalkül bzw. setzt diesen Ausdruck mit Kalkül, vielleicht sogar manchmal mit Kalkül*sprache gleich.* Der Bezug auf die Darstellung von Church hat mehrere Gründe: (a) Es handelt sich um eine äußerst präzise und klar gegliederte Darstellung. (b) Sie erlaubt die exakte Bestimmung verschiedener *Kodizes* und ihrer wechselseitigen Beziehungen. (c) Sie ist zunächst neutral zum Text von Scholz und gehört somit zu meiner *Analysesprache.* (d) Wir können die Ausführungen von Scholz, die hier nicht im Einzelnen dargestellt werden sollen, eindeutig der Version von Church zuordnen, wobei strukturelle Unterschiede sichtbar werden.

Wir wollen Churchs zweite Kalkülisierung der klassischen Aussagenlogik – das System P_2 betrachten. Die Angabe der axiomatischen

Basis von P_2, die Church „the primitive basis of P_2" nennt, umfasst vier Momente:

1. Grundzeichen („primitive symbols"), unterteilt in eigentliche („proper") und uneigentliche („improper") Symbole

2. Formationsregeln („formation rules"), die eindeutig festlegen, welche der Zeichenketten, die sich aus den Grundzeichen bilden lassen, wohlgeformte Formeln („well-formed formulas" = „wffs") sind

3. Schlussregeln („rules of inference"), die eindeutig die Übergänge von Formeln zu Formeln regeln

4. Axiome („axioms"), die ausgezeichnete Formeln darstellen

Wir werden so vorgehen, dass die ersten beiden Momente bereits einen Kodex bilden, der den Ausdruck „wohlgeformte Formel" („well-formed formula" = „wff") als internen Ausdruck charakterisiert. Diesen Kodex wollen wir mittels „Kodex$_{WFF}$" etikettieren und mit „WFF" bezeichnen wir alle diejenigen Formeln, die sich mittels Kodex$_{WFF}$ bilden lassen. Church gibt diese beiden Momente wie folgt an:

(1) Grundzeichen
The primitive symbols of P_2 are the four improper symbols

$$[\;\supset\;]\;\sim$$

and the infinite list of (propositional) variables

$$p\;q\;r\;s\;p_1\;q_1\;r_1\;s_1\;p_2\ldots$$

(the order here indicated being called the alphabetic order of the variables). [Church, 1956, 119]

2. Formationsregeln
The formation rules of P_2 are:
20i. A variable standing alone is a wff.

20ii. If Γ is wf, then $\sim\!\Gamma$ is wf.
20iii. If Γ and Δ are wf, then $[\Gamma \supset \Delta]$ is wf.
A formula of P_2 is wf if and only if its being so follows from the three formation rules. [Church, 1956, 119]

Diese Formulierung weist einige bemerkenswerte Spezifika auf:

(a) Church verzichtet bei der Angabe der Grundzeichen auf die Verwendung von Kommata. Das Zeichen „," gehört *nicht* zu den Grundzeichen! Die Verwendung der größeren Abstände zwischen den Zeichen muss so verstanden werden, dass wir es mit *isolierten, atomaren* Einzelzeichen zu tun haben.[6]

(b) Die Variablen müssen unbedingt bereits in einer *alphabetischen Ordnung* gegeben sein.

(c) Er macht bei der Angabe der einzelnen Formationsregeln einen Unterschied zwischen „wff", was zunächst nur für die Variablen gilt, die nun nicht nur Grundzeichen, sondern auch Formeln sind.[7] Für wf-Ausdrücke verwendet Church die gesonderten Metavariablen „Γ" und „Δ". Damit wird zugleich angezeigt, dass es sich um *bedingte* Regeln (*If-then*-Regeln) handelt.

Die Gesamtheit der ersten beiden Momente stellt den Kodex$_{\text{WFF}}$ dar und definiert rekursiv den Ausdruck „... wohlgeformte Formel", der damit *intern* bestimmt ist. Der für eine *Gesamtheit* erforderliche *Abschluss* wird hier durch die letzte der Formationsregeln – kurz „Nichts weiter ist eine wff" – gesichert. Dieser Kodex ist in zweifacher Hinsicht *entscheidbar*: (1) Wenn irgendein Symbol gegeben ist, dann muss effektiv entschieden werden können, ob es ein Grundzeichen ist oder nicht. (2) Von jeder Zeichenreihe, d.h. jeder linearen, horizontalen, endlichen Verkettung von Grundzeichen, muss in endlich vielen Schritten entschieden werden können, ob es sich um eine wff handelt oder nicht. Da

---

[6]Indizierte Zeichen wie „p_1" etc. gelten ebenfalls als Einzelzeichen in dem Sinne, dass es für sie im Kodex$_{\text{WFF}}$ *keine Formationsregel gibt*.

[7]Nebenbei: In der (internen) Beziehung zwischen z.B. dem *Grundzeichen* „p" und der *wohlgeformten Formel* „p" drückt sich die strengste Form des *logischen Atomismus* aus: Gestaltgleichheit von Grundzeichen und Formel.

die Formationsregeln 20i, 20ii und 20iii allesamt *Verlängerungsregeln* sind, ergibt sich hier kein Problem.

Wir könnten nun fragen, ob dies bereits einen Kalkül im Sinne einer rein formalenTheorie darstellt. Immerhin können wir Regeln verwenden, mit ihnen *rechnen*. Prüfung auf Wohlgeformtheit (Syntaxprüfung) ist ein logisches Verfahren. Möglicherweise würden wir aber auch sagen, dass die Angabe der wffs nur eine Vorbedingung von Logik ist. Vielleicht sogar eine Art Wesensbestimmung? Die Kalkül*sprache* von Scholz – im Unterschied zu *Kalkül* – als Kodex$_{WFF}$ anzusehen, liefert eine mögliche Lesart.

Schließlich besagt die Deutung dieses Regelkomplexes als Kodex *nicht,* dass die Regeln mittels Grundzeichen allein angegeben werden können. Zur Formulierung der Regeln benötigen wir Metavariablen wie „Γ" und „Δ" und Phrasen wie „if – then" etc., die — wie hier — der englischen Sprache entnommen sind, aber auch durch neue Zeichen dargestellt werden können, die wiederum keine Grundzeichen sind.

6 Klassische Aussagenlogik als uninterpretierter Kalkül 2: Kodex$_{AX}$

Wir betrachten nun die Formulierung der verbliebenen zwei Momente: 3. Schlussregeln und 4. Axiome:

(3) Schlussregeln

The rules of inference of P_2 are

*200. From [**A** ⊃ **B**] and **A** to infer **B**. (Rule of modus ponens)

*201. From **A** to infer $S^b_B A |$. (Rule of substitution) [Church, 1956, 119]

Das komplexe Symbol „$S^b_B A |$" erläutert Church so: „In order to state the rules of inference [...], we introduce the notation ‚**S**|' for the operation of substitution, so that $S^b_B A |$ is the formula which results by substitution of **B** for each occurrence of **b** throughout **A**" [Church, 1956, 72]. Die Metavariable „b" steht für beliebige (Aussagen-)Variablen. Die Metavariablen „A" und „B" stehen für beliebige wffs. Damit ist klar, dass diese Regeln nicht unabhängig von Kodex$_{WFF}$ formuliert werden können bzw. Kodex$_{WFF}$ geht auf spezifische Weise in die Regelformulierung ein.

Es ist jedoch eine naheliegende Forderung, dass die Schlussregeln Kodex$_{WFF}$ nicht antasten dürfen. D.h., dass die Anwendung der Schlussregeln niemals von einer bzw. zwei wffs zu einer Zeichenreihe führen darf, die nicht wohlgeformt ist. Church geht in einer Fußnote mit Bezug auf eine analoge Substitutionsregel explizit darauf ein: „It is meant, of course, that **B** may be any wff. The result of the substitution is wf, as may be proved by mathematical induction with respect to the number of occurrences of ⊃ in **A**." [Church, 1956, 72, fn. 161]

> Axiome
> The axioms of P$_2$ are the three following:
> †202. [**p** ⊃ [**q** ⊃ **p**]]
> †203. [[**s** ⊃ [**p** ⊃ **q**]] ⊃ [[**s** ⊃ **p**] ⊃ [**s** ⊃ **q**]]]
> †204. [[~**p** ⊃ ~**q**] ⊃ [**q** ⊃ **p**]] [Church, 1956, 119][8]

Auch hier muss natürlich gelten, dass alle drei Axiome wohlgeformt sind. Die Gesamtheit aller 4 Momente, d.h., Kodex$_{WFF}$ (1. Grundzeichen und 2. Formationsregeln) nebst 3. Schlussregeln und 4. Axiome liefern Kodex$_{AX}$, den Church „the primitive basis of the formal system" [Church, 1956, 119] nennt. Häufig wird die alleinige Angabe der Schlussregeln und Axiome, manchmal sogar nur die Präsentation der Axiome „axiomatische Basis" genannt. Dies unterschlägt allerdings den für uns wichtigen Punkt, dass von einem *formalen* Standpunkt aus immer schon die Angabe eines Kodex$_{WFF}$ vorausgesetzt werden muss.

Aus Sicht eines Formalisten haben wir nun einen recht großen Handlungsspielraum bei der Angabe von Formregeln bzw. Axiomen

---

[8] Abweichend vom Originaltext gebe ich die Axiome mit allen Klammern wieder. Church hat spezielle Regeln zur Klammereinsparung unter der Verwendung von Punkten eingeführt, die ich unberücksichtigt lasse.

relativ zu Kodex$_{\text{WFF}}$. Wir könnten z.B. einfach entweder Axiom †202 oder Axiom †203 streichen. Wenn wir dagegen †204 streichen, bemerken wir, dass wir uns fragen könnten, wieso wir „$\sim$" überhaupt als Grundzeichen benötigen. Dies deutet bereits darauf hin, dass eine bestimmte wechselseitige Abhängigkeit zwischen Kodex$_{\text{WFF}}$ und der Wahl der Axiome bzw. Schlussregeln besteht.

Beweis (proof) & Theorem (theorem)

Welche Ausdrücke werden nun durch Kodex$_{\text{AX}}$ intern bestimmt?

> A finite sequence of one or more well-formed formulas is called a *proof* if each of the well-formed formulas in the sequence either is an axiom or is immediately inferred from preceding well-formed formulas in the sequence by means of one of the rules of inference. A proof is called a proof *of* the last well-formed formula in the sequence, and the *theorems* of the logistic system are those well-formed formulas of which proofs exist. As a special case, each axiom of the system is a theorem, that finite sequence being a proof which consists of a single well-formed formula, the axiom alone. [Church, 1956, 49 f.]

Dies macht Ausdrücke wie „**A** ist ein Theorem" („... is a theorem") immer nur relativ zu einem bestimmten Kodex$_{\text{AX}}$ — angezeigt durch „$\vdash_{AX}$ **A**" — und „... ist ein Beweis der letzten Formel" („... is a proof of the last well-formed formula") ebenfalls zu *intern* bestimmten Ausdrücken. Wir sprechen dann davon, dass wir auf diese Weise eine rein *syntaktische* Darstellung eines logischen Systems geben.

Wir können uns nun Modifikationen von Kodex$_{\text{AX}}$ der unterschiedlichsten Art denken, die Einfluss auf $\vdash_{AX}$ haben können. Es kann aber auch sein, dass wir irgendwelche $\vdash_{AX*}$ angeben können, wobei gilt $\vdash_{AX}$ **A** genau dann, wenn $\vdash_{AX*}$ **A**. Dafür ist nicht einmal erforderlich, dass die Kodizes$_{WFF}$ isomorph sein müssen, wenn wir geeignete Übersetzungen zur Hand haben. Der Kodex$_{\text{WFF}}$ des Systems P_1 von Church enthält z.B. das Grundzeichen „$\sim$" nicht, dafür aber als alternatives

Grundzeichen „f" verknüpft mit der Formationsregel „The primitive constant f standing alone is a wff" [Church, 1956, 70].

Heyting hat einen Kodex$_{AX}$ für die intuitionistische Aussagenlogik (IAL) angegeben, der auf jeden Fall neben „$\sim$" und „$\supset$" noch weitere Grundzeichen dieser Art benötigt. Unter Beibehaltung der Form der Schlussregeln musste er andere Axiome wählen. Doch damit ändert sich auch die interne (implizite) Charakterisierung von „$\sim$" und „$\supset$". Frege wäre diese Denkhaltung wohl sehr fremd. Für ihn gibt es genau eine Negation, genau eine Implikation (Bedingungsstrich) und letztlich genau eine Logik. Und die Gründe dafür müssen *inhaltlicher* Natur sein, die bisher überhaupt noch nicht erfasst sind.

7 Zum Verhältnis zwischen Kodex$_{AX}$ und Kodex$_{WFF}$

Kodex$_{AX}$ bestimmt die Menge aller seiner Theoreme. Für diese Menge verwenden wir die Bezeichnung „THE". Somit ist THE wiederum als eine Gesamtheit eindeutig charakterisiert. Doch in welchen Beziehungen können nun WFF charakterisiert durch Kodex$_{WFF}$ und THE charakterisiert durch Kodex$_{AX}$ zueinander stehen?

7.1 WFF $\subset$ THE

Diese Möglichkeit wird normalerweise nicht betrachtet bzw. eben dadurch ausgeschlossen, dass alle Axiome wffs sind und die Schlussregeln die Wohlgeformtheit vererben. Sollte dieser Fall doch eintreten, dann wäre Kodex$_{AX}$ in einer eigenartigen Weise *kreativ*. Er würde mehr Ausdrücke generieren als der Kodex$_{WFF}$ zunächst erlaubt. Wir würden Kodex$_{AX}$ dann wohl den Charakter einer Logik absprechen. Wir wollen in der Logik mehr ausdrücken als wir ausdrücken können. Wittgenstein bietet für solche Verletzungen in seinem *Tractatus* den Terminus „unsinnig" an. Wir möchten der Versuchung nachgeben, die Grenze der logischen Form zu überschreiten: Etwas wird als Theorem gewünscht, ist aber nicht wohlgeformt:

T 4.124   Es wäre ebenso unsinnig, dem Satze eine formale Eigenschaft zuzusprechen, als sie ihm abzusprechen. [Wittgenstein, 1984, 35]

T 5.473   („Sokrates ist identisch" heißt darum nichts, weil es keine Eigenschaft gibt, die „identisch" heißt. Der Satz ist unsinnig, weil wir eine willkürliche Bestimmung nicht getroffen haben, aber nicht darum, weil das Symbol an und für sich unerlaubt wäre.) [Wittgenstein, 1984, 57]

7.2   THE $\subset$ WFF

Normalerweise erwarten wir, dass die Menge aller Theoreme THE eine echte Teilmenge aller wohlgeformten Formeln WFF ist. Wir sagen dann, dass nur in diesem Fall Kodex$_{AX}$ „interessant", „eine wirkliche Logik" ist. Was geschieht jedoch, wenn wir auf eine explizite bzw. vorgelagerte Angabe von Kodex$_{WFF}$ verzichten und annehmen, dass die Axiome bereits selbst die Wohlgeformtheit zeigen und die Schlussregeln zugleich die Formregeln sind, indem sie die gegebene Wohlgeformtheit der Axiome auf alle Theoreme übertragen? Diese Überlegung könnte relevant bzgl. Freges Grundgesetz V in seinen *Grundgesetzen* [1893, 61, 240] sein, wenn wir nicht erst seine logische Wahrheit, sondern bereits seine Wohlgeformtheit hinterfragen. Ist es wohlgeformt bzgl. eines bestimmten Kodex$_{WFF}$, benennt aber das Wahre nicht? Oder können wir es auch als nicht wohlgeformt ansehen? Oder beides?

7.3   WFF = THE

Im Fall, dass Kodex$_{WFF}$ and Kodex$_{AX}$ dieselbe Menge von Formeln charakterisieren, sagen wir, dass *Trivialität* vorliegt. Aus *formalistischer* Sicht haben wir eine paradoxe Situation vor uns. Wir geben zunächst einen Kodex$_{WFF}$ an und erweitern diesen dann zu Kodex$_{AX}$ mit dem Ziel, gewisse Formeln als *Theoreme* auszuzeichnen. Dann stellt sich jedoch heraus, dass wir wiederum etwas erhalten, was wir bereits charakterisiert hatten: WFF. Kodex$_{AX}$ wäre dann einfach eine nochmalige Art und Weise Wohlgeformtheit zu definieren.

Trivialität ist nicht an eine Negation wie z.B. „∼" bzw. den Begriff des Widerspruchs im Sinne der Beweisbarkeit von ⊢ **A** als auch ⊢ ∼**A** gebunden. Reduzieren wir den Kodex$_{\text{AX}}$ um das Grundzeichen „∼", die Formationsregel 20ii. und das Axiom †204 und fügen als Axiom †205. $((p \supset p) \supset p)$ hinzu. Es sollte sich $(p \supset p)$ beweisen lassen. Dann würden wir mittels Schlussregel *200. p beweisen und schließlich **B** mittels *201. in der Version „From p to infer $S^p_{\mathbf{B}}p|$". Dies liefert uns jede wff. Inkonsistenz (Widersprüchlichkeit) eines Kodex$_{\text{AX}}$ ist nur eine spezifische Form von Trivialität, da wir immer einen Weg zu p finden.

Frege könnte folgende berechtigten Fragen stellen: Wie können wir entscheiden, ob wir *Wohlgeformtheit* oder *Beweis* betrachten, wenn wir Fragen des Inhalts (der Semantik) nicht berücksichtigen? Wie können wir entscheiden, ob wir es in unserer Logik genau mit einer und nicht mit mehreren Negationen zu tun haben, wenn wir semantische Aspekte nicht berücksichtigen? Wenn der Inhalt stets mitgedacht ist, dann muss sich die Verletzung der Wohlgeformtheit an der Inhaltslosigkeit (Unsinnigkeit) der Zeichenreihe zeigen.

8 Die Kodifizierung bei Scholz

In einem interessanten Punkt weicht die Darstellung von Scholz von der von Church ab. Scholz nimmt eine andere Zweiteilung vor, die sich nicht mit der Zweiteilung in Kodex$_{\text{WFF}}$ und seiner Ergänzung zu Kodex$_{\text{AX}}$ deckt. Er unterscheidet zwischen *Baumaterial* und *Festsetzungen* (vgl. [Scholz, 1935, 16]). Sein „Baumaterial" entspricht den „Grundzeichen" („primitive symbols") bei Church. Die Unterteilung des Baumaterials in zwei elementfremde Teilmengen — falls die Klammern Berücksichtigung finden, sind es drei derartige Mengen — entspricht der bei Church. Das Problem bei dieser Unterteilung ist, dass so eine scheinbar regelunabhängige Bestimmung des Materials erfolgt. Gemäß meiner Lesart von Kodex$_{\text{WFF}}$ bestimmen erst die Formationsregeln, welche Rolle die aufgelisteten Grundzeichen spielen. Erst der Unterschied zwischen den *unbedingten* Formationsregel für Variablen wie „p" in 20i ohne die Verwendung von „if" und den *bedingten* Regeln für „∼" und „⊃" in 20ii und 20iii zeigt den unterschiedlichen Status dieser Grundzeichen an. Umgekehrt gehen die geregelten Vorgaben der *alphabetisch geordneten* und *unendlichen* Liste der Variablen sowie die *Endlichkeit* der Liste mit den *improper symbols* in die Art der Formulierung der Formationsregeln ein. Die *Stelligkeit* der Letztgenannten wird ebenfalls erst durch die Formationsregeln bestimmt. Diese könnten doch auch lauten:

20ii.* If Γ is wf, then ⊃ Γ is wf. [einstelliges „⊃"]

20iii.* If Γ and Δ are wf, then [Γ ∼ Δ] is wf. [zweistelliges „∼"]

Weder die Angabe der Grundzeichen für sich noch die alleinige Angabe der Axiome bestimmt einen Kodex. Bei der Bestimmung der Formationsregeln, Axiome und Schlussregeln vermeidet Scholz den Terminus „Regel". Allgemein verwendet er „Festsetzungen über die Verwendung des Baumaterials" [Scholz, 1935, 17]. Er gibt jedoch keine konkreten Axiome an.

Die Formationsregeln nennt er „Ausdrucks- oder Formbestimmungen" (ebenda), wobei er wiederum keine konkreten Regeln angibt. Ein *Axiom* bzw. ein „Grundsatz"[9] wird mittels einer *Festsetzung* einer ausgezeichneten Zeichenreihe bestimmt. „Nicht weniger, aber auch nicht mehr" [Scholz, 1935, 17].

Die Schlussregeln nennt Scholz „Umformungsbestimmungen", die ebenfalls als Festsetzungen aufgefasst werden. Die Regel *201. nennt er „Einsetzungsregel" und die Regel *200. „Abtrennungsregel".

Abgesehen davon, dass Scholz einige Details nicht expliziert und wir damit nicht genau wissen, wie sein Kodex$_{AX}$ aussieht, und somit auch nicht welchen Kalkül er genau meint, können wir davon ausgehen, dass er irgendeine Version im Auge hat, die mit dem System P_2 von Church (syntaktisch) äquivalent ist.

---

[9]„Grundsatz" verwendet Scholz vermutlich im Sinne von Axiomenschema, welches mittels Metavariablen für Formeln angegeben wird und unendlich viele objektsprachliche Instanzen hat. In diesem Fall könnten wir mit Blick auf das System P_2 auf die Angabe der Regel *201. verzichten.

9 Wieso ist nun Freges *Begriffsschrift* kein Logik-Kalkül im Sinne von Scholz?

Zu Argument 1: Freges *Begriffsschrift* als Logik-Kalkül
Wieso ist Freges *Begriffsschrift* – insbesondere auch der aussagenlogische Teil – „[e]ine der arithmetischen nachgebildete Formelsprache des reinen Denkens" kein Kodex$_{AX}$ und somit kein uninterpretierter Kalkül?

> Ich habe das, worauf allein es mir ankam, in §3 als *begrifflichen* Inhalt bezeichnet. Diese Erklärung muss daher immer im Sinne behalten werden, wenn man das Wesen meiner Formelsprache richtig auffassen will. Hieraus ergab sich auch der Name „Begriffsschrift". Da ich mich fürs erste auf den Ausdruck solcher Beziehungen beschränkt habe, die von der besonderen Beschaffenheit der Dinge unabhängig sind, so konnte ich auch den Ausdruck „Formelsprache des reinen Denkens" gebrauchen. [Frege, 1879, IV]

Eine *Formelsprache* ist damit stets auf ihren „begrifflichen Inhalt" bezogen, was allerdings nicht bedeutet, dass sie von der „besonderen Beschaffenheit der Dinge" abhängig ist. Eine Bestimmung als „Formelsprache des reinen Denkens" ist für Frege offensichtlich mit der Forderung der permanenten Berücksichtigung des begrifflichen Inhalts kompatibel. Aufgrund dessen geht die Bestimmung seiner *Begriffsschrift* als *Kalkül*sprache im Sinne von Kodex$_{AX}$ fehl.

Frege führt die elementaren Bestandteile seiner zweidimensionalen Notation nicht mittels einer Liste von distinkten, atomaren Zeichen ein. Selbst der einfache waagerechte Strich heißt bei Frege „Inhaltsstrich". Und er fordert, dass das, was auf diesen Strich folgt, einen beurteilbaren Inhalt haben muss (vgl. [Frege, 1879, 2]) Der senkrechte Strich wird überhaupt nicht als separates Grundzeichen eingeführt, sondern immer in einer zusammengesetzten Konstruktion der Form „⊢" dargestellt:

> Der wagerechte Strich, aus dem das Zeichen ⊢ gebildet ist, verbindet die darauf folgenden Zeichen zu einen Ganzen, und auf dies Ganze bezieht sich die Bejahung, welche

> durch den senkrechten Strich am linken Ende des wagerechten ausgedrückt wird. Es möge der wagerechte Strich Inhaltsstrich, der senkrechte Urtheilsstrich heissen. Der Inhaltsstrich diene auch sonst dazu, irgendwelche Zeichen zu dem Ganzen der darauf folgenden Zeichen in Beziehung zu setzen. Was auf den lnhaltsstrich folgt, muss immer einen beurtheilbaren Inhalt haben. [Frege, 1879, 2]

Weder „Inhalt" noch „Urteil" will Frege rein formal verstanden wissen. Frege kritisiert sowohl Begriffsbestimmungen, die aus der formalistischen Sichtweise stammen, als auch die Vernachlässigung des seiner Meinung nach stets mitzudenkenden Inhalts. Hier drei Beispiele aus seinen Briefen an Hilbert:

Beispiel 1: Frege und Hilbert über *Symbole*

> Man wird auch den Gebrauch von Symbolen nicht einem gedankenlosen, mechanischen Verfahren gleichsetzen dürfen, obwohl die Gefahr in einen blassen Formelmechanismus zu verfallen hierbei weit näher liegt, als beim Gebrauch des Wortes. Man kann auch in Symbolen denken. [...]

> Der natürliche Weg, auf dem man zu einer Symbolik gelangt, scheint mir der zu sein, dass man bei einer in Worten geführten Untersuchung das Breite und Unübersichtliche und Ungenaue der Wortsprache als hinderlich empfindet und, um dem abzuhelfen, eine Zeichensprache schafft, in der die Untersuchung übersichtlicher und genauer geführt werden kann. Also: erst das Bedürfnis, dann die Befriedigung. Dagegen erst eine Symbolik zu schaffen und dann Anwendungen für sie zu suchen, möchte weniger förderlich sein. Vielleicht ist die Boole-Schröder-Peanosche Symbolik diesen Weg gegangen.[10]

Eine Zeichensprache wird zwar *geschaffen* und nicht einfach der Wortsprache entnommen. Ihre Kreation erfolgt aber eben nicht im luftleeren

---
[10]Brief Freges an Hilbert vom 1. Oktober 1895, [Frege, 1980, 4].

Raum, sondern auf der Basis eines *Bedürfnisses* und immer im Kontext des *Denkens*. Frege hat 1895 seine Unterscheidung von *Sinn* und *Bedeutung* zur Verfügung, wobei der Sinn des Aussagesatzes als *Gedanke* expliziert wird.

Beispiel 2: Axiome als (implizite) Definitionen bei Hilbert vs. Abgrenzung der Definitionen von den Axiomen bei Frege

Frege reagiert sehr rasch auf Hilberts *Grundlagen der Geometrie* (1899):

> Nachher aber (S. 20) denken Sie sich ein Paar Zahlen als einen Punkt. Bedenklich sind mir die Sätze (§1), dass die genaue und vollständige Beschreibung von Beziehungen durch die Axiome der Geometrie erfolge, und dass (§3) Axiome den Begriff „zwischen" definieren. Damit wird etwas den Axiomen aufgebürdet, was Sache der Definitionen ist. Dadurch scheinen mir die Grenzen zwischen Definitionen und Axiomen in bedenklicher Weise verwischt zu werden und neben der alten Bedeutung des Wortes „Axiom", die in dem Satze hervortritt, dass Axiome Grundtatsachen der Anschauung ausdrücken, eine andere, aber mir nicht recht fassbare aufzutauchen.

> Die Gesamtheit der mathematischen Sätze möchte ich aufteilen in Definitionen und alle übrigen Sätze (Axiome, Grundgesetze, Lehrsätze). Jede Definition enthält ein Zeichen (einen Ausdruck, ein Wort), das vorher noch keine Bedeutung hatte, dem erst durch die Definition eine Bedeutung gegeben wird. Nachdem dies geschehen ist, kann man aus der Definition einen selbstverständlichen Satz machen, der wie ein Axiom zu gebrauchen ist.[11]

Hilberts Definitionen durch Axiome werden häufig als „implizite Definitionen" bezeichnet. Um hier präziser zu werden, müssten wir klären,

---

[11] Frege an Hilbert vom 27. Dezember 1899, [Frege, 1980, 7].

ob damit tatsächlich immer nur die Axiome aus Kodex$_{AX}$ gemeint sind, oder zudem die Schlussregeln, in denen die definierten Zeichen vorkommen, oder letztlich der gesamte Kodex$_{AX}$ einschließlich Kodex$_{WFF}$. Axiome sind für Frege nicht einfach nur ausgezeichnete Formeln, sondern eben „Grundtatsachen der Anschauung". Die alleinige Angabe eines Kodex$_{AX}$ kann nach seiner Auffassung niemals für eine einzige Definition ausreichen. In einer Definition werden die zu definierenden Zeichen zwar in einem bestimmten bedeutungsvollen Kontext eingeführt, aber so, dass sich daraus die Bedeutung dieses Zeichens ergibt. Erst wenn diese Bedeutung fixiert wurde, kann die Definition wie ein „selbstverständlicher Satz" gebraucht werden.

Beispiel 3: Zur Überflüssigkeit von Widerspruchfreiheitsbeweisen

Aus der formalen Sicht besteht die Pflicht nachzuweisen, dass der Fall THE=WFF, d.h. der Zusammenfall von Kodex$_{AX}$ mit Kodex$_{WFF}$ nicht auftreten kann. Eine rein formale Theorie soll *nicht trivial* sein. Um das zu erreichen, muss in einer bestimmten Weise die *syntaktische Widerspruchsfreiheit* bzw. *Konsistenz* dieser Theorie erst bewiesen werden. Diese Widerspruchsfreiheit ist nicht zu verwechseln mit der weiter unten noch besprechenden *semantischen Widerspruchsfreiheit* bzw. *Korrektheit*, die Bezug auf eine Interpretation, ein Modell, irgendeine Form von *Semantik* nimmt. Church gibt drei Versionen für „the purely syntactical statement" für Konsistenz an:

(a) A logistic system is *consistent with respect to* a given transformation by which each sentence or propositional form **A** is transformed into a sentence or propositional form **A**′, if there is no sentence or propositional form **A** such that ⊢ **A** and ⊢ **A**′.

(b) A logistic system is *absolutely consistent* if not all its sentences and propositional forms are theorems.

(c) A logistic system is consistent *in the sense of Post (with respect to* a certain category of primitive symbols designated as „propositional variables") if a wff consisting of a propositional variable alone is not a theorem. [Church, 1956, 108 f.]

Da Frege diesen rein syntaktischen Standpunkt nicht gewillt ist einzunehmen, äußert er ganz deutlich sein Unverständnis gegenüber derartigen Begriffsbildungen und sieht keine Veranlassung, die Konsistenz seiner Logik beweisen zu müssen:

> Axiome nenne ich Sätze, die wahr sind, die aber nicht bewiesen werden, weil ihre Erkenntnis aus einer von der logischen ganz verschiedenen Erkenntnisquelle fliesst, die man Raumanschauung nennen kann. Aus der Wahrheit der Axiome folgt, dass sie einander nicht widersprechen. Das bedarf also keines weiteren Beweises. (Frege an Hilbert am 27. Dezember 1899. [Frege, 1980, 8]

Gemäß unserer Analysesprache bedeutet dies zunächst, dass kein Grund für einen Beweis von THE $\subset$ WFF besteht. Wir werden weiter unten noch einen semantischen Kodex$_{SEM}$ betrachten, der die Menge der Tautologien TAUT bestimmt. Freges Bemerkung lässt sich dann zusätzlich auch so verstehen, dass es keine Notwendigkeit für den Beweis von THE $\subseteq$ TAUT gibt.

Zu Argument 2: Problematische Verwendung einer Textstelle aus Freges *Grundgesetzen der Arithmetik*, Band II (1903)

Scholz verwendet nur das Versatzstück „ohne dass er eine Ahnung von Sinn und Bedeutung dieser Zeichen hätte, noch von den Gedanken, deren Ausdruck die Formeln sind" aus Freges *Grundgesetzen der Arithmetik*, Band II, §90. Die Langfassung lautet aber:

> Nun ist es ja ganz richtig, dass wir unsere Regeln des Schliessens und die andern Gesetze der Begriffsschrift auch hätten einführen können als willkürliche Festsetzungen, ohne irgend von der Bedeutung und dem Sinne der Zeichen zu sprechen. Die Zeichen würden dann eben als Figuren behandelt. Was uns als äussere Darstellung eines Schlusses galt, wäre dann einem Zuge des Schachspiels vergleichbar, nur der Uebergang von einer Figurenstellung zu einer andern, ohne dass dem ein Uebergang von einem Gedanken

zu einem andern entspräche. Man könnte jemandem unsere Formeln I bis VI und die Definitionen A bis H des ersten Bandes als Ausgangspunkte geben – vergleichbar der Grundstellung der Schachfiguren –, ihm die Regeln sagen, nach denen er Umformungen vornehmen dürfte, und nun die Aufgabe stellen, unsern Satz (71) des ersten Bandes von jenen Ausgangspunkten aus zu erreichen; alles dies, ohne dass er eine Ahnung von Sinn und Bedeutung dieser Zeichen hätte, noch von den Gedanken, deren Ausdruck die Formeln sind. Es wäre sogar denkbar, dass diese Aufgabe ebenso gelöst würde, wie wir es gethan haben. Dass dabei geistige Arbeit geleistet werden müsste, versteht sich von selbst, ebenso wie bei einer ähnlichen Aufgabe des Schachspiels, von einer Grundstellung aus zu einer gegebenen Endstellung gemäss den Regeln des Spiels zu gelangen, wobei von Gedanken, die durch die verschiedenen Stellungen ausgedrückt würden, keine Rede wäre, und kein Zug als Schluss gedeutet werden könnte. [1903, §90, 99 f.]

Frege scheint nun mit seiner Ausführung im Einklang mit dem formalistischen Programm zu stehen: Die Grundzeichen lassen sich analog zu Schachfiguren auffassen. Da wir mit Bezug auf Schachfiguren nicht an Inhalte, an irgendwie geartete Bedeutungen denken müssen, können wir entsprechend die Grundzeichen als bedeutungslose Gebilde auffassen. Die Regeln, die den Raum aller möglichen Züge im Schachspiel bestimmen, sind analog zu den Schlussregeln. Die Anwendung einer Schlussregel bewirkt den Übergang von einem Theorem zum nächsten. Ähnlich führt die Ausführung eines Schachzuges gemäß den Regeln von einer Schachstellung zur nächsten. Schachstellungen können als Theoreme betrachtet werden. Die Ausgangstellung der Figuren — Frege nennt sie „Grundstellung" — bildet die Startbedingung einer jeden Schachpartie und nimmt dann die Stellung von Axiomen in einem formalen Spiel ein. Frege ist sogar bereit, seine Grundgesetze I bis VI sowie die Definitionen A bis H des ersten Bandes seiner *Grundgesetze der Arithmetik* einfach nur „Formeln" zu nennen, die in ihrer Gesamtheit eben dieser Grundstellung entsprächen. Die Aufgabe, den Satz (71) aus [Frege, 1893, 113] auf rein formalem Wege zu beweisen, d.h. unter ausschließlicher Verwendung der Mittel eines Kodex$_{AX}$, korrespondiert dann mit der Aufgabe, eine vorgegebene (korrekte) Schachstellung als Endstellung aufzufassen und in endlich vielen Zügen zu erreichen.

Wir erkennen eindeutig die Angabe der Grundzeichen (Schachfiguren), der Axiome (Grundstellung) und der Schlussregeln (Zugregeln). Außerdem erfahren wir, dass der Kodex$_{Schach}$ den Ausdruck „... ist eine aus der Grundstellung regelkonform erreichbare Stellung einschließlich der Grundstellung" vollständig bestimmt und somit scheinbar der Bestimmung des Ausdrucks „... ist ein Theorem" durch Kodex$_{AX}$ entspricht. Es gibt allerdings eine wichtige Ausnahme. Wir erfahren nicht, was hier und analog im Schach zu den Formationsregeln aus Kodex$_{WFF}$ und somit auch aus Kodex$_{AX}$ analog sein soll. Dies führt uns nochmals zu dem Punkt, an dem die Frage auftaucht, ob es korrekt ist, dass jede Logik immer die Explikation eines Kodex$_{WFF}$ voraussetzen muss. Oder ob die Wohlgeformtheitsbedingungen bereits mit der Angabe der Grundzeichen (Schachfiguren), Grundstellung (Axiome) und der Zugregeln (Schlussregeln) fixiert sind!? Es gibt z.B. im *Problem*schach Aufgaben, die mit einer Ausgangsstellung beginnen, zu der keine korrekte Zugfolge aus der Grundstellung gemäß dem Kodex für Schach*partien* führt.

Wichtiger für unsere kritische Sicht auf Scholz ist jedoch, dass er die Fortsetzung bei Frege ignoriert:

> Obwohl also geistige Arbeit geleistet würde, fehlte doch ganz der Gedankengang, der bei uns die Sache begleitet und ihr eigentlich erst Interesse verliehen hat. Möglich mag es sein, aber kaum vortheilhaft; dürfte die Aufgabe doch durch Abwehr der Gedankenbegleitung nicht leichter, sondern bedeutend schwerer geworden sein. [1903, §90, 100]

Frege akzeptiert, dass sowohl der Schachtheoretiker, der die Zugfolge zu einer vorgegebenen Stellung aus der Grundstellung angibt, als auch der Formalist, der die Beweisschritte zu einer vorgegebenen Formel (z.B. Freges Satz 71) unter alleiniger Verwendung der Axiome (Formeln und Definitionen) findet, geistige Arbeit leisten. Er unterscheidet jedoch „geistige Arbeit" strikt von der „Gedankenbegleitung" bzw. dem „Gedankengang, der bei uns die Sache begleitet und ihr eigentlich erst Interesse verliehen hat", der immer zur Tätigkeit des Mathematikers und Logikers gehört. Dass eine Logik des Denkens *rein* ist bzw. ihre *Kreation* eine *„der arithmetischen nachgebildete Formelsprache"* darstellt, macht diese Formelsprache nicht automatisch zu einer *Kalkülsprache*. Somit kann die Logik nicht auf einen Kodex$_{AX}$ reduziert werden. Eine weitergehende These wäre, dass Frege wohl auch skeptisch auf alternative Kodifizierungen reagiert hätte, die eine Logik insoweit abschließen, dass sich die Frage ihrer *Anwendung* plötzlich als problematisch erweist.

Scholz hätte sich nur darauf berufen können, dass Frege zugibt, dass diese *Möglichkeit* besteht. Da Scholz allerdings die Fortsetzung bei Frege einfach ignoriert, entsteht fälschlicherweise der Eindruck, dass Frege den formalistischen Standpunkt teilt. Frege hat diese Sichtweise hingegen sein ganzes Leben lang konsequent zurückgewiesen.

Zu Argument 3: Problematische Umdeutung von Freges Position zu Schachanalogien[12]

Bereits aus Argument 2 ist ersichtlich, dass Scholz eine äußerst positive Haltung bezüglich der Betrachtung von Analogien zwischen Logik und Schach einnimmt. Um nun seine Position mit der von Frege zu identifizieren, unterstellt er ihm hier sogar ohne expliziten Verweis auf irgendeine Textstelle dieselbe Position, obgleich ihm „die Ausspinnung dieser Dinge nicht sympathisch gewesen" [Scholz, 1935, 42] sei. Frege schreibt jedoch bereits im Vorwort zu seinen *Grundgesetzen der Arithmetik*, Band I von 1893:

> Zuweilen scheint man die Zahlzeichen wie Schachfiguren anzusehen und die sogenannten Definitionen als Spielregeln. Das Zeichen bezeichnet dann nichts, sondern ist die Sache selbst. Eine Kleinigkeit übersieht man freilich dabei, dass

---

[12]Eine ausführlichere Betrachtung zu Freges kritischer Sicht auf Schachanalogien findet sich in [Max, 2020b].

> wir nämlich mit „$3^2 + 4^2 = 5^2$" einen Gedanken ausdrücken, während eine Stellung von Schachfiguren nichts besagt. Wo man sich mit solchen Oberflächlichkeiten zufrieden giebt, ist für eine tiefere Auffassung freilich kein Boden. [Frege, 1893, XIII]

Anlass zu vielen weiteren kritischen Betrachtungen von Analogien mit Bezug auf verschiedene Aspekte des Schachspiels gab eine Bemerkung seines Jenaer Kollegen Thomae in der zweiten und umgearbeiteten Auflage seiner Monografie *Elementare Theorie der analytischen Functionen einer complexen Veränderlichen*:

> Die formale Auffassung der Zahlen zieht sich bescheidenere Grenzen als die logische. Sie fragt nicht, was sind und was wollen die Zahlen, sondern sie fragt, was braucht man von den Zahlen in der Arithmetik. Die Arithmetik ist für die formale Auffassung ein Spiel mit Zeichen, die man wohl leere nennt, womit man sagen will, dass ihnen (im Rechenspiel) kein anderer Inhalt zukommt, als der, der ihnen in Bezug auf ihr Verhalten gegenüber gewissen Verknüpfungsregeln (Spielregeln) beigelegt wird. Aehnlich bedient sich der Schachspieler seiner Figuren, er legt ihnen gewisse Eigenschaften bei, die ihr Verhalten im Spiel bedingen, und die Figuren sind nur äussere Zeichen für dies Verhalten. [Thomae, 1898, 3]

Scholz hätte sich z.B. auf die folgende Reaktion Freges – ein Beispiel unter vielen – beziehen können:

> Suchen wir uns das Wesen der formalen Arithmetik noch klarer zu machen! Die Frage liegt ja nahe: wie unterscheidet sie sich von einem blossen Spiele? Thomae weist als Antwort auf die Dienste hin, die sie für die Naturerklärung leisten könne. Dies kann nur darauf beruhen, dass die Zahlzeichen etwas bedeuten, die Schachfiguren dagegen nichts. Wenn man der Arithmetik eine höhere Würde als dem Schachspiele zuschreibt, so kann das nur darin begründet sein. [1903, §90]

Alle drei Argumente von Scholz, die dazu dienen sollen, seine Auffassung von einer *Kalkülsprache* mit derjenigen von Frege bezüglich einer *Begriffsschrift* zu identifizieren, taugen nichts. Wir sehen wieder und wieder, wie Frege Zeichen stets im Kontext von *Inhalt, Bedeutung* bzw. von *Gedankengängen* betrachtet und nicht bereit ist, den formalistischen Standpunkt zu teilen. Damit ist klar, dass Scholz sein Ziel, Frege de facto zu einem Formalisten im Sinne Hilberts zu machen, auf seinem argumentativen Wege nicht erreichen kann! Die „Spannung", die zwischen einer Kalkülsprache im Sinne von Kodex$_{AX}$ aufbauend auf Kodex$_{WFF}$ und Freges Begriffsschrift besteht, bleibt erhalten. Selbst die Frage, ob für jegliche Logik stets ein Kodex$_{WFF}$ gefordert werden muss, indem er entweder explizit angegeben oder unterstellt wird, dass er im Bedarfsfalle angegeben werden kann, lässt sich nicht endgültig klären.

10 Klassische Aussagenlogik als interpretierter Kalkül: Kodex$_{SEM}$

Der Formalist kann nun Frege insoweit entgegenkommen, dass er einen alternativen Zugang zu Kodex$_{WFF}$ vorschlägt. Diesen Weg beschreitet Scholz in seinem Aufsatz jedoch nicht. Im Rahmen einer *Modelltheorie* betrachtet der Formalist dann eine *Interpretation* der wohlgeformten Formeln, die die *Bedeutungen* der Grundzeichen angibt. Dieses Projekt nennen wir auch die *Angabe einer Semantik* für Kodex$_{WFF}$. Wenn wir dieses Projekt wieder streng formal betreiben, erhalten wir – alternativ allein auf Kodex$_{WFF}$ aufbauend – einen weiteren Kodex$_{SEM}$, der den Ausdruck „... ist Tautologie" bzw. „... ist allgemeingültig" *intern* charakterisiert. In der Version von Church 1956 erfolgt die *principal interpretation* für den Kodex$_{WFF}$ von P$_2$ mittels folgender *semantic rules*:

> The variables are variables having the range t and f.
>
> A wff consisting of a variable **a** standing alone has the value t for the value t of **a**, and the value f for the value f of **a**.

> For a given assignment of values to the variables of **A**, the value of ∼**A** is f if the value of **A** is t; and the value of ∼**A** is t if the value of **A** is f.
>
> For a given assignment of values to the variables of **A** and **B** the value of [**A** ⊃ **B**] is t if either the value of **B** is t or the value of **A** is f; and the value of [**A** ⊃ **B**] is f if the value of **B** is f and at the same time the value of **A** is t.
> [Church, 1956, 120]

Diese semantischen Regeln stellen eine Interpretation von Kodex$_{\text{WFF}}$ dar, die ganz unabhängig von der axiomatischen Basis erfolgt und deren Angabe Kodex$_{\text{WFF}}$ zu Kodex$_{\text{SEM}}$ erweitert. Dass Kodex$_{\text{WFF}}$ vorausgesetzt werden muss, erkennen wir am Gebrauch der Metavariablen „a", „**A**" und „**B**", die für objektsprachliche wffs stehen. Damit liegen mit Kodex$_{\text{AX}}$ und Kodex$_{\text{SEM}}$ zwei zunächst voneinander unabhängige Erweiterungen von Kodex$_{\text{WFF}}$ vor.

Mittels Kodex$_{\text{SEM}}$ sind wir nun in der Lage, bestimmte semantische Ausdrücke relativ zum Kodex$_{\text{WFF}}$ von P$_2$ intern zu bestimmen:

> A wff **B** of P$_2$ is called a *tautology* if its value is t for every system of values of its variables (the values being truth-values), a contradiction if its value is f for every system of values of its variables. [Church, 1956, 94]

Kodex$_{\text{SEM}}$ bestimmt auf diese Weise insbesondere die Menge TAUT als die Menge aller derjenigen Formeln, die Tautologien sind. Zu den Charakteristika von Kodex$_{\text{SEM}}$ gehört, dass wir von jeder wff entscheiden können, ob sie zur Menge TAUT gehört oder nicht.

Der formalistische Logiker hat nun großes Interesse daran, Kodex$_{\text{AX}}$ und Kodex$_{\text{SEM}}$ zueinander in Beziehung zu setzen, zumeist verbunden mit dem Wunsch, dass beide Kodizes dieselbe echte Teilmenge der Menge wohlgeformter Formeln WFF *intern* charakterisieren. Die folgende Tabelle gibt einen knappen Überblick:

Kodex$_{WFF}$	
charakterisiert WFF	
Kodex$_{AX}$	Kodex$_{SEM}$
1. Erweiterung von Kodex$_{WFF}$	2. Erweiterung von Kodex$_{WFF}$
charakterisiert THE	charakterisiert TAUT
Normalfall: THE $\subset$ WFF	Normalfall: TAUT $\subset$ WFF
THE $\subseteq$ TAUT	
Korrektheit, (semantische) Widerspruchsfreiheit	
[correctness, soundness, (semantic) consistency]	
TAUT $\subseteq$ THE	
(semantische) Vollständigkeit [(semantic) completeness]	
THE = TAUT	
(semantische) Adäquatheit [(semantic) adequacy]	

11 Ausblick: Eine alternative Einordnung von Freges Position?

Ein Logiker als rein *axiomatischer Syntaxtheoretiker* würde die Angabe eines Kodex$_{AX}$ für die Angabe einer *vollständigen* Logik halten. In diesem Sinne sind z.B. die Modalsysteme S1 bis S5, die sich in [Lewis and Langford, 1932] finden, *vollständige* Logiken. Alternativ könnte ein Logiker als Vollblutsemantiker mit der Angabe eines Kodex$_{SEM}$ gänzlich zufrieden sein. Beide Projekte beziehen sich u. U. jeweils auf einen Kodex$_{WFF}$, die sich als gestaltgleich bzw. ineinander übersetzbar erweisen.

Ein Logiker, der zugleich Syntaxtheoretiker und Modelltheoretiker ist, hat – möglicherweise inspiriert durch Freges Position – das Ideal vor Augen, dass Kodex$_{AX}$ und Kodex$_{SEM}$ dieselbe echte Teilmenge aus WFF auszeichnen. Dies bedeutet, dass es sich erst *nachdem* ein semantischer Adäquatheitsbeweis vorliegt, um eine *wahre* Logik handelt. Im Falle der Modallogik wären z.B. die Modallogiken S4 und S5 erst dann zu wahren Logiken geworden, wenn bezüglich einer Interpretation mittels eines Kripke-Modells dieser Adäquatheitsnachweis erbracht wurde. Umgekehrt könnte bereits ein Kodex$_{SEM}$ bereits vorliegen, aber noch kein Kodex$_{AX}$. Einen solchen zu finden ist das Projekt der *Axio-*

matisierbarkeit. Erst wenn ein Kodex$_{AX}$ z.B. zu einer mehrwertigen Semantik gefunden und als adäquat nachgewiesen wurde, handelt es sich um eine *wahre* Logik.

Doch was sagen wir in den Fällen, in denen bewiesen wurde, dass es – zumindest in einem fixierten Suchraum – *keine* adäquate Semantik gibt?[13] Wie ordnen wir umgekehrt den Fall des Nachweises der *Nicht*axiomatisierbarkeit einer gegebenen Semantik ein? Sind diese Ergebnisse *logische* Ergebnisse, oder zeigen sie *Grenzen* der Logik an? Diese Fragen führen uns zur *Philosophie* der Logik.

Wenn Frege fordert, dass eine *Begriffsschrift* zugleich *Formelsprache* und auf *reines Denken* bezogen sein soll, dann kann der Axiomatiker, der zugleich Modelltheoretiker ist, dies so auffassen, dass die Formelsprache zunächst als Kodex$_{AX}$ gedeutet wird und das reine Denken mittels Kodex$_{SEM}$ dargestellt wird. Wenn wir dann noch den entsprechenden Adäquatheitsbeweis haben, könnte dieser Logiker behaupten, dass doch auf diese Weise die Forderung Freges nach einer stets auf Inhalte bzw. Bedeutungen bezogenen Logik erfüllt sei. Die Begrenzung von Logik auf *wahre* Logik im angegebenen Sinne könnte als eine Art Rückkehr zur Position Freges betrachtet werden.

Vermutlich wäre Frege aber auch mit dieser Argumentation nicht einverstanden. Er würde bereits den ersten Schritt einer Aufspaltung des Gesamtprojekts *Logik* in zwei Teilprojekte — hier Kodex$_{AX}$ und Kode$_{SEM}$ nicht mitgehen. Möglicherweise würde er nicht einmal die Voraussetzung dieser Aufspaltung — die Angabe eines zunächst unabhängig verstandenen Kodex$_{WFF}$ — akzeptieren. Mit Blick auf sein Unverständnis hinsichtlich der Forderung Hilberts, die Widerspruchsfreiheit eines axiomatischen Systems — egal ob syntaktisch oder semantisch — erst noch beweisen zu müssen, könnte Frege die Frage stellen, wieso denn etwas nachträglich gezeigt werden soll, was doch schon zur *Anfangsbedingung* jeglicher Logik gehört: die Untrennbarkeit von Zeichen und ihrer Bedeutung relativ zu Grundgesetzen.

Aus Sicht des modernen Logikers erscheint die Schwierigkeit, die die

---

[13]Paradigmatische Fälle sind der Beweis von [Gödel, 1932], dass es keine adäquate endlichwertige Semantik für die intuitionistische Aussagenlogik geben kann, und der Beweis von [Dugundji, 1940], dass dies auch für die Systeme S1 bis S5 zutrifft.

Antinomie Russells für Freges Begriffsschrift bedeutet, ein rein formales Problem zu sein, die wir mittels einer *formalen* Lösung („Korrektur") beheben können. In Freges Reaktion finden wir aber wieder sofort die inhaltliche Redeweise von *Begriffsumfängen*:

> Falls allgemein bei jedem Begriffe erster Stufe von dessen Umfange gesprochen werden darf, so kommt der Fall vor, dass Begriffe denselben Umfang haben, obwohl nicht alle Gegenstände, die unter den einen dieser Begriffe fallen, auch unter den andern fallen. Damit ist aber der Begriffsumfang im hergebrachten Sinne des Wortes eigentlich aufgehoben. Man darf nicht sagen, dass allgemein der Ausdruck „der Umfang eines ersten Begriffes fällt zusammen mit dem eines zweiten" gleichbedeutend sei mit dem Ausdrucke „alle unter den ersten Begriff fallenden Gegenstände fallen auch unter den zweiten und umgekehrt. [1903, Nachwort, 260 f.]

Frege ist so erschüttert, weil er den „Begriffsumfang im hergebrachten Sinne des Wortes" verliert. Dennoch ist Frege 1903 weiterhin sicher, dass sein logizistisches Programm realisiert werden kann:

> Als Urproblem der Arithmetik kann man die Frage ansehen: wie fassen wir logische Gegenstände, insbesondere die Zahlen? Wodurch sind wir berechtigt, die Zahlen als Gegenstände anzuerkennen? Wenn dies Problem auch noch nicht so weit gelöst ist, als ich bei der Abfassung dieses Bandes dachte, so zweifle ich doch nicht daran, dass der Weg zur Lösung gefunden ist. [1903, Nachwort, 265]

In seinem *Nachwort* geht Frege noch von einer *lokalen* Diagnose aus: Das Grundgesetz V sei der Grund für die Antinomie. Sein Spätwerk ab 1918/19 zeigt jedoch, dass er weiterhin an seinem Programm einer stets inhaltsbezogenen Logik festhält, aber nun zu den *Grundlagen* zurückkehrt. Er beginnt mit einer äußerst detaillierten und kritischen Prüfung seines Weges vom Sinn des einfachen Satzes in „Der Gedanke. Eine Logische Untersuchung" [1819/19], setzt fort mit „Die Verneinung.

Eine Logische Untersuchung" [1919] und gelangt noch zu „Logische Untersuchungen. Dritter Teil: Gedankengefüge" [1923]. Die Weiterbeschreitung dieses Weges zur vollen Begriffsschrift war ihm nicht mehr vergönnt.

Frege verdanken wir nicht nur seine logischen *Erfindungen*. Er hat uns auch sein *Programm* einer *inhaltlichen Logik* hinterlassen. Mittlerweile genießt Frege in hohem Maße die Anerkennung, die sich Scholz gewünscht und zu der er selbst sehr viel beigetragen hat. Allerdings gilt dies wohl nicht für die Anerkennung des Frege-Programms. Paradoxer- und bedauerlicherweise hat Scholz 1935 eine eigene Argumentation vorgetragen, die diesem Programm entgegensteht.

Literatur

[Bernhard and Peckhaus, 2008] Bernhard, P. & Peckhaus, V. (eds.). 2008. *Methodisches Denken im Kontext. Festschrift für Christian Thiel. Mit einem unveröffentlichten Brief Gottlob Freges*, Paderborn: mentis.

[Church, 1956] Church, A. 1956. *Introduction to Mathematical Logic*, Princeton/NJ: Princeton University Press.

[Dugundji, 1940] Dugundji, J. 1940. "Note on a Property of Matrices for Lewis and Langford's Calculi of Propositions." *Journal of Symbolic Logic* 5(4), 150–151.

[Frege, 1879] Frege, G. 1879. *Begriffsschrift. Eine der arithmetischen nachgebildete Formelsprache des reinen Denkens*, Halle a. S.: Verlag von Louis Nebert.

[Frege, 1883] Frege, G. 1883. „Über den Zweck der Begriffsschrift". *Jenaische Zeitschrift für Naturwissenschaft* 16, Supplement, 1–10.

[Frege, 1893] Frege, G. 1893. *Grundgesetze der Arithmetik*, Band I, Jena: Hermann Pohle.

[Frege, 1903] Frege, G. 1903. *Grundgesetze der Arithmetik*, Band II, Jena: Hermann Pohle.

[Frege, 1819/19] Frege, G. 1918/19. „Der Gedanke. Eine Logische Untersuchung". *Beiträge zur Philosophie des deutschen Idealismus* I, 58–77.

[Frege, 1919] Frege, G. 1919. „Die Verneinung. Eine Logische Untersuchung". *Beiträge zur Philosophie des deutschen Idealismus*, I, 143–157.

[Frege, 1923] Frege, G.1923. „Logische Untersuchungen. Dritter Teil: Gedankengefüge". *Beiträge zur Philosophie des deutschen Idealismus* III, 36–51.
[Frege, 1976] Frege, G. 1976. *Wissenschaftlicher Briefwechsel*, G. Gabriel, H. Hermes, F. Kambartel, C. Thiel, A. Veraart (eds.). Hamburg: Meiner.
[Frege, 1980] Frege, G. 1980. *Gottlob Freges Briefwechsel mit D. Hilbert, E. Husserl, B. Russell, sowie ausgewählte Einzelbriefe Freges*, G. Gabriel, F. Kambartel, C. Thiel (eds.), Hamburg: Meiner.
[Gödel, 1932] Gödel, K. 1932. „Zum intuitionistischen Aussagenkalkül". *Anzeiger der Akademie der Wissenschaften in Wien* 69, 65–66.
[Lewis and Langford, 1932] Lewis, C. I. & Langford, C. H. 1932. *Symbolic Logic*, London: Century; 2nd ed. New York: Dover 1959.
[Max, 2017a] Max, I. 2017a. „Wittgensteins Philosophieren zwischen Kodex und Strategie: Logik, Schach und Farbausdrücke". In C. Kanzian, S. Kletzl, J. Mitterer & K. Neges (eds.) *Realism – Relativism – Constructivism: Proceedings of the 38th International Wittgenstein Symposium in Kirchberg*, Berlin, New York: De Gruyter, 409–424, https://doi.org/10.1515/9783110524055-031.
[Max, 2017b] Max, I. 2017b. „Zur Vielfalt der Schachanalogien in Wittgensteins Philosophieren". In C. Limbeck-Lilienau, F. Stadler (eds.) *Die Philosophie der Wahrnehmung und der Beobachtung / The Philosophy of Perception and Observation*. Beiträge des 40. Internationalen Wittgenstein Symposiums, 6.–12. August 2017, Kirchberg am Wechsel (Beiträge der Österreichischen Ludwig Wittgenstein Gesellschaft 25), Kirchberg am Wechsel: Österreichische Ludwig Wittgenstein Gesellschaft, 146–149.
[Max, 2020a] Max, I. 2020a. „Zur Rolle von Schachanalogien in Wittgensteins Philosophie ab 1929". In R. Raatzsch (ed.) *Spezialsektion: Wittgenstein über das Psychische*. Wittgenstein-Studien 11, 183–206, https://doi.org/10.1515/witt-2020-0010.
[Max, 2020b] Max, I. 2020b. „Inhaltliche versus formale Arithmetik. Freges Kampf gegen Thomaes Schachanalogien". In D. Schott (ed.) *Beiträge zum Festkolloquium 20 Jahre Gottlob-Frege-Zentrum Wismar, November 2020*, Wismarer Frege-Reihe, Heft 03/2020, Wismar: Hochschule Wismar, 29–59.
[Peckhaus, 1993] Peckhaus, V. 1993. „Rezension zu: Arie L. Molendijk, *Aus dem Dunklen ins Helle. Wissenschaft und Theologie im Denken von Heinrich Scholz. Mit unveröffentlichten Thesenreihen von Heinrich Scholz und Karl Barth*, Rodopi: Amsterdam/Atlanta, GA 1991 (= *Amster-*

dam Studies in Theology; VIII), 390 pp., Hfl. 120,- /US$60,-. ISBN: 90-5183-247-8". *History and Philosophy of Logic* 14, 101–107.

[Peckhaus, 1997] Peckhaus, V. 1997. „Formalistische Taschenspielertricks? Frege und Hankel". In G. Gabriel, W. Kienzler (eds.) *Frege in Jena. Beiträge zur Spurensicherung*, Würzburg: Königshausen & Neumann (= *Kritisches Jahrbuch der Philosophie*, Bd. 2), 111–122.

[Peckhaus, 1998/99] Peckhaus, V. 1998/99. "Moral Integrity During a Difficult Period: Beth and Scholz." *Philosophia Scientiæ* 3(4), Themenheft: *Un logicien consciencieux. La philosophie de Evert Willem Beth*, 151–173.

[Peckhaus, 2000] Peckhaus, V. 2000. „Kantianer oder Neukantianer? Über die Schwierigkeiten, Frege der Philosophie seiner Zeit zuzuordnen". In G. Gabriel, U. Dathe (eds.) *Gottlob Frege – Werk und Wirkung. Mit den unveröffentlichten Vorschlägen für ein Wahlgesetz von Gottlob Frege*, Paderborn: mentis, 191–209.

[Peckhaus, 2004a] Peckhaus, V. 2004a. „Scholz als Metaphysiker". In H.-C- Schmidt am Busch, K. F. Wehmeier (eds.) *PeckhausHeinrich Scholz: Logiker, Philosoph, Theologe*, Paderborn: mentis, 69–83.

[Peckhaus, 2004b] Peckhaus, V. 2004b. "Calculus Ratiocinator vs. Characteristica Universalis? The Two Traditions in Logic, Revisited." *History and Philosophy of Logic* 25, special Issue in Honor of Ivor Grattan-Guinness, J. W. Dawson, Jr. (ed.), 3–14.

[Peckhaus, 2008a] Peckhaus, V. 2008a. "Logic and Metaphysics: Heinrich Scholz and the Scientific World View." *Philosophia Mathematica* 3(16), 78–90.

[Peckhaus, 2008b] Peckhaus, V. 2008b. „Logik als Ethik des Denkens: Der Tübinger Philosoph Christoph Sigwart (1830-1904) und die Logik des 19. Jahrhunderts". In: P. Bernhard, V. Peckhaus (eds.) *Methodisches Denken im Kontext. Festschrift für Christian Thiel. Mit einem unveröffentlichten Brief Gottlob Freges*, Paderborn: mentis, 101-113.

[Peckhaus, 2018] Peckhaus, V. 2018. "Scholz, Heinrich." *Stanford Encyclopedia of Philosophy* (Fall 2018 Edition), E. N. Zalta (ed.), https://plato.stanford.edu/entries/scholz.

[Personal- und Vorlesungsverzeichnis (= PVV), 1935] Westfälische Wilhelms-Universität Münster, Jahrgang Sommersemester 1935, Online-Ausgabe, Münster: Univ.- und Landesbibliothek, 2011, https://sammlungen.ulb.uni-muenster.de/hd/periodical/titleinfo/546273.

Personal- und Vorlesungsverzeichnis (= PVV). 1935.

[Russell and Whitehead, 1910] Russell, B. & Whitehead, A. N. 1910–13. *Principia Mathematica.* Cambridge University Press.

[Scholz, 1935] Scholz, H. 1935. „Was ist ein Kalkül und was hat Frege für eine pünktliche Beantwortung dieser Frage geleistet?". *Semester-Berichte zur Pflege des Zusammenhangs von Universität und Schule aus den mathematischen Seminaren* 7. Semester (Sommer 1935), 16–47.

[Scholz and Bachmann, 1936] Scholz, H. & Bachmann, F. 1936. „Der wissenschaftliche Nachlass von Gottlob Frege". *Actes du Gongres International de Philosophie Scientifique. Paris 1935. VIII: Histoire de la Logique et de la Philosophie Scientifique. (= Actualites Scientifiques et Industrielles;* 395), Paris, 24–30.

[Thomae, 1898] Thomae, C. J. 1898: Elementare Theorie der analytischen Functionen einer complexen Veränderlichen. Zweite erweiterte und umgearbeitete Auflage. Mit in den Text eingedruckten Holzschnitten. Halle a. S.: Verlag von Louis Nebert.

[Wittgenstein, 1984] Wittgenstein, L. 1984. *Tractatus logico-philosophicus, Tagebücher 1914-1916. Philosophische Untersuchungen,* Frankfurt a. M.: Suhrkamp.

Hans Reichenbach's Debt to David Hilbert and Bertrand Russell

Nikolay Milkov

Abstract

Despite the fact that Reichenbach clearly acknowledged his indebtedness to Hilbert, the influence of this leading mathematician of the time on him is grossly neglected. The present chapter demonstrates that the decisive years of the development of Reichenbach as a philosopher of science coincide with, and also partly followed the "philosophical" turn of Hilbert's mathematics after 1917 that was fixed in the so-called "Hilbert program."

The chapter specifically addresses the fact that after 1917, Hilbert saw the axiomatic method as an instrument for providing the foundations not only of mathematics but also of other sciences. In particular, Hilbert's axiomatic program was closely connected with the theoretical physics and arguably helped Einstein to formulate the general theory of relativity. In this context, one can see Reichenbach's project to axiomatize Einstein's theory of relativity (1924) as closely related to this project.

Under Russell's influence, after 1914 Hilbert also developed an interest in mathematical logic. Reichenbach experienced similar transition from axiomatics to logic which went together with turn of his interest from Hilbert to Russell. Reichenbach's rapprochement to Russell also supported the transition of his interests from epistemology to topological ontology.

1 Opening

Reichenbach studies often follow one-sided venues. Most discussed is the close relatedness of his philosophy of nature (*Naturphilosophie*) with the Vienna Circle, in particular with Moritz Schlick. In fact, however, there was a considerable difference between them [Milkov, 2013]. In the 1920s, when Schlick and the Vienna Circle were oriented towards the logical analysis of science that had its roots in the philosophy of language (Wittgenstein's *Tractatus* that they studied and tried to follow was nothing but a treatise in philosophy of language), Reichenbach considered as more important another method: that of axiomatization of sciences started by David Hilbert. Unfortunately, this alignment is often blurred by the fact that Reichenbach used terminology that was difficult to distinguish from that of the Vienna Circle, meaning with it, however, something significantly different [Milkov, 2011, xxi].

Thomas Ryckman fights another one-sidedness of Reichenbach studies. He deplores the fact that "most contemporary readers of Hans Reichenbach's works on the philosophy of space and time have not considered them in the scientific context of their origin" [Ryckman, 2005, 77]. Against this aberration, Ryckman explores Reichenbach in connection with Arthur Eddington's and Hermann Weyl's philosophy of space and time. In section 7 we are going to see, however, that Ryckman's analysis poses problems of its own.

In this chapter we shall follow what can be called, a broad-brush historical-philosophical approach. It concentrates on the figure under analysis — on Hans Reichenbach — in its historical connection with scholars of different orientations. To be more explicit, we are going to concentrate not only on the influence of David Hilbert but also on that of Bertrand Russell (in section 8) on Hans Reichenbach. Unfortunately, despite the fact that Reichenbach clearly acknowledges his indebtedness to Hilbert, in particular to Hilbert's "program of a complete formalization of the object language and of a proof of consistency" [Reichenbach, 1947, viii], his debt to this leading mathematician of the time is completely overlooked. An important point in this connection is that so far, practically nobody has explored the fact that the development of Reichenbach as a philosopher of science, from 1920 to 1928, coincided with the "philosophical" turn of Hilbert's mathematics after 1917 as it was evident in the so-called "Hilbert program" (see section 2.2). In order to conclusively demonstrate this, we shall first say more about Hilbert's intellectual development.

2 David Hilbert

At the beginning of the last century, David Hilbert was widely recognized as the leading mathematician of his time. His mathematical colloquium in Göttingen attracted colleagues from all over Europe and North America. Hilbert worked in many directions including mathematical physics. In this chapter we are going to concentrate, however, on three stages of Hilbert's development that are of special importance to our analysis.

2.1 The First Stage of Hilbert's Axiomatics

According to Hilbert 1899, axiomatics is a system built up with logical strength and precision. One cannot change part of it without changing the whole. It is achieved via demonstrations (proofs) and exact definitions. An axiomatic system starts with:

(i) indefinable terms. As the name of these terms suggests, they have not real but apparent definitions;

(ii) undemonstrated propositions, usually called "axioms."

Importantly enough, a term is indefinable and a proposition is undemonstrated in a system, but not absolutely. To put the first point in other words, in a well-formed axiomatic system, the *explicit definitions* are to be discriminated from *implicit* (apparent) *definitions*. The meaning of the latter is determined by their use in the axioms, or hypotheses that state the logical relations between them.

Deductive demonstrations in an axiomatic system are to be absolutely rigorous. They are to be purified and made free from intuition: the intuitions are to be *dissolved* into logic.[1] To this end, everything in an axiomatic system is to be made explicit; nothing is to be presupposed. The *meaning* of the terms plays no role in it. Only relevant are the purely logical relations between them. Theories that use intuitive

---

[1] Hilbert's claim was related to that of other mathematicians of the time, for example, to Gottlob Frege who fought against the psychologism in logic, for "cleaning" (*Reinigen*) logical theory from psychology.

(material) terms are at the pre-axiomatic stage. In short, Hilbert looked for real proofs that had nothing to do with intuition.

This conception of Hilbert's strongly supported the program of the logical empiricists both in Vienna and in Berlin. Together with Einstein's theory of relativity, it worked against Kant's understanding that human knowledge is impossible without the help of a priori but intuitive concepts.

2.2 Hilbert's Philosophical Turn

After November 1917 Hilbert launched his proof theory based on strict finitism. This development was preceded by an increased influence of Russell's and Whitehead's mathematical logic in Göttingen. Starting in 1914, Hilbert's mathematical colloquium organized a series of its discussions. Soon after, this development bore fruit. In the winter term of 1917/18, Hilbert delivered his first lectures on mathematical logic. In parallel, he developed his axiomatics further. This, of course, was not surprising since logical theory was closely related to axiomatics from the very beginning. Reichenbach understood this quite well. He was explicit that axiomatics is "the only method that will reveal the logical structure of the theory with perfect clarity" [Reichenbach, 1924, xii–xiii]. Hilbert's programmatic paper *Axiomatic Thought* [1918] was written in this context.

Important for our study is the fact that in these years Hermann Weyl argued against Hilbert's axiomatic method pleading, instead, for "a constructive development of mathematics" [Mancosu, 2003, 72]. Following Edmund Husserl, Weyl maintained that mathematics was to first create its objects. One can fight hidden and problematic mathematical entities only this way.[2]

In these months, Hilbert actively looked for professional philosophers who would be willing to join his project in mathematics. When Husserl left Göttingen for Freiburg in 1916, Hilbert invested much of his effort in replacing the open professorial position with an (extraordinary) professorship for philosophy of exact science. His preferred

---

[2] We are going to return to Hilbert's disagreements with Weyl in section 7.

applicant for this position was Leonard Nelson. Eventually, Hilbert's plan succeeded [Peckhaus, 2001]. Unfortunately, after the Great War, Nelson dedicated all of his time and energy to fighting social injustice in Germany. Meanwhile, Hilbert started working in philosophy of mathematics with one of Nelson's collaborators [Müller, 1976, xiv], Paul Bernays, who actually became the architect of Hilbert's proof theory and of his deeper understanding of axiomatics.

In order to face the crisis in studying the foundations of mathematics triggered by the discovery of paradoxes, Hilbert introduced the so-called "Hilbert program" which had a clearly philosophical undertone ([Bernays, 1922, 98 f]; [Peckhaus, 2003, 148]; [Sieg, 1999, 1]). The crux of this program was the presentation of the logical core of the axiomatic system through symbols or signs put on paper. In this way, Hilbert turned back to the visible evidence, to be more explicit, "to immediate intuitions which no one calls in question" [Blanché, 1962, 56].[3] The final objective was to demonstrate the *consistency* (*die Widerspruchsfreiheit*) of axiomatic systems with finite methods, which was the core of the so-called "finitism."

Hilbert's axiomatic system was radically formalized: its terms had no meaning.[4] In this way he set up a new discipline which did not explore mathematical entities but formulas that had no content at all. It is pure calculus.[5] Instead of reasoning, one can speak in it about calculating with signs. And since the number of the signs in it is limited, one cannot make mistakes in it. Hilbert called this new discipline somehow misleadingly "meta-mathematics." In fact, one could also name it "a general theory of forms"[6] [Bernays, 1922, 98]. Its problems

---

[3]In section 6 we shall see that in his philosophy of physics Reichenbach paralleled this idea of Hilbert's.

[4]Hilbert's opponents (above all Brouwer) called him "formalist" holding that in Hilbert's hands, mathematics turned to a kind of game. Hilbert and his acolytes repudiated this implication.

[5]In somehow similar sense, later Wittgenstein also spoke about "pure calculi" [Milkov, 2020, 144].

[6]Husserl, who was Hilbert's fellow Professor in Göttingen between 1901 and 1916, also spoke about "a general theory of forms," or theory of manifolds (Mannigfaltigkeitslehre). Husserl developed it in connection with the n-dimensional manifolds set up by H. Grassmann, W. R. Hamilton, Sophus Lie and Georg Cantor

(completeness, decidability) are not exclusively mathematical.

There are a number of disciplines that are close to this second stage of development of axiomatics despite the fact that they are not identical with it. One of them is the *theory of groups* which is cleared of substances that are reduced to their pure forms. The same is true about the *theory of probabilities, general topology*, and the *measure theory* [Blanché, 1955, 79].

Reichenbach engaged himself with the theory of probability from the very beginning and, in parallel to following the main tenets of Hilbert's program, in the early 1920s he simply added to it the theory of space and time (*die Raum-Zeit-Lehre*) (see section 5).[7] Accordingly, he axiomatized both the theory of space and time (in 1924) and the theory of probability (in 1932 and 1935). This claim can be supported by a manuscript note of Reichenbach's in which he was explicit that along with the theory of knowledge and ethics, and also set theory, mathematical logic and the axiomatics of the conceptions of space and time were to be seen as philosophical disciplines (N 23-33-06).

Another implication of Hilbert's program was that it helped mathematical theories to get closely related to logical theories. To be sure, Hilbert's proof theory is generally considered to be a branch of mathematical logic. In contrast to Frege and Russell, however, Hilbert did not believe that mathematics could be reduced to logic. He simply maintained that its consistency could be proved by logic. Other formal disciplines also got close to logic, for example the theory of probability to some many-valued logics and topology to modal logic [Blanché, 1955, 81]. Reichenbach followed Hilbert's program also in this direction. The theory of probability brought him to many-valued logic in 1935 and his topological ontology to modal logic in 1954.[8]

[Milkov, 2005a, 123].

[7] Of course, the direct motivation for Reichenbach's theory of space and time was Einstein's theory of relativity. However, his work in this realm was well prepared by the study of Hilbert's axiomatic.

[8] We are going to discuss this problem in section 8.

2.3 Hilbert as a Philosopher of Science

In order to show the full dimension of David Hilbert's influence on Hans Reichenbach, we will next address the fact that after 1917, Hilbert saw the axiomatic method as an instrument for providing the foundations not only of mathematics but also of other sciences.[9] To be more specific, in his programmatic paper *Axiomatic Thought* he maintained that "anything at all that can be the object of scientific thought becomes dependent on the axiomatic method [...] as soon as it is ripe for the formation of a theory" [Hilbert, 1918, 1115].

In particular, Hilbert's "general theory of forms" was closely connected with theoretical physics, so much so that, as seen by Paul Bernays, it helped Einstein to discover the general theory of relativity. Specifically, Hilbert's "mathematical formalism showed Einstein the direction. [...] Hilbert reduced the law of gravitation to its simplest mathematical form [...] and opened it for Einstein's theory to connect with it" [Bernays, 1922, 98]. This claim can be supported by the fact that in the last weeks of 1915 academia witnessed a raging dispute between Einstein and Hilbert over the authorship of the general theory of relativity [Bührke, 2004, 105].[10] In the context of this piece of history, one can view Reichenbach's project as an attempt to formalize (i.e. to axiomatize) Einstein's theory of relativity as a continuation of the joint formalist-physicist project of Hilbert and Einstein.

Another direction into which the second stage of Hilbert's axiomatics propelled him was the general philosophy of science. He realized that it could be seen as nothing less than a program of *mathesis universalis*, "i.e., a general science underlying all branches of knowledge" [Peckhaus, 2003, 148]. Hilbert namely maintained that

> by pushing ahead to ever deeper layers of axioms in the

---

[9]In fact, already Hilbert's sixth problem in his famous list of 23 problems in mathematics posed in the 1900 Paris lecture at the International Congress of Mathematicians, "Mathematical Treatment of the Axioms of Physics," associated axiomatics with natural science [Corry, 2004]. After 1917, however, Hilbert brought this connectedness to a new level.

[10]On the current standing of this dispute see https://en.wikipedia.org/wiki/General_relativity_priority_dispute (Retrieved June 30, 2024).

sense explained above we also win ever-deeper insights into the *essence of scientific thought itself,* and we become ever more conscious of the *unity of our knowledge.*[11] ([Hilbert, 1918, 1115]. Italics added)

We can add to this claim of Hilbert's the interpretation of his axiomatics given by Robert Blanché:

Through axiomatics, one learns much about the knowledge itself; above all, about its overall organization. [...] By way of discriminating different formal analogies, axiomatics reveals unexpected correspondence between various regions of the same science and also relatedness between sciences that seem quite different. By way of explicating invariant structures of seemingly heterogenic theories, it makes it possible to epistemologically rule over them and to encompass them in one perspective, seeing a big landscape of ideas that we know only in its fragment more synthetically. [Blanché, 1955, 77 f.]

This, however, was the main stance of Reichenbach's program around 1930. Among other things, he implemented it in the Berlin "Society for Empirical/Scientific Philosophy" he led between 1929 and 1933.[12] In particular, Reichenbach hoped that the "logical analysis" of different sciences, led by the axiomatic method applied to them, could bring to light important connections between the ever-changing principles of different sciences [Milkov, 2011, 151, n. 14]. He was especially enthusiastic about following this project in *Aims and Methods of the Modern Philosophy of Nature* (1931) which is generally considered the manifesto of the Berlin Group.

---

[11]Cf. with the program for "unity of science" of the logical empiricists.

[12]On this point see also the last-but-one paragraph of section 3, and [Milkov, 2021b].

3 Reichenbach, the Berlin Group and David Hilbert

In order to bring more light on Reichenbach's debt to Hilbert, we are now going to make a short historical review of his intellectual development. In 1914–1915, he studied mathematics with Hilbert in Göttingen. To be more exact, in the summer term of 1914 Reichenbach attended Hilbert's lectures and also his seminar on statistic mechanics, and in the winter term 1914/15 he visited a Hilbert lecture on "problems and main questions [of mathematics]" and a seminar on "the structure of matter." These facts point to Hilbert's possible influence on the development of Reichenbach's philosophy of science, which, however, can be easily supported by other evidence as well.

We have just mentioned (in the last paragraph of section 2.3) that Reichenbach's philosophy of nature was substantially interdisciplinary. Above all, what Reichenbach did in his program for "logical analysis of science" — which, according to his own words, he followed since 1915 — was to radically renew *epistemology* as philosophical discipline and this not via *ex cathedra* philosophical considerations but through detailed analysis of the new results achieved in science. In the 1920s, he mainly achieved this objective through axiomatization of the new physics of Albert Einstein. In the beginning of the 1930s, Reichenbach also axiomatized the theory of probability (see section 2.2).

As previously stated (in section 1), there was considerable difference between the directions followed by the Vienna Circle and by the Berlin Group of Hans Reichenbach, Kurt Grelling and Walter Dubislav. Scarcely anything better demonstrates this difference than the critical stance of the members of the so-called "First Vienna Circle" (1907–1912), Hans Hahn and Philipp Frank, towards Hilbert's project for axiomatization as a general theory of science. Following Ernst Mach's positivistic postulate for strict demarcation between mathematics and physics, Hahn and Frank hold the view that the axiomatic method, which strives for "*deepening of the foundations* of the individual domains of knowledge" [Hilbert, 1918, 1109], is pregnant with metaphysics [Stölzner, 2002]. Admittedly, the fight over scientific "depths" was the motto of the Vienna Circle: "In science there are no 'depths': there is surface everywhere" [Neurath et al., 1929, 306]. It is true that Carnap, in contrast to Hahn and Frank, showed an intense interest in axiomatics. However, his *Abriss der Logistik* [1929] and *Untersuchungen zur Allgemeinen Axiomatik* [1930] were demonstrably written under Dubislav's influence [Milkov, 2015, section 9]. A related attitude towards Hilbert's axiomatics was demonstrated by the Polish logicians. They insisted that formalization of science was to be free from "philosophical assumptions." For this reason they showed little interest in Hilbert's program [Woleński, 2017]. In contrast, Reichenbach and his Berlin friends, Grelling and Dubislav, closely followed it.

Speaking about Kurt Grelling and Walter Dubislav, they also formed the basic ideas of their "natural philosophy" (*Naturphilosophie*) in Göttingen. Already in 1910, Grelling had defended his PhD thesis on the axioms of arithmetic under Hilbert's and Zermelo's supervision. In the summer term of 1914 Dubislav attended Hilbert's classes but soon he had to leave Göttingen because of the Great War. In 1923, Dubislav published, together with Karl Clauberg, the *Systematisches Wörterbuch der Philosophie*, which employed Hilbert's axiomatic method in order to connect the philosophical *termini technici* to the impeccable ("gaps-free") logical chains of definitions (*Kettendefinitionen*). Following Hilbert again, in his paper *On the Relation between Logic and Mathematics* [1925/6], Dubislav held, against Russell and Whitehead, that while the principles of mathematics could not be reduced to logic, mathematics depended upon logic in that the latter helped mathematics by formulating its proofs. Dubislav also developed what he called, a "formalist theory of science" as well as a formalist theory of definition that he advanced against Frege's theory of definition that was part of Frege's logic of content [Milkov, 2020, 61 f.].

Importantly enough, the Berlin Group received a valuable feedback from Hilbert's side. When in 1923 Reichenbach, together with Kurt Lewin, (unsuccessfully) tried to launch *Journal for Scientific Philosophy (Zeitschrift für wissenschaftliche Philosophie)*, Hilbert readily agreed to collaborate.[13] In the summer of 1926, Reichenbach was invited to deliver a lecture on the theory of space and time and on the theory of the causality at Hilbert's Colloquium in Göttingen. He had a heated discussion with Paul Bernays at it, while Hilbert showed a vivid interest.[14] Starting in 1929, Hilbert closely followed the development of the Reichenbach-led Berlin "Society for Empirical Philosophy." This could not be a surprise though since the pronounced objective of this interdisciplinary scientific community was no less than deepening the foundations of *all* sciences that was (as seen in section 2.3) of importance also to Hilbert. Furthermore, Hilbert's assistant, Paul Bernays, actively participated in the life of the Society [Hempel, 1993, 4]. Finally in 1931, at the insistence of Hilbert, Reichenbach renamed it "Society for Scientific Philosophy" [Jørgensen, 1951, 48].

Before we further proceed with our analysis, however, we shall make some additional remarks about Reichenbach's scientific biography.

4 Reichenbach's Initial Interest in Philosophy of Science

Traditionally, Reichenbach is considered to be a philosopher of physics *par excellence*. To be sure, his main contributions as a philosopher of nature are in philosophy of relativity and of quantum mechanics. His Dissertation (1915), however, was not on philosophy of physics in particular. Rather, it was dedicated to the general philosophy of science. To be more specific, its ideas were not tailored on observations and considerations supplied by physics alone. The Dissertation simply gave "a detailed account of the concept of probability as it was used in the sciences" of his time [Eberhardt, 2011, 126]. Besides, it defended an objectivist position, claiming that scientific knowledge reflected the laws of nature.

This point is of special interest since Reichenbach himself used to underline the importance of his Dissertation to his philosophical devel-

---

[13]See Kurt Lewin's letter to Hans Reichenbach of 1 August 1923 (HR-016-36-25).

[14]See Hans Reichenbach's letter to Moritz Schlick of 2 July 1926 (HR-016-18-10).

opment. In 1932, he wrote: "I am still convinced that the basic idea of this work is very essential" [Reichenbach and Cohen, 1978, 1]. In particular, Reichenbach believed that his very method of "logical analysis of science," which he considered his most important contribution to philosophy of science, was already in use in his Dissertation.

As a matter of fact, in the 1910s, Reichenbach showed an avid interest in psychology. In the early teens, he studied this discipline with Carl Stumpf in Berlin and with Ernst von Aster in Munich.[15] Furthermore, when he enrolled in the University of Göttingen in 1914, he tried to win, as a supervisor of his PhD thesis on theory of probability in sciences, not a physicist or a philosopher but the Göttingen psychologist Georg Elias Müller. (It may be noted that at the beginning of the 20th century, the problem of probability was discussed mainly by psychologists.) More than this, in the late 1910s Reichenbach published nothing on physics. In these years he wrote, together with Kurt Lewin and Otto Lipmann, a paper on psychology [1917] and reviewed a book on the theory of probability written by a psychologist [1919]. Furthermore, between 1917 and 1926, Reichenbach's closer collaborator was not Moritz Schlick or Rudolf Carnap but the just mentioned psychologist Kurt Lewin, another former student of Carl Stumpf. When his *The Theory of Relativity* was published in 1920, Reichenbach sent copies of it to Einstein and Lewin.

Reichenbach's exclusive occupation with physic started only after he, together with four other students, attended in the Winter Term of 1918/19 Einstein's legendary first seminar on the theory of relativity at the Friedrich Wilhelm University of Berlin. Reichenbach's acquaintance with Einstein's ideas had an eclecticizing effect on him. Importantly enough, this turn in his academic interests coincided with the end of his political illusions. Apparently, after the Berlin November revolution of 1918, which was ultimately put down in January 1919, he stopped believing that he personally can help to change society for

---

[15]At that point in time von Aster was an assistant of the phenomenologist and philosophical psychologist Theodor Lipps. Importantly enough, Reichenbach always underlined that the philosopher who influenced him most was Ernst von Aster.

good. In consequence, Reichenbach concentrated his efforts to another revolutionary task: to radically change philosophy, founding it on the new conceptions in physics. From this point on, his whole energy was concentrated in this direction. Luckily enough, Reichenbach was excellently trained for this job, studying this discipline with Max Plank, Arnold Sommerfeld and Constantin Carathéodory, among others.

Reichenbach's interest in psychology is of special importance to us because the latter is what Hilbert called, a "reality," not a "formal" science.[16] Reichenbach's exercise in this realm supported his topological understanding of physics that we are going to discuss in section 8.

5 Reichenbach's Program for Analysis of Science through Axiomatization

Hilbert's influence is especially prominent in Reichenbach's book *Axiomatization*. Some interpreters hold that this was Reichenbach's best work. According to Andreas Kamlah, it was his

> biggest scientific achievement which is of interest not simply from a philosophical point of view as it presents a mathematical [axiomatic] achievement of lasting value. It is no exaggeration to say that in it he discovered a mathematical [axiomatic] theory that is in no way inferior to Euclid's geometry. [Kamlah, 1993, 251]

Glymour and Eberhardt, on their part, maintain that "the *Axiomatization* is either a work very much out of its time, or the times have not changed much" [Flymour and Eberhardt, 2021].

Arguably, this is the case since the book is clearly philosophical, very ambitions, and also radically innovative. Reichenbach made it clear that the subject matter of the book is philosophical already in its "Preface": it is a discussion of the *foundations* of the exact

---

[16]Kurt Grelling, too, strongly discriminated between "reality sciences" (*Realwissenschaften*) and "formal sciences" [Milkov, 2021a, section 2.4].

sciences. He deplored the fact that scientists are not inclined to make philosophical analyses of their theories, while philosophers, in turn, are less disposed to discuss scientific problems in depth and in exact manner.[17] Philosophers, of course, do not strive to achieve synthetic truths (positive new results). Their objective is merely analytical: to explicate the logical structure of scientific theory.[18] This is, actually, the aim of the method of analysis of science (*wissenschaftsanalytische Methode*). In 1924, Reichenbach was categorical that this task was to be best accomplished through the axiomatic method. He clearly followed his former professor in Göttingen Hilbert on this point.

Those who are well versed in history of philosophy know that the direction Reichenbach's method of logical analysis of science points to is not new. It is well-known as the method of regressive or critical analysis that was explored in antiquity by Pappus of Alexandria and in modern times by Kant (see [Kant, 1800, §105]). In it one starts the analysis from knowledge of complex structures in order to reach its fundamental but simple principles. In contrast, the progressive analysis that is performed, for example, in the Euclidean geometry starts from most simple and evident propositions in order to build up a complex system. The task of Reichenbach's regressive analysis, in particular, was to reveal the foundations of existing science. In contrast to the a priori principles and categories of human understanding that Kant postulates to this end, however, Reichenbach's new epistemology seeks to carefully distil them from science.

Hilbert's axiomatics had similar objectives. In 1902, Hilbert maintained that in order to explicate the foundations of a specific science, one had to "set up a system of axioms which contains an exact and complete description of the relations subsisting between the elementary ideas of that science" [Hilbert, 1902, 447]. Moreover, scientific theories

---

[17] In order to better understand the context of this complaint of Reichenbach's, we shall remind the reader that some 30 years before that Gottlob Frege complained that the mathematicians of his time refuse to read philosophy while philosophers refused to read mathematics [Frege, 1893, xii].

[18] Here, Reichenbach divides academic explorations into those made in the context of discovery and those made in the context of justification, which he will develop in full form only in *Experience and Prediction* [1938, 5–6].

can be logically reconstructed on different grounds with the help of different axiomatics which are, however, epistemologically equivalent. On the other hand, axiomatics can have different scientific realizations, or different interpretations.

Strikingly enough, in his program for "logical analysis of science" Reichenbach also maintained that in the case when the rational reconstruction of an established scientific theory was not to be accomplished in its full form, the philosopher could slightly change it in order to improve it. In final reckoning, Reichenbach even maintained that only his axiomatics of the space and time theory brings the theory of relativity into its ultimate form: only it clearly articulates what Einstein wanted to say. Moreover, he was convinced that "the theory of relativity stands or falls with my axiomatic" [Reichenbach, 1927, 143]. Only the latter makes the *rigorous* philosophical discussion of the former (of the theory of relativity) possible.[19]

Moreover, pursuing his ambitious project for a new philosophy that closely followed the observations and theories of science, Reichenbach often supplemented the physical with a philosophical theory of relativity. To be sure, he preferred to present the theory of relativity in a specific, philosophical way [Kamlah, 1993, 261 ff.]. We do not believe that this was a result of what Kamlah called Reichenbach's "didactic corruption."[20] The truth is that Reichenbach understood himself as

---

[19] Ironically enough, on this point Reichenbach's approach relates to that of his sworn philosophical agonist Hegel. As a matter of fact, in contrast to what Reichenbach sometimes wrote about him [Reichenbach, 1951, 67 ff.], Hegel, too, was interested in science (in particular, in biology and zoology). Similarly to Reichenbach, Hegel was convinced that the results of science alone could not reveal the ultimate truth about nature. To achieve this, they are to be philosophically reprocessed and correspondingly justified and supplemented. The radical divergence between Hegel and Reichenbach was that while the former used for that purpose his "speculative logic," the latter referred to axiomatics and mathematical logic. While Hegel believed that only philosophy can achieve "real knowledge", Reichenbach maintained that we can receive knowledge solely through science.

[20] Kamlah meant with this term that since Reichenbach intensively worked as a scientific journalist and as a popularizer of science, he developed and adopted a technique of oversimplifying most complicated scientific problems, which he also followed when he wrote theoretically [Milkov, 2011, xxviii f.].

essentially being a *philosopher* who presented physical theories in a philosophical way, which he believed to be more clear and precise.

6 Reichenbach's Constructive Axiomatics

Following Hilbert again, Reichenbach held that there were two types of definitions that helped to clear up the physical theories: conceptual definitions in mathematics and real or coordinative definitions in physics. In other words, while mathematical axioms use implicit definitions, the axioms of physics rely on explicit definitions (see section 2.1). The objective of the latter is to describe reality — that is why the axioms of physics can be true or false. In other words, they have empirical character.[21] Accordingly, Reichenbach's *Axiomatization* "starts with *elementary facts as axioms*" [Reichenbach, 1924, 6]. They are part of the "constructive axiomatization" which begins with the empirical facts, while in mathematics axiomatics is deductive. The ultimate objective of Reichenbach's book is to construct Einstein's theory of space and time out of them. In fact, this task was already formulated in *The Theory of Relativity* [Reichenbach, 1920, 76 f.] where it was opposed to Hermann Weyl's generalization of relativity (see section 7).

In this way, Reichenbach put Einstein's theory of relativity on the firm foundations of experimental facts and definitions. His axioms fix experimental and observational content or facts, derived with the help of pre-relativistic physics so that they can be easily visualized [Reichenbach, 1928a, 84, 281]. This point went well with Hilbert's program which adopted the method of "ideal elements" that connected mathematics with pieces of elementary intuition (see section 2.2, n. 3).

Reichenbach's axioms of physics are of two groups: *light axioms*, defining light signals, and *material axioms*. The first refer to "real points" that have no extension, the second to material objects. Material

---

[21]To remind the reader, Hilbert's axiomatics, too, is a hypothetico-deductive system. The deduction starts by it with axioms understood as hypotheses. Hilbert also maintained that the epistemological value of the axioms is first to be philosophically cleared up.

axioms are definitions referring to the behavior of material bodies; the light axioms refer to the behavior of light. The main tenet of *Axiomatization* is the definition of metrics achieved through light signals. This is a feasible task since the metric of material objects, which uses rigid rods and perfect clocks, clearly depends on the metric of the light signals. Importantly enough, the measurements done with the help of rods and clocks are identical with those made with light signals. This means that the whole theory of space and time can be based on light axioms alone. To put it otherwise, "a metrical determination can be made using only light signals" [Ryckman, 2005, 97]. An implication of this position is that

> the topological properties turn out to be more constant than the metrical ones; and the transition from the special theory [of relativity] to the general one represents merely a renunciation of metrical characteristics, while the fundamental, topological character of space and time remains the same. [Reichenbach, 1924, 195]

In this way, Reichenbach adopted a *relational theory of time* that was clearly directed against Newton's conception of action at a distance.[22] Besides, he maintained the primacy of (topological) ontology over mathematics.

7 Critique of Thomas Ryckman

According to Thomas Ryckman's interpretation, Reichenbach criticized Hermann Weyl's attempt to geometrize the general theory of relativity from the position of the logical empiricism. Reichenbach's *Axiomatization*, in particular, "has immediate significance for the history of logical empiricism in that it is the first sustained attempt to give what would become known as a 'rational reconstruction' of a physical theory" [Ryckman, 2005, 96]. In this connection, Ryckman maintains that Reichenbach's "positivist metascience" was dualistic — it was

---

[22]In section 8 we are going to see that Bertrand Russell developed a related theory of time.

built up on empirical facts and logic, while Weyl's philosophy of space and time was holistic.

In truth, however, Reichenbach inaugurated his philosophical realism and *ipso facto* his empiricism already in his 1915 Dissertation and in a more articulate form in *The Theory of Relativity* (1920) where he claimed that the metric of space and time was a property of the world. It is "an ultimate fact of nature" [Reichenbach, 1920, 53]. Apart from this, it is a well-known fact that Reichenbach was never a positivist. Moreover, he bitterly fought logical positivism, in particular, in *Experience and Prediction* [1938].

It is true that in *The Theory of Relativity* and in *Axiomatization* Reichenbach was explicitly critical of Hermann Weyl's conception as presented in [1918a]. This cannot be a surprise, however, since there was a substantial difference in the approaches of both philosophers to space and time from the very beginning. Weyl investigations were based on mathematical analysis — he himself published a book on this subject [Weyl, 1918b]. In contrast, Reichenbach built up his axiomatics synthetically. To be more specific, while Weyl's coordinating systems are a priori available, Reichenbach, as we already have seen, constructed his coordinating system with the help of light signals.

Ryckman also holds that Reichenbach's project "completely departed from Hilbert's axiomatic treatment of general relativity" [Ryckman, 2005, 97]. As we have seen in section 2.2, however, David Hilbert developed the second stage of his axiomatics fighting Hermann Weyl's approach. In agreement with Hilbert, and by that very fact opposing Weyl, Reichenbach held that the value of the axiomatic method is connected with the discrimination of the definitions, i.e. the conceptual part of the theory, from its observational and experimental content [Reichenbach, 1927, 133].

8 Hans Reichenbach and Bertrand Russell

Reichenbach's reverence for Bertrand Russell can only be compared to his admiration for Einstein. Unfortunately, so far, the impact of

Russell on Reichenbach has been largely neglected. Ostensibly, it is worth following the facts on this account more closely.

Already while in Germany, Reichenbach published two acclamatory papers on Russell [Reichenbach, 1928b, 1929]. Apparently, they were written in the context of the increased interest of the Reichenbach-led Berlin Group into Russell's works that found expression in Grelling's translation of four books of, arguably, the father of analytic philosophy, between 1927 and 1930: *Analysis of Mind, Analysis of Matter, ABC of Relativity and An Outline of Philosophy* (see [Milkov, 2005c]). Years later, between September 1939 and April 1940, Reichenbach and Russell shared an office at the University of California in Los Angeles where Reichenbach was Full Professor and Russell a "Flint-visiting professor" [Reichenbach and Cohen, 1978, 79]. We have all the reasons to assume that the discussions the two philosophers had in these months revived Russell's interest in probability and induction that he once demonstrated in *The Problems of Philosophy* [1912]. Russell's newly focused attention to these topics found expression in his last book in theoretical philosophy, *Human Knowledge: Its Scope and Limits* [1948]. It is true that in it he made a lot of critical comments on Reichenbach's frequency theory of probability — Russell himself followed Keynes' conception. His extensive discussion of Reichenbach's conception in the book, however, supports the assumption that Reichenbach directly motivated Russell to a final elaboration of his theory of probability and induction.

On Reichenbach's side, traces of this encounter are prominent in his contribution to Schilpp's Russell volume [1944] and in the paper "A Conversation between Bertrand Russell and David Hume" [1949]. On March 28, 1949, Reichenbach wrote a lengthy open letter to Russell, which was published in his *Selected Writings* [1978, ii, 405–11] by way of answering Russell's critique on his theory of probability in *Human Knowledge* [1948]. Furthermore, at the end of his extended visit to Europe in the summer of 1952, Reichenbach flew to the UK only to have a conversation with Russell. Apparently, this meeting was very important to him. Why was this the case?

We shall begin our analysis of Reichenbach's debt to Russell referring to the fact we already mentioned (in section 2.2) that Russell's *The Principles of Mathematics* [1903] and the co-authored by him *Principia mathematica* [1910–13] stimulated Hilbert's circle in Göttingen to start working in mathematical logic. In 1917/18 Hilbert delivered his first lectures on mathematical logic and in 1928 he, together with Wilhelm Ackermann, published *Grundzüge der theoretischen Logik*, a book that "deals with mathematical logic very much after the fashion of the first volume of *Principia Mathematica*" [Langford, 1930, 22].

Later Hilbert's former student Reichenbach experienced similar transition from axiomatics to logic. Actually, logic loomed large already in his *The Theory of Probability* [1935]; but it found its finished expression in *Elements of Symbolic Logic* [1947] and in *Nomological Statements and Admissible Operations* [1954]. However, this transition was not without its problems. This is evidenced in the fact that in his paper published in Schilpp's Russell volume, Reichenbach "voices a view of his own that was closer to Hilbert's formalism than Russell's logicism" [Salmon, 1977, 70]. Be this as it may, in that paper Reichenbach clearly acknowledged his indebtedness to Russell's logic [Reichenbach, 1944, viii].

Unfortunately, as noted by Wesley Salmon, "the formal aspects of this book [Reichenbach's *Elements of Symbolic Logic*] are not very rigorous, and it is not easy pedagogically" [Salmon, 1977, 68]. Moreover, Reichenbach also betrayed poor knowledge of the history of logic in it. For example, he did not even mention Frege's contribution in this realm and declared that Russell "has always clearly seen" the tautological character of logic [Reichenbach, 1944, 26], which is, of course, mistaken: Russell distinctly remembered his reluctance to accept this view of Wittgenstein's — it was not his initial position [Russell, 1959, 157]. Reichenbach also declared that Russell put logic in "close relation to conversational language" [Reichenbach, 1944, 25] referring at that to the use of quantifiers. This claim is mistaken as well. Admittedly, the technique of quantification has greater expressive power. However, it was introduced by Frege, not by Russell, who merely adopted it from Frege via Peano.

Be this as it may, Reichenbach's logic had its notable achievements.

Above all, it was clearly oriented towards reality, turning its back on purely formal matters. In the wake of this approach, Reichenbach showed interest in exploring ordinary language, in the tenses of verbs, and also in fictional and intentional existence. In view of these characteristics of its, it cannot be a surprise that Reichenbach criticized the belief of the logical positivists, of his friend Rudolf Carnap, in particular, that "if the mathematical logic should someday become a part of general philosophical education, the times of vague discussions and obscure philosophical systems would be over" [Reichenbach, 1944, 53]. Reichenbach called this belief a "fallacy of misplaced exactness" and pleaded instead for "a true philosophical attitude" [Reichenbach, 1944, 53]. Russell's logic, however, was reality oriented as well. In the 1910s Russell continuously sought to renew philosophy as realistically understood by him with the help of the new symbolic logic. Later in the 1920s he tried to apply it to the new results of psychology, in *The Analysis of Mind* (1921), and physics, in *The Analysis of Matter* [1925].

Also Reichenbach's philosophy of science was close to that of Russell. First of all, they both were philosophical realists and anti-conventionalists. Besides, both defended the topological-ontological understanding of space and time.[23] According to Russell, time is a series of autonomic events, or moments that are immediately connected one to another (see [Milkov, 2005b]). In *The Analysis of Matter* he "leave[d] open the question whether the time-order of events in one causal route can be defined in terms of causal laws" [Russell, 1925, 381]. This was actually the position Reichenbach presented in *The Causal Structure of the World* [1925].[24] But he was resolute that time

---

[23]Thomas Mormann correctly noticed that Russell used topological methods for analyzing space and time; but he is mistaken when we maintains that the topological analysis "never occurred to the mainstream philosophers of science" [Mormann, 2013, 9]). It loomed large in Reichenbach's works.

[24]In *The Analysis of Matter* Russell called it "a valuable article" [Russell, 1925, 381, n.]. Interestingly enough, Russell did not mention in his book, which was wholly devoted to philosophy of physics as it developed after Einstein's Theory of Relativity, any other logical empiricist – neither Schlick, nor Philipp Frank, nor Carnap.

was to be studied in topological terms.

In *Axiomatization*, Reichenbach, on his side, reduced metrical properties to those that were topological (see section 5). As we have stated in section 4, he was helped in this by his interest in "reality sciences" such as psychology. In this context, Reichenbach connected the topology of space and time with the concept of "genidentity", initially coined by Kurt Lewin in the realm of biology and physics. He referred to the concept of genidentity for the first time in *Theory of Relativity* [1920] and continued to use it in *The Philosophy of Space and Time* [1928a], in connection with the theory of relativity, and in *The Direction of Time* (1956), in connection with quantum mechanics (see [Milkov, 2021a]). This is *a priori* constitutive principle of human knowledge which is more fundamental than the temporal order. Importantly enough, genidentity, or the identity of the existence of individuals, is not logical but topological identity.

The concept of "genidentity" was used also by Carnap but only in his *Aufbau* [1928, §§128, 159], while, as just seen, Reichenbach never lost his interest in it. Of particular interest is that in that book (§128) Carnap maintained that the term genidentity was also used by Russell in *Our Knowledge* [1914]. Apparently he had in mind Russell's discussion of individuals as series of spatial-temporal relations [Milkov, 2003, 64]. We are not going to discuss here is Carnap's interpretation of Russell correct. It should be only noted that it indicates Russell's clear topological commitment in his philosophy of space and time.

Last but not least, the topological stance of Reichenbach and Russell brought them close to the problem of modality.[25] Russell already studied modalities in *The Problems of Philosophy* [1912, ch. 6]. In *Nomological Statements* [1954] Reichenbach, on his side, claimed that laws of nature applied to all possible worlds.[26]

By way of concluding this section, and also to the present chapter, we can summarize that Reichenbach's philosophical development

---

[25]On the connection between topology and modality see the last paragraph of section 2.2.

[26]Reichenbach's student Hilary Putnam continued to explore this idea.

showed a transition not only from axiomatics to logic but also from epistemology to topological ontology.

References

[Bernays, 1922] Bernays, P. 1922. „Die Bedeutung Hilberts für die Philosophie der Mathematik". *Die Naturwissenschaften* 10, 93–99.

[Blanché, 1955] Blanché, R. 1955. *L'Axiomatique*, Paris: Presses Universitaires de France.

[Blanché, 1962] Blanché, R. 1962. *Axiomatics*, G. B. Keene (tr.), London: Routledge & Kegan Paul.

[Bührke, 2004] Bührke, T. 2004. *Albert Einstein*, München: dtv.

[Carnap, 1928] Carnap, R. 1928. *Der logische Aufbau der Welt*, Berlin: Weltkreis Verlag.

[Carnap, 1929] Carnap, R. 1929. *Abriss der Logistik*, Wien: Springer.

[Carnap, 1930] Carnap, R. 1930. *Untersuchungen zur allgemeinen Axiomatik*, T. Bonk (ed.), 2000. Darmstadt: Wissenschaftliche Buchgesellschaft.

[Clauberg and Dubislav, 1923] Clauberg, K. and Dubislav, W. 1923. *Systematisches Wörterbuch der Philosophie*. Leipzig: Felix Meiner-Verlag.

[Corry, 2004] Corry, L. 2004. *David Hilbert and the Axiomatization of Physics 1898–1918*, Dordrecht: Kluwer.

[Dubislav, 1925/6] Dubislav, W. 1925/6. „Über das Verhältnis der Logik zur Mathematik". *Annalen der Philosophie und der philosophischen Kritik* 5, 193—208.

[Eberhardt, 2011] Eberhardt, F. 2011. "Reliability via synthetic a priori: Reichenbach's doctoral thesis on probability." *Synthese* 181, 125–136.

[Frege, 1893] Frege, G. 1893. *Grundgesetze der Arithmetik*, Band I, Jena: Hermann Pohle.

[Flymour and Eberhardt, 2021] Glymour, C. and Eberhardt, F. 2021. "Hans Reichenbach." *The Stanford Encyclopedia of Philosophy*, E. N. Zalta (ed.), https://plato.stanford.edu/entries/reichenbach/ (Retrieved January 29, 2023).

[Grelling, 1910] Grelling, K. 1910. „Die philosophische Grundlagen der Wahrscheinlichkeitsrechnung". *Abhandlungen der Fries'schen Schule* 3, 439–478.

[Hempel, 1993] Hempel, C. 1993. "An Intellectual Autobiography." In J. Fetzer (ed.). 2000. *Science, Explanation, and Rationality. Aspect of the*

Philosophy of Carl G. Hempel, Oxford, 3–35.

[Hilbert, 1899] Hilbert, D. 1899. *Grundlagen der Geometrie*, Leipzig: Teubner.

[Hilbert, 1902] Hilbert, D. 1902. "Mathematical Problems." M. W. Newson (tr.). *Bulletin of the American Mathematical Society* 8, 437–479.

[Hilbert, 1918] Hilbert, D. [1918] 1996 "Axiomatic Thought." In W. Ewald (ed.) *From Kant to Hilbert. A Source Book in the Foundations of Mathematics*, Oxford: Oxford University Press, 1105–1115.

[Hilbert, 1925] Hilbert, D. 1925. "On the Infinite." In J. van Heijenoort (ed.) *From Frege to Gödel. A source book in mathematical logic, 1879–1931*, Harvard: Harvard University Press, 367–392.

[Hilbert & Ackermann, 1928] Hilbert, D. and Ackermann, W. 1928. *Grundzüge der theoretischen Logik*. Berlin: Springer.

[Jørgensen, 1951] Jørgensen, J. 1951. *The Development of Logical Empiricism*. Chicago: Chicago University Press.

[Kamlah, 1993] Kamlah, A. 1993. „Hans Reichenbach — Leben, Werk und Wirkung". In R. Haller, F. Stadler (eds.) Wien–Berlin–Prag: *Der Aufstieg der wissenschaftlichen Philosophie*, Wien: Hölder-Pichler-Temsky, 238—283.

[Kant, 1800] Kant, I. [1800] 1968. *Logik*, G. B. Jäsche (ed.), Berlin: de Gruyter.

[Langford, 1930] Langford, C. H. 1930. "Hilbert and Ackermann on Mathematical Logic." *Bulletin of the American Mathematical Society* 36(1), 22–25.

[Lewin et al., 1917] Lewin, K., Lipmann, O., Reichenbach, H. 1917. „Entwurf zu einer Eignungsprüfung für Funkentelegraphisten". (HR 024-16-02)

[Mancosu, 2003] Mancosu, P. 2003. "The Russellian Influence on Hilbert and His School." *Synthese* 137, 59–101.

[Milkov, 2003] Milkov, N. 2003. *A Hundred Years of English Philosophy*, Dordrecht: Kluwer.

[Milkov, 2005a] Milkov, N. 2005a. "The Formal Theory of Everything: Explorations of Husserl's Theory of Manifolds (Mannifaltigkeitslehre)." *Analecta Husserliana* 88, 119–135.

[Milkov, 2005b] Milkov, N. 2005b. "Russell's Second Philosophy of Time (1899–1913)." *Contributions of the Austrian Ludwig Wittgenstein Society* 13, 188–190.

[Milkov, 2005c] Milkov, N. 2005c. "Russell's Studies in Germany Today." *The*

Bertrand Russell Society Quarterly 125(6), 35–47.

[Milkov, 2011] Milkov, N. 2011. „Einleitung: Hans Reichenbachs wissenschaftliche Philosophie". In H. Reichenbach, *„Ziele und Wege der heutigen Naturphilosophie" und andere Schriften zur Wissenschaftstheorie*, N. Milkov (ed.), Hamburg: Felix Meiner, vii–xliv.

[Milkov, 2013] Milkov, N. 2013. "The Berlin Group and the Vienna Circle: Affinities and Divergences." In N. Milkov, V. Peckhaus (eds.) *The Berlin Group and the Philosophy of Logical Empiricism*, Dordrecht: Springer, 3–32.

[Milkov, 2015] Milkov, N. 2015. "On Walter Dubislav." *History and Philosophy of Logic* 36, 147–161.

[Milkov, 2020] Milkov, N. 2020. *Early Analytic Philosophy and the German Philosophical Tradition*, London: Bloomsbury.

[Milkov, 2021a] Milkov, N. 2021a. "Kurt Grelling and the Idiosyncrasy of the Berlin Logical Empiricism." In S. Lutz, A. T. Tuboly (eds.) *Logical Empiricism and the Physical Sciences: From Philosophy of Nature to Philosophy of Physics*, London: Routledge, 64–83.

[Milkov, 2021b] Milkov, N. 2021b. "The Berlin Group and the Society for Scientific Philosophy." In T. Uebel, C. Limbeck-Lilienau (eds.) *The Handbook of Logical Empiricism* London: Routledge, 118–126.

[Mormann, 2013] Mormann, T. 2013. "Topology as an Issue for History of Philosophy of Science." In H. Andersen et. al. (eds.) *New Challenges to Philosophy of Science*, Berlin: Springer, 1–12.

[Müller, 1976] Müller, G. (ed.). 1976. *Sets and Classes. On the Work by Paul Bernays*, Amsterdam: North-Holland.

[Neurath et al., 1929] Neurath, O., Carnap, R., Hahn, H. 1929. "The Scientific World Conception: The Vienna Circle." In Neurath, O. *Empiricism and Sociology*, Dordrecht: Springer.

[Peckhaus, 2001] Peckhaus, V. 2001. „‚Mein Glaubensbekenntnis'. Leonard Nelsons Brief an David Hilbert". In M. Topell (ed.) *Mathematik im Wandel. Anregungen zu einem fächerübergreifenden Mathematikunterricht.* Hildesheim: Franzbecker, 335–346.

[Peckhaus, 2003] Peckhaus, V. 2003. "The Pragmatism of Hilbert's Programme." *Synthese* 137, 141–156.

[Reichenbach, 1919] Reichenbach, H. 1919. „Sterzinger, Zur Psychologie und Naturphilosophie der Geschicklichkeit Spiele". *Die Naturwissenschaften* 7, 644.

[Reichenbach, 1920] Reichenbach, H. 1920. *The Theory of Relativity and A*

Priori Knowledge, M. Reichenbach (tr.), Berkeley, Los Angeles: University of California Press.

[Reichenbach, 1924] Reichenbach, H. [1924] 1969. *Axiomatization of the Theory of Relativity*, M. Reichenbach (tr.), Berkeley, Los Angeles: University of California Press.

[Reichenbach, 1925] Reichenbach, H. 1925. "The Causal Structure of the World and the Difference between Past and Future." In *Selected Writings 1909–1953*, ii, 81–119.

[Reichenbach, 1927] Reichenbach, H. 1927. Lichtgeschwindigkeit und Gleichzeitigkeit, *Annalen der Philosophie* 6, 128–144.

[Reichenbach, 1928a] Reichenbach, H. [1928a] 1958. *The Philosophy of Space and Time*, M. Reichenbach, J. Freund, (tr.), New York: Dover.

[Reichenbach, 1928b] Reichenbach, H. 1928b. "[Russell:] An Early Appreciation." In: R. Schoenman (ed.). 1967. *Bertrand Russell: Philosopher of the Century*, London: Allen & Unwin, 129–133.

[Reichenbach, 1929] Reichenbach, H. 1929. "Bertrand Russell." In *Selected Writings*, i, 298–303.

[Reichenbach, 1931] Reichenbach, H. 1931. *Ziele und Wege der heutigen Naturphilosophie*. Leipzig: Felix Meiner.

[Reichenbach, 1932] Reichenbach, H. 1932. „Axiomatik der Wahrscheinlichkeitsrechnung". *Mathematische Zeitschrift* 34, 568–619.

[Reichenbach, 1935] Reichenbach, H. 1935. *Wahrscheinlichkeitslehre. Eine Untersuchung über die Logischen und Mathematischen Grundlagen der Wahrscheinlichkeitsrechnung*. Leiden: Sijthoff's Uitgeversmaatschappij.

[Reichenbach, 1938] Reichenbach, H. 1938. *Experience and Prediction*. Chicago: University of Chicago Press.

[Reichenbach, 1944] Reichenbach, H. 1944. "Bertrand Russell's Logic." In P. Schilpp (ed.) *The Philosophy of Bertrand Russell*, Evanston (Ill.): Northwestern University Press, 23—54.

[Reichenbach, 1947] Reichenbach, H. 1947. *Elements of Symbolic Logic*. New York: Macmillan.

[Reichenbach, 1949] Reichenbach, H. 1949. "A Conversation between Bertrand Russell and David Hume." *The Journal of Philosophy* 46, 545–549.

[Reichenbach, 1951] Reichenbach, H. 1951. *The Rise of Scientific Philosophy*, Berkeley and Los Angeles: University of California Press.

[Reichenbach, 1954] Reichenbach, H. 1954. *Nomological Statements and Admissible Operations*. Amsterdam: North-Holland.

[Reichenbach, 1978] Reichenbach, H. 1978. *Selected Writings*, 2 vols., M. Reichenbach, R. S. Cohen (eds.), Dordrecht: Reidel.

[Reichenbach and Cohen, 1978] Reichenbach, M. and Cohen, R. 1978. "Memories of Hans Reichenbach." In H. Reichenbach, *Selected Writings*, i, 1–86.

[Russell, 1903] Russell, B. 1903. *The Principles of Mathematics*. London: Allen & Unwin.

[Reichenbach, 1912] Russell, B. 1912. *The Problems of Philosophy*. London: Williams and Norgate.

[Russell, 1914] Russell, B. 1914. *Our Knowledge of the External World*, London: George Allen.

[Russell, 1925] Russell, B. 1925. *The Analysis of Matter*. New York: Dover, 1954.

[Russell, 1948] Russell, B. 1948. *Human Knowledge, Its Scope and Limits*. London: George Allen.

[Russell, 1959] Russell, B. 1959. *My Philosophical Development*. London: Unwin Hyman, 1985.

[Russell and Whitehead, 1910–13] Russell, B. and Whitehead, A. 1910–13. *Principia mathematica*, 3 vols. Cambridge: Cambridge University Press,

[Ryckman, 2005] Ryckman, T. 2005. *The Reign of Relativity: Philosophy in Physics 1915–1925*. Oxford: Oxford University Press.

[Salmon, 1977] Salmon, W. 1977. "The Philosophy of Hans Reichenbach." In W. Salmon (ed.), *Hans Reichenbach: Logical Empiricist*, Dordrecht: Reidel, 1–84.

[Sieg, 1999] Sieg, W. 1999. "Hilbert's Programs: 1917–1922." *The Bulletin of Symbolic Logic* 5, 1–44.

[Stölzner, 2002] Stölzner, M. 2002. "How Metaphysical is 'Deepening the Foundations'? Hanh and Frank on Hilbert's axiomatic method." *Vienna Circle Institute Yearbook* 9, 245–62.

[Weyl, 1918a] Weyl, H. 1918a. *Raum–Zeit–Materie*, Berlin: Springer.

[Weyl, 1918b] Weyl, H. 1918b. *Das Kontinuum: Kritische Untersuchungen über die Grundlagen der Analysis*, Leipzig: Veit.

[Woleński, 2017] Woleński, J. 2017. "Hilbert and the Foundations of Mathematics in Poland." Paper delivered at the workshop Hilbert's axiomatic method in Central and Eastern Europe, October 3, Brno (Czech Republic), https://www.academia.edu/34620515/Workshop_Abstracts_The_Reception_of_Hilberts_Axiomatic_Method_in_Central_and_Eastern_Europe (Retrieved January 29, 2023).

JAN FRANCISZEK DREWNOWSKI UND SEIN PHILOSOPHISCHES PROGRAMM (FÜR MATHEMATIK UND LOGIK)

ROMAN MURAWSKI

Zusammenfassung

Jan Franciszek Drewnowski war Mitglied des so genannten Krakauer Kreises. Mit diesem Terminus bezeichnet man eine Gruppe von Wissenschaftlern, die versuchten, Methoden der modernen formalen/mathematischen Logik zur Klärung philosophischer und theologischer Probleme anzuwenden. Sie haben insbesondere versucht, den zeitgenössischen (Neo) Thomismus mit Methoden der Logik zu modernisieren. Mitglieder der Gruppe waren: der Dominikaner Józef (Innocenty) Maria Bocheński, der Priester Jan Salamucha, Jan Franciszek Drewnowski und der Logiker Bolesław Sobociński, der in der Gruppe mitarbeitete.[1] Drewnowski war kein strenger Thomist, er ging seine eigenen Wege. Sein philosophisches Programm, das er in dem Werk *Zarys programu filozoficznego* [Abriss eines philosophischen Programms] formulierte, basierte auf der Interdependenz verschiedener Disziplinen, insbesondere der Logik, der Naturwissenschaften, der Mathematik und der Theologie. Sein Ziel war, eine neue philosophische Sprache vorzustellen, in der man auch philosophische, insbesondere methodologische Probleme der Logik und der Mathematik klar fornulieren und dann lösen konnte.

---

[1]Für weitere Informationen über den Krakauer Kreis siehe z.B. Wolak [1996; 2005], Bocheński [1989; 1994] sowie auch Woleński [2003].

1 Drewnowskis Leben

Bevor wir das Programm von Drewnowski beschreiben und diskutieren werden, sagen wir einige Worte über sein Leben (vgl. [Majdański and Lekka-Kowalik, 2001]). Er wurde am 2. Dezember 1886 in Moskau geboren. Seit 1903 lebte er in Warschau. Im Jahr 1914 nahm er teil an technischen Lehrgänge in Warschau und 1915 studierte er an der Mathematisch-Physikalischen Fakultät in Petrograd (St. Petersburg). 1916 absolvierte er einen Lehrgang an der Ingenieurmilitärschule in Petrograd und diente als Offizier in der russischen Armee. 1918 schrieb er sich an der Politechnik in Warschau ein. Er wurde aber in die polnische Armee einberufen und war bis 1920 Offizier des Generalstabs. Gleichzeitig hörte er Vorlesungen an der Finanz-Ökonomischen Fakultät der Schule für Politikwissenschaften. In den Jahren 1921–1927 studierte er Philosophie, mathematische Logik und Mathematik an der Warschauer Universität. Seine Lehrer waren unter anderen Stanisław Leśniewski, Jan Łukasiewicz und Tadeusz Kotarbiński.[2] 1927 promovierte er und wurde Doktor der Philosophie. Der Titel seiner Dissertation war *Podstawy logiki Bernarda Bolzano* [Grundlagen der Logik von Bernard Bolzano] – sein Doktorvater war Kotarbiński. Nach dem Studium, von 1928 bis 1939, arbeitete er als Redakteur des Informationsjahrbuches für Industrie- und Handelsunternehmen, 1934–1939 war er zudem Berater im Ministerium für Religion und Bildung [Ministerstwo Wyznań Religijnych i Oświecenia Publicznego]. In dieser Zeit arbeitete er an seinem philosophischlogischen System und veröffentlichte Aufsätze in der Logik, der Philosophie und der Philosophie der Technik. Er arbeitete auch mit Jan Salamucha zusammen und war Mitglied des Krakauer Kreises.

1939 wurde er in die Armee einberufen und war Adjutant des Befehlshabers der Bombenentschärfer. Nach der Kapitulation war er bis ins Jahr 1945 im deutschen Gefangenenlager für Offiziere IIA in Murnau (Bayern). Er hielt dort Vorlesungen über philosophische und

---

[2]S. Leśniewski und J. Łukasiewicz waren Mitbegründer der Warschauer Schule der Logik, die als Teil der Lemberg-Warschauer Schule für Philosophie gilt. Auch T. Kotarbiński war Mitglied der Lemberg-Warschauer Schule. Für Informationen über diese Schulen siehe z.B. Woleński [1985; 1989].

philosophisch-theologische Probleme. Nach der Befreiung durch die Amerikaner wurde er zum 2. Polnischen Korps nach Rom versetzt. 1946 ging er mit der Armee nach England. Im Juni 1946 kehrte er nach Polen zurück. 1947–1948 arbeitete er als Berater in der Zentralbehörde für Plannung [Centralny Urząd Planowania] und 1949–1953 als wissenschaftlicher Berater im Institut für Ökonomie und Organisation der Industrie [Instytut Ekonomiki i Organizacji Przemysłu]. Zwischen 1953 und 1968 war er Redakteur für technische Wörterbücher in dem Wissenschaftlich-Technischen Verlag [Wydawnictwa Naukowo-Techniczne].

Vor dem Zweiten Weltkrieg arbeitete Drewnowski an einem logisch-philosophischen System, das er vor allem in dem Werk *Zarys programu filozoficznego* (Drewnowski [1934; 1996]) formuliert hat. Sein Ziel war, eine neue philosophische Sprache zu entwickeln, in der Ideen und Thesen verschiedener philosophischer Theorien, insbesondere Lehrsätze in der modernen als auch der klassischen (z.B. der thomistischen) Philosophie formuliert werden konnten. Leider wurden während des Zweiten Weltkrieges seine Doktorarbeit und viele seiner unveröffentlichen Arbeiten vernichtet. Nach dem Krieg nahm er die Arbeiten an seinem System nicht wieder auf. Drewnowski starb in Warschau am 6. Juli 1978.

2 Theorie der Zeichen

Beginnen wir mit Drewnowskis Bemerkungen und Beobachtungen zur Konzeption von Zeichen. Seine Theorie der Zeichen war eine wichtige Komponente seines Programms. Er war der Meinung, dass Zeichen eine Stellvertreterfunktion haben, die es ermöglichen, in der Erkenntnis der realen Welt über direkte Erfahrungen und Erlebnisse hinaus zu gehen und eigenständige Strukturen zu bilden. Es gibt aber hier einige Gefahren zu beachten. Drewnowski warnte in *Zarys programu filozoficznego* (Drewnowski [1934], [1996, §1; 58–59][3]):

---

[3]Wenn *Zarys programu filozoficznego* zitiert wird, geben wir die Nummer des entsprechenden Paragraphs und (nach dem Semikolon) die Seiten in dem Band *Filozofia i precyzja. Zarys programu filozoficznego i inne pisma* an, in dem die Aus-

Wenn man sich angewöhnt, durchgehend mit Zeichen statt mit der Realität selbst zu tun zu haben, d.h. wenn man eine nur intensionale Verbindung mit der Realität hat, dann geht dieses Gefühl der Intensionalität (bald) verloren.[4]

Es tritt eine Identifierung der Zeichen mit der Realität ein. Sie kann einerseits zur Reduktion der Realität dessen führen, worüber die Zeichen sprechen. Andererseits ist es möglich, dass die Zeichen beginnen, eine eigene Realität zu bilden. Vor solchen Gefahren warnten schon Kazimierz Twardowski und Jan Łukasiewicz. Sie empfahlen, dauernden Kontakt mit der Realität zu halten, wenn man mit ausgearbeiteten philosophischen Systemen zu tun hat. Twardowski schrieb [1927, S. 395]):

> Ein Symbol repräsentiert eine Idee oder einen Gegenstand, den es symbolisiert, und daher kann die Täuschung entstehen, dass es ihn ersetzt. Aber Repräsentieren und Ersetzen sind nicht das Gleiche: ein Botschafter repräsentiert die Regierung seines Staates, aber er ersetzt sie nicht, er ist nicht der Ersatz der Regierung; ein Prorektor ist ein Stellvertreter (Ersatz) des Rektors, aber er ist nicht sein Repräsentant (Vertreter).[5]

Zeichen vertreten zu Beginn die Realität, die man beschreibt, und sie dienen dann theoretischen Überlegungen. Man hat es hier mit einer Stufung von Zeichen zu tun, d.h. Gruppen von Zeichen werden durch neue Zeichen ersetzt. Wenn man das nicht bemerkt, kann es zu Missverständnissen führen. Zudem muss man zwischen Zeichen und den Anweisungen unterscheiden, wie sie verwendet werden sollten.

---

wahl von Drewnowskis Arbeiten, unter ihnen auch „*Zarys...*" abgedruckt wurde.

[4] „Przyzwyczajenie do ciągłego obcowania ze znakami zamiast z samą rzeczywistością, czyli taki - że tak powiem - intencjonalny stosunek do rzeczywistości, sprawia na dalszą metę zatarcie się poczucia tej intencjonalności."

[5] „Symbol reprezentuje symbolizowane nim pojęcie, symbolizowany nim przedmiot i stąd łatwo powstaje złudzenie, jakoby je zastępował. A przecież reprezentowanie i zastępowanie nie jest tym samym: ambasador jest reprezentantem (przedstawicielem) rządu swego państwa, lecz nie jest jego zastępcą (substytutem); prorektor natomiast jest zastępcą (substytutem) rektora, lecz nie jest jego reprezentantem (przedstawicielem)."

Drewnowski unterschied drei Typen wissenschaftlicher Theorien: naturwissenschaftliche, mathematische und theologische. Sie alle sind Systeme von Zeichen. Für jeden Typ entwickelte er Prinzipien, die regeln, wie man mit den Zeichen arbeiten sollte. Er erörterte darüber hinaus Beziehungen zwischen den Theorien. Wir werden uns hier auf Theorien in der Mathematik und Logik konzentrieren.

Drewnowski schätze die Logik und ihre Bedeutung hoch ein, insbesondere die mathematische Logik. Er sah sie als das Werkzeug, das „neue Instrumente des Denkens verfeinert und erschafft, aber keine der uralten Probleme der Philosophie entscheidet"[6] [1934, §25; 64]. Logik also ist kognitiv neutral. Sie ist nur ein Hilfsmittel. Logik jedoch ist zugleich „riesengroß, geradezu mächtig in den Wirkungen"[7] [1934, §25; 64].

Drewnowski war bewusst, dass man zwischen Sprache und Metasprache unterscheiden muss. Man sieht das, wenn er in „Zarys programu filozoficznego" über die Notwendigkeit der Unterscheidung zwischen dem Zeichenmechanismus und der „Gebrauchsanweisung, die den Mechanismus beschreibt"[8] [1934, §26; 65] spricht. Er schreibt, dass [1934, §32; 65]

> eine nicht hinreichend klare Unterscheidung zwischen dem Zeichenmechanismus und der Gebrauchsanweisung viele Missverständnisse verursacht. Sie betreffen das Problem, welche Teile der Theorie den Vorschriften des Mechanismus und welche dem Funktionieren des Mechanismus selbst zugerechnet werden sollten. Außerdem entstehen Missverständnisse, wenn man Zeichen für etwas anderes als als Werkzeug des Denkens annimmt."[9]

---

[6] „doskonali i stwarza nowe narzędzia myślenia, lecz merytorycznie nie przesądza żadnego spośród odwiecznych sporów filozofii"

[7] „olbrzymia, wprost potężna w skutkach".

[8] „instrukcji wykonawczej opisującej ten mechanizm".

[9] „[n]ie dość wyraźne odróżnianie mechanizmu od instrukcji wykonawczej rodzi wiele nieporozumień na temat tego, czy pewne części teorii powinny być zaliczane do przepisów czy do działania samego mechanizmu; nadto nieporozumienia te powstają też skutkiem brania znaków za co innego niż tylko narzędzia myśli."

Man muss noch hinzufügen, dass Drewnowski noch nicht zwischen Subjunktion und Folgerung/Konsequenz unterschied.[10]

Man bemerkt, dass die Darstellung des Prozesses der Konstruktion und der Struktur formaler Theorien, die Drewnowski skizziert, im Prinzip (mit einigen kleinen Vorbehalten) korrekt ist.

3 Axiome und Definitionen

Betrachten wir jetzt, was Drewnowski über Axiome und Definitionen schreibt. Er behauptet [1934, §33; 67]:

> Axiome sind ein Ausdruck entweder von Annahmen über Regeln, die in einem bestimmten Bereich gelten, oder von Vereinbarungen, die in bestimmten Systemen von Zeichen akzeptiert werden. In beiden Fällen drücken sie nicht etwas Absolutes aus: Im ersten Fall wäre es richtiger sie als angemessene Bedingungen zu formulieren und in gekürzter Weise als Annahmen über Sätze der Theorie aufzuzählen; im zweiten Fall gehören sie zur Ausführungsinstruktion und es wäre richtiger sie als Regeln zu formulieren.[11]

Wir bemerken, dass Drewnowski sich hier auf das Deduktionstheorem bezieht, wenn er schreibt, dass man Axiome als Voraussetzungen (Antezendensen) in Subjunktionen aufzählen kann.

In ähnlicher Weise sieht Drewnowski Definitionen. Er ist der Meinung, dass sie entweder zum Einführen von Abkürzungen dienen oder „ähnlich wie im Falle der Axiome, Ausdruck von Vermutungen oder Vereinbarungen sind"[12] [1934, §33; 67] und auch so betrachtet werden

---

[10]Vgl. Drewnowski [1934, §28; 65].

[11]„Aksjomaty są wyrazem bądź pewnych przypuszczeń co do obowiązujących w danej dziedzinie tzw. praw, bądź też tylko są wyrazem pewnych umów przyjętych w obrębie danego znakowania. I w jednym, i w drugim wypadku nie wyrażają niczego bezwzględnego: w pierwszym - poprawniej jest sformułować je jako odpowiednie warunki i w skrócony sposób wymieniać je w poprzednikach twierdzeń teorii; w drugim wypadku – należą do instrukcji wykonawczej, i poprawniej jest sformułować je jako odpowiednie dyrektywy."

[12]„wyrazem jakichś przypuszczeń lub umów, podobnie jak w przypadku aksjomatów".

sollten. Während man der ersten Funktion von Definitionen zustimmen kann, so ist es schwer, mit der zweiten Zuweisung einverstanden zu sein.

Wenn eine neue Theorie konstruiert ist, dann ist es notwendig, zu einem speziellen Bereich der Realität eine Verbindung herzustellen.[13] Man sollte auch anmerken, dass Drewnowski unterstreicht, dass eine Theorie niemals eine „isomorphe" Abbildung der Realität ist. Das folgt aus der Tatsache, dass man einige Freiheit hat, die Sprache und die Axiome zu wählen. Dabei spielen auch einige außer-rationale Elemente eine Rolle. Man hat es also hier mit einer gewissen Irrationalität der Verbindung von Theorie und Realität zu tun.[14] Jedoch ist Drewnowski kein Relativist – er glaubt an die objektive Wahrheit. Er ist der Meinung, dass sein Relativismus nur darin besteht, dass er es „ablehnt, einen Absolutwert einem Zeichensystem zuzuschreiben"[15] (Drewnowski [1934, §39; 69]). Er schreibt (Drewnowski [1934, §39; 69–70]):

> Verschiedene Zeichensysteme drücken manchmal etwas Absolutes aus, jedoch das, was sie ausdrücken, ist niemals ohne Wenn und Aber allein in Zeichen als solchen gegeben; es ist immer in Verhältnissen und partiell ausgedrückt. Ein solcher Standpunkt erschüttert nicht den Glauben an Absolutheit, sondern ermöglicht vielmehr Anhängern unterschiedlicher Positionen eine Annäherung und das Finden gemeinsamer Fundamente, wenn sie eine Relativität ihrer Formulierungen anerkennen.[16]

---

[13]Vgl. Drewnowski [1934, §34; 67].

[14]Vgl. Drewnowski [1934, §38; 69].

[15]„odmawianiu wartości bezwzględnej jakiemukolwiek układowi znaków".

[16]„Różne układy znaków wyrażają nieraz coś bezwzględnego, ale to, co wyrażają, nie jest wszak nigdy dane bez reszty w znakach jako takich; wyrażone jest zawsze w sposób względny, cząstkowy. Stanowisko takie nie tylko nie zachwieva wiary w wartości bezwzględne, lecz przeciwnie, umożliwia zbliżenie, znalezienie wspólnych podstaw wyznawcom najbardziej rozbieżnych stanowisk, z chwilą, gdy uznają względność swych sformułowań."

4 Bemerkungen zum Status der Mathematik

Mathematische Theorien sind – in Drewnowskis Konzeption – „die gleichen Zeichenmechanismen wie andere naturwissenschaftliche Theorien"[17] (Drewnowski [1934, §39; 71],. Er beschreibt sie in „Zarys" (Drewnowski [1934, §42; 71–72]) wie folgt:

> Die Besonderheit dieser Theorien besteht in der Tatsache, dass sie Werkzeuge zur Untersuchung naturwissenschaftlicher Theorien und aller anderen Zeichensysteme sind, die wie naturwissenschaftliche Theorien aussehen. Sie beschäftigen sich ausschließlich mit strukturellen Eigenschaften von Zeichenkompositionen, die in Theorien auftreten, d.h. mit der Frage, wie verschiedene strukturelle Typen komplexer Zeichen von Verfahrensweisen (gemäß Gebrauchanweisungen der gegebenen Theorie) abhängen. [...] Von diesem Typ also sind diejenigen Operationen am Grund mathematischer Theorien, die Ableitbarkeit von Sätzen und verwandte Abhängigkeiten zwischen Sätzen bedeuten.[18]

Drewnowski betont, dass mathematische Theorien die am weitesten entwickelten Zeichensysteme sind.[19]

Wie ist das Verhältnis zwischen Mathematik in umgangssprachlicher Bedeutung und mathematischen Theorien in der oben gegebenen Beschreibung? Drewnowski behauptete, dass einige Teile der Mathematik in der Tat wie naturwissenschaftliche Theorien sind. Als Beispiel kann man hier die Arithmetik der natürlichen Zahlen (die auf

---

[17] „są takimi samymi mechanizmami znakowymi, jak inne teorie przyrodnicze".

[18] „Charakterystyczną cechą ich jest to, że są narzędziami do badania samych teorii przyrodniczych i wszelkich innych układów znaków, wyglądających jak teorie przyrodnicze. Zajmują się one wyłącznie właściwościami budowy układów znaków występujących w teoriach, mianowicie tym, jak uzależnione są różne typy strukturalne znaków złożonych od sposobów posługiwania się nimi, zgodnie z instrukcjami wykonawczymi danej teorii. [...] Jedynym więc typem operacji na gruncie teorii matematycznych są te, które znaczą wywiedlność zdań i pokrewne zależności międzyzdaniowe".

[19] Vgl. Drewnowski [1934, §42; 72].

dem elementaren Begriff der Anzahl und des Zeichens gegründet ist) angeben. Als naturwissenschaftliche Theorien gelten auch „alle Geometrien, soweit sie sich mit Ausdehnungseigenschaften beschäftigen, die an empirischen Ausdehnungen hervortreten"[20] ([1934, §44; 73]). In solchen Geometrien habe man es aber nicht mit Verallgemeinerungen von Eigenschaften konkreter empirischer Ausdehnungen zu tun. Und er fügt hinzu, was er unter „Ausdehnung" versteht, nämlich „jeden Typ einer qualitativen Ausdehnung und nicht nur diejeniegen, die Ausgangspunkt für den physikalischen Raum sind, sondern auch andere, nicht so weit untersuchte Typen, die in topologischen Systemen erfasst werden können."[21] ([1934, §44; 73]).

Wir bemerken, dass hier eine Unklarheit vorliegt. Was ist eigentlich eine „qualitative Ausdehnung"? Geht es um qualitative Veränderungen? Untersucht Mathematik, insbesondere die Geometrie, derartige Ausdehnungen? Was hat hier Drewnowski im Sinn? Das Bild der Mathematik, das Drewnowski hat und das hier aus der Arithmetik und Geometrie kommt, ist der existierenden und von den Mathematikern betriebenen Disziplin nicht angemessen. Das wird auch nicht anders, wenn man „Geometrie" in einem verallgemeinerten Sinne (in welchem Sinne?, in Topologie umfassendem Sinne?) verstehen würde.

Drewnowski behauptet weiter, dass man den Rest „moderner Mathematik wahrscheinlich als eine Theorie der Beziehungen verstehen kann, die also zu dem gehört, was ich hier als mathematische Theorien beschreibe"[22] – so schrieb er in „Zarys" ([1934, §45; 73]). Dabei ist es für eine mathematische Theorie ganz gleichgültig, was die Zeichen bedeuten oder bezeichnen - und als Folge: „Sätze der Mathematik sind bedeutungslos"[23] ([1934, §45; 73]). Die Gleichset-

---

[20] „wszelkie geometrie o tyle, o ile zajmują się jakimiś własnościami rozciągłymi, a nie przechodzą do uogólnień zajmujących się dowolnymi stosunkami, których szczególnym przypadkiem bywa dany stosunek występujący w jakiejś rozciągłości doświadczalnej".

[21] „każdy typ rozciągłości jakościowej, nie tylko tę, która jest punktem wyjścia dla przestrzeni fizykalnej, lecz i wszelkie inne, nie zbadane dotychczas typy, dające się ująć w jakieś systemy topologiczne".

[22] „współczesnej matematyki da się prawdopodobnie objąć tzw. teorią stosunków, czyli należeć będzie do tego, co nazywam tu teoriami matematycznymi."

[23] „zdania matematyki są pozbawione określonego znaczenia".

zung hier von Mathematik und mathematischen Theorien führt zur Behauptung, dass „die Objekte, mit denen sich Mathematik beschäftigt, beliebige Erzeugnisse von Menschen sind"[24] ([1934, §45; 73]). Das Problem der Existenz reduziert sich auf die Existenz der Zeichen, mit denen eine gegebene Theorie arbeitet. Das unterscheidet Mathematik von naturwissenschaftlichen Theorien.

Drewnowski ist ein gutgläubiger Optimist, wenn er über Antinomien spricht. Er ist der Meinung, dass die Quelle der Antinomien die Reflexivität von Theorien ist: „In verschiedenen Fällen betreffen die Sätze der Theorie solche Beziehungen, die in der Theorie selbst oder sogar in den Sätzen selbst auftreten"[25] ([1934, §48; 74]). Er glaubt, dass es, um Antinomien zu eliminieren, ausreicht, Sprache und Metasprache sowie Theorie und Metatheorie exakt zu unterscheiden. Es reiche „in jedem Fall genau zu wissen, worüber die Theorie spricht und was die Zeichen bedeuten; [...] wenn die Theorie eine mathematische Theorie ist, dann werden alle Widersprüche beseitigt, sofern mangelhafte Zeichen entfernt oder von anderen Zeichen ersetzt werden"[26] ([1934, §48; 74]).

Wir bemerken, dass die Unterscheidung zwischen Mathematik und mathematischen Theorien, wie sie bei Drewnowski vorkommt, nicht ganz klar ist. Man kann sie mit der Unterscheidung zwischen objektiver und subjektiver Mathematik, die bei Gödel vorkommt, vergleichen. Gödel machte sie im Gibbs Vortrag[27] im Jahr 1951. Unter „objektiver Mathematik" verstand Gödel das System aller wahren mathematischen Sätze, und subjektive Mathematik war das System aller beweisbaren mathematischen Sätze. Er behauptete, dass kein axiomatisches System (also keine mathematische Theorie) die objektive Mathematik umfassen könne. Hier muss man an Gödels Platonismus denken, d.h. man muss voraussetzen, dass mathematische Objekte

---

[24] „twory, którymi zajmuje się matematyka, są dowolnymi wytworami ludzkimi".

[25] „[w] różnych wypadkach zdania teorii dotyczą takich stosunków, które występują w samej teorii lub nawet w samych tych zdaniach".

[26] „w każdym wypadku wiedzieć wyraźnie, o czym teoria mówi i co znaczą znaki teorii; [...] o ile [teoria] jest teorią matematyczną – wszelkim sprzecznościom zaradza usunięcie wadliwych znaków lub zastąpienie ich przez inne?

[27] Vgl. [Gödel, 1995].

außerhalb von Zeit, Raum und erkennender Vernunft existieren und Mathematik ihre Eigenschaften und Relationen beschreibt. Eine solche Erklärung findet man jedoch bei Drewnowski nicht! Sogar wenn man voraussetzt – wie Drewnowski es will – dass „einige Teile der Mathematik naturwissenschaftliche Theorien sind"[28] ([Drewnowski, 1934, §44; 72]) und dass zum Beispiel die Arithmetik der natürlichen Zahlen eine solche Theorie ist, dann ist das Problem komplizierterer Theorien nicht gelöst oder geklärt.

Vielleicht ist für Drewnowski Mathematik alles das, was Mathematiker in ihren Forschungen tun, während mathematische Theorien formalisierte Theorien sind, formal-logische Rekonstruktionen realer Gedankenfolgen der Mathematiker sowie Forschungen in der Logik und den Grundlagen der Mathematik?

Gegen die zweite These spricht die Tatsache, dass Drewnowski den mathematischen Theorien alle Verallgemeinerungen der Philosophie und Teile der Metaphysik zuordnet, die sich mit allgemeinen Prinzipien beschäftigt. Er denkt hier an Begriffe wie „Möglichkeit, Notwendigkeit, Wahrscheinlichkeit, Potenzialität; [...], Kausalität, Zweckmäßigkeit, Determinismus, Evolution; schließlich [...] Wert, Bewusstsein, Persönlichkeit, Gesellschaft, Recht, Moral usw."[29] [Drewnowski, 1934, §49; 75]. Seine Begründung ist, dass „alle [..] Dinge sind, die allgemeine Eigenschaften der Zeichensysteme betreffen".[30] Doch die Überlegungen hierzu sind nicht ausgearbeitet, was zu manchen Unklarheiten führt.

Drewnowski hält ungeschickte Mathematisierungen aus verschiedenen Gebieten für unrichtig. Er sieht zwei Ursachen für den Misserfolg: Versuche, Gebiete in Schemata der Mathematik zu übertragen, die weit entfernt von Zusammenhängen sind, die die moderne Mathematik untersucht, und Versuche, mathematische Symbole beliebig in verschiedene Überlegungen, z.B. in die Geschichtsphilosophie

---

[28] „niektóre części matematyki są teoriami przyrodniczymi".

[29] „możliwość, konieczność, prawdopodobieństwo, potencjalność; [...], przyczynowość, celowość, determinizm, ewolucja; wreszcie [...] wartość, świadomość, osobowość, społeczeństwo, prawo, moralność itd."

[30] „wszystko to są [...] sprawy dotyczące pewnych ogólnych własności układów znaków".

hinein zu setzen, was oft von Personen getan wird, die die Mathematik nicht kennen. Der Ausgangspunkt richtiger Mathematisierung sollten naturwissenschaftliche Theorien sein, die sich auf Versuchsdaten stützen. Solche Theorien sind es, die mathematisiert werden können. Drewnowski beschreibt diesen Prozess folgendermaßen ([Drewnowski, 1934, §51; 76]):

> Wenn eine bestimmte naturwissenschaftliche Theorie entwickelt wird und die Wechselbeziehungen, die in ihr auftreten, komplizierter werden, bemerkt man, dass einige der Beziehungen besondere Fälle der in der Mathematik erörterten Beziehungen sind. Dann ist es möglich, einen Teil der zugehörigen mathematischen Theorie auf die gegebene naturwissenschaftliche Theorie anzuwenden, indem man in den Sätzen der mathematischen Theorie Zeichen für die Wechselbeziehungen der naturwissenschaftlichen Theorie einsetzt, die besondere Fälle der mathematisch erörterten Beziehungen sind. Auch umgekehrt können neue Beziehungen in der gegebenen naturwissenschftlichen Theorie dazu motivieren, sie zu verallgemeinern, und auf diese Weise zu neuen Problemen in der mathematischen Theorien führen.[31]

Vorteile solcher Mathematisierung einer Theorie sieht Drewnowski in den Eigenschaften mathematischer Theorien — er schreibt ([Drewnowski, 1934, §52; 76]):

---

[31] „Będzie to polegać na tym, że w miarę rozwijania się danej teorii przyrodniczej, komplikacji występujących w niej zależności, stwierdzać się będzie, iż pewne takie zależności są szczególnymi przypadkami stosunków, opracowywanych w teoriach. Wówczas cała ta część odpowiedniej teorii matematycznej może być zastosowana do danej teorii przyrodniczej drogą podstawienia w odpowiednich twierdzeniach teorii matematycznej znaków tych zależności teorii przyrodniczej, które są szczególnymi przypadkami stosunków badanych w teorii matematycznej. Odwrotnie też - różne nowe zależności w danej teorii przyrodniczej mogą skłaniać do uogólniania ich i dostarczać w ten sposób nowych zagadnień teoriom matematycznym."

Der Wert solcher Mathematisierung des Wissens wird noch deutlicher gesehen werden, wenn man bemerkt, dass einerseits mathematische Theorien ihre Effizienz ihrer Allgemeinheit verdanken: Wenn man sich mit Beziehungen beschäftigt, ohne ihre Bedeutung zu berücksichtigen, dann kann man viele Versuche und Änderungen unternehmen, die nicht so einfach im Bereich einer naturwissenschaftlichen Theorie zu machen wären, wo die Bedeutungen der Zeichen, von Traditionen und Gewohnheiten her beeinflusst, die Bewegungsfreiheit erschweren.[32]

Andererseits erlaubt uns die Berücksichtigung möglicher Anwendungen mathematischer Theorien, aus „dem Überfluss möglicher Kombinationen" diejenigen auszuwählen, die erwünscht sind.

5 Formale Logik in der Philosophie

Drewnowski dachte auch über das Problem der Anwendung der symbolischen Logik insbesondere in der Philosophie nach. Er widmete diesem Problem den Aufsatz „Stosowanie logiki symbolicznej w filozofii" [Die Anwendung der symbolischen Logik in der Philosophie] [Drewnowski, 1965]. Einige Bemerkungen dazu finden wir auch in der unveröffentlichten Arbeit „Uwagi o stosowaniu logiki symbolicznej" [Bemerkungen zur Anwendung der symbolischen Logik] [Drewnowski, 1967].[33] Er beruft sich dort auf das Buch *Grundzüge der theoretischen Logik* von D. Hilbert und W. Ackermann [Hilbert, 1928], wo – wie er schreibt – die Methode solcher Anwendungen der Logik cha-

---

[32] „Wartość tak pojętego matematyzowania wiedzy wystąpi jeszcze wyraźniej, gdy się zważy, że z jednej strony teorie matematyczne zawdzięczają swoją sprawność większej swej ogólności: zajmowanie się zależnościami, bez oglądania się na ich znaczenie, pozwala na dokonywanie wielu prób i przeróbek, które nie byłyby łatwe w obrębie jakiejś teorii przyrodniczej, gdzie znaczenia znaków, obarczone nieraz tradycją, nawykami, utrudniają swobodę ruchów."

[33] Einige Fragmente dieser Arbeit fallen zusammen mit dem Aufsatz „Stosowanie logiki symbolicznej w filozofii". [Drewnowski, 1967]

rakterisiert wurde. Er beschreibt sie folgendermaßen (vgl. [Drewnowski, 1996, 199]):

> Diese Methode besteht darin, dass man neue konstante Symbole einführt, die spezifische Begriffe der gegebenen Theorie ausdrücken, und den Typ der Gegenstände beschreibt, die von Argumenten dieser neuen Funktionssymbole bezeichnet werden. Mit Hilfe der neuen Symbole und der Symbole des Funktionskalküls[34] beschreibt man die Voraussetzungen des gegebenen Bereiches. Die so formulierten Voraussetzungen fügt man den Axiomen des Funktionskalküls als neue Axiome hinzu. Hieraus – wenn man die Inferenzregeln des Funktionskalkül anwendet – erhält man Sätze, die symbolische Formulierungen von dem sind, was man in dem gegebenen Gebiet beweisen will.[35]

Drewnowski bemerkt auch, dass solche Anwendung des Prädikatenkalküls nicht eine Interpretation der Symbole dieses Kalküls ist. In der Tat „werden diese Symbole die ganze Zeit in einer allgemeinlogischen Bedeutung verwendet, die sie im klassischen Logikkalkül besitzen"[36] (vgl. [Drewnowski, 1934, 199–200]). Die symbolische Formulierung der vorausgesetzten Eigenschaften der untersuchten Gegenständen als Axiome kann einige allgemeine Zusammenhänge in dem gegebenen Bereich hervorheben. Dabei „müssen die Axiome nicht den Inhalt der Begriffe und der Beziehungen des Gebietes ausschöpfen"[37] (vgl. Drewnowski [1934] 1996, S. 200). Ei-

---

[34] So nannte man damals den Prädikatenkalkül [meine Bemerkung – R.M.].

[35] „Metoda ta polega na tym, że ustala się nowe symbole stałe, wyrażające swoiste pojęcia danej dziedziny, i opisuje się rodzaje przedmiotów oznaczonych przez argumenty tych nowych symboli funkcyjnych. Za pomocą tych nowych symboli oraz symboli rachunku funkcyjnego podaje się symboliczne sformułowania przesłanek z danej dziedziny. Tak sformułowane przesłanki dołącza się do aksjomatów rachunku funkcyjnego jako nowe aksjomaty. Stąd zaś, stosując reguły wnioskowania rachunku funkcyjnego, otrzymuje się twierdzenia, będące symbolicznymi sformułowaniami tego, czego się chce dowieść w danej dziedzinie."

[36] „symbole te cały czas są użyte w tym samym ogólnologicznym znaczeniu, jakie mają w klasycznym rachunku logicznym".

[37] „nie muszą wyczerpywać znaczeniowo treści pojęć i wszelkich zależności tej dziedziny".

ne solche Anwendung logischer Mittel zur Präzisierung des gegebenen Wissensbereiches verletzt nicht dessen Inhaltsreichtum. Die Anwendung solcher Mittel bietet, soweit sie möglich ist, „eine Erkenntnis des gegebenen Bereiches der Realität mit Hilfe des Verstandes"[38] (vgl. [Drewnowski, 1934, 200]).

Drewnowski argumentierte explizit gegen die Meinung, dass symbolische Logik zur Anwendungen außerhalb der Mathematik, insbesondere in der Philosophie, nicht geeignet sei. Er kritisierte Argumente der Anhänger einer solchen Position. Das Problem wurde schon von Kazimierz Ajdukiewicz in dem Aufsatz „O stosowalności czystej logiki do zagadnień filozoficznych" [Über die Anwendbarkeit der reinen Logik auf philosophische Probleme] diskutiert. Er stellte darin die Frage, ob die moderne Logik, die extensional ist, zur Lösung philosophischer Fragen, die in einer intensionalen Umgangssprache formuliert sind, überhaupt angewandt werden kann. Drewnowski betrachtet in dem zuvor erwähnten Aufsatz „Stosowanie logiki symbolicznej w filozofii" drei Bedeutungen von Extensionalität und behauptet, dass die Äquivalenzextensionalität des klassischen Logikkalküls kein Hindernis für die Anwendung des Kalküls in der Philosophie ist. Er sagt auch, was eine Anwendung der Logik für Probleme der Philosophie und der Theologie bedeutet, insbesondere für Studien und Forschungen des Krakauer Kreises. Er schreibt ([Drewnowski, 1934, S. 203–204]):

> Alle unsere Versuche waren weder eine Interpretation der logischen Symbole noch eine Übersetzung der Metaphysik in die Sprache der symbolischen Logik. Die Methode der Anwendung der symbolischen Logik, von der wir Gebrauch machten, war in der Tat [...] eine Anwendung des klasischen Logikkalküls allein, zu dem man neue konstante Symbole hinzufügt.[39]

---

[38] „rozumne poznanie danej dziedziny rzeczywistości".

[39] „Otóż wszystkie te nasze próby nie były ani interpretowaniem symboli logicznych, ani przekładaniem metafizyki na język logiki symbolicznej. Metoda stosowania logiki symbolicznej, jaką się posługiwaliśmy, była właśnie [...] stosowaniem samego tylko klasycznego rachunku logicznego, do którego dodaje się nowe symbole

Drewnowski unterstreicht die Extensionalität des klasischen Logikkalküls und sagt, dass es hier um die sogenannte Äquivalenzextensionalität und nicht um Identitätsextensionalität oder Umfangsextensionalität geht. Dabei bedeutet „Äquivalenzextensionalität", dass der logische Wert eines Ausdrucks nicht verändert wird, wenn man einen Teil dieses Ausdruckes durch eine äquivalente Formel ersetzt. Mit der Identitätsextensionalität hat man zu tun, wenn ein Teil des Ausdrucks durch eine identische/gleiche Formel ersetzt wird, und von der Umfangsextensionalität spricht man, wenn der Teil des Ausdrucks und die Formel, die ihn ersetzt, gleiche Umfänge haben. Dass es hier um Äquivalenzextensionalität geht, folgt aus der Tatsache, dass in einem Logikkalkül weder Identitätsaxiome (sie müssten speziell hinzugefügt werden) noch das Extensionalitätsaxiom (wie in der Mengenlehre) vorhanden sind. Drewnowski ist der Meinung, dass [Drewnowski, 1967, 5].

> ein logisches Kalkül, in dem das Prinzip solcher Umfangsextensionalität gilt, nicht für subtile philosophische Formulierungen geeignet ist, nicht einmal für die einfachsten empirischen Beschreibungen.[40]

Die Meinung, dass klassische Logik außerhalb der Mathematik nicht angewandt werden kann, ist eine Folge der enormen Entwicklung der Logik als Werkzeug der Mathematik und als Teil der Mathematik. Drewnowski meint [Drewnowski, 1967, 9]:

> Korrekte [...] Anwendung der symbolischen Logik in anderen außer-mathematischen Wissenschaften sollte alle extensionale Verbesserungen meiden, die in der Analyse der Grundlagen der Mathematik praktisch sind. Es reicht die Anwendung des klassischen Logikkalküls allein.[41]

---
stałe."

[40] „rachunek logiczny, w którym obowiązuje taka ekstensjonalność zakresowa, nie nadaje się nie tylko do żadnych subtelnych sformułowań filozoficznych, ale nawet i do najprostszych opisów empirycznych."

[41] „Poprawne [...] stosowanie logiki symbolicznej na potrzeby innych nauk niematematycznych musi się wystrzegać wszelkich ekstensjonalistycznych usprawnień,

6 Schlußbemerkungen

Wie oben dargestellt hat Drewnowski einen Versuch unternommen, eine allgemeine Methode zu entwerfen, die erlauben würde, Begriffe und Aussagen der Naturwissenschaften sowie auch der Geisteswissenschaften, insbesondere Philosophie und Theologie, streng zu formulieren. Der Ausgangspunkt seiner Überlegungen war die Tatsache, dass Menschen ihre Erfahrungen und ihr Wissen mit Hilfe von Zeichen ausdrücken. Und er hat eine Theorie der Zeichen in einem weiten Sinne entwickelt. Ein Zeichen wird hier in einer instrumentell-technischen Weise verstanden. Eine wissenschaftliche Theorie war für ihn ein System von Zeichen. Es war ihm bewußt, dass das System in den Naturwissenschaften ein anderes ist als in den Geisteswissenschaften. Mit Mitteln der Theorie der Zeichen versuchte er, den Status der Axiome und Definitionen sowie auch den Status der Mathematik zu beschreiben und zu erfassen. Er war zudem davon überzeugt, dass die Theorie der Zeichen die Anwendbarkeit der formalen Logik in der Philosophie und in der Theologie klären und begründen wird.[42]

Literatur

[Ajdukiewicz, 1934] Ajdukiewicz K. 1934. „O stosowalności czystej logiki do zagadnień filozoficznych." *Przegląd Filozoficzny* 37: 323–327.

[Bocheński, 1989] Bocheński, J.M. 1989. "The Cracow Circle." In K. Szaniawski (ed.). *The Vienna Circle and the Lvov-Warsaw School.* Kluwer Academic Publishers: Dordrecht-Boston-London, 9–18.

[Bocheński, 1994] Bocheński, J.M. 1994. *Wspomnienia.* Philed: Kraków.

[Drewnowski, 1934] Drewnowski J.F. 1934. „Zarys program filozoficznego." *Przegląd Filozoficzny* 37: 3-38, 150-181 und 262-292. Abgedruckt in: Drewnowski F. 1996. *Filozofia i precyzja. Zarys programu filozoficznego i inne pisma.* Wydawnictwo Towarzystwa Naukowego Katolickiego Uniwersytetu Lubelskiego: Lublin, 55-147.

---

dogodnych do analizowania podstaw matematyki. Wystarcza zastosowanie samego tylko klasycznego rachunku logicznego."

[42]Ich danke Prof. Dr. Thomas Bedürftig (Leibniz Universität, Hannover) für die Hilfe bei der sprachlichen Bearbeitung.

[Drewnowski, 1965] Drewnowski J.F. 1965. „Stosowanie logiki symbolicznej w filozofii." *Studia Philosophiae Christianae* 1: 53-65.

[Drewnowski, 1967] Drewnowski J.F. 1967. „Uwagi o stosowaniu logiki symbolicznej." Typoskript, Familienarchiv, 1.312.

[Drewnowski, 1996] Drewnowski J.F. 1996. *Filozofia i precyzja. Zarys programu filozoficznego i inne pisma.* Wydawnictwo Towarzystwa Naukowego Katolickiego Uniwersytetu Lubelskiego Lublin.

[Gödel, 1995] Gödel K., 1995. „Some basic theorems on the foundations of mathematics and their implications." In: K. Gödel, *Collected Works*, vol. III. *Unpublished essays and lectures*, red. S. Feferman *et al.* Oxford University Press: New York and Oxford, 304–323.

[Hilbert, 1928] Hilbert D., W. Ackermann 1928. *Grundzüge der theoretischen Logik*, Julius Springer, Berlin.

[Majdański and Lekka-Kowalik, 2001] Majdański S, Lekka-Kowalik A. 2001. „Drewnowski Jan Franciszek." In: *Powszechna Encyklopedia Filozofii*, Polskie Tomarzystwo Tomasza z Akwinu, Lublin, vol. 2, 717–721.

[Twardowski, 1927] Twardowski K. 1927. „Symbolomania i pragmatofobia." In: *Rozprawy i artykuły filozoficzne*, Księgarnia S.A. „Książnica-Atlas T.N.S.W.", Lwów, 394–406. Abgedruckt in: K. Twardowski, *Wybrane pisma filozoficzne*, Państwowe Wydawnictwo Naukowe, Warszawa 1965, 354–363.

[Wolak, 1996] Wolak, Z. 1996. „Zarys historii Koła Krakowskiego." In: Z. Wolak (ed.), *Logika i metafizyka*, Biblos, Tarnów - OBI, Kraków, 79-84.

[Wolak, 2005] Wolak, Z. 2005. „Naukowa filozofia Koła Krakowskiego." *Zagadnienia Filozoficzne w Nauce* 36: 97-122.

[Woleńsk, 1985] Woleński, J. 1985. *Filozoficzna szkoła lwowsko-warszawska.* Państwowe Wydawnictwo Naukowe Warszawa.

[Woleńsk, 1989] Woleński, J. 1989. *Logic and Philosophy in the Lvov-Warsaw School.* Kluwer Academic Publishers: Dordrecht-Boston-London.

[Woleński, 2003] Woleński, J. 2003. "Polish attempts to modernize Thomism by logic (Bocheński and Salamucha)." *Studies in East European Thought* 55, 299-313. Abgedruckt in: J. Woleński. 2012. *Historico-Philosophical Essays*, vol. 1. Copernicus Center Press Kraków, 51-66.

ISAAC NEWTON: ENTDECKUNG DES WELTSYSTEMS — SYSTEM DER WELTENTDECKUNG?

HELMUT PULTE

1 Einleitung: Newton als ‚Leitfossil des naturwissenschaftlichen Denkens'[1]

Geologie und Paläontologie verfügen nicht über einen ‚direkten' Zugang zum Geschehen vergangener Erdzeiträume, sondern machen u.a. von Fossilienfunden Gebrauch, um diese Zeiträume — in Teilen und unter bestimmten leitenden Hypothesen — erst zu *erschliessen*. Leitfossilien, d.h. in einer Periode häufig anzutreffende und für diese Periode besonders charakteristische Fossilien, dienen ihnen dabei als ‚Zeitmarken', denen eine wichtige Orientierungsfunktion im historischen Kontinuum zukommt. Weniger noch als Fossilien allgemein sind sie also einfach ‚gegeben'; es bedarf vielmehr allgemeinen, insbesondere auch theoretischen Wissens, um sie in ihrer *Leit*funktion auszuweisen. Dabei geht es letztlich nicht um ein Sonderproblem der Erdgeschichte, sondern um ein Grundproblem von Geschichte (verstanden als *historia rerum gestarum*) bzw. von Historie[2] überhaupt: Geschichte verfügt eben generell

---

[1] Bei diesem Beitrag handelt es sich um die Ausarbeitung eines Vortrags, der in der Reihe ‚Leitfossilien des wissenschaftlichen Denkens' in Nürnberg gehalten wurde. Die Planung der Reihe haben Volker Peckhaus und Christian Thiel begleitet. Ich danke hierfür beiden Kollegen, wie auch für historiographische Anregungen, die ich durch deren gemeinsam edierten Sammelband [Peckhaus & Thiel, 1999] erhalten habe. Darüber hinaus danke ich Volker Peckhaus für die stets gute, konstruktive und erfrischend-humorvolle Zusammenarbeit über viele Jahre und hoffe auf weitere gemeinsame Erkenntnisgewinne in der Zukunft.

[2] Zur Unterscheidung von Geschichte und Historie sowie zu anderen Grundfragen der Wissenschaftshistoriographie vgl. [Charpa, 1995, 19–22].

nicht über einen unmittelbaren Zugang zu den historischen Ereignissen und Entwicklungen, aus denen sie ihre Darstellungen schöpfen und an die sie ihre weiteren theoretischen Analysen im Anschluß und gleichsam ‚von außen' herantragen könnte. Um eigentliche Geschichte schreiben zu können, bedarf es vielmehr schon *theoretischen* Wissens, d.h. allgemeinen und logisch kohärenten Wissens über die fragliche Zeit und deren Veränderungsdynamik. Dieses Wissen ist bereits bei der Auswahl des zu untersuchenden Gegenstandes leitend, es prägt die historische *Erklärung* dieses Gegenstandes (einer bestimmten Entwicklung, eines bestimmten Phänomens) und es reguliert den unerläßlichen *Gegenwartsbezug* des fraglichen Gegenstandes.[3]

Die Wissenschaftsgeschichte macht hiervon keine Ausnahme: Gerade wenn sie sich dem Aufweis und der Analyse von — um den Titel dieser Vortragsreihe aufzugreifen und die Analogie zur Erdgeschichte auszuführen — ‚Leitfossilien naturwissenschaftlichen Denkens' widmet, beansprucht sie ja, das Charakteristische am wissenschaftlichen Denken eines bestimmten Zeitraums zu kennen und auch, das Neue und Spezifische, vorher nicht Anzutreffende und später vielleicht nicht Aufbewahrte so am Werk eines herausragenden Wissenschaftlers der Zeit exemplifizieren zu können, das dieses selbst gleichsam für die ganze Epoche spricht.

Oft dient dabei das fragliche Werk bzw. dessen Autor nicht nur als *Repräsentant* des Denkens seiner Zeit, sondern auch als dessen *Urheber*. In diesem Sinne wird z. B. gewöhnlich von der ‚Kopernikanischen Astronomie', der ‚Lavoisierschen Chemie', der ‚Darwinschen Biologie' oder eben auch von der ‚Newtonschen Mechanik' bzw. allgemein von der ‚Newtonschen Wissenschaft' gesprochen. Gemeint ist, dass die fraglichen Namensgeber nicht nur das wissenschaftliche Denken einer Zeit zum Ausdruck gebracht, sondern in seinen spezifischen Zügen überhaupt erst hervorgebracht oder zumindest nachhaltig geprägt haben.

Die historiographische Problematik solcher ‚kausalen' Zuschreibungen im weitesten Sinne kann hier nicht allgemein erörtert werden.

---

[3] Zum hier verfolgten ‚analytisch-genetischen' Ansatz vgl. [Pulte, 2005, Kap. I, Teil 3.2], und die dortige Literatur.

Isaac Newton: Entdeckung des Weltsystems

Wenn jedoch die These zutrifft, dass diese für die Erklärung konkreter historischer Sachverhalte geeignet und oft sogar unabdingbar sind, erscheint der Hinweis angebracht, dass hier die in Rede stehende ‚Titelmetapher' in einer wichtigen Hinsicht an ihre Grenze stößt: ‚Leitfossilien' der Geologie und Paläontologie dienen wohl der Kennzeichnung von Erdzeitaltern, aber sie nehmen ihrerseits keinen Einfluß auf deren weitere innere Entwicklung. ‚Leitfossilien' der Wissenschaftsgeschichte hingegen sind — um im Bild zu bleiben — vom Prozeß ihrer ‚Petrifizierung' nicht zu trennen: Die Art und Weise, wie sie überhaupt zu ‚Fossilien' und damit zum Gegenstand heutiger ‚geistesgeschichtlicher Paläontologie' werden konnten, ihre Geschichte *vor* der heutigen Geschichtsbetrachtung also, geht unweigerlich in letztere ein — gewöhnlich ist es ja sogar erst ihre *historische Wirksamkeit*, die sie als ‚Leitfossilien' ausweisen.

Diese Vorbemerkungen sind im Falle Newtons besonderes angebracht: Newton nämlich wurde im Zeitalter der *Aufklärung* in beispielloser, ja geradezu religiöser Weise verehrt; das 19. Jahrhundert wie auch der größere Teil des 20. Jahrhunderts haben diese Verehrung unter dem Vorzeichen des dominierenden Positivismus bzw. Empirismus in ‚säkularisierter' Form fortgesetzt und so selbst noch das Newton-Bild unserer Gegenwart nachhaltig geprägt. Das Spezifische der Newton-Rezeption ist dabei seinerseits — wie in einer eigenen Darstellung ausführlicher darzulegen wäre[4] — durchaus *historisch erklärbar*. Eine *kritische* und *zeitgemäße* Würdigung Newtons jedenfalls hat diesen Rezeptionsprozeß vor dem Hintergrund der heutigen, gegenüber dem 18. Jahrhundert stark veränderten Quellenlage wie auch eines veränderten Wissenschaftsverständnisses zu reflektieren und in die eigene Beurteilung mit einzubeziehen. Das Bild der älteren Geschichtsschreibung wird jedenfalls mitzuführen und mit zu bedenken sein, wenn es darum geht, Newton als ‚Leitfossilie naturwissenschaftlichen Denkens' zu besichtigen.

Zunächst und hauptsächlich soll dieser Beitrag *biographisch* in Newtons wissenschaftliches und philosophisches Werk einführen.

---

[4]Vgl. [Pulte, 2000, 77–106]; zur Newton-Rezeption allgemein s. [Pulte & Mandelbrote, 2019].

Detailprobleme der aktuellen und mittlerweile recht ausgedehnten Newton-Forschung[5] bleiben dabei weitestgehend unberührt.

2 Newtons Leben und Werk: Biographische Stationen und wissenschaftlich-philosophische Einflüsse und Leistungen

Nachdem im England des 17. Jahrhunderts noch geltenden julianischen Kalender wird Isaac Newton am 25. Dezember 1642 geboren, nach kontinentaler Zeitrechnung liegt der Geburtstermin kalendarisch *zehn* Tage später, d.h. auf dem 4. Januar 1643. Englands Nachzüglerrolle bei der Kalenderreform bringt drei Besonderheiten mit sich: Erstens wird Newton dem julianischen Kalender zufolge bereits am zweiten Weihnachtstag geboren. Zweitens fällt danach Newtons Geburtsjahr 1642 zusammen mit Galileis Todesjahr.[6] Drittens aber wird Newtons weihnachtliche Geburt wegen eines zusätzlichen Schaltjahres in England (1700) erkauft durch ein numerisch um einen Tag verkürztes Leben: Newton stirbt auf dem Kontinent am 31. März 1727, in England kalendarisch bereits elf (und nicht zehn) Tage früher, nämlich am 20. März 1727.

Newtons Geburtsort ist Woolsthorpe, ein kleiner Ort nordwestlich von Cambridge in der Grafschaft Lincolnshire. Sein Vater stirbt bereits vor seiner Geburt; Isaac wächst, da sein späterer Stiefvater ihn ablehnt, vor allem bei seiner Großmutter auf. Neuere Biographen bringen diese frühen Kindheitserfahrungen, insbesondere die als ‚Verstoßung' wahrgenommene Behandlung durch die Mutter, mit Newtons späterem

---

[5]Diesbezügliche neuere Überblicke finden sich in [Scriba, 1995, 150–164]; [Pulte, 1993, 169–185].

[6]Galilei starb nach dem (für den Kontinent maßgeblichen) *gregorianischen* Kalender am 8. Januar 1642. Nur aufgrund der Koexistenz der beiden Kalendersysteme können Newton-Biographen bis heute konstatieren, dass „die Geburt Newtons ... in das gleiche Jahr wie der Tod Galileo Galileis" falle; vgl. etwa: [Fauvel *et al.*, 1993, S. 19]. Die folgenden biographischen Informationen beruhen auf der wohl detailliertesten Newton-Biographie von [Westfall, 1980]. Eine gute deutschsprachige Einführung in Newtons Leben und Werk gibt [Schneider, 1988].

Einzelgängertum wie auch mit gewissen neurotischen Zügen, die im Umgang mit wissenschaftlichen Rivalen und anderen Zeitgenossen zu beobachten sind, in Verbindung.[7] Auch die spätere Schulzeit in Grantham, einem strengen, klosterschulähnlichen Internat bei Woolsthorpe, trägt nicht zur psychischen Erbauung des jungen Isaac bei.

Nachdem die Versuche, aus ihm einen Farmer zu machen, gründlich gescheitert sind, nimmt er 1661 ein Studium am Trinity College Cambridge auf. Es dauert alles in allem bis 1667. Verbürgt ist aus dieser Zeit neben dem üblichen Studium des Aristoteles und seiner Kommentatoren auch die Auseinandersetzung mit Galileis *Dialogo* und der für Cambridge ganz neuartigen mechanischen Philosophie Gassendis und Descartes'. Newton wird zunächst zu einem glühenden Anhänger des Cartesianischen Mechanismus.

Ab Mitte der 60er Jahre findet jedoch eine kritischere Auseinandersetzung mit Descartes' Anschauungen statt. Das auf die frühen 70er Jahre zurückgehende Manuskript *De gravitatione* schließlich ist bereits eine Abrechnung mit dessen Grundlagen der Naturphilosophie, die sich in Newtons harscher Kritik an Grundbegriffen wie Ort, Körper, Ruhe, Bewegung etc. manifestiert.[8]

De gravitatione ist ein nicht nur in naturphilosophischer Hinsicht bedeutsames Zeugnis des Newtonschen Denkens, sondern kann als die wichtigste philosophische Schrift Newtons überhaupt bezeichnet werden. Sie ist auch der beste Beleg für die Ansicht, dass unter *allen* neuzeitlichen Denkern Descartes den stärksten Einfluß auf die Entwicklung seiner Lehre genommen hat, obwohl dieser in den späteren Werken kaum noch erwähnt wird. Die Cartesianische Lehre ist sozusagen der *Abstoßungspunkt*, von dem aus Newton seine wichtigsten metaphysischen und naturphilosophischen Überzeugungen entwickelt. Leicht verkürzend kann man dies an folgenden Punkten klarmachen:[9]

---

[7]Darstellungen, die besonderes Gewicht auf die Psychologie I. Newtons legen, geben [Manuel, 1968; Wickert, 1983].

[8]Für eine lateinisch-deutsche Ausgabe s. Newton 1988; für eine Analyse vgl. [Steinle, 1991].

[9]Vgl. hierzu die entsprechenden Passagen in [Newton, 1988] im Vergleich zu [Descartes, 1955]. Zu Descartes und Newton s. insbes. auch [Koyré, 1965] und [Gabbey, 1980, 230–320].

Descartes unterscheidet strikt zwischen aktivem Geist und passiver Materie; für Newton enthält auch die Materie aktive Prinzipien oder Kräfte. Für Descartes ist es ein Grundsatz, dass Körperlichkeit und Ausdehnung zusammenfallen; es gibt für ihn keine Ausdehnung, die nicht von Körpern erfüllt ist — wohl aber für Newton. Descartes vertritt die Auffassung, dass die Materie prinzipiell ins Unendliche teilbar ist, Newton dagegen glaubt mit Gassendi an die Existenz unzerstörbarer Atome. Descartes versteht unter der Bewegung eines Körpers eine relative, immer auf benachbarte Körper bezogene Eigenschaft; Newton entwickelt dagegen die Auffassung, dass es neben der relativen auch eine *absolute* Bewegung gibt. Descartes glaubt an die Erhaltung einer konstanten Bewegungsmenge im Universum; nach Newton geht Bewegung verloren und muß dem Universum von Zeit zu Zeit neu zugeführt werden. Diese Gegensatzpaare ließen sich vermehren und wären im Einzelnen näher auszuführen; bereits in dieser allgemeinen Form machen sie jedoch deutlich, warum Newtons später veröffentlichten physikalischen Lehren auf dem Kontinent vor allem gegen die *Cartesische* Lehre anzukämpfen hatten.

Von Newtons Lehrern in Cambridge haben nur zwei erkennbar zu seinen naturphilosophischen und mathematischen Anschauungen beigetragen, und auch deren Einflüsse sind nicht leicht zu bestimmen. Durch den Philosophen Henry More wurde Newton mit dem Neuplatonismus bekannt. Diese Lehre prägte Newtons Auffassung, dass die physikalische Wirklichkeit mathematisch strukturiert sei, wie auch die Überzeugung, dass die materiellen Korpuskel, die diese physikalische Welt ausmachen, immateriellen, letztlich auf Gott zurückweisenden Einwirkungen ausgesetzt seien. Ebenso ist Newtons Raumauffassung von More beeinflußt [Jammer, 1980, 118–123]; sie belegt die Rolle *Gottes* in seiner Naturphilosophie besonders deutlich: Der Raum existiert ohne alle Körper, er ist unendlich, und er ist — anders als bei Descartes — *absolut* in dem Sinne, dass er nicht von der Bewegung der Körper abhängt. Der Raum ist also nicht angewiesen auf die materielle Welt. Er ist der von Gott geschaffene *Behälter* der materiellen Welt, und er ist auch das *Sensorium* oder *Organ*, durch das Gott die Welt wahrnimmt.¹⁰ Ebenso hat Gott die *absolute Zeit* vor der Welt und unabhängig von der Welt geschaffen. Dass absoluter Raum und absolute Zeit bei Newton gleichwohl eine *wissenschaftliche*, in gewisser Weise sogar *wissenschaftskonstitutive* Funktion haben sollen, ist dabei nicht leicht einzusehen und gehört zu den problematischsten Punkten seiner Naturphilosophie. Spätere Kritiker der Newtonschen Naturphilosophie von Leibniz und Berkeley bis hin zu Mach und Einstein haben daher gerade die Newtonsche Raum-Zeit-Theorie in den Blick genommen.

Neben More verdient in diesem Kontext nur noch Newtons mathematischer Lehrer Isaac Barrow Erwähnung. Barrow stand ebenfalls dem Neuplatonismus nahe und verfestigte Newtons Vorstellung, dass Mathematik nicht von außen — als ein formales *Modell*, wie es heute gewöhnlich heißt — an die Natur herangetragen werden muß, sondern bereits *in* der Natur selbst *realisiert* ist. Mathematische Größen werden durch stetige Bewegung der Körper im absoluten, mathematischen Raum *erzeugt*.¹¹ Sie *kommen* aus der Natur, und daher bedarf es auch keiner weiteren Begründung, dass sie auf die Natur anwendbar sind. Newton [1908, 1] bemerkt später wörtlich: „Diese Erzeugungen finden in der Natur tatsächlich statt, und man kann sie täglich bei der Bewegung der Körper beobachten".

Barrow hat auch Newtons akademische Laufbahn sehr befördert. Er verhilft Newton 1664 zu einem Stipendium, ohne das jener sein Studium in Cambridge schwerlich hätte abschliessen können. Im Jahre 1669 macht Barrow seinen eigenen mathematischen Lehrstuhl, den *Lucasian chair*, für Newton frei, den dieser dann bis 1701 einnimmt.¹²

Vor der Ernennung zum Professor liegt eine atemberaubende intellektuelle Entwicklung, die nach Newtons eigenem Bekunden im Zeitraum 1665 bis 1666 kulminiert. Die Pest zwingt Cambridge in dieser Zeit zur Einstellung des Lehrbetriebes und Newton zur Rückkehr nach Lincolnshire. Er findet die Farbzerlegung des weißen Lichtes, er berichtet später von mathematischen Untersuchungen zur Reihenent-

---

¹⁰[Newton, (1898) 1983, 244, Frage 28]; zu Newtons späterer Relativierung dieser Aussage in der Auseinandersetzung mit Leibniz vgl. [Jammer, 1980, 123–130].

¹¹Näher hierzu [Pulte, 2005, Kap. II, Teil 3.1].

¹²Näheres hierzu bei [Westfall, 1980, 206–207].

wicklung und entdeckt innerhalb eines guten halben Jahres die von ihm so genannte direkte und indirekte *Fluxionsmethode*, in heutiger Sprache also die Differential- und Integralrechnung. Teile dieses neuen Kalküls wurden erst 1704 unter dem Titel *De quadratura curvarum* veröffentlicht;[13] eine zusammenfassende Darstellung in englischer Übersetzung erschien postum im Jahre 1736 [Newton, 1736]. Schließlich berichtet Newton später auch davon, dass seine Überlegungen zur Gravitation ihn in dieser Zeit auf das umgekehrte Abstandsquadratsgesetz geführt hätten, worauf zurückzukommen sein wird.

Die Newton-Geschichtsschreibung hat diesen Zeitraum zum *annus mirabilis*, zu seinem *wunderbaren Jahr*, zusammengezogen und verklärt (In ihm hätte sich dann auch die berühmte Apfel-Episode zugetragen, die allerdings aller Wahrscheinlichkeit nach auf einer Mischung aus fraglichen Lebenserinnerungen des hochbetagten Newton und anschliessender historischer Verklärung beruht). Tatsächlich ist die Entdeckung des Gravitationsgesetzes *später* zu datieren, und Newtons nachträgliche Vorverlegung diente vor allem dem Zweck, *ihm* selbst unberechtigt erscheinende Prioritätsansprüche anderer Wissenschaftler wie Robert Hooke zurückzuweisen [Schneider, 1988, 45–50].

Aber Newtons optische und mathematische Entdeckungen aus den 60er Jahren reichten ohnehin vollkommen aus, um ihm eine glänzende akademische Laufbahn zu sichern. Im Jahre 1672, also drei Jahre nach seiner Ernennung zum *Lucasian professor*, wird Newton zum *Fellow* der Londoner *Royal Society* gewählt. Die im gleichen Jahr erscheinende *New Theory of Light and Colours* markiert einen Meilenstein in der Geschichte der Optik: Newton verwirft hier die traditionelle Auffassung, dass das weiße Licht elementar sei und die Farben des Lichts auf eine *Modifikation* des Lichts durch das jeweilige Medium zurückgeführt werden können [Newton, (1671/72) 1958, 47–59]. Er erklärt die Farbzerlegung des Lichtes am Prisma dadurch, dass weißes Licht eine bloße Mischung aus Korpuskeln unterschiedlicher Geschwindigkeiten ist, die je nach Geschwindigkeit unterschiedlich gebrochen würden. Weißes Licht hört also gewissermaßen auf zu existieren, was Goethe noch über

---

[13]Die Schrift wurde zunächst als Anhang zur *Opticks* veröffentlicht [Newton, (1704) 1967]; für eine deutsche Ausgabe vgl. [Newton, (1898) 1983].

100 Jahre später als Skandal empfand.[14]

Die optischen Arbeiten sind auch deshalb wichtig, weil Newton hier erstmals ausdrücklich Beobachtung und Experiment als einzig legitime Grundlage der Naturforschung ausweist. Mit zwei hintereinander angeordneten Prismen zeigt er, dass eine bestimmte Farbe (etwa Blau) nicht weiter zerlegt werden kann. Er sieht hierin eine endgültige *Widerlegung* der traditionellen Modifikationslehre, und auch eine endgültige *Bestätigung* seiner neuen Korpuskulartheorie des Lichts. Newton spricht in Anlehnung an Francis Bacon, dem geistigen Ahnherren der *Royal Society*, wörtlich von einem *experimentum crucis*, einem entscheidenden Experiment [Newton, (1671/72) 1958, 50; 1988, 50]. Auf klare Fragen gibt die Natur eben nach seinem Verständnis klare Antworten: ‚Zwingt' man sie durch ein geeignetes Experiment, zwischen zwei verschiedenen Theorien zu entscheiden, so reagiert sie mit einem eindeutigen ‚Nein' auf die eine und einem ebenso eindeutigen ‚Ja' auf die andere Theorie. Bis ins frühe 19. Jahrhundert dominierte Newtons Korpuskulartheorie die Optik, dann wurde sie durch die Wellentheorie von Young, Fresnel und anderen abgelöst. Heute — in Zeiten des quantenmechanischen Dualismus — ist sie in einer gewissen, hier nicht näher erläuterbaren Weise in einer umfassenderen Theorie des Lichts ‚aufgehoben'.

Newtons optisches Werk hat — über das *experimentum crucis* hinausgehend — nachhaltig zur Verbreitung seiner Sicht des Experiments beigetragen. Ohne den Ausführungen zu Newtons Wissenschaftstheorie vorzugreifen,[15] sei hier nur darauf hingewiesen, dass er bereits in seinen frühen optischen Schriften die Auffassung vertritt, dass Theorien nicht auf deduktivem Wege aus allgemeinen Prinzipien, sondern allein durch Ableitungen aus Experimenten zu gewinnen sind — vermöge induktiver Schlüsse, die er als „positiv und direkt" kennzeichnet.[16] Newton steht damit nicht nur in der (damals relativ jungen) Tradition einer *experimental philosophy*, für die das Experiment der ‚Universalschlüssel' zur Naturerkenntnis ist, sondern er wird mit seiner erfolgreichen

---

[14]Vgl. [Goethe, 1951; Goethe, 1955–58]; zu Goethes Auseinandersetzung mit Newton s. [Sepper, 1988].

[15]Vgl. Teil 5 dieses Beitrages.

[16]S. etwa [Newton, (1672) 1952]; vgl. (neben dem Titel) insbes. S. 94.

Experimentalpraxis und seinen methodologischen Reflexionen auch zum Kronzeugen der meisten empiristischen Wissenschaftstheoretiker des 18. und 19. Jahrhunderts, die diese Tradition weiterführen.

Im Anschluß an die *New Theorie about Light and Colours* sind zunächst keine weiteren wichtigen Veröffentlichungen von Newton zu verzeichnen, wie Newton insgesamt — gemessen am Umfang und der Entwicklung seines wissenschaftlichen Werkes — *relativ* wenig und spät veröffentlicht hat. Dies gab zu einem ‚historischen Gedankenexperiment' Anlaß, das von der Frage ausgeht, wie ein Isaac Newton wohl bei einer Hochschulevaluation, wie sie gegenwärtig in großer Mode ist, abgeschnitten haben könnte. Das Ergebnis lautet: Er wäre wohl genauso durchgefallen wie etwa ein Galileo Galilei.[17] Da es aber in seiner Zeit weniger um den Umfang von Veröffentlichungslisten oder um Aktualitäts- und Nützlichkeitsnachweise als vielmehr um die Qualität und Originalität wissenschaftlicher Arbeit geht, steigt er innerhalb weniger Jahre zu einem anerkannten Mitglied der *scientific community* auf.

Zu ausgesprochenem wissenschaftlichen Ruhm und Einfluß kommt Newton jedoch erst nach der Veröffentlichung seines Hauptwerkes, den *Philosophiae naturalis principia mathematica* im Jahre 1687.[18] Die *Principia* fassen mechanische Untersuchungen zusammen, die bis auf die frühen 60er Jahre zurück reichen, und sie wären vielleicht

---

[17]Vgl. [Fischer, 1998]. Dieses Gedankenexperiment spricht natürlich weder gegen Galilei noch gegen Newton, wohl aber gegen das in der gegenwärtigen wissenschaftspolitischen Diskussion favorisierte kurzatmige Evaluieren wissenschaftlicher Leistungen auf der Grundlage ebenso kurzlebiger Kriterien.

[18][Newton, (1687) 1967]. Die zweite Auflage, die von Newton u.a. um das philosophisch interessante *Scholium generale* erweitert wurde, erschien 1713, eine dritte Auflage 1726, im Jahr vor Newton Tod. Diese Ausgabe wurde mit Kommentierung neu hg. von A. Koyré und I. B. Cohen [Newton, (1726) 1972]. Eine englische Ausgabe, übersetzt von A. Motte, erschien 1729 unter dem Titel *Mathematical Principles of Natural Philosophy and His System of the World;* sie wurde von F. Cajori überarbeitet und in 2 Bänden neu herausgegeben [Newton, (1934) 1982]. Desweiteren gibt es eine deutsche Übersetzung von J. Ph. Wolfers unter dem Titel *Mathematische Prinzipien der Naturlehre* [Newton, (1872) 1963], sowie eine verbesserte (und um die Kommentierung von Koyré und Cohen sowie Register ergänzte) Neuübersetzung von V. Schüller unter dem Titel *Die Mathematischen Prinzipien der Physik* [Newton, 1999], nach der hier zitiert wird.

nie erschienen, wenn nicht der Astronom Edmund Halley in aufopferungsvoller Weise die Drucklegung besorgt hätte (vgl. [Schneider, 1988, 57–58]).

Das dritte Buch der *Principia* ist betitelt mit *Über das Weltsystem* und enthält Newtons Gravitationstheorie. Wenn ein Teil des Werkes die Bezeichnung ‚revolutionär' verdient, so ist es dieser — daher wird auf ihn gesondert zurückzukommen sein.[19] Keineswegs revolutionär sind jedoch — entgegen der bis heute vorherrschenden Geschichtsschreibung der Mechanik — die zu Beginn der *Principia* aufgestellten Axiome oder Bewegungsgesetze, die gewöhnlich immer noch nach Newton benannt werden. Ganz allgemein ist darauf hinzuweisen, dass auch die Bezeichnung ‚Newtonsche Mechanik', soweit sie nicht auf Newtons eigene Theorie der Bewegung bezogen ist, sondern als Synonym für ‚Klassische Mechanik' gebraucht wird, durchaus fehl am Platze ist, weil sie dazu beiträgt, gleichrangige frühere und spätere Beiträge zur Grundlegung der Mechanik zu ignorieren, zu trivialisieren oder zumindest zu marginalisieren.[20]

Die Publikation der *Principia* hätte wohl in jedem Fall eine Zäsur in Newtons Leben bedeutet, da es sich um ein Werk handelt, das die Himmelsmechanik auf eine neue Grundlage stellt und für die Physik ein *Forschungsprogramm* nach deren Vorbild eröffnet. Der Einschnitt wird jedoch durch die äußeren Umstände vertieft: In der kurzen Zeit von 1687 bis 1690 wird Newton von einem gesellschaftlich relativ stark isolierten Gelehrten zu einer öffentlichen und politischen Figur. Dies hat einmal zu tun mit der raschen Anerkennung der *Principia* in Großbritannien, durch die Newton ins Zentrum des öffentlichen Interesses rückt; sie gelten bald nach dem Erscheinen als nahezu unbegreifliches, aber eben auch als *epochemachendes* Werk, und die wenigen Mathematikerkollegen, die es lesen konnten, beförderten dessen Nimbus enorm (vgl. [Westfall, 1980, 466–473]).

Ein anderer wichtiger Grund für die rasch wachsende Popularität liegt jedoch in den politischen Verhältnissen: Newton wendet sich

---

[19]S. Teil 4 dieses Beitrages.

[20]Vgl. zu dieser historiographischen Frage und weiterer Literatur [Pulte, 1989, 10–22].

nach Abschluß der *Principia* auch öffentlich gegen die katholische Restauration Englands und insbesondere der University of Cambridge durch James II., der 1685 auf den Thron gekommen war. Er wird daraufhin in der sogenannten ‚Glorious Revolution' von 1688/89 zu einer Leitfigur des Protestantismus, zunächst für Cambridge, später für ganz England. Als Vertreter der Universität zieht er ins Londoner Parlament, in den 90er Jahren wird er dann zunächst Aufseher und später Direktor der Königlichen Münze und siedelt nach London über. 1701 wird er als Abgeordneter wiedergewählt; 1703 wird er Präsident der *Royal Society* — eine sehr machtvolle Position, die er unter anderem in seinem Prioriätskonflikt mit Leibniz über die Entdeckung der Infinitesimalrechnung stark zu seinem eigenem Gunsten ausnutzt.[21]

Wissenschaftlich ist Newtons zweite Lebenshälfte ungleich weniger produktiv als die erste. Nach einem psychischen Zusammenbruch im Jahre 1693 hat er keine grundlegenden neuen Entdeckungen gemacht. Unter den späteren Veröffentlichungen ist zwar die 1704 erschienene *Opticks* als ein weiteres ‚Jahrhundertwerk' der Physik hervorzuheben, das gewissermaßen das experimentalphysikalische Gegenstück zu den mathematischen *Principia* darstellt. Diese Untersuchung über die „Reflexion, Brechung, Beugungen und Farben des Lichts" — so der Untertitel[22] — beruht jedoch weitgehend auf früher erzielten Ergebnissen.[23]

Wissenschaftliche Kreativität und politischer Einfluß stehen also während Newtons Lebenszeit gleichsam in einem Verhältnis der umgekehrten Proportionalität. Dabei hat Newton den großen Einfluß in den letzten drei Jahrzehnten seines Lebens sehr geschickt zur Verbreitung und Durchsetzung seiner großartigen frühen wissenschaftlichen

---

[21] Zu diesem Konflikt s. näher [Hall, 1980; Meli, 1993].

[22] [Newton, (1704) 1967]. Weitere, erweiterte Auflagen (vgl. insbes. die ‚Queries' am Ende) erschienen 1717, 1721 und 1730. Die vierte Auflage von 1730 wurde 1752 (mit einem Vorwort von A. Einstein) von Cohen 1952 neu herausgegeben [Newton, (1730) 1952]; für eine deutsche Ausgabe vgl. [Newton, (1898) 1983].

[23] Zur Einführung sei empfohlen [Sepper, 1994]. Eingehend behandelt wird Newtons Optik in [Hall, 1993] und [Sabra, 1981, 231–342]; zu den berühmten, philosophisch besonders relevanten ‚Queries' (Fragen) am Ende des Werkes s. [Koyré, 1960].

Leistungen genutzt: Gegen Ende seines Lebens waren die wichtigsten naturphilosophischen Lehrstühle auf der Insel mit Anhängern der sogenannten ‚Newtonian philosophy' besetzt, und die Leistung der meisten Inhaber dieser Lehrstühle bestand oft in nichts anderem als darin, Erläuterungen, Ergänzungen und Popularisierungen der Newtonschen Lehre zu liefern.

Colin MacLaurin, einer von Newtons kreativsten Schülern, bemerkt, dass alle *anderen* Philosophien nur das Produkt des Geistes und der Phantasie seien und daher keinen Bestand haben könnten, während die Newtonsche Philosophie allein auf Experiment und Beweis gegründet sei und den einzigen Weg weise, um zu völliger Sicherheit der Naturerkenntnis zu gelangen. Sie werde daher auch allen philosophischen Kontroversen ein Ende zu bereiten: „ ... mit vollkommener Sicherheit voranschreiten, und Auseinandersetzungen für immer beenden" [MacLaurin, 1748 (1971), 8] — diese Worte MacLaurins können geradezu als Losung eines wissenschaftlich-philosophischen ‚Newtonianismus' angesehen werden, der von England aus seinen Siegeszug antritt.

Ein zunehmender Certismus bezüglich eigener Erkenntnisansprüche und ein Dogmatismus gegenüber rivalisierenden Forschungsprogrammen gehen mit den empirischen Erfolgen einher, die diesen Durchsetzungsprozeß tragen und ihn gegen wissenschaftliche wie philosophische Kritik immunisieren. Die wissenschaftstheoretischen Reflexionen des Newtonianismus spiegeln dies wieder: Deren Gegenstände sind nicht die (auch vorhandenen) empirischen Anomalien und Möglichkeiten alternativer Erklärung, sondern die methodologische Rechtfertigung des eigenen Programms und Fragen der Ausdehnung auf neue Phänomenbereiche.

3 Newton als „der letzte Magier" und als moderner Wissenschaftler

Als Newton 1727 stirbt, wird er in London „begraben wie ein König, der beim Volk sehr beliebt war" [Voltaire, 1747 (1987), 63]. So schildert Voltaire, der sich zu dieser Zeit in England aufhielt, die prunkvolle Beerdigung. Was weder Voltaire noch die meisten anderen zeitgenössischen Newton-Verehrer und -Schüler wußten, war, dass mit dem Mathematiker, Physiker und Philosophen Newton auch ein äußerst produktiver Alchimist, Metaphysiker und spekulativer Bibelexeget von der Weltbühne abgetreten war.

Erst die neuere Forschung hat herausgebracht, dass Newton während seiner gesamten Cambridger Zeit wohl mehr Zeit auf Untersuchungen zur Umwandlung von Metallen und andere alchimistische Experimente verwandt hat als auf seine *heute* sogenannte Experimentalphysik, und dass seine Bibelexegesen, Studien zur Mythologie und zur Chronologie seinen mathematischen Arbeiten an Umfang kaum nachstehen dürften.[24] In der Person Newtons fällt ein Wissen um mathematische Grundlagen der Mechanik mit dem Glauben an ein organisches Wachstum von Metallen und die Herstellbarkeit von Gold zusammen, und die Erforschung des Ursprunges der Gravitation steht neben der Suche nach dem Stein der Weisen. Aus seiner Feder stammen sowohl Meßprotokolle in der nüchternen Diktion des modernen Laborwissenschaftlers als auch Auswertungen alchimistischer Experimente in allegorischer Sprache, wie z. B.: ‚Ich habe Jupiter auf seinem Adler fliegen lassen' (vgl. [Westfall, 1984, 319]).

Erst in diesem Jahrhundert, zum Teil erst in den letzten Jahrzehnten, ist *diese* Seite Newtons offenbar geworden. Als einer der ersten wurde der Nationalökonom John Maynard Keynes auf sie aufmerksam, als er in den 30er Jahren unbearbeitete Newton-Manuskripte auswertete. Für Keynes war Newton nicht der erste *moderne* Naturwissenschaftler, als der er bis dahin vor allem von empiristischer Seite gepriesen wurde: „Im 18. Jahrhundert wurde es üblich, dass wir Newtons als des ersten und größten des modernen wissenschaftlichen Zeitalters gedachten, ein Rationalist, der uns lehrte, entlang der Linien kalter und ungeschminkter Vernunft zu denken. Ich sehe ihn nicht in diesem Licht. ... Newton war nicht der erste des Aufklärungszeitalters. Er war der letzte Magier, ... der letzte große Geist, der die sichtbare und erkennbare Welt mit den gleichen Augen betrachtete wie die, die

---

[24]Während Newtons alchimistische Studien bis in die jüngere Zeit weitgehend unbekannt blieben, sind zwei seiner Studien zur Chronologie früh postum veröffentlicht worden [Newton, 1733], [[Newton, 1728]].

unser geistiges Erbe vor 10.000 Jahren zu errichten begannen" [Keynes, 1942, 363–364].

Newtons Alchimie, Chronologie und Theologie werden hier nicht weiter verfolgt.[25] Es sollen jedoch einige Punkte herausgestellt werden, die deren *Stellung* innerhalb seines Denkens und Schaffens betreffen: Erstens wäre es schon aus inhaltlichen Gründen verfehlt, den ‚Wissenschaftler' Newton gegen den ‚Magier' ausspielen zu wollen, denn Newtons Alchimie weist durchaus Bezüge zu dem Teil seines Werkes auf, den wir heute noch als *wissenschaftlich* anerkennen. Besonders sei darauf hingewiesen, dass Newton die Alchimie als Weg versteht, die *aktiven* Prinzipien oder Kräfte der Materie der Erfahrung zugänglich zu machen und so zu erklären, wie *Bewegung* immer neu entsteht (Er benötigt ja solche ‚bewegunsgenerierenden' Prinzipien, da universelle Erhaltungsgesetze in seinem Programm aus naturphilosophischen Gründen keinen Platz haben). Newton bedient sich dieser Prinzipien aber unter anderem auch, um verständlich zu machen, wie die Welt des Lebendigen zu zweckmäßigen Organisationsformen kommen kann. Dies sind für ihn durchaus *wissenschaftliche* Probleme, wie die berühmten Queries (Fragen) am Ende der *Opticks* belegen: „Diese [activen] Principien betrachte ich nicht als verborgene Qualitäten, die etwa aus der specifischen Gestalt der Dinge hervorgehen sollen, sondern als allgemeine Naturgesetze, nach denen die Dinge gebildet sind. Die Wahrheit dieser Principien wird uns aus den Erscheinungen deutlich, wenn auch ihre Ursachen bis jetzt noch nicht entdeckt sind ..." [Newton, (1898) 1983, 255]. Newton ist der Auffassung, dass er mit der Gravitation ein wesentliches aktives Prinzip der Materie entdeckt hat, mit der die Bewegungen der Himmelskörper erklärt werden können, aber es geht ihm darum, auch *andere* beobachtbare Phänomene durch solche Prinzipien zu erklären. In diesem Sinne bemerkt er selbst im Vorwort seines wissenschaftlichen Hauptwerkes, den *Principia*: „Möge es doch auch gelingen, die übrigen Naturerscheinungen aus den mechanischen Prinzipien auf die gleiche Argumentationsweise herzuleiten.

---

[25]Zur Alchemie vgl. (neben [Westfall, 1984]) insbes. auch [Dobbs, 1975; Dobbs, 1991; Figala, 1977; Rattansi, 1972]; zu Newtons religiösem Denken vgl. [Manuel, 1973; Brooke, 1993].

Denn vieles veranlaßt mich durchaus zu der Vermutung, dass sie möglicherweise alle von gewissen Kräften abhängen, infolge deren sich die Teilchen der Körper durch noch nicht bekannte Ursachen entweder gegenseitig zueinander hin stoßen ... oder sich gegenseitig voneinander vertreiben und entfernen" [Newton, 1999, 4]. Newtons Alchimie kann man also durchaus als Teil eines so beschriebenen wissenschaftlichen Forschungsprogramms begreifen — wenn auch als einen Teil, der sich schwerlich in seine Methodologie[26] einfügen läßt.

Zweitens scheint die Grundmotivation für Newtons mathematisch-naturwissenschaftliche und theologisch-alchimistische Tätigkeit im wesentlichen die gleiche zu sein: Newton verstand sich, wie Ivo Schneider treffend bemerkt, „als ein Auserwählter, dem es gegeben war, Gott aus seinen Werken zu deuten" [Schneider, 1988, 120]. Zu diesem Ende konnten *beide* Wege führen, der physikalische wie der alchimistische — der eine durch empirische Erforschung einer von Gott einfach und ontologisch sparsam gestalteten und mathematisch geordneten Natur, der andere durch die Verfolgung der eher verborgenen und verschlüsselten Fingerzeige Gottes, die nur der verstehen kann, dem die richtige (nämlich alchimistische) Zeichensprache vertraut ist. Beide Wege kommen zudem nicht nur in ihrem *Ende*, sondern in gewisser Hinsicht auch in ihrem *Anfang* zusammen: Newton war nämlich der Überzeugung, dass das Altertum über ein Offenbarungswissen von Gott und seiner Schöpfung verfügte, das seine eigene Zeit erst durch mühsame historische Forschung wiederzuentdecken habe. Zeugnisse des Altertums, seien diese biblischen Ursprungs, seien es Berichte zur griechischen Philosophie und Mythologie, seien es hermetische oder alchimistische Überlieferungen, dienten *alle* dem Zweck, zu *der einen und ursprünglichen Wahrheit* zurückzufinden. So war Newton etwa davon überzeugt, dass Philosophen wie Pythagoras und Platon von einer wechselseitigen Gravitation der Himmelskörper wußten,[27] die er selbst wiederzuentdecken hatte, und er verwandte intensive Studien darauf, auch für andere zentrale Aussagen seiner Lehre die Unterstützung antiker Autoritäten zu finden. Im historischen *Ursprung*, so könnte

---

[26]Vgl. Teil 5 dieses Beitrags.
[27]Vgl. [Rattansi, 1993, insbes. S. 242–245].

man sagen, fallen bei Newton wissenschaftliche Einsicht und religiöse Offenbarung zusammen.

Drittens aber sollte über den inhaltlichen, religiösen und historischen Zusammenhang von Physik und Alchimie auch nicht das Faktum außer acht gelassen werden, dass Newton selbst zwischen seiner Wissenschaft und Wissenschaftstheorie im engeren Sinne einerseits und seinen historisch-theologischen und alchimistischen Aktivitäten andererseits dadurch scharf zu unterscheiden wußte, dass er erstere offen *propagierte* und letztere weitestgehend systematisch *unterdrückte*. Newtons Haltung in diesem Punkt sollte nicht als eine zufällige, von persönlichen Umständen beeinflußte mißverstanden, sondern eher als *symptomatisch* für neuzeitliche Wissenschaft überhaupt genommen werden: Es ist zunächst nicht, wie gelegentlich behauptet wird, Einsicht in die *Autonomie* wissenschaftlicher Vernunft und Erfahrung, die neuzeitliche Wissenschaft kennzeichnet, denn eine solche Autonomie wissenschaftlichen Denkens von traditioneller Metaphysik und Theologie ist, bei näherer Betrachtung, schwerlich anzutreffen. Eher ist es die Einsicht, dass moderne Wissenschaft bei *gleichen* Erkenntnisansprüchen wie traditionelle Metaphysik *eigener* Begründungsformen und Methoden bedarf, um sich auf dem Feld *gemeinsamer* Probleme behaupten zu können. Die Modernität Newtons liegt dieser These zufolge darin, dass er nicht einfach metaphysische Spekulation durch wissenschaftliches Denken ersetzt, sondern vielmehr darin, dass er wissenschaftliches Wissen als einzig *begründbares*, daher auch nur *eigentlich* so zu nennendes und öffentlich ausweisbares Wissen von Metaphysik abgrenzen zu können glaubt und tatsächlich abzugrenzen sucht. Ein Zeichen *unserer* Modernität ist es, wenn wir uns heute besonders für *diese* Seite Newtons, d. h. für seine *Wissenschaft* und deren *Begründungsbemühungen*, interessieren. Diese Seite soll im folgenden am Beispiel der Gravitationstheorie etwas stärker beleuchtet werden. Ich wähle diesen Teil aus seinem reichen wissenschaftlichen Werk aus, weil er für die Ausbildung der ‚Leitfossilie Newton'[28] von überragender Bedeutung ist.

---

[28]Vgl. den Einleitungsteil 1.

4 Entdeckung des Weltsystems: Newtons Gravitationstheorie

Wohl keine andere wissenschaftliche Leistung Newtons ist so eng mit seinem Namen verknüpft wie die Entdeckung des Gravitationsgesetzes: Bei Newton ‚fiel der Apfel', bei Niemandem sonst. Auch wenn die Geschichte über Newton und seinen Apfelbaum in Woolsthorpe vor allem historischer Legendenbildung entspringt, steht sie doch für die Art der geistigen Auseinandersetzung des jungen Newton mit dem Problem der Gravitation in der Zeit der *anni mirabiles* (und wurde vielleicht deshalb so berühmt): Sie veranschaulicht, dass es um den Zusammenhang von irdischer Fallbewegung (z. B. der eines Apfels, der den Kopf des Denkers trifft), und der Bewegung des Mondes (der hoch über dem Kopf des Denkers kreist) geht.

Die Einsicht, dass irdische und himmlische Bewegung der gleichen Gesetzmäßigkeit unterliegen, steht am Anfang der Entdeckung des Gravitationsgesetzes. Aber diese Einsicht ist per se keine spezifisch Newtonsche: Sie wird von Kopernikus, Kepler, Galilei, Borelli, Robervall und anderen angebahnt; Descartes erklärt bereits die Fallbewegung des Steines an der Erdoberfläche und der Mondbewegung um die Erde durch den gleichen Wirbel einer subtilen Materie, und der gleiche Wirbel-Mechanismus soll auch die Planeten auf ihren Bahnen um die Sonne halten.[29] Zu Newtons Zeiten bestand also bereits Konsens, dass irdische und himmlische Bewegungen den gleichen Gesetzen unterliegen. Zeitgenossen wie Huygens, Leibniz, Wren, Halley und Hooke stimmten mit Newton auch bereits darin überein, dass diese Bewegungen mathematisch mit Hilfe einer Zentralkraft zu beschreiben seien, die zum Mittelpunkt des anziehenden Körpers gerichtet ist, ob dieser Körper nun die Erde (wie beim Fall des Apfels) oder die Sonne (wie im Falle der Planeten) ist. Selbst die Hypothese, dass diese Kraft mit dem Quadrat des Abstandes zwischen anziehendem Zentrum und angezogenem Körper abnimmt, kann nicht als eine genuin Newtonsche Leistung angesehen werden: Newton hat sie zwar bereits vor 1669 für

---

[29]Vgl. hierzu insbes. [Aiton, 1972; Westfall, 1971].

einen Sonderfall der Planetenbewegung erwogen,[30] aber dann als wohl (vermeintlich) zu ungenau verworfen. Unabhängig von Newton, und bevor dieser Anfang der 80er Jahre auf seine Hypothese zurückkam und sie weiterentwickelte, war Robert Hooke zu der gleichen Vermutung gekommen. Mit Bezug auf die Planetenbewegungen schreibt Hooke im Januar 1679, also gut sieben Jahre vor dem Erscheinen der *Principia*, an Newton: „... meine Annahme ist, dass die Anziehungskraft immer umgekehrt proportional zum Quadrat des Abstands vom Zentrum ist".[31]

Wenn all dies zwar nicht gerade wissenschaftliches Allgemeingut, aber eben auch nicht Newtons alleiniges geistiges Eigentum war, worin liegt dann sein origineller Beitrag zu der Gravitationstheorie, die noch heute seinen Namen trägt? Ich denke, dass Newton in dreierlei Hinsicht über alle seine Vorgänger hinausgegangen ist und dass er in jeder dieser Hinsichten die Wissenschaftsentwicklung entscheidend geprägt hat:

Erstens hat kein anderer als Newton gezeigt, dass aus dem umgekehrten Abstandsquadratsgesetz der Anziehung tatsächlich die *Ellipsenbahn* der Planetenbewegung folgt, wie sie Kepler in seinem ersten Gesetz postuliert hatte. Kepler hat die Ellipsenbahn gefunden, Newton hat sie mit seinem Gravitationsgesetz *erklärt*. Diese Erklärungsleistung ist allerdings nicht mit Newtons Begründungsanspruch zu verwechseln, er habe umgekehrt das Gravitationsgesetz schlüssig aus den Keplerschen Gesetzen deduziert. Dies ist nicht der Fall, worauf schon Pierre Duhem hingewiesen hat.[32]

Hierüber hinausgehend, ist Newton zweitens der Nachweis gelungen,

---

[30]In einem Manuskript ohne Titel (CUL Ms Add. 3958.5 f.87), veröffentlicht u.a. in [Newton, 1959–77, Vol. I, 297-303]; vgl. hierzu [Hall, 1957, 62–71]; [Cohen, 1980, 238–241].

[31]R. Hooke an I. Newton vom 6. Jan. 1679; [Newton, 1959–77, Vol. II, 309]. Ein paar Tage später fügt Hooke hinzu: „Ich habe keinen Zweifel, daß sie mit ihren ausgezeichneten Methoden leicht herausfinden werden, welche Kurve das sein muß, und ihre Eigenschaften, und daß sie physikalische Gründe für dieses [umgekehrt quadratische] Verhältnis vorschlagen können" (Hooke an Newton vom 15. Jan. 1679; [Newton, 1959–77, Vol. II, 313]. Zu Newtons Korrespondenz mit Hooke in der fraglichen Zeit s. [Cohen, 1980, 241–248].

[32]Vgl. [Duhem, 1908 (1978), insbes. 257]; hieran anknüpfend auch Popper [1973, 206–210].

dass das Gravitationsgesetz in Verbindung mit den drei Bewegungsgesetzen sowohl Keplers Himmelsmechanik als auch Galileis terrestrische Mechanik umfaßt. Der Fall des Apfels, die Bewegung des Mondes um die Erde und der Erde um die Sonne unterliegen den gleichen Gesetzen. Newtons Gravitationstheorie ist die erste vereinheitlichende mathematische Theorie der Wissenschaftsgeschichte, und gerade die Tatsache, dass diese Vereinheitlichung die ehemals getrennten tellurischen und terrestrischen Sphären unter gemeinsame mathematische Gesetze bringt, ist von enormer geistesgeschichtlicher Wirkung gewesen.

Duhem und später Popper haben logische Einwände gegen Newtons Integrationsleistung vorgebracht, und zurecht darauf hingewiesen, dass im Newtonschen System die Gesetze Galileis und Keplers nur angenähert gelten. Man kann sie also nicht aus Newtons Gesetzen ableiten, wie man etwa in der Geometrie den Satz des Pythagoras aus Euklids Axiomen ableiten kann. Aber die Ableitungslogik ist hier nicht der entscheidende Punkt, auch nicht die bloß approximative Geltung der beiden älteren Theorien im Rahmen der Newtonschen Theorie. Der entscheidende Punkt ist vielmehr, dass Newton mit den wenigen Basiskonzepten Masse, Raum, Zeit und Kraft erstmals in der Wissenschaftsgeschichte ein einziges, mathematisch geknüpftes Begriffsnetz auswirft, das tatsächlich Phänomene des Himmels und der Erde einfängt und unter gemeinsame Gesetze bringt.

Wiederum hierüber hinausgehend, ist Newton drittens auch der erste Naturphilosoph, der in einer kühnen Verallgemeinerung die anziehende Kraft der Himmelskörper zu einer allgemeinen Eigenschaft von Materie überhaupt erklärt. Nachdem er im dritten Buch der *Principia* die Anziehung zwischen verschiedensten Himmelskörpern erörtert hat, heißt es in Theorem VII beinahe lapidar: „Zu sämtlichen Körpern hin entsteht eine Schwere, und diese ist der Materiemenge in den jeweiligen Körpern proportional" [Newton, 1999, 395]. Die Gravitation wird hier zu einer allgemeinen Eigenschaft der Materie erhoben, und das Gravitationsgesetz zu einem universell gültigen Gesetz. Newton führt damit die Anziehungswirkung im Großen auf anziehende Kräfte im Kleinen und letztlich auf die Gravitationswirkung der Atome zurück.

Er selbst hat viele vergebliche Versuche unternommen, die Gravitation ihrerseits durch Materiewirbel und Äthervorstellungen mechanisch zu erklären, manche seiner Bemerkungen lassen die Gravitation auch als eine direkte Einwirkung Gottes erscheinen. Letztendlich hat er sich aber auf eine ebenso spannungsreiche wie folgenreiche Position zurückgezogen: Er hat nämlich zum einen behauptet, nachgewiesen zu haben, dass eine Nahwirkungserklärung der Gravitation durch Druck und Stoß nach dem Vorbild der Cartesianischen Wirbel unmöglich sei. Zum anderen hat er die Auffassung vertreten, es reiche der Naturforschung aus, Gravitation und Kräfte überhaupt rein mathematisch aufzufassen, ohne also ihre Ursache zu kennen. Bis heute streitet die Newton-Forschung darüber, ob Newton Kräfte wie die Gravitation als wirklich existierend und daher keiner weiteren Erklärung bedürftig ansah; Vieles spricht dafür, diese Frage zu bejahen. R. S. Westfall, einer der besten Kenner der Newtonschen Naturphilosophie, bemerkt in diesem Sinne: „... ungeachtet dessen, was er sagte, war die Kraft niemals eine bloße mathematische Abstraktion für ihn [Newton]. ... Kraft war eine Entität, die wirklich im Universum existierte" [Westfall, 1971, 506–507].

Auch wenn man dieser Interpretation nicht folgt, kann gar kein Zweifel daran bestehen, dass Newtons rasch wachsende Anhängerschaft diese Frage bejahte: Im späteren 18. Jahrhundert gewinnt die Newtonsche Auffassung die Oberhand, dass die Materie aus Atomen besteht, und genau wie diesen Atomen Ausdehnung zugesprochen wird, werden sie auch mit Kräften ausgestattet, durch die sie auf andere Materieteilchen wirken. Newton hat so, weit über die Himmelsmechanik hinaus, das erste große Forschungsprogramm in der Geschichte der Physik initiiert. Ziel dieses Programmes war es, alle Naturphänomene durch die Wechselwirkung von Atomen zu erklären, die mit Zentralkräften nach dem Vorbild der Gravitation ausgestattet sind. Besonders deutlich konturiert tritt es in der Laplace-Poissonschen Physik des späten 18. und frühen 19. Jahrhunderts hervor.

5 System der Weltentdeckung? Newtons Wissenschaftstheorie

Newton war klar, dass sich sein Forschungsprogramm nicht allein aufgrund empirischer Erfolge würde durchsetzen lassen. Er hatte mit der Gravitationstheorie eine neue Form von Erklärung und Begründung in die wissenschaftliche Auseinandersetzung eingeführt, und es galt, diese Form gegenüber den Anhängern der alten, Cartesianischen Wirbeltheorie geltend zu machen und somit auch, deren Überlegenheit gegenüber der Cartesianischen Wissenschaftstheorie nachzuweisen. Newtons diesbezügliche Bemühungen sind vor allem in der *Opticks* von 1704 und in den beiden späteren Auflagen der *Principia* dokumentiert. Im 18. und 19. Jahrhundert wurden sie ebenso einflußreich wie sein wissenschaftliches Werk. *In nuce* gibt das folgende Zitat aus der *Opticks* seine wichtigsten methodologischen Überlegungen wieder:

> Wie in der Mathematik, so sollte auch in der Naturphilosophie bei Erforschung schwieriger Dinge die analytische Methode der synthetischen vorausgehen. Diese Analysis besteht darin, dass man aus Experimenten und Beobachtungen durch Induction allgemeine Schlüsse zieht und gegen diese keine Einwendungen zulässt, die nicht aus Experimenten oder aus anderen gewissen Wahrheiten entnommen sind. Denn Hypothesen werden in der experimentellen Philosophie nicht betrachtet. Wenn auch die durch Induction aus den Experimenten und Beobachtungen gewonnenen Resultate nicht als Beweise allgemeiner Schlüsse gelten können, so ist es doch der beste Weg, Schlüsse zu ziehen, den die Natur der Dinge zulässt, und [der Schluss] muss für umso strenger gelten, je allgemeiner die Induction ist. Wenn bei den Erscheinungen keine Ausnahme mit unterläuft, so kann der Schluss allgemein ausgesprochen werden. Wenn aber einmal später durch die Experimente sich eine Ausnahme ergiebt, so muss der Schluss unter Angabe der Ausnahmen ausgesprochen werden. Auf diese Weise können wir in der Analysis vom Zusammengesetzten zum Einfachen, von den

> Bewegungen zu den sie erzeugenden Kräften fortschreiten, überhaupt von den Wirkungen zu ihren Ursachen, von den besonderen Ursachen zu den allgemeineren, bis der Beweis mit der allgemeinsten Ursache endigt. Dies ist die Methode der Analysis; die Synthesis dagegen besteht darin, dass die entdeckten Ursachen als Principien angenommen werden, von denen ausgehend die Erscheinungen erklärt und die Erklärungen bewiesen werden. [Newton, (1898) 1983, 269]

Naturwissenschaftliche Erkenntnis beginnt mit Beobachtung und Experiment und schreitet von dort durch sorgfältige, schrittweise Induktion zu allgemeinen Gesetzen voran. Weil die allgemeinsten Gesetze etwas über die grundlegenden Kräfte der Natur aussagen, enthüllt dieser Weg die Ursachen der Phänomene und heißt Analyse. Hat man solche Gesetze und also Ursachen (wie etwa die Gravitation) entdeckt, kann man aus ihnen andere Erscheinungen erklären. Dieser zweite Weg heißt Synthese, weil er eine Vielzahl von Erscheinungen unter wenige Gesetze bringt.

Entscheidend für Newtons Wissenschaftsverständnis ist dabei der erste Schritt, die Analyse; durch sie kommen wir zu allgemeinen Gesetzen und Theorien. Newton besteht darauf, dass in die Analyse nichts Spekulatives, über die Beobachtung Hinausgehendes eingeht. Er glaubt zudem, dass die Induktion prinzipiell fehlerfrei durchgeführt werden kann — sie ist ihm eben ein ‚positiver' und ‚direkter' Weg vom Einzelnen zum Allgemeinen.[33] Sein berühmtes ‚Hypotheses non fingo' bedeutet in diesem Zusammenhang nicht, dass ungesicherte Vermutungen in der Naturforschung prinzipiell nicht statthaft seien, sondern nur, dass sie auf der Ebene der Gesetze keinen Platz mehr haben. Gibt es einmal einen Konflikt zwischen Gesetz und Beobachtung, so wird das Gesetz nicht fragwürdig (eben hypothetisch), sondern es ist lediglich einzuschränken. Diese Methode versagt aber offenkundig bei den allgemeinsten mathematischen Naturgesetzen, nämlich den Bewegungsgesetzen und dem Gravitationsprinzip. Sie sind für Newton nicht einschränkbar, schon gar nicht durch die Erfahrung widerlegbar,

---

[33]Vgl. Teil 2, Zitat 16.

sondern allgemein und sicher. Er vergleicht ihren Gewissheitsgrad an anderer Stelle mit den Axiomen der euklidischen Geometrie.[34] Newtons Wissenschaftstheorie liefert demnach nicht, wie häufig zu lesen ist, den Prototyp einer modernen, hypothetisch-deduktiven Wissenschaftsauffassung. Er vertritt eben nicht die Auffassung, dass unser Erfahrungswissen grundsätzlich fehlbar und korrigierbar ist, sondern die durchaus klassische Auffassung, dass wir zu Wahrheit und Gewissheit über die Natur gelangen können und — im Falle der Himmelsmechanik — in der Tat bereits gelangt sind: „... es gibt keinen anderen Weg um irgend etwas mit Sicherheit zu machen, als aus Experimenten und Beobachtungen Schlüsse zu ziehen, bis man zu allgemeinen Prinzipien gelangt und dann von diesen Prinzipien aus Rechenschaft über die Natur zu geben. Was immer in der Natur sicher ist, verdankt sich dieser Methode und nichts kann ohne sie erreicht werden".[35] Dies mag belegen, dass der bereits konstatierte Certismus und der Dogmatismus der *Newtonian philosophy* des 18. Jahrhunderts nicht einfach der Euphorie angesichts nie für möglich gehaltener empirischer Erfolge zugeschrieben werden können und mit Newtons Wissenschaftstheorie nichts zu tun hätten. Deren Wurzeln liegen vielmehr in Newtons Wissenschaftstheorie selbst, wenngleich Newton den Bereich sicherer mathematischer Naturerkenntnis vorsichtiger fasste als seine Nachfolger. Wenn die Theorie des modernen Empirismus bis in ihre jüngere Geschichte hinein Newton als Gallionsfigur betrachtete, sah sie an der Tatsache vorbei, dass dessen Principiencertismus mit einem tatsächlich modernen, hypothetisch-deduktivem Wissenschaftsverständnis nicht in Einklang zu bringen ist.

In seiner Wissenschaft war Newton ein Revolutionär, und namentlich seine Beiträge zur Infinitesimalrechnung, zur Gravitationstheorie und zur Optik verdienen noch heute unsere Bewunderung. In seiner Wissenschaftstheorie hingegen war er eher ein Konservativer, und seine Reflexionen zur Methodologie der empirischen Wissenschaften verdie-

---

[34] I. Newton an R. Cotes vom 28. März 1713 [Newton, 1959–77, Vol. V, 396–397]; hierzu näher [Pulte, 2005, Kap. II, Teil 4.3].

[35] I. Newton: CUL Add Ms. 3970 f.479 (Entwurf zu den ‚Queries' der *Opticks*); übers. nach der Transkription bei [Rogers, 1978, 231–232]; s. auch [Schneider, 1988, 120].

nen weniger Beachtung, als sie lange Zeit erhielten und heute noch erhalten.

6 Schluss: Newton in der Geschichte

Newton hat ein zweifaches Erbe hinterlassen, das erst dem 20. Jahrhundert als ‚janusköpfig' erscheinen mag:[36] seine Wissenschaft und seine Theorie der Wissenschaft, sowie die Entdeckung des Weltsystems und ein vermeintliches System der Weltentdeckung. Beides ist mit ‚Newtonscher Philosophie' gemeint, auf die sich im 18. und 19. Jahrhundert so viele Wissenschaftler berufen, auf beidem beruht Newtons beispiellose Wirkung in der Wissenschaftsgeschichte.[37]

„Die Newtonsche oder einzig wahre Philosophie der Welt", so bemerkt Emerson 1773, beruht auf einer „Methode, die niemals von einem Philosophen vor Newton angewandt wurde. Denn während deren Systeme nichts anderes sind als Hypothesen, Einbildungen, Fiktionen, Vermutungen und Erzählungen, hat umgekehrt er und er allein mit einer ganz anderen Grundlage [der genauen Beobachtung und Experimente, H.P.] begonnen. ... Die Grundlage ist jetzt sicher gelegt: die Newtonsche Philosophie kann tatsächlich verbessert und weiterentwickelt werden, aber sie kann niemals umgestürzt werden" [Emerson, 1773, V-VII]. Das war 150 Jahre vor Einstein, und noch Einstein glaubte, sich bei Newton entschuldigen zu müssen, als er den Umsturz der ‚sicheren' Newtonschen Grundlagen vollzog.

Doch zuvor hatte sich die ‚Newtonsche Philosophie' gegen rivalisierende, auf dem Kontinent vor allem von Descartes und Leibniz geprägte naturphilosophische Programme durchzusetzen. Dieser Durchsetzungsprozess kann hier nicht weiter verfolgt werden.[38] Es ist jedoch wichtig zu sehen, dass er nur zum Teil auf Newtons Wissenschaft im engeren Sinne, insbesondere auf die großartigen empirischen Erfolge

---

[36]Vgl. hierzu auch [Lakatos, 1982, insbes. 235].

[37]Eine umfassende Rezeptionsgeschichte des Newtonschen Werkes liefert [Pulte & Mandelbrote, 2019].

[38]Vgl. hierzu [Pulte, 2000] sowie [Pulte & Mandelbrote, 2019] und die dort aufgeführte Literatur.

seiner Gravitationstheorie, zurückgeführt werden kann. „Dieses große Genie", so bemerkt der Mathematiker und Philosoph d'Alembert zu Newton, „begriff, daß die Zeit zur Ausmerzung aller Mutmaßungen und unsicheren Hypothesen in der Philosophie ... gekommen war und daß diese Wissenschaft allein auf Versuche und Mathematik aufgebaut werden dürfe" [d'Alembert, (1751) 1975, 150–151]. Immer präsent ist eben auch Newtons Wissenschaftstheorie, namentlich sein methodologisch begründetes Versprechen, durch bloße Beobachtung zu einer Naturerkenntnis von quasi-mathematischer Gewissheit gelangen zu können. Dies kommt der Tendenz der Aufklärung entgegen, in den Wissenschaften einen Ersatz für verlorengegangene metaphysische und theologische Evidenzen und Letztbegründungen zu suchen. Gerade die Ideologisierung des Newtonianismus, die sich zunächst in zahlreichen Popularisierungen seiner Lehre anbahnt, sich dann in der Übertragung sogenannter ‚Newtonscher Prinzipien' nicht nur auf alle Wissenschaften, sondern auf alle Bereiche des gesellschaftlichen und kulturellen Lebens manifestiert[39] und in einer quasi-religiösen Verehrung der Person Newtons — einschließlich Plänen zur Errichtung eines gigantischen Newton-Tempels — kulminiert, ist nur vor diesem Hintergrund zu verstehen.

Von dem Mathematiker Lagrange ist der Satz überliefert: „Newton ist der Glücklichste, denn ein Weltsystem kann man nur einmal entdecken" [Grattan-Guinness, 1981, 679]. Dieser Satz charakterisiert genau den ‚Petrifizierungsprozess', den die ‚Leitfossilie Newton' bis zum 20. Jahrhundert durchmacht: Newton meinte ja mit ‚Weltsystem' zunächst nur unser Planetensystem. Seine Entdeckung des Weltsystems wird aber in der Folge zum Paradigma für ein methodisch fortschreitendes System der Weltentdeckung. Dieses Paradigma ist zu Beginn des 20. Jahrhunderts zerbrochen, und zwar von der Wissenschaft selbst, wie auch für die meisten Vertreter der Wissenschaftstheorie.

Versuchten wir heute, Newton in der Geschichte des naturwissenschaftlichen Denkens zu plazieren, und dürfte dies in bildlicher Weise

---

[39]Vgl. [Berlin, 1980, 144]. Interessant in diesem Zusammenhang auch Aufkommen und Ausbreitung des Terminus ‚Newtonsche Revolution'; s. hierzu [Cohen, 1994, insbes. 242–264].

geschehen, wäre demnach eine von Newton selbst gebrauchte Metapher gänzlich Fehl am Platze: „Ein Zwerg, der auf den Schultern von Riesen steht, kann weiter sehen als der Riese selbst"?[40] Diese Metapher wäre historiographisch unangemessen, weil sie ein traditionelles, kumulatives Geschichtsbild verlängert (und dabei zugleich das Problem verschleiert, auf welchem — möglicherweise methodisch gesicherten? — Weg der Zwerg über den Riesen hinauskommt). Sie wäre aber auch biographisch unangemessen, denn wir wissen, dass Newton sich selbst weder als Zwerg noch als Mensch, sondern als Riese wahrnahm (und auch, dass er gelegentlich zwergenhaft in seinem Unvermögen war, andere Riesen seiner Zeit neben sich zu dulden).

Passender erscheint daher ein anderes Bild, das Newton kurz vor seinem Tode von sich und seinem Werk gezeichnet hat, denn es thematisiert seine großartigen ‚Entdeckungen zum Weltsystem' jenseits eines starren ‚Systems der Weltentdeckung', und es verweist zudem auf die Offenheit naturwissenschaftlicher Erkenntnis im historischen Prozeß: „Ich weiß nicht, wie ich der Welt erscheinen mag, aber ich selbst bin mir vorgekommen ... wie ein kleiner Junge, der am Meeresstrand spielt, und der sich damit die Zeit vertreibt, dass er ab und zu einen glatteren Kiesel oder eine hübschere Muschel als gewöhnlich findet, während das große Meer der Wahrheit unentdeckt vor mir liegt" [Westfall, 1980, 863].

Literatur

[Aiton, 1972] Aiton, E. J. 1972. *The Vortex Theory of Planetary Motions*. London: Macdonald.

[Berlin, 1980] Berlin, I. 1980: *Personal Impressions*. London: Hogarth Press.

---

[40]S. hierzu [Merton, 1983, 15]. Merton zitiert hier R. Burtons Variante eines Aphorismus, der bis auf Bernhard von Chartres zurückverfolgt werden kann. Newton macht von ihm in einem Brief an R. Hooke vom 5. Februar 1676 Gebrauch: „Wenn ich weiter gesehen habe, so deshalb, weil ich auf den Schultern von Riesen stehe" (vgl. [Merton, 1983, 38]). Man beachte, dass in Newtons Variante von einem *Zwerg* nicht die Rede ist.

[Brooke, 1993] Brooke, J. 1993. „Der Gott Isaac Newtons". In J. Fauvel, R. Flood, M. Shortland (ed.) *Newtons Werk: Die Begründung der modernen Naturwissenschaft*. Basel: Birkhäuser, 217–235.

[Charpa, 1995] Charpa, U. 1995. *Philosophische Wissenschaftshistorie: Grundsatzfragen/Verlaufsmodelle*. Braunschweig: Vieweg-Teubner.

[Cohen, 1980] Cohen, I. B. 1980. *The Newtonian Revolution: With Illustrations of the Transformation of Scientific Ideas*. Cambridge: Cambridge University Press.

[Cohen, 1994] Cohen, I. B. 1994. *Revolutionen in der Naturwissenschaft*. Frankfurt a. M.: Suhrkamp.

[d'Alembert, (1751) 1975] d'Alembert, J. le Rond. (1751) 1975. *Discours Préliminaire de l'Encyclopédie*. E. Köhler (ed.). Hamburg: Meiner.

[Descartes, 1955] Descartes, R. 1955. *Die Prinzipien der Philosophie*. A. Buchenau (tr.,ed.). Hamburg: Meiner.

[Dobbs, 1975] Dobbs, B. J. 1975. *The Foundations of Newton's Alchemy, or 'the Hunting of the Greene Lyon'*. Cambridge: Cambridge University Press.

[Dobbs, 1991] Dobbs, B. J. 1991. *The Janus Faces of Genius: The Role of Alchemy in Newton's Thought*. Cambridge: Cambridge University Press.

[Duhem, 1908 (1978)] Duhem, P. (1908) 1978. *Ziel und Struktur der physikalischen Theorien*. F. Adler (tr., ed.). Reprint, Leipzig: Meiner.

[Emerson, 1773] Emerson, W. 1773. *Principles of Mechanics*. 3rd ed. London: Robinson.

[Fauvel et al., 1993] Fauvel, J., Flood, R., and M. Shortland. ed. 1993. *Newtons Werk: Die Begründung der modernen Naturwissenschaft*. Basel: Birkhäuser.

[Figala, 1977] Figala, K. 1977. „Newton als Alchemist". *History of Science* 15, 102–137.

[Fischer, 1998] Fischer, K. 1998. „Leistung, nicht Konsens messen! Evaluation und Finanzierung aus der Sicht eines Wissenschaftshistorikers". *Forschung & Lehre* 8, 399–402.

[Gabbey, 1980] Gabbey, A. 1980. "Force and Inertia in the Seventeenth Century. Descartes and Newton". In S. Gaukroger (ed.) *Descartes. Philosophy, Mathematics and Physics*. Brighton: Harvester Press, 230–320.

[Goethe, 1951] Goethe, J. W. 1951. *Beiträge zur Optik und Anfänge der Farbenlehre*. Vol. 3 of *Die Schriften zur Naturwissenschaft*. Weimar: H. Böhlaus.

[Goethe, 1955-58] Goethe, J. W. 1955–1958. *Zur Farbenlehre. Didaktischer, polemischer und historischer Teil.* Vol. 4–6 of *Die Schriften zur Naturwissenschaft.* Weimar: H. Böhlaus.

[Grattan-Guinness, 1981] Grattan-Guinness, I. 1981. "Recent Research in French mathematical physics of the early 19th century". *Annals of Science* 38, 663–690.

[Hall, 1957] Hall, A. R. 1957. "Newton and the Calculation of Central Forces". *Annals of Science* 13, 62–71.

[Hall, 1980] Hall, A. R. 1980. *Philosophers at War: The Quarrel between Newton and Leibniz.* Cambridge: Cambridge University Press.

[Hall, 1993] Hall, A. R. 1993. *All was Light: An Introduction to Newton's ‚Opticks'.* Oxford: Clarendon Press.

[Jammer, 1980] Jammer, M. 1980. *Das Problem des Raumes: Die Entwicklung der Raumtheorien.* 2nd ed. Darmstadt: Wissenschaftliche Buchgesellschaft.

[Keynes, 1942] Keynes, J. M. 1942. *Newton, the Man.* Vol 10 of *The Collected Writings of J. M. Keynes.* Cambridge: Royal Economic Society, 1971-.

[Koyré, 1960] Koyré, A. 1960. « Les Quéries d'Optique ». *Archives Internationales d'Histoire des Sciences* 13, 15–29.

[Koyré, 1965] Koyré, A. 1965. *Newtonian Studies.* Cambridge, MA: Harvard University Press.

[Lakatos, 1982] Lakatos, I. 1982. „Newtons Wirkung auf die Kriterien der Wissenschaftlichkeit". In J. Worrall, G. Currie (eds.) *Philosophische Schriften* Vol 1. Braunschweig: Vieweg, 209–240.

[MacLaurin, 1748 (1971)] MacLaurin, C. (1748) 1971. *An Account of Sir Isaac Newton's Philosophical Discoveries.* Hildesheim: Olms.

[Manuel, 1968] Manuel, F. 1968. *A Portrait of Isaac Newton.* Cambridge, MA: Harvard University Press.

[Manuel, 1973] Manuel, F. 1973. *The Religion of Isaac Newton.* Oxford: Oxford University Press.

[Meli, 1993] Meli, D. B. 1993. *Equivalence and Priority: Newton versus Leibniz.* Oxford: Oxford Science Publications.

[Merton, 1983] Merton, R. K. 1983. *Auf den Schultern von Riesen: Ein Leitfaden durch das Labyrinth der Gelehrsamkeit.* Frankfurt a. M.: Suhrkamp Verlag.

[Newton, (1671/72) 1958] Newton, I. (1671/72) 1958. "New Theory about Light and Colours". In I. B. Cohen (ed.) *Isaac Newton's Papers and Letters on Natural Philosophy.* Reprint, Cambridge, MA: Harvard University Press,

47–59.

[Newton, (1672) 1952] Newton, I. (1672) 1958. "A Serie's of Quere's propounded by Mr. Isaac Newton, to be determin'd by Experiments, positively and directly concluding his new Theory of Light and Colours". In I. B. Cohen (ed.) *Isaac Newton's Papers and Letters on Natural Philosophy.* Reprint, Cambridge, MA: Harvard University Press, 93–96.

[Newton, (1687) 1967] Newton, I. (1687) 1967. *Philosophiae naturalis principia mathematica.* Reprint, Brussels: Culture et Civilisation.

[Newton, (1704) 1967] Newton, I. (1704) 1967. *Opticks: Or a Treatise of the Reflexions, Refractions, Inflexions and Colours of Light.* Reprint, Brussels: Culture et Civilisation.

[Newton, (1726) 1972] Newton, I. (1726) 1972. In A. Koyré, I. B. Cohen (eds.) *Philosophiae naturalis principia mathematica.* Reprint, Cambridge: Cambridge University Press.

[Newton, (1730) 1952] Newton, I. (1730) 1952. *Opticks: Or a Treatise of the Reflexions, Refractions, Inflexions and Colours of Light.* I. B. Cohen (ed.). Reprint, New York: Dover.

[Newton, (1872) 1963] Newton, I. (1872) 1963. *Mathematische Prinzipien der Naturlehre.* J. Ph. Wolfers (ed.). Reprint, Berlin: Robert Oppenheim.

[Newton, (1898) 1983] Newton, I. (1898) 1983. *Optik oder Abhandlung über Spiegelungen, Brechungen, Beugungen und Farben des Lichts.* W. Abendroth (tr., ed.) . Reprint, Leipzig: Vieweg–Teubner.

[Newton, (1934) 1982] Newton, I. (1934) 1982. *Mathematical Principles of Natural Philosophy and His System of the World.* A. Motte (tr.), F. Cajori (ed.). Reprint, Berkeley: University of California Press.

[Newton, 1728] Newton, I. 1728. *The Chronology of Ancient Kingdoms Amended.* London: Tonson, Osborn, and Longman.

[Newton, 1733] Newton, I. 1733. *Observations Upon the Prophecies of Daniel, and the Apocalypse of St. John.* London: Darby and Browne.

[Newton, 1736] Newton, I. 1736. *The Method of Fluxions and Infinite Series, with its Application to the Geometry of Curve-Lines.* J. Colson (tr., ed.). London: Woodfall.

[Newton, 1908] Newton, I. 1908. *Abhandlungen über die Quadratur der Kurven. Vol. 164 of Ostwalds Klassiker der exakten Wissenschaften.* G. Kowalewski (tr., ed.). Leipzig: Engelmann.

[Newton, 1959–77] Newton, I. 1959–77. *The Correspondence of Isaac Newton.* 8 vols, H. W. Turnbull (ed.). Cambridge: Cambridge University Press.

[Newton, 1988] Newton, I. 1988. *Über die Gravitation ... : Texte zu den philosophischen Grundlagen der klassischen Mechanik*. G. Böhme (tr., ed.). Frankfurt a. M.: Klostermann.

[Newton, 1999] Newton, I. 1999. *Die Mathematischen Prinzipien der Physik*. V. Schüller (tr.). Berlin: de Gruyter.

[Peckhaus & Thiel, 1999] Peckhaus, V., Thiel, C. (eds.) *Disziplinen im Kontext. Perspektiven der Disziplingeschichtsschreibung*. München: Wilhelm Fink.

[Popper, 1973] Popper, K. R. 1973. *Objektive Erkenntnis: Ein evolutionärer Entwurf*. H. Vetter (tr., ed.). Hamburg: Hoffmann und Campe.

[Pulte, 1989] Pulte, H. 1989. *Das Prinzip der kleinsten Wirkung und die Kraftkonzeptionen der rationalen Mechanik*. Stuttgart: Steiner.

[Pulte, 1993] Pulte, H. 1993. „Neuere Newtoniana: Zum 350. Geburtsjahr Isaac Newtons (1643–1727)". *Journal for General Philosophy of Science (ZaWT)* 24: 169–185.

[Pulte, 2000] Pulte, H. 2000. „Hypotheses (non) fingo? Das Wissenschaftsverständnis der Aufklärung im Spiegel ihrer Newton-Rezeption". In Ryszard Rózanowski (ed.) *Die Aktualität der Aufklärung* (Acta Universitatis Wratislaviensis, No. 2249). Wroclaw: Wydawn, 77–106.

[Pulte, 2005] Pulte, H. 2005. *Axiomatik und Empirie: Eine wissenschaftstheoriegeschichtliche Untersuchung zur mathematischen Naturphilosophie von Newton bis Neumann*. Darmstadt: Wissenschaftliche Buchgesellschaft.

[Pulte & Mandelbrote, 2019] Pulte, H., Mandelbrote, S. (eds.) 2019. *The Reception oft Isaac Newton in Europe*. 3 vols., London: Bloomsbury.

[Rattansi, 1972] Rattansi, P. M. 1972. "Newton's Alchemical Studies". In *Science, Medicine and Society in the Renaissance*. A. G. Debus (ed.). New York: Science History, 167–182.

[Rattansi, 1993] Rattansi, P. M. 1993. „Newton und die Weisheit der Alten". In *Newtons Werk: Die Begründung der modernen Naturwissenschaft*. J. Fauvel, R. Flood, M. Shortland (eds.). Basel: Birkhäuser, 238–256.

[Rogers, 1978] Rogers, G. A. J. 1978. "Locke's Essay and Newton's Principia". *Journal of the History of Ideas* 39 (2): 217–232.

[Sabra, 1981] Sabra, A. I. 1981. *Theories of Light from Descartes to Newton*. Cambridge: Cambridge University Press.

[Schneider, 1988] Schneider, I. 1988. *Isaac Newton*. Munich: C. H. Beck.

[Scriba, 1995] Scriba, C. J. 1995. „Erträge der Newton-Forschung". *Sudhoffs Archiv* 79 (2), 150–164. https://www.jstor.org/stable/20777496.

[Sepper, 1988] Sepper, D. L. 1988. *Goethe contra Newton: Polemics and the*

Project for a new Science of Colour. Cambridge: Cambridge University Press.

[Sepper, 1994] Sepper, D. L. 1994. *Newton's Optical Writings: A Guided Study.* New Brunswick, NJ: Rutgers University Press.

[Steinle, 1991] Steinle, F. 1991. *Newtons Entwurf ‚Über die Gravitation ...':ein Stück Entwicklungsgeschichte seiner Mechanik.* (Boethius, 26.). Stuttgart: Steiner.

[Voltaire, 1747 (1987)] Voltaire, M. de (1747) 1987. *Briefe des Herrn de Voltaire die Engländer und anderes betreffend.* H. L. Teweleit (ed.). Reprint, Berlin: Eulenspiegel Verlag.

[Westfall, 1971] Westfall, R. S. 1971. *Force in Newton's Physics: The Science of Dynamics in the Seventeenth Century.* London: Macdonald.

[Westfall, 1980] Westfall, R. S. 1980. *Never at Rest: A Biography of Isaac Newton.* Cambridge: Cambridge University Press.

[Westfall, 1984] Westfall, R. S. 1984. "Newton and alchemy". In *Occult and scientific mentalities in the Renaissance.* B. Vickers (ed.). Cambridge: Cambridge University Press, 315–335.

[Wickert, 1983] Wickert, J. 1983. *I. Newton. Ansichten eines universalen Genies.* München: Piper.

Mathematische Logik und Grundlagenkrise — Autobiographisches Denken beim frühen Heinrich Scholz

Monja Reinhart

Zusammenfassung

Heinrich Scholz (1884–1956) gilt als eine Ausnahmeerscheinung in der Geschichte der modernen Logik. Er verwehrt sich bis heute der klaren Zuordnung zu einer bestimmten Fachdisziplin. Ist er Theologe? Philosoph? Logiker? Die Grundlage für die langfristige Beschäftigung mit Scholz wurde kurz nach dessen Tod im Jahr 1956 durch seine Schüler Hans Hermes und Friedrich Bachmann gelegt. In folgenden 20 Jahren wurde vergleichsweise wenig hinzugefügt und das, was da ist, nimmt vornehmlich auf Scholz als Theologe Bezug [Molendijk, 2005b]. Die Logik als Kerngebiet des Scholzschen Denkens wurde lange Zeit nicht dezidiert betrachtet. Die meisten Scholz-Biographen haben dann und wann die These vertreten, dass die Philosophie des theologisierenden Logikers Scholz nur aus dem Verständnis von dessen intellektueller Persönlichkeit heraus begriffen werden kann. Der Weg von der Theologie zur mathematischen Logik führt Heinrich Scholz durch harte Jahre intellektueller Umorientierung und persönliche Schicksalschläge. Er selbst bezeichnet diese Jahre als seine individuelle "Grundlagenkrisis". Der vorliegende Beitrag zielt darauf, die dunkle Phase der Scholzschen Lebenskrise in den 20er Jahren mithilfe von erstmals bearbeitetem Material etwas weiter zu beleuchten. Grundlage ist die private Korrespondenz zwischen Heinrich Scholz und der jüdischen Berliner Bankiersfrau Fanny Kempner, ein unpubliziertes Brief-Konvolut aus dem Scholz-Nachlass in Münster. In der

Kempner-Korrespondenz zeigt sich Heinrich Scholz aus der Innensicht eines Menschen, der in einer Zeit der politischen Krise nicht nur persönliche Schicksalsschläge durch den Tod nahestehender Menschen, sondern auch eine intellektuelle Suche zu bewältigen hat, die ihn — das wird aus der emotionalen Wucht dieser Briefe deutlich — an den Rand seiner Kräfte und des für ihn seelisch zu Bewältigenden bringt

1 Einleitung[1]

Volker Peckhaus gehört zu den Autoren, die sich relativ früh mit dem Werk von Heinrich Scholz auseinandergesetzt und dessen Wert erkannt haben. Folglich ist es nicht abwegig, dass Scholz in dieser Festschrift gleich mehrere eigene Beiträge gewidmet werden. Was schreibt man in einen Festschriftbeitrag? Nicht zu viel, vor allem nicht in eine so umfangreiche wie diese. Der vorliegende Text folgt ausdrücklich diesem Grundsatz: Es handelt sich um einen provisorischen Werkstattbericht. Vieles darin ist nicht neu, auf die ausführliche Problematisierung kontroverser Aspekte wird aus Platzgründen verzichtet. Viele Einzelheiten können hier nur vorläufig angedeutet werden, einige verdienen aber sicher gesonderte Betrachtung, sobald sie einmal ausgearbeitet sein werden.

Die Grundlage für die langfristige Beschäftigung mit Scholz wurde kurz nach dessen Tod im Jahr 1956 durch seine Schüler Hans Hermes und Friedrich Bachmann gelegt. Der Sammelband *Mathesis Universalis* (1. Aufg. 1961) wurde als Zusammenfassung und Einführung in

---

[1]Mein Dank gilt Niko Strobach, der die Bereitstellung der Scans der Kempner-Briefe aus den Mitteln seiner Professur am Philosophischen Seminar in Münster finanziert, mit vielen Anmerkungen und Detailinformationen geholfen hat und bei der Diskussion über den vorliegenden Text die Einhaltung des konspirativen Flüstertons anmahnte, als Volker Peckhaus im Raum war. Besonderen Dank schulde ich Arie L. Molendijk für die freundliche Bereitstellung einer Kopie der Gedenk-Rede von Eduard Spranger aus dem Barth-Archiv in Basel sowie wichtige Korrekturen im Manuskript zum vorliegenden Text. Für weitere Hilfestellung danke ich Andrea Reichenberger und Martin Lemke, der den Brief an Moritz Schlick zugänglich gemacht hat. Bei der Recherche im Universitätsarchiv Münster war Archivleiterin Susanne Happ eine wichtige Ansprechpartnerin.

sein Werk konzipiert.

In den folgenden 20 Jahren wurde vergleichsweise wenig hinzugefügt und das, was da ist, nimmt vornehmlich auf Scholz als Theologe Bezug [Molendijk, 2005b, 16. Anm. 18]. Die Logik als Kerngebiet des Scholzschen Denkens wurde lange Zeit nicht dezidiert betrachtet.[2] Eine gewisse Scholz-Renaissance begann in den 1980er Jahren.[3] Die Scholz-Monographien von Eberhard Stock [1987]) und Arie Molendijk [1991] bilden zusammen mit dem 2005 erschienen Band *Heinrich Scholz. Logiker, Philosoph, Theologe* herausgegeben von Christoph Schmidt am Busch und Kai Wehmeier bis heute die vornehmliche Grundlage für eine mathematik-historische Auseinandersetzung mit dem Denken dieses Autors.[4] Schmidt am Busch und Wehmeier leisten Anfang des Jahrtausends Pionierarbeit, indem sie mit ihrem Nachlassprojekt die Grundlage für die weitere Scholz-Forschung legen. Eine umfassende Bearbeitung des Nachlasses im Rahmen des Akademieprojekts "Heinrich Scholz und die Schule von Münster. Mathematische Logik und Grundlagenforschung" erfolgt derzeit am Philosophischen Seminar in Münster.

---

[2]„Der Grund für diese geringe Beachtung des Scholzschen Metaphysikentwurfs ist wohl – abgesehen von der Ungunst der Zeit – nicht zuletzt in der Tatsache zu suchen, daß Scholz innerhalb eines Spannungsfeldes gearbeitet hat, welches drei Fachrichtungen umfaßte, und das man vergröbernd durch die drei Begriffe Philosophie, mathematische Logik, Theologie bezeichnen kann. Diese Konstellation von Interessen und Arbeitsgebieten war jedoch offensichtlich so selten und ungewöhnlich, daß zwar Scholz selber in der Lage war, diese unterschiedlichen Pole in seinem Denken zu integrieren, daß jedoch die jeweilgen Fachwissenschaftler, die das Denken von Scholz in der Perspektive des eigenen Faches sahen, vor allem das ihnen Fremde, Unverständliche, ja denkerisch ‚Anstößige' wahrnehmen." [Stock, 1987, 10f.].

[3]Eine Übersicht über die Scholz-Rezeption bis zur Mitte der 80er Jahre bietet [Stock, 1987, 7-11]. Vergleicht man dessen Übersicht mit der Literaturliste von [Molendijk, 2005b, S. 16, Anm. 17], so lässt sich ablesen, dass sich ab den 90er Jahren ein zunehmendes Interesse am Logiker Scholz entwickelt, das sich auch in der Anzahl der entsprechenden Publikationen niederschlägt.

[4]Molendijk vermerkt, dass überdies vier weitere Monographien erschienen sind: Luthe (1961), Lang (1972), Fallenstein (1981), Pfleiderer (1995). Bis auf die philosophische Dissertation von Lang handelt es sich bei allen sechs Bänden (incl. Stock und Molendijk selbst) um theologische Studien. (vgl. [Molendijk, 2005b, S. 16, Anm. 17].

Trotz allem ist der Kreis aktiver Autoren nach wie vor überschaubar. Im Rahmen weiterführender Forschung wäre zum Beispiel eine technikgeschichtliche Untersuchung der Einflusssphäre von Heinrich Scholz und seiner Schule von Münster auf die theoretische Informatik und die physikalische Grundlagenforschung wünschenswert.

Eine Schwierigkeit, sich Heinrich Scholz zu nähern, liegt — neben der immer noch etwas unübersichtlichen Nachlasslage — unter anderem darin, dass er sich bis heute der klaren Zuordnung zu einer bestimmten Fachdisziplin verwehrt. Ist er Theologe? Ist er Philosoph? Logiker? Eine definitive Zuordnung zu einer einzigen Wissenschaft ist wohl gerade bei ihm nicht zielführend. Die näherliegende Frage ist, in welchem Verhältnis seine verschiedenen Fachinteressen zueinander stehen. Auch über diese Frage wurde viel geschrieben.[5] Letztgültig beantwortet ist sie dennoch nicht: In der Universitätsbibliothek Münster gibt es noch eine Menge unpubliziertes Material, das für eine weiterführende Beschäftigung mit dieser Frage aufschlussreich ist. Stock formuliert die Lage 1987 folgendermaßen:

> In dieser Perspektive ist Scholz' Denken bisher noch nicht erschlossen, und so kann man wohl davon ausgehen, daß eine wirkliche Rezeption des ‚Leibniz des Logischen Positivismus' noch vor uns liegt. [Stock, 1987, 6]

Diese Einschätzung scheint auch 2024 noch nicht grundsätzlich überholt, wobei aber die Rezeption von Scholz als Logiker seit den späten 80er Jahren deutlich zugenommen hat.

2 Scholz' Werkphasen

Nach allgemeiner Auffassung gliedert sich das Werk von Heinrich Scholz in drei Phasen, die sich etwa an den institutionellen Stationen seines Lebens orientieren:

---

[5]Vgl. [Stock, 1987, 7–16]: „Scholz bleibt so letztlich doch Sonderling, der zwischen all den Wissenschaften steht, die er durch seine Arbeit bereichert hat, ein Grenzgänger, der sich nicht in das traditionelle Fakultätenschema einordnen ließ, und deshalb von keiner ‚seiner' Wissenschaften wirklich rezipiert wurde."

1. Theologie und Theologiegeschichte/Religionsphilosophie
2. Philosophie und Philosophiegeschichte
3. Logistik und Grundlagenforschung

Die frühe theologische Phase erstreckt sich etwa zwischen 1917–1919, also von der Berufung auf den Breslauer Lehrstuhl für Theologie bis zu seinem Wechsel nach Kiel. Die zweite, die philosophische und philosophiehistorische Phase in Kiel, reicht von 1919 bis 1928. Die dritte Phase, in der er sich dann vornehmlich der Logistik und logischen Grundlagenforschung widmet, dauert etwa von der Berufung nach Münster 1928 bis zu seinem Tod im Jahr 1956.[6]

Ein zentrales Problem in der Interpretation seines Werkes ist bis heute die Frage, wie stark sich diese thematisch-institutionelle Einteilung im Werk niederschlägt und ob die Phasen konsistent zusammen gedacht werden können. Volker Peckhaus hat 2003 eine kritische Erwiderung auf die Arbeit von Eberhard Stock verfasst, in der er sich mit diesen Fragen auseinandersetzt.[7] Dort problematisiert er den Begriff des "Phasenmodells" im Gegensatz zu einer Kontinuitätsthese bezüglich Scholz' Gesamtwerk. Stock argumentiert in seiner Schrift prominent für eine kontinuierliche Folge der Werkphasen von Heinrich Scholz. Das Phasenmodell, das Peckhaus vorschlägt, beschreibt dagegen eine diskontinuierliche Entwicklung des Scholzschen Werkes, in dem Theologie, Philosophiegeschichte und mathematische Logik mehr oder weniger distinkte Phasen darstellen. Die Details dieser Debatte spielen hier eine untergeordnete Rolle. Peckhaus jedenfalls lehnt eine starke Kontinuitätsthese ab, ohne aber dadurch gewisse Konstanten in Scholz' Forschungsinteressen zu leugnen [Peckhaus, 2005, 72]. Er kritisiert die scharfe Einteilung mit Verweis auf die sogenannten Kriegsschriften[8] und hebt dabei die Gleichsetzung von Metapyhsik

---

[6]Eine ausführliche Biographie bietet das 2. Kapitel von [Molendijk, 1991].

[7]Erschienen als: Peckhaus, Volker: *Heinrich Scholz als Metaphysiker*. In: [Schmidt am Busch & Wehmeier, 2005, 69–83].

[8]Scholz, Heinrich: *Der Idealismus als Träger des Kriegsgedankens* [Scholz, 1915a], *Politik und Moral. Eine Untersuchung über den sittlichen Charakter der modernen Realpolitik* [Scholz, 1915b], *Der Krieg und das Christentum* [Scholz, 1915c], *Das Wesen des deutschen Geistes* [Scholz, 1917].

und Logik hervor, die auch schon von Joachim Ritter in der Einleitung zur *Mathesis Universalis* beschrieben wird [Ritter, 1969, 10].[9] Die Frage nach der Metaphysik und ihrem Stellenwert für die logische Forschung ist zentral für die Interpretation von Scholz' Werk, kann aber im vorliegenden Beitrag keine Rolle spielen. Denn dazu würde insbesondere auch Scholz' Leibniz-Rezeption in Betracht gezogen werden müssen, was hier unmöglich zu leisten ist.

Eberhard Stock formuliert gleich zu Beginn seiner Studie im Anschluss an Hans Hermes die These, dass die Philosophie des theologisierenden Logikers oder des logizistischen Theologen Scholz nur aus dem Verständnis von dessen intellektueller Persönlichkeit heraus begriffen werden kann. Diese These wird von den meisten Scholz-Biographen dann und wann aufgegriffen und ihr möchte ich in diesem Beitrag die Hauptrolle geben.

Ich werde dabei nicht in die Debatte über die Frage nach einer möglichen Kontinuität von Scholz' Werkphasen einsteigen. Vielmehr möchte ich methodisch eine ganz allgemeine Verwunderung über den Weg von der Theologie zur Logik zum Ausgangspunkt nehmen, um im Folgenden zu versuchen, einige Facetten der Person Heinrich Scholz zu skizzieren, die sich aus autobiographischen Bemerkungen im Nachlass rekonstruieren lassen.

Mein Fokus liegt dabei auf der „Wende zur mathematischen Logik" wie Molendijk es nennt [Molendijk, 1991, 44]. Es handelt sich dabei um die Jahre 1922-1928, also die Zeit, in der Scholz in Kiel sein Mathematik-Studium beginnt bis zur Berufung nach Münster. Aus dieser Zeit ist wenig Material vorhanden. Seine Publikationstätigkeit liegt weitgehend still und läuft erst mit einer Studie über griechische Mathematik (1928) und dem theologischen Bändchen *Eros und Caritas* (1929) wieder an (ebd. 44f.). „Das sind Jahre eines harten Umbildens", schreibt Molendijk (ebd. 45), die zusätzlich durch persönliche Schicksalsschläge zu einer regelrechten „Grundlagenkrisis"[10] ausarten, wie Scholz es selbst nennt.

---

[9]Er versteht unter der „Gleichsetzung [der Metaphysik] mit der mathematischen Logik" allerdings nicht dasselbe wie Peckhaus.

[10]Kommentar bei [Molendijk, 1991, 45] [Scholz, 1957, 451].

Der vorliegende Beitrag zielt darauf, die dunkle Phase der Scholzschen Lebenskrise in den 20er Jahren mithilfe von erstmals bearbeitetem Material etwas weiter zu beleuchten. Als Grundlage der Skizze werde ich ein bisher noch unbekanntes Konvolut von Briefen aus dem Scholz-Nachlass heranziehen, in der Hoffnung, die Reflexion über seinen Wandel vom theologischen Denker zur mathematischen Logik um eine spezifische Perspektive zu erweitern: Die nämlich, die er in seinen Selbstbetrachtungen äußert.

Freilich kann das Ziel dabei nur der Vorschlag eines stilisierten Bildes sein. Selbst, wenn man es nicht als Anmaßung begreift, die Persönlichkeit eines Menschen zum Ausgangspunkt für eine Interpretation seines Werkes zu nehmen — noch dazu eines Menschen, der mit dem Tod von Heinrich Schepers am Neujahrstag 2020 einen der letzen noch lebenden, persönlichen Bekannten verloren hat — handelt es sich zwangsläufig um ein Projekt, dass nie vollkommen realistische Ergebnisse liefern kann.[11] Scholz neigt jedoch dazu, immer wieder autobiographische Deutungen seiner Arbeit in seine Korrespondenz einzustreuen. Freilich hängt das stark vom jeweiligen Gesprächspartner und der Art von dessen Beziehung zu Scholz ab.[12] Dort aber, wo sich solche Stellen finden, lesen sich intensive selbstreflexive Gedanken, die eine Debatte über das Werkes dieses besonderen Denkers um die Perspektive der Person Scholz selbst bereichern können.

Bei dem Briefwechsel, um den es in diesem Beitrag geht, handelt es sich um die Korrespondenz zwischen Heinrich Scholz und der Kölner Bankierstochter Fanny (eigentlich Franziska) Kempner, geb. Levy (1862–1937), Schwester des Kölner Bankiers und Wirtschaftspolitikers Louis Hagen (Geburtsname: Ludwig Levy). Nach ihrer Heirat mit

---

[11]Die beim 20. RheWeSe am 28. Januar 2022 in Paderborn von Wolfram Pohlers aufgeworfene Frage, ob Heinrich Scholz Humor hatte, illustriert das sehr schön: Irgendwie hatte er den wohl. Aber woran genau lässt sich das feststellen? Auch wenn es manche Texte im Nachlass nahelegen mögen: Methodisch ist das schwer zu begründen.

[12]Für Scholz spielen Freundschaften sein Leben lang eine wichtige Rolle. (vgl. [Hermes, 1958]) Wie kompliziert sich die im Einzelnen gestalten, lässt sich etwa an den Korrespondenzen mit Karl Barth, Moritz Schlick und Romano Guardini erahnen.

dem Notar und späteren Reichstagsabgeordneten Maximilian Kempner (1854–1927) verlegt sie ihren Wohnsitz nach Berlin. Ihre beiden Söhne sind der Jurist und Bankier Paul Kempner (1889–1956) und Friedrich „Fritz" Kempner (1892–1981). Paul Kempner heiratet 1918 Margarete von Mendelssohn (1894–1961), Tochter des Bankiers Franz von Mendelssohn, und wird schließlich Teilhaber des Bankhauses Mendelssohn und Co. Maximilian, Paul und Friedrich Kempner sind — ebenso wie die Männer der Familie Mendelssohn — Mitglied im „Verein der Freunde", einem bis zu seiner Auflösung 1935 bestehenden jüdischen Hilfsverein in Berlin [Panwitz, 2007]. Fanny Kempner führt offenbar eine Art offenes Haus, in dem neben Heinrich Scholz unter anderem der Altphilologe Werner Jaeger und der katholische Sozialphilosoph und Mitbegründer der Quickborn-Jugend [Gerl-Falkovitz, 2005, 111ff] Romano Guardini regelmäßig zu Gast sind.[13]

---

[13]Für die Freundschaft zwischen Heinrich Scholz und dem katholischen Theologen und Pädagogen Romano Guardini (1885-1968) ist der Kempner-Briefwechsel eine reiche Quelle. Guardini, der seit Beginn der 1920er Jahre die Sophienstraße 4 (heutige Straße-des-17.-Juni) in Berlin-Charlottenburg bewohnt, ist Nachbar von Fanny Kempner (Sophienstraße 6), die offenbar große Stücke auf ihn hält. Guardini ist immer wieder Thema in Scholz' Briefen an Kempner. Offenbar treffen die drei sich bei Scholz' Berlin-Besuchen regelmäßig im Haus der Kempners. Belegt ist der Kontakt zwischen Scholz und Guardini durch die 1935 publizierte Festschrift zum 50. Geburtstag Guardinis (*Christliche Verwirklichung. Romano Guardini zum fünfzigsten Geburtstag, dargebracht von seinen Freunden und Schülern.* [Schmidthuis, 1935]) Sie enthält Scholz' Aufsatz *Das theologische Element im Beruf des logistischen Logikers*, der von [Molendijk, 2005b] und den Autoren in dessen Nachfolge zitiert wird (z.B. [Strobach, 2020, 143]). Im Gegensatz zur komplizierten Freundschaft mit Karl Barth (vgl. [Meschkowski, 1977] sowie [Molendijk, 1991], [Molendijk, 2005a] und [Molendijk, 2016]) und dem Verhältnis zu E. Beth (vgl. [Peckhaus, 1998/1999]) scheint die Beziehung zwischen Scholz und Guardini allerdings noch nicht eingehend untersucht. In den einschlägigen Arbeiten über Guardini ([Gerl-Falkovitz, 2005; Börsing-Hover, 2009]) kommt der Name „Heinrich Scholz" im Personenregister nicht vor. Auch zur Freundschaft mit Werner Jaeger lässt sich aus der Kempner-Korrespondenz einiges entnehmen. Bezüglich Guardini wäre eine eigenständige Untersuchung wünschenswert. Einerseits aus theologischer Perspektive, andererseits aber vor allem auch vor dem Hintergrund dessen sozial-politischer Haltung während des Krieges: Guardini engagierte sich in der katholischen Jugendbewegung und gilt bis heute als Kritiker des nationalsozialistischen Regimes. Wie sich aus den Kempner-Briefen entnehmen lässt, ist er bereits in den 1920er Jahren regelmäßiger

Scholz' Verhältnis zu der zwanzig Jahre älteren Fanny Kempner ist nicht ganz einfach zu charakterisieren. Sicher ist, dass es sich um eine enge, persönliche Beziehung handelt. Scholz bezeichnet Kempner an mehreren Stellen als seine „mütterliche Freundin".[14] Bei seinen zahlreichen Berlin-Aufenthalten etwa für Kongresse, Projektmittel- und Berufungsverhandlungen sowie private Besuche, lässt er sich regelmäßig ein Zimmer im Haus der Familie Kempner herrichten. Auch über finanzielle Engpässe hinweg erbittet er sich von den Kempners Aushilfe, die ihm großzügig gewährt wird.[15]

Durch die Briefe seiner ersten Ehefrau Elisabeth Scholz (1893–1924) und seiner zweiten Frau Erna Scholz (1906–1992), die er nach Elisabeths Tod heiratet, existieren in der Kempner-Korrespondenz überdies Beschreibungen der Kieler und der Münsteraner Wohnsituation. So findet im Verlauf der Münsteraner Zeit mehrmals eine offenbar nicht gerade kleine Sammlung von Bildern oder Kunstdrucken Erwähnung, die in der Scholzschen Wohnung in der heutigen Melcherstraße über die Jahre durch Zuwendungen Fanny Kempners heranwächst.[16] Scholz bedankt sich an diversen Stellen für Geschenke in Form von Bildern, die er seiner Sammlung hinzufügt.

Die Korrespondenz mit Fanny Kempner ist aber noch über die-

Gesprächspartner von Scholz. Daher könnten Gespräche mit Guardini Material für die Untersuchung von Scholz' politischen Überzeugungen enthalten. Der Kontakt kommt möglicherweise schon in Breslau zustande, wo Guardini Anfang der 20er Jahre für eine kurze Zeit tätig ist. Ab 1923 lehrt er in Berlin, sodass es auch denkbar ist, dass die beiden sich durch Fanny Kempners Vermittlung kennenlernen. Der Kontakt hält bis in Scholz' Münsteraner Zeit hinein an. 1948 wird Guardini auf den Lehrstuhl für Christliche Weltanschauung und Religionsphilosophie an die LMU München berufen. Nachfolger auf dem nach ihm benannten Guardini-Lehrstuhl ist ab 1964 Karl Rahner.

[14] Z.B. 311/008, 311/032, 311/037 u.a.
[15] 311/040, 311/043.
[16] Die Neigung zur bildenden Kunst, für die Heinrich Scholz bekannt ist, mag durch Elisabeth Scholz befeuert worden sein, die zur Kunstgeschichte schreibt (in der Findliste über den Scholz-Nachlass in der ULB Münster von Januar 2021 findet sich unter der Signatur 93,019: Orth, Elisabeth von: *Kunstgeschichtliche Grundbegriffe*. Sonderdruck aus: *Zeitschrift für Philosophie und philosophische Kritik*, Bd. 164). Auch Erna Scholz teilt offensichtlich diese Leidenschaft, wie aus ihrem lebhaften Bericht über Berliner Museumsbesuche deutlich wird (311/157).

se Beschreibungen der äußeren Lebens- und Arbeitsumstände hinaus außergewöhnlich: Sie bietet die Innensicht eines Menschen, der in einer Zeit der politischen Krise nicht nur persönliche Schicksalsschläge durch den Tod nahestehender Menschen, sondern auch eine intellektuelle Suche zu bewältigen hat, die ihn — das wird aus der emotionalen Wucht dieser Briefe deutlich — an den Rand seiner Kräfte und des für ihn seelisch zu Bewältigenden bringt.

3 Materialbasis

Die Kempner-Korrespondenz liegt derzeit im Universitätsarchiv Münster, dem sie 2009 von Fritz Kempner (1921–2013), dem Enkel der Korrespondentin, zur Verfügung gestellt wurde.[17] Der Bestand trägt die Signatur „311" und umfasst 180 Stücke. Es handelt sich um handschriftliche Briefe von i.d.R. 2-3 Seiten, sowie Typoskripte, Post- und Ansichtskarten, gedruckte Vortragsankündigungen und eine Ausgabe der Semesterberichte aus dem Wintersemester 1933/34 mit vollständigem Typoskript des Artikels „Warum Mathematik?" mit einer handschriftlichen Widmung, datiert auf den 3.3.1934.[18] Beteiligt am Briefwechsel sind neben Heinrich Scholz (HS) und Fanny Kempner (FK) Scholz' 1924 verstorbene erste Ehefrau Elisabeth Scholz (ELS) sowie seine zweite Frau Erna Scholz (ERS), von denen ebenfalls Briefe im Bestand enthalten sind. Außerdem wird Fanny Kempners Ehemann Maximilian Kempner in zwei Briefen als Adressat angesprochen.

Bei der Bezeichnung der Stücke verwende ich folgende Form: „311/xxx", wobei „311" die vom Universitätsarchiv vergebene Bestandsnummer kennzeichnet und „xxx" die Stücknummer. Ausdrücke in Spitzklammern konnte ich beim Transkribieren nicht sicher entziffern.

Der Briefwechsel erstreckt sich über den Zeitraum vom 28.12.1912 bis zum 27.4.1937. Die im Bestand 311 enthaltene Korrespondenz be-

---

[17]Zur bewegten Familiengeschichte der Kempners im 20. Jahrhundert vgl. die Memoiren von Fritz Kempner, die er unter dem Titel *Looking Back* verfasst hat [Kempner, 2006].

[18]311/180.

ginnt unvermittelt, sodass nicht ablesbar ist, wie der Kontakt zwischen Scholz und Fanny Kempner zustande kam. Scholz bedankt sich eingangs für „die freundlichen Worte",[19] sodass davon auszugehen ist, dass mindestens ein Brief der Korrespondentin vorangegangen war. Eine persönliche Vertrautheit scheint zu diesem Zeitpunkt bereits vorhanden, sichtbar wenn er ebenfalls im ersten Brief schreibt: „So gern nun käme ich zu Ihnen. Aber im Augenblick kann es nicht sein. Die Wissenschaft drängt mich von allen Seiten. [...] Im März, wenn das Semester zu Ende ist, bin ich wieder auf freiem Fuß u. wenn es irgend möglich ist, melde ich mich dann von selbst." (ebd.). Mutmaßlich kennen die beiden sich durch persönlichen Begegnungen in Berlin. Möglicherweise auch vermittelt durch Elisabeth Scholz.[20] Der Briefwechsel endet schließlich mit dem Tod von Fanny Kempner am 23(?).4.1937.

Das Konvolut umfasst größtenteils Briefe, die von Scholz an die Korrespondentin geschickt wurden. Bis auf drei Konzepte, ein bisher nicht näher identifizierbares Gedicht von Kempners Hand und ein paar nicht zu bestimmende Briefe von fremder Hand sind die Briefe der Gegenseite zum aktuellen Zeitpunkt nicht auffindbar. Eine entsprechende Anfrage an die in den USA lebenden Verwandten des Fritz Kempner steht noch aus. Da es sich um eine Privatkorrespondenz handelt, ist es denkbar, dass Erna Scholz die Briefe von Fanny Kempner in ihrem persönlichen Besitz belassen hat. Ob ein *privater* Nachlass der Erna Scholz existiert und jemals im Hinblick auf relevante Stücke bezüglich ihres ersten Ehemannes Heinrich Scholz hin überprüft wurde, konnte ich bisher nicht herausfinden.[21] Dies wäre eine der Fragen für eine

---

[19] 311/001.

[20] Diese Vermutung legt zumindest eine Bemerkung im Brief vom 28.2.1924 nah, in dem Scholz von der plötzlichen Erkrankung seiner Frau Elisabeth berichtet: „Sie, die Sie meine liebe Madonna besser u. genauer als die nächsten gekannt haben, werden mir nachfühlen, wie mir zu Mute ist u. mit welcher Sorge ich in die Zukunft sehe." (311/007).

[21] Molendijk berichtet zwar vom Nachlass aus dem Besitz von Erna Scholz, allerdings bezieht er sich wohl direkt auf das, was Hans-Christoph Schmidt am Busch und Kai Wehmeier in ihrem Projekt erstmals bearbeitet haben und was heute als Scholz-Nachlass in der ULB Münster vorhanden ist, wohin es 2018 aus dem Institut für mathematische Logik und Grundlagenforschung übergeben wurde. Hinweise auf den Verbleib persönlicher Briefe von Korrespondenten, mit denen auch Erna

ausstehende Erforschung der Genese des Scholz-Nachlasses in seiner aktuellen Form.

Thematisch gliedert sich die Korrespondenz in drei Abschnitte. Auch hier lassen sich wiederum die Orte als Marker zur Einteilung verwenden, unterfüttert dieses Mal jedoch durch die persönlichen Ereignisse in Scholz' Leben. Der erste Abschnitt erstreckt sich über die Stücke 311/001 (Breslau) bis 311/006 (Kiel).[22] Ein dominierendes Thema ist hier die Magenkrankheit und die entsprechende Operation Anfang 1919, bei der ihm ein großer Teils des Magens entfernt wird [Molendijk, 1991, 35]. Im Februar 1924 beginnt die zweite Phase. Hier ist es zunächst (311/007-022) die Angst um seine erkrankte Frau, die schließlich in der Nachricht von deren Tod am 6.8.1924 (311/023) und der gedruckten Traueranzeige (311/024) gipfelt. Von September 1924 bis ins Jahr 1828 folgt eine lange Periode der Trauer und der Schwermut. Das Übergang zur dritten Phase ist, was Stimmung und Themen der Briefe angeht, nicht eindeutig festzulegen, sodass ich vorschlage, den Beginn der Münsteraner Periode am Abschluss der Berufungsverhandlungen mit der Universität am 7. April 1928 festzumachen (311/098).

4 Scholz und die Heimat: Kontrolle über das Denken

Peckhaus analysiert die vielzitierte autobiographische Passage aus dem Nachlass in der Universitätsbibliothek, die auch Stock, Molendijk, Schmidt am Busch/Wehmeier und jüngst Strobach zitieren (letzterer sogar endlich mit passender Signatur):

> Nachdem ich [...] meine Religionsphilosophie publiziert hatte, entdeckte ich 1921 durch einen Glücksfall auf der

---

Scholz selbst befreundet war, sowie die in den Kempner-Briefen erwähnte private Kunst-Sammlung in der Münsteraner Wohnung, konnten bisher nicht ausgemacht werden.

[22]Wobei es sich bei 311/005 um eine Fehldatierung handelt. Dem Inhalt nach stammt der Brief vermutlich aus dem September 1928.

> Kieler Bibliothek die Principia Mathematica. Ich sah sofort, dass ich hier das gefunden hatte, was ich so lange vergeblich gesucht hatte.²³ [Strobach, 2024, 487]

Peckhaus warnt zurecht davor, diese retrospektive, vermutlich Mitte der 1940er Jahre verfasste, Erzählung als Indiz für eine starke Kontinuität in Scholz' Denken zu deuten. Selbst wenn er die geschilderte Begebenheit im Nachhinein als kohärente Fortführung seiner vorherigen Arbeit begreift, heißt das nicht, dass sie das in den zwanzig Jahren zwischen der ersten Begegnung mit den *Principia Mathematica* und dem Verfassen jenes Textes auch (jederzeit) gewesen ist. Peckhaus schlägt diesbezüglich einen raffinierteren Gedanken vor:

> Scholz' Ausführungen legen vielmehr nahe anzunehmen, daß durch die mit der Entdeckung der Principia Mathematica vermittelten Einsicht seinem Denken und Forschen eine neue Richtung gegeben wurde, nicht unbedingt nur in dem Sinne, daß eine zuvor eingeschlagene Richtung umgelenkt wurde, sondern auch daß eine in bestimmten Bereichen latente Orientierungslosigkeit beendet wurde. [Peckhaus, 2005, 4]

Ich würde ihm zwar nicht darin folgen, an der Stelle schon einen „diskontinuierlichen Charakter von Scholzens Denken anzunehmen" (ebd.), beachtenswert erscheint aber die Annahme, dass es Scholz (mindestens) bis zu seiner Entdeckung der *Principia Mathematica*, also seinem Erstkontakt mit der neuen Logik, „in bestimmten Bereichen" an Orientierung fehlte. Sowohl Stock als auch Peckhaus und Molendijk betonen die Relevanz biographischer (Selbst-)Zuschreibungen für das Verständnis von Scholz.²⁴ Diese Position geht zurück auf Hans

---

²³Provisorische Kapsel *Lebensdokumente 1*, Signatur 124,039. Seiten Typoskript, S. 1. Beginn des Textes: Überschrift „1. Personalia". Beschreibung in der Findliste: „Scholz, Heinrich: [Lebenslauf], o.O. [ca. 1948]".

²⁴Stock leitet diese These aus Zitaten der Scholz-Vertrauten Eduard Spranger und Hans Hermes her (wobei mir die Schlüsse, die er daraus für die kausale Verbindung zwischen Person und Werk zieht, nicht zu hundert Prozent einleuchten (vgl. [Stock, 1987, 33–35]).

Hermes, der sie vehement und mit der Autorität des Meisterschülers begründet:

> Bei Heinrich Scholz vollzieht sich — anders als bei vielen anderen Menschen ... die wissenschaftliche Tätigkeit nicht als eine Art Parallellauf neben der Entwicklung der eigenen Persönlichkeit. Bei ihm ist dies alles zu einem untrennbaren einheitlichen Ganzen verwoben. Er ist Forscher als Mensch. So wird man nur dann die wissenschaftliche Entwicklung von Heinrich Scholz tiefer verstehen können, wenn man den Menschen begreift. [Hermes, 1958, 26]

Peckhaus zitiert aus einem Aphorismus, in dem Scholz das wissenschaftliche Naturell „des Forschers" charakterisiert, den auch schon Stock heranzieht:

> Der Forscher fußt auf ehrlicher Arbeit. Er fußt auf der Arbeit die kontrolliert werden dann. [...] Pünktlichkeit und Treue im kleinen sind die Tugenden, in denen der Forscher auf jeder Stufe so groß sein sollte, wie irgend ein exemplarischer Mensch.[25]

Dies ist ein typisches Scholz-Zitat. Die Rede von der „Pünktlichkeit" des Denkens findet sich häufiger.[26] „Pünktlichkeit und Treue" als „Tugenden" gehören gewiss zu Scholz' preußischem Selbstverständnis [Molendijk, 1991, 24]. Scholz versteht sich zumindest in frühen Jahren als durch und durch Kind seiner Zeit, ein wilhelminischer Protestant. Doch diese „Tugenden" sind eben nicht allein Überzeugungen der Alltags- und Arbeitsmoral, sondern lassen zusätzlich Rückschlüsse auf das (mathematik-)philosophische Denken zu. Denn die aus einer preußisch-protestantischen Sozialisierung entwickelten Lebens- und Arbeitsgewohnheiten stehen nicht in einem notwendigen Zusammenhang mit dem subjektiven Bedürfnis nach Orientierung, das Peckhaus Scholz attestiert. Nicht jeder pünktliche, treue preußische Bürger

---

[25] vgl. [Peckhaus, 2005, 5]

[26] Z.B. in *Warum Mathematik?* [Scholz, 1934] (Außerdem als Typoskript enthalten in 311/180).

ist oder war orientierungslos und erst recht verfällt andersherum wohl kaum einer aufgrund seiner Neigung zu Pünktlichkeit und Treue der Russellschen Logik.

Wenn Peckhaus also recht geht in der Annahme, dass Heinrich Scholz zu bestimmten Zeiten seines forschenden Lebens orientierungslos war - und ich meine, er geht recht - so ist diese persönliche Orientierungslosigkeit und deren Überwindung ein Schlüssel für das dezidierte Verständnis von Heinrich Scholz als Wissenschaftler, das sich nicht ohne Weiteres generalisieren lässt auf eine wie auch immer geartete Nähe zu den intellektuellen Tugenden des logischen Empirismus [Peckhaus, 2005, 5]. Denn der Übergang von theologischer Reflexion zur formalen Logik ist nicht allein durch diese wissenschaftlichen Tugenden zu erklären, die so ähnlich auch im Wiener Kreis vertreten werden.[27]

Hier zeichnet sich ein Motiv ab: Scholz tendiert offenbar dazu, die Logik als einen Weg aus der Orientierungslosigkeit heraus zu betrachten. Ähnlich wie sich der Wiener Kreis von den intellektuellen Tugenden der Einheitswissenschaft eine Kontrollierbarkeit des wissenschaftlichen Denkens verspricht, so scheint Scholz in den frühen 1920er Jahren in der neuen Logik Möglichkeiten zu erahnen, das metaphysische Denken auf eine Weise zu kontrollieren, die er in der Theologie und der Philosophie so nicht vorgefunden hat. Um diese These zu begründen, ist es nötig, die Art seiner Orientierungslosigkeit und ihre Ursachen näher zu bestimmen.

5 Scholz und die Schwermut: Leben als Kraftprobe

Scholz leidet sein Leben lang unter einer schweren gastroenterologischen Erkrankung. Sein Magenleiden wurde vielfach beschrieben. Es wirkt sich massiv auf seine Produktivität aus, denn es verfolgt ihn

---

[27] Die preußisch anmutenden Tugenden der wissenschaftlichen Weltauffassung sind die gemeinsame Grundlage für die Mitglieder des Wiener Kreises. Trotzdem ist dort nicht jeder Forscher orientierungslos - und auch nicht jeder Wiener ist ein Preuße.

trotz der Operation 1919 sein Leben lang. Einige Monate nach der Behandlung beschreibt Elisabeth Scholz seinen Zustand:

> Daß mein Mann seinen so anstrengenden Beruf mit so viel Kraft u. Frische auszuüben vermag, verdankt er in erster Linie seiner wiedergewonnenen Gesundheit. Er muß zwar immer noch sehr vorsichtig leben u. eine gewisse Diät einhalten, ist auch noch gegen jede kleinste Störung sehr empfindlich, aber er lebt zum ersten Mal seit vielen Jahren wieder ohne Schmerzen u. mit einem gewissen Wohlbehagen. Sie können sich wohl denken, wie glücklich u. wie dankbar wir dafür sind.[28]

Hier taucht ein Leitmotiv auf: Der Begriff der „Kraft". Er wird im Verlauf des Briefwechsels immer wieder eine Rolle spielen, wenn Scholz seinen körperlichen und seelischen Zustand beschreibt. Die Kraft ist nötig, damit er arbeiten kann. „Er ist mit Leib und Seele Philosoph", so schreibt Elisabeth Scholz weiter, „u. ich glaube, daß gerade dies es ist, was seine jungen Leute spüren u. was sie so zu ihm hinzieht." (ebd.).

Ihre Ausführungen illustrieren, wie sehr die Befriedigung von Scholz' Bedürfnis nach Kommunikation, das auch Hermes 37 Jahre später in seiner Gedenkrede aufgreift, abhängig ist von seiner Gesundheit. In den Phasen, in denen es um seine Gesundheit nicht gut bestellt ist, leidet dadurch sein Leben als Lehrer und als Forscher. Für jemanden, bei dem — wie Hermes es für Scholz eindrucksvoll beschreibt — persönliches Leben und wissenschaftliche Arbeit kaum zu trennen sind, stellt sich mit eingeschränkter Gesundheit auch die Frage nach dem Sinn des eigenen Lebens überhaupt. Mit der vorübergehenden Besserung seines Gesundheitszustands im Sommer 1919 scheint es ihm eine Weile recht gut zu gehen. Aus diesen frühen Kieler Jahren sind leider nur wenige Briefe im Bestand vorhanden. Ein paar Eindrücke dieser glücklichen Zeit lassen sich aus einem Brief vom 2.9.1920 gewinnen:

---

[28]ELS an FK, 2.9.1920 (311/004).

> Uns hat das Glück in den Nacken geblasen, indem es uns nach Kiel verschlagen hat. Die reiche schöne philosophische Wirksamkeit, auf die ich von Anfang an gehofft habe, ist noch viel schöner und reicher geworden, als ich vor einem Jahr vermuten konnte. Freilich bin ich bis an den Rand meiner Kräfte gespannt, um mich mit allem zu <versehen>, was mir zu meinem Rüstzeug noch fehlt. Philosophie ist eigentlich Heimweh - der Trieb, überall zu Hause zu sein. Mir fehlen bisher noch die Naturwissenschaften. Ich hole sie nach u. <entdecke> dabei mit Vergnügen, wieviel u. wie gut ich noch lernen kann. Ich habe im Sommer außer meinen eigenen Vorlesungen noch 10 Stunden Physik und Mathematik in der Woche gehört und lasse mich auch jetzt in den Ferien eingehend über die Technik der Differentialrechnung belehren. Meine Gesundheit ist nun endlich so fest geworden, daß ich noch ein Unsterblichkeitsbüchlein u. eine Auseinandersetzung mit Spengler habe herausbringen können u. gleichzeitig an meiner Religionsphilosophie drucke.[29]

Auch hier wieder die Rede von der Kraft, die es ihn kostet Forschung und Lebenslauf voranzubringen. Doch die Besserung des Gesundheitszustands ist nicht nachhaltig. Beschreibungen des Magenleidens reißen bis zum Ende des Briefwechsels nicht ab. Im Juli 1925 beispielsweise, ein knappes Jahr nach dem Tod seiner Frau Elisabeth, geht es ihm wieder einmal so schlecht, daß er nicht arbeiten kann: „Anfälle von Gallenbrechen" zwingen ihn, seine Vorlesung zu verlegen.[30] Er fasst sein Empfinden dieser Tagen zusammen:

> Ich will nun zwar im geringsten kein ‚Glück', sondern schlechterdings nur die Fundamente einer menschlichen Existenz; aber nun zweifeln auch Sie nicht mehr daran, daß man lange suchen muß, um etwas <dunkleres> zu

---

[29]HS an FK, 2.9.1920 (311/003).
[30]HS an FK, 31.7.1925 (311/044), „So hat auch die Unvernunft ihr System; denn [nun] existiere ich nur noch im Vacuum fort".

finden, als das <dunkle> Ding, das wir den ‚Sinn' eines Menschenlebens nennen.[31]

Die Frage nach dem Sinn der eigenen Existenz vor dem Hintergrund persönlicher Schicksalsschläge wird Mitte der zwanziger Jahre zunehmend zentral für Scholz. Die Sinnfrage rückt Anfang 1924 in den Vordergrund. Der Ton der Briefe verändert sich und läutet die zweite Phase der Korrespondenz ein: Der Tod tritt in sein Leben.

Vier Monate vor seinem 40. Geburtstag wird Scholz Witwer. Seine erste Frau Elisabeth Scholz stirbt nach sechsmonatigem Krankenhausaufenthalt am 6. August 1924 an einer schweren Lungenentzündung, vermutlich als Folge einer unerkannten Tuberkulose:

> Hier ist das Schlimmste geschehen. Heute vormittag 11 1/2 ist meine Elisabeth durch einen sanften Tod von ihren Leiden erlöst worden. Indem ich annehme, daß Sie mein Blatt vom Montag inzwischen erhalten haben, füge ich nur noch hinzu, daß zu der Lungenentzündung, die sehr schnell verheerend um sich griff, gestern noch eine doppelseitige Rippenfellentzündung hinzukam, sodaß der Zustand heute nacht hoffnungslos wurde, nachdem sie mich noch gestern abend bei höchstem Fieber für die Dauer eines Augenblicks erkannt hatte. Ich selbst habe ihr heute mittag die lieben Augen zugedrückt, die sich nun für immer geschlossen haben. Die Ärzte [...] vermuten jetzt, daß eine versteckte Tuberkulose die letzte eigentliche Ursache dieser furchtbaren Krankheit gewesen ist.[32]

Eduard Spranger hält später in den Erinnerungen an seinen Freund Heinrich Scholz erstaunlich klar und nüchtern fest, wie sehr der Einschnitt durch Elisabeths Tod Scholz als Person — und damit als Forscher — prägt:

> Wie seltsam scheint der spätere Weg ... von der Theologie zur Geistesphilosophie, darüber hinaus zur Logistik!

---

[31]HS an FK, 10.7.1925 (311/043).
[32]HS an FK, 6.8.1924 (311/023).

.. Die Ursachen der Wandlungen aber lagen ganz in der seelischen Tiefe. 1924 verlor Heinrich Scholz die liebenswürdige erste Gattin. Auf ihren Grabstein in Kiel ließ er die Worte setzen:

Alles Vergängliche ist nur ein Gleichnis; / Die Liebe aber ist das größte unter ihnen. An diesem Grabstein hat er mir gesagt: ‚Du verstehst, ich kann die inhaltlichen Dinge nun nicht mehr treiben!'[33]

Der exzentrische Grabspruch, eine Mischung aus dem ersten Korintherbrief und dem Schlußchor des „Faust",[34] hat es philologisch[35] und musikhistorisch[36] in sich. Eine gedruckte Traueranzeige mit diesem Text befindet sich im Kempner-Briefwechsel.[37] Die Engführung der Entwicklung von Scholz' Denkens mit dem Tod der Elisabeth Scholz, die Spranger vorschlägt, scheint den Nagel auf den Kopf zu treffen. Der Verlust seiner ersten Frau ist für Scholz ein entscheidender Einschnitt, möglicherweise der größte in seinem Leben. Die Tragweite dieses Einschnitts lässt sich — wenigstens zum jetzigen Stand der Nachlassbearbeitung — besonders deutlich am intensiven ersten Teil des Briefwechsels mit Fanny Kempner ablesen.

Scholz ist am Boden zerstört. Wie sehr ihn die Phase der Ungewissheit und schließlich der Tod seiner Frau belastet wird aus den Briefen ersichtlich. In den sechs Monaten zwischen der Einlieferung

---

[33]Typoskript der Rede von Eduard Spranger, die zur Gedenkveranstaltung für Heinrich Scholz am 20. Dezember 1957 in Münster in Abwesenheit verlesen wurde. Das Typoskript liegt im Barth-Archiv in Basel (ohne Archivnummer). Die Spranger-Rede ist leider nicht mit den drei Gedenkreden publiziert worden, sodass nur das Zitat der o.g. Passage in Seiferts Rede gedruckt ist [Seifert, 1958, 6].

[34][Molendijk, 1991, 64]: „[D]as ist Scholz."

[35][Strobach, 2020, 57].

[36]Was er von Mahler — präziser: der Schlusspassage von dessen 8. Sinfonie – hielt, kann ich nicht belegen. Kennen wird er sie vermutlich, seine musikalische Bildung ist jedenfalls umfangreich, wie diverse Anmerkungen und Aphorismen nahelegen. Ob die weiterhin zur Disposition stehende Heterogenität in seinem Denken dazu berechtigt, Scholz einen „Eklektiker" zu nennen, kann ich nicht beantworten. Gleichwohl würden Mahler und Scholz womöglich stilistisch gar nicht schlecht harmonieren.

[37]HS an FK, 13.8.1924 (311/024).

seiner Frau in die Kieler Klinik am 12.2.1924[38] bis zu ihrem Tod am 6.8.1924 schreibt er Kempner sechzehn Briefe. Er beschreibt darin detailliert den Zustand von Elisabeths Gesundheit, der ihn an den Rand seiner eigenen Kräfte bringt. „[D]ie letzten 14 Tage [muß ich] zu dem Schwersten rechnen [...], was ich jemals erlebt habe" (ebd.). schreibt er zwei Wochen nachdem Elisabeth in die Klinik aufgenommen wurde. Und in diesem Stil geht es fort:

> Ich lebe immer noch in größter Angst. Der Zustand — seit Sonnabend schwere Apathie, so daß sie seitdem kein Wort gesprochen hat — ist andauernd so, daß jeden Augenblick etwas Schlimmes eintreten kann. [...]Ich arbeite viel, um mich aufrecht zu halten; aber das Vacuum in meinem Gemütsleben ist durch keine Arbeit aufzufüllen.[39]

Und weiter:

> Ich bin in der größten Seelennot. [...] Aber wenn ich sie verliere, so ist auch mein Schicksal erfüllt. [...] Dieses Leiden der geliebtesten Frau, die sich vielleicht unter hunderttausenden findet... Bald kann ich nicht mehr.[40]

Schon bald verschlechtert sich durch die Belastung sein eigener Gesundheitszustand. Er greift zu einem Schlafmittel, um überhaupt Ruhe zu finden[41] und muss seinen Beitrag zum Kant-Jubiläum in Königsberg absagen.[42] Er ringt mit seiner Arbeit, die ihm merklich schwer fällt.[43] Sie wird wiederum zur „Kraftprobe".

---

[38] HS an FK, 28.2.1924 (311/007).
[39] HS an FK, 15.3.1924 (311/008).
[40] HS an FK, 5.3.1924 (311/009).
[41] HS an FK, 29.3.1924 (311/011).
[42] HS an FK, 12.4.1924 (311/013). Seinen Vortrag lässt er am 20.4. in Abwesenheit verlesen (311/014).
[43] HS an FK, 2.5.1924 (311/016): „Morgen soll ich die Kantrede halten, die ich dankbarsten Herzens in Ihre Hände lege. Sie ist mir so <sauer> geworden u. eigentlich das einzige, was ich neben der Königsberger Rede philosophisch in den letzten Wochen gemacht habe."

> Ich selbst habe zwar, in Ansehung meiner Gesundheit, eine besonders schlechte Woche gehabt; aber davon kann man abstrahi<e>ren. Man glaubt nicht, wieviel der Mensch auch als Fragment noch machen kann, wenn er sich etwas eingeübt hat. Und diese Art von Einübung ist allerdings eine Kraftprobe, die ich sehr weit treiben kann u. in der man mich nicht überholen soll.[44]

In dieser Phase der Korrespondenz lässt sich eine Tendenz in Richtung der Mathematik ablesen, die zumindest nicht nur durch seine psychische Verfassung verursacht scheint, sondern auf eine schwer zu bestimmende Weise (auch) parallel dazu verläuft:

> Ich stehe ganz still u. erkenne in der Mathematik, in der ich vorankomme, wie lange ich schon in der Philosophie auch nicht einen Schritt <>en habe. Trotzdem will ich das Wagnis <> u. am Montag Morgen um 7h meine Vorlesung in Gang bringen. Es ist gegenüber dem völligen Vacuum immer noch das geringere Übel, so erdrückend es auch ist, in einem solchen Zustand philosophieren zu müssen. (ebd.)

Ab Anfang Mai hält er dann seine Vorlesung über die Metaphysik des Aristoteles.[45] Er hält fest:

> Noch nie ist mir der Anfang so schwer geworden. Ich habe ihn mir auch nur abgerungen, um die 12 Stunden hören zu können (Mathematik u. Physik), die ich nicht entbehren kann, wenn ich nicht auch den Rest meines Verstandes noch einbüßen will. (ebd.)

Es scheint, dass er hier bereits mitten in einem intellektuellen Konflikt mit der Philosophie steht, der er die Mathematik vorzuziehen beginnt. Die Beschäftigung mit der Mathematik ringt er sich buchstäblich von der Zeit ab, die er als Ordinarius der Philosophie opfern muss. Sein seelisches Leiden trägt dann den Rest bei. Am 28.7.1924 erreicht es einen vorläufigen Höhepunkt:

---

[44] HS an FK, 24.5.1924 (311/019).
[45] HS an FK, 10.5.1924 (311/017).

> [M]ir geht es so schlecht[...] Ohnmachten, Weinkrämpfe u. andere Zufälle (diese Dinge sind <u>nur</u> in Ihre Hände gelegt; auch mein Vater soll nichts davon wissen), dazu ein Gewichtsverlust von über 10 Pfund scheinen darauf hinzudeuten, daß ich am Rand meiner Kräfte angelangt bin. [...] Nur durch ein Wunder ist es möglich geworden, daß trotzdem wenigstens die Fassade meiner Vorlesung bis jetzt gerettet worden ist. [...] Sie fühlen, auch ohne, daß ich es sage, was es für mich bedeuten wird, auch Sie, unsere treuste mütterliche Freundin, endlich einmal wiederzusehen.[46]

In dieser Zeit macht er Bekanntschaft mit seiner späteren Schülerin und Freundin Elli Heesch[47] und deren Schwester Käthe.[48] Vier Wochen nach Elisabeths Tod verfasst er einen in mehrerer Hinsicht bemerkenswerten Brief. Am 2.9.1924 schreibt er eine vergleichsweise lange Nachricht aus Baarn in den Niederlanden, wohin er sich eine Woche nach dem Tod seiner Frau zur Erholung begibt. Einen Eindruck der Drastik dieses Texts lässt sich am besten durch Wiedergabe des vollständigen Briefs gewinnen:[49]

> BAARN (Holland), den 2. Sept. 1924 [...]
> Verehrteste liebe gnädige Frau. Morgen sind es vier Wochen, seit das Schlimmste geschah; drei Wochen, seit ich hier bin. Folglich existiere ich noch. **Aber das Lied ist aus; u. <u>Sie</u> wenigstens werden von mir nicht erwarten, daß ich neue Lieder mache, in denen der**

---

[46]HS an FK, 28.7.1924 (311/21 A).

[47]Eine ausführliche Darstellung von Leben und Werk Elli Heeschs bietet Andrea Reichenberger in: [Reichenberger, 2023].

[48]HS an FK, 29.7.1924 (311/21 B). Käthe stirbt etwa ein halbes Jahr später am 21.2.1925, was Scholz erneut schwer mitnimmt, gerade da in den Monaten nach dem Tod von Elisabeth Scholz auch seine Schwiegermutter sowie drei weitere Bekannte versterben (311/029, 311/031, 311/032). „Das Letzte ist dies, daß die Käthe Heesch nun auch ausgelöscht ist. Gestern Nachmittag ist sie erlöst worden. Sie hatte die leiseste Art zu sein. Und DARUM höre ich nun längst schon so laut den Lärm um Nichts, der unser Leben un<leid>lich macht. Der Rest ist das Schweigen u. mein A<...>ent: es ist der sechste Fall seit dem 6. August." (22.2.1925 (311/036)).

[49]Hervorhebungen durch Unterstreichen stammen wie üblich von HS selbst, Fettsatz kennzeichnet meinen Eingriff.

„Sinn" des „Lebens" besungen wird. Eher schreibe ich nochmal eine „Kritik der reinen Unvernunft". Das Material dazu ist in meinem Händen; denn es gibt schlechterdings keine Erfahrung, die ich nicht gemacht habe. Man soll seine eigene Frau zwar nicht loben. Aber diese Frau ist Gottes Güte in meinem Leben gewesen. Oder hätte ich sie so aus einem geringeren Grund "Meine liebe Madonna für alles" genannt? Zum Dank dafür ist sie mir auf die grausamste überhaupt denkbare Art stückweise aus dem Herzen gerissen worden. Bis zur Unkenntlichkeit war ihr liebes, sonnenhaftes Wesen verwüstet, als ich an ihrem Sterbebett stand. Und glauben Sie, daß ich die Rosen vergessen werde, die ich als letztes Liebeszeichen in ihre fiebernden Hände legte? Sie waren verwelkt, noch ehe sie ausgelitten hatte, weil sie furchtbar vergiftet war. Was Sie, in reinster Menschenliebe, zu ihrer, zu meiner Erhaltung getan haben, ist ein Liebeswerk gewesen, das ich bis an das Ende meiner verfinsterten Tage in einem dankbaren Herzen bewahren werde. **Aber der Mensch, den Sie kennen, bin ich nicht mehr, sondern der Mensch, in dem etwas zugrunde gegangen ist, was in diesem Leben nicht wieder aufersteht.** Das fühle ich heut, nach vier Wochen, noch schärfer, als in der grauenvollen Nacht vor dem letzten Morgen, an dem sie von mir genommen wurde. **Am 11. oder 12. bin ich wieder in Kiel. Und fortarbeiten muß ich zu erst; denn ich bin nicht der Mensch, der auch anders könnte. Hier habe ich, unter dem Schutzdach edelster Freunde, wenigstens so viel von dem Rest meines Verstandes gerettet, daß er nicht gänzlich stille steht**; u. ob ich hier oder in Kiel ins Vacuum starre, ist im Grunde einerlei. Am 15. Oktober ist ein Berlin ein Kongreß für Aesthetik u. allgemeine Kunstwissenschaft. Wenn es irgend möglich war, hatte ich eigentlich hingehen wollen. Aber es wird wohl nicht möglich sein; **denn ich bin im-**

mer noch meilenweit von jeder Gemütsverfassung entfernt, in der ich etwas anderes anderes als Mathematik und Logistik machen kann. Und auch dann würde ich namentlich nur kommen, wenn ich bei Ihnen wohnen könnte. Im Hause meines alten Vaters müßte ich jetzt Spießruten laufen, die allein schon hinreichen würden, mir den Aufenthalt dort unmöglich zum machen. Vielleicht lassen Sie mich bei Gelegenheit wissen, ob die Möglichkeit bestünde, daß ich, etwa von 13.-19. Oktober, von Ihnen beherbergt werden könnte. Sie fühlen, wieviel ich Ihnen schuldig geworden sein muß, um auch noch diese Frage zu tun.
Der Ihrige
Heinrich Scholz [50]

Der Brief spricht für sich. Daher hebe ich zum Schluss dieses Abschnitts nur vier Passagen hervor, anhand derer sich Scholz' Verfassung im Jahr 1924 zusammenfassen lässt:

1. **Sinnfrage**: „Aber das Lied ist aus; u. Sie wenigstens werden von mir nicht erwarten, daß ich neue Lieder mache, in denen der ‚Sinn' des ‚Lebens' besungen wird."

2. **Wissenschaftliche Arbeit**: „Am 11. oder 12. bin ich wieder in Kiel. Und fortarbeiten muß ich zu erst; denn ich bin nicht der Mensch, der auch anders könnte. Hier habe ich, unter dem Schutzdach edelster Freunde, wenigstens so viel von dem Rest meines Verstandes gerettet, daß er nicht gänzlich stille steht;"

3. **Mathematik**: „Am 15. Oktober ist ein Berlin ein Kongreß für Aesthetik u. allgemeine Kunstwissenschaft. Wenn es irgend möglich war, hatte ich eigentlich hingehen wollen. Aber es wird wohl

---

[50] HS an FK, 2.9.1924 (311/025). Drei Tage später, am 5.9.1924, schreibt er einen nahezu gleichlautenden, leicht gekürzten Brief aus Baarn an Moritz Schlick(!), der ihm offenbar wenigstens im September 1924 nah genug steht, um den gleichen intimen Einblick in Scholz' Privatempfinden zu erhalten wie dessen „mütterlichen Freundin" Fanny Kempner. Zur komplizierten Freundschaft zwischen Scholz und Schlick vgl. [Strobach, 2023].

nicht möglich sein; denn ich bin immer noch meilenweit von jeder Gemütsverfassung entfernt, in der ich etwas anderes anderes als Mathematik und Logistik machen kann."

4. **Umbruch**: „Aber der Mensch, den Sie kennen, bin ich nicht mehr, sondern der Mensch, in dem etwas zugrunde gegangen ist, was in <u>diesem</u> Leben <u>nicht</u> wieder aufersteht."

Zu 1: Der „Sinn des Lebens" ist ihm verborgen. Durch den Tod nahestehender Menschen scheint ihm sein eigenes Leben sinnlos geworden.

Zu 2: Arbeit ist für ihn ein Mittel zur Sinnstiftung. Wiederholt formuliert er, dass Arbeit ihn davor bewahrt ins „Vacuum zu starren". Dieses Verhaltensmuster beschreibt er als Teil seiner Persönlichkeit: Er sei „nicht der Mensch, der auch anders könnte". Auch fürchtet er um seinen Verstand. Dieses Motiv findet sich zahlreich in dieser Phase. Die Arbeit — genauer gesagt: die *mathematische* Arbeit — hilft ihm, seinen Verstand zu kontrollieren, um den er offenbar ernsthaft fürchtet.

Zu 3: Die Mathematik ist für ihn der einschlägige Arbeitsgegenstand dieser Lebensphase. Er sei „meilenweit von jeder Gemütsverfassung entfernt" in der er „etwas anderes als Mathematik und Logistik" machen könnte (s.o.). Spranger zitiert seine Begründung, „die inhaltlichen Dinge" könne er nun nicht mehr. Die Mathematik betrachtet er als Mittel, um nicht den Verstand zu verlieren.

Zu 4: Der Tod seiner Frau ist ein Bruch in der Biographie, der sich auf die Arbeit als Wissenschaftler auswirkt. Das Zitat bietet einen Beleg dafür, dass er dieses Schlüsselerlebnis nicht nur in der Retrospektive als solches stilisiert, sondern es auch in der entsprechenden Situation bereits so erlebt. Die Friedhofs-Episode in der Erinnerung von Spranger scheint in dem Zusammenhang Scholz' Selbstbild adäquat wiederzugeben. Scholz interpretiert also seine eigene Biographie als zumindest stellenweise diskontinuierlich.

Auch aus Gründen mangelnder Quellen ist nicht immer klar, wo bei ihm die Grenze zwischen retrospektiver Stilisierung von bestimmten Lebensereignissen (etwa in der *Principia*-Episode) und dem synchronem Erleben von Umbrüchen (etwa der Friedhofs-Episode) verläuft. Dennoch lassen sich bestimmte Wandlungen im Denken bei ihm diagnostizieren, die parallel zu seinen Lebensereignissen stattfinden. Ob eine Kausalrelation zwischen Denken und Leben besteht lässt sich weder universell bejahen, noch komplett verneinen. Festhalten lässt sich aber, dass es eine Art von Wechselbeziehung gibt. Lebensereignisse beeinflussen seine Stimmung und damit sein Arbeit und sein wissenschaftliches Denken. Und hier mag sich Scholz unterscheiden von Autoren, bei denen die Verbindung von persönlichem Empfinden und wissenschaftlicher Tätigkeit nicht so eng ist, wie bei ihm. Der Tod enger Bezugspersonen, sein schlechter Gesundheitszustand und nicht zuletzt die Ortswechsel beeinflussen sein Denken. Daraus folgt *nicht*, dass ein konkretes Ereignis einen ganz bestimmten Gedanken oder eine Handlung determiniert. Aber die Tatsache, dass sich etwas bestimmtes in seinem Leben ereignet, führt ihn offenbar zu einer Beschäftigung mit sich selbst, die dann wiederum Auswirkungen auf seine wissenschaftliche Arbeit hat.

6 Aus dem Dunklen ins Helle

Zwischen allen vier genannten Aspekten lässt sich ein Zusammenhang herstellen. Mitte der zwanziger Jahre befindet sich Scholz in einer tiefen persönlichen Sinnkrise. Er ist einsam, trauert um Angehörige und sein Gesundheitszustand ist schlecht. Die Leere, die er seiner Korrespondentin beschreibt, ist eine sowohl äußerliche als auch innerliche. Nach dem Tod seiner Frau muss er allein leben. Er beschreibt Fanny Kempner, wie schwer es ihm fällt, den Haushalt zu führen und den Überblick über finanzielle Angelegenheiten zu behalten.[51] Dar-

---

[51] Haushalt (311/008) und Finanzen (311/007).

über hinaus kostet ihn die Verarbeitung der Trauer viel Kraft. Eine Möglichkeit, die entstandenen Leerstellen zu füllen, sieht er in seiner wissenschaftlichen Arbeit. Durch die Arbeit hält er das, was er einen „Sinn" des eigenen Lebens nennt, aufrecht.

Philosophie aber ist ihm in dieser Zeit unerträglich. In seinem Zustand philosophieren zu „müssen"[52] sei ihm nicht möglich. Daher gewinnt für ihn die Mathematik als Arbeitsgegenstand eine besondere Bedeutung. Sie hilft ihm, Rationalität zu bewahren und „nicht den Rest von Verstand zu verlieren". Er betrachtet die Mathematik offensichtlich als Instrument, um die Kontrolle über sein Denken und somit auch über sein Leben zu behalten.

Der Bedarf an Kontrolle über Leben und Denken entspringt dabei wohl auch den äußeren Veränderungen. Krankheit und Tod wirken sich auf sein Selbstbild aus. Immer wieder neigt er dazu, sein Leid mit der ihm eigenen Sprachgewalt ins Religiös-Existentielle zu erheben:

> Die Natur scheint ein Experiment mit mir machen zu wollen: was sie alles auslöschen kann, ohne mich selber auszulöschen. Ich wünsche jedem, u. Ihnen vor allem aus tiefstem Herzen, daß Sie nie an der Stelle stehen müssen, an der ich zu stehen gezwungen bin.[53]

Inwiefern sich seine religiöse Haltung in dieser Zeit verändert, lässt sich schwer festmachen. Im Anschluss an Molendijk kann man sagen, dass ein gewisser Schwermut in seiner Art von Protestantismus angelegt ist — gerade im Vergleich mit der „spirituellen Heiterkeit" seines Vaters [Molendijk, 2005b, 20]. Von der ist spätestens hier keine Spur. Vielleicht kann man es auch metaphorisch auffassen, wenn er am Abend des 7.4.1928, dem Tag, an dem seine Berufung nach Münster besiegelt wird, vom „für mich so heimatlos gewordenen Hause meines Vaters" schreibt.[54] Er berichtet aus Kiel von der räumlichen Entfernung zum Vater in Berlin, der ihn eingeladen hat und auch hier mag man wiederum dem Reiz einer latenten Metaphorik erliegen:

---

[52]HS an FK, 24.5.1924 (311/019).
[53]HS an FK, 10.12.1924 (311/032).
[54]HS an FK, 7.4.1928 (311/098).

> Ich fange also wieder von vorn an u. werde mich fortan nur noch wundern, wenn irgend etwas in meiner Nähe geschieht, was nicht [...] absurd ist. [...] So leicht also ist es mir nicht gemacht, dabei zu sein, wenn mein alter Vater am Sonntag den 11. Oktober in der Marienkirche seine Abschiedspredigt hält. Und noch etwas schwerer ist es für mich, daß er mich gebeten hat, an diesem Sonntag die Orgel zu spielen. Denn ich bin ein so schlechter Musikant geworden, daß mir fast alles leichter erscheint, als eine gute Musik zu machen.[55]

Wohlgemerkt kommentiert er nicht explizit das Verhältnis zum Vater. Auffällig ist lediglich, dass er es vorzieht, bei seinen Besuchen in Berlin nicht beim Vater unterzukommen, sondern im Haus der Familie Kempner.[56] Ein paar Wochen später, am 25.5.1928, wird er theologisch direkter:

> Heute fand ich bei Leibniz den Satz: Gott kann alles; er will das Beste. Dies ist so groß gedacht u. so monumental, daß nur noch die Möglichkeit offen bleibt, ihn deshalb als den Allmächtigen zu denken, weil wir schlechterdings nicht mit ihm fertig werden, auch dann nicht, wenn er mit dem Sinn unseres Lebens uns selber auszulöschen scheint.[57]

Die Frage nach dem Sinn der eigenen Existenz beschäftigt ihn sehr in diesen späten Zwanzigerjahren. Er sieht sein Leben buchstäblich als Aufgabe, die ihm, durchaus ungewollt, von höherer Seite gestellt ist. In der Nacht vom 16. auf den 17. Dezember 1925 — seinem Geburtstag — ist seine Stimmung an einem weiteren Tiefpunkt angelangt:

---

[55] HS an FK, 15.9.1925 (311/047).

[56] Vgl. HS an FK, 2.10.1925 (311/049). Er bedankt sich dafür, dass Kempners ihn abholen lassen: „Herzlichen Dank! [...] Und nichts ist mir seit langem so wichtig gewesen, wie dieses schöne, schon fast verklungene Gefühl, wieder einmal erwartet zu werden. Mein Vater bittet mich sehr um den Sonntag Mittag. Ich bitte Sie herzlich, mich freizugeben. Nachmittags muß ich zu Harnacks. Aber abends bin ich bestimmt bei Ihnen."

[57] HS an FK, 25.5.1928 (311/099).

> Es ist Mitternacht, gnädigste Frau. Nur wissen Sie auch, was dieser 17. Dezember für mich bedeutet? Er bedeutet den Tag, an dem ich vor 41 Jahren in dieses Leben hineingeboren worden bin. ‚Hineingedrängt' wäre deutlicher. Denn ich wüßte nicht, daß ich mich um meine Existenz im geringsten beworben hätte... Und jedenfalls ist diese Stunde dunkel genug, um die Lichter in mir heranzurufen, die Sie mir angezündet haben. Denn mit dem Licht sollen nicht nur die Kinder nicht spielen, sondern auch denkende Menschen nicht.... Aber wird mein Schatten nicht immer der Längste sein, auch wenn ich in Ihrem Lichte stehe? [...] Ein letztes Gefühl von Dankbarkeit ist in Ihre Hände gelegt. [...] ‚Wir sind wie Adern im Basalte / Von Gottes harter Herrlichkeit'.[58]

Mit der Lichtmetapher, die hier auftaucht, tritt ein weiteres Leitmotiv auf den Plan. Er variiert es mehrfach. Zunächst nimmt er Licht als Gegenpart zum Dunkel, dass seine Stimmung drückt, wie schon in vorherigen Textausschnitten sichtbar war. Die Licht ist in diesem Bild der Ausweg aus dem Dunkel der Schwermut, in der er sich befindet:

> [M]an muß sich die Zeit nehmen zu diesen edlen alten Dingen u. muß sie wie Partituren studieren, um in der Christnacht ganz genau zu wissen, was sie uns zu sagen haben. Bin ich nun nicht schon fast so hell, daß auch Sie nicht mehr an meine Dunkelheit glauben? Und liegt nicht, wie zum Überfluß, Huygens Traité de la lumière von 1690 in der neuesten Ausgabe auf meinem Arbeitstisch? Es sind

---

[58]HS an FK, 16./17.12.1925 (311/052). Das Rilke-Zitat verwendet er später wieder in seiner Schrift über Pascal [Scholz, 1947, 523]. Dort heißt es bezeichnend: "Pascals Gedanken kreisen um Gott. Aber sie suchen nicht den, den die Philosophen nach ihrem Bilde geformt haben, nachdem sie sich erkühnt oder erdreistet haben, seine Existenz aus den Vorratskammern ihrer Weisheit zu deduzieren. Sie suchen überhaupt nichts, was die Geister erhellt, ohne die Herzen zu entzünden, sondern sie suchen den, der die Herzen entzündet, auf eine Art, die niemand ihm vorschreiben wird, und der auf dem Umweg über die Herzen auch die Geister zu sich heranziehen wird. Man soll Pascal nicht bei den Vollendeten suchen. Unter den Suchenden findet man ihn."

> aber nur schöne Ansätze zu Differentialgleichungen. Folglich darf ich mir immer noch wünschen, daß es heller wäre um mich... Mehr Licht!! [59]

In der rhetorischen Frage, ob er „nun nicht schon fast so hell [sei], daß auch [Fanny Kempner] nicht mehr an [s]eine Dunkelheit glaub[t]" klingt eine Bitterkeit an, die eine komplexere Variation der Lichtmetapher vorbereitet:

> Philosophie ist eigentlich Heimweh. Aber wir würden die letzte Klarheit nicht suchen, wenn wir wüßten, daß sie sich finden läßt... Was unterscheidet uns denn für immer von allen Menschen, die durch die Aufklärung verdunkelt sind? Daß wir an heilige Frauen glauben! Das unterscheidet uns für immer von ihnen... Sage mir, was du nicht überwindest! Und ich sage dir, wer du bist! 72 Wochen nach dem 6. August.[60]

Das Zitat deutet die ambivalente Stimmung an, in der er sich befindet: Das Lavieren zwischen Philosophie und Mathematik, die Suche, die Orientierungslosigkeit. Er kommentiert seinen inneren Zustand in einem Brief an Romano Guardini, aus dem er an Kempner zitiert:

> Wer sind wir denn? Genau so viel, wie wir sehen dürfen von dem, wovor sich von selbst unsere Hände falten. Und dies ist der Unterschied zwischen Ihnen u. mir. Sie finden es in der Einsamkeit. Ich aber finde es entweder nie oder in der Gegenwart einer Frau, vor der ich die Hände falten kann. Vergessen Sie nicht, wie schwer mir, vor anderen, jedes Finden gemacht ist. Es kostet mich stets ein Stück von mir selbst.[61]

Scholz ist einsam. Doch Scholz ist 1928 auch produktiv. Die Berufungsverhandlungen mit der Universität Münster laufen. Wie sehr sie

---

[59] HS an FK, 18.12.1925 (311/053).
[60] HS an FK, 23.12.1925 (311/055).
[61] HS an Romano Guardini, vermutl. Anfang April 1928 (vgl. 311/098).

ihn anstrengen, darüber berichtet er in den vorherigen Briefen. „Unruhe" treibt ihn um, schreibt er am 10. März 1928, „u. erst recht [...] das Kopfzerbrechen darüber, was ich mache, wenn man mir die Kieler Mathematik so zerschlägt, daß ich nicht auf ihr fortbauen kann."[62] Mitte Mai verzeichnet er dann erste Erfolge einer Verhandlungsreise nach Münster:

> Verehrte liebe gnädige Frau. Seit gestern ist, nach härtester Arbeit, zu meiner Existenz hier von den Fundamenten nun wenigstens so viel gelegt, daß es hoffentlich nicht noch deshalb zusammenbricht, weil es der Grund u. Boden ist, der einen Philosophen <ertragen> soll.[63]

Schließlich kann er den erfolgreichen Abschluss der Berufungsverhandlungen verkünden. Seine Zukunft liegt an der Universität Münster.

> Es ist entschieden, liebe gnädige Frau. Seit drei Stunden ist es entschieden, daß ich zum 1. Oktober nach Münster gehe. Sieben Wochen hat es mich gekostet. Und noch etwas mehr. Es könnten auch sieben Jahre sein. Und wenn ich in dieser Stunde etwas von Ihnen erbitten darf, so falten Sie auch einmal die Hände für mich, daß ich jetzt nicht nur aus einem Abgrund in den einen zweiten hinübersteige.[64]

Die Sorge vor dem „zweiten Abgrund" bestimmt seine Worte in diesem Moment, aber dennoch klingt so etwas wie Erleichterung heraus. Mit Übergang nach Münster endet der Kieler Abschnitt in Scholz' Leben. Der Neubeginn in Münster fällt ihm nicht leicht. „Aller Anfang ist schwer", schreibt er am 14. September 1928, „[U]nd dieser Anfang ist noch etwas schwieriger gewesen. [...] Ich habe alles erst aus dem Nichts hervorarbeiten müssen u. bin ‚zu Hause' nur in der Nacht u. am Mittag zwei Stunden von 2-4h."[65] Dennoch stellt sich offenbar ein erster Eindruck von wissenschaftlichem Potential der neuen Wirkungsstätte ein — des mathematischen Teils wohlgemerkt:

---

[62]HS an FK, 10.3.1928 (311/095).
[63]HS an FK, 19.5.1928 (311/096).
[64]HS an FK, 7.4.1928 (311/098.).
[65]HS an FK, 14.9.1928 (311/104).

> Am Dienstag habe ich angefangen. Und mit den Mathematikern stehe ich nun zwar schon so, daß ich sie bald in den Händen haben werde; denn ein Ordinarius und ein Extraordinarius der Mathematik hören die Logistik bei mir. Aber mit den Nicht-Mathematikern ist es mir um so schwerer gemacht. Und noch sehe ich im geringsten nicht, ob ich sie überhaupt fassen werde.[66]

Die Entscheidung, Kiel zu verlassen und nach Münster zu gehen, leitet eine neue Phase in Scholz' Leben und Arbeiten ein. In dieser Phase kristallisiert sich nun die Mathematik als Hauptinteresse heraus. Seine theologische Vergangenheit verschwindet nicht. Aber der Übergang nach Münster markiert eine Wendung: Hin zur mathematischen Logik und damit ein Ende der Grundlagenkrise von 1924-1928. Gut möglich, dass er bei seinem kurzen Berlinbesuch in der Woche des 25.10.1928, schon auf der Durchreise nach Münster, mit Fanny Kempner über die Gedanken für *Eros und Caritas* diskutiert.[67] Denn bereits zum Osterfest 1926 kommentiert er:

> Ich bin fleißig u. mein Verstand ist es auch. Wo blieb denn nur die Caritas? Es ist so schön, dieses bißchen Verstand! Und so häßlich ohne die Caritas... Zu Ostern denke ich SEHR an Sie.[68]

7 Schlussbemerkung

Der vorliegende Beitrag endet an dieser Stelle. Die Phase von Scholz' Ordinariat in Münster ist hier nicht Gegenstand. Ihr wurden bereits eigene Beiträge gewidmet und es gibt sicherlich Material für weitere. Die spätere „Schule von Münster", die Kontakte mit Łukasiewicz und

---

[66] Ebd.

[67] „"[Ich darf] Sie nur noch wissen lassen[...], daß ich Donnerstag den 25. kommen werde. [...] Ich werde so fahren, daß ich abends 20.28 h, also kurz vor 8 1/2 h auf dem Lehrter Hauptbahnhof eintreffe. Dienstag den 30. muß ich weiter nach Münster" (311/103).

[68] HS an FK, Palmsonntag [28.03.] 1926 (311/056).

Turing, die Frege-Edition, Scholz' Beiträge zur Leibniz-Forschung der frühen Nachkriegsjahre und schließlich die Gründung des Instituts für Mathematische Logik und Grundlagenforschung an der Westfälischen Wilhelms-Universität fallen allesamt in Scholz' Münsteraner Zeit.

Was lässt sich aus den autobiographischen Reflexionen in der Kieler Zeit ableiten für die Frage nach Scholz' Verhältnis zur Mathematik auf der einen Seite und Theologie und Philosophie auf der anderen? Auch die Kieler Zeit bietet logikhistorisch bedeutsame Stationen: Der Beginn der komplizierten Freundschaft mit Schlick und Carnap [Strobach, 2023], das Mathematik-Studium und schließlich der Wandel hin zur mathematischen Logik, dessen Zustandekommen aus spärlichen Quellen erschlossen werden muss. Mein Artikel ist der Versuch, mithilfe der Kempner-Briefe diese Zeit der Orientierungslosigkeit in Scholz' Leben ein wenig weiter auszuleuchten. Aus den Selbstbetrachtungen, die er an Fanny Kempner schickt, ergibt sich näherungsweise die Kontur desjenigen, der dort schreibt: Scholz bleibt Zeit seines Lebens Philosoph und er bleibt auch Protestant.[69] Aber die Mathematik scheint für ihn ab Mitte der 1920er Jahre der Bereich, in dem er seine wissenschaftlichen Interessen und die ihm eigene Weltauffassung am besten zusammendenken kann. Dass die mathematische Logik als Grundlage philosophischer Forschung ungemein produktiv sein kann, ist 100 Jahre nach der Scholzschen „Grundlagenkrisis"[70] [Scholz, 1957, 451] längst keine exzentrische These mehr. Die Schwierigkeiten, die Scholz als Logiker unter den nicht-mathematischen Philosophen seiner Zeit durchlebt, mögen dabei ein Mosaikstein in der Herausbildung eines philosophischen Paradigmas sein, in dem die Fregesche Logik zur

---

[69] Hans Hermes lässt daran auch nach Scholz' Tod keinen Zweifel aufkommen, wenn er etwas ungnädig konstatiert, dass Scholz trotz allem eben „keine primäre Begabung" zur Mathematik gehabt habe (vgl. [Molendijk, 2005a, 14, Anm, 7]). Ritueller Vatermord mag einer gelungenen Karriere zuträglich sein, sachlich begründet ist diese Einschätzung durch Hermes aber nicht zwangsläufig. Auch das ist eine Frage für die weitere Bearbeitung des Nachlasses: Wie hoch ist Scholz' mathematische Kompetenz insgesamt einzuschätzen? Tendenz: Womöglich höher, als Hermes es ihm hier posthum zugestehen möchte. (Der Hinweis auf entsprechende Stücke im Nachlass, die eine Revision von Hermes' Einschätzung nahelegen könnten, stammt von Andrea Reichenberger).

[70] Vgl. [Molendijk, 1991, 45].

Selbstverständlichkeit geworden ist.

8 Epilog

Dass jeder das Publikum bekommt, das er verdient, ist nicht mehr als eine Binsenweisheit. Betrachtet man Scholz' Selbstbeschreibungen aus der Kieler Zeit und vergleicht sie mit den Ausführungen der ersten Tage in Münster, so könnte man zumindest auf den Gedanken kommen, dass da auf den zweiten Blick etwas zusammen kommt, was nicht auf den ersten Blick zusammen passt. Neben dem Ordinarius und dem Extraordinarius der Mathematik, versammeln sich in der Vorlesung des Logistikers Heinrich Scholz nämlich noch andere Hörer. Die vollständige Beschreibung der ersten Woche in Münster lautet:

> Am Dienstag habe ich angefangen. Und mit den Mathematikern stehe ich nun zwar schon so, daß ich sie bald in den Händen haben werde; denn ein Ordinarius und ein Extraordinarius der Mathematik hören die Logistik bei mir. Aber mit den Nicht-Mathematikern ist es mir um so schwerer gemacht. Und noch sehe ich im geringsten nicht, ob ich sie überhaupt fassen werde. Das einzige, was jetzt schon so ziemlich feststeht, ist, daß man an meinem Verstande nicht zweifelt, u. daß ich in beiden Vorlesungen ein paar Patres u. ein paar Klosterfrauen festhalten werde. Mehr kann ich auch heute nicht erzählen, denn es ist schon so spät, daß ich abschließen muß.[71]

Archivquellen

Bestand 311. Universitätsarchiv Münster. Nachlass Fanny Kempner. Laufzeit: 1912-1937.

Heinrich Scholz an Moritz Schlick vom 5.9.1924. Nord-Hollands-Archiv in Haarlem.

---
[71] HS an FK, 14.9.1928 (311/104).

Spranger, Eduard (1957): Abschrift einer zwei Seiten umfassenden Rede Sprangers zur Gedenkfeier für Heinrich Scholz der Mathem.-Naturw. Fakultät der Universität Münster am 20.12.1957. Karl Barth Archiv Basel (ohne Archivnummer).

Literatur

[Börsing-Hover, 2009] Börsing-Hover, Magdalena (2009): Romano Guardini (1885-1968). Wegbereiter des 21. Jahrhunderts. Frankfurt a.M.: Peter Lang.

[Gerl-Falkovitz, 2005] Gerl-Falkovitz, Hanna-Barbara (2005): Romano Guardini. Konturen des Lebens und Spuren des Denkens. Mainz: Topos plus.

[Hermes, 1958] Hermes, Hans (1958): Heinrich Scholz. Die Persönlichkeit und sein Werk als Logiker. In: Heinrich Scholz. Drei Vorträge gehalten bei der Gedächtnisfeier der Math.-Naturw. Fakultät der Universität Münster am 20. Dezember 1957. Schriften der Gesellschaft zur Förderung Westfälischen Wilhelms-Universität zu Münster. Heft 41. Münster (Westf.): Aschendorff, S. 25-45.

[Kempner, 2006] Kempner, Fritz (2006): Looking Back, Privatdruck. Online verfügbar: https://www.penncharter60.org/faculty/Looking%20Back.pdf (zuletzt aufgerufen am 10.03.2022).

[Meschkowski, 1977] Meschkowski, Herbert (1977): Treue gegen Linientreue: Zur Freundschaft zwischen Karl Barth und Heinrich Scholz. In: Zeitschrift für Religions- und Geistesgeschichte. Vol. 29, Nr. 4. Brill, S. 345-355.

[Molendijk, 1991] Molendijk, Arie L. (1991): Aus dem Dunklen ins Helle. Wissenschaft und Theologie im Denken von Heinrich Scholz. Amsterdam: Rodopi.

[Molendijk, 2005a] Molendijk, Arie L. (2005a): „Klopfen an die Wand" Die Auseinandersetzung mit Heinrich Scholz. In: Karl Barth in Deutschland (1821-1935). Aufbruch — Klärung — Widerstand. Hrsg.: M. Beintker, Chr. Link, M. Trowitzsch. Zürich: Theologischer Verlag.

[Molendijk, 2005b] Molendijk, Arie L. (2005b): Ein standhafter Mensch. In: Heinrich Scholz. Logiker, Philosoph, Theologe. Hrsg.: Chr. Schmidt am Busch, K. Wehmeier. Paderborn: Mentis, S. 13-46.

[Molendijk, 2016] Molendijk, Arie L. (2016): Barth und Scholz. In: Barth Handbuch. Hrsg.: M. Beintker. Mohr Siebeck, S. 100-106.

[Panwitz, 2007] Panwitz, Sebastian (2007): Die Gesellschaft der Freunde (1792-1935). Berliner Juden zwischen Aufklärung und Hochfinanz (= Haskala, Bd. 34). Hildesheim: Georg Olms.

[Peckhaus, 1998/1999] Peckhaus, Volker (1998/1999): Moral Integrity during a Difficult Period: Beth and Scholz. In: Philosophia Scientiae (Nancy) 3 (4) Special issue: Un logicien consciencieux. La philosophie de Evert Willem Beth, S. 151-173.

[Peckhaus, 2005] Peckhaus, Volker (2005): Scholz als Metaphysiker. In: Heinrich Scholz. Logiker, Philosoph, Theologe. Hrsg.: Chr. Schmidt am Busch, K. Wehmeier. Paderborn: Mentis, S. 69-84. (Vorabdruck 2003 online)

[Reichenberger, 2023] Reichenberger, Andrea (2023): Elli Heesch, Heinrich Heesch and Hilbert's eighteenth problem: collaborative research between philosophy, mathematics and application. British Journal for the History of Mathematics, 38:3, S. 208-228.

[Ritter, 1969] Ritter, Joachim (1969): Vorrede. In: Heinrich Scholz. Mathesis Universalis. Abhandlungen zur Philosophie als strenge Wissenschaft. Hrsg.: H. Hermes, F. Kambartel, J. Ritter. 2. Auflg. Darmstadt: Wissenschaftliche Buchgesellschaft, S. 7-16.

[Schmidthuis, 1935] Schmidthuis, Karlheinz (Hg.) (1935): Christliche Verwirklichung. Romano Guardini zum fünfzigsten Geburtstag, dargebracht von seinen Freunden und Schülern. (= Zeitschrift der Schildgenossen, Beiheft 1). Rothenfels am Main.

[Scholz, 1915a] Scholz, Heinrich (1915a): Der Idealismus als Träger des Kriegsgedankens. In: Perthes' Schriften zum Weltkrieg. Drittes Heft. Gotha, Friedrich Andreas Perthes.

[Scholz, 1915b] Scholz, Heinrich (1915b): Politik und Moral. Eine Untersuchung über den sittlichen Charakter der modernen Realpolitik. In: Perthes' Schriften zum Weltkrieg. Sechstes Heft. Gotha: Friedrich Andreas Perthes..

[Scholz, 1915c] Scholz, Heinrich (1915c): Der Krieg und das Christentum. In: Perthes' Schriften zum Weltkrieg. Siebentes Heft. Gotha: Friedrich Andreas Perthes.

[Scholz, 1917] Scholz, Heinrich (1917): Das Wesen des deutschen Geistes. In Schriften zur Zeit und Geschichte. 5. Bändchen. Berlin: G. Grote'sche Verlagsbuchhandlung.

[Scholz, 1931] Scholz, Heinrich (1931): Abriß der Geschichte der Logik. Freiburg/München: Karl Alber.

[Scholz, 1934] Scholz, Heinrich (1934): Warum Mathematik? In: Heinrich Scholz. Mathesis Universalis. Abhandlungen zur Philosophie als strenge Wissenschaft. Hrsg.: H. Hermes, F. Kambartel, J. Ritter. 2. Auflg. Darmstadt: Wissenschaftliche Buchgesellschaft, 1969, S. 312-323.

[Scholz, 1947] Scholz, Heinrich (1947): Pascal. In: Universitas. Zeitschrift für Wissenschaft, Kunst und Literatur. Hrsg.: Serge Maiwald. Jahrgang 2, Heft 5. Stuttgart: Dr. Roland Schmiedel.

[Scholz, 1957] Scholz, Heinrich (1957): Ich hatt' einen Kameraden In: Eduard Spranger. Bildnis eines geistigen Menschen unserer Zeit. zum 75. Geburtstag dargebracht von Freunden und Weggenossen. Hrsg.: Hans Wenke. Heidelberg: Quelle & Meyer, S. 441-452.

[Seifert, 1958] Seifert, H. (1958): Gedenken an Heinrich Scholz. Ansprache des Dekans Prof. Dr. H. Seifert. In: Heinrich Scholz. Drei Vorträge gehalten bei der Gedächtnisfeier der Math.-Naturw. Fakultät der Universität Münster am 20. Dezember 1957. Schriften der Gesellschaft zur Förderung Westfälischen Wilhelms-Universität zu Münster. Heft 41. Münster (Westf.): Aschendorff, S. 5-9.

[Schmidt am Busch & Wehmeier, 2005] Schmidt am Busch H. C. & Wehmeier K. Heinrich Scholz: Logiker, Philosoph, Theologe. Paderborn: Mentis. 2005

[Stock, 1987] Stock, Eberhard (1987): Die Konzeption einer Metaphysik im Denken von Heinrich Scholz. Berlin: De Gruyter.

[Strobach, 2020] Strobach, Niko (2020): Heinrich Scholz. Eine Dokumentation. In: Pietät und Weltbezug. Universitätsphilosophie in Münster. Hrsg.: R. Schmücker, J. Müller-Salo. Paderborn: Brill/Mentis, S. 125-158.

[Strobach, 2023] Strobach, Niko (2023): Zusammenprall von Kulturen oder geteiltes Paradigma? Heinrich Scholz für und gegen den Wiener Kreis. In: Der Wiener Kreis und sein philosophisches Spektrum. Beiträge zur Kulturphilosophie, Metaphysik, Philosophiegeschichte, Praktischen Philosophie und Ästhetik. Hrsg.: M. Lemke, K. Leschke, F. Peters, M. Wunsch. Stuttgart: Metzler, S. 327-352.

[Strobach, 2024] Strobach, Niko (im vorliegenden Band): Umbruch und Fortentwicklung. Heinrich Scholz als Zeitzeuge des Paradigmenwechsels in der Logik. Im selben Band, S. 481-502.

Zur Funktion der Merkmale in Kants Logik

Maja Schepelmann

Zusammenfassung

Die kantische Logik ist letztlich Merkmalslogik. Merkmale sind innerhalb seiner Logik, wie sie durch das Gesamtwerk hindurch vorgelegt wird, keine Elemente einer im heutigen Verständnis formalisierten Logik, aber sie sind verknüpft mit Einsetzungsregeln der Begriffslogik (Prädikabilienlehre). Daher ist das Verfahren mit dem angewandter Mathematik vergleichbar: hier wie dort werden bekannte Angaben zu Verhältnissen genutzt, um sie (gerechtfertigt) auf neue Zusammenhänge zu übertragen. Im Dreisatz oder in der Trigonometrie kommt Wissen über Relationen ähnlich zur Anwendung wie bei der Bestimmung intensionaler Relationen zwischen Begriffen resp. Merkmalen. Bei Kant basiert aber auch die transzendentale Logik auf der Merkmalslogik. Durch Einbezug des transzendentalen Subjekts und der transzendentalen Apperzeption wird intensionale Begriffslogik extensional interpretierbar; dazu nötige Begriffe wie „Verstand" oder „Vernunft" werden in frühen Schriften logisch hergeleitet. Der über Begriffsanalysen hinausgehende Part der Logik betrifft insbesondere die Synthesisleistungen des transzendentalen Subjekts sowie sein Methodenwissen. Damit für das Ganze der Logik bei Kant dieselben Grundlagen in Geltung sind, reduziert und modifiziert Kant im Laufe seiner Gedankenführung von den frühen Schriften über die erste und dritte Critik hinweg das aus der Tradition vorliegende Instrumentarium und die nötige Regellehre.

1 Einleitung

In der Tradition ist die Logik keine „reine oder formale Logik. Vielmehr ist sie allenthalben mit erkenntnistheoretischen, metaphysischen und auch psychologischen Fragestellungen durchsetzt" und folgt der Idee, „eine universal anwendbare praktisch orientierte Denk- und Urteilslehre zu sein" [Risse, 1970, 5]. Genauso ist es auch ganz ohne Frage in der Philosophie Kants. Generell in der Frühaufklärung und Aufklärung, selbst „in ihrer am meisten formalisierten Ausführung, bei Leibniz", geht es für die Logik immer darum, „inhaltliche Gegenstandsbeziehungen als formale Relationen von Merkmalszeichen auszudeuten" [1970, 6], und so ist es auch bei Kant. Nur formalisiert er nicht, sondern arbeitet Begriffs- und Merkmalslogik im Rahmen der Transzendentalphilosophie in einer Weise aus, die ihm in den Folgejahrhunderten viel Spott und Missachtung eingebracht hat.

Das Problem: Die Ausarbeitung der transzendentalen Logik bei Kant bezieht Reflexivität ein. Zwar entspricht auch das zweifelsohne exakt der Vorstellung seines Jahrhunderts, wie man Logik zu konzipieren hat, kann aber aufgrund der Verwendung von Ausdrücken aus der rationalen Psychologie, wie „Verstand" und „Vernunft", durchaus als Vorform einer Psychologisierung der Logik missverstanden werden. So gilt mit Mary Tiles: „when it comes to logic, Kant has something of a public relations problem" [Tiles, 2004, 85].

Kant unterscheidet von einer formalen eine transzendentale Logik; formale Logik bleibt das, was sie in der Tradition seit Aristoteles war (und muss entsprechend nicht in jedem Detail erneut dargestellt werden, da man Kenntnis voraussetzen kann). Transzendentale Logik hingegen ist neu. Sie ist an Erkenntnistheorie, Erkenntniskritik und Metaphysik gekoppelt, und in ihrem Zentrum steht das transzendentale Subjekt, die transzendentale Apperzeption. Jede logische Operation (und logische Operationen sind die Grundlage für Erkenntnisgewinn) muss, so das Novum bei Kant, an eine reflexive Operation gekoppelt bzw. an eine solche koppelbar sein, und damit das durchführbar ist, müssen die logischen Grundlagen so angepasst werden, dass sie für die Bereiche der Erkenntnis wie für den transzendentalen Einbezug des erkenntniskonstiuierenden Subjekts gleichermaßen Geltung und Operationalität haben — das ist jedenfalls die These, die der vorliegende Beitrag in Grundzügen zu untermauern sucht.

Dafür werden im Folgenden zum Verständnis der Logik bei Kant seine veröffentlichten Schriften herangezogen. Im Allgemeinen ist man sonst der Auffassung, zum Verständnis der Logik helfe das nicht weiter, vielmehr müsse man in den Vorlesungsnachschriften oder in Kants Notizen aus dem Nachlass nachsehen, um bestimmte Ausführungen präziser zu verstehen. Diese Überzeugung verdankt sich auch der Annahme, dass das Logik-Handbuch [1800] weitgehend unbrauchbar sei, da es angeblich nicht von Kant, sondern von dem Herausgeber Jäsche stammte (Vgl. [Erdmann, 1880, 618 f.]; [Reich, 1932, 21]. Vgl. auch [Boswell, 1991; Pinder, 1998]). Da man des Weiteren überzeugt ist, dass Kants frühe Schriften Grundlagen für seine Philosophie nicht im eigentlichen Sinne enthalten können, weil der Autor sich erst noch von dogmatischen Vorbildern habe lösen müssen, um sich zur kritischen Philosophie vorzuarbeiten, legt man außerdem in der Regel kein Augenmerk auf die Schriften zwischen 1756 und 1781.

Beide Überzeugungen sind nicht haltbar und verdanken sich Zugriffen auf die kantische Philosophie, die, ohne gegenteilige Hypothesen erwogen oder geprüft zu haben, davon ausgehen, dass Kant weder von Anbeginn eine Transzendentalphilosophie (mit entsprechender Logik) in Planung haben noch sein Logik-Handbuch selbst konzipieren konnte. Für das eine sei er gewissermaßen zu jung, für das andere zu alt gewesen. Man argumentiert auch mit Abweichungen, die man zwischen der *Logik* und anderen Schriften Kants feststellt. Aus diesen kann man aber ebensogut folgern, dass die *Logik* (wie auch etwa das *Opus postumum*) eine Fortführung und Erweiterung dessen darstellt, was zuvor vorgelegt worden war. Denn: Die Gedankenführung bei Kant zeigt über das Gesamtwerk hinweg in vieler Hinsicht Dynamiken, Veränderungen, Kontraste und manchmal Widersprüchlichkeiten. Fasst man das Ganze als Einheit auf und teilt es gerade nicht historisierend in verschiedene Phasen ein, die es erzwingen, jede Schrift aus dem Ganzen ausgekoppelt zu verstehen, können alle Veränderungen und Kontraste als Teil eines methodischen Vorgehens verstanden werden

(Vgl. dazu [Schepelmann, 2017]).

Besonders bedauerlich ist der bislang allgemein übliche Ansatz hinsichtlich des Umstandes, dass die frühen Schriften Kants — wie sich aus unvoreingenommener Lektüre ergibt — nun in der Tat, und zwar in aufeinander aufbauender Weise, die logischen Grundlagen und Vorarbeiten für die Ausformung seiner Metaphysik und Logik enthalten. Die dahingehend wichtigsten Texte sind: *Nova dilucidatio, Spitzfindigkeit, Deutlichkeit, Negative Größen, Beweisgrund* und *De forma*. Falls man moniert, dass der Autor, da es sich doch um die logischen Grundlagen aller seiner späteren Theoreme und Ausführungen handelt, besser für eine breite Bekanntwerdung dieser Texte hätte sorgen müssen, ist zu antworten: Von 1797 bis 1807 wurden alle genannten Schriften dem Publikum zugänglich gemacht, die lateinischen auch in deutscher Übersetzung, und sie waren dann auch alle in den in Deutschland ab 1838 etwa alle 30 Jahre erschienenen Gesamtausgaben enthalten. Zu behaupten, niemand habe diese Texte kennen können, ist also Unsinn. Zutreffend ist: niemand hat sie zur Kenntnis nehmen *wollen*, da man sie ungefähr ab der Mitte des 19. Jahrhunderts als nicht vollgültige philosophische Texte des Autors auszuweisen begann.

Das Folgende gliedert sich in die Abschnitte: Logik ist bei Kant keine Psychologie (1), Die traditionelle Prädikabilienlehre (2), Erfordernis einer transzendentalen Logik (3), Grundlage der transzendentalen und zugleich der formalen Logik ist Merkmalslogik (4), Fazit (5).

2 Logik ist bei Kant keine Psychologie

Tadel an der kantischen Logik richtet sich etwa dagegen, dass es bei Kant keine klar formulierte und in sich abgeschlossene Theorie zu geben scheint, dass so gut wie nirgends im Werk formalisiert wird und natürlich insbesondere gegen angebliche Überformungen durch psychologisierende Tendenzen. Das Logikhandbuch sei, wie als These skizziert, gar nicht von Kant selbst ausgearbeitet worden.

Diese Annahmen werden für das Folgende nicht akzeptiert. Die frühen Schriften enthalten Grundlagen, bereiten die transzendentale Logik in der ersten Critik vor und spitzen bestimmte logische Einteilungen zu. Das Logikhandbuch hingegen schließt die transzendentale Logik in vieler Hinsicht ab und fasst bestimmte logische Theoreme konsequent und prägnant gemäß zwischenzeitlich in unterschiedlichen Traktaten und Schriften Erarbeitetem zusammen.

Insbesondere der Vorwurf der mangelnden Formalisierung und der Psychologisierung scheint nicht adäquat zu sein. Erstens fassen die Lehrbücher und metaphysischen Traktate schon des 16. und 17. Jahrhunderts die Logik, wie eingangs erwähnt, als Denklehre auf, als Unterweisung, wie man sich „möglichst einfach in möglichst allen Fragen rationalen Denkens" zurechtfindet [Risse, 1970, 401]. Das sich selbst als philosophisch verstehende Zeitalter der Aufklärung hatte die Vernunft, wie Wilhelm Risse ausführt, als „Ursprung und Ziel [...]. Doch besteht die ‚Vernunft' für die Aufklärung nicht mehr [...] in der Region der objektiven ‚ewigen Wahrheiten' sondern in einem bescheideneren und durchaus subjektiven Sinne in den Kräften des menschlichen Verstandes. Damit herrscht in all diesem Denken die Überzeugung von der Vorrangstellung des Ich vor" [1970, 508]. Logik entwickelt sich zur subjektiven Lehre von Denkvermögen. „Nicht die objektiven Beziehungen der Begriffe, Urteile und Schlüsse sondern die Fähigkeit zu begreifen, zu urteilen, zu schließen und die Gedanken methodisch zu ordnen macht ihren eigentlichen Inhalt aus" [1970, 513].

Zweitens findet sich bei Kant selbst, etwa im Logikhandbuch, eine deutliche Ablehnung der Psychologie: „Einige Logiker setzen zwar in der Logik *psychologische* Principien voraus. Dergleichen Principien aber in die Logik zu bringen, ist [...] ungereimt [...]. Nähmen wir die Principien aus der Psychologie; d. h. aus den Beobachtungen über unsern Verstand, so würden wir bloß sehen, *wie* das Denken vor sich geht und wie es ist unter den mancherley subiectiven Hindernissen und Bedingungen; dieses würde also zur Erkenntniß bloß *zufälliger* Gesetze führen. In der Logik ist aber die Frage nicht nach *zufälligen*, sondern nach *nothwendigen* Regeln; — nicht, wie wir denken, sondern, wie wir denken sollen. Die Regeln der Logik müssen daher nicht vom *zufälligen*, sondern vom *nothwendigen* Verstandesgebrauche hergenommen seyn, den man ohne alle Psychologie bey sich findet" [Kant, 1800, 14].

3 Die traditionelle Prädikabilienlehre

Aristoteles' allgemein an den Anfang des Organon gestellte Schrift *Peri tōn katēgoriōn* wurde durch den Neuplatoniker Porphyrios im dritten nachchristlichen Jahrhundert um die bekannte Einleitung ergänzt: *Eisagōgē eis tas Aristotelus katēgorias*. Sie begleitete die Kategorienschrift seither und bekam innerhalb der Tradition einen Platz von gleicher Bedeutung wie die Aristotelischen Texte selbst. Da Porphyrios' Einleitung, die Teile der aristotelischen *Topik* aufnimmt, stets den *Kategorien* mitgegeben wurde, war sie immer auch Gegenstand der Kommentare.[1]

Die Kategoreme bzw. Prädikabilien, von denen die Einleitung Porphyrios' handelt, sind: Gattung, Art, Differenz, Proprium und Akzidenz. Ihr Nutzen wird im Hinblick auf Definition, begriffliche Einteilung sowie Beweisführung hervorgehoben ([Porphyrios, 1925, *Einleitung*, Kap. 1]; [Rolfes, 1925, 11]). Im Zuge der Verbreitung aristotelischer Logik war auch diese Prädikabilienlehre für die Logik der Folgejahrhunderte wirkmächtig. Das, was sie leistet, ist keine lediglich an Inhalten ausgerichtete Sortier- und Verhältnisvorschrift zwischen Begriffen aller Art, wie man argwöhnen könnte, wenn man etwa schematische Darstellungen des sog. „arbor porphyrii" betrachtet. Die Prädikabilienlehre legt vielmehr ein Regelwerk der Prüfung, einen Kriterienkatalog, vor, um komplexe Relationen zwischen Begriffen und in Begriffen enthaltenen Elementen zu bewerten und einzuordnen.

Porphyrios leitet die fünf Prädikabilien teilweise gemäß der Topik Aristoteles' her; er untersucht dann Gemeinsamkeiten und Unterschiede, indem er die Prädikabilien auf sie selbst anwendet.

1. „Gattung" (Geschlecht; genus): ihre Bedeutung ist das, „dem die Art untergeordnet ist"; sie sei das, „was mehreres, der Art nach Verschiedenes nach seiner Wesenheit bezeichnet, wie z. B. Sinnenwesen"[2]

---

[1]Der bekannteste ist: Anicius M. T. S. Boethius: *In Isagogen Porphyrii Commenta*. Boethius las Porphyrios in einer Übersetzung und kommentierte ihn auf dieser Grundlage; im Anschluss übersetzte er lieber noch einmal selbst und schrieb einen zweiten Kommentar (vgl. [Brandt, 1906]).

[2]Dies, so merkt der Übersetzer an, ist die Definition Aristoteles' in der Topik 1, 5. 102 a 31 ff.: „Gattung ist, was von mehreren und der Art verschiedenen Dingen

([Porphyrios, 1925, *Einleitung*, Kap. 2]; [Rolfes, 1925, 12]). Als Beispiel für Einsetzungen für alle fünf Prädikabilien wird nun angeführt: „Gattung aber ist z. B. Sinnenwesen oder animalisches Wesen, Art Mensch, Differenz vernünftig, Proprium oder Eigentümlichkeit, was die Fähigkeit hat zu lachen, Akzidenz endlich weiß, schwarz, sitzen" ([Porphyrios, 1925, *Einleitung*, Kap. 2]; [Rolfes, 1925, 13]). Dann werden im Rahmen des gegebenen Beispiels die Unterschiede der Prädikabilien untereinander expliziert.

2. Art (eidos, species; auch: Form, Gestalt, Bild, Schönheit): bedeutet „das, was unter der beschriebenen Gattung steht, und in diesem Sinne bezeichnen wir den Menschen als eine Art des Sinnenwesens, das die Gattung vorstellt, und weiß als Art von Farbe, Dreieck als Art von Figur". Jede Art kann auch Gattung, jede Gattung Art; nur die unterste Art (species specialissima) kann „nur Art, niemals auch Gattung" sein ([Porphyrios, 1925, *Einleitung*, Kap. 2]; [Rolfes, 1925, 14]). Dies wird dann verdeutlicht an der Substanzkategorie als Generellstem und der Art Mensch als Speziellstem: unter der Art Mensch gibt es nur noch Individuen, keine weiteren Arten; „Mensch ist [...] letzte Art" ([Porphyrios, 1925, *Einleitung*, Kap. 2]; [Rolfes, 1925, 15]). Die Gattung „wird immer von der Art und alles Höhere von dem Niederen prädiziert", aber nicht umgekehrt. „Denn immer wird entweder, was gleichen Umfang hat, voneinander [...] prädiziert, nicht aber das Engere von dem Weiteren. [...] Wovon man aber die Art aussagt, davon wird man notwendig auch die Gattung der Art und die Gattung der Gattung bis hinauf zur allgemeinsten Gattung aussagen" ([Porphyrios, 1925, *Einleitung*, Kap. 2]; [Rolfes, 1925, 17]). — Individuen „heißen derlei Wesen oder Dinge, weil jedes aus Eigentümlichkeiten besteht, deren Gesamtheit bei keinem anderen Einzelwesen als dieselbe wiederkehrt" ([Porphyrios, 1925, *Einleitung*, Kap. 2]; [Rolfes, 1925, 18]).

3. Die Differenz (diaphorá, Unterschied) teilt sich in die allgemeine, eigentliche und eigentlichste. „Allgemein unterscheidet sich eines

---

bei der Angabe ihres Was oder Wesens prädiziert wird. ‚Bei Angabe des Wesens prädiziert werden' werde von solchem verstanden, was man auf die Frage antworten muß, was das vorliegende Ding ist. So muß man z. B. beim Menschen auf die Frage, was er ist, antworten, er sei ein Sinnenwesen" [Rolfes, 1925, 34].

vom anderen, was durch irgendeine Verschiedenheit entweder von sich selbst oder von anderem abweicht. Denn Sokrates unterscheidet sich von Plato als ein anderer und von sich selbst als Kind und als Erwachsener, als tätig und ruhend, und erscheint beständig in verschiedenen Zuständlichkeiten. Eigentlich unterscheiden sich zwei Dinge, wenn sie sich durch ein untrennbares Akzidenz unterscheiden ([Porphyrios, 1925, *Einleitung*, Kap. 3]; [Rolfes, 1925, 19]). Ein untrennbares Akzidenz aber ist z. B. die Blauäugigkeit oder die Krummnasigkeit oder eine harte, von einer Wunde zurückgebliebene Narbe" [Aristoteles, 1922b, *Topik* 6, 6. 143 b 7].

Als eigentlichste Differenz schließlich wird ein spezifischer, artbildender Unterschied bezeichnet ([Porphyrios, 1925, *Einleitung*, Kap. 3]; [Rolfes, 1925, 20]). Differenzen als allgemeine und als eigentliche machen ein Ding anders beschaffen; die Differenzen im eigentlichsten Sinne machen es zu etwas anderem. Die Differenzen sind teils trennbar, teils untrennbar. Die untrennbaren Differenzen „wohnen ihrem Träger teils an sich bei, teils mitfolgend (per accidens)" ([Porphyrios, 1925, *Einleitung*, Kap. 3]; [Rolfes, 1925, 21]). Mit den Differenzen kann man in Arten einteilen sowie weiter spezifizieren und Spezifikationen kombinieren. Die „teilenden Differenzen vervollständigen die Gattungen und konstituieren die Arten" [Aristoteles, 1922b, *Topik* 1, 4. 101 b 18 f.]. „Man definiert jene Differenzen denn auch durch die Formel: Differenz ist, um was die Art reicher ist als die Gattung". (ebd.) „Man beschreibt sie aber auch so: Differenz ist, was seiner Natur nach das unter dieselbe Gattung Fallende scheidet" ([Porphyrios, 1925, *Einleitung*, Kap. 4]; [Rolfes, 1925, 23]).

4. Das Proprium, die Eigentümlichkeit, „teilt man vierfach ein: in das, was einer bestimmten Art allein, wenn nicht der ganzen, mitfolgt (als Akzidenz zukommt), wie dem Menschen, daß er Heilkunst oder Geometrie treibt, und in das, was der ganzen Art, wenn auch nicht ihr allein, mitfolgt, wie dem Menschen, daß er zwei Füße hat, und in das, was ihr allein und ihr ganz und in einer bestimmten Zeit mitfolgt, wie jedem Menschen, daß er im Alter grau wird. Und endlich viertens in das, bei dem: ‚allein', ‚der ganzen' und ‚immer' zusammentrifft, wie beim

Menschen, daß er lachen kann"[3] ([Porphyrios, 1925, *Einleitung*, Kap. 4]; [Rolfes, 1925, 23]). Ein Proprium heißt so, „weil es sich umkehren läßt. Denn wenn etwas ein Pferd ist, so kann es wiehern, und wenn etwas wiehern kann, so ist es ein Pferd" ([Porphyrios, 1925, *Einleitung*, Kap. 5]; [Rolfes, 1925, 23]. Vgl. [Aristoteles, 1922b, *Topik* 1, 5. 102 b 4-14]).

5. Akizdenz zerfällt in zwei Arten: trennbare und untrennbare Akzidenzien. „Akzidenz ist, was demselben Subjekt in gleicher Weise beiwohnen und nicht beiwohnen kann, oder: was weder Gattung ist, noch Differenz, noch Art, noch Proprium, aber immer in einem Träger subsistiert" ([Porphyrios, 1925, *Einleitung*, Kap. 7]; [Rolfes, 1925, 24]).

Weiter gilt: Gattung und Differenz werden von Arten und Individuen; die Art von Individuen, das Proprium von der Art „und den unter die Art fallenden Individuen, das Akzidenz endlich von den Arten und den Individuen" ausgesagt ([Porphyrios, 1925, *Einleitung*, Kap. 7]; [Rolfes, 1925, 25]). „Gattung und Differenz haben gemein, daß sie Arten umfassen". Eigentümlich ist der Gattung, „daß sie von mehrerem ausgesagt wird als die Differenz, die Art, das Proprium und das Akzidenz"; die Gattung enthält die Differenz der Möglichkeit nach, „die Differenzen aber enthalten nicht die Gattungen". Die Gattung antwortet auf die Frage, was etwas, die Differenz auf die Frage, wie beschaffen es ist (ebd.). „Endlich gleicht die Gattung dem Stoff, die Differenz der Form" ([Porphyrios, 1925, *Einleitung*, Kap. 14]; [Rolfes, 1925, 30]).

Im Gegensatz zur Differenz wohnen die untrennbaren Akzidenzien nicht immer und allem bei ([Porphyrios, 1925, *Einleitung*, Kap. 14]; [Rolfes, 1925, 31]). Die Differenz „läßt sich nicht steigern und abschwächen, die Akzidenzien aber sind für ein Mehr und Minder empfänglich. Und die konträren Differenzen ertragen keine Mischung, die konträren Akzidenzien aber sind dann und wann gemischt (wie warm und kalt in lau)" ([Porphyrios, 1925, *Einleitung*, Kap. 15]; [Rolfes, 1925, 31]). Und weiter: „Art und Proprium haben gemein, daß

---

[3]Das ist die Definition in [Aristoteles, 1922b, *Topik* 1, 5. 102 a 18 f.]: „Proprium ist, was zwar nicht das Wesen eines Dinges bezeichnet, aber nur ihm zukommt und in der Aussage mit ihm vertauscht wird".

sie sich wechselseitig beigelegt werden: wo Mensch, da des Lachens fähig, und wo des Lachens fähig, da Mensch. [...] Die Art unterscheidet sich vom Proprium dadurch, daß die Art auch Gattung von anderem, das Proprium aber nicht Proprium von noch anderem sein kann. [...] Ferner wohnt die Art dem Subjekt immer aktuell bei, das Proprium wohl auch potentiell: Sokrates ist immer aktuell Mensch, lacht aber nicht immer, wiewohl er immer von Natur so beschaffen ist, daß er lachen kann" ([Porphyrios, 1925, *Einleitung*, Kap. 17]; [Rolfes, 1925, 33]). „Proprium und untrennbares Akzidenz haben nun gemein, daß das, woran sie auftreten, nicht ohne sie sein kann", aber das Proprium wohnt nur einer Art bei, das untrennbare Akzidenz vielen Arten; das Proprium kann daher in „der Aussage mit seinem Subjekt vertauscht" werden und ist von gleichem Umfang, „ein untrennbares Akzidenz aber wird mit dem Subjekt nicht vertauscht". Diese Regeln sind nützlich beim Definieren, Einteilen und Beweisen. Eine Beweisführung, die eine eigentliche ist, ist Apodeixis und basiert nur auf Definition und den Verhältnissen laut Prädikabilienlehre (im Gegensatz zu komplexeren Syllogismen).

Die Prädikabilienlehre oder Prädikamentenlehre ist sicherlich weit davon entfernt, formale Logik zu sein, aber sie stellt auf ihre Weise Einsetzungsregeln bereit. Ihre Vorgehensweisen haben Ähnlichkeit mit Verfahren im Rahmen angewandter Mathematik. Denn für die Bestimmung intensionaler Verhältnisse zwischen Begriffen nutzt man offenbar Gesetzmäßigkeiten wie in mathematischen Verhältnisgleichungen („Dreisatz"), etwa im kaufmännischen Rechnen, der Trigonometrie oder bei der Berechnung von Proportionen: man überträgt bekannte Verhältnis-Angaben auf neue Zusammenhänge.

4 Erfordernis einer transzendentalen Logik

Kants Jahrhundert zeichnet sich durch innovative Ideen auf den verschiedensten Gebieten aus, aber eine Theorie über das denkende Subjekt, die unabhängig von empirischen, psychologischen Befunden und zugleich unabhängig von theologischen Prinzipien begründbar sein soll, findet sich weder am Rande der Logiklehrbücher noch in metaphysischen Traktaten, jedenfalls nicht auf dem logischen und methodologischen Niveau, wie es dann das kantische Werk auszeichnet. Um den Anspruch seiner Theorie zu erläutern, kann man mit der Betrachtung dessen beginnen, was unter „a priori" zu verstehen ist.

„A priori" wurde seit jeher zur Kennzeichnung von Beweisen benutzt. Auch Kant führt den Ausdruck in seinem Werk so ein;[4] und stellt zwei „Erkenntnißwege" einander gegenüber: den „a priori" und den „a posteriori" (Vgl. [Kant, 1763, *Beweisgrund*, 92]; [1766, *Träume eines Geistersehers*, 358 f.] — Vgl. [Aristoteles, 1922a, *An. post.* A2 71 b 33 – 72 a 5]) ; das ist auch schon, in den Formulierungen „antecedenter determinare" und „consequenter determinare", Thema in der ersten logischen Schrift, der *Nova dilucidatio* (1756). Einsetzend mit der ersten Critik werden a priori gewonnene Erkenntnisse eingeteilt: die, „denen gar nichts Empirisches beygemischt ist", heißen „rein" [Kant, 1781, CrV B3]; was Zweifel provoziert, weil man sich natürlich sofort fragt, was das denn für Erkenntnisse sein sollen). 1788 klärt Kant, er habe in der CrV „zweierley Bedeutungen des Worts rein" eingesetzt, von denen tatsächlich „aber im ganzen Werk" (in der CrV) nur die zweite genutzt werde, und diese laute: reine Erkenntnisse a priori sind „von nichts Empirischem abhängig" ([1788, *Teleologische Principien*, 183]. Entsprechend heißt es auch 1800: Die Regeln der Logik können „a priori d. i. unabhängig von aller Erfahrung *eingesehen* werden, weil sie, ohne Unterschied der Gegenstände, bloß die Bedingungen des Verstandesgebrauchs überhaupt, er mag rein oder empirisch seyn, enthalten" [1800, *Logik*, 12].[5]

A priori ermittelte Erkenntnisse sind bei Kant auf Möglichkeiten bezogen, und die genannte Reinheit wird mit dem Formbegriff konnotiert. Reine „Anschauung [enthält] lediglich die Form, unter welcher etwas angeschaut wird, und reiner Begriff allein die Form des Denkens

---

[4]„Der Beweisgrund von dem Daseyn Gottes, den wir geben, ist lediglich darauf erbauet, weil etwas möglich ist. Demnach ist er ein Beweis, der vollkommen a priori geführt werden kann" [Kant, 1763, *Beweisgrund*, 91].

[5]Vgl. auch CrV: Die reine Logik ist „eine demonstrirte Doctrin und *alles* in ihr muss *völlig* a priori gewiesen seyn" [1781, CrV A54 B78]; sie abstrahiert „von allem Inhalte der Erkenntniß" und befasst „sich bloß mit der Form des Denkens [...] überhaupt" [1781, CrV A131 B170; ähnlich BXXIII].

eines Gegenstandes überhaupt. Nur allein reine Anschauungen oder Begriffe sind a priori möglich" [1781, CrV A50 f. B75 f.]. Während angewandte Logik die Regeln des Verstandesgebrauchs in concreto, d. h. unter „zufälligen Bedingungen" [1781, CrV A54 B78 f.] umfasst und allgemeine Logik sich nur der logischen „Form des Denkens überhaupt" [1781, CrV A55 B79] widmet, weist Kant als „transzendental" diejenige Erkenntnis a priori aus, durch die man erkennt, „daß und wie gewisse Vorstellungen (Anschauungen oder Begriffe) lediglich a priori angewandt werden, oder möglich seyn" [1781, CrV A56 B80].

Um wiederum nach den Bedingungen dieser Möglichkeit forschen zu können, benötigt er eine leistungsfähige Logik. Logik als solche sei die „Wissenschaft der Verstandesregeln überhaupt" [1781, CrV A52 B76]; die „Wissenschaft von den nothwendigen Gesetzen des Verstandes und der Vernunft überhaupt oder, welches einerley ist, von der bloßen Form des Denkens überhaupt" [1800, *Logik*, 13].

A priori auf das eigene Regelwerk kann formale Logik sich aber nicht beziehen; diese Aufgabe fällt in den Bereich transzendentaler Logik als „Wissenschaft des reinen Verstandes und Vernunfterkenntnisses, dadurch wir Gegenstände völlig a priori denken", und sie handelt von Begriffen, „die sich a priori auf Gegenstände beziehen". Die zu entwickelnde transzendentale Logik habe „es bloß mit den Gesetzen des Verstandes und der Vernunft zu thun, aber lediglich, so fern sie auf Gegenstände a priori bezogen wird" [1781, CrV A57 B81 f.]. Also hat sie die Aufgabe, die allgemeine Logik zu ergänzen, indem sie die Grundlagen für die transzendentale Argumentation und Erkenntniskritik liefert.

5 Grundlage der transzendentalen und zugleich der formalen Logik ist Merkmalslogik

Transzendentale Logik ist „auf einen bestimmten Inhalt, nämlich bloß der reinen Erkenntnisse a priori, eingeschränkt" [1781, CrV A 131 B 170]; dennoch kann ihr ja kein anderes oder eigenes Regelwerk verpasst werden als es der allgemeinen oder formalen Logik zugrundeliegt; alle Bereiche der Logik müssen idealerweise über denselben Grundlagen, in derselben „Sprache" aufgebaut werden. Solches leistet zunächst, so die These, Merkmalslogik im Sinne der skizzierten Prädikabilienlehre. Gattung, Differenz, Art, Proprium und Akzidenz sind in ihrer Bedeutung für Definition, begriffliche Einteilung und Beweis umrissen worden.

Im Folgenden soll entlang bestimmter Grundbegriffe der Logik die Rolle der aus der Kategorien- und Prädikabilienlehre der Tradition hervorgehenden Merkmalslogik bei Kant erörtert werden.

a. Merkmale — Allgemein gilt: Merkmale (nota) sind „in der traditionellen Logik der artbildende Unterschied (lat. differentia specifica), mit dem aus einer Gattung (lat. genus proximum) die verschiedenen untergeordneten Arten (lat. species) gewonnen werden. [...] Die Redeweise von den Merkmalen eines Begriffs besagt, daß alle Termini im Definiendum der Definition eines Terminus (des Definiens) als Merkmale dieses Terminus und damit des durch ihn dargestellten Begriffs zu gelten haben" [Lorenz, 1995, 850]. „Merkmale" können notwendig oder zufällig sein; kennzeichnend (charakteristisch, unterscheidend) oder nichtunterscheidend; so ist „ein Gattungsbegriff bezüglich seiner Artbegriffe nichtunterscheidend, ferner ist jeder nichtleere Begriff nichtunterscheidend bezüglich der unter ihn fallenden Gegenstände" [Kondakow, 1983, 331]. Weiter lassen Merkmale sich einteilen in allgemeine, disparate, eigene, nichtspezifische, privative oder untrennbar nichteigene (Vgl. [1983, 332]).

Auch bei Kant wird als Merkmal im wesentlichen die spezifische Differenz verstanden: das, um was die Art reicher ist als die Gattung, und das, woran man Arten unterscheiden kann. Es können aber auch Gattung, Art, Proprium oder Akzidenz ein Merkmal sein — sofern sie die Funktion eines Erkenntnis- oder Bestimmungsgrundes haben. Merkmale bei Kant sind „Theilvorstellungen" oder „Nebenvorstellungen", aber primär charakterisiert er sie stets als „Erkenntnisgründe" oder „Bestimmungsgründe", anschaulicher oder begrifflicher Art. Ein Merkmal kann auch „Kennzeichen" oder „Kriterium" sein. Den letzteren Begriffen kommt keine strenge Synonymität zu, aber sie haben ähnliche Funktionen, wie Th. Rosenkoetter bemerkt: „I do not believe that Kant intends any difference in meaning between *Kriterium* and *Kennzeichen*. This is supported by the fact that Meier, in a passage from his compendium [...] uses Kennzeichen as his German translation of the Latin *criterium*" ([Rosenkoetter, 2009, 194], mit Verweis auf [Meier, 1752, Auszug, §94]. Meiers *Auszug* ist abgedruckt in AA Bd. 16: hier 238).

Bei Kant werden traditionelle Begriffsbestimmungen und Theorien modifiziert; das betrifft auch den Begriff „Merkmal". Diese Umbauten finden entlang des ganzen Druckwerks statt; grundsätzliche (logische) Einteilungen erfolgen in den frühen Schriften. In der *Nova dilucidatio* [1756] beginnt Kant gut aristotelisch mit einem doppelten Identitätsprinzip und dem Satz vom Widerspruch und setzt die Kenntnis der Prädikabilien voraus. Der Satz vom zureichenden wird zum „Satz vom bestimmenden Grund" umgemodelt, und das, was „ein Subjekt in Beziehung auf ein Prädikat bestimmt", ist der Grund (ratio) [Kant, 1756, *Nova dilucidatio*, Abschnitt II, 4. Satz (422 f.)]. Dieser wird eingeteilt in „vorgängig" und „nachträglich" bestimmend,[6] was später abgelöst wird von „a priori" bzw. „a posteriori" gewonnenen Erkenntnissen. Der „nachträglich bestimmende" Grund bewirke die Wahrheit der Relation zwischen Subjekt und Prädikdat nicht, sondern stelle sie nur dar [1756, *Nova dilucidatio*, Abschnitt II, 5. Satz, Erläuterung (432 f.)]. Aus „Grund" wird beginnend mit der Schrift über *Die falsche Spitzfindigkeit der vier syllogistischen Figuren* (1762) „Merkmal": „Etwas als ein Merkmal mit einem Dinge vergleichen heißt urtheilen. Das Ding selber ist das Subject, das Merkmal das Prädicat" [1762, *Spitzfindigkeit*, 47]. Das Logikhandbuch fasst die Merkmalstheoreme zusammen: „Das menschliche Erkennen ist von Seiten des Verstandes *discursiv*, d. h. es geschieht durch Vorstellungen, die das, was mehreren Dingen gemein ist, zum Erkenntnißgrunde machen, mithin durh Merkmale als solche. [...] Ein Merkmal ist dasjenige an einem Dinge, was einen Theil der Erkenntniß desselben ausmacht, oder — welches dasselbe ist — eine Partialvorstellung, sofern sie als Erkenntnißgrund der ganzen Vorstellung betrachtet wird. Alle unsre Begriffe sind demnach Merkmale und alles Denken ist nichts anders als ein Vorstellen durch Merkmale"

---

[6]Als drittes wird noch der „identische Grund" genannt: Subjekt und Prädikat zeichnen sich (tautologisch) durch vollkommene Identität (perfectam identitatem) aus [Kant, 1756, a. a. O., Anm.].

[1800, *Logik*, 58]. In ihrer Funktion als Erkenntnisgründe haben sie einen „inneren" Gebrauch, mit dem man höhere oder Gattungsbegriffe ermittelt, und einen „äußeren" Gebrauch der Vergleichung mit „andern nach den Regeln der Identität oder Diversität" [1800, *Logik*, 58]. Darauf folgt eine Klassifikation der Merkmale, die die im Gesamtwerk vorgelegten Einteilungen zusammenfasst [1800, *Logik*, 59 ff.].

b. Unerweisliches — In *Spitzfindigkeit* führt Kant erweisliche und unerweisliche Urteile ein: „Alle Urtheile die unmittelbar unter den Sätzen der Einstimmung oder des Wiederspruchs stehen, das ist, bey denen weder die Identität noch der Wiederstreit durch ein Zwischenmerkmal (mithin nicht vermittelst der Zergliederung der Begriffe,) sondern unmittelbar eingesehen wird, sind unerweisliche Urtheile, diejenige, wo sie mittelbar erkant werden kan, sind erweislich. Die menschliche Erkentnis ist voll solcher unerweislicher Urtheile"[7] [Kant, 1762, *Spitzfindigkeit*, 60 f.]. Das bedeutet, eine jede Kultur verfügt über einen Speicher begrifflicher Zusammenhänge, die im Einzelnen bereitstehen, um genutzt zu werden, allerdings selten gerechtfertigt werden müssen. Das geht später ein in die Definition des analytischen Urteils: „Analytische Urtheile sagen im Prädicate nichts als das, was im Begriffe des Subjects schon wirklich, obgleich nicht so klar und mit gleichem Bewußtseyn gedacht war"; was „schon vor dem Urtheile, obgleich nicht ausdrücklich gesagt, dennoch wirklich gedacht war" [1783, *Prolegomena*, 266] (Moritz Steckelmacher nennt das „stillschweigendes Urtheilen" [Steckelmacher, 1879, 22 f.]). *Logik* fasst den entsprechenden Lehrinhalt aus Vorlesungen zusammen: „Die Identität der Begriffe in analytischen Urtheilen kann entweder eine ausdrückliche (explicata) oder eine nichtausdrückliche (implicita) seyn". Identische Sätze „machen das Prädicat, welches im Begriffe des Subjects unentwickelt (implicite) lag, durch Entwickelung (explicatio) klar" ([Kant, 1800, *Logik*, §37 (111)]. Vgl. auch [Stuhlmann-Laeisz, 1976, 97], mit Verweis auf die Logikvorlesung [Kant, 1966, *Pölitz*, AA Bd. 24]).

Deutlichkeit [1764] nimmt die Unerweislichkeit der Sätze auf und

---

[7]Diese Unterscheidung entspricht der G. F. Meiers in demonstrierbare (erweisliche) und nicht demonstrierbare (unerweisliche) Urteile [Meier, 1752, §§313–315; 318 f.]. Nach Meiers Lehrwerken hielt Kant seine Logikvorlesungen.

konfrontiert sie als Phänomen menschlicher Sprache und Kultur mit der Methode der Mathematik; in der Metaphysik könne man niemals wie in der Mathematik mit den Definitionen beginnen. Man nehme hier den gegebenen, verworrenen Begriff und suche „den deutlichen, ausführlichen und bestimmten davon" auf [1764, *Deutlichkeit*, 283], wobei man „oft sehr viel von einem Gegenstande deutlich und mit Gewißheit" erkenne, obgleich man noch keine Definition habe, da von einem jeden Dinge häufig „verschiedene Prädicate unmittelbar gewiß" sind, obgleich man noch keine ausführliche Kenntnis habe [1764, *Deutlichkeit*, 284].

Direkt verbunden damit ist die Unterscheidung zwischen Deutlichkeit und Vollständigkeit von Begriffen: „ein *deutlicher* Begrif [ist] nur durch ein *Urtheil*, ein volständiger aber nicht anders als durch einen *Vernunftschlus* möglich [...]. Es wird nemlich zu einem deutlichen Begrif erfodert, daß ich etwas als ein Merkmal eines Dinges klar erkenne, dieses aber ist ein Urtheil". Das Urteil wird nicht mit dem deutlichen Begriff identifiziert. Das Urteil sei vielmehr die „Handlung [...], wodurch er wirklich wird" [1762, *Spitzfindigkeit*, 58]. „Nicht darin besteht die Deutlichkeit eines Begrifs, daß dasjenige, was ein Merkmal vom Dinge ist, klar vorgestellt werde, sondern daß es als ein Merkmal des Dinges erkant werde. [...] Ich gehe noch weiter und sage: es ist ganz was anders Dinge von einander *unterscheiden*, und den Unterscheid der Dinge *erkennen*. Das letztere ist nur durch Urtheilen möglich" [1762, *Spitzfindigkeit*, 59].[8]

Hier zeigt sich, dass der Merkmalsbegriff bei Kant primär auf das zurückgeht, was in der Tradition „differentia specifica" ist, wodurch etwas als etwas erkannt werden kann, wodurch es abgegrenzt (definiert) werden kann, und um was der Artbegriff reicher ist als der Gattungsbegriff.

c. Verstand und Vernunft — In *Spitzfindigkeit* präsentiert Kant seine Unterscheidung zwischen Verstand und Vernunft, die „keine verschiedene Grundfähigkeiten" sind, sondern beide das Urteilen ausdrücken — einmal unmittelbar (im Satz oder Urteil), einmal mittelbar (im Schluss) [1762, *Spitzfindigkeit*, 59]. Schlüsse der Vernunft sind

---

[8]Dasselbe: [Kant, 1764, *Deutlichkeit*, 285]. Vgl. dazu auch [1800, *Logik*, 61-64].

Urteile, in denen Subjekt und Prädikat per Syllogismus über ein „Zwischenmerkmal" (nota intermedia) verknüpft werden, das als „der mittlere Hauptbegriff (terminus medius)" bestimmt wird [1762, *Spitzfindigkeit*, 48]. Kants oberste Regeln dafür: „Ein Merkmal vom Merkmal ist ein Merkmal der Sache selbst (nota notae est etiam nota rei ipsius)" bzw. „Was dem Merkmal eines Dinges widerspricht, widerspricht dem Dinge selbst (repugnans notae repugnat rei ipsi)"; sie sollen die „sonst bis daher von allen Logikern" an oberste Stelle gesetzten Regeln *Dictum de omni* und *Dictum de nullo* ersetzen, welche aus den neu eingeführten Merkmalsregeln ableitbar seien [1762, *Spitzfindigkeit*, 49].

In *Spitzfindigkeit* wird unter anderem auch die aristotelische Unterscheidung in vollkommene und unvollkommene Schlüsse adaptiert.[9] Im Anschluss an all diese Vorarbeiten wird bei Kant eine der Regeln der Prädikabilienlehre auf den Kopf gestellt, und zwar die Regel, dass auszuschließen sei, dass man den Artbegriff vom Gattungsbegriff prädiziere. Wie oben skizziert, lautet diese Regel der Tradition, dass die Gattung „immer von der Art und alles Höhere von dem Niederen prädiziert" werde, aber nicht umgekehrt, nicht „das Engere von dem Weiteren" ([Porphyrios, 1925, *Einleitung*, Kap. 2]; [Rolfes, 1925, 17]). Im Sinne der Relation des Enthaltenseins (Inesse) und der Identität wird bei Kant das, was als Prädikat in einem ohne weitere Vermittlung oder Schlussfolgerung gültigen Urteil eingesetzt werden kann, als das bestimmt, was als Merkmal in dem Subjektbegriff „enthalten" ist. Damit das möglich ist, unterscheidet Kant zweierlei: die Koordination und die Subordination von Merkmalen, und er bringt Vollständigkeit mit Koordination und Deutlichkeit mit Subordination zusammen

---

[9]Vernunftschlüsse werden als „rein" bzw. „unvermischt" ausgewiesen [Kant, 1762, *Spitzfindigkeit*, 51 und 52 f.] – Bei Aristoteles ist ein „vollkommener Syllogismus" von einem unvollkommenen dadurch zu unterscheiden, dass im Falle eines vollkommenen nicht noch weitere Operationen nötig sind, um die Gültigkeit des Schlusses zu bestätigen oder zu überprüfen ([Aristoteles, 1922, *An. pr.* I. 1, 24 b 22–26]. Vgl. dazu [Wolff, 2009, 342]). Die Gültigkeit der ersten Figur beruht auf der Regel Dictum de omni; in der ersten Figur kommen genau drei Termini vor, und wollte man einen Beweis für die Gültigkeit der ersten Figur führen, dann würde zu keiner Zeit ein weiterer Terminus verwendet, es wären nur Einführungen gemäß der genannten Regel nötig und man würde ausschließlich per Subalternation oder Konditionalisierung umformen (vgl. [2009, 345]).

(zuerst in *De forma*)[10] wodurch er zu einer eigenen, intensionalen Bestimmung von Inhalt und Umfang eines Begriffes gelangt (die sich derjenigen Leibniz' verpflichtet weiß). Die Subordination macht das „Untereinander"-Enthaltensein von Begriffen und Vorstellungen aus. Ein Begriff ist dadurch Begriff, „daß unter ihm andere Vorstellungen enthalten sind, vermittelst deren er sich auf Gegenstände beziehen kann" [Kant, 1781, CrV A69 B94]. Es stimmt zwar, dass der unmittelbare Bezug auf (empirische) Gegenstände nur vermittelst der Anschauung möglich ist, aber Anschauungen als einzelne Vorstellungen (repraesentationes singulares) sind dennoch nicht Teil der Subordination[11], da sie ja dann conceptus infima wären; Anschauungen gehören zu dem, was *in*, aber nicht zu dem, was *unter* einem Begriff enthalten ist, also zur Koordination, nicht aber zur Subordination.[12] Denn Kant schließt, wiederum gegen die Tradition, eine unterste Art aus. Keine Art könne „als die unterste an sich selbst angesehen" werden; ein Artbegriff enthalte etwas, „was verschiedenen Dingen gemein ist", und kann daher nicht durchgängig bestimmt sein, sondern enthält andere Begriffe, also Unterarten unter sich [1781, CrV A655 f. B683 f.]. Jeder Begriff hat demnach einen Umfang.[13] Das Enthaltensein-In (Vgl. auch [1781, CrV B39 f.]) wird mit der Koordination von Merkmalen gekoppelt und hat nun bei Kant die Besonderheit, dass diese Relation auch die des Artbegriffs zu den höheren Artbegriffen bzw. zum Gattungsbegriff umfasst.

Wenn ein Begriff B *in* einer Vorstellung A enthalten ist, gilt umgekehrt: A ist enthalten *unter* B; das wird ausgedrückt im Urteil „Alle A sind B" und gehört zu den analytischen Wahrheiten [1781, CrV A6 f. B10; A654 f. B682 f.]. Zur Begründung führt Kant aus: „Man muß zwar sagen: was einem Begriff allgemein zukommt, oder widerspricht,

---

[10][Kant, 1770, *De forma*, Abschnitt I, §2/Form, S. 20 f.]): „das Beigeordnete [coordinata] bezieht sich aufeinander wie Ergänzungsstücke zum Ganzen, das Untergeordnete [subordinata] wie [...] der Grund und das Begründete".

[11]So behauptet es [Stuhlmann-Laeisz, 1976, 87 f.].

[12]Vgl. [Kant, 1770, *De forma*, §14/5, 54 f.]: der Erkenntnisbedingung der Zeit folgend wird Empfundenes einander beigeordnet.

[13]Vgl. auch [Kant, 1800, *Logik*, 59 und 97]. – Vgl. dazu z. B. [1966, *Logik Pölitz*, AA Bd. 24: 570; *Logik Busolt*, AA Bd. 24: 655; oder *Wiener Logik*, AA Bd. 24: 911].

das kommt auch zu, oder widerspricht, allem Besondern, was unter jenem Begriff enthalten ist; (dictum de Omni et Nullo;) es wäre aber ungereimt, diesen logischen Grundsatz dahin zu verändern, daß er so lautete: was in einem allgemeinen Begriffe nicht enthalten ist, das ist auch in den besonderen nicht enthalten, die unter demselben stehen; denn diese sind eben darum besondere Begriffe, weil sie mehr in sich enthalten, als im allgemeinen gedacht wird" ([1781, CrV A280 f. B337]. Vgl. auch [1781, CrV B141; A304 B360 f.] sowie [1800, *Logik*, 123 sowie §§41-93]).

Die Relation des Enthaltenseins des Prädikats im Subjekt eines Obersatzes ergibt für jedes entsprechende Urteil, dass es nichts anderes als die Definition aussagt. Damit ist es gemäß der Tradition Teil einer „eigentlichen" Beweisführung (Apodeixis). [14]

d. Anschauung und Begriff — Gegen Leibniz, Wolff und andere erklärt sich Kant gegen die Vorstellung, undeutliche Begriffe, also Begriffe, deren Merkmale wir nicht klar erkennen, seien dunkle, unscharfe Vorstellungen im Sinne sinnlicher Anschauungen (Z. B. [1770, *De forma*, §7]). Stattdessen unterscheidet er Anschauung und Begriff zufolge der aristotelischen Ausführungen über Kontrarietät. Es gilt mit Aristoteles: Begriffe ohne Verbindung enthalten keine Bejahung und keine Verneinung. „Bejahung und Verneinung kommt erst durch ihre Verbindung zustande. Denn jede Bejahung oder Verneinung ist entweder wahr oder falsch" [Aristoteles, 1922, *Kategorien*, 4. Kapitel, 2 a]. Weiter gilt: Die Substanz ist „für Konträres empfänglich"; ist „z. B. die Rede, daß einer sitzt, wahr, so muß dieselbe Rede, wenn er aufgestanden ist, falsch werden"[1922, *Kategorien*, 5. Kapitel, 4 a]. Substanzen können also dem Wandel unterliegen; der Logos nicht.[15] Das entspricht Kants Unterscheidung zwischen Begriff (conceptus) und Anschauung (intuitio), die er zusammen mit „Noumenon" und „Phaenomenon" in De *forma* einführt [Kant, 1770, De *forma*, §§1-2, 5,

---

[14]Vgl. [Wolff, 1728, *Lateinische Logik*, §226]: In kategorischen Aussagen, sofern keine zusätzliche Bedingung angegeben ist, kann das Prädikat nur unter definitorischer Bedingung im Subjekt enthalten sein.

[15]Rede und Meinung [...] sind [...] für kein Konträres empfänglich, da kein passiver Vorgang in ihnen stattfindet" [Aristoteles, 1922, *Kategorien*, 5. Kapitel, 4 b]. Vgl. [1922, *Kategorien*, 11. Kapitel, 13 b].

und passim]. Er erläutert: Ohne dass „jemand den Begriff der Zeit mit Hilfe der Vernunft anderswoher ableiten und entwickeln kann, setzt vielmehr selbst der Satz des Widerspruchs denselben voraus und legt ihn sich als Bedingung zugrunde. Denn A und Nicht-A widerstreiten sich nur, wenn man sie zugleich (d. i. zu derselben Zeit) von demselben denkt, nacheinander aber (in verschiedenen Zeiten) können sie demselben zukommen. Daher ist die Möglichkeit von Veränderungen nur in der Zeit denkbar [...]" [1770, *De forma*, §14/5, 54 f.].

e. Synthesis — Gegenstand der transzendentalen Logik ist der Verstand [1781, CrV A62 B87]; somit muss sie als ihm übergeordnet verstanden werden, und daher kommt transzendentaler Logik eine Komplexität zu, die den mittelbaren Verfahren der Vernunft entspricht, und das ist Thema im Logikhandbuch (1800), das von der Logik als Vernunftwissenschaft spricht. Erkenntnismethodisch wird besonders die Synthesis als Operation des Verknüpfens von Begriffen und Merkmalen in Urteilen auf den Verstand bezogen. Im Rahmen transzendentaler Logik werden die Bedingungen der Möglichkeit von Synthesis analysiert, was „nicht vermögenspsychologisch, sondern geltungstheoretisch zu verstehen" ist, da es um „die Einlösbarkeit des Wahrheitsanspruchs von Gegenstandserkenntnis" geht [Becker, 1989, 158]. Als Gegenstand hat hier aber nicht nur Äußeres, sondern immer notwendig zugleich das transzendentale Subjekt selbst berücksichtigt zu werden. Zum Untersuchungsvorgang im Gesamtwerk gehört bei Kant auch die dritte Critik, besonders im Hinblick auf reflektierende Urteilskraft, Induktion und Analogie. Das gerät aus dem Blick, wenn man diese Schrift nicht auf transzendentale Logik bezieht. Der Schematismus (CrV) präsentiert die Grundlagen für wahrheitsfähige Verknüpfungen des Allgemeinen (Begriffe) mit dem Besonderen/Partikulären, aber nicht vollständig; die dort begonnene Regellehre der Synthesis zwischen Besonderem und Allgemeinen [Kant, 1781, CrV A137 B167] wird erst in der *Critik der Urtheilskraft* abgeschlossen.

Transzendentale Logik befasst sich mit logischen Regeln im Hinblick auf die Einheit des Bewusstseins. In ihrem Mittelpunkt steht die transzendentale Apperzeption; ihr zugeordnet ist die Methodologie des Regelzusammenhanges. Im Logikhandbuch wird das konsequent unter einen in dieser Schrift nochmals genauer gefassten Formbegriff gebracht: „Zu jedem Urtheile gehören als wesentliche Bestandstücke desselben *Materie* und *Form*. In den gegebenen, zur Einheit des Bewußtseyns im Urtheile verbundenen Erkenntnissen besteht die *Materie*, in der Bestimmung der Art und Weise, wie die verschiedenen Vorstellungen, als solche, zu Einem Bewußtseyn gehören, die *Form* des Urtheils" ([1800, *Logik*, 101 (§18)]; vgl. auch [1966, *Wiener Logik*, AA 24: 928f.]).

Die auf der Basis der Merkmalslogik gerechtfertigte Vorrangstellung der ersten Figur in der Schlusslehre erlaubt es, die Operation eines Vernunftschlusses so zu explizieren: der Obersatz wird als eine Regel, der Untersatz als Subsumtion einer „Erkenntnis" darunter und der Schluss-Satz als Bejahung oder Verneinung dieser Zusammenhänge dargestellt, und das wiederum ermöglicht die einheitliche Explikation des kategorischen, hypothetischen und disjunktiven Schlusses unter dasselbe Schema (des Vernunftschlusses) [1781, CrV A303 f. B360 f.]. Genauer: Der Subjektbegriff des Obersatzes enthält die Bedingung der Regel für den Schluss [1781, CrV A322 B378]. Man könnte auch sagen: Begriffslogisch enthält der Subjektbegriff die Wahrheitsbedingung der Prädikation, das Antezedens in einem hypothetischen Schluss die Wahrheitsbedingung des Konsequens, und innerhalb einer vollständigen Disjunktion enthält der eine Begriff die Regel des Ausschlusses des anderen. Das Schema ist nur zutreffend, wenn der Untersatz einzeln ist, aber da die Regelthematik ausschließlich auf der Ebene der Vernunftschlüsse relevant ist, gilt: „Die Logiker sagen mit Recht, daß man beym Gebrauch der Urtheile in Vernunftschlüssen die einzelnen Urtheile gleich den allgemeinen behandeln könne. Denn eben darum, weil sie gar keinen Umfang haben, kann das Prädicat derselben nicht bloß auf einiges dessen, was unter dem Begriff des Subjects enthalten ist, gezogen, von einigem aber ausgenommen werden. Es gilt also von jenem Begriffe ohne Ausnahme, gleich als wenn derselbe ein gemeingültiger Begriff wäre, der einen Umfang hätte, von dessen ganzer Bedeutung das Prädicat gelte" [1781, CrV A71 B96].

f. Intension und Extension — Kants Logik ist Begriffslogik und intensional konzipiert; extensional interpretierbar wird sie nur auf dem Weg des logischen Einbezugs des transzendentalen Subjekts und der transzendentalen Apperzeption, und das verdankt sich der Tatsache, dass seine Metaphysik eben über einem für menschliches Denken zugänglichen „Erfahrungsraum" erbaut ist: Kant's „arguments of the transcendental analytic and dialectic are to the effect that any interpretation must be within a limited domain (he limits it to the domain of experience, objects are possible object of experience). This particular limitation has its source in his insistence that experience is the only source of content for concepts" [Tiles, 2004, 115].

Das wiederum ist der Grund dafür, dass für die Einheit der Erfahrung das transzendentale Subjekt nötig wird. „Es sind [...] die Gegenstände der Erfahrung *niemals an sich selbst*, sondern nur in der Erfahrung gegeben, und existiren außer derselben gar nicht" [Kant, 1781, CrV A492 B521]. Dieses Gegebensein umfasst alle Arten der „Begegnung" einer denkenden Instanz mit einer Vorstellung oder mehreren Vorstellungen, ob es erinnerte oder gegenwärtige, empirische oder logische (begriffliche) oder transzendentallogische sind. Weil „das stehende und bleibende Ich (der reinen Apperception)" — Kants Neufassung des „Nunc et stans" als Ausdruck für Unabhängigkeit von „Zeit" — das „Correlatum aller unserer Vorstellungen" ausmacht, „so fern es blos möglich ist, sich ihrer bewußt zu werden", und weil alles Bewusstsein „eben so wohl zu einer allbefassenden reinen Apperception [gehört], wie alle sinnliche Anschauung als Vorstellung zu einer reinen innern Anschauung, nämlich der Zeit" [1781, CrV A123 f.], ist es bei Kant im Grunde ein logischer Zeitbegriff, der die empirischen, logischen und transzendentallogischen Operationen zusammenhält.

Deshalb kann das „Sein" oder die „Existenz" bei Kant auch unmöglich die Prädikatstelle in Urteilen einnehmen, denn es ist notwendig dem Fokus des transzendentalen Subjekts und der Bedingung der Möglichkeit seiner Apperzeption zugeordnet. Zuerst im *Beweisgrund* führt Kant aus: Das Daseyn eines Dinges sei nicht als Merkmal in dem Begriff des Dinges zu finden, sondern „in dem Ursprunge der Erkenntniß, die ich davon habe. Ich habe, sagt man, es gesehen, oder von denen vernommen, die es gesehen haben" [1766, *Beweisgrund*, 73]. Ein Urteil ist nichts anderes, „als die Art, gegebene Erkenntnisse zur *objectiven* Einheit der Apperception zu bringen. Darauf zielt das

Verhältnißwörtchen IST in denselben, um die objective Einheit gegebener Vorstellungen von der subjectiven zu unterscheiden. Denn dieses bezeichnet die Beziehung derselben auf die ursprüngliche Apperception und die *nothwendige Einheit* derselben"[16] [1781, CrV B141].

Das „Bewußtseyn seiner selbst (Apperception)" [1781, CrV B68] wird in der ersten Critik (B) eingeführt und ist im, weil sie dasjenige Selbstbewußtseyn ist, was, indem es die Vorstellung Ich denke hervorbringt, die alle andere muß begleiten können, und in allem Bewußtseyn ein und dasselbe ist, von keiner weiter begleitet werden kann" [1781, 1781 CrV B132], benötigt durchgängige Identität, und die wird nur möglich durch das Bewusstsein des eigenen Synthetisierens [1781, CrV B132]. Im Synthetisieren und dessen Einheit besteht also die Bedingung dafür, dass „ich die analytische Einheit des Bewusstseyns, welche sie zum conceptus communis macht, an ihr denken kann. Und so ist die synthetische Einheit der Apperception der höchste Punct, an dem man allen Verstandesgebrauch, selbst die ganze Logik und nach ihr die Transscendental-Philosophie heften muß, ja dieses Vermögen ist der Verstand selbst" [1781, CrV B133].

6 Fazit

Die Grundlage auch der transzendentalen Logik bei Kant ist letztlich die Merkmalslogik. Durch sie gelten für Erkenntnistheorie, Erkenntniskritik, Methodenwissen, Wissenschaftslehre und Ethik und für die transzendental einzubeziehende Funktion des Selbstbewusstseins die gleichen Grundlagen der Begriffslogik und von dort aus die gleichen Regeln für Urteile und Schlüsse.

Die bei Kant gemäß den Gepflogenheiten seiner Zeit eingesetzten Begriffe wie „Verstand" oder „Vernunft" sind nur scheinbar der Psychologie verpflichtet. Ihre Definitionen in den frühen Schriften sind logischer bzw. methodischer Art, nur werden diese später nicht wiederholt, und die Rolle besagter Schriften geriet aus dem Blick, so dass es lange Zeit den Anschein hatte, es gebe die nötigen logischen

---

[16]Das Wort „ist" ist im Original doppelt hervorgehoben.

Grundlagen im Werk Kants nicht in adäquater Form, oder Kant habe vergessen, sie zu notieren.

In neuerer Zeit scheint die Tradition der abwertenden Beurteilung Kants durch andere Zugänge abgelöst zu werden. Das Formalisierungsprojekt Th. Achouriotis und M. van Lambalgens legt für Kants Logik insgesamt die Idee der Geometrie zugrunde; sie halten fest: „the variable x must refer to objects of experience as well as to the transcendental object, and the latter must somehow be constructed from the „unity of self-consciousness". Deshalb sei ein Objektbegriff im Sinne einer „first-order logic" nicht nur nicht adäquat, sondern absolut ungeeignet („inappropriate notion of object" [Achourioti and van Lambalgen, 2011, 267]), worin den AutorInnen voll und ganz zuzustimmen ist. Ihr Projekt orientiert sich primär an der ersten Critik, aber es ist eines, in deren Rahmen die kantische Logik als solche ernst genommen wird.

Die seit jeher üblichen Verfahren von Dihairese und Definition in der Begriffs- und Merkmalslogik der Tradition sind bei Kant sowohl für die Analytik als auch für die synthetischen Verfahren von Bedeutung. Der synthetische Part der Logik ist bezogen auf die Generierung von Erkenntnis und Erfahrung sowie auf den Zugewinn reflexiven Wissens, also auch: Methodenwissens über das transzendentale Subjekt. Damit beides in dieselbe Zuständigkeit des logischen Subjekts fallen kann, reduziert und modifiziert Kant im Laufe seiner Gedankenführung von den frühen Schriften über die erste und dritte Critik hinweg das aus der Tradition vorliegende für die Verfahrenshinsichten nötige Instrumentarium und die nötige Regellehre. Das geht aus von der Merkmals- und Begriffslogik und bringt von dort aus auch Änderungen für die Urteils- und Schlusslehre mit sich, die hier nicht vollständig abgehandelt werden konnten. Die Merkmalslogik stellt, wie hier in einem ersten Zugriff zu zeigen versucht wurde, ein logisches Themenfeld von zentraler Bedeutung für die kantische Philosophie dar, von dem man sich wünschen kann, dass es eingehender als es hier möglich war einer genaueren Untersuchung unterzogen werden möge.

Literatur

[Achourioti and van Lambalgen, 2011] Achourioti, T. and van Lambalgen, M. 2011. "A Formalization of Kant's Transcendental Logic." *The Review of Symbolic Logic* 4, 254–289.

[Aristoteles, 1922] Aristoteles. 1922. *Peri tōn katēgoriōn*, E. Rolfes (ed.). Hamburg: Meiner. Abgekürzt als Aristoteles, *Kategorien*.

[Aristoteles, 1922] Aristoteles. 1922. *Erste Analytik (Organon III)*, E. Rolfes (ed.). Hamburg: Meiner. Abgekürzt als Aristoteles, *An. pr.*

[Aristoteles, 1922a] Aristoteles. 1922. *Zweite Analytik (Organon IV)*, E. Rolfes (ed.). Hamburg: Meiner. Abgekürzt als Aristoteles, *An. post.*

[Aristoteles, 1922b] Aristoteles. 1922. *Topik (Organon V)*. E. Rolfes (ed.). Hamburg: Meiner. Abgekürzt als Aristoteles, *Topik*.

[Becker, 1989] Becker, W. 1989. „Urteil und Synthesis als Bestandteile von Argumentationshandlungen". In G. Funke, Th. M. Seebohm (eds.) *Proceedings of the Sixth International Kant Congress*. Washington: University Press. Bd. II/1, 157–168.

[Boswell, 1991] Boswell, T. 1991. *Quellenkritische Untersuchungen zum Kantischen Logikhandbuch*, Frankfurt am Main u.a.: Lang.

[Brandt, 1906] Brandt, S. (ed.). 1906. *Anicii Manlii Severinii Boethii in Isagogen Porphyrii commenta. Copiis a Georgio Schepss comparatis suisque usus recensuit Samuel Brandt*, Wien: Tempsky/Leipzig: Freytag. — ND: New York: Johnson Reprint [kritische Ausgabe beider Isagoge-Kommentare].

[Erdmann, 1880] Erdmann, B. 1880. „Rezension zu [Steckelmacher 1879]". *Göttingische Gelehrte Anzeigen*, 20. Stck., 19.5.1880, 609–634.

[Kant, 1756] Kant, I. 1756. *Principiorum primorum cognitionis metaphysicae nova dilucidatio*, Königsberg: Hartung. *Neue Erhellung der ersten Grundsätze metaphysischer Erkenntnis*. In W. Weischedel (ed.), *Immanuel Kant. Werke*. Bd. 1. Darmstadt: WBG 1958, 401–509. Abgekürzt als *Nova dilucidatio*.

[Kant, 1762] Kant, I. 1762. *Die falsche Spitzfindigkeit der vier syllogistischen Figuren erwiesen von M. Immanuel Kant*, Königsberg: Kanter. In K. Lasswitz (ed.) AA Bd. 2, 45–61. Abgekürzt als *Spitzfindigkeit*.

[Kant, 1763] Kant, I. 1763. *Der einzig mögliche Beweisgrund zu einer Demonstration des Daseyns Gottes*, Königsberg: Kanter. In P. Menzer (ed.) AA Bd. 2, 63–164. Abgekürzt als *Beweisgrund*.

[Kant, 1764] Kant, I. 1764. *Untersuchung über die Deutlichkeit der Grund-*

sätze der natürlichen Theologie und der Moral. [...]. In *Abhandlung über die Evidenz in Metaphysischen Wissenschaften* [...]. Berlin: Haude & Spener. In K. Lasswitz (ed.) AA Bd. 2, 273–302. Abgekürzt als *Deutlichkeit.*

[Kant, 1766] Kant, I. 1766. *Träume eines Geistersehers, erläutert durch Träume der Metaphysik*, Königsberg: Kanter. In P. Menzer (ed.) AA Bd. 2, 315–373. Abgekürzt als *Träume eines Geistersehers.*

[Kant, 1770] Kant, I. 1770. *De mundi sensibilis atque intelligiblis forma et principiis*, Königsberg: Kanter. Mit einer Übersetzung: *Von der Form der Sinnen- und Verstandeswelt und ihren Gründen.* In W. Weischedel (ed.): Immanuel Kant. Werke. Bd. 5, Darmstadt: WBG 1958, 7–107. Abgekürzt als *De forma.*

[Kant, 1781] Kant. I. 1781 (A). 1787 (B). *Critik der reinen Vernunft von Immanuel Kant*, Riga: Hartknoch. Abgekürzt als CrV.

[Kant, 1783] Kant, I. 1783. *Prolegomena zu einer jeden künftigen Metaphysik die als Wissenschaft wird auftreten können*, Riga: Hartknoch. In B. Erdmann (ed.) AA Bd. 4, 253–383. Abgekürzt als *Prolegomena.*

[Kant, 1788] Kant, I. 1788. „Ueber den Gebrauch teleologischer Principien in der Philosophie". *Teutscher Merkur.* In H. Maier (ed.) AA Bd. 8, 157–184. Abgekürzt als *Teleologische Principien.*

[Kant, 1790] Kant, I. 1790. *Critik der Urtheilskraft*, Berlin: Lagarde & Friedrich. In W. Windelband (ed.) AA Bd. 5, 165–485.

[Kant, 1800] Kant, I. 1800. *Immanuel Kants Logik ein Handbuch zu Vorlesungen*, Königsberg: Nicolovius. In M. Heinze (ed.) AA Bd. 9, 1–150. Abgekürzt als *Logik.*

[Kant, 1900] Kant, I. 1900 ff. *Kant's Werke*, Akademie-Ausgabe. Berlin: De Gruyter. Abgekürzt als AA, gefolgt von der Zahl des Bandes und der Seite. [Für die Bände 2–9 gilt: Der Wortlaut wird nach den Originalen, die Paginierung nach AA zitiert.]

[Kant, 1966] Kant, I. Vorlesungen über Logik. In G. Lehmann (ed.) AA Bd. 24. [Darin u.a.: *Logik Pölitz* (497-602); *Logik Busolt* (603–686); *Wiener Logik (785–940).*]

[Kauppi, 1960] Kauppi, R. 1960. *Über die Leibnizische Logik. Mit besonderer Berücksichtigung des Problems der Intension und Extension*, Helsinki: Societas Philosophica.

[Kondakow, 1983] Kondakow, N. I. 1983. Artikel „Merkmal". In N. I. Kondakow (ed.) *Wörterbuch der Logik. Deutsch von E. Albrecht & G. Asser.* Leipzig: VEB Bibliographisches Institut, 331 f.

[Longuenesse, 1998] Longuenesse, B. 1998. K*ant and the Capacity to Judge.*

Sensibility and Discursivity in the transcendental analytic of the Critique of Pure Reason (Überarbeitete Version von: Longuenesse, B. 1993. *Kant e le pouvoir de juger. Sensibilité et discursivité dans l'Analytique transcendentale de la Critique de la Raison Pure*, Paris: Presses Universitaire). C. T. Wolfe (ed.). Princeton (NJ): University Press.

[Lorenz, 1995] Lorenz, K. 1995. Artikel „Merkmal". In J. Mittelstraß (ed.) *Enzyklopädie Philosophie und Wissenschaftstheorie*, Band 2. Stuttgart: Metzler, 850 f.

[Meier, 1752] Meier, G. F. 1752. *George Friedrich Meiers der Weltweisheit öffentlichen ordentlichen Lehrers und der Academie der Wissenschaften in Berlin Mitgliedes Auszug aus der Vernunftlehre*. Halle: Gebauer. Abgekürzt als *Auszug*.

[Minio-Paluello, 1966] Minio-Paluello, L. (Hg.). 1966. *Aristoteles Latinus*, Bd. 1, 6–7: Categoriarum supplementa: Porphyrii isagoge, translatio Boethii [...]. Brügge: Brauer.

[Pinder, 1979] Pinder, T. 1979. „Kants Begriff der Logik". *Archiv für Geschichte der Philosophie* 61, 309–336.

[Pinder, 1998] Pinder, T. 1998. „Einleitung" zu Kant. *Logik Bauch.* Hamburg: Meiner, IX-LXVIII.

[Porphyrios, 1925] Porphyrios. Eisagōgē eis tas Aristotelus katēgorias, [Entstanden um 270. EA Neapel 1473, in der EA von: Aristoteles, *Organon.*] In E. Rolfes 1925, 11–34. Abgekürzt als Porphyrios, *Einleitung*.

[Reich, 1932] Reich, K. 1932. *Die Vollständigkeit der Kantischen Urteilstafel* [EA im Druck: Berlin: Schoetz 1948].

[Risse, 1970] Risse, W. 1970. *Die Logik der Neuzeit*, Bd. 2: 1640–1780, Stuttgart-Bad Cannstatt: Frommann.

[Rolfes, 1925] Rolfes, E. (ed.). 1925.*Aristoteles. Kategorien. Lehre vom Satz (Organon I/II)*, Hamburg: Meiner.

[Rosefedt, 2000] Rosefeldt, T. 2000. *Das logische Ich. Kant über den Gehalt des Begriffes von sich selbst*, Berlin u.a.: Philo.

[Rosenkoetter, 2009] Rosenkoetter, T. 2009. "Truth criteria and the very project of a transcendental logic." *Archiv für Geschichte der Philosophie* 91, 193–236.

[Scheffel, 1999] Scheffel, D. 1999. „Zum Verhältnis von Merkmalslogik und Vorstellungslogik bei Kant". In M. Kaufmann, G. Schenk (eds.) *Vorträge zur Wissenschaftsgeschichte*, Halle: Hallescher Verlag, 207–232.

[Schepelmann, 2017] Schepelmann, M. 2017. *Kants Gesamtwerk in neuer Perspektive*, Münster: Mentis.

[Schnädelbach, 1977] Schnädelbach, H. 1977. *Reflexion und Diskurs. Fragen einer Logik der Philosophie*, Frankfurt am Main: Suhrkamp.

[Steckelmacher, 1879] Steckelmacher, M. 1879. *Die formale Logik Kants in ihren Beziehungen zur transcendentalen*, Breslau: Koebner.

[Stuhlmann-Laeisz, 1976] Stuhlmann-Laeisz, R. 1976. *Kants Logik. Eine Interpretation auf der Grundlage von Vorlesungen, veröffentlichten Werken und Nachlaß*. Berlin u.a.: De Gruyter.

[Thiel, 1999] Thiel, C. 1999. „Zur Merkmalslogik im 18. Jahrhundert". In M. Kaufmann, G. Schenk (eds.) *Vorträge zur Wissenschaftsgeschichte*, Halle: Hallescher Verlag, 101–114.

[Tiles, 2004] Tiles, M. 2004. "Kant. From General to Transcendental Logic." In D. M. Gabbay, J. Woods (eds.) *Handbook of the History of Logic. Volume 3: The Rise of Modern Logic: From Leibniz to Frege*, Amsterdam u.a.: Elsevier, 85–132.

[Wolff, 1728] Wolff, C. 1728. *Philosophia rationalis sive logica, methodo scientifica pertractata et ad usum scientiarum atque vitae aptata. Praemittitur discursus praeliminaris de philosophia in genere* [...]. 2 Bde. Frankfurt am Main/Leipzig: Renger. Abgekürzt als *Lateinische Logik*.

[Wolff, 2009] Wolff, M. 2009. „Vollkommene Syllogismen und reine Vernunftschlüsse: Aristoteles und Kant". *Journal for general philosophy of science* 40, 341–355.

JOHN VENN'S PLURALISM REGARDING LOGICAL FORMS

DIRK SCHLIMM

DAVID WASZEK

Introduction

The context of the emergence of modern symbolic logic in Britain, with Boole's *The Laws of Thought* [1854] as cornerstone, has been the focus of increased attention by historians and philosophers in recent years. Volker Peckhaus (e. g., 1999) emphasized that this period was marked by an interplay between philosophy and mathematics, and discerned three main lines of development: the tradition of Aristotelian logic together with attempts at extending it, most notably by Hamilton and De Morgan; the inductive logic mainly associated with the name of Mill; and mathematical developments around symbolical algebra and the calculus of operations, which paved the way for Boole's importing of symbolic methods in logic.[1]

A particularly interesting position in this landscape is that of John Venn (1834–1923), who has been relatively neglected by scholars, at least until recently.[2] As may be typical of such transitional, or even revolutionary, periods of intellectual developments, one cannot fail but notice a general sentiment of rivalry and antagonism between many of the protagonists. It is here that Venn stands out among his contemporaries. Initially trained in mathematics and embedded in the philosophical tradition in Cambridge, he showed an interest in uncovering

---

[1] See also Durand-Richard [2000] for a discussion of these developments.
[2] See Verburgt [2020, 2021, 2022].

the underlying assumptions of competing positions and in mediating between them. He certainly had views on the main debates of the day: he was a strong proponent, and in fact the chief British expositor, of Boole's logic; philosophically, we shall see that he had long-standing sympathies for Mill's views on logic. Nevertheless, he strove to craft a broad compromise, both between Mill's account of logic and that of the more traditional Aristotelian logicians, and between the verbal methods of the philosophers and the heavily symbolic, mathematical ones of Boole.

Venn thus attempted a subtle balancing act. On the whole, his aim was to disseminate and defend Boole's symbolic logic. But while he was convinced that symbolic logic was clearly superior for some purposes (in particular because it provided a general method that could deal even with intricate logical problems) and that it shed much light on the nature of the subject, he did not frame his account of it as directed against traditional logic. In fact, he was at pains to emphasize that, in contrast to what was often assumed, Boole's system did *not* stand in opposition to more traditional approaches to the subject, but that there was room for both. Moreover, he insisted that Boole's methods were *independent* of substantial philosophical commitments as to the nature of logic, so that everyone could embrace them. Which logic to use, for Venn, would ultimately depend on the particular aims one wanted to pursue.

This balancing act led Venn to a remarkably original account of *logical form*, to which our paper is devoted. He recognized that the different approaches to logic on offer led to different analyses of the 'forms of Propositions', but denied that one had to choose one of them as the 'right' account: different, equally legitimate analyses of propositions could coexist, while being best suited for different purposes. Thus, we could call his account of logical form *pluralist, instrumentalist*, or even—following the broader analysis of Verburgt [2021]—*pragmatist*. As such, Venn's account should be of interest not just to historians of logic, but to philosophers as well, particularly given the contemporary vogue of various forms of logical pluralism.

Section 1 sets the stage by describing the confusing state of logic when Venn started writing on the subject, with a particular focus on Venn's own description of it. Section 2 then describes Venn's discussion of the forms of propositions, while Section 3 examines the broader expressions of Venn's pluralism and instrumentalism with respect to logical methods. Section 4 focuses on the tensions and difficulties lurking below Venn's ecumenical approach. Finally, Section 5 attempts to situate Venn's position within the coordinates of today's debates.

1 The state of logic and Venn's view of it

Here is how Venn begins his first paper on logic,[3] in 1876, in the inaugural issue of the journal *Mind*:

> It would not be going too far to say that the principal difficulty in the way of a student of Logic at the present day (at any rate in England) consists not so much in the fact that the chief writers upon the subject contradict one another upon many points, for an opportunity of contradiction implies agreement up to a certain stage, as in the fact that over a large region they really hardly get fairly within reach of one another at all. [...] Much of the consequent confusion can, we are convinced, be easily allayed by a simple process of intercomparison, provided only the various systems be referred to their leading principles of distinction. [Venn, 1876, 43]

This could be a fit manifesto for Venn's entire work on logic: providing an overview of different positions and then assessing their faults and merits is characteristic of his approach and is prominent in our main topic below—his discussion of logical form. But before we turn to this, let us say a few words about the context Venn is gesturing at here.

The 'confusion' in question goes back to the developments of British logic in the preceding half-century. The subject was revived in

---

[3]Venn's work before the middle of the 1870s was mostly concerned with theology and probability; for an overview of Venn's career, see Verburgt [2022].

Britain by the publication of Richard Whately's immensely popular *Elements of Logic* (1826, and many subsequent editions), described 25 years later as 'one of the most important and influential logical publications of modern times' (Blakey 1851, 454; see also, e. g., Van Evra 1984). Whately's logic was in a broadly Aristotelian tradition: logical inferences are presented in the form of syllogisms, which relate two premises and a conclusion; each premise and conclusion is 'a sentence affirming or denying one thing of another' (Aristotle, *Prior Analytics*, 24a16), such as 'All A are B' and 'No B is C'. This book spurred much work on the subject in relatively quick succession, by authors such as Bentham, Mill, Hamilton, De Morgan, Boole, etc. (see Peckhaus 1999), offering substantive proposals for reform as well as debating, philosophically, the nature and significance of the subject.

Among proposals for reform, the best-known are, on the one hand, Hamilton and De Morgan's 'quantification of the predicate' (which gave rise to a well-known priority dispute between the two authors; see Heinemann 2015), and, on the other hand, the introduction of *symbols*. Regarding the latter, after the nearly simultaneous publications by De Morgan [1847] and Boole [1847] attracted very little attention, it was George Boole's (1815–1864) *An Investigation of the Laws of Thought* [1854] that exerted the most profound influence on the further development of symbolic logic. Boole presented logic as an algebra whose expressions looked very much like arithmetical ones and whose inferences also resembled the familiar manipulations of algebraic equations. Using lowercase letters to stand for classes and the usual arithmetical symbols, such as '+' and '×', to stand for ways of combining classes, Boole would, for example, represent the statement 'Wealth consists of things transferable, limited in supply, and either productive of pleasure or preventive of pain' by the equation $w = st(p+r)$ [Boole, 1854, 60]. Using '1' to stand for the 'universe of discourse', Boole would represent the complement (or negation) of x by '$1-x$'. With the device of 'indefinite' class symbols (say, v), 'vx' would stand for 'some x', and Boole was able to represent 'All men are mortal' by '$y = vx$', symbolizing that the class of men is equal to a subclass of the class of mortals. In this way, Boole meant to show that the valid syllogisms could be proved in his logic (though his treatment of syllogisms involving particular propositions would generally be found unsatisfactory), but that the latter allowed for an effective treatment of propositions much more complex than those involved in the traditional syllogisms.[4]

Even among proponents of symbolic logic, there was much dissent. While most symbolic logicians after Boole built on his work in one way or another, most of them criticized it for various reasons and proposed their own systems of logic that differed from his. W. S. Jevons (1835–1882), for example, advocated a more combinatorial approach to symbolic logic and rejected Boole's emphasis on the similarity between logic and arithmetic. In particular, some of the operations that Boole employed in his calculus, such as division, did not seem to have an obvious logical meaning, which made some of Boole's expressions appear meaningless. Boole's understanding of $x + y$ as being defined only in the case that x and y are disjoint classes was also frequently criticized.

On the philosophical side, there was controversy as to the very nature of logic. Here is Venn's account, in 1876, of a salient point of contention. He assumed that there was a modicum of consensus on the nature of propositions:[5] 'Every one, it is to be presumed, will admit that a proposition is a statement in words of a judgment about things' [Venn, 1876, 44]. However, this characterization leads to 'three alternative views on the general nature of logic', depending on whether one puts the emphasis on words, judgments, or things. Venn quickly dismissed as too implausible the view that words are the fundamental constituents of logic, which he ascribed to Whately: 'no clear thinker', he wrote, could adhere to it, and even Whately found himself unable to follow it consistently. This left him with two main conceptions of

---

[4]For a brief introduction to Boole's conception of logic and to his methods, see for instance Waszek und Schlimm 2021.

[5]In a footnote Venn qualifies this assumption: 'The reader is reminded that we are confining our attention, not entirely to English logicians, but to those who may be considered as influential here. No Hegelian, I presume, would consider what we have taken as our starting point to be in any way deserving of such a name' [Venn, 1876, 44].

logic: on the one hand, the *conceptualist view* (which, in his 1876 paper, he attributed explicitly to Hamilton and Mansel, but which can be taken to underlie all traditional formal logic as well as the work of De Morgan, Boole, and Jevons), according to which logic is about concepts and judgments, and language is seen as a 'medium of thought'; on the other hand, the *materialist view* (which he associated with Mill), according to which logic is about things, and language is seen as 'having reference to facts'. Venn formulated reasons in favor and against both views, but he showed more sympathy for Mill's materialist or 'objective' view. Nevertheless, it is a telling example of Venn's open-mindedness that he ended his review of Sigwart's *Logik* [1878], which followed a conceptual approach to logic, by 'strongly recommending' it, because 'the entire cast of thought and mode of treatment are so unlike anything to which we are accustomed here, that the study of the work is unusually instructive and suggestive' [Venn, 1879b, 431]. As we shall see in Section 3.3, Venn would eventually craft a compromise, carving out a place for Boolean symbolic logic in a broadly materialist framework.

Venn's work on logic—which mostly took place from the mid-1870s to the early 1880s, culminating in his *Symbolic Logic* (1881; second edition 1894)—is largely a defense of symbolic logic in general (against proponents of traditional Aristotelian logic or possibly its reformed variants, who did not understand or see the point of introducing symbols), and of Boole's system in particular (against criticisms internal to the symbolic tradition, such as Jevons's). His specific approach, however, consisted in building a framework in which all systems could be seen as compatible and could find their proper place. The centerpiece of this endeavor is his pluralism about the forms of propositions, to which we now turn.

2 Venn on logical form

While preparing his monograph *Symbolic Logic* [1881], Venn published several parts in advance [Venn, 1880b,c,d,e,f], including his reflections on logical form [Venn, 1880b]. The starting point for these is a dissatisfaction with the heterogeneous situation in logic similar to the one he voiced in 1876.[6] His paper 'On the forms of logical propositions' begins as follows:

> Logicians have been much exercised in the attempt to determine the number and arrangement of the simple forms of proposition, and hardly any two who have reconsidered the question for themselves seem to have agreed in their decision. [Venn, 1880b, 336]

Venn distinguishes three different accounts of 'the import of a proposition', namely the ordinary or *predication* view, the *class inclusion and exclusion* view, and the *compartmental* view.[7] In order to better understand them, Venn proposes a systematic comparison:

> We propose to inquire what are the prominent characteristics of each of these distinct, but not hostile, views. What are their relative advantages and disadvantages; to what arrangement and division of propositional forms do they respectively lead; and which of them must be adopted if we wish to carry out the design of securing the widest extension possible of our logical processes by the aid of symbols? [Venn, 1880b, 336–337]

Such a study would not only provide an overview and an assessment of their respective advantages and disadvantages, but could also be useful to guide the future development of logic. In fact, Venn warns that the lack of such a study has previously led to 'error and confusion', in particular in combination with a too hasty commitment to a single account:

---

[6] In a similar vein, Venn's paper on the different notations used in logic begins with the following remark: 'Most logicians must be well aware of the general fact of the perplexing variety of symbolic forms which have been proposed from time to time by various writers, but probably few persons have any adequate conception of the extent to which this license of invention has been carried' [Venn, 1880e, 36].

[7] Mill's *System of Logic* [1843] also has a chapter on 'Of the Import of Propositions', in which four proposals for the meanings of propositions are discussed. Mill rejects the analyses of propositions as relating two ideas, two names, and two classes, and suggests a five-fold classification of matters of fact.

> Logicians have been too much in the habit of considering that there could be only one account given of the import of propositions. [...] And the very useful question as to the fittest view for this or that purpose has been lost in the too summary decision that one view was right and the others wrong. [Venn, 1880b, 337]

We shall now present these three different accounts of logical form and Venn's discussion of them.

2.1 The predication view of common logic

Consider the sentence 'All whales are mammals'. The traditional *predication view* follows the grammar of English and identifies a *subject* (whales) and a *predicate* (being a mammal). For Venn, the distinguishing feature of this view is that it introduces an asymmetry between subject and predicate. He accepted the traditional doctrine according to which terms, for instance 'human', have both a *denotation* (or, in modern terms, *extension*)—e.g., the class of humans—and a *connotation* (or *intension*), made up of attributes—e.g., 'animal', 'rational', and the like. In terms of this distinction, the forms of traditional logic, he wrote, 'generally and primarily regard the predicate in the light of an attribute and the subject in that of a class (whole or part)' (Venn 1880b, 337 = Venn 1881, 3), the question being whether the whole, or a part, of the *class* corresponding to the subject does or does not fall under the *attribute* corresponding to the predicate. Hence the four traditional Aristotelian forms: A ('All S are P'), E ('No S are P'), I ('Some S are P'), and O ('Some S are not P'). Because of the asymmetry between subject and predicate—and in contrast to the other views discussed below—the traditional forms, adds Venn, 'do not tell us whether any other things besides the whole or partial class in question possess the assigned attribute' (Venn 1880b, 337 = Venn 1881, 3-4). On the basis of the four Aristotelian forms we can express patterns of valid inferences, the so-called syllogisms, as well as rules for converting a form into logically equivalent ones, such as certain kinds of conversion and contraposition.

According to Venn, these forms 'certainly seem to represent the most primitive and natural modes in which thought begins to express itself with accuracy', although he is careful to remark that this analysis is relative to the particular language under consideration and that it might be different in 'non-inflectional languages' [Venn, 1880b, 337–338].[8] The fact that the Aristotelian forms had been identified and used for the systematization of inferences two millennia earlier and had remained an object of study since then speaks in their favor, according to him, and provides 'very strong reasons for not disturbing them from the position they have so long occupied' [Venn, 1880b, 338].

The only reasons for going so far as to reject them, writes Venn, would be that they are 'actually insufficient to express what we require to express' or that they are based on a 'wrong interpretation of the import of a proposition'. For him, however, neither of these objections applies. Regarding the first, he insists ('as no one would deny') that 'a combination of two or more of these forms will express almost anything in the way of a definite statement'. Regarding the second objection, he writes:

> [...] the point of this essay is to show that we are not necessarily tied down to one exclusive view as to the import of a proposition. I should say, therefore, that whatever other view we may find it convenient to adopt for special purposes, either of sensible illustration or with a view to solving intricate combinations of statements, there is no valid reason for not retaining the old forms as well. They may not be the most suitable materials for very complicated reasonings, but for the expression and improvement of ordinary thought and speech they are not likely to be surpassed. [Venn, 1880b, 338]

Thus, we clearly see here how Venn relativizes his assessment of logical forms to the particular aims one might have in using them: while he admits that the traditional forms might well not be best suited for

---

[8]See also Venn's discussion that different forms might be better suited to different languages in [Venn, 1888].

giving an intuitive illustration of the relations in question or for solving complex reasoning tasks, he emphasizes that for the 'expression and improvement of ordinary thought and speech they are not likely to be surpassed'.

This fits well with his repeated insistence—whether expressed out of genuine conviction or as a way to appease the opponents of symbolic methods—that the traditional logic remains the best for teaching. As he puts it in the introduction to his book:

> No one can feel more strongly than I do the merits of [the traditional Logic] as an educational study. [...] [T]he forms of proposition in the ordinary logic are just those of common life with the least degree of modification consistent with securing accuracy of meaning. Common Logic should in fact be no more regarded as superseded by the generalizations of the Symbolic System than is Euclid by those of Analytical Geometry. And the grounds for retaining in each case the more elementary study seem to be identical. The narrower system has its peculiar advantage [...] being by comparison more concrete, it is easier for a beginner to understand [...]. I think then that the Common Logic is best studied on the old lines [...]. [Venn, 1881, xxv–xxvii]

2.2 The class inclusion/exclusion view

Instead of following the grammatical subject–predicate structure, it is also possible to interpret the statement 'All whales are mammals' as expressing a relation between two classes—to wit, that the class of whales is included in the class of mammals. Indeed, Venn writes, '[i]t will hardly be disputed that every proposition can be so interpreted' [Venn, 1880b, 338].

How many different forms does this understanding of propositions yield? In other words, in how many different ways can two classes A and B relate to each other? In this case, there are not four but *five* possibilities, which following Grattan-Guinness [1977] are often called

Class inclusion/exclusion view (diagrammatic and verbal forms):

   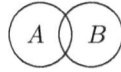 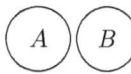

All A is all B All A is some B Some A is all B Some A is some B No A is any B

Predication view (common logic forms):

$\begin{cases} \text{All } A \text{ is } B \\ \text{All } B \text{ is } A \end{cases}$ $\begin{cases} \text{All } A \text{ is } B \\ \text{Some } B \text{ is not } A \end{cases}$ $\begin{cases} \text{All } B \text{ is } A \\ \text{Some } A \text{ is not } B \end{cases}$ $\begin{cases} \text{Some } A \text{ is } B \\ \text{Some } A \text{ is not } B \\ \text{Some } B \text{ is not } A \end{cases}$ No A is B

Compartmental view (Boolean symbolic forms):

$\begin{cases} A\overline{B} = 0 \\ \overline{A}B = 0 \end{cases}$ $\begin{cases} A\overline{B} = 0 \\ \overline{A}B = v \end{cases}$ $\begin{cases} \overline{A}B = 0 \\ A\overline{B} = v \end{cases}$ $\begin{cases} AB = v \\ A\overline{B} = v \\ \overline{A}B = v \end{cases}$ $AB = 0$

Table 1: Translations of the five basic logical forms according to the class inclusion/exclusion view (represented diagrammatically as well as using Venn's proposed verbal equivalents) into traditional Aristotelian forms (corresponding to the predication view) and into Boolean symbolic forms (corresponding to the compartmental view). This table is adapted from [Venn, 1881, 30]; the braces should be read as *conjunctions*.

the 'Gergonne relations';[9] Venn illustrates them diagrammatically as shown in Table 1 [Venn, 1880b, 339].[10]

The question then arises of how these five forms are related to the four (A, E, I, O) of the predication view. The answer is shown in Table 1. As can be seen, the different schemes do not correspond one-to-one: some forms of the predication view correspond to more than one form of the class inclusion/exclusion view, and vice versa. More precisely, we could say that most inclusion/exclusion forms can only be translated as *conjunctions* of predication forms (as indicated

---

[9]This is in reference to Gergonne [1816], quoted by Venn himself [1881, 6].

[10]Note that distinct forms in this list can collapse into one unless all the portions of classes that are referred to are non-empty. Venn discussed this question at length elsewhere; see Sections 3.3 and 4.2 below.

by the braces in Table 1), while most predication forms correspond to *disjunctions* of inclusion/exclusion forms.

To recover a correspondence with verbal forms—that is, to express the new forms unambiguously 'in ordinary speech' [Venn, 1881, 7] rather than through diagrams—Venn suggests using the five forms shown just below the diagrams in Table 1, where 'some' has to be interpreted as 'some, not all' and where the predicate is quantified. In this way, each form of the class inclusion/exclusion view corresponds unambiguously to a unique verbal form.

As Venn hastens to add, these modified predication forms seem similar to those of William Hamilton, who—in connection with his doctrine of the quantification of the predicate—had proposed to add the quantifiers 'all' and 'some' also to the predicates of the Aristotelian forms, thus doubling their number to eight (see, e.g., Hamilton 1860, 277):

Aristotelian forms		Hamilton's forms	
A	All A is B.	All A is all B.	All A is some B.
E	No A is B.	No A is any B.	No A is some B.*
I	Some A is B.	Some A is all B.	Some A is some B.
O	Some A is not B.	Some A is not any B.*	Some A is not some B.*

Indeed, Venn's five modified forms are among those of Hamilton, but the latter include three more (marked with an asterisk in the above table), which Venn criticizes as redundant:

> The Hamiltonian scheme has, no doubt, a specious look of completeness and symmetry about it. [...] But on subjecting [Hamilton's forms] to criticism, by inquiring what they really say, we see that this completeness is illusory. Regard them as expressing the relations of class inclusion and exclusion (and this I strongly hold to be the right way of regarding them) and we only need, or can find place for, *five*. Regard them as expressing to some extent our uncertainty about these class relations, and we want more than 8. This exact group of 8 seems merely the outcome

of an exaggerated love of verbal symmetry. [Venn, 1880b, 343]

Let us return to the class inclusion/exclusion view of statements. That the five basic forms can be straightforwardly depicted by diagrams, which yield visual representations of the relations between the classes in question, is considered by Venn an unmistakable advantage of this approach. After all, the diagrams can be easily apprehended and allow for relations between statements to be investigated almost empirically as relations between diagrams. Venn explains this by giving an illustrative example (the diagram was inserted by us into the quote):

> The advantages of this form of propositional statement, if few, are at any rate palpable and unmistakable. Each form has a corresponding diagram which illustrates its exact signification with the demonstrative power of an actual experiment. If any sluggish imagination did not at once realise that from 'All A is some B,' 'No B is any C,' we could infer that 'No A is any C,' he has only to trace the circles,
>
>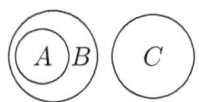
>
> and he sees it as clearly as any one sees the results of a physical experiment. And most imaginations, if the truth were told, are sluggish enough to avail themselves now and then of such a help with advantage. [Venn, 1880b, 343–344]

Despite the diagrammatic representation of the class relations, the class inclusion/exclusion view of propositions has serious limitations with regard to its use:

> In spite of its merit of transparent clearness of illustration of a certain number of forms, it is far from answering our

> purpose as the basis of an *extension of Logic*. It soon becomes cumbrous and unsymmetrical, and has no flexibility or generality about it. [Venn, 1880b, 345]

These limitations, according to Venn, are due to the restriction that the relations between only *two* classes are being represented. To achieve greater flexibility and complete generality, an indefinite number of classes should be considered, as well as relations between them that go beyond simple inclusion and exclusion:

> Any system which merely exhibits the mutual relations of two classes to one another is not extensive enough. We must provide a place and a notation for the various combinations
> which arise from considering three, four, or more classes; in fact we must be prepared for a complete generalisation. When we do this we shall soon see that the whole way of looking at the question which rests upon the mutual relation of classes, as regards exclusion and inclusion, will not suffice. There is a fatal cumbrousness and want of symmetry, about it which renders it quite inappropriate for any but the simplest cases. [Venn, 1880b, 345]

These considerations lead to the third view regarding the import of propositions that Venn discusses, the compartmental view.

2.3 The compartmental view of symbolic logic

The 'compartmental view' is Venn's label for the analysis of the logical structure of propositions that underlies Boole's approach, where propositions are interpreted as 'indicating the *occupation or nonoccupation of compartments*' [Venn, 1880b, 345].[11] This can be considered an extension of the class view, since it allows for the treatment of any number of class terms and the expression of any relations between them. Thus, if an 'extended Symbolic Logic' is sought, this view

---

[11] Heinemann argues that Jevons's approach also falls under this view, which she characterizes as a 'methodological principle' [Heinemann, 2013, 43].

is clearly superior than the ones previously discussed, but it is nevertheless 'just as simple and natural as either of them' [Venn, 1880b, 345, 347].

For Venn, Boole's symbolic language is a 'simple and effective' language for representing all possible relations between classes. For example, given two class terms x and y, we can designate the four compartments into which they divide the universe as xy, $\bar{x}y$, $x\bar{y}$, $\bar{x}\bar{y}$ (where $\bar{x}$ stands for the complement of x). A particular relation that is expressed by a proposition is then characterized by a specification of those compartments that are occupied and unoccupied. With 4 compartments, this yields 16 different possibilities, although Venn counts only 15, since he leaves out the case in which all compartments are empty (this would imply the emptiness of the entire universe of discourse, a possibility Venn rejects).[12] It should be noted here that Venn came up with his famous diagrams, in which empty compartments are represented by shaded areas, precisely to give an appropriate diagrammatic representation of Boolean forms, though he only discusses his diagrams elsewhere (in Venn 1880c and in Chapter V of his 1881 book).

Venn regards those propositions as the simplest that leave only one compartment empty. In Boole's notation they are expressed as

$$xy = 0, \qquad \bar{x}y = 0, \qquad x\bar{y} = 0, \qquad \text{and} \qquad \bar{x}\,\bar{y} = 0,$$

and are rendered in English by Venn as

'No x is y', 'All y is x', 'All x is y', and 'Everything is either x or y',

respectively. This comparison gives Venn the opportunity to remark on the fact that simplicity of a propositional form is a relative notion. In the compartmental view, the fourth form listed above

> is just as simple as any of the others; but in the traditional arrangement it would probably get in only as a disjunctive, since that arrangement dislikes the double negation 'No not-x is not-y'. [Venn, 1880b, 347]

---

[12] In the article, Venn mentions 14 cases [Venn, 1880b, 346], but this is an error that is corrected in the book [Venn, 1881, 24].

In contrast, the relatively simple expression 'All X is all Y' corresponds in Boole's system to the combination (in fact, conjunction) of two equations: $x\bar{y} = 0$, $\bar{x}y = 0$. Venn is well aware that the compartmental view might seem overly complicated when only two terms are considered, but argues that its advantages become obvious when several terms are taken into account at once, an issue we shall come back to in Section 4.

Strikingly, while Venn presents Boole's account as a generalization of the old logic, the compartmental propositions as discussed so far (following the article version of Venn's discussion) appear insufficient to translate the forms of the other views. The most glaring example of this are the particular propositions of Aristotle, 'Some X is Y' and 'Some X is not Y', which plainly cannot be interpreted as asserting the emptiness of any compartments, but assert instead that some compartment is *not* empty.

We shall come back to this at greater length in Section 4, but let us note here that Venn briefly fills in the blanks in his *Symbolic Logic* [1881]: while Chapter I of it reproduces his article [Venn, 1880b] almost verbatim, it also contains a few additions, the most consequential of which are two new pages that flesh out the compartmental view beyond what we have mentioned so far. There, Venn introduces the indeterminate class symbol v, which can take any value *strictly between* 0 and 1 (this is, in fact, one of the places where Venn corrects Boole, as we shall see below), so that 'Some X is Y' can be translated as $xy = v$. Writing $xy = 1$ would mean, instead, that the compartment xy contains all elements of the universe of discourse, i.e., that *all other* compartments are empty. Thus, assuming that the universe of discourse (UD) is not empty, as Venn does, the following table sums up the information that a simple equation containing xy would give about the compartment in question and the other compartments:

	Compartment xy	Other compartments
$xy = 0$	empty	all elements of UD
$xy = v$	some elements of UD	some elements of UD
$xy = 1$	all elements of UD	empty

Using the indeterminate class symbol v, Venn then maintains that the compartmental view yields *twelve* basic propositional forms involving two terms x and y, namely

$$xy = w, \qquad x\bar{y} = w, \qquad \bar{x}y = w, \qquad \bar{x}\,\bar{y} = w,$$

where w can take any of the values 0, v, and 1 [Venn, 1881, 31, 170, 358]. How these can be used to express the forms of the class inclusion/exclusion view is shown, following Venn, in the last row of Table 1.

2.4 Assessment of the approaches to logical form

Let us now summarize Venn's discussion of the three accounts of logical form. The advantages of the predication view, also referred to as the 'old view' by Venn [1880b, 349], are that it is very simple and bears a close relation to ordinary language; in [Venn, 1888, 415], he also argues that this form 'is of universal applicability' and best suited 'for the expression of new acquisitions or experience'. Venn also thinks that 'for ordinary educational purposes [it] will probably never be superseded' and that 'it possess a fine heritage of accurate technical terms and rules of application'. However, it lacks a 'correspondent diagrammatic system of illustration' and its 'want of symmetry forbids its successful extension and generalisation' [Venn, 1880b, 349]. The class inclusion/exclusion view has a 'transparent clearness of illustration' through its diagrammatic representation, which allows to '*intuit* the proposition'. However, just like the predication view, it lacks 'symmetry' and 'consequent adaptability of generalisation', and it is 'considerably removed from popular forms of expression'. Moreover, in Hamilton's version, the approach is actually deemed to be 'inconsistent' by Venn. Finally, the compartmental view strikes one as an 'artificial scheme', 'couched in too technical form' and 'too far removed from the language of common life'. However, in regard to 'symmetry [...] and the power that comes with it, nothing can well be put into competition with it' [Venn, 1880b, 349]. As becomes clear in the book, this power is exhibited particularly in its ability to provide general methods for solving intricate logical problems.

With regard to the number of basic propositional forms, we have seen that the predication view of common logic has four, the class inclusion/exclusion view has five (or eight, in Hamilton's version), and the compartmental view twelve (when only two terms are considered). This is in keeping with Venn's conviction that 'there can be no absolute arrangement of propositional forms. The number and grouping of our forms must depend upon the fundamental view we take as to what should be the import of a proposition' [Venn, 1881, 171].

2.5 The approach Venn missed: Frege

A contemporary reader might be surprised by the absence, in Venn's discussion, of any reference to Frege's analysis of propositions. Although Frege's well-known paper 'Function und Begriff' was published only in 1891, his analysis of propositions in terms of functions and arguments is presented already in §9 of his *Begriffsschrift* [1879], which Venn reviewed in *Mind* [Venn, 1880a] just around the time he was working on his book on symbolic logic. Nevertheless, Venn did not appreciate the innovative character of Frege's approach. He notes that Frege does not refer to Boole and thus might have developed his system independently, but ultimately concludes: 'it does not seem to me that Dr. Frege's scheme can for a moment compare with that of Boole' [Venn, 1880a, 297]. For Venn, what Frege claims to be novel in his approach 'is common to every symbolic method' and well known to British logicians:

> [Frege] calls attention to the fact that, on his scheme, the distinction, so important in grammar and on the predication view of ordinary logic, between subject and predicate loses all its significance, [...] and so on; all these being points which must have forced themselves upon the attention of those who have studied this development of Logic. [Venn, 1880a, 297]

Our analysis above helps us make sense of Venn's reaction. Standard historical narratives typically credit Frege with the overthrow of the subject–predicate analysis of propositions, in keeping with Frege's own remarks at the beginning of the *Begriffsschrift*. For Venn, however, such a move was implicit throughout Boolean logic (and even in the simpler class inclusion/exclusion view), making Frege's claims sound like reinventions of the wheel. Meanwhile, the power of Frege's system to tackle relations and nested quantifications would not have been immediately apparent to Venn.

Instead, it seems that it was mainly the two-dimensional character of Frege's notation that caught Venn's attention. And while Venn notes the danger of bias when assessing unfamiliar systems of logic, such that 'they will almost necessarily appear cumbrous and inconvenient to those who have been accustomed to make use of some different system', he concludes his brief review by writing: 'I have not made myself sufficiently familiar with Dr. Frege's system to attempt to work out problems by help of it, but I must confess that it seems to me cumbrous and inconvenient' [Venn, 1880a, 297].[13]

Venn noted, as a drawback of Boole's system, that its appearance was unfamiliar; this criticism would certainly also apply to Frege's. However, given its explicit symbolization of quantifiers that makes it more similar to ordinary language, its two-dimensional presentation that exhibits the hierarchical logical structure visually, and its expressive power, it might seem that according to Venn's own criteria, summarized in Section 2.4, he should have held Frege's system in high esteem, had he taken the time to better understand it.

More realistically, though, the change of point of view between Venn's logical framework—which, despite the shift from the old logic to Boole's, is still mostly concerned with simple relations between classes—and Frege's new approach is so profound that it is probably unsurprising that the point of Frege's work largely escaped Venn. Schröder, the most prominent Boolean logician in Germany, similarly reviewed Frege's work and utterly misunderstood it, likewise stating that everything of interest in it was already in Boole [see Peckhaus, 2004a,b].

---

[13]See Schlimm [2018] for a more detailed assessment of Frege's notation and for other reactions to it by his contemporaries.

3 Venn's broader views on logic

3.1 Pluralism

Let us now return to the problem referred to in the opening passage of Venn's 'On the forms of logical propositions' (quoted at the beginning of Section 2, above), namely the determination of 'the number and arrangement of the simple forms of proposition'. For Venn, the disagreement among logicians on this issue is due to a more fundamental disagreement about what propositions are in the first place. Only once we have agreed on a particular view of propositions does it make sense to determine the number of basic logical forms. However, unlike many of his contemporaries, Venn does not think that there is a unique answer to the more fundamental problem. He writes:

> There is no occasion whatever to tie ourselves down to one view only, as if the import of propositions was fixed and invariable. Very likely other views might be introduced in addition to the three which have been thus examined [...]. Each of these three stands upon its own basis, yields its appropriate number of fundamentally distinct propositions, and possesses its own merits and defects. (Venn 1880b, 348–349 = 1881, 28)

Almost a decade later, Venn again reiterated this pluralist attitude towards logical forms. In his *The Principles of Empirical or Inductive Logic* [1889], he writes:

> In speaking, as we have been doing, of three distinct renderings of the import of a proposition, and the consequent distinct schedules of propositional forms which have to be drawn up, the reader must be on his guard against a possible misunderstanding. There is no question here of right or wrong; we are not now deciding between the claims of hostile theories. Nothing more serious is at stake than a question of convenience and of efficiency of method. There has been far too much of a disposition on the part of logicians to consider that there must necessarily be some one

correct view as to the import of propositions, and that therefore in deciding for one they must reject others. They have always retained something of the theologian's spirit. [Venn, 1889, 230]

A key term in this quote is that of 'theories'; notice that Venn, perhaps surprisingly, does not regard the choice of one single theory as the task of logicians. Thus, to better understand his view on logic, we need to look a closer look at Venn's understanding of logical theories.

3.2 Instrumentalism: Theories vs. methods

The 'hostility' that Venn mentioned in the previous quotation between different theories is due to fact that he considers a theory to be 'the *true*' and 'most fundamental' account of a subject matter, which he contrasts with the 'methods' that are employed in the study of a subject matter. With regard to logic, he writes:

> If we were constructing a complete theory of Logic we should have to ask what is the *true* account, by which we should understand the most fundamental account, of the nature and import of a proposition, and on this point different accounts would be in direct hostility to one another. But when we are discussing methods rather than theories, this is not necessary. [Venn, 1880b, 336]

On what constitutes the fundamental character of theories of logic for Venn, the following quote gives us an indication:

> It may fairly be maintained that one of these views must be more fundamental than the others, or possess a better psychological warrant, but it cannot be denied that they are all three tenable views; that is, that we may, if we please, interpret a proposition in accordance with any one of the three. [Venn, 1880b, 336]

Notice Venn's insertion of 'or possess a better psychological warrant' when mentioning the claim that one view must be 'more fundamental' than the others. Thus, at least with regard to logical theories, Venn considered the psychological adequacy as an important criterion for determining the true account. Indeed, when discussing the class inclusion/exclusion view, he writes:

> [...] this interpretation may not be the most fundamental in a psychological sense; but when, as here, we are concerned with logical methods merely, this does not matter. For the justification of a method it is clearly not necessary that it should spring directly from an ultimate analysis of the phenomena; it is sufficient that the analysis should be a correct one. [Venn, 1880b, 338]

Thus, the only necessary condition for a method, according to Venn, is its 'correctness', by which he might mean that it leads to the correct conclusions as to what follows from what. (Indeed, Venn never seems to doubt that there are right and wrong answers to such questions, in contrast to today's logical pluralists; in contemporary terms, he does not seem to be a pluralist about logical consequence, a point we shall come back to in Section 5.) But, as we have seen in his discussion of the advantages and disadvantages of the various views of logical propositions in Section 2, different methods might, for instance, be most useful for beginners to discern what follows from what in simple cases, or for more advanced logicians to solve complex problems. It seems therefore appropriate to consider Venn an *instrumentalist* with regard to accounts of logical form.

3.3 Conventions and the objectivity of logic

Instrumentalist themes also emerge in Venn's general attitude towards logic.[14] In 'The difficulties of material logic' [1879a], Venn referred to the distinction between the 'Science of Logic' and the 'Theory of

---

[14]Our focus here is on Venn's writings from around 1880, at the time he devised his account of logical form. However, some of the ideas we present go back to earlier work, and were further articulated in Venn [1889]. For a broader discussion, see Verburgt [2022, Chapter 11].

Reasoning' made in Herbert Spencer's *The Principles of Psychology* [1872]; he quoted the following passage as 'the best exposition perhaps' of the objective view of logic, which he considered to be the 'essentially sound view' [Venn, 1879a, 36]:[15]

> The distinction is, in brief, this, that Logic formulates the most general laws of correlation among existences considered as objective; while an account of the process of Reasoning, formulates the most general laws of correlation among the ideas corresponding to those existences. [Spencer, 1872, 87]

Venn immediately clarifies that 'the objectivity here referred to does not in any way imply acquaintance with more than phenomena'—it does not refer to 'things in themselves' as opposed to 'things as presented to us'.[16] Rather, one should properly call 'objective' the ideal, perfected state of human knowledge:

> My knowledge of the 'thing' is very inaccurate and defective; this imperfect presentation of it is my conception or idea of it, and we term it subjective. But suppose this knowledge, always within the range of phenomena, developed and perfected to the utmost attainable degree; let it be determined with all the accuracy which present or future methods of measurement may invent; let this knowledge receive the final and general assent of mankind,—and we should then have obtained what we may call objective knowledge. [...] [T]his knowledge thus rendered final and general *is*, for all practical and speculative purposes, the same thing as the sum-total of "existences considered as objective" which, according to the above extract, is to be regarded as the subject-matter of Logic. [Venn, 1879a, 37].

---

[15]This passage from Spencer is also quoted in Read's *On the Theory of Logic* [1878, 11] as the best characterization of the materialist view of logic, which Read takes from Mill and Bain. Read's book was reviewed by Venn before writing the paper under discussion [Venn, 1878]. It might well be that this review prompted Venn to write on 'The difficulties of material logic' [1879a] in the first place.

[16][Venn, 1879a, 36–37].

However, Venn wrote, 'any such attainment as this of objective knowledge is at present indefinitely remote'. So adhering strictly to Spencer's distinction is impossible; while an objective logic should be the goal, we can only achieve an approximation of it that relies on (subjective) 'assumptions or conventions' [Venn, 1879a, 47].

An example will clarify the kind of conventions Venn has in mind. Should the proposition 'All A is B' be taken to imply that there exist As and Bs? From an objective point of view, writes Venn, the answer should be yes,

> for otherwise the proposition would not be a true one; or rather, by not saying that existence is implied, we should be losing our hold of that distinction between truth and falsehood [...] which it is the main prerogative of an objective Logic to keep clearly before us. [Venn, 1879a, 41]

Indeed, insofar as the proposition is taken to be about actual things (rather than about our limited knowledge of things), if there are no As in the first place, then 'All A is B' and 'No A is B' become one and the same. Likewise, 'No C is D' implies that there exist Cs. However, from an objective point of view, it *does not* imply that there exist Ds, 'for take the proposition "No object possesses a temperate below 280°C". The very meaning of the proposition denies the existence of its predicate.'[Venn, 1879a, 41].

The problem with such a strictly objective point of view is that it is incompatible with standard rules, including *conversion* (which allows transforming 'No C is D' into 'No D is C', hence would force the existence of Ds also) and *contraposition* (which allows transforming 'All A is B' into 'No not-B is A' and conversely, hence forcing the existence of not-Bs also); accordingly, it would lead one to sacrifice much of the simplicity of traditional logic:

> If we chose to adhere to our strict logical view with punctilious accuracy, we should have to lay down our rules somewhat as follows:—In an Affirmative Proposition the subject and predicate distinctly imply the existence of their objects; but, as we must appeal to experience to make

> sure of the existence of their contradictories, we have no right without due inquiry to contraposit such a proposition. In a Negative Proposition the subject must exist, but not necessarily the predicate (for negation does not carry existence with it). Accordingly we have no right without due examination even to convert a negative proposition. [Venn, 1879a, 41–42]

Venn's conclusion is that what logic actually does is to make 'assumptions or conventions' (such as that of taking *all* terms mentioned to exist) that are not justified by a strictly objective point of view, but that allow for a workable system:

> It is clear therefore that what we really do is take a licence or make a convention for convenience sake. [Venn, 1879a, 41]

In sum,

> it seems better not to claim an objectivity unattainable at present, but to admit frankly that our processes and results in Logic are conditioned on every side by subjective or relative considerations. Our logical machinery and technical phraseology can only be interpreted by the help of numerous assumptions or conventions; relative, not merely to human intelligence in general but, more narrowly, to the amount and distribution of the knowledge of the persons who have to use the Logic. [Venn, 1879a, 46–47]

This is what Verburgt [2021] calls Venn's 'pragmatism', further developed in Venn [1889] and in an unpublished lecture delivered in 1889 [Verburgt, 2021, 87].

However, objectivity remained for Venn an ideal to be strived for. Regarding the existential import of propositions in particular, he believed that Boolean symbolic logic suggested a more satisfactory set of conventions than traditional logic. We shall come back to this in Section 4.2.

4 Venn's balancing act

In his defense of symbolic logic, and in particular of Boole's system, Venn is at pains to show that it does not stand in opposition to traditional methods but is wholly compatible with them; his statement from the introduction to his *Symbolic Logic* is that 'the Common Logic is best studied on the old lines' and that 'the Symbolic Logic should be regarded as a Development or Generalization of it' [Venn, 1881, xxvii]. Yet he also wants to emphasize how profoundly the new methods should transform our view of the entire subject; for instance, in his book he prefaces his discussion of the forms of propositions by asserting 'that the System of Logic which this work is intended to expound is not merely an extension of the ordinary methods—though this is perhaps its principal characteristic—but that it also involves a considerable change from the ordinary point of view' [Venn, 1881, 1]. His general introduction also shows his efforts at striking a balance between these two claims:

> A thorough generalization assumes sometimes an entirely unfamiliar aspect to those who were previously acquainted only with some very specialized form of the generalized process [...]. In such cases the realization of the generalization may amount almost to the acquisition of a new conception, rather than to the mere extension of one with which we were already intimate. [Venn, 1881, xxi]

Our aim here is to show that Venn's account of logical form is a crucial piece in his efforts to strike a balance between these two claims. We shall also show that this perspective sheds light on a knotty part of Venn's account, namely his somewhat inconsistent treatment of particular propositions.

4.1 Equivalent but revolutionary: the new logic between radical innovation and compatibility with tradition

On the one hand, Venn seems to say that the new logical forms of Boole's logic do not offer more expressive power than the old, Aristotelian ones:

> [B]y a little management [the traditional four forms] can be made to express nearly all the simple forms of assertion or denial which the human mind can well want to express. [...] By combining two or more of them together they can readily be made equivalent to much more complicated forms. Thus, by combining 'All X is Y' with 'All Y is X,' we obtain the expression 'All X is all Y,' or 'X and Y are coextensive,' and so forth. [...] [A] combination of two or more of these forms will express almost anything in the way of a non-numerical statement. (Venn 1881, 3–5 = 1880b, 337-338.)

On the other hand, he seems to contradict himself a few pages later, apparently asserting that the new forms are indispensable for cases involving several terms at once:

> The full merits of this [compartmental] way of regarding and expressing the logical proposition are not very obvious when only two terms are introduced, but it will readily be seen that *some such method is indispensable* if many terms are to be taken into account. (Venn 1881, 26, our emphasis = 1880b, 347, with 'real merits' instead of 'full merits'.)

Reading further, however, clarifies how Venn resolves this apparent contradiction:

> Let us introduce three terms, x, y and z; and suppose we want to express the fact that there is nothing in existence which combines the properties of all these three terms, that is that there is no such thing as xyz. If we had to put

> this into the old forms we should find ourselves confronted with six alternative statements, all of them tainted with the flaw of unsymmetry; viz. No x is yz, No y is xz, No z is xy, and also the three converse [...] No reason could be shown for selecting one rather than another of them; and if we attempted to work with the symmetrical form 'There is no xyz,' we should find that we had no supply of rules at hand to connect it with propositions which had only x, y, or z, for subject or predicate. (Venn 1881, 26 = 1880b, 347.)

In other words, the deficiency of the old logic does not lie in any *inability* to express propositions involving many terms, but in the fact that it could only express them in too complicated a way and, more importantly, that it would lack *methods* appropriate to handle them. In sum, there is a sense in which the old and the new forms are equivalent, while leaving room for the new ones to ground a much more powerful logic.

The rest of the book illustrates how, despite the expressive equivalence, Boole's system can transform one's entire view of logic. In particular, Chapter XXVII, 'Generalizations of the Common Logic', shows how the main concepts and methods of the old logic are altered beyond recognition when examined from the new perspective: of course, as already mentioned, the 'schedule of propositional forms' will be transformed; the concepts of contrariety and contradiction will, basically, have to be replaced by complementation; and instead of the syllogism and conversion, the main methods become elimination (a general version of the syllogistic elimination of the middle term) and a general method of 'inference', consisting in the algebraic transformation of the form of premises. A deeper exploration of these issues goes beyond the scope of this paper.

4.2 A tension in Venn's account: existential import and particular propositions

One example of a change in viewpoint afforded by the new logic deserves further discussion, both because it is given pride of place by Venn as clarifying an intractable difficulty of the old logic, and because it highlights the tension in his efforts to insist on the equivalence of the different accounts of propositions while defending the contributions of the symbolic approach. The example in question is Venn's theory of the 'existential import' of propositions, and, more pointedly, his account of the traditional 'particular' propositions (i.e., 'Some A is B' or 'Some A is not B').

The question at issue is whether propositions mentioning a certain term, say A, should be taken to imply that the corresponding class is non-empty, that is, that there are As in the universe of discourse. As mentioned above (Section 3.3), Venn argued that in the old logic this question does not admit of a satisfactory solution; he discussed this at length in Chapter VI of Venn [1881]. Asserting that propositions *always* or *never* imply that the classes mentioned are non-empty is implausible, he wrote. Moreover, the accepted rules of traditional logic make it impossible to find a middle ground: on top of conversion and contraposition, discussed above, the *Darapti* syllogism allows us to infer 'Some X is Z' from 'All Y is Z' and 'All Z is X', so that we will have to admit existential assumptions for universal propositions if we do so for particular propositions.

Venn argued that Boole's logic lends itself to a neat solution. In keeping with our discussion in Section 3.3, a solution here means a set of conventions determined by considerations of 'convenience and consistency in the working out of the Symbolic or Generalized Logic' [Venn, 1881, 141]. Moreover, once more, Venn insisted that his solution, though suggested by the Boolean framework, is not intrinsically tied to it: 'once realized it will be found to apply also to the ordinary interpretation of the proposition' [Venn, 1881, 141].

Venn's account is based on the fact that the central procedures in Boole relied on reducing propositions to lists of what Venn sometimes called 'elementary denials' (i.e., in the language of the above, to assertions that some compartment is empty). As we have seen, the proposition 'All X is Y', for instance, just says that the compartment $x\overline{y}$ is empty. Viewed in this light, propositions never imply the existence of anything, except possibly in the limit, if all compartments save one have been deemed empty (for Venn always assumes that the universe of discourse cannot be empty). Any further existential assumptions will have to be made explicit and treated on a par with particular propositions, which do assert existence and require a separate symbolic treatment using the special-purpose indeterminate class symbol v, which can take any value *save 0 or 1*, i.e., can refer to any class except the empty one and the universe of discourse. 'Some X is Y' will then be written $xy = v$. Inferring 'Some X is not Y' from 'No X is Y' then requires an additional existential assumption that should be made explicit, namely the assumption that there is some X; in other words, such an inference is only valid if 'No X is Y' is implicitly taken to mean $xy = 0$ together with $x\overline{y} = v$ [Venn, 1881, 360].

However, such subtleties are omitted from Venn's discussion of logical forms. The problem is that the use of the symbol v, and hence the treatment of particular propositions in general, is a rather uneasy addition to Boole's system. Boole's treatment of particular propositions had problems, as he used indeterminate class symbols like v in an ambiguous manner, without clearly specifying whether $v = 0$ was allowed or not; he has often been criticized for this.[17] Venn admitted as much and corrected Boole on this point by requiring v to be a non-empty (and non-universal) class.[18] This restriction, however, meant that v could no longer be freely manipulated; as Venn wrote [Venn, 1880c, 360–361], the use of v is only fine as long as one is careful only to use a limited subset of Boole's methods (excluding the most general and powerful, since these rely on the development of propositions into elementary denials, which particular propositions are not capable of). Surprisingly, Venn's solution then seems to be to banish particular propositions from logic as much as possible:

---

[17]See, e.g., Dummett [2000, 79–80].
[18]See in particular Chapter VII of Venn [1881].

> For the purposes of the higher generalizations it does not seem to me as if any theory were yet proposed, which would answer except for a dichotomous scheme, represented symbolically by 1 and 0 [i.e., with no v] [...] Into such a dichotomous scheme truly particular propositions will not apparently fit, and they have accordingly to be rejected from all the higher generalizations. If such propositions were of real scientific importance, or forced themselves into many of our familiar problems, this inability to grapple effectually with them would certainly be a blemish in the Symbolic Logic. As it is, we can afford to part with them without much sense of loss. [Venn, 1880c, 361]

Venn returned to the question of particular propositions in a 1883 review of the work of the Peircean school, and in particular of Christine Ladd, who attempted a full treatment of the syllogism that included particular propositions. He maintained that particular propositions did not admit of a satisfactory general treatment. Asking 'whether any perfectly general treatment of [particular propositions] is available, that is, corresponding in generality and brevity to those which Boole has given and which have been simplified in their practical employment by a succession of writers', he answered: 'I am inclined to think that it is not' [Venn, 1883, 598]. A further detail brings home how little regard Venn, from his Boolean vantage point, had for particular propositions: the diagrams he designed to represent compartmental propositions (the famous 'Venn diagrams') initially did not include a device for representing existential claims: both his first article on the topic [Venn, 1880c] and Chapter V of his book [Venn, 1881] just covered universal propositions, and it is only in the 1883 review just discussed that he first hinted, incidentally, at a way of extending his diagrams to particular propositions [Venn, 1883, 599–600].

The tension underlying Venn's rhetorical strategy is here made apparent. He seemingly thought that symbolic logic, if followed to its logical conclusions, would lead one to eliminate particular propositions as much as possible. Yet this is in conflict with his efforts to paint the various accounts of propositions as equivalent. This tension, we suggest, helps explain the peculiarities of his expositions of the forms of propositions. As remarked above, in the paper version of his discussion [Venn, 1880b], Venn's account of the 'compartmental' view is limited to universal claims, thus presenting a view that is faithful to the new logic, but inadequate to express a good half of the traditional view (though he did not mention this). In his book, he did introduce the symbol v, thus obtaining a 'schedule of propositional forms' that was expressively equivalent to that of the old logic; but he only did so fleetingly at the end of the chapter, without insisting upon the difficulties v created for Boole's general methods.

5 Situating Venn's pluralism philosophically

Let us now attempt to situate, with respect to today's philosophical debates, Venn's pluralism regarding logical forms. As we shall see, his is a peculiar pluralism by contemporary standards: it is not about consequence or about what should count as 'logical', but about ways of regimenting sentences for the purposes of logical investigations.

We begin with a few remarks about what Venn's position is not. While his 'conventionalism' (as discussed in Section 3.3) might in principle open the door to it, Venn did not frontally discuss the possibility of pluralism about *logical consequence*—about what follows from what. In this, he is far removed from the positions usually called logical pluralism today, the best-known of which is Beall and Restall's,[19] as well as from the pluralism sometimes ascribed to Venn's contemporary Hugh MacColl.[20] He did not seem concerned, either, with demarcating the domain of the logical; in the context of his discussion on the forms of propositions, he seems to take it for granted.

Instead, one may initially be tempted to compare Venn's discussions with contemporary debates about the nature of propositions. Today, we might argue about whether propositions are sets of possible

---

[19]Beall und Restall [2006]. See for instance Shapiro [2014] and Hjortland [2017] for a discussion of a broader variety of views.

[20]On what has been described as Hugh MacColl's instrumentalism and pluralism about logic, see Grattan-Guinness [1999] and Rahman und Redmond [2008].

worlds, or some kind of structured entities (say Fregean or Russellian propositions). Different views on the nature of propositions lead to different ways of *individuating* them: for instance, if propositions are sets of possible worlds, then all sentences that are true in all possible worlds express *the same* proposition, whereas they will usually express different Fregean or Russellian propositions. Likewise, the views Venn compares seem to be about what propositions are: specifically, whether they are relations between a class and a predicate, relations between two classes, or assertions of the emptiness or non-emptiness of some of the 'compartments' defined by some classes. These positions lead to different ways of individuating propositions. For instance, on the traditional (predication) view, 'No whales are birds' and 'No birds are whales' are different, while on the two other views, they express the same proposition.

The analogy stops there, however. Contemporary views that identify propositions with sets of possible worlds, say, do not necessarily come with specific ways of representing propositions verbally or symbolically. In contrast, Venn is only interested in answers to the fundamental question of the nature of propositions insofar as they provide general principles for *regimenting* sentences using specific technical forms.

The 'logical forms' one might describe Venn as a pluralist about are precisely such technical forms used to regiment sentences; his argument is that several choices of such forms can be made, each best suited for specific purposes. This may bring to mind Carnap's 'principle of tolerance', much discussed in recent years by logical pluralists [see, e.g., Restall, 2002]: indeed, this principle implies that questions of logical form are (at least in part) a matter of which language one chooses in order to reconstruct some inferential practice, and that ultimately, choices of language can only be made on pragmatic grounds.[21] But once more, Venn's position is less radical. His pluralism about the regimentation and individuation of propositions is not linked to

---

[21] On Carnap's principle of tolerance, see Leitgeb und Carus [2020, in particular supplements H and D]; on its connection with logical form, see Pietroski [2021, section 6].

a pluralism about what counts as logical, or about which relations of consequence hold between sentences. It does, however, foreground finer-grained pragmatic consequences of language choice.

6 Conclusion

Venn's work on logic, culminating in his *Symbolic Logic* (1881, 2nd ed. 1894), was first and foremost an exposition and defense of Boole's symbolic approach; indeed, Venn is possibly the only prominent author who endorsed Boole's system in all its details, keeping such features as the exclusive interpretation of logical addition or Boole's division of class terms. However, whether out of strategy or genuine conviction, Venn insisted that the symbolic logic was not opposed to traditional Aristotelian methods, but could co-exist side-by-side with them, each being best suited for its own ends—with the old logic particularly appropriate for teaching beginners. Since he recognized that these different logics offered different analyses of the 'forms of propositions', he was led to a striking kind of instrumentalist pluralism with respect to the different ways we might choose to regiment sentences of natural language for logical purposes. From a contemporary perspective, this account is surprising and original, for at least three reasons.

First, Venn's view on the forms of propositions is historically surprising because it is formulated within the confines of an old-fashioned logic of terms and classes, whereas we typically associate the very idea of a 'logical form' of sentences—which would underlie their use in *reasoning* and may well be different from their *grammatical* structure—with the work of Frege and Russell. Admittedly, if one looks closely enough, the Aristotelian tradition too is in the business of describing covert logical structures. For instance, as Pietroski [2021] emphasizes, it was customary to fit sentences like 'Every star twinkles' into the predication mold by paraphrasing them as 'Every star is a twinkling thing'; still, the divergence with natural language 'was held to be relatively minor' [Pietroski, 2021, section 2]—in Venn's own words, '[i]t is often, as we know, difficult to say what is a grammatical and what a logical question, owing to the fact that the forms of proposition in the ordinary logic are just those of common life with the least degree of modification consistent with securing accuracy of meaning' [Venn, 1881, xxvi]. Instead, the idea of substantial and systematic discrepancies between logic and language is commonly associated today with examples like Russell's [1905] analysis of 'The present King of France is bald' as '$\exists x\,(Fx \wedge \forall y\,(Fy \to y = x) \wedge Gx)$', or Frege's famous distinction between the 'is' of identity and the 'is' of predication, e. g., in the verbally similar but logically very different sentences 'The Morning Star is Venus' and 'The Morning Star is a planet' (Frege 1892, 194 = Frege 1984, 183). The interesting point here is that Venn drew an analogous lesson—that one can fruitfully offer *logical* analyses of propositions that diverge significantly from Aristotelian ones and from natural language—but on the basis of Boole's arguably much less thoroughgoing reconception of logic. Incidentally, this helps us understand why Frege's claims of having replaced the subject–predicate analysis of propositions struck Venn as unoriginal.

Second, Venn's pluralism with respect to logical form, in stark contrast to positions normally called 'logical pluralism' today, does not involve intuitionistic or other non-classical logics; it does not involve pluralism about logical consequence or about the boundaries of the logical. Nowhere does Venn suggest that adopting Boole's 'compartmental' view of propositions instead of the traditional 'predication' view might change what can correctly be deduced from given premises; he also explicitly says, as we have seen, that by combining several Aristotelian forms one can express everything one might ever need—in other words, that the different systems have the same expressive power. While in principle, his idea that logic relies on conventions—discussed in Section 3.3—could open the door to a more thorough-going pluralism, such a possibility does not play a role in his discussion of the forms of propositions.

In this sense, one might be tempted to say that the differences between the views examined by Venn are 'merely pragmatic'. But—and this is our third point—what Venn offers is essentially an extended argument that such pragmatic differences *do* matter: by allowing to systematically express propositions involving an arbitrary number of terms in a way that lends itself to a general, methodical treatment, Boole's system offers a new systematization of logic that sheds a new light on the subject. It yields a different way of individuating propositions; instead of contrariety and contradiction, *complementation* becomes salient; instead of conversion and the syllogism, *elimination* and Boole's algebraic solution method take center stage; and it lends itself to a clear, explicit treatment of the existential import of propositions. This, then, is what Venn's account of logical form—despite its restriction to very simple class logics, and its lack of discussion of any broader pluralism about logical consequence—can bring to contemporary discussions of the variety of possible logical systems: it highlights the way seemingly 'pragmatic' differences, even among logics that are in some sense *equivalent*, can end up substantially transforming our view of the subject.

Acknowledgments. For comments and discussion, we would like to thank Ulf Hlobil and Amirouche Moktefi as well as audiences at the 2021 Workshop of the Canadian Society for Epistemology (Université de Montréal, 20 November 2021) and at the "Philosophical Roots of Mathematical Logic" conference (University of Turin, 4–6 April 2022).

References

[Beall und Restall 2006] BEALL, J. C. ; RESTALL, Greg: *Logical Pluralism*. Oxford : Clarendon Press, 2006

[Blakey 1851] BLAKEY, Robert: *Historical Sketch of Logic: From the earliest times to the present day*. London : H. Baillière, 1851

[Boole 1847] BOOLE, George: *The Mathematical Analysis of Logic*. Cambridge : Macmillan, Barclay, and Macmillan, 1847

[Boole 1854] BOOLE, George: *An Investigation of the Laws of Thought, on which are founded the mathematical theories of logic and probabilities*. London : Walton and Maberly, 1854. – Reprinted by Dover Publications, New York, 1968.

[De Morgan 1847]   DE MORGAN, Augustus: *Formal Logic, or The calculus of inference, necessary and probable.* London : Taylor and Walton, 1847

[Dummett 2000]   DUMMETT, Michael: Review of Boole. In: GASSER, James (Hrsg.): *A Boole Anthology* Bd. 291. Dordrecht : Kluwer, 2000, S. 79–85. – Originally published in 1959.

[Durand-Richard 2000]   DURAND-RICHARD, Marie-José: Logic versus algebra: English debates and Boole's mediation. In: GASSER, James (Hrsg.): *A Boole Anthology* Bd. 291. Dordrecht : Kluwer, 2000, S. 139–166

[Frege 1879]   FREGE, Gottlob: *Begriffsschrift. Eine der arithmetischen nachgebildete Formelsprache des reinen Denkens.* Halle a/S. : Verlag Louis Nebert, 1879. – English translation: *Begriffsschrift, A formula Language, Modeled upon that for Arithmetic*, in van Heijenoort [1967], pp. 1–82.

[Frege 1891]   FREGE, Gottlob: *Function und Begriff. Vortrag, gehalten in der Sitzung vom 9. Januar 1891 der Jenaischen Gesellschaft für Medicin und Naturwissenschaft.* Jena : Hermann Pohle, 1891. – Translated as 'Function and Concept' in Frege [1984]

[Frege 1892]   FREGE, Gottlob: Ueber Begriff und Gegenstand. In: *Vierteljahrsschrift für wissenschaftliche Philosophie* 16 (1892), Nr. 2, S. 192–205. – Translated as 'Concept and Object' in Frege [1984].

[Frege 1972]   FREGE, Gottlob: *Conceptual Notation and Related Articles.* Oxford, UK : Oxford University Press, 1972. – Translated and edited with a Biography and Introduction by Terrell Ward Bynum

[Frege 1984]   FREGE, Gottlob: *Collected Papers on Mathematics, Logic, and Philosophy.* Basil Blackwell, 1984

[Gergonne 1816]   GERGONNE, Joseph D.: Essai de dialectique rationnelle. In: *Annales de Mathématiques pures et appliquées* 7 (1816), S. 189–228

[Grattan-Guinness 1999]   GRATTAN-GUINNESS, Ivor: Are Other Logics Possible? MacColl's Logic and Some English Reactions, 1905–1912. In: *Nordic Journal of Philosophical Logic* 3 (1999), Nr. 1, S. 1–16

[Grattan-Guinness 1977]   GRATTAN-GUINNESS, Ivor: The Gergonne Relations and the Intuitive Use of Euler and Venn Diagrams. In: *International Journal of Mathematical Education in Science and Technology* 8 (1977), Nr. 1, S. 23–30

[Hamilton 1860]   HAMILTON, William: *Lectures on Metaphysics and Logic, vol. IV: Lectures on Logic, vol. II.* W. Blackwood and sons, 1860. – Edited by H. L. Mansel and J. Vietch

[van Heijenoort 1967]   HEIJENOORT, Jean van: *From Frege to Gödel: A Source Book in Mathematical Logic, 1879–1931.* Cambridge, Massachusetts : Harvard University Press, 1967

[Heinemann 2013]   HEINEMANN, Anna-Sophie: Kalkül der Logik und Logische Maschine: George Boole und William Stanley Jevons. In: *Siegener Beiträge zur Geschichte und Philosophie der Mathematik* 1 (2013), S. 41–78

[Heinemann 2015]   HEINEMANN, Anna-Sophie: *Quantifikation des Prädikats und numerisch definiter Syllogismus. Die Kontroverse zwischen A. De Morgan und W. Hamilton: Formale Logik zwischen Algebra und Syllogistik.* Münster : Mentis Verlag, 2015

[Hjortland 2017]   HJORTLAND, Ole T.: Anti-exceptionalism about logic. In: *Philosophical Studies* 174 (2017), S. 631–658

[Leitgeb und Carus 2020]   LEITGEB, Hannes ; CARUS, André: Rudolf Carnap. In: ZALTA, Edward N. (Hrsg.): *The Stanford Encyclopedia of Philosophy.* Summer 2020. Metaphysics Research Lab, Stanford University, 2020

[Mill 1843]   MILL, John S.: *A System of Logic, Ratiocinative and Inductive: Being a Connected View of the Principles of Evidence, and the Methods of Scientific Investigation.* London : John W. Parker, 1843. – Two volumes

[Peckhaus 1999]   PECKHAUS, Volker: 19th century logic between philosophy and mathematics. In: *Bulletin of Symbolic Logic* 5 (1999), Nr. 4, S. 433–450

[Peckhaus 2004a]   PECKHAUS, Volker: Calculus ratiocinator versus characteristica universalis? The two traditions in logic, revisited. In: *History and Philosophy of Logic* 25 (2004), Nr. 1, S. 3–14

[Peckhaus 2004b]   PECKHAUS, Volker: Schröder's Logic. In: GABBAY, Dov M. (Hrsg.) ; WOODS, John (Hrsg.): *Handbook of the History of Logic* Bd. 3: The Rise of Modern Logic: From Leibniz to Frege. Amsterdam and Oxford : Elsevier–North-Holland, 2004, S. 557–609

[Pietroski 2021]   PIETROSKI, Paul: Logical Form. In: ZALTA, Edward N. (Hrsg.): *The Stanford Encyclopedia of Philosophy.* Fall 2021. Metaphysics Research Lab, Stanford University, 2021

[Rahman und Redmond 2008]   RAHMAN, Shahid ; REDMOND, Juan: Hugh McColl and the birth of logical pluralism. In: GABBAY, Dov M. (Hrsg.) ; WOODS, John (Hrsg.): *Handbook of the History of Logic* Bd. 4: British Logic in the Nineteenth Century. Amsterdam and Oxford : Elsevier–North-Holland, 2008, S. 522–604

[Read 1878]   READ, Carveth: *On the Theory of Logic. An essay.* London : C. Kegan Paul & Co., 1878

[Restall 2002]   RESTALL, Greg: Carnap's Tolerance, Meaning, and Logical Pluralism. In: *The Journal of Philosophy* 99 (2002), Nr. 8, S. 426–443

[Russell 1905]   RUSSELL, Bertrand: On Denoting. In: *Mind* 14 (1905), Nr. 56, S. 479–493

[Schlimm 2018]   SCHLIMM, Dirk: On Frege's Begriffsschrift notation for propositional logic: Design principles and trade-offs. In: *History and Philosophy of Logic* 39 (2018), Nr. 1, S. 53–79

[Shapiro 2014]   SHAPIRO, Stewart: *Varieties of Logic.* Oxford and New York : Oxford University Press, 2014

[Sigwart 1878]   SIGWART, Christoph: *Logik.* Bd. 2. Tübingen : Laupp, 1878

[Spencer 1872]   SPENCER, Herbert: *The Principles of Psychology.* Bd. 2. 2nd. London : Williams and Norgate, 1872

[Van Evra 1984]   VAN EVRA, James: Richard Whately and the Rise of Modern Logic. In: *History and Philosophy of Logic* 5 (1984), Nr. 1, S. 1–18

[Venn 1876]   VENN, John: Consistency and real inference. In: *Mind* 1 (1876), Nr. 1, S. 43–52

[Venn 1878]   VENN, John: Review of C. Read: *On the Theory of Logic. An Essay*. In: *Mind* 3 (1878), Nr. 12, S. 539–545
[Venn 1879a] VENN, John: The difficulties of material logic. In: *Mind* 4 (1879), Nr. 13, S. 35–47
[Venn 1879b] VENN, John: Review of Christoph Sigwart: *Logik*. In: *Mind* 4 (1879), Jul., Nr. 15, S. 416–431
[Venn 1880a] VENN, John: Review of Frege's *Begriffsschrift*. In: *Mind* 5 (1880), Nr. 18, S. 297. – Reprinted in [Frege, 1972, 234–235]
[Venn 1880b] VENN, John: On the forms of logical proposition. In: *Mind* 5 (1880), Nr. 19, S. 336–350
[Venn 1880c] VENN, John: On the diagrammatic and mechanical representation of propositions and reasonings. In: *The London, Edinburgh, and Dublin Philosophical Magazine and Journal of Science* 9 (1880), Nr. 59, S. 1–18
[Venn 1880d] VENN, John: Symbolic logic. In: *The Princeton Review* (1880), Sep., S. 247–267
[Venn 1880e] VENN, John: On the various notations adopted for expressing the common propositions of logic. In: *Proceedings of the Cambridge Philosophical Society* 4 (1880), S. 36–47
[Venn 1880f] VENN, John: On the employment of geometrical diagrams for the sensible representation of logical propositions. In: *Proceedings of the Cambridge Philosophical Society* 4 (1880), S. 47–59
[Venn 1881]   VENN, John: *Symbolic Logic*. London : Macmillan, 1881
[Venn 1883]   VENN, John: Review of *Studies in Logic*. In: *Mind* 8 (1883), Nr. 32, S. 594–603
[Venn 1888]   VENN, John: Impersonal propositions. In: *Mind* 13 (1888), Jul., Nr. 51, S. 413–415
[Venn 1889]   VENN, John: *The Principles of Empirical or Inductive Logic*. London and New York : Macmillan and Co., 1889
[Venn 1894]   VENN, John: *Symbolic Logic*. 2nd. London : Macmillan, 1894

[Verburgt 2020]   VERBURGT, Lukas M.: The Venn-MacColl Dispute in *Nature*. In: *History and Philosophy of Logic* 41 (2020), Nr. 3, S. 244–251

[Verburgt 2021]   VERBURGT, Lukas M.: Pragmatism at Cambridge, England before 1900. In: *British Journal for the History of Philosophy* 29 (2021), Nr. 1, S. 84–105

[Verburgt 2022]   VERBURGT, Lukas M.: *John Venn: Unpublished Writings and Selected Correspondence*. Cham : Springer, 2022

[Waszek und Schlimm 2021]   WASZEK, David ; SCHLIMM, Dirk: Calculus as method or calculus as rules? Boole and Frege on the aims of a logical calculus. In: *Synthese* 199 (2021), Nr. 5–6, S. 11913–11943

[Whately 1826]   WHATELY, Richard: *Elements of Logic*. London : J. Mawman, 1826

Vasiliev's Imaginary Logic and Two-Dimensional Semantics

Werner Stelzner

Abstract

Based on his empiricist-psychologist conception of logic, at the beginning of the 20th century N. A. Vasiliev described a non-Aristotelian logic and postulated its existence alongside Aristotelian logic. According to Vasiliev the Aristotelian logic is the logic for our real world. Besides our world, however, imaginary worlds exist. These imaginary worlds differ from our world not only by other facts, but also because in them positive and negative facts are given independently of each other, and thus true affirmative and true denying assertion about the same matter are not incompatible. The complete semantic evaluation of a state of affairs must therefore consist of two components: It must state whether the state of affairs exists and it must state whether the same state of affairs does not exist. With respect to judgments, it must be stated accordingly whether the affirmative judgment about the matter is true, and it must be stated whether the corresponding negative judgment is true.

1 Preliminary note

At the beginning of the 20th century, three approaches to the development of alternatives to the classical consequence relationship, motivated in different ways, were published in Russia by Vasiliev, Linde and Orlov.

- Vasiliev: Between 1908 and 1924 Vasiliev published works attacking the validity of the Law of the Excluded Third and of the Excluded Contradiction. Taking Vasiliev's considerations into account, systems of logical consequence relation can be developed which satisfy certain relevance conditions oriented to paraconsistency, which are also captured in the system of tautological entailments.

- Linde: In 1915 Linde's book *The Composition of the Concepts* was published, which deals with consideration of sense connections between premises and conclusions. Linde's characterization of the relation of formal containment can be elaborated to develop conceptually relevant relations of consequence.

  Thus, Linde becomes a precursor of the analytic implication of Parry/Dunn (Cf. [Parry, 1933]; [Dunn, 1972; Dunn, 1986]) and the system of strict logical consequence relation of Zinov'ev (Cf. [Sinowjew, 1970], [Zinov'ev, 1973]). The relevance conditions in these systems can be justified by pragmatic considerations. The main point is not to allow the conclusions of a relevant inference to contain such (descriptive) conceptual material that is not contained in the premises of that inference. The intuitive idea behind this can be formulated as follows: If an epistemic subject understands the premises, it also understands the conceptually relevant inferences. And for this epistemic subject it is possible, without going beyond its conceptual space, to agree with these conclusions, if this epistemic subject accepts the premises within its conceptual space.

- Orlov: The logically relevant publications of Orlov cover the period from 1916 to 1928 and finally culminate in the publication of his article "Logic of the Compatibility of Propositions," [Orlov, 1928] in which a relevance-logic system is developed. The relevance criterion emphasized by Orlov in justifying this system concerns a connection of sense (not explicitly characterized) between premises and conclusions. According to Orlov, the consequence relation he explicates is characterized by the fact that it is used to capture inferences in which conclusions are drawn from the compatibility of premises. The system of "compatibility of propositions" presented by Orlov on this basis is equivalent to the implication-negation fragment of System R published in the 1950s [Došen, 1990].

In the following, out of these three approaches, we will focus on the analysis and elaboration of Vasiliev's approaches to a non-Aristotelian logic.

2 On the possibility of a non-Aristotelian logic

Vasiliev's Imaginary Logic is an attempt to initiate a new logic that is fundamentally different from Aristotelian traditional logic. He sets himself the task of opening the space for a genuinely non-classical logic,

> to show that another logic and other logical operations are possible than those we use, to show that our Aristotelian logic is only one of many possible logical systems. This new logic will not be a new exposition of the old logic, it will differ not in the presentation but in the course of the logical operations themselves; this will be the "new logic", and not a new treatise on logic [Vasilev, 1912, 207].

Vasiliev was not able to create this "new logic," despite his arguments for the invalidity of certain basic laws of the Aristotelian (classical) logic, although his suggestions regarding the determination of this new logic are quite remarkable. This was not only due to the limitation of the logical means he had mastered. The elaboration of a system of this new logic by Vasiliev was essentially prevented by the fact that Vasiliev suffered from serious psychological impairments already beginning in the First World War and extending to the end of his life in 1940 (Cf. [Bazhanov, 1988, 1995]).

Vasiliev was aware of the reluctance that would oppose the acceptance of a new logic in which established Aristotelian (classical) basic principles are invalid:

Already the thought of another logic must appear to be absurd. A thought of another than ours, of several logics is absurd, because we have got so used to the thought of the only logic for all, that we cannot imagine the opposite. However, this is only a psychological explanation of our certainty in the uniqueness of logic, but no one has yet proved such uniqueness. [...] We have simply got used to believe in the uniqueness of logic. We believe in the singularity of logic like a human being who, at an early stage of his/her cultural development, believes that his/her language is the only one possible [Vasilev, 1912, 208].

The reactions of contemporary Russian philosophers around Vasiliev's argumentation for a non-Aristotelian logic strongly confirmed Vasiliev's pessimistic expectations.[1]

A parallel to his own efforts to develop a non-Aristotelian logic and for the possibility of non-Aristotelian logics associated with the negation of the validity of basic logical laws such as the Law of Excluded Third and the Law of Excluded Contradiction, Vasiliev has seen in the development of non-Euclidean geometry by Lobachevsky: "Before Lobachevsky, the thought of a geometry other than ours seemed just as absurd, but today non-Euclidean geometry has gained general acceptance" [Vasilev, 1912, 208].

The parallel to Lobachevsky is also expressed in the naming of his intended new logic as "imaginary logic," in analogy to Lobachevsky's naming "imaginary geometry" for his non-Euclidean geometry.

---

[1]Cf. Smirnov [1911; 1911a], Bogomolov [1913]. Smirnov rightly attributed the invalidity of the Law of the Excluded Third claimed by Vasiliev in 1910 to a misinterpretation of this law by Vasiliev. Among the critics of Vasiliev's argument for an imaginary logic without the Law of Excluded Contradiction, first of all S. A. Bogomolov must be mentioned, who in 1913, i.e., immediately after the publication of Vasiliev's work on imaginary logic, rejected Vasiliev's claim to have developed a justification for the existence of divergent logics. Like Vasiliev, Bogomolov does acknowledge that there are alternatives to classical logical principles. However, for Bogomolov this is to be understood in a purely formalistic and descriptive way. Whether such alternatives are to be connected with a claim to validity remains open.

3 Vasiliev's empiricist conception of logic and imaginary worlds

The philosophical basis for Vasiliev's thinking about logic is his empiricist conception of logic, according to which the validity of logical laws is determined by the characteristics of the world, and the same logical law may be valid in one world but invalid in another: "If Aristotelian logic is true for our world, non-Aristotelian logic can be true only in some other world" [Vasilev, 1912, 208].

In connection with his empiricist conception of logic Vasiliev also advocates a psychologistic conception for the validity of logical laws. According to it, the validity of logical laws also depends on divergent mental properties of the subjects of cognition in different worlds:

> That what is obvious to us in our world, with our mind structure and perceptual faculties, may not only not be obvious, but may also be directly false in another world, for people with a different psychic organization [Vasilev, 1912, 208].

Since for Vasiliev the validity of logical laws is conditioned by the nature of the world, the possibility of logics deviating from the Aristotelian (classical) logic is for Vasiliev bound to the possibility of such worlds deviating from the world given to us.

A starting point for Vasiliev's assumption of logically relevant deviant worlds can be found in the literary field. Vasiliev was not only an appreciator, but also an active participant in the symbolist direction of literature, in which the reference to non-real worlds, imaginary worlds, played an essential role.

These unreal imaginary worlds are referred to by Vasiliev in Russian as «воображаемые миры,» what in natural language can be translated as "conceived worlds," "imagined worlds" etc. Vasiliev's "imaginary" worlds are thus epistemic worlds that can exist in the imagination.

On the basis of his empiricist conception of logic and the assumption of imaginary worlds, Vasiliev then assumes the existence of special non-Aristotelian logics for imaginary worlds in addition to the Aristotelian logic valid for our world. The non-Aristotelian logic finds no adequate application in our real world. It is the logic of deviant unreal imaginary worlds in which this non-Aristotelian logic finds adequate application:

> The new logic lacks this connection to our reality, it is a purely ideal construction. Only in a world other than ours, in an imaginary world (whose basic properties, by the way, we can define precisely) can imaginary logic become a means of cognition (tool of cognition) [Vasilev, 1912, 208].

4 Vasiliev's Foundation of Non-Aristotelian Logic

Of the many possible imaginary worlds, Vasiliev has in mind as reference worlds for his non-Aristotelian logic those imaginary worlds in which the law of excluded contradiction does not hold:

> The non-Aristotelian logic is the logic without the law of contradiction. Here it will not be superfluous to add that precisely non-Euclidean geometry served us as a model for the construction of non-Aristotelian logic [Vasilev, 1912, 208].

Vasiliev's non-Aristotelian logic thus lacks a basic logical law that holds in the real world. Vasiliev does not state any law of imaginary logic that would not hold in Aristotelian logic. This indicates that imaginary logic is a subsystem of the classical logic valid for our world. This kind of relation between classical and imaginary logic is also directly expressed by Vasiliev:

> Logic is obtained just from the synthesis of some independent axioms. (Note: As an elegant proof of this can serve the mathematical logic, which is based on several axioms and postulates). We must come to the conclusion that discarding some axioms and building a logic without them

is perfectly conceivable [Vasilev, 1912, 211].²

In his argumentation for the existence of a non-Aristotelian logic, Vasiliev does not content himself with pointing out the formal possibility of logical systems in which the law of excluded contradiction does not hold. He wants to give philosophical reasons for the existence of such a non-Aristotelian logic in relation to imaginary worlds.

4.1 The Law of Contradiction and the Negation

Besides the existence of imaginary worlds, the second essential point of reference for Vasiliev's justification of a non-Aristotelian logic is the law of contradiction. Vasiliev characterizes this law as follows:

> *The law of contradiction expresses the incompatibility of assertion and denial.* A cannot be non-A. No object includes a contradiction in itself, there is no possibility for us to form an asserting and a denying judgment at the same time [Vasilev, 1912, 212].

Thus, as described by the first (italicized) sentence, the law of contradiction expresses a contrary relation: Assertion and negation cannot be true at the same time; at least one of them must be false.³ The negation of an asserting judgment is the negating judgment parallel to the asserting judgment. When we come across the word "negation" («отрицание») in Vasiliev's work, we must note that Vasiliev's reflections on the revision of Aristotelian logic are entirely within the

---

²Apparently, Vasiliev has taken note of developments around axiomatic representations of logic. However, at no point does he refer to concrete axiomatizations of modern logic, like those formulated e. g. by Frege, Russell, Hilbert. His considerations revolve around semantic basic principles of logic and remain completely in the realm of traditional logic. He does not consider formulas in non-traditional modern notations whose provability would have to be avoided or secured in axiomatic systems according to his semantic considerations.

³The validity of the law of excluded third is unaffected by this contrarian relation. And indeed, the focus of Vasiliev's justification of non-Aristotelian imaginary logic is entirely on the invalidity of the law of contradiction. The law of excluded third does not play any role.

framework of traditional logic. "Negation" does not denote for him a propositional logical junctor. With "negation," Vasiliev designates the corresponding negating resp. denying judgments in contrast to assertoric ("asserting") judgments.

Since Vasiliev understands the affirmative judgment and denying judgment as assertion and negation ("A is not non-A"), the validity of the principle of contradiction becomes directly dependent on the definition of negation. According to Vasiliev's stipulations, a negation sufficient for the soundness of the principle of contradiction must be contrary. But it need not necessarily be subcontrary, i.e., Vasiliev does not presuppose a contradictory negation.[4]

Accordingly, Vasiliev determines the relation between assertion and negation as a contrary not contradictory relation:

> But if we ask ourselves: what is this, the negation, then we can define the negation only in this way: the negation is that which is incompatible with the assertion. The red we call negation of the blue and say: a red object is not blue because the red is incompatible with the blue. Where there is no incompatibility, we have no right to speak of negation [Vasilev, 1912, 212].

According to this provision, not only the negating judgment is the negation of the asserting judgment. The negation can also be a relation between two asserting judgments, namely when these judgments stand in the relation of logical incompatibility. Thus, the expression "negation of the blue" in the above quotation is not to be understood as a denotation of a negating judgment of the kind "S is not blue." Here "negation" is used to designate a relation: It is expressed that red and blue are in the negation relation, that is, that they are contrary terms. Transferred to the judgments this results in: Not only the negating judgment itself is a negation, but also the relation between a negating

---

[4] By emphasizing the role of incompatibility for the validity of the law of excluded contradiction, Vasiliev represents a view that is also central to the conception of negation in the intuitivism of N. O. Losskij, who explicates negation as a contrary relation determined by incompatibility (Cf. Losskij [1908; 1913]).

and the corresponding asserting judgment is a negation. In this case, however, it is not contrary concepts that are opposed to each other as incompatible, but contradictory judgments. From this arises the danger of equating contradictory negation and contrary oppositeness.

The tendency to replace contradictory negation with contrary opposites which is connected with Vasiliev's use of "negation" is related to Vasiliev's psychological orientation: Affirmation and negation, and thus negation, are not independent of the epistemic subject, but depend on the perceptions of the epistemic subject. Thus, the possibility of affirmation and negation is directly connected to the mental properties of epistemic subjects, especially their perceptual abilities. In this context, Vasiliev postulates the impossibility of negative perception:

> In the same way, we cannot derive negation from the simple non-existence of a predicate. What does it mean that the given object A does not have the predicate B? Directly, I cannot be convinced of the absence of this predicate because we have no perception of the absence. We have no means to convince ourselves of the absence of a predicate by perception. [...] The simple absence of the predicate B in my perception or imagination of the object A cannot serve as a logical ground for the negation of a judgment. [...] If I do not see a thing in a room, this does not mean that it is not here. With sufficient reason I can say: The thing is not in the room, if I have found other things everywhere in the room than the thing I am looking for [Vasilev, 1912, 221 f.].

In this sense, negation expresses not the absence of a property, but the presence of a contrary property, that is, the presence of an exclusionary positive perceptual fact. Only by perceiving the givenness of a positive fact do we arrive at negation: "In the mind we have no negating functions. 'Not to see something' is to see something else, or it is to hear to think to feel something definite" [Vasilev, 1912, 213].

Vasiliev draws the following conclusion from the fact that in our world it is impossible for us to perceive negative facts: "In general, it can be said that the only logical basis of negation is incompatibility" [Vasilev, 1912, 214].

In our world, we do not arrive at the establishment of negative judgments of the form "A is not B" by perceiving negative facts. Negative judgments are obtained by a syllogistic inference from affirmative judgments that are incompatible with the negated judgment. In such a conclusion we have the premise of incompatibility as a major premise and we have an affirmative judgment as a minor premise:

> All negative judgments about objects and perceptions are obtained from assumptions about the incompatibility of two characteristics. I cannot directly see that the given object is not white. We have no negative perceptions, perceptions of the "non-white". I can only have certain positive perceptions of the red, blue, black, etc. If I assert that the object is not white, I have undoubtedly drawn a conclusion. I saw that the object is red, and saw that the object is not white, because I know that the red cannot be white [Vasilev, 1912, 214].

Vasiliev's definition of negation exposes himself to the danger of reducing the contradictory contradiction (which exists between a judgment and its classical negation) to the contrary opposition (which exists between mutually exclusive terms and judgments). That this danger was very real for Vasiliev, however, is shown by his 1912/13 article "Logic and Metalogic", for there he writes: "Every negated judgment can be represented as assertive [...] 'The horse is not black' can be replaced by the judgment 'The horse is white' "[Vasilev, 1912/13, 76].

As a foundation for this, he argues that for every negative judgment there must be a positive justification. However, Vasiliev does not notice in the cited quotation that negations can be obtained on the basis of contrary judgments, but from negated judgments there is no clear path to the truth of an affirmative judgment: Because of the incompatibility of white and black, from "The horse is white" can be deduced "The horse is not black," but not vice versa.

In fact, in a more fundamental way, any negating judgment can be represented as an asserting judgment. However, in a different way than described by Vasiliev. If in a judgment it is negated that the predicate P belongs to the subject S, i.e. if the judgment "S is not P" is formed, then this negation can at the same time also be understood as an assertive judgment, namely that the complement of P belongs to the S. And if the latter judgment is again negated, an assertive judgment of the form "A belongs to the complement of the complement of P" is formed. And this is again equivalent to the assertive judgment "S is P."

4.2 The Formal and the Material Aspect of Judgments

Although Vasiliev admits that the irrefutability of the law of contradiction follows from the definition of negation in Aristotelian logic, he insists that the applicability of this law has an empirical precondition, namely the existence of incompatible predicates. Without the existence of such predicates, there would be no negation in the sense that negation means incompatibility. In an imaginary world without the law of contradiction, in contrast to our world, exactly this empirical condition of the existence of incompatible predicates is not fulfilled.

Because of the absence of incompatible predicates, the definition of negation in imaginary worlds must undergo a change of meaning. And this transition to a different negation in imaginary logic is also demanded by Vasiliev:

> Because the law of contradiction is a consequence of the definition of negation, to build a logic free from the law of contradiction means to build just such a logic in which there does not exist our negation, which is reduced to incompatibility. This is also where imaginary logic begins. Its method consists in building a negation different from ours, in generalizing the concept of negated judgment [Vasilev, 1912, 215 f.].

According to Vasiliev, two aspects must be distinguished regarding the judgments:

1. The *formal aspect* of judgements, which consists in the fact that the same judgment, be it affirmative or negative, cannot be true and false at the same time, remains untouched even in a logic for imaginary worlds. If this formal aspect were not preserved, there would be no negations in the imaginary world. According to Vasiliev, we must distinguish between the law of contradiction, which is not valid because of the change of the material moment, and the so-called *law of the absolute difference between truth and falsity*. This law is based on the formal moment of negation and, unlike the law of contradiction, retains its validity in imaginary logic:

   > One and the same judgment cannot be true and false at the same time. This assumption cannot be rejected, for the one who would reject this assumption, who would conflate true and false, would cease to think logically at all. Therefore, this assumption retains its validity even for imaginary logic [Vasilev, 1912, 215 f.].

2. The *material aspect* says something about how true judgments can be founded in different worlds. And in this material aspect Aristotelian and imaginary logic differ.

In Aristotelian logic, the material moment is based on the incompatibility of predicates. In our world with our sensations and perceptions, there are no negative facts whose perception directly confirms negative judgments. As already stated, in our world with our perceptual faculties we have only derived negated judgments. The invalidity of the law of contradiction follows from the modification of the material moment of negation in an assumed imaginary world, and this modification is crucial for Vasiliev's justification of imaginary logic:

> One can presuppose such a logical world and such a logic in which the immediate perception produces two kinds of judgments: asserting and negating.
>
> But then it is possible that in one object the reasons for the asserting and for the negating judgment coincide at the

same time. This is not possible for our Aristotelian logic because of the connection between negation and incompatibility, a connection that is destroyed (torn) for imaginary logic. Therefore, imaginary logic, a logic with a different negation, will be free from the law of contradiction [Vasilev, 1912, 216 f.].

In the material dimension, the law of contradiction is inapplicable in such imaginary worlds where concepts and judgments can never stand in contrary opposition to each other. In such an imaginary world, because of the absence of contrary concepts, there are simply no contrary opposites.

To speak of invalidity of the principle of contradiction with respect to such a world makes sense only with reference to a world in which contrary opposites exist, such as our world: Predicates or judgments that are incompatible with each other in our world are not incompatible in the imaginary world. The talk about the invalidity of the law of contradiction in imaginary worlds expresses the following: Two judgments, which according to the law of contradiction cannot be true at the same time in our world, may well both be true in an imaginary world.

Regarding the imaginary world by itself, the law of contradiction in Vasiliev's version is not invalid, i.e., there are no violations of this law there. Because of the absence of contrary judgments this law of Aristotelian logic is simply not applicable in imaginary worlds. In this respect, imaginary worlds are *worlds without the law of contradiction.*

Vasiliev, in order to distinguish the law of absolute difference between truth and falsity from the law of contradiction, also turns to the different areas in which these laws are significant.

According to Vasiliev, the law of absolute difference between truth and falsity has a normative reference to the way in which judgments are formed by the subject:

> The law of absolute difference between truth and falsity addresses the cognizing subject and forbids the subject to contradict himself, points out that the true judgment is

> always true and the false judgment is always false, and therefore it cannot declare the same judgment to be true and to be false. By this law self-contradiction is forbidden. [...] Therefore, this law can be called the law of non-self-contradiction [Vasilev, 1912, 218].

The law of contradiction and its corresponding incompatibilities between concepts or judgments concern the nature of the world and are insofar directly world-relative:

> In contrast [to the law of the absolute difference between truth and falsity] the law of contradiction turns to the world, to the objects, and says that in them no contradictions can be realized, that in no thing contradictory predicates can be united, that bases for the asserting and the negating judgment cannot exist at the same time. This law chases the contradiction out of the world, as the first one chases the contradiction out of the subject. The law of contradiction has objective meaning and the law of absolute difference of truth and falsity has subjective meaning [Vasilev, 1912, 218].

5 Vasiliev-Inspired Two-Dimensional Semantics

5.1 Judgment Situations and Imaginary Worlds

In imaginary worlds, both the positive judgment H, which consists in the attribution of a predicate B to the subject A, and the negative judgment non-H, in which the predicate B is denied to the subject A, possibly can be established by direct perception of the positive or negative facts existing in the given imaginary world. In the case of the independent existence of positive and negative facts in an imaginary world, situations are then possible in which the predicate B is both attributed to and denied to the subject A. Accordingly, with respect to a predicate B and a subject A, four situations are possible for the truth of judgments:

Vasiliev's Imaginary Logic & Two-Dimensional Semantics

The judgment "A is B" is true and the judgment "A is not B" is false.

The judgment "A is B" is true and the judgment "A is not B" is true.

The judgment "A is B" is false and the judgment "A is not B" is false.

The judgment "A is B" is false and the judgment "A is not B" is true.

Because of the possibility of situation (2), in imaginary worlds the negating judgment "A is not B" founded by direct perception does not express the falsity of the judgment "A is B": Negative judgments there cannot be used to infer the falsity of the corresponding affirmative judgment. If such an inference were valid, it would violate the law of absolute difference between truth and falsity in situations of type (2). Therefore, the negating judgment "A is not B" must not be equated with the negation of the judgment "A is B."

The linguistic formulations for negating judgments (judgments in which is expressed that a negative fact exists) and negated judgments (judgments in which is expressed that a judgment is false) are often not clearly distinguishable, which can easily lead to confusion. For the presentation of formalized approaches to Vasiliev's ideas on imaginary logic, a clear distinction between the two forms of negation is inevitable.

One way to do this is to explicitly distinguish between two forms of negation, which we will call inner and outer negation.

The inner negation $\neg H$ of a judgment H is true exactly if the negative fact corresponding to the fact H exists. For example, $\neg(S$ is $P)$ is true exactly if the negative fact $(S$ is not $P)$ exists.

The outer negation $\sim H$ of a judgment H is true exactly if the judgment H is false. For example, $\sim (S$ is $P)$ is true exactly if the judgment $(S$ is $P)$ is false.

As can be easily seen, the law of contradiction is related to internal negation, while the law of absolute difference between truth and falsity is related to external negation.

The four possible constellations given above for the truth of judgments concerning imaginary worlds can be symbolically represented using inner and outer negation as follows:

(1*) $H \wedge \sim \neg H$

(2*) $H \wedge \neg H$

(3*) $\sim H \wedge \sim \neg H$

(4*) $\sim H \wedge \neg H$

5.2 Vasiliev's Classification of Judgments According to Quality

The classification of judgments according to their quality and the corresponding division of judgments into affirmative and negative judgments, which is widespread in traditional logic, is not semantically disjoint with respect to imaginary worlds in view of situation (2) and (2*), respectively, judgments of different quality can be true at the same time.

Vasiliev tries to secure a semantically disjoint classification of judgments according to their quality, adapted to the imaginary worlds. For the cases in which there exists a fact a which gives rise to the affirmative judgment "S is A" and there exists a fact b which gives rise to the corresponding negating judgment "S is not A," a third quality of judgments corresponding to the situation (2) or (2*) is defined:

> Therefore, for the case of the joint existence of facts a and b, there must exist a third judgment which becomes true in this case. This third form of judgment, which expresses the existence of a contradiction in the object S, the coincidence of the basis for the affirmative judgment and the basis for the negated judgment, we will call judgment of contradiction, or better judgment of indifference, and shall denote it thus: S is A and is not A simultaneously [Vasilev, 1912, 219].

For judgments about the imaginary world there are therefore, according to Vasiliev, three different qualities: Assertive: "S is A," negative:

"S is not A," contradictory or indifferent: "S is A and is not A simultaneously": "In imaginary logic, in any given case, one of three forms is true: either the affirmative, or the negative, or the indifferent. This is in fact the main peculiarity of imaginary logic" [Vasilev, 1912, 220].

Although this assertion invites agreement, it is incorrect in several respects: First, the given classification is not disjoint in the domain of true judgments. A judgment has the quality introduced alongside affirmative and negative judgments only if this judgment is both affirmative and negative. Moreover, affirmative and negative judgments are not mutually exclusive in imaginary worlds.

On the other hand, the completeness of Vasiliev's classification on the basis of the characterizations of imaginary worlds given by Vasiliev is not assured. Namely, concerning imaginary worlds, the situation (3) or (3*) given above is not excluded. It is possible that neither the affirmative, nor negative, nor contradictory judgment is true. The completeness of the classification would be reached, if in the imaginary worlds concerning each possible judgment at least one fact justifying the affirmative or one fact justifying the negative would exist. On the basis of Vasiliev's psychological conception, another possibility would be that in these worlds the absence of a positive fact would be perceived as a corresponding negative fact and vice versa.[5] In this case, situation (4) or (4*) would establish what Vasiliev qualifies as a judgment of contradiction or indifference. However, none of these conditions was stated by Vasiliev.

As can easily be seen, a disjoint and complete classification of judgment situations adapted to the imaginary worlds is obtained if

---

[5]In his characterization of imaginary worlds, Vasiliev speaks not only of the perception of positive and negative facts. But also of a "perception of absence": "[...] that imaginary logic without the law of contradiction is based on the introduction of an immediate negation, 'the perception of absence'. The imaginary logic would become real in a world with negative perceptions, in a world with two opposite modes of being" [Vasilev, 1912/13, 69]. However, it is unclear whether Vasiliev means by "perception of absence" the perception of the absence of a predicate from the subject that arises from the perception of negative facts. At least, he does not explicitly advocate the possibility of the perception of a fact that does not exist in an imaginary world.

this classification follows the situations (1) to (4) (resp. (1*) to (4*)) sketched above.

In the presence of situation (1), one could speak of a strictly affirmative judgment; situation (2), following Vasiliev, can be called contradictory; in situation (4), the designation strictly negative judgment might be appropriate; and situation (3) could be called indifferent. Then the truth of judgments of these forms related to the same judgment is mutually exclusive: If a judgment of one of the four forms is true, the same judgment of one of the other three forms is false. And besides, of course, the completeness of the proposed classification is assured.

5.3 Situational Values

With respect to the question whether the predicate B belongs to the subject A, according to this classification exactly one of the four situation values **True, Both, None, False** determined by the truth values of the two components "A is B" (assertive judgment) and "A is not B" (negative judgment) is assigned:[6]

> **True:** "A is B" is true and "A is not B" is not true.
> **Both:** "A is B" is true and "A is not B" is true.
> **None:** "A is B" is not true and "A is not B" is not true.
> **False:** "A is B" is not true and "A is not B" is true.

As already mentioned above, indifferent situations, to which the value **None** is assigned, were not mentioned by Vasiliev. They are neither excluded by him concerning imaginary worlds nor the possibility of the existence of such situations is assumed. Vasiliev calls certain situations "indifferent situation," but this is only another name for the contradictory situations described by him, to which according to our definitions the value **Both** is assigned.

It is not evident why Vasiliev did not explicitly consider the form of an indifferent qualitative judgment situation denoted here by **None**.

---

[6] With these labels for the situation values we follow [Belnap, 1977, 1977a], [Anderson et al., 1992, 506–541].

For imaginary worlds, however, it does not seem at all excluded that in them there are fact gaps concerning a subject A and a predicate B. Then in this imaginary world neither "A is B" nor "A is not B" is true.

Maybe in ignoring fact gaps Vasiliev was biased by the classical tradition and therefore equated indifference with inconsistency in his definition of the quality of judgments. In Aristotelian logic, the existence of indifferent situations is equivalent to the existence of contradictory situations: both are excluded.

On the other hand, Vasiliev's identification of indifferent with contradictory judgment situations might be related to the replacement of semantic viewpoints by pragmatic considerations. From a pragmatic point of view, contradictory information cannot serve as a basis for a well-founded decision, and on the other hand, lack of information cannot serve as a basis for a well-founded decision either. But the facts given in these overdetermined and underdetermined situations are of course different, even though certain pragmatic consequences may coincide.

5.4 Imaginary Logic and Tautological Entailments

Starting from Vasiliev's considerations on imaginary worlds and imaginary logic, in the following we will try to develop value semantics based on Vasiliev's basic considerations. At the same time, these semantics will go beyond Vasiliev's treatment of traditional qualitative forms of judgment and will also capture propositional logic structures.

Following our classification proposal, we obtain four qualitatively different types of judgment situations for Vasiliev's imaginary worlds. Thereby, two values of fundamentally different kinds are assigned to a judgment "A is B" in a judgment situation:

1. Truth values: Depending on whether the fact confirming the judgment "A is B" exists or does not exist, "A is B" has one of the two truth values **true** (**t**) or **false** (**f**).

2. Situation values: "A is B" has one of the four situation values **True, Both, None, False**, depending on the truth values of

"A is B" and "A is not B."

The determination of the situation values of assertive judgments is based on the truth values as follows: (a)

Situation value of A is B	Truth value of A is B	Truth value of A is not B
True	t	f
Both	t	t
None	f	f
False	f	t

Two paths can be taken for assigning situation values to negating judgments:

- First, one can directly assign situation values to the negating judgments based on the truth values of "A is B" and "A is not B" in analogy to the assignment of situation values for the asserting judgments, where the truth components of the situation values are arranged in reverse: The first component is formed by the truth value for the denying judgment and the second component by the truth value for the asserting judgment.

  Tabulated, this results in: (b)

Situation value of A is not B	Truth value of A is not B	Truth value of A is B
True	t	f
Both	t	t
None	f	f
False	f	t

- A second way is to take negating judgments to be affirmative judgments in which the complement of the corresponding predicate is assigned to the subject. If it is additionally noted that the complement of the complement of a predicate is the predicate itself, the situation values for negating judgments are obtained by substitution from the provision (a) for affirming judgments, without having to refer to the additional provisions in table (b).

In both cases, the same situation values are functionally assigned to negating judgments based on the truth values for the asserting and negating judgments. Consequently, the same functional relationship between the situation values of asserting and negating judgments also results in both cases:

Situation value of A is B	Situation value of A is not B
True	False
Both	Both
None	None
False	False

The situation values for propositional compound expressions are obtained by a purely classical determination: On the basis of the truth values corresponding to the situation values of the subexpressions, the truth values of the compound expressions are determined classically, resulting in the situation values of these expressions.

$$\sim \langle v_1, v_2 \rangle = \langle \sim v_1, \sim v_2 \rangle$$
$$\langle v_1, v_2 \rangle \wedge \langle v_3, v_4 \rangle = \langle v_1 \wedge v_3, v_2 \wedge v_4 \rangle$$
$$\langle v_1, v_2 \rangle \vee \langle v_3, v_4 \rangle = \langle v_1 \vee v_3, v_2 \vee v_4 \rangle$$
$$\langle v_1, v_2 \rangle \rightarrow \langle v_3, v_4 \rangle = \langle v_1 \rightarrow v_3, v_2 \rightarrow v_4 \rangle$$

One then obtains functional determinations of the situation values of compound expressions by the situation values of the connected subexpressions.

In the following table we abbreviate the names for the situation values by the respective initial letter:

H	$\sim H$
T	F
B	B
N	N
F	T

$\wedge$	T	B	N	F
T	T	B	N	F
B	B	B	F	F
N	N	F	N	F
F	F	F	F	F

$\vee$	T	B	N	F
T	T	T	T	T
B	T	B	T	B
N	T	T	N	N
F	T	B	N	F

$\rightarrow$	T	B	N	F
T	B	B	F	F
B	T	B	N	F
N	B	B	B	B
F	T	B	T	B

It is worth noting that this two-component semantics is adequate to the system of Tautological Entailments in the following sense: An expression $G \rightarrow H$ is provable in the system of Tautological Entailments exactly if $G \rightarrow H$ takes one of the two values **T** or **B** in this four-valued semantics for every possible combination of situation values for G and H

One can therefore consider imaginary logic as a kind of intuitive justification, inspired by Vasiliev, for a semantics of the system of tautological entailments.

References

[Anderson and Belnap, 1975] Anderson, A. R. & Belnap Jr., N. D. 1975. *Entailment*, vol. 1, Princeton.

[Anderson et al., 1992] Anderson, A. R. & Belnap Jr., N. D. & Dunn, J. M. 1992. *Entailment*, vol. 2, Princeton.

[Bazhanov, 1988] Bazhanov, V. A. 1988. *Nikolaj Aleksandrovich Vasil'ev. 1880–1940*, Moscow [= Бажанов, В. А. Николай Александрович Васильев. 1880–1940, Москва].

[Bazhanov, 1995] Bazhanov, V. A. 1995. *The interrupted flight. The history of "university" philosophy and logic in Russia*, Moscow [= Бажанов, В. А. Прерванный полёт. История «Университетской» философии и логики в России, Москва].

[Belnap, 1977] Belnap Jr., N. D. 1977. "A Useful Four-Valued Logic." In J. M. Dunn, G. Epstein (eds.) *Modern Uses of Multiple-Valued Logics.* Dordrecht, 8–37.

[Belnap, 1977a] Belnap Jr., N. D. 1977a. "How a Computer Should Think." In G. Ryle (ed.) *Contemporary Aspects of Philosophy.* Stocksfield, 30–55.

[Bogomolov, 1913] Bogomolov, S. A. 1913. *Questions of the foundation of geometry. Part 1: Intuition, mathematical logic, the idea of order in geometry*, Moscow [= Богомолов, С. А. Вопросы обоснования геометрии. Ч. 1. Интуиция, математическая логика, идея порядка в геометрии, Москва].

[Došen, 1990] Došen, K. 1990. "The first axiomatization of a relevant logic." *Konstanzer Berichte Logik & Wissenschaftstheorie*, Report 9–90, Konstanz.

[Dunn, 1972] Dunn, J. M. 1972. "A Modification of Parry's Analytic Implication." *Notre Dame Journal of Formal Logic* 13, 195–205.

[Dunn, 1986] Dunn, J. M. 1986. "Relevance logic and entailment." In D. Gabbay and F. Guenthner (eds.), *Handbook of Philosophical Logic*, vol. III: Alternatives to Classical Logic, Dordrecht, 117–224.

[Linde, 1915] Linde, F. F. 1915. *The Composition of the Concepts. Logical investigation*, Petrograd [= Линде, Ф. Ф. Строение понятия. Логическое исследование, Петроград].

[Losskij, 1908] Losskij, N. O. 1908. *Die Grundlegung des Intuitivismus. Eine propädeutische Erkenntnislehre*, Halle a. S.

[Losskij, 1913] Losskij, N. O. 1913. „Die logische und die psychologische Seite der bejahenden und verneinenden Urteile". *Logos* 3, 327–343.

[Orlov, 1928] Orlov, I. E. 1928. "Calculus of the Compatibility of Propositions." *Mathematical collection* 35, 263–286 [= Орлов, И. Е. «Исчисление совместности предложений.» Математический сборник 35, 263–286]. English translation: https://ojs.victoria.ac.nz/ajl/issue/view/1003.

[Parry, 1933] Parry, W. T. 1933. „Ein Axiomensystem für eine neue Art Implikation (analytische Implikation)". *Ergebnisse eines mathematischen Kolloquiums* 4, 5–6.

[Sinowjew, 1970] Sinowjew, A. A. 1970. *Komplexe Logik*, Berlin.

[Smirnov, 1911] Smirnov, K. A. 1911. Review of: N. A. Vasilev "On Particular Judgments, on the Triangle of Opposites, on the Law of the Excluded Fourth." Zhurnal m-va nar. prosveshcheniya (N. S. 1911, march, парт 32), 1911, 144–154 [= Смирнов, К. А. 1911. Рецензия на статью Н. А. Васильева «О частных суждениях, о треугольнике противоположностей, о законе исключенного четвертого.» Журнал м-ва нар. просвещения (Н. С. 1911, март, Ч. 32), 144–154].

[Smirnov, 1911a] Smirnov, K. A. 1911a. *Vasiliev and His Law of Excluded Fourth*, Sankt Petersburg [= Смирнов, К. А. Васильев и его закон изключеннего четвертого, СП].

[Vasilev, 1910] Vasilev, N. A. 1910. "On particular judgments, on the triangle of opposites, on the law of excluded fourth." In Uchennye zap. Kazan. un-ta 77, book 10, 1–47 [= Васильев, Н. А. О частных суждениях, о треугольнике противоположностей, о законе исключенного четвертого. Ученные зап. Казан. ун-та 77, кн. 10, 1–47].

[Vasilev, 1912] Vasilev, N. A 1912. "Imaginary (Non-Aristotelian) Logic." In Zhurnal m-va nar. prosveshcheniya (Nov. ser., part 40), 207–246 [= Васильев, Н. А. Воображаемая (неаристотелева) логика. In Журнал м-ва нар. просвещения Нов. сер. Ч. 40), 207–246].

[Vasilev, 1912/13] Vasilev, N. A. 1912/13. "Logic and Metalogic." *Logos* 1–2, 53–81 [= Васильев, Н. А. 1912/13. Логика и металогика. Логос 1–2, 53–81].

[Vasilev, 1924] Vasilev, N. A. 1924. "Imaginary (Non-Aristotelian) Logic." *Estratto dagli Atti dei V Congresso internationale di Filosofia*, 5–9 maggio, 1924, Napoli. Naples, 107–109.

[Zinov'ev, 1973] Zinov'ev, A. A. 1973. *Foundations of the logical theory of scientific knowledge. Complex Logic.* Dordrecht.

BERNARD BOLZANOS FORMALE ÄSTHETIK

MICHAEL STÖLTZNER

Zusammenfassung

Der Logiker, Mathematiker und Philosoph Bernard Bolzano hat zwei bis vor kurzem wenig beachtete Aufsätze zur Ästhetik verfasst, die ebenso Kind ihrer Zeit sind, als sie Perspektiven in die Moderne eröffnen. Ziel dieses Beitrages ist es, Bolzanos formale Ästhetik ernst zu nehmen und mit Mitteln seiner Logik der Vorstellungsvariationen zu zeigen, dass diese eines empirischen Korrelats bedarf, das in der ästhetischen Bildung des Betrachters, den für die jeweilige Kunstübung einschlägigen Regeln und den vorgedachten Zwecken des Künstlers besteht. Nur so kann Bolzano die für seine Ästhetik wesentliche Eigenständigkeit einer Kategorie des dunklen bzw. mühelosen Erkennens aufrechterhalten und verhindern, dass der schöne Gegenstand zu einem vollständig verstandenen wird, an dem unsere Erkenntniskräfte keinerlei unerwartete Einsicht mehr erfahren können, oder schlicht unzugänglich wird. Die Eigenständigkeit der ästhetischen Erkenntnis und die Setzung expliziter Zwecke durch den Künstler markieren auch die Differenz zwischen Bolzanos formaler Ästhetik und Kants formaler Zweckmäßigkeit, die gerade versuchte, die regulativen Prinzipien ästhetischer und wissenschaftlicher Erkenntnis zu verbinden.

Der Aufsatz reicht in meine Salzburger Zeit zurück, bevor ich Volker Peckhaus als Paderborner Nachbar genauer kennenlernen durfte — zunächst aus Bielefeld und dann aus Wuppertal. Aber aus vielen Diskussionen, Sitzungen und Nachsitzungen, bin ich mir doch gewiss, dass Volkers offener und breit angelegter Zugang zur Logikgeschichte dafür einen Platz fände. In Volkers Paderborn herrschte keine intellektuelle Muffigkeit. Für wichtige Anregungen und eine kritische Lektüre danke ich Johannes Brandl, Veronika Hofer, Edgar Morscher, Maria E. Reicher, Martin Seiler, Wolfgang Ullrich und vor allem Kurt Blaukopf und Otto Neumaier. Der hier vorgelegte Aufsatz baut auf einem in einer Gedenkschrift für Kurt

1 Einleitung

Formale Ästhetik — so Lambert Wiesing — besteht im Entwurf einer Ästhetik nach Analogie der formalen Logik. Denn „[d]ie Logik führt beispielhaft vor, wie Sinnträger rein syntaktisch, das heißt ohne Berücksichtigung des gegenständlichen Inhalts, behandelt werden können" [Wiesing, 1997, 16]. Die mit der historischen Entwicklung der formalen Ästhetik einhergehende „Auflösung des ästhetischen Objekts in ein Relationsgefüge" [Wiesing, 1997, 44] macht, Wiesing zufolge, die formale Ästhetik letztlich zu einer „Strukturtheorie dieser Oberflächenrelationen. In einer Vorwegnahme des strukturalistischen Ansatzes werden die immanenten Relationen in der formalen Ästhetik zum Eigentlichen eines Werks." [Wiesing, 1997, 51] Wiesing spannt dergestalt einen historischen Bogen von Robert Zimmermann — dessen Verständnis von Logik und Wissenschaftstheorie er auf Bolzano zurückführt — bis zu Phänomenologie (Maurice Merleau-Ponty) und Semiotik (Charles W. Morris). Der Rahmen für Bolzanos eigene, und bisher mit wenigen Ausnahmen kaum beachtete, Regelästhetik scheint damit vorgezeichnet, insbesondere wenn man Bolzanos große Bedeutung für die Geschichte der formalen Logik bedenkt.

Doch man kann auch eine andere Linie von Bolzano in die Moderne ziehen, die mit derjenigen Wiesings zwar teilweise übereinstimmt, sich aber nicht in Oberflächenrelationen erschöpft. Kurt Blaukopf unterstreicht in einem Bolzano gewidmeten Büchlein, wie außergewöhnlich dessen Betonung des Rezipienten für die damalige Zeit war. „Bolzano bleibt nicht beim ‚schönen Ding' [...] stehen, sondern geht sozusagen hinter dieses Objekt zurück: zum Verhalten des Menschen, der das Schöne aufnimmt. [...] Er spricht explizit von der *Wechselwirkung* zwischen dem schönen Gegenstand und dem Menschen." [Blaukopf, 1996, 33] Durch ein im Habsburgerstaat nicht untypisches fruchtbares Nebeneinander von objektivistischer Metaphysik und Empirie „eröffnet

---

Blaukopf erschienenen Beitrag auf [Stöltzner, 2000] und wurde seinerzeit nicht publiziert. Für die vorliegende Publikation habe ich ihn überarbeitet, insbesondere was die Verbindung zu Kant angeht, und die Arbeiten von Paisley Livingston (2014; 2016) einbezogen, die ebenfalls an Blaukopf anknüpfen. Für eine Einordnung aus philosophiehistorischer Sicht, vgl. [Reicher, 2006]).

sich die Sicht auf ein Quellgebiet empirisch orientierter Kunstforschung" [Blaukopf, 1996, 7], die auch auf erst im 20. Jahrhundert entstandene Künste Anwendung finden kann, z.B. auf die reinen Gedankenkunstwerke (vgl. [Neumaier, 2000]). „Bolzanos Verständnis der Ästhetik als eines wissenschaftlich geordneten Inbegriffs aller unmittelbar zum Verständnis des Schönen beitragenden wissenschaftlichen Wahrheiten antizipiert die ein Jahrhundert nach ihm explizit geforderte Interdisziplinarität oder — um ein Wort von Otto Neurath zu gebrauchen — die 'Orchestrierung' der Wissenschaften." (Blaukopf 1996, 7) An anderer Stelle beschreibt Blaukopf [1995] die Ästhetik Bolzanos auch breiter als wichtigen Ausgangspunkt einer Tradition empirischer Kunstforschung, die in den Habsburgerlanden seit den Zeiten des Spätjosephinismus existierte.

In Neuraths Einheitswissenschaft bleibt kein Platz für einen ästhetischen Gegenstand, der einen Vorschein davon geben könnte, wie die Dinge an sich sind, wie es hinter dem Schleier der Maja aussieht. Die Kunst öffnet keine Hintertür zu metaphysischen Wahrheiten; dieser oft von ihr verhießene Raum ist leer. Kunstwerk und Kunstübung (die Produktion und Rezeption von Kunst) unterscheiden sich nicht mehr prinzipiell von einer wissenschaftlichen Tatsache und der Tätigkeit des Naturforschers; beide beruhen auf Erfahrungen und sind empirisch erforschbar, beide sind Teil eines umfassenden Moderneprojekts. Eine solche Engführung von Kunst und Wissenschaft bedeutet nun gerade nicht, dass Kunstwerk und Kunstübung auf wissenschaftliche Tatsachen oder logische Strukturen zurückgeführt werden könnten. Gerade Neurath war ja gegenüber Reduktionismus und Logizismus jedweder Couleur besonders skeptisch. Zu sehr hatte er beide im Verdacht, letztlich einer Rückkehr der Metaphysik Vorschub zu leisten. Auch in Bolzanos Ästhetik werden Wissenschaft und Kunst nicht identifiziert; wohl aber wird letzterer eine Form des dunklen und unscharfen Erkennens zugebilligt, das einen anderen Zweck verfolgt als das klare und deutliche Erkennen der Wissenschaft und diese nicht ersetzen oder ihr nahekommen kann.

Die hier festgestellte teilweise Parallelität der kulturhistorischen Einordnungen von Wiesing und Blaukopf wird mir erlauben, Bolzanos formale Ästhetik aus der Perspektive der modernen Wissenschaft und Mathematik anzugehen und genauer herauszuarbeiten, dass ihr struktureller Aspekt letztlich ganz im Sinne Blaukopfs eines empirischen Gegenübers bedarf. Während Bolzanos eigene Vorschläge eher Kind ihrer Zeit sind, insbesondere was die Klassifizierung der Künste angeht, hat Paisley Livingston [2014] unlängst Blaukopfs philosophische Analyse weitergesponnen und Bolzanos philosophischen Ansatz im Lichte der heutigen Psychologie neu interpretiert. „The originality of his proposal lies in his claim that the source of this pleasure is a special kind of cognitive process, namely the formation of an adequate concept of the object's attributes through the successful exercise of the observer's proficiency at obscure and confused cognition." [Livingston, 2014, 269] Maria Reicher [2006] spannt den historischen Bogen deutlich enger als Blaukopf [1995] und fokussiert auf Bolzanos Rolle innerhalb einer Österreichischen Ästhetik, die in Alexis Meinongs fiktiven Gegenständen und Christian von Ehrenfels' Gestalttheorie gipfelt.[1]

Trotz dieser Aktualisierungsvorschläge scheint mir auf dem von Bolzano eingeschlagenen Weg ein grundlegendes Problem für eine formale Ästhetik übrig zu bleiben, dem ich in diesem Aufsatz genauer nachgehen möchte. Wie ist eigentlich die formale Konstituierung des Kunstwerks mit seiner Rolle als empirischer — bzw. rein gedanklicher, aber empirisch zu erfassender — Gegenstand vereinbar? Diese Frage ähnelt dem Grundproblem der empiristischen Wissenschaftstheorie, nämlich wie die logischen Symbole der Theorie auf die Beobachtungen passen. Diese Analogie legt nahe, Bolzanos im Wesentlichen auf zwei späte Schriften beschränktes ästhetisches Œuvre aus der Perspektive seiner Wissenschaftslehre zu untersuchen, insbesondere da die etwas schwergängigen Schriften von der heutigen Forschung in moderner Notation aufgearbeitet worden sind (vgl. Morscher [1981; 1997]). Besonderes Augenmerk fällt dabei auf Bolzanos erste, der philosophischen Begriffsbestimmung des Schönen gewidmeten Abhandlung (1843), wäh-

---

[1]Auch wenn sich Reichers philosophiehistorischer Bogen nicht in Neuraths Moderne bzw. zur Wissenschaftlichen Weltauffassung erstreckt, und dies zurecht, so finden sich doch, wenn auch ein wenig verstreut, interessante Parallelen zwischen Bolzanos Thesen und Beispielen moderner Kunst.

rend seine postum erschienene, über die Einteilung der Künste (1851) zum Begriff der Zweckmäßigkeit Aufschlussreiches bietet. Die Zweckmäßigkeit erweist sich letztlich als unverzichtbar, um Bolzanos formal konstituierten schönen Gegenstand zusammenzuhalten.

Nach einer Analyse der logisch-empirischen Doppelstruktur des schönen Gegenstandes in Bolzanos formaler Ästhetik werde ich die seiner Wissenschaftslehre entnommenen vorstellungserhaltenden Variationen benutzen, um Bolzanos Projekt mit seinen eigenen Mitteln zu konkretisieren und es danach mit elementarmathematischen Mitteln an zwei Beispielen durchzuspielen. Es wird sich dabei zeigen, dass für Bolzano letztlich der Zweckbegriff als empirisches Korrelat unvermeidlich ist, um den formal konstituierten schönen Gegenstande zusammenzuhalten und die Objektivität ästhetischer Urteile zu sichern. Aufgrund der Allgemeinheit von Bolzanos logischem Ansatz scheint mir darin auch eine Grenze jeglicher rein formaler Ästhetik zu liegen. Im letzten Abschnitt werde ich Bolzanos Zweckbegriff mit dem für die moderne Ästhetik deutlich einflussreicherem Kantischen Zweckmäßigkeitsbegriff in Beziehung setzen.

2 Die Konstitution des schönen Gegenstandes durch Regeln

In seiner philosophischen Abhandlung *Über den Begriff des Schönen* erklärt Bolzano

> den schönen Gegenstand als einen solchen, dessen Betrachtung allen in ihren Erkenntniskräften gehörig entwickelten Menschen ein Wohlgefallen und zwar aus dem Grunde zu gewähren vermag, weil es ihnen weder zu leicht ist, noch auch die Mühe deutlichen Denkens verursacht, nach Auffassung einiger seiner Beschaffenheiten einen Begriff von ihm zu bilden, der sie die übrigen, erst durch fernere Betrachtung wahrzunehmenden Beschaffenheiten erraten läßt, hiedurch aber ihnen die Fertigkeit ihrer Erkenntniskräfte zu einer mindestens dunklen Anschauung bringt. [Bolzano,

1843, 30] [2]

Hieraus folgen die schon in früheren Paragraphen der Abhandlung vorgenommenen *formalen* Bestimmungen, dass das Vergnügen sich *durch bloße Betrachtung* unabhängig von sonstigen Vorteilen, die uns der Gegenstand gewährt, einstellt (§3) und dass die Gedankenreihe mit einer so großen Leichtigkeit von uns gebildet wird, „*dass sie in den gewöhnlichen Fällen gar nicht zu einem deutlichen Bewußtsein gelangt.*" (§5) [Bolzano, 1843, 15] Der ästhetischen Betrachtung kann allerdings eine nicht schönheitsrevelante, deutlich bewusste Mühe vorangehen, etwa das Übersetzen eines altsprachigen Textes. In *inhaltlicher* Bestimmung geht unser Vergnügen an der Schönheit einzig und allein hervor „aus der gelungenen Entdeckung einer Regel, aus der wir die sämmtlichen an dem schönen Gegenstande zu gewahrenden Einrichtungen abzuleiten vermögen" [Bolzano, 1843, 32]. Diese Regel darf nun weder zu trivial sein, sonst verlören wir sofort jedes Interesse an dem Gegenstand, noch allzu kompliziert, so dass wir uns vergeblich mühten. Bolzano sieht in letzterem auch das Charakteristikum eines hässlichen Gegenstandes, nämlich „dass jeder Begriff, den wir aus der Auffassung einiger seiner Beschaffenheiten bilden, uns in der Hoffnung, dass er demselben entsprechen werde, täuscht, indem wir auf etwas diesem Begriffe Widersprechendes stossen; dieses Alles mindestens, so lange wir uns nicht die Mühe des deutlichen Denkens nehmen." [Bolzano, 1843, 37]

Durch die Forderung, dass unsere Erkenntniskräfte im ‚leichten', ‚mühelosen', ‚unbewussten' oder ‚dunklen' Gebrauch dem Gegenstand angemessen sind und wir diese in der Betrachtung kultivieren, erhält der Schönheitsbegriff eine stark anthropologisch-empirische Komponente, die letztlich die Intersubjektivität des ästhetischen Urteils sichern soll und dieses andererseits in den historisch-sozialen Kontext einbindet. Denn der Entwicklungsstand unserer Erkenntniskräfte hängt ganz wesentlich von unserer ästhetischen Bildung und Erziehung ab.

Aus unserer Erklärung begreift sich auf das Vollkommenste,

---

[2]Bis auf unbedeutende Umstellung eines Nebensatzes findet sich die Passage gleichlautend auf Seite 27.

> warum ein Gegenstand, der uns den vollen Genuss seiner
> Schönheit gewähren soll, ein uns noch unbekannter, jetzt
> eben zum erstenmale von uns betrachteter Gegenstand
> sein müsse, oder zum mindesten uns noch Seiten darbieten
> müsse, die wir an ihm früherhin übersehen hatten. Denn nur
> in diesem Falle gewährt uns ja seine Betrachtung diejenige
> Übung unserer auf das Erkennen gerichteter Kräfte welche
> den eigentlichen Genuss am Schönen bedingt. [Bolzano,
> 1843, 35]

Blaukopf verortet hier ein „allmähliches Ausschöpfen des Kunstwerks durch wiederholte Rezeption" (Blaukopf 1996, 39). Was für die Schönheit mithin relevant ist, ist der Erfolg unserer Phantasie im Aufspüren von unbekannten Regeln. Haben wir einen Begriff gefunden, aus dem wir die uns bekannten Beschaffenheiten ableiten können, so

> dürfen [wir] es wieder nicht bei den bloss *wahrgenommenen* Beschaffenheiten bewenden lassen: sondern [müssen] durch unsere *Einbildungskraft* versuchen, gewisse andere Beschaffenheiten von der Art auszusinnen, dass sich aus ihrer Verknüpfung mit dem vorigen ein [...] *Begriff* ergibt, aus welchem auch diejenigen Beschaffenheiten des Gegenstandes, die uns fernere Beobachtung noch darbietet, von selbst folgen und also von uns gleichsam vorhergesehen wurden. [Bolzano, 1843, 20 f.]

Maria Reicher beschreibt dies so: „The task of the recipient is to find out the rules behind this [intrinsic] order [of the beautiful object] [...] and to grasp the rule intuitively." [Reicher, 2006, 297 f.] Dieser Prozess geschieht schrittweise, was an Kunstwerken, die in der Zeit ablaufen, etwa Musikstücken, besonders plausibel erscheint. Wenn man im Kontext der ästhetischen Wahrnehmung bei Bolzano von Intuition sprechen will, ist es m.E. wichtig zu betonen, dass diese eher als ein Spiel unserer Erkenntniskräfte erfolgt, wie in einem Rätsel — Bolzanos eigenes Beispiel — oder einem Puzzlespiel, und nicht im Sinne einer Erkenntnis des Wesentlichen gedacht werden darf. Denn sonst gäbe es ja doch wieder eine metaphysische Hintertür.

So außergewöhnlich, Blaukopf zufolge, Bolzanos Betonung des Rezipienten für die damalige Zeit war, so „[s]eltsam freilich mutet uns heute an, daß der Mathematiker Bolzano die funktionelle Beziehung von Kunstgenuß und Bildung der Geisteskräfte auch umkehrt." (Blaukopf 1996, 39) Er erwägt ‚höhere Geister', deren Erkenntniskräfte die eines jeden kunstsinnigen Menschen weit übersteigen, was „zwar nicht die Fähigkeit zur *Beurtheilung* des Schönen, aber doch das *Vergnügen* daran sehr schwächen, ja ganz vernichten dürfte." [Bolzano, 1843, 18] Denn der höhere Geist würde ja in der Betrachtung des schönen Gegenstandes keine Steigerung seiner Erkenntniskräfte mehr erfahren können. Für ihn wäre es — das obige Beispiel fortsetzend — ein Kinderspiel. Ein solcher Zustand vollständiger Informiertheit ist, Bolzano zufolge, für Menschen in Bezug auf Tast- und Geschmackssinn erreichbar, da diese relativ einförmig und daher für unsere Erkenntniskräfte viel zu wenig komplex sind, um ästhetisches Wohlgefallen zu ermöglichen. So kenne der Feinschmecker bereits alle Beschaffenheiten der Ingredienzen, die er abschmeckt oder durch ihren Geschmack identifiziert (vgl. ebd., §19). Für die höheren Sinne des Gesichts und des Gehörs kann der Mensch zumindest am einzelnen Kunstwerk schrittweise vollständiges Verständnis erreichen. Da unser ästhetisches Urteil auch von unseren Erfahrungen und Fähigkeiten abhängt, folgt hieraus aber nicht, dass wir an einem *subjektiv* vollständig erkannten Kunstwerk nicht später neue Züge entdecken können, so dass unser Wohlgefallen zurückkehrt.

Allerdings handelt es sich hier nicht darum, ästhetische Wahrnehmung als eine Erkenntnis für endliche Wesen zu verstehen, die dem Ideal in Situationen geringer Komplexität nahekommen können. Ästhetische Wahrnehmung und wissenschaftliche Analyse haben schlicht unterschiedliche Ziele, wie Bolzano am Beispiel der Mathematik erklärt.

> Wenn wir in einer mathematischen oder gar speculativen [d. i. philosophischen] Untersuchung begriffen sind, thun wir etwas Anderes, als wenn wir uns in die Betrachtung eines schönen Gegenstandes verlieren. In dem ersten Falle suchen wir uns um nichts weniger unsere Gedanken alle *so deutlich als möglich* auseinander zu setzen, und schreiten von Einem Begriffe, Satze, Schlusse zum anderen mit kla-

rem Bewusstsein fort. Im zweiten Falle [...] eilen [wir] so schnell als möglich von Einem Gedanken zum anderen, bis wir bei einem Begriffe angelangt sind, der uns den Gegenstand in einer Weise darstellt, dass wir die sämmtlichen Theile und Einrichtungen, welche uns theils die schon frühere, theils noch fortwährende Betrachtung zeigt, in unserem Begriffe schon angedeutet fühlen. Wie also dort unsere Geschicklichkeit *im klaren und deutlichen* Denken, so wird hier umgekehrt unsere Geschicklichkeit in einem Denken *vermittelst* dunkler Vorstellungen in Übung gesetzt und vermehrt [...], das von einer viel allgemeineren Brauchbarkeit für das praktische Leben ist. [Bolzano, 1843, 25 f.]

Ob Bolzano diese Trennung zweier Erkenntnisarten wirklich gelingt, scheint durchaus zweifelhaft — wie auch Livingston [2014; 2016] hervorgehoben hat. So legt m.E. Bolzanos oben erwähnte Beschreibung des hässlichen Gegenstandes doch sehe nahe, dass sie im Grenzfall in die klare und deutliche Erkenntnis eines formalen Widerspruches oder eines logischen Paradoxes münden würde.

Die Möglichkeit dunkler Erkenntnis erscheint vor allem problematisch für die Stabilität des schönen Gegenstandes, seiner intrinsischen Ordnung, und die Beschreibung des Geschmacksurteil als eines Satzes an sich. Wenn der schöne Gegenstand durch Regeln konstituiert ist, die von einem Rezipienten vollständig in dunkler Weise erkannt werden können, so müssen diese *bis auf Äquivalenzen eindeutig* sein, denn ansonsten könnten zwei Rezipienten eines Werks aufgrund ihres verschiedenen Erfahrungskontexts grundlegend verschiedene schöne Gegenstände vor sich haben. Dann wäre sogar über die Schönheit des Kunstwerkes trotz vollkommener dunkler Erkenntnis noch ein grundlegender Dissens möglich, der nicht vollständig auf die Unterschiede in den Rezipienten zurückgeführt werden kann. Dies scheint zwar zunächst plausibel zu sein — und vielleicht auch der Praxis mancher ästhetischen Dispute der Gegenwart zu entsprechen. Doch es widerspräche der Klassifikation des Schönheitsurteils als Satz an sich. Vorstellungen an sich und die aus ihnen zusammengesetzten Sätze an sich sind in Bolzanos Wissenschaftslehre objektiv und unwandelbar, auch wenn sie klar von ihrem Gegenstand zu trennen sind und in ihrer Existenzweise mathematischen Begriffen gleichen.

Wie im folgenden Abschnitt zu erläutern sein wird, entspricht einem psychischen Akt eindeutig eine Vorstellung an sich, so dass der Dissens über die Schönheit eines Kunstwerkes nur in mangelhafter dunkler Erkenntnis begründet sein kann. Die eingangs zitierte (natürlich gänzlich bewusste) philosophische Zergliederung des objektiven Schönheitsbegriffs, seine Definition bzw. Erklärung ist ganz sicher eindeutig. Sie ergibt sich dadurch, „dass wir unsere Aufmerksamkeit so angestrengt, als es nur möglich ist, auf unser Inneres richten, um uns bewusst zu werden, was bei dem Denken jenes Begriffes in uns selbst vorgehe." [Bolzano, 1843, 11] Bolzano führt allerdings diese rationalistische Introspektion für den Begriff des Schönen gar nicht explizit durch, sondern verweist zunächst auf drei Beispiele und gibt dann zwei weitere Beweise seiner Erklärung, die „nicht auf so geradem Wege schliessen" [Bolzano, 1843, 29].

Der zweite Beweis behauptet, „*dass der Grad des Vergnügens*, das die Betrachtung eines schönen Gegenstandes gewährt, unter übrigens gleichen Umständen *gerade so steige, wie die Geschicklichkeit, die wir bei seiner Auffassung an den Tag legen*, oder die *Übung und Förderung, welche er unseren Erkenntniskräften gewährt*." [Bolzano, 1843, 29] So gefällt ein Dreiklang mehr als ein Zweiklang, ein Gebäude mehr als ein Teil desselben — natürlich nur bis zur Grenze der mühelosen Erkenntnis. Bolzano verwendet hier offenbar ein Komplexitätsargument, um eine Proportionalität zwischen unserem subjektiven Vergnügen und empirisch nachprüfbaren Eigenschaften zu behaupten. Doch dies führt in das einschlägige Problem der Psychophysik, eine praktisch geeignete und hinreichend universelle Maßeinheit festzulegen, z.B. Fechners ebenmerklichen Unterschied.

Der erste Beweis Bolzanos schließt indirekt. Es gibt Fälle, „*in welchen gar kein anderer Erklärungsgrund für die Entstehung jenes Vergnügens erdenklich* ist." [Bolzano, 1843, 29] Indirekte Beweise werden nicht durch explizite Konstruktion des zu Beweisenden geführt. Daher bedürfen sie einer formalen Hintergrundannahme über den Möglichkeitsraum, logisch einem tertium non datur, so dass aus der

Widersprüchlichkeit der Negation die These selbst folgen kann. Bolzano präsentiert in diesem Sinne eine Vollkommenheits- oder Vollständigkeitsthese gegenüber Variationen der Bestandteile des schönen Gegenstandes. „Wird ihre [der Fabel — eines der Beispiele] Schönheit nicht zerstört, sobald nur irgend ein Bestandteil aufgenommen wird, von dem wir uns den Zweck, zu welchem ihn der Dichter aufgenommen hat, nicht zu erklären wissen?" [Bolzano, 1843, 29] Gleiches gilt für Bolzanos andere Beispiele, das schöne Rätsel, und die logistische Spirale, deren Linien nur durch das mathematische Bildungsgesetz uns verstehbar sind (vgl. Abschnitt 3).

3 Schönheitserhaltende Vorstellungsvariationen

Bolzano wendet in diesen Beweisen implizit das für seine Lehre der Sätze und Vorstellungen an sich zentrale Argument der Vorstellungsvariation an. Seine Wissenschaftslehre geht davon aus, dass psychische Akte manchmal derart weitreichende Gemeinsamkeiten offenbaren, dass man sie als inhaltsgleich betrachten kann. Diese Einsicht kann nun folgendermaßen formalisiert werden. Zu jeder subjektiven Vorstellung x bzw. zu jedem subjektiven Urteilsakt y gibt es genau eine Vorstellung an sich $V = \mathit{Stoff}(x)$ bzw. einen Satz an sich $S = \mathit{Stoff}(y)$. Der entscheidende Punkt ist nun, dass der Funktor *Stoff* nicht injektiv ist, d.h. es gilt zwar die Funktionalität $x = z \Rightarrow \mathit{Stoff}(x) = \mathit{Stoff}(z)$, aber nicht umgekehrt $\mathit{Stoff}(x) = \mathit{Stoff}(z) \Rightarrow x = z$. (Surjektiv darf *Stoff* erst recht nicht sein, weil sonst die Menschheit als ganze vollständige Einsicht besäße.) So kann ein und dieselbe Vorstellung an sich von verschiedenen Vorstellungsakten stammen, und zwei Urteilsakte über die Schönheit eines Kunstwerks können den identischen objektiven Inhalt besitzen. Für eine individualistische Kunstauffassung wäre *Stoff* injektiv, so dass die psychischen Akte des Künstlers und des Rezipienten bzw. zwei Rezeptionsakte niemals identisch sein können. Unter (für die Kunst nicht unproblematischer) Absehung von sprachlichen Mehrdeutigkeiten kann man analog zu *Stoff* auch für sprachliche Äußerungen einen nicht injektiven Funktor *Sinn* definieren, derart dass

$Sinn(x) = V$, also etwa $Sinn$ ('*Philosoph*')='[*Philosoph*]'. Dabei ist ein Satz an sich S in Standardform [A hat b] aus einer Subjektvorstellung [A] und einer Prädikatvorstellung [b] aufgebaut. Es besteht an dieser Stelle kein Grund anzunehmen, dass nicht auch das dunkle Erkennen eine ähnliche formale und regelhafte Struktur besitzt, die dann durch weitere Regeln spezifiziert wird, die gerade seine Unschärfe implementieren.[3] Allerdings wird eine solche Struktur wohl das tertium non datur aufrechterhalten müssen, um den eben erwähnten indirekten Beweis weiterhin zu ermöglichen.

Bolzano glaubt, in der Wissenschaftslehre die Existenz von Vorstellungen und Sätzen an sich bewiesen zu haben. Dann könnte man jeden schönen Gegenstand schlicht als eine endliche Menge aus Vorstellungen an sich betrachten und die Regeln — diese sind für Bolzano ebenfalls objektive Beschaffenheiten — als Relationen zwischen diesen. Doch es ist eigentlich gut, dass dieser Beweis misslungen ist (vgl. [Morscher, 1981, 115]), denn sonst ergäbe sich eine völlig statische Auffassung, in der jedes Kunstwerk lediglich Abbild einer komplexen Vorstellung an sich wäre, wodurch die zukunftsoffenen Elemente der Bolzanoschen Ästhetik konterkariert würden. Betrachtet man die Existenz der Vorstellungen an sich nur als Postulat, so kann man trotzdem einige Gedanken von Bolzanos Wissenschaftslehre sehr gut zur Charakterisierung seiner formalen Ästhetik verwenden. Dies soll im Folgenden im Hinblick auf die Charakterisierung des schönen Gegenstands geschehen.

Für Sätze an sich (und auch für zusammengesetzte Vorstellungen) kann eine Operation der *Vorstellungsvariation* eingeführt werden. Sei S ein Satz an sich, V und W Vorstellungen, so ist $Var_W^V S$ derjenige Satz an sich, der durch Ersetzung der Vorstellung V durch W (an jeder Stelle) im Satz S hervorgeht, also etwa

$$Var_{[Kant]}^{[Bolzano]} \text{ [Bolzano ist Philosoph]=[Kant ist Philosoph]}.$$

Var muss gegenständliche Subjektvorstellungen wieder in gegenständliche Subjektvorstellungen überführen, weil nur dann S wahrheitsfähig bleibt. (Sätze mit gegenstandslosen Vorstellungen sind per definitionem

---

[3]Es ist ja gerade Bolzanos Kritik an Kants Begriff des Formalen, dass dieser nicht dunkel, sondern unbestimmt ist; vgl. Abschnitt 5.

falsch.) Weiters ist zu fordern, dass V mit W kategorial übereinstimmt, denn

> sobald man eine Kategorienvermengung vornimmt [...] entsteht eine gegenstandslose Vorstellung [z.B. ‚[Dreieck ist Philosoph]'. ...] [Doch] ergibt dies auf keinen Fall eine allgemeine Lösung des Problems der kategorialen Gleichheit von V und W in $Var_W^V S$, da die Vertauschung von V durch W nur im Sonderfall einen Einfluß auf die Extension und damit auf die Gegenständlichkeit der Subjektvorstellung von S hat [...] Vage bleibt diese Vorschrift, solange nicht Kriterien angegeben werden, aufgrund derer entschieden werden kann, wann zwei Vorstellungen an sich zur selben Kategorie gehören bzw. kategorial gleich sind. [Morscher, 1981, 117 f.]

Kategoriale Gleichheit war nun genau, was für die Erhaltung des Sinns bzw. des Stoffs der Fabel vorauszusetzen war. Und ebenso wie in der Wissenschaftslehre die Prädikatvorstellung eine wichtige Rolle dabei spielt, welche Subjektvorstellungen kategorial gleich sind, so waren es dort die für das Tier charakteristischen Eigenschaften. Als Beispiel einer zulässigen Vorstellungsvariation könnte man den Fuchs in einer Kultur, in der es keine Füchse, wohl aber Tierfabeln gibt, durch ein Tier zu ersetzen, dem in der dortigen Tradition ein gleiches Maß an Schlauheit nachgesagt wird, so dass die inhaltliche Botschaft der Fabel nicht verändert wird. Ähnliches gilt etwa dann, wenn in der religiösen Malerei Kleidung und Baustil der jeweiligen Zeit und Landschaft angepasst werden, ohne den zentralen Figurenkanon zu verlassen.

Aber man kann die Parallele noch weiterspinnen. Geht durch mangelnde kategoriale Gleichheit die Gegenständlichkeit der Subjektsvorstellung und *a fortiori* die Wahrheitsfähigkeit von S verloren, so kann man in analoger Weise durch unzulässige Vorstellungsvariationen ein Kunstwerk zu einem Gegenstand machen, der überhaupt nicht mehr dem ästhetischen Urteil untersteht, sondern vielleicht einem — von Bolzano höher gewichteten — sittlichen; etwa wenn ein lebendes

Tier auf der Bühne getötet wird statt einer symbolischen Darstellung. Oder der Reinigungsdienst entfernt einen Teil des Kunstwerks, weil er ihn nicht als solchen erkennt.

Bolzano scheint interessanterweise davon auszugehen, dass wir physiologisch auf beständige Vorstellungsvariation ausgerichtet sind. Schon die Betrachtung eines vollkommen konstanten Tones beschäftigt unser Gedächtnis und unsere Einbildungskraft, so dass ihm immerhin ein geringer Grad von Schönheit zugesprochen werden kann. Ästhetisch ist es eben nicht mit der Erkenntnis der Tatsache $v = 440$ Hz getan (einschließlich der Obertöne), denn alles, was daraus naturgesetzlich über die Fortdauer des Zustandes notwendig folgt, ist nicht schönheitsrelevant. Bolzano spricht dem Feinschmecker ja gerade Schönheitsfähigkeit ab, weil er nur notwendige Zusammenhänge erschließt. Beim vereinzelten Ton prüfen wir hingegen dessen konstante Höhe unentwegt durch Vorstellungsvariation.

> Ganz anders ist unser Verfahren, wenn wir einem, auch noch so vereinzeltem Tone lauschen. Wie nur die ersten Schwingungen desselben unser Ohr erreichen, versuchen wir schon die *Höhe* desselben zu schätzen [...] Ist diess geschehen, so untersuchen wir ferner, ob das in der nur eben vergangenen Zeit betrachtete Verhältniss in der nächstfolgenden noch fortdauern werde. [Bolzano, 1843, 39]

Zusammenfassend erweist sich als der ästhetisch entscheidende Punkt von Bolzanos Methode der Vorstellungsvariation, dass einerseits der enge Variationsbereich der kategoriegleichen Regeln durch den Zweck des Dichters vorgegeben und durch den Rezipienten ausgetestet wird, während andererseits alle anderen Variationen die Einheit und Schönheitsfähigkeit des schönen Gegenstandes zerstören. Der Variationsbereich scheint also den Gegenstand bezüglich des Schönheitsurteils zusammenzuhalten und man könnte daher von einer *Quasieindeutigkeit* des schönen Gegenstandes sprechen oder von einer *Eindeutigkeit bis auf Äquivalenz unter schönheitserhaltender Variation.*

4 Der Aufbau des schönen Gegenstandes aus elementaren Vorstellungen

Um den Gedanken der Quasieindeutigkeit auf die Wissenschaftslehre zurückzuführen, ist zu beachten, dass Bolzanos formale Ästhetik zwar *in enger Anlehnung* an die formale Logik konstruiert ist, aber im Gegensatz zu einer Formalisierung wissenschaftlicher Tatsachen *keine Reduktion* auf formale Logik beinhaltet. Vergleicht man daher wie oben das Schönheitsurteil mit einem Wahrheitswert, so ergeben sich nicht nur aufgrund der von Bolzano angenommenen Gradualität der Schönheit beliebige Werte zwischen Null und Eins, sondern es ist auch zu berücksichtigen, dass der schöne Gegenstand (und sein assoziierter Regelkanon) durch einen bestimmten Zweck zusammengehalten wird (vgl. Abschnitt 5).

Die Hauptstrategie der nachfolgenden Überlegungen besteht darin, ästhetische Quasiäquivalenz als Analogon zu Bolzanos Begriff der Allgemeingültigkeit zu interpretieren. Beide Begriffe sind mithilfe eines bestimmten Variationsbereichs definiert, den man als Äquivalenzbereich bzw. Gültigkeitsbereich verstehen kann. Bolzano unterscheidet in der Wissenschaftslehre zwischen *L*-Variationen, die die logische Struktur eines Satzes unverändert lassen, und allgemeinen Variationen. Dadurch kann man rein strukturelle Kunstwerke unter Bolzanos Beispielen, wie das Rätsel und die logistische Spirale, von solchen wie der Fabel trennen, zu deren Verständnis allgemeinere Variationen zugelassen werden müssen.

Da schöne Gegenstände aus mehreren Vorstellungen — unter Umständen auch aus Sätzen — bestehen, bedarf es zunächst eines geeigneten Zerlegungsbegriffs, damit die Variationsmethode auf komplexe Vorstellungen an sich anwendbar wird. „Die Zerlegung einer Vorstellung an sich ist nach Bolzano objektiver Art [...], sie ist eindeutig und endet immer nach endlich vielen Schritten bei einfachen Vorstellungen an sich, die nicht mehr zerlegbar sind und die elementaren bzw. atomaren Endpunkte jeder Zerlegung darstellen." [Morscher, 1981, 110 f.] Um die Eindeutigkeit der Zerlegung zu sichern, genügt jedoch laut Morscher die bloße Aufzählung der Elemente nicht.

Für die Effektivität der Zerlegungsoperation wäre zweierlei erforderlich: (i) Es müßte die Menge der einfachen Vorstellungen an sich [...] effektiv (etwa durch Aufzählung) angegeben werden; (ii) es müßten Formationsregeln angegeben werden, die bestimmen, wie aus gegebenen Vorstellungen an sich (und eventuell Sätzen an sich) neue Vorstellungen an sich gebildet bzw. zusammengesetzt sein können bzw. welche Arten der Zusammensetzung von Vorstellungen an sich aus gegebenen Vorstellungen an sich (und eventuell Sätzen an sich) möglich sind. [Morscher, 1981, 111]

Mithilfe verschiedener Konventionen kann nun eine Vorstellung an sich mit ihrer Zerlegung identifiziert werden bzw. diese als ihre Definition oder Erklärung betrachtet werden. Für Sätze [A hat b] an sich spielt man die Zerlegung auf geordnete Paare der in ihnen enthaltenen Vorstellungen zurück, d.h. $Zerl(S) = \langle Zerl([A]), Zerl([b])\rangle$, so dass schließlich auch für Sätze an sich gilt: $S = T \Leftrightarrow Zerl(S) = Zerl(T)$.

Geht man mit Bolzano davon aus, dass sich in jedem konkreten Fall die logischen Vorstellungen an sich wie [Nicht] von den nicht-logischen trennen lassen, so kann man nach Herausfaktorieren extensionsgleicher Vorstellungen für eine Folge paarweise verschiedener einfacher Vorstellungen $V(n) = \langle V_1, \ldots, V_n \rangle$ definieren: Der $V(n)$-Gültigkeitsgrad eines Satzes an sich S ist gleich dem Bruch a/b, wobei a die Anzahl der wahren $V(n)$-Varianten von S ist und b die Anzahl sämtlicher $V(n)$-Varianten von S. Für $a/b = 1$, d.h. wenn alle $V(n)$-Varianten wahr sind, ist S allgemeingültig. Enthält $V(n)$ nur nicht-logische Vorstellungen, so dass die logischen Vorstellungen in S nicht variiert werden, so gewinnt man für die sogenannten L-Varianten in analoger Weise den logischen Gültigkeitsgrad und die logische Allgemeinheit.

Man könnte nun in ähnlicher Weise graduelle Schönheit definieren, indem man einer Vorstellung U einen Schönheitswert aus $u \in [0,1]$ zuordnet und definiert: Der $V(n)$-*Schönheitsgrad* einer Vorstellung an sich U ist gleich dem Bruch $\bar{u}/|u|$, wobei $\bar{u}$ das arithmetische Mittel aller Schönheitswerte von $V(n)$-Varianten von U ist und $|u|$ deren Anzahl. Somit könnte man Vorstellungen an sich mit gleichem Schönheitsgrad als miteinander quasi-äquivalent identifizieren. Doch man wird wohl kaum einen von einem Laien vollendeten Torso des Michelangelo im Schönheitsmittel mit dem Werk eines mittelmäßigen Bildhauers identifizieren wollen. Daher ist dieser Ansatz zunächst nur für strukturerhaltende Variationen nach Art der L-Varianten brauchbar, indem man noch zusätzlich fordert, dass nicht nur die logischen Vorstellungen an sich, sondern auch die in $Zerl(U)$ enthaltene logische Verknüpfungsstruktur der Vorstellungen an sich des Kunstwerks unvariiert bleibt.

Bolzanos der Geometrie entnommenes Beispiel zeigt jedoch, dass ein solcher rein strukturalistischer Ansatz nicht ganz mit dem empirischen Charakter der Vorstellungsvariation zusammenpasst. In der Betrachtung der logistischen Spirale

> verfielen wir bald auf den Gedanken, ob diess Gesetz nicht etwa das der *Gleichförmigkeit* wäre, d.h. ob nicht innerhalb gleicher Winkel der Abstand vom Mittelpunckte um ein *gleich grosses*, oder falls dieses nicht ist, um ein Stück, das zu dem ganzen Abstande immer dasselbe Verhältnis beobachtet, wachse? Indem wir nun unsere Betrachtung fortsetzten, fanden wir unsere letzte Vermuthung in der That bestätigt; der Abstand vom Mittelpuncte wurde mit jedem neuen Umkreise verdoppelt: nämlich so weit diess durch den blossen Augenschein, ohne wirkliche Messungen, ja ohne dass wir uns des Gesetzes selbst deutlich bewusst wurden, es in ausgesprochene, oder auch nur gedachte Worte zu kleiden nöthig hatten, geschehen konnte. Dieses nun freute uns, und darum nannten wir die Linie schön.
> [Bolzano, 1843, 28]

Mir scheint nun, dass es Bolzano hier nicht gelingt, einen quasieindeutigen schönen Gegenstand aus Regeln wirklich zu konstituieren, ohne den willkürlichen Verweis auf unseren sehr persönlichen Augenschein. Auch scheint eher die allgemeine Gleichung logarithmischer Spiralen das Ziel unserer Erkenntniskräfte zu sein. In Polarkoordinaten gilt für den Radialabstand $\rho = ae^{k\varphi}$, wobei a eine Konstante, φ der Winkel im Bogenmaß, $k = \cot \alpha$ und α der Schnittwinkel zwischen

Radius und Kurve ist. Bolzanos Beispiel stellt nur einen ganz speziellen Sonderfall dar, der darauf fußt, dass wir Winkelteilung ($\alpha = 45°$) und ein doppeltes Abstandsverhältnis mühelos erkennen. Aber was ist nun ‚mühelos', wenn wir doch unsere Erkenntniskräfte steigern können? Erfahrene Mathematiker besitzen dort ein intuitives Verständnis, wo der gebildete Laie auch mit größter Mühe nichts erkennen kann.

Eine überzeugende Abgrenzung des Variationsbereichs scheint schon bei Proportionen kaum erreichbar. Lässt man nur einfache rationale Verhältnisse zu, so fällt der maximal irrationale Goldene Schnitt heraus. Doch dieser hat sich hinreichend lange in der Kunstübung als Regel gehalten, so dass er den Kunstsinnigen mühelos erkennbar sein dürfte, ohne dass sie diese Eigenschaft durch Kettenbruchentwicklungen verstehen müssten. Ist man hingegen zu liberal, so können Vorstellungen sogar stetig in kategoriefremde übergehen. Denn geben wir im Beispiel auch α zur Variation frei, so wird für den Spezialfall $\alpha = 90°$ die Spirale zum Kreis, den wir ebenfalls mühelos als solchen erkennen. In Abwesenheit eines Zweckes bleibt also nur übrig, den Zusammenhalt des schönen Gegenstandes durch die logische Struktur des Bildungsgesetzes und einen vorgegebenen Variationsbereich gewisser einfacher Proportionen sozusagen von oben zu bewerkstelligen. Welche Proportionen zum Variationsbereich eines Rezipienten gehören, ist dabei zunächst durchaus eine empirisch zu untersuchende Frage. Die notwendige Setzung des Variationsbereiches schließt jedoch das spontane Entdecken neuer Zusammenhänge aus.

Die Schönheit der Fabel — und auch die Schönheit der meisten anderen Kunstwerke — erschöpft sich nicht im rein Strukturellen. Daher müssen anstelle reiner L-Variationen auch allgemeine Variationen zugelassen werden. Und es kann dann auch nicht mehr der Erhalt der logischen Strukturen der Zerlegung der Vorstellung an sich des schönen Gegenstandes für alle Rezeptionsakte gefordert werden, sondern die Konstitution des schönen Gegenstandes und des Variationsbereichs müssen simultan und gleichsam von unten bewerkstelligt werden. Dabei müssen Künstler wie Rezipient von einer gemeinsamen Basis von Regeln und einfacher Vorstellungen an sich ausgehen. Als Leitstern in diesem Prozess bietet sich der Zweck des schönen Gegenstandes an.

Nicht dass uns dieser beim Lesen der Fabel oder im Theater bereits explizit vorgegeben ist; aber es war (zumindest bis Brecht) ein Grundelement der Rezeption, sich mit einzelnen Figuren zu identifizieren — nicht auf Gedeih und Verderb, sondern indem wir innerhalb ihrer Dynamik ständig den Variationsbereich unserer Vorstellung von der Figur austesten, bis am Ende der Fabel bzw. des Theaterstücks ihre zentralen Züge als innerlich wie äußerlich zweckmäßig vor uns stehen, so dass wir auch eine völlig andere Inszenierung als dasselbe Stück erkennen können.

5 Variationen des Kontexts: Ein Beispiel für die Grenzen einer formalen Ästhetik

Bolzanos Regelästhetik widersprechen zwar im Prinzip alle Unregelmäßigkeiten, aber es kommt vor, dass „zuweilen eben dasjenige, was in gewisser Hinsicht Unregelmässigkeit ist, einer anderen Regel nur um so mehr entspricht, und somit selbst als schön empfunden werden kann." [Bolzano, 1843, 41] Bolzano nennt als ein Beispiel das Auftreten hässlicher Personen im Lustspiel [Bolzano, 1843, 37]. Dies stellt nun keine Vorstellungsvariation mehr dar, bei der man etwa verschiedene Attribute V_i dieser Person innerhalb eines Variationsbereichs V ersetzte, sondern für die hässliche Person wird ein vollständig neuer Bereich W geschaffen, der auch den weiteren Kontext verändert und durch iterierte Vorstellungsvariationen aus V gar nicht erreichbar ist. Man würde in diesem Falle vielleicht sagen, dass das Auftreten der hässlichen Person sehr wohl dem Zweck des Lustspiels in einem höheren Sinne entspricht. Für das Beispiel der Fabel und die oben erwähnten Analoga des schlauen Fuchses in anderen Kulturen gilt dies ebenso.

Durch diese Veränderung des Rahmens besteht nun die Gefahr, dass sich trotz aller Verbindlichkeit der Regeln der schöne Gegenstand wieder zersetzt, weil man immer einen Kontext finden können wird, in dem er keine Widersprüche mehr provoziert und ausschließlich gewisse dunkle Regeln erfüllt. Schönheit wäre so auf dem Bolzanoschen Wege zu einfach erreichbar. Andererseits findet sich zu jedem Klassiker auch immer der Parodist, der selbst die schönsten Helden durch kleine Modifikation des Originals in einen lächerlichen oder heillos verworrenen Kontext stellt. Natürlich kann man nun mit dem Instrumentarium der Wissenschaftslehre versuchen, die Variationsbereiche V und W zu vergleichen, etwa innerhalb eines beide umfassenden Bereichs von Vorstellungen Z, in dem dann auch die Schönheitsregeln formuliert werden können. Dies kann jedoch nur unter starken Voraussetzungen geschehen, die nicht immer in für die Ästhetik sinnvoller Weise realisiert werden können.

Ich möchte dies hier einmal mit elementarer Mathematik exemplarisch durchspielen, um zu zeigen, dass auch ein modernisierter Formalismus sehr rasch an seine Grenzen stößt. Es ist klar, dass es heute andere Logiken und mathematische Disziplinen, etwa alternative Logiken oder moderne Geometrien gibt, die auf diesem Weg weiterkämen und die auch moderne Künstler weitaus attraktiver gefunden haben als die hier als Etüde durchgespielte Elementarmathematik (vgl. [Weibel, 1997])

Im Allgemeinen kann man Vorstellungsvariationen nicht iterieren und sie bilden keine Gruppe. Sei wiederum $V(n) = \langle V_1, \ldots, V_n \rangle$ eine Folge von Vorstellungen an sich, so gilt nicht ohne weiteres

$$Var_{W(n)}^{V(n)} S = Var_{W_n}^{V_n} Var_{W_{n-1}}^{V_{n-1}} \cdots Var_{W_2}^{V_2} Var_{W_1}^{V_1} \qquad (1)$$

wie folgendes einfaches Gegenbeispiel zeigt:

$$Var_{\langle [C],[D] \rangle}^{\langle [B],[C] \rangle}[A = B] = [A = C] \neq Var_{[D]}^{[C]} Var_{[C]}^{[B]}[A = B] =$$

$$Var_{[D]}^{[C]}[A = C] = [A = D].$$

Interpretiert man die Variationen als Abbildungen, so gerät hier offensichtlich die Prädikatvorstellung erst durch die erste Variation in den Definitionsbereich der zweiten. Würde man die Reihenfolge der Variationen allerdings vertauschen, d.h. Kommutativität von *Var* fordern, so gälte die Eigenschaft (1) sehr wohl. Solche Gegenbeispiele kann man nun ausschließen, indem man die Vorstellungen zunächst auf eine geeignete Basis $U(n) = \langle U_1, \ldots, U_n \rangle$ von paarweise verschiedenen einfachen Vorstellungen an sich transformiert und von dort in die Zielvorstellung, so dass *Var* insgesamt $2n$-mal angewendet wird. Kommt des Weiteren für kein Tripel $1 \leq i, j, k \leq n$ die Basisvorstellung U_i in $Zerl(S)$ oder in $Zerl(V_j)$ oder in $Zerl(W_k)$ vor, so gilt:

$$Var_{W(n)}^{V(n)} S = Var_{W_n}^{U_n} Var_{W_{n-1}}^{U_{n-1}} \dots \qquad (2)$$
$$Var_{W_2}^{U_2} Var_{W_1}^{U_1} Var_{U_n}^{V_n} Var_{U_{n-1}}^{V_{n-1}} \dots Var_{U_2}^{V_2} Var_{U_1}^{V_1}$$

Hat man also auch in der Ästhetik eine solche Basis paarweise verschiedener einfacher Vorstellungen in Z gefunden, so kann man alle Vorstellungen aus V durch iterierte Variationen in solche aus W überführen. Doch was kommt als ästhetisch sinnvolle Basis in Frage? Die Kunstregeln selbst sind dafür sicherlich zu komplex. Viel geeigneter sind die einzelnen Vorstellungselemente, aus denen sich der schöne Gegenstand nach bestimmten Regeln zusammensetzt, die man als Zulassungsbedingungen an die Vorstellungsvariationen formuliert. Doch zu atomar dürfen diese Elemente auch nicht sein, weil sonst die Verknüpfungsregeln heillos kompliziert und für die Ästhetik untauglich sind. Ich möchte diese Schwierigkeit an drei Beispielen erläutern, für die ich dem obigen Schema zusätzlich eine lineare Struktur aufpräge, um eine Veranschaulichung durch Vektorräume zu erreichen. Dadurch wird die Zerlegung einer komplexen Vorstellung besonders einfach; sie ist die vektorielle Summe ihrer elementaren Komponenten.[4]

Nehmen wir als erstes Beispiel ein Musikstück mit drei Stimmen: Violine, Bratsche und Cello. Hier bieten sich die Einzeltöne der chromatischen Tonleiter und das Spielen der einzelnen Instrumente als elementare Vorstellungen an. Betrachtet man letztere als Basiselemente eines Vektorraums $V \times B \times C$ über dem diskreten Zahlkörper der Halbtöne H^3, so kann man jeden beliebigen Dreiklang als einen Vektor im dreidimensionalen Raum veranschaulichen. Legt man den Ursprung des Koordinatensystems jeweils in das eingestrichene c, d.i. in den Vektor (c', c', c') und bildet die Halbtonleiter auf die ganzen Zahlen ab, d.h.

---

[4] Es sei noch vermerkt, dass auch rein mathematisch gesehen die hier zu illustrierende Basiseigenschaft ein ganz zentrales Element der Theorie der Vektorräume ist. Sind diese unendlich dimensional, hängt die Existenz einer Basis am Auswahlaxiom.

$c' = 0, cis' = 1, d' = 2$, usw., so entsprechen die Einheitsbasisvektoren folgenden satzartigen Vorstellungen:

$$\vec{s}_1 = [\text{Violine spielt cis}'] = (1,0,0)$$
$$\vec{s}_2 = [\text{Bratsche spielt cis}'] = (0,1,0)$$
$$\vec{s}_3 = [\text{Cello spielt cis}'] = (0,0,1)$$

und für einen beliebigen Dreiklang gilt: $\vec{s} = v s_1 + b s_2 + c s_3$. Mit Hilfe des Matrizenkalküls kann man nun ‚musizieren', indem man die Schritte von einem Zeitintervall (z.B. einem Sechzehntel) zum nächsten als lineare Abbildungen darstellt. Spielen also beispielsweise (Violine, Bratsche, Cello) statt $(c', e', g') = (0, 4, 7)$ im nächsten Zeitintervall $(e', g', c') = (4, 7, 0)$, so ergibt sich:

$$\begin{pmatrix} 4 \\ 7 \\ 0 \end{pmatrix} = \begin{pmatrix} 0 & 1 & 0 \\ 0 & 0 & 1 \\ 0 & 0 & 0 \end{pmatrix} \begin{pmatrix} 0 \\ 4 \\ 7 \end{pmatrix} \text{ oder allgemein: } \vec{s}_{t_1} = \hat{T}_{0,1} \vec{s}_{t_0}.$$

Und durch Iteration derartiger Abbildungen kann man schließlich ein ganzes Stück aufbauen, also $\vec{s}_f = \hat{T}_{f,f-1} \circ \hat{T}_{f-1,f-2} \circ \ldots \circ \hat{T}_{2,1} \circ \hat{T}_{1,0} \vec{s}_0$. Harmonische Regeln können nun als Bedingungen an die Abbildungen formuliert werden, z.B. $|det\hat{T}_{n,n-1}| = 1$ für die oben angegebene reine Vertauschung der Stimmen. Der Wechsel der Tonart, etwa von C-Dur nach E-Dur, kann durch eine Verschiebung des Koordinatenursprungs auf (e', e', e') formalisiert werden, wobei die Transformationsmatrix

$$\hat{R} = \begin{pmatrix} 4 & 0 & 0 \\ 0 & 4 & 0 \\ 0 & 0 & 4 \end{pmatrix} \text{ mit } \vec{s}' = \hat{R}\vec{s} \text{ bzw. } \hat{T}' = \hat{R}^{-1}\hat{T}\hat{R}$$

angewendet wird. Natürlich ist das eben präsentierte Modell viel zu simpel, um echte Harmoniken zu beschreiben.

Der gerade entwickelte Formalismus kann auch auf die Malerei angewendet werden. Denkt man sich ein Bild durch ein engmaschiges Raster in m mal n Punkte zerlegt und diese nach dem Cantorschen Verfahren durchnummeriert, so bieten sich als Einheitsbasisvektoren $\vec{s}_k = [\text{Punkt } k = \#(m,n) \text{ hat Farbe } f]$ an, wobei f zunächst die Farben einer Standardpalette seien. Wir sind also beim Pointillismus oder eher beim Pixelismus angelangt. Im Falle der gewählten algebraischen Darstellung kann man diesen Ansatz noch verallgemeinern, indem man für f jeden kontinuierlichen Frequenzwert zulässt und das Gitter immer kleiner werden lässt. Damit werden die Einheitsbasisvektoren zu $\vec{s}_k = $ [Punkt l hat Frequenz v], sogar für abzählbar unendlich viele Punkte in einem Bild ohne Rand. In diesem Falle sind wir allerdings endgültig bei Aussagen der Art „Die Welt besteht aus atomaren Punkten und ihren Verknüpfungen" angelangt, die weder als Naturgesetze noch als ästhetische Regeln brauchbar sind. Eine viel grobkörnigere — und sinnvollere — Struktur könnte etwa für die klassische Ikonenmalerei davon ausgehen, dass man Subjektvorstellungen (Jesus, Maria, Gabriel, Kaspar, Melchior, Balthasar, ...) eine kleine Menge von Farben als Prädikatvorstellungen zuordnet. Dabei sind einige dieser satzartigen Vorstellungen nicht variierbar, andere schon, so dass man in Analogie zu den L-Varianten die K-Varianten festlegen könnte, die den klassischen Farbenkanon K unverändert lassen. Dadurch wäre etwa beschreibbar, wie die Entwicklung der Malerei ab einem gewissen Punkt durch Erweiterung oder Aufgabe von K zu allgemeineren Variationen überging.

Wie eingangs erwähnt, stellen die hier präsentierten Beispiele lediglich Fingerübungen dar. Allerdings exemplifizieren sie eine formale Logik, die bei Bolzano den Anspruch hat, für Mathematik und Philosophie grundlegend zu sein. Das Problem liegt also tiefer, und auch Bolzano selbst bleibt nicht bei einer rein formalen Ästhetik stehen. So begegnet er dem Kontextproblem des schönen Gegenstandes letztlich dadurch, dass er die Möglichkeiten des Künstlers in zweierlei Hinsicht explizit beschränkt. Zunächst müssen die Regeln, denen der Künstler folgt, geeignet sein, als Kunsttheorie formuliert und gelehrt zu werden. Zum anderen werden die wesentlichen Inhalte und Zwecke des Kunstwerks bereits auf der gedanklichen Ebene als Vorstellungen oder Sätze an sich präfiguriert und erst dann innerhalb eines vorgegebenen Variationsbereichs in sinnliche Wirklichkeit übersetzt. Daher geht Bolzano auch zunächst von Kunstwerken des reinen Gedankens aus, die dann ausgeführt werden. Er misstraut dem Genie, das scheinbar ohne alle Regel schöne Gegenstände in die Welt setzt.

> Aber auch nur um das Vorbild, das ihm bei seinem künstlerischen Einwirken auf die Aussenwelt vorschweben muss, in seinem *Inneren* zu erzeugen, und ihm diejenige Vollendung zu ertheilen, von der sein Werk nur ein schwaches, ihm selbst am wenigsten genügendes Nachbild sein wird: wie viele Einsichten muss er besitzen, und sich so geläufig gemacht haben, dass er nach ihnen zu handeln vermöge, ohne sich ihrer nur deutlich bewusst zu werden [...] Glaubt man nun wohl, all diesen Forderungen werde der Künstler genügen, wenn er nicht oft und viel über Werke der gleichen Art wie das seine, und über die Einrichtungen, die ihnen nicht fehlen dürfen, nachgedacht hat? Wenn er nicht „*Studien*", fleissige Studien vorausgeschickt hat? Glaubt ihr, es falle ihm Alles so von selbst ein? [Bolzano, 1851, 139]

Der Zweck des schönen Gegenstandes ist mithin immer schon vorgedacht.

6 Die Zweckmäßigkeit des Kunstwerks und das Kontextproblem

Die Zweckmäßigkeit tritt in Bolzanos zweiter, der Ästhetik gewidmeten Abhandlung zum philosophisch zergliederten Begriff des Schönen an sich hinzu. Sie wird insbesondere relevant, wenn der nur gedanklich und an sich betrachtete schöne Gegenstand ins Kunst-Werk gesetzt wird. Dieser zweite Schritt trennt auch das Kunstschöne vom Naturschönen.

> Ist es ein Werk *menschlicher* Thätigkeit, so sind wir überdies [d. i. über das leichte und dunkle Errathen der Regeln hinaus] zu der Erwartung berechtigt, dass es zu einem vernünftigen Zwecke hervorgebracht sei, und wir finden es nie wahrhaft schön, wenn wir uns nicht von allen seinen Theilen und Einrichtungen wenigstens dunkel vorstellen können, zu welchem Zwecke sie sein mögen. [Bolzano, 1851, 139]

> [D]enn in der vollendeten Zweckmäßigkeit, so weit sie allgemein und leicht erkennbar ist, besteht eben die vornehmste Schönheit aller menschlichen Werke. [Bolzano, 1851, 165]

Hinter dieser Emphase steckt keine implizite Zustimmung zu Kants Charakterisierung des Schönen als ‚subjektiv formaler Zweckmäßigkeit ohne Zweck'. Im Gegenteil, Bolzanos philosophische Abhandlung enthält eine ausführliche Kritik von Kants Ansicht, „dass wir die Form der Zweckmässigkeit an einem Gegenstande gewahren könnten, ohne die Zwecke selbst, denen er kraft seiner Zweckmäßigkeit *gemäss* sein soll, uns auch nur vorgestellt zu haben." [Bolzano, 1843, 62] Diese Kritik soll im folgenden Abschnitt ein wenig genauer beleuchtet werden.

Bolzanos Ablehnung der Kantschen Bestimmung gründet sich darauf, dass er zwar dunkle, aber keine rein ‚formalen' Begriffe zulässt, da diese in seinem Sinne unbestimmt sind. Stattdessen müssen sowohl die *Regeln* als Konstituenten des schönen Kunstgegenstandes als auch die seine Realisierung leitenden *Zwecke* bestimmt und lehrbar sein — wenn auch nicht subjektiv dem Betrachter vollständig bekannt. Das ästhetische Wohlgefallen stellt sich gerade dann ein, wenn diese vom Rezipienten spielerisch erkannt werden. Für Bolzano sind Zweckrelationen immer im Kunstwollen des Künstlers manifest und werden durch den Rezipienten sukzessive dunkel erkannt. Indem Bolzano dergestalt reale äußere Zwecke, die nicht allein in der inneren Regelstruktur des schönen Gegenstandes Ausdruck finden, für jede Kunstübung annimmt, vermeidet er gerade das Problem, dem sich Kants *Kritik der Urteilskraft* in ihrer Gänze gestellt hatte, nämlich Kunst und Natur unter einem einheitlichen Zweckmäßigkeitsbegriff zu vereinen.

Für den engeren Bereich der Ästhetik beschneidet sich Bolzano damit allerdings desjenigen Elements, das typischerweise als Ausdruck der Modernität der Kantischen Ästhetik verstanden wird, nämlich, dass das freie Spiel der Einbildungskraft subjektiv formale Zweckmäßigkeit und interesseloses Wohlgefallen erzeugen kann. Ebenso trennt Bolzano bewusst, was Kant versuchte, zusammen zu denken: die subjektiv-formale Zweckmäßigkeit des Kunstwerks, die ohne manifesten Zweck nur in der Rekonstruktion durch den Rezipienten erscheint, und die subjektiv-formale Zweckmäßigkeit eines Systems der Natur, die uns als Erkenntnismaxime außerhalb des Newtonschen Rahmens dient, ohne in einer solchen Rekonstruktion eines göttlichen Architekten zu bedürfen. Kant lässt dabei für Organismen auch objektiv-materiale Zweckmäßigkeit zu. Dies ist sicherlich eine Folge der strengen Unterscheidung zwischen klarem und deutlichem Erkennen in Wissenschaft und Mathematik und dunklem Erkennen in der Kunst. Anders als bei Kant sind daher bei Bolzano das ästhetische Wohlgefallen und die Lust der Erkenntnis streng getrennt.

Allerdings scheint mir Bolzanos Interpretation des ‚formalen' Aspekts der Zweckmäßigkeit als ‚unbestimmt' zu eng gedacht, und nur insofern zuzutreffen, als in der formalen Bestimmung — im Gegensatz zur ‚materialen' — in der Tat kein manifester Zweck vorgegeben ist. Dies bedeutet aber nicht, dass in Kunst oder Natur nicht eine Struktur vorliegen kann, die ohne vorgegebenen Zweck als zweckmäßig erscheint. Kant hatte den Begriff des Zwecks in allgemeiner Weise eingeführt, losgelöst von konkreten Naturzwecken oder einem Zwecke setzenden Individuum, um zu einem Teleologiebegriff als regulatives Prinzip zu gelangen, der die Probleme der Naturteleologie des frühen 18. Jahrhunderts umschiffte. Die zentrale Rolle des Zweckes in Bolzanos Ästhetik durchtrennt gerade die Verbindung der beiden Teile der *Kritik der Urteilskraft* wieder.

In gewisser Weise bringt Bolzano am Beispiel der Kunstrezeption durch höhere Geister gerade dasjenige Argument vor, mit dem Leibniz die Unumgänglichkeit teleologischer Bestimmungen in der Wissenschaft für endliche Wesen begründete (vgl. [Stöltzner, 2005]). Diese haben keine vollkommene Erkenntnis in die mechanischen Verhältnisse. Auch das ästhetische Empfinden, und damit der Zweck, treten auf Seite des Rezipienten erst dann zutage, wenn die Regeln hinreichend komplex sind, dass sie nicht gleich erkennbar sind. Die Trennung beider Erkenntnisbereiche ist mithin für Bolzano wesentlich, um die Untiefen der Teleologie zu vermeiden; sie erleichtert es in der Kunst mit Zwecken zu operieren, weil das schon im 6. Buch des Vitruv gestellte Problem, was Schiffbrüchige denn aus regelmäßigen Figuren am Strand einer unbekannten Insel schließen sollten, schlicht nicht in ihren Bereich fällt.

Es mag letztlich auch sein, dass Bolzano als Logiker und Mathematiker von einer formalen Zweckmäßigkeit mehr formale Strenge erwartete, als sich in der dritten Kritik (und der ersten) findet. Ebenso wenig stellt Kant die Logik ins Zentrum der Philosophie, was zuweilen als ein Kennzeichen der Österreichischen Philosophie gesehen wird (vgl. [Reicher, 2006]). Allerdings findet sich bei Kant sehr wohl ein Beispiel formaler Zweckmäßigkeit, das Bolzanos Diskussion der logistischen Spirale (vgl. Abschnitt 3) verblüffend nahekommt.

> Alle geometrische Figuren, die nach einem Prinzip gezeichnet werden, zeigen eine mannigfaltige, oft bewunderte, objektive Zweckmäßigkeit, nämlich der Tauglichkeit zur Auflösung vieler Probleme nach einem einzigen Prinzip, und wohl auch eines jeden derselben auf unendlich verschiedene Art an sich. Die Zweckmäßigkeit ist hier offenbar objektiv und intellektuell, nicht bloß subjektiv und ästhetisch. Denn sie drückt die Angemessenheit der Figur zur Erzeugung vieler abgezweckten Gestalten aus. (Kant AA 05: 362.6–12)

Kants Beispiel ist der Thaleskreis.

> In einer so einfachen Figur, als der Zirkel ist, liegt der Grund zu einer Auflösung von Problemen, [...] die als eine von den unendlich vielen vortrefflichen Eigenschaften dieser Figur sich gleichsam von selbst ergibt. Ist es z.B. darum zu tun, aus der gegebenen Grundlinie und dem ihr gegenüberstehenden Winkel einen Triangel zu konstruieren, so ist die Aufgabe unbestimmt, d.i. sie läßt sich auf unendlich mannigfaltige Art auflösen. Allein der Zirkel befaßt sie doch alle insgesamt, als der geometrische Ort für alle Dreiecke, die dieser Bedingung gemäß sind. (Kant AA 05: 362.16–24.)

Und Kant definiert in der Folge auch genauer, warum diese Zweckmäßigkeit bloß formal ist. „Weil in der reinen Mathematik nicht von der Existenz, sondern nur von der Möglichkeit der Dinge, [...] mithin gar nicht von Ursache und Wirkung die Rede sein kann: *so muss folglich* alle daselbst angemerkte Zweckmäßigkeit als bloß formal [...] betrachtet werden." (Kant AA 05: 366.31–35) Diese Definition sollte sicherlich auch für Bolzano akzeptabel sein und wird nicht von seiner oben zitierten Kritik tangiert. Auch trennt Kant in obigem Zitat die objektive Zweckmäßigkeit der geometrischen Figuren von der subjektiven der Kunst. Auch dies läuft nicht Bolzanos Strategie einer Trennung zwischen mathematischer und dunkler Erkenntnis zuwider. Allerdings beruht die Kantische Trennung auf einer philosophischen Unterscheidung, die für Bolzano unakzeptabel ist. Die Geometrie ist objektiv, weil sie auf reiner Anschauung beruht. Würde Bolzano dies zugeben, dann fiele in seiner Regelästhetik die Differenz zwischen dem dunklen Erkennen in der Kunst und dem klaren Erkennen in der Wissenschaft.

Das Problem wird dadurch nicht vereinfacht, dass sich in Bolzanos Liste der Künste neben solchen, die wie Feuerwerke längst aus dem Kanon verschwunden waren, und solchen, die wie die Schönlebekunst zuvor niemals genannt worden waren, auch Künste des bloßen Gedankens (der Satzverbindungen) finden, von denen sich die erste und die vierte auf wissenschaftliche Argumentation im engeren Sinne beziehen:

1. Die schöne Begriffskunst, worunter ich hier die Kunst solcher Gedankenvereine verstehe, welche die Einsichten in reine Begriffswahrheiten (wie Philosophie und Mathematik) in einer Weise gewähren, dass durch ihre Schönheit sie zugleich echte Kunstwerke darstellen.

2. Die beschreibende Kunst oder die Kunst des schönen Beschreibens.

3. Die erzählende Kunst oder die Kunst des schönen Erzählens.

4. Die Kunst des Beweisens empirischer Wahrheiten. Die Kunst, bestimmte Empfindungen, Wünsche und Willensentschließungen durch blosse Vorhaltung gewisser Wahrheiten zu erzielen. [Bolzano, 1851, 149 f.]

7 Schluss

Wir sind mithin wieder an dem zentralen Punkt angekommen, der auch andere Interpreten von Bolzanos Ästhetik umgetrieben hat (vgl. Livingston [2014; 2016]), die strenge Differenzierung zwischen klarem und deutlichem Erkennen in Wissenschaft und Mathematik und dunklem Erkennen in der Kunst. Diese wurde so auch von Leibniz verwendet (vgl. [Livingston, 2014, 277]) und erinnert in manchem an die Cartesische Trennung zwischen theoretischen und praktischen Regeln, die dem jungen Neurath [1913]) ein lohnendes Ziel darbot und sich auch in seiner späteren Kritik an Spenglers Kulturmorphologie findet.

Eine befriedigende Theorie des dunklen Erkennens findet sich bei Bolzano nicht. Daher scheint mir die zentrale Lehre aus Bolzanos Ästhetik auch darin zu liegen, dass in ihr eine formale Ästhetik konsequent durchgedacht und die Notwendigkeit eines empirischen Korrelats aufgezeigt wurde. Man wird daher auch nur dann mehr als einzelne Linie zur modernen Kunst ziehen können (vgl. [Reicher, 2006]), wenn man die Grenzen des rein formalontologischen Zugangs ernst nimmt und Bolzanos Ästhetik damit eine empirisch-praktische Wendung gibt — vielleicht so wie Blaukopf [1995] dies gesehen hat. Damit ist nicht gemeint, dass ein modernes Kunstwerk — oder eine Performance — nicht aus rein formalen Elementen und Strukturen bestehen kann. Aber diesen fehlt dann in der Regel jener Anspruch auf eine Grundlegung, den der Formalismus und erst recht der Logizismus in Wissenschaft und Philosophie implizieren. Indem mit Bolzano einer der Gründerväter dieses logisch-philosophischen Grundlegungsprogramm eine Ästhetik vorgelegt hat und mit dieser Differenz zwischen Logik und Empirie ringt, zeigt er letztlich auch die Grenzen einer rein formalen Ästhetik auf. Diese Einsicht wird auch dadurch nicht gemindert, dass seine eigenen Bewältigungsstrategien, darunter der Zweckbegriff und die spielerische dunkle Erkenntnis, entweder sehr traditionell waren oder fragmentarisch blieben.

Literatur

[Blaukopf, 1995] Blaukopf, K. 1995. *Pioniere empiristischer Musikforschung. Österreich und Böhmen als Wiege der modernen Kunstsoziologie*, Wien: Hölder-Pichler-Tempsky.

[Blaukopf, 1996] Blaukopf, K. 1996. *Die Ästhetik Bernard Bolzanos. Begriffskritik, Objektivismus, „echte" Spekulation und Ansätze zum Empirismus*, Sankt Augustin: Academia-Verlag (Beiträge zur Bolzano-Forschung 8).

[Bolzano, 1843] Bolzano, B. 1843. *Über den Begriff des Schönen. Eine philosophische Abhandlung*, Prag: Borrosch und André.

[Bolzano, 1851] Bolzano, B. 1851. „Über die Eintheilung der schönen Künste. Eine ästhetische Abhandlung". *Abhandlungen der Königlich-böhmischen Gesellschaft der Wissenschaften* 5. Folge (6. Band), 133–178. (Ursprünglich Prag: Calve, 1849.)

[Gatzemeier, 1998] Gatzemeier, M. 1998. „Bernard Bolzano". In J. Nida-Rümelin, M. Betzler (eds.) *Ästhetik und Kunstphilosophie. Von der Antike bis zur Gegenwart in Einzeldarstellungen*, Stuttgart: Kröner, 133—139.

[Kant, 1900] Kant, I. *Gesammelte Schriften*, Deutsche Akademie der Wissenschaften zu Berlin (ed.), Berlin 1900 ff. [= Akademie-Ausgabe, AA 05].

[Livingston, 2014] Livingston, P. 2014. "Bolzano on Beauty." *British Journal of Aesthetics* 54(3), 269—284.

[Livingston, 2016] Livingston, P. 2016. "Bolzano on Art." *British Journal of Aesthetics* 56(4), 333–345.

[Morscher, 1981] Morscher, E. 1981. „Bolzanos Wissenschaftslehre". In C. Christian (ed.) *Bernard Bolzano. Leben und Wirkung*, Wien: Verlag der Österreichischen Akademie der Wissenschaften, 99—126.

[Morscher, 1997] Morscher, E. 1997. "Bolzano's Method of Variation: Three Puzzles." *Grazer Philosophische Studien* 53, 139—165.

[Neumaier, 2000] Neumaier, O. 2000. „Die Kunst des bloßen Gedankens". In Edgar Morscher (ed.) *Bernard Bolzanos geistiges Erbe für das 21. Jahrhundert*, Sankt Augustin: Academia (Beiträge zur Bolzano-Forschung 11), 411—438.

[Neurath, 1913] Neurath, O. 1913. „Die Verirrten des Cartesius und das Auxiliarmotiv (Zur Psychologie des Entschlusses)". *Jahrbuch der Philosophischen Gesellschaft an der Universität zu Wien* 1913, 45—59.

[Reicher, 2006] Reicher, M. E. 2006. "Austrian Aesthetics." In M. Textor (ed.) *The Austrian Contribution to Analytic Philosophy*, London: Routledge,

293—323.

[Stöltzner, 2000] Stöltzner, M. 2000. „Zur Gegenstandskonstitution in der Ästhetik Bolzanos". In M. Seiler, F. Stadler (eds.) *Kunst, Kunsttheorie und Kunstforschung im wissenschaftlichen Diskurs. In memoriam Kurt Blaukopf (1914-1999)*, Wien: ÖBV-HPT, 227—248.

[Stöltzner, 2005] Stöltzner, M. 2005. „Drei Ordnungen formaler Teleologie. Ansichten des Prinzips der kleinsten Wirkung". In M. Stöltzner, P. Weingartner (eds.) Formale Teleologie und Kausalität, Paderborn: mentis, 199—241.

[Weibel, 1997] Weibel, P. (ed.). 1997. *Jenseits von Kunst*, Wien: Passagen-Verlag.

[Wiesing, 1997] Wiesing, L. 1997. *Die Sichtbarkeit des Bildes. Geschichte und Perspektiven der formalen Ästhetik*, Reinbek bei Hamburg: Rowohlt.

Heinrich Scholz als Zeitzeuge des Paradigmenwechsels in der Logik

Niko Strobach

Zusammenfassung

Ziel dieses Beitrags ist es, Heinrich Scholz (1884-1956) als Zeitzeugen des Paradigmenwechsels darzustellen, der, von Neuerungen im späten 19. Jahrhundert ausgehend, in der Logik in der ersten Hälfte des 20. Jahrhunderts stattgefunden hat. Dazu werden anhand von Dokumenten eine Reihe von Stationen nachgezeichnet. Es geht um das von Scholz 1921 benutzte Logikbuch, um seine kurze Zusammenarbeit mit Moritz Schlick in dieser Zeit, um seine Logikgeschichte von 1931, die damit verbundene Entfernung von den Logischen Empiristen und seine Hinwendung zur mathematischen Logik, sowie schließlich, als Ausblick, um seine Reaktion auf Carnaps *Meaning and Necessity* von 1947.

1 Einleitung

Im Folgenden soll Heinrich Scholz anhand von ausgewählten Dokumenten als Zeitzeuge des Paradigmenwechsels in der (westlichen) Logik präsentiert werden.[1] Dafür werden neben bekannten auch unbekannte oder bisher unveröffentlichte Dokumente herangezogen.[2]

Im Jahr vor dem Erscheinen dieser Festschrift begann die Arbeit an einer digitalen Edition des Nachlasses von Scholz, der in der Universitätsbibliothek in Münster aufbewahrt wird. Der vorliegende Text soll

---

[1] Der Text basiert auf einem Vortrag im Herbst 2021 auf einer von Ingolf Max und Jens Lemanski initiierten Konferenz in Leipzig.

[2] Manche Belege haben die Form *Dok n*. Ein Anhang im Anschluss an das Literaturverzeichnis gibt Auskunft, was damit genau gemeint ist.

auch ein kleiner Dank für die freundliche Unterstützung dieses Vorhabens durch den mit dieser Festschrift Geehrten sein. Volker Peckhaus hat seit langem auf die Bedeutung von Scholz hingewiesen und ihm mit einem Artikel, der die Vielfalt seines Werks würdigt, seinen Platz in der *Stanford Encyclopedia of Philosophy* gesichert [Peckhaus, 2018].

Scholz, geboren 1884, hat in Berlin Theologie und Philosophie studiert. Er war, nach Stationen als Professor in Breslau (Theologie) und Kiel (Philosophie) von 1928 bis zu seinem Tod 1956 in Münster tätig, als Professor und Emeritus, davon 15 Jahre lang als Logiker im Philosophischen Seminar, zuletzt als Leiter des von ihm gegründeten und der Mathematik angegliederten Instituts für mathematische Logik und Grundlagenforschung. Er war protestantischer Theologe, Religionsphilosoph, mathematischer Logiker, Logik-Historiker, Frege-Forscher, Metaphysiker — und das nicht einfach nacheinander, sondern, unterschiedlich intensiv, durchaus gleichzeitig.

Es soll sich zeigen, dass für den Vorgang, dessen Zeitzeuge Scholz war, das Wort „Paradigmenwechsel" durchaus angemessen ist, und zwar in dem Sinne, den Thomas Kuhn ihm in *Structure of Scientific Revolutions* 1962 gegeben hat. Das alte Paradigma war das von Aristoteles in den *Ersten Analytiken* inaugurierte, im Mittelalter Schule machende, von Leibniz mit vier syllogistischen Figuren symmetrisch gestaltete, von Kant für endgültig gehaltene (KrV B7) Paradigma einer Logik der Begriffe. Das neue falsifiziert nicht etwa das alte, sondern verdrängt es, was für einen Paradigmenwechsel nach Kuhn typisch ist. Zentral für das neue Paradigma ist: Gegenstände sind Funktions-Argumente, können in Beziehungen zueinander stehen, Junktoren verknüpfen Sätze, Quantoren quantifizieren. Wer dem neuen Paradigma anhängt, kann in seinem Rahmen neue Fragen stellen, die in seinem Rahmen dringend der Antwort bedürfen. Im Rahmen des alten Paradigmas hätten sich hingegen diese Fragen überhaupt nicht stellen können. Ohne Boole, Peano oder Russell herabzusetzen — den größten Anteil an der Inauguration des neuen Paradigmas hat 1879 Frege mit seiner *Begriffsschrift*. Die Antinomie in Freges System bringt das Paradigma nicht zu Fall, sondern wird als motivierende Anomalie integriert.

Man darf Scholz aus zwei Gründen noch als Zeitzeugen des Paradigmenwechsels bezeichnen:

1. Es dauerte lange, bis das neue Paradigma sich über einen sehr kleinen Kreis von mathematischen Grundlagenforschern hinaus herumsprach, erst recht in Deutschland. Scholz, selbst kein kreativer Logiker, hat dazu als eine Art Prophet beigetragen. Außerdem hat er den Umbruch abgegrenzt, indem er den Paradigmenwechsel früh als historisches Ereignis beschrieben und ihn archiviert hat.

2. Dem Umbruch folgte eine lange Phase der Fortentwicklung der Fundamentalia innerhalb des neuen Paradigmas. Diese Phase ist noch längst nicht einfach Kuhn'sche Normalwissenschaft. Es ist vertretbar, ihren Endpunkt nicht vor 1954 anzusetzen, als Tarski mit großer Wirkung das Wort „model" in die englische Fachsprache einführt (laut Hodges 2020 in [Tarski, 1954]; „Modell" schon in [Tarski, 1936, 8]). In dieser Phase ist Scholz mittendrin, sowohl rezipierend als auch aktiv. Wie sich in Abschnitt 3 zeigen wird, meint er sogar, dass die Mitglieder des Wiener Kreises sie aus dogmatischen Gründen verfrüht für beendet erklärt haben.

Wer den vorliegenden Text liest, sei sogleich gewarnt: Vieles lässt sich nur andeuten. Zudem ist er in eine Folge von Stationen gegliedert, was durchaus zuweilen wie ein Bilderbogen wirken mag: Von der Theologie zur Religionsphilosophie übergewechselt, benutzt Scholz in der Lehre in Kiel noch das Lehrbuch von Jevons in einer Übersetzung von Hans Kleinpeter, die auf die Neuerungen in der Logik hinweist. 1921 fallen ihm die *Principia Mathematica* von Russell und Whitehead in die Hände. Fast zeitgleich holt er Moritz Schlick nach Kiel, und er wird mathematischer Logiker (Abschnitt 2). Seine Logikgeschichte von 1931 ermöglicht der modernen Logik ein historisches Bewusstsein ihrer selbst und entfremdet ihn den Logischen Empiristen. Scholz betont die Unabgeschlossenheit der modernen Logik (Abschnitt 3). Er bewahrt Freges Nachlass und organisiert die mathematische Logik in Deutschland (Abschnitt 4). 1947 erkennt er in Carnaps *Meaning and Necessity* sein Programm einer logisch informierten Metaphysik wieder, wie Briefe zwischen Scholz und Carnap zeigen (Abschnitt 5).

2 Von 1905 bis Anfang der 1920er Jahre

In einem wichtigen Dokument von ca. 1948 berichtet Scholz im Rückblick über über sein Studium in Berlin um 1905:

> „Von Anfang an hat die Logik im Zentrum meiner philosophischen Interessen gestanden. Ich bin jedoch durch die Logik-Vorlesung meines Lehrmeisters Riehl, des besten Lehrmeisters, der damals zu haben war, so enttäuscht worden, dass ich es vorgezogen habe, mich [...] auf die Theologie zu konzentrieren." (Dok 1)

Auch wenn Scholz hier im Rückblick schreibt, zeigt das Dokument doch: Sein Interesse an der Logik ist nicht erst 1921 entstanden. Welches Lehrbuch der Neukantianer Alois Riehl (1844–1924) benutzt hat (wenn überhaupt eines), kann hier offen bleiben. Seine eigenen kurzen *Beiträge zur Logik* zeigen durchaus Problembewusstsein gegenüber dem alten Paradigma. So bezeichnet Riehl die assertorische Syllogistik als „bloßes Versetzungsspiel mit Begriffen" und weist — im Anschluss an Bradley — darauf hin, dass die Definition des *syllogismos* zu Beginn der *Ersten Analytiken* so allgemein ist, dass sie auch Schlüsse aus Verhältnisaussagen umfasst [Riehl, 1892], modern gesprochen: Sätze mit mehrstelligen Prädikaten.

Aus den in Rohs et al. [1969, 85] aufgeführten Veranstaltungsankündigungen geht hervor: Als Scholz im Wintersemester 1920/21, vier Jahre vor Freges Tod, nunmehr bereits Professor für Philosophie in Kiel, selbst eine Logik-Einführung gibt, benutzt er eine Übersetzung der *Elementary Lessons in Logic* von William Stanley Jevons von 1874, die auf Deutsch unter dem Titel „Leitfaden der Logik" erschien, zuerst 1906, dann in einer zweiten Auflage 1913. Der Übersetzer Hans Kleinpeter (1869–1916) berichtet im Vorwort, dass Ernst Mach die Übersetzung angeregt hat. Kleinpeter kann das Vorwort 27 Jahre nach Erscheinen von Freges Begriffsschrift mit den Worten beginnen: „Die deutsche logische Literatur ist nicht reich. Nur höchst selten stößt man in den philosophischen Zeitschriften auf Abhandlungen logischen Inhaltes" [Jevons und Kleinpeter, 1913, V]. Das Buch ist didaktisch gut gemacht und führt in den Abteilungen Begriff, Urteil und Schluss das alte Paradigma in vollem Umfang vor Augen, ergänzt um etwas Grammatik, Erkenntnistheorie, Mill und Descartes — unkritischer als Riehl. Man liest: „Eine vollständige Behauptung oder Feststellung besteht [...] aus zwei Begriffen und einer Kopula und bildet in dieser Form ausgedrückt ein Urteil" [1913, 62]. Zum logischen Quadrat wird lapidar erläutert: „Bei subalternen Urteilen ist das besondere wahr, wenn es das allgemeine ist" [1913, 78]. Es geht um porphyrische Bäume, Prädikabilien, kategorische Syllogismen, in Kap. 19 als Anhang um einige hypothetische Syllogismen, um Trugschlüsse (eng an das 2. Buch der *Ersten Analytiken* des Aristoteles angelehnt). Immerhin, nach 200 Seiten erfährt man, dass sich Aristoteles im Hinblick auf Sätze wie „Alle Metalle sind einige Elemente" geirrt habe, während Hamilton, Boole und de Morgan angeblich damit umzugehen gelehrt haben [1913, 195f.]. Kap. 23 führt Booles Logik rein als eine Logik der Begriffe ein, ohne Bewusstsein von ihrem aussagenlogischen Potential. Die nächsten gut 100 Seiten enthalten Wissenschaftstheorie, informal abgehandelt, darunter viel zur Induktion.

Doch in der zweiten Auflage der Übersetzung von 1913 findet sich Überraschendes: ein acht Seiten langer Anhang zur „neueren Logik" [1913, 309–317], nicht von Jevons, der 1882 starb, sondern vom Übersetzer Kleinpeter. Man stößt auf Zeichen des neuen Paradigmas: Peanos Epsilon, das Zeichen für das materiale Konditional, Schnitt und Vereinigung — bzw. Konjunktion und Alternation —, der Existenzquantor. Boole, Schröder, Russell und Peano werden erwähnt, wenn auch nicht Frege. Hauptquelle ist eine Überblicksdarstellung des Peano-Schülers Alessandro Padoa (1868–1937), erschienen „1911 und 1912 [in] der Revue de Metaphysique et de Morale in Paris" [1913, 310]. Kleinpeter hat wenig davon verstanden. Er wirft Russell und Couturat eine „falsche Metaphysik" mit „verhängnisvollen" Folgen vor. Sie wollten, so Kleinpeter, nicht einsehen, was doch Locke und Mach „festgestellt" hätten, nämlich „dass es in der Logik schliesslich nur eine endgültige Entscheidung gibt, die durch die unmittelbare Erfahrung" [1913, 315f.] Aber die Lektüre des Anhangs konnte einen aufmerksamen Leser durchaus aufhorchen lassen:

„Hier bedeutet das [...] Zeichen des verkehrten E soviel wie

‚existiert' und [es] bildet einen wunden Punkt der Theorie. Merkwürdigerweise verfallen hier die verschiedensten Logistiker in den gleichen Fehler, den Schluss Darapti für falsch zu erklären, was er im Sinne der Aristotelischen Logik [...] ganz gewiss nicht ist. [...] Tatsache ist, dass sich zwar alle andern Formen, nicht aber die von Darapti und Bramantip mit Hilfe der Zeichensprache von Peano ableiten lassen. An dieser Stelle ist daher wohl eine entsprechende Korrektur notwendig." [Jevons und Kleinpeter, 1913, 314f.]

Die Vokalfolge a-a-i zeigt: Darapti und Bramantip haben jeweils zwei a-Prämissen, aber eine i-Konklusion. Eine a-Prämisse ist ein universell bejahendes Urteil, ein i-Urteil ein partikulär bejahendes. Darapti z.B., aus der 3. Figur, hat Prämissen der Form MaP und MaS und eine Konklusion der Form SiP. Die Standard-Übersetzungen dieser Formen in die moderne Quantorenlogik haben als allquantifizierte Konditionale keinen *existential import*: Gibt es gar keine Ms, werden sie wahr. Die Standard-Übersetzung der Konklusion hingegen hat *existential import*: Es gibt ein S, das P ist. Das ist aber durch die Wahrheit der Prämissen nicht gesichert. Aus „Alle Einhörner sind Computer" (ohne *existential import* verstanden wahr) und und „Alle Einhörner sind Menschen" (ohne *existential import* verstanden auch wahr) folgt nicht „Es gibt einen Computer, der ein Mensch ist".

Aufmerksame Leser durften sich durchaus fragen, wer denn nun Recht hatte, die Neuerer oder aber Kleinpeter. Hatten die Neuerer Recht, so hatte die Logik, entgegen der Einschätzung Kants, offenbar doch einen Schritt vorwärts tun dürfen. Es liegt nahe, dass Kleinpeter im Jahre 1920 oder 1921 gleich zwei aufmerksame Leser hatte: Scholz und den von ihm mit großer Beharrlichkeit für Kiel gewonnenen, fast gleich alten Moritz Schlick, den er schon im nächsten Jahr mit großem Bedauern nach Wien ziehen lassen musste (Details: [Strobach, 2023]).

Leider ist nicht klar, wann das Erlebnis genau stattfand, das ein ziemlich oft zitierter Satz aus dem Dokument von 1948 beschreibt — als Schlick in Kiel war oder kurz zuvor:

„Nachdem ich [...] meine Religionsphilosophie publiziert hatte, entdeckte ich 1921 durch einen Glücksfall auf der

Kieler Bibliothek die Principia Mathematica. Ich sah sofort, dass ich hier das gefunden hatte, was ich so lange vergeblich gesucht hatte." (Dok 1, S. 1)

Scholz behauptet nicht, dass er Russells und Whiteheads monumentales Formelwerk sogleich verstehen konnte, aber es motivierte ihn dazu, ein komplettes weiteres Studium in Mathematik und Physik zu absolvieren.[3]

Von Schlick wissen wir, wie sehr es ihn — immerhin schon längst erfolgreicher Autor der *Allgemeinen Erkenntnislehre* — verblüfft hat, dass die Ungültigkeit der Subalternation in der Quantorenlogik kein zu korrigierender Fehler im Detail ist, wie Kleinpeter meinte, sondern systematisch motiviert. In den vorbereitenden Notizen zu einem 1922 noch für Kiel geplanten, aber nie abgehaltenen Logik-Seminar schreibt Schlick:

> „Wie einst die [...] Physik [...] in festes Wissen überführt wurde durch die mathemat[ische] Methode (Galilei), so *heute* die Phil[osophie] durch *log[ische]* ⟨mehr als Gleichnis, denn math[ematische] Methode *ist* logische⟩. Gewaltige Entscheidungen, aufregendes Schauspiel. [...] Freilich die alte Logik dazu ungeeignet. Hat 2300 Jahre gelebt, wird vergessen werden. Aber wir in der *Übergangszeit* müssen an sie anknüpfen. [...] alle S sind P = *wenn* etwas S ist, so ist es P[;] es braucht aber nichts ein S zu sein. Dann kann *nicht* aus ‚a' ‚i' gefolgert werden." [Schlick, 2019, 230 f.]

Die von Martin Lemke vorzüglich kontextualisierte Edition der logischen Schriften von Schlick lässt nachvollziehen, wie schwer Schlick es hatte, das Resultat wirklich zu glauben. Das Manuskript bricht ab mit einer Tabelle, die es fassbar machen soll. In manchen ihrer Kästchen finden sich falsche Einträge, in anderen Fragezeichen [2019, 243].[4]

---

[3] Es wäre interessant, zu wissen, wie lange Scholz nach seinem Wechsel von Breslau nach Kiel im Jahre 1919 bereits Logikkurse gegeben und dabei das Buch von Jevons benutzt hat. Es liegt nahe, dass er dies vor seiner Entdeckung der Principia getan hat. Gesichert ist ein Logikkurs nach Jevons erst für das Wintersemester 1920/21 (Rohs et al., 85).

[4] Volker Peckhaus hat mich darauf hingewiesen, dass Schlick und Scholz den

3 Anfang der 1930er: Ärger mit den Philosophen

Die Beziehungen zwischen Scholz und den Philosophen des entstehenden Wiener Kreises sind schon in den 1920er Jahren kompliziert (Details: [Strobach, 2023]). Scholz lobt in einer Rezension Carnaps Buch *Der logische Aufbau der Welt* von 1928 mit der ihm eigenen Emphase [Scholz, 1930]. Das Vorwort, das schon viel vom *Manifest des Wiener Kreises* [Carnap et al., 1929] vorwegnimmt, übergeht er. 1931 schreibt Scholz einen kurzen *Abriss der Geschichte der Logik*, der zugleich eine Werbeschrift für das neue Paradigma ist [Scholz, 1931a]. Dass damit die Geschichte des Faches aus Sicht des neuen Paradigmas eine Re-Vision erfährt, kann selbst als ein wichtiger Schritt seiner Entfaltung angesehen werden. Scholz' Logikgeschichte von 1931 ermöglichte der modernen Logik ein historisches Bewusstsein ihrer selbst. Hans Reichenbach, dem Wiener Kreis von Berlin aus nahe stehend, schreibt eine alles in allem sehr positive Rezension [Reichenbach, 1931]. Carnap äußert sich privat kritisch: "Von Scholz erschien eine ‚Geschichte der Logik', die teilweise ganz nett ist; er streicht mit mehr Begeisterung als Sachverständnis die Logistik sehr heraus." (Dok 2) Tatsächlich ist die Logikgeschichte von Scholz konflikträchtig. Ebenso temperamentvoll wie Scholz im Abriss das alte Paradigma für erledigt erklärt, grenzt er sich vom Wiener Kreis ab. Die fähigsten Vertreter des neuen Paradigmas sind seiner Ansicht nach philosophisch irregeleitet, indem sie Positivisten geworden sind, und das bringt zu Unrecht alle Logiker in Verruf. In einer Rezension der ersten Hefte von *Erkenntnis* weitet Scholz [1931b] seine Fundamentalkritik aus. Schlick schreibt ihm am 30.11.1931 einen langen Brief (Dok 3) und weist, freundschaftlich im Ton, alle Kritikpunkte von sich. Es ist nicht klar, ob er ihn abgeschickt hat.

Punkt reichlich spät bemerkt haben, wenn man berücksichtigt, dass Ernst Schröder das Problem der Subalternation bereits um die Jahrhundertwende eingehend diskutiert hat ([Schröder, 1905, §44 II 239–255], bereits aufgeführt im Inhaltsverzeichnis von [1890, besonders 241]; zu Schröder: [Peckhaus, 2004]). Man kann das durchaus positiv werten: Wir haben es hier mit einem folgenreichen Fall der Überwindung der Isolation wissenschaftlicher Gemeinschaften zu tun.

„Positivisten" bleibt für Scholz ein Reizwort. In einem im Nachlass befindlichen Typoskript von 1932 ersetzt gar er handschriftlich in der Wendung „die Wiener Philosophen" das Wort „Philosophen" durch das Wort „Positivisten" (Dok 4). Eine Differenzierung nach einzelnen Mitgliedern des Wiener Kreises findet sich an dieser Stelle nicht.[5]

Scholz' Kritikpunkte sind nicht absurd. Manche sind heute Standard — ob sie nun letztendlich zutreffend sind oder nicht. Es sei hier nur ein Punkt herausgegriffen, der mit der Funktion der neuen Logik in der Philosophie der Logischen Empiristen zu tun hat. Man liest im *Manifest* von 1929:

> „Die [...] *Methode der logischen Analyse* ist es, die den neuen Empirismus und Positivismus wesentlich von dem früheren unterscheidet. [...D]ie wissenschaftliche Weltauffassung [ist] gekennzeichnet durch die Anwendung einer bestimmten Methode, nämlich der logischen Analyse. Das Bestreben der wissenschaftlichen Arbeit geht dahin, das Ziel, die Einheitswissenschaft, durch Anwendung der logischen Analyse auf das empirische Material zu erreichen."
> ([Carnap *et al.*, 1929, 87, 90])

Der Kritikpunkt lautet im Kern: Wenn die logische Analyse das leisten soll — und zwar offenbar mit einer Eindeutigkeit und Sicherheit, die zum Zeitpunkt der Analyse nicht Analysierbares endgültig als Unsinn zu verwerfen erlaubt –, dann muss sie die eine und endgültige neue Logik als Werkzeug zur Verfügung haben. Scholz formuliert den Punkt so:

> „Für die Glieder des Wiener Kreises ist es schon heute ausgemacht, dass eine so genannte Behauptung nur dann eine sinnvolle Aussage ist, wenn sie sich mit dem Ausgangsmaterial der *Russell*'schen Logik symbolisieren lässt. [...] Als Maxime ist dieses Diktat sehr schön [...Aber] sobald man aus diesen Schranken heraustritt, wird das Diktat

---
[5]Sie vorzunehmen oder der Entwicklung der Positionen bereits in der Mitte der 1930er Jahre nachzugehen, gehört nicht zum Ziel des vorliegenden Beitrags.

zur Diktatur; und gegen die Diktatur in der Philosophie darf auch der überzeugteste Logistiker protestieren bis zum letzten Atemzuge. [...] Es wird also *nicht* behauptet, dass die Logik [...] mit der Logistik von heute vollendet ist. Im geringsten nicht! Behauptet wird nur [...], dass durch diese Logistik ein *Grund* gelegt ist, auf welchem weitergebaut werden kann." ([Scholz, 1931a, 64 f.], zitiert nach der 2. Aufl. von 1959).

Man mag das für unfair halten angesichts des Interesses, mit denen die Logischen Empiristen technische Entwicklungen, auch die der nichtklassischen Logik, verfolgten. Doch man sollte differenzieren:

Da sind einerseits technische Entwicklungen, die das Zutrauen zur Logik im (grob gesagt) Stile Russells verstärken, aber auch zur Bescheidenheit mahnen: Als das Manifest 1929 erscheint, kennt man weder die Gödel'sche Vollständigkeit der Prädikatenlogik 1. Stufe noch die Gödel'sche Unvollständigkeit ab der 2. Stufe, ebensowenig Tarskis Unterscheidung von Objekt- und Metasprache, seinen rekursiv definierten Erfüllungsbegriff und seine Modelltheorie — alles heute Teil der Einführung ins Paradigma.

Andererseits ist da die technische Erforschung nichtklassischer Logiken. Scholz gibt noch in Kiel 1926 ein Seminar über Hegel und Brouwer [Rohs, 1969, 85]. Spätestens seit 1920 experimentiert Jan Łukasiewicz, mit dem Scholz später eng befreundet ist (Schmidt am Busch/[Schmidt, 2005]), mit dreiwertigen Systemen — angeregt durch das durchaus nicht metaphysikferne Problem der *futura contingentia* (Details: [Simons, 2021]). Scholz hält sich in den 1930ern z.B. durch Korrespondenz mit Mordechai Wajsberg über ihre Axiomatisierung auf dem Laufenden (Dok 5). Man sollte nicht übersehen, wie sehr die Möglichkeit nichtklassischer Logiken das im Manifest des Wiener Kreises fixierte Programm der logischen Analyse und Rückführung auf das Gegebene von der logischen Seite her in Bedrängnis bringt. Denn gibt es mehrere neue Logiken, so ist nicht klar, welche das richtige Werkzeug zur Analyse ist.[6]

---

[6]Carnap ist von der im Manifest formulierten Position bereits 1934 weit entfernt, indem er in diesem Punkt für ein Toleranzprinzip plädiert.

Die Logischen Empiristen, insbesondere Carnap, sind über die Entwicklungen natürlich auch informiert. Die Frage ist nicht, ob sie sie begrüßen — die Frage ist, ob sie sie angesichts des im Manifest formulierten methodischen Programms begrüßen *dürfen*. Scholz meint, sie dürfen *nicht* und plädiert dafür, innerhalb des neuen Paradigmas forschend auf Überraschungen gefasst zu sein, anstatt es zu verengen oder zur antimetaphysischen Abrissbirne zu instrumentalisieren. Wittgenstein — schon 1928 tief beeindruckt von einem Vortrag Brouwers [Monk, 1990, 249–251] — meint auch, sie dürfen nicht, und wendet sich insgesamt von der Logik ab.

Ist das im Kern Scholz' Kritik, so kann man dafür argumetieren, dass er aus heutiger Sicht in der Kontroverse nicht schlecht abschneidet, selbst wenn man klassische Modallogiken noch für einen Moment außen vor lässt (ein wenig dazu in Abschnitt 5). So nutzen Alex Oliver und Timothy Smiley in ihrer faszinierenden Plurallogik die Ressourcen der leeren Liste „Zilch" zur logischen Analyse von „Das Nichts nichtet" als sinnvollem Satz [Oliver und Smiley, 2016, 126–128] — von Graham Priests dialetheistischer Charakterisierung des Nichts als in höchstem Maße widersprüchlicher Entität ganz zu schweigen [Priest, 2014, 54–56, 97–100]. Man wird sich *metaphysisch* darüber streiten müssen. Scholz war zutiefst überzeugt davon, dass moderne Logik eine Auseinandersetzung mit Fragen der Metaphysik nicht etwa obsolet macht, sondern sie auf ein neues Niveau heben kann.

4 Archivierung des Paradigmenwechsels und Hinwendung zur mathematischen Logik

Man mag sagen, dass Scholz auf zweierlei Weise auf die fachliche Entfremdung von den Wiener Philosophen reagiert. Dabei ist zu bemerken, dass er mit Carnap weiter in freundlichem Kontakt ist. 1935 wagt es Scholz, zum Kongress für Einheitswissenschaft nach Paris zu reisen, von dem Carnap unter anderem berichtet: „Scholz etwas negativ, aber rührender Vortrag über Aussagenlogik" (Dok 6).

Zum einen wird Scholz vom Historiker der neuen Logik zum verdienstvollen Archivar und editorischen Wegbereiter, als der Adoptivsohn des von ihm tief verehrten Gottlob Frege ihm bzw. der Universitätsbibliothek in Münster 1935 dessen Nachlass überlässt. Scholz korrespondiert mit der ganzen Welt der Logik, auch darüber, wie es war in den revolutionären Jahren. So lässt ihn Ernst Zermelo 1936 wissen:

> „Über die mengentheoretischen Antinomien wurde um 1900 im Hilbert'schen Kreise viel diskutiert, und damals habe ich auch der Antinomie von der größten Mächtigkeit die später nach Russell benannte präzise Form (von der ‚Menge aller Mengen, die sich nicht selbst enthalten') gegeben. Beim Erscheinen des Russell'schen Werkes [1903] war uns das schon geläufig." (Dok 7)

Zum anderen wird es Scholz immer wichtiger, die neue Logik als *mathematische* Logik zu betreiben. Daraus entwickelt sich die — selbstbewusst von ihm so benannte — Schule von Münster, letztlich Scholz' eigenes Institut für Logik und Grundlagenforschung, ab 1943 und über das Kriegsende hinweg. Die nächste Generation, die Scholz auswählt und von deren Fachkenntnissen er profitiert — Bachmann, Hasenjäger, Hermes — wirken nicht als Philosophen. Vorträge im Kolloquium halten berühmte polnische Kollegen oder der junge Gerhard Gentzen. Von Turing weiß die Scholz-Gruppe schon vor dem 2. Weltkrieg. 1952 gelingt es Scholz, mit einiger Hartnäckigkeit bei britischen Behörden die Erlaubnis für einen Vortrag von Turing in Münster zu erreichen, der für den Februar 1953 terminiert wird, zu dem es aber letztlich „wegen einer Erkrankung" nicht mehr kommt (Dok 8). Man kennt inzwischen die biographischen Umstände. Ein Sonderdruck mit persönlicher Widmung Turings ist das bestgehütete Stück der Scholz-Bestände in Münster (s.u. „Internet-Ressourcen").

Es lässt sich hier zur Bildung der Schule von Münster nichts ausführen. Aber es mag durchaus scheinen, dass die Mathematiker mehr Toleranz für den Mann hatten, der beständig mit Willen zur Metaphysik den Namen „Leibniz" im Munde führte. Vielleicht ist „Toleranz" auch das falsche Wort, falls nämlich etwas zu tolerieren zumindest ein Gespür für dessen Skandal-Potential voraussetzt.

Ein Schlaglicht soll genügen. Zur Forschungsgruppe von Scholz gehört für eine Weile Hans Lohmeyer. Er erhielt 1940 dann in Berlin eine Anstellung in der Firma des Ingenieurs Konrad Zuse (zu Lohmeyer: [Zuse, 2007, 74]), die man heute wohl ein Start-Up-Unternehmen nennen würde. Es sind Grundkenntnisse, die Lohmeyer Zuse vermittelt. Was wirksam ist, muss nicht unbedingt Avantgarde sein. Zuse erinnert sich:

> „Ein besonderes Ereignis noch im Kriegsjahr 1944 war es, als mich Professor Heinrich Scholz aus Münster besuchte. Es war der erste Kontakt mit einem anerkannten und bedeutenden Vertreter der mathematischen Logik. Auf Grund meiner bisherigen Erfahrungen hatte ich zunächst große Bedenken, mit einem reinen Mathematiker über die profanen Fragen der angewandten Logistik und die sich dahinter verbergende Möglichkeit des künstlichen Gehirns zu sprechen. Unsere Unterhaltung erwies sich aber als sehr fruchtbar, wenngleich sie zum Teil unter widrigen Bedingungen, nämlich im Luftschutzkeller, stattfand. Scholz stand meinen Ideen aufgeschlossen gegenüber, was mich ermutigte, mich noch intensiver mit ihnen zu beschäftigen. Leider blieb dies meine einzige Begegnung mit dem großen Gelehrten." [Zuse, 2007, 77]

Freilich irrt sich Zuse (ebd.) darin, dass Scholz schon bald nach Kriegsende gestorben sei. Eines der kuriosesten Dokumente von (vermutlich) Scholz findet sich in Zuses Nachlass: ein handschriftliches Kurzgutachten auf einem Blatt zufällig greifbaren Karopapier, in dem Scholz Zuse solide Logikkenntnisse und Originalität attestiert, datiert „Göttingen, 28.3.1945" (Dok 9).

Zuses Plankalkül wurde zwar erst Jahrzehnte später als akademische Spielerei implementiert und ist kein Mem-Vorfahre heutiger Software, hatte aber wohl doch als erste universelle Programmiersprache das Zeug dazu. Es ist bemerkenswert, dass, kurz gesagt, manche Notation bei Zuse aussieht wie Freges 2D-Begriffsschrift mit Schaltern. Es lässt sich gut erklären, warum das kein Zufall ist [Hoering, 1957].

5 Um 1950: Intensionen und darüber hinaus

Zum Abschluss dieses Beitrags sei an einem Beispiel noch kurz darauf eingegangen, wie Scholz den weiteren Verlauf des Paradigmenwechsels in der Logik rezipiert hat, zu dem man die Erfindung der Modallogik durchaus noch hinzuzählen darf. Das dabei Festgehaltene kann an dieser Stelle nicht mehr als ein Ausblick sein. Eine genaue Darstellung und inhaltliche Diskussion des Briefwechsels zwischen Scholz und Carnap in der Nachkriegszeit wäre lohnend, ist aber an dieser Stelle nicht möglich.

1947 erscheint *Meaning and Necessity* von Carnap. Bis zur Befreiung der möglichen Welten von ihrem Inhalt bei Kripke soll es noch über zehn Jahre dauern, aber im Sinne von Bündeln alternativer Modelle nichtmodaler Logiken sind sie bei Carnap schon vorhanden. Scholz liest Carnaps Buch 1949 und hat seine persönliche Deutung: Er begrüßt es, dass sich, wie es ihm vorkommt, Carnaps Logik so Metaphysikfreundlich und Leibniz-nah entwickelt. Was Carnap in seinem Buch tut, ist für Scholz ein Fortschritt, von dem er lange geträumt hat, ohne ihn selbst verwirklichen zu können. Er schreibt an Carnap:

> „Ich halte [...] die neue semantische Präzisierung [des] Unterschiedes [der analytischen und der synthetischen] Aussagen für wesentlich einfacher und natürlicher, als die alte syntaktische. Schliesslich hat es mich ungewöhnlich befriedigt, dass ich mich, ohne es wissen zu können, ein gutes Stück auf Ihrem Wege aus eigenen Kräften vorgetastet habe. Der Leibnizische [sic] Ansatz für die analytischen Aussagen (die Allgemeingültigkeit in jeder möglichen Welt) ist auch für mich entscheidend gewesen." (Dok 10)

Aber Scholz freut sich nicht nur über das Denken im Sinne von möglichen Welten. Mit großer Vorsicht deutet er in einem weiteren Brief an Carnap vom 9. März 1950 ein Problem an:

> „[Sie haben] die Sinngleichheit so weit gefasst [...], dass ich Ihnen nicht folgen kann. Nach Ihrer Theorie sind irgend zwei Identitäten [wohl: Äquivalenzen] sinngleich, oder ich

habe Sie überhaupt nicht verstanden. Dies scheint mir so weit hinauszugehen über das, was man intuitiv als sinngleich empfindet, dass mir wesentliche Einschränkungen erwünscht zu sein scheinen. Ich habe eine Reihe solcher Einschränkungen auch effektiv versucht. Sie befriedigen mich aber selbst so wenig, dass ich sie auch hier nicht einschalten möchte. Nur als Beispiele deute ich an, dass es mir ganz und gar nicht einleuchtet, dass p sinngleich sein soll mit $p \wedge (p \vee q), p \vee p \wedge q, p \wedge (q \vee \sim q), p \vee q \wedge \sim q$." (Dok 11)

Die Briefstelle lässt sich am besten so interpretieren, dass Scholz in der Tat eine prinzipielle Grenze des Ansatzes von Carnap in dessen Buch von 1947 nicht nur bemerkt hat, sondern auch ihr Problempotential deutlich erkannt hat.

Kurz gesagt versucht Carnap mit seinem Begriff der Intension zu präzisieren und zu modellieren, was Frege mit seinem Fachwort „Sinn" gemeint hat. Glückt das Projekt voll und ganz, so sollten zwei sprachliche Ausdrücke, welche dieselbe Intension haben, intuitiv sinngleich sein. Die Intension eines sprachlichen Ausdrucks ist nun definiert als eine Funktion von möglichen Welten in Extensionen. Die Extension eines Satzes, der formalsprachlich durch einen Satzbuchstaben wie p repräsentiert wird, ist ein Wahrheitswert. Der Sinn eines Satzes soll dargestellt werden als seine Intension: p ist in Welt 1 wahr, in Welt 2 falsch etc., je nachdem, was dort der Fall ist. Es ist nicht fernliegend, dass genau jemand, der den Sinn ein gegebenen Satzes versteht, weiß, was in jeder Welt der Fall ist, in welcher der Satz wahr ist, und, was in jeder Welt nicht der Fall ist, in welcher er nicht wahr ist. Das Problem, auf welches Scholz offenbar hinweisen will, ist: p und $p \wedge (p \vee q)$ (etc.) sind in genau denselben Welten wahr und in genau denselben Welten falsch, weil beide Formeln aussagenlogisch äquivalent sind. p und $p \wedge (p \vee q)$ haben somit dieselbe Intension, egal mit welchem Inhalt p assoziiert wird. Aber intuitiv sind sie nicht sinngleich, worauf Scholz hinweist. Sinngleichheit wird demnach durch Carnaps Ansatz nicht perfekt modelliert.

Logiken, die versuchen, die Beschränkung von Carnaps Ansatz zu überwinden und der Sinnverschiedenheit mancher intensionsgleicher Ausdrücke gerecht zu werden, nennt man heute hyperintensionale Logiken. Sie sind ein aktuelles Forschungsfeld, wie etwa Hannes Leitgebs Sprache HYPE [Leitgeb, 2019] zeigt. Scholz hat 1950 natürlich keine Idee, wie eine hyperintensionale Logik aussehen konnte. Aber man kann vertreten, dass er an der zitierten Briefstelle mit Weitblick das Desiderat einer hyperintensionalen Logik formuliert. Die Beispiele, die er nennt, sind für eine solche Logik jedenfalls keine schlechte Motivaton.

Von Alois Riehls Logik-Vorlesung im Jahre 1905 bis zu diesem Punkt ist es ein weiter Weg. Und doch nahm er nicht mehr als 45 Jahre in Anspruch. Heinrich Scholz hat ihn im Laufe seines Lebens als aufmerksamer Zeitzeuge des Paradigmenwechsels, in dessen Zuge sich der Begriff der Logik radikal wandelte, zurückgelegt.

Literatur

[Carnap et al., 1929] Carnap, R. et al. 1929. *Wissenschaftliche Weltauffassung. Der Wiener Kreis.* [= Manifest des Wiener Kreises]. Wieder abgedruckt in: Neurath, Otto. 1979. *Wissenschaftliche Weltauffassung, Sozialismus und Logischer Empirismus.* R. Hegselmann (ed.). Frankfurt/M.: Suhrkamp, 81–101.

[Carnap, 1947] Carnap, R. 1947. *Meaning and Necessity.* Chicago: University of Chicago Press.

[Carnap, 2022] Carnap, R. 2022. Tagebücher [= CTB]. Band 1, 1908–1919; Band 2, 1920–1935. C. Damböck (ed., in Zusammenarbeit mit B. Arden, R. Jordan, B. Parakenings, L. M. Rendl). Hamburg: Meiner.

[Hodges, 2022] Hodges, W. 2022. "Model Theory." The Stanford Encyclopedia of Philosophy (Spring 2022 Edition). E. N. Zalta (ed.) https://plato.stanford.edu/archives/spr2022/entries/model-theory/.

[Hoering, 1957] Hoering, W. 1957. „Frege und die Schaltalgebra". *Archiv für Mathematische Logik und Grundlagenforschung* 3, 125–126.

[Jevons und Kleinpeter, 1913] Jevons, W. S. & Kleinpeter, H. 1913. *Leitfaden der Logik.* Leipzig: Barth.

[Leitgeb, 2019] Leitgeb, H. 2019. "HYPE: A System of Hyperintensional Logic." *Journal of Philosophical Logic* 48 (2): 305–405.

[Monk, 1990] Monk, R. 1990. *Ludwig Wittgenstein. The Duty of Genius.* New York: The Free Press.

[Oliver und Smiley, 2016] Oliver, A. & Smiley, T. 2016. *Plural Logic*. 2. Auflage. Oxford: Oxford University Press.

[Peckhaus, 2004] Peckhaus, V. 2004. "Schröder's Logic." *Handbook of the History of Logic* 3. D. Gabbay, J. Woods (eds.). Amsterdam: Elsevier, 557–609.

[Peckhaus, 2018] Peckhaus, V. "Heinrich Scholz." *The Stanford Encyclopedia of Philosophy* (Fall 2018 Edition). E. N. Zalta (ed.) https://plato.stanford.edu/archives/fall2018/entries/scholz/.

[Priest, 2014] Priest, G. 2014. *One*. Oxford: Oxford University Press.

[Riehl, 1892] Riehl, A. 1892. *Beiträge zur Logik*. Leipzig: Reisland.

[Reichenbach, 1931] Reichenbach, H. 1931. Rezension von: Heinrich Scholz, *Abriß der Geschichte der Logik*. Erkenntnis 2, 471–472.

[Rohs, 1969] Rohs, P. 1969. „Philosophie". In K. Jordan (ed.) *Geschichte der Christian-Albrechts-Universität Kiel 1665–1965*, Bd.V, Teil 1, Neumünster 1969, 9–109; 82–86.

[Scholz, 1930] Scholz, H. 1930. Rezension von: Rudolf Carnap, *Der logische Aufbau der Welt*. Deutsche Literaturzeitung, Heft 13 (März 1930), 586–592.

[Scholz, 1931a] Scholz, H. 1931a. *Abriß der Geschichte der Logik*. [2. Auflage 1959]. Freiburg/München: Alber.

[Scholz, 1931b] Scholz, H. 1931b. Rezension von *Erkenntnis*. Deutsche Literaturzeitung, Heft 39 (September 1931), 1835–1841.

[Schlick, 2019] Schlick, M. 2019. *Vorlesungen und Aufzeichnungen zur Logik und Philosophie der Mathematik*. M. Lemke, A.-S. Naujoks. MSGA [Moritz Schlick Gesamtausgabe] II/1.3 Wien/New York: Springer.

[Schmidt, 2005] Schmidt am Busch, Hans-Christoph/Wehmeier, K. 2005. „Heinrich Scholz und Jan Łukasiewicz". In dies. (eds.), *Heinrich Scholz. Logiker, Philosoph, Theologe*. Paderborn: mentis, 119–131.

[Schröder, 1890] Schröder, E. 1890. *Algebra der Logik I*. Leipzig: Teubner.

[Schröder, 1905] Schröder, E. 1905. *Algebra der Logik II*. Leipzig: Teubner.

[Simons, 2021] Simons, P. 2021. "Jan Łukasiewicz." *The Stanford Encyclopedia of Philosophy* (Winter 2021 Edition). E. N. Zalta (ed.) https://plato.stanford.edu/archives/win2021/entries/lukasiewicz/.

[Strobach, 2023] Strobach, N. 2023. „Zusammenprall von Kulturen oder geteiltes Paradigma? Heinrich Scholz für und gegen den Wiener Kreis". In M. Lemke, K. Leschke, F. Peters, M. Wunsch (eds.) *Der Wiener Kreis und sein philosophisches Spektrum*. Stuttgart: Metzler, 327–352.

[Tarski, 1936] Tarski, A. 1936. „Über den Begriff der logischen Folgerung".

Actes du Congrès international de philosophie scientifique, Sorbonne, Paris 1935. vol. VII: Logique. Paris: Hermann, 1–11.

[Tarski, 1954] Tarski, A. 1954. "Contributions to the theory of models I." *Indagationes Mathematicae*, 16: 572–581.

[Zuse, 2007] Zuse, K. 2007. *Der Computer – mein Lebenswerk.* 4. Auflage (1. Auflage 1984). Berlin, Heidelberg: Springer.

Quellen

CTB (Carnap-Tagebücher): Carnap 2022.

CBW (Carnap Briefwechsel): Christian Damböck am Institut Wiener Kreis ediert den Briefwechsel Rudolf Carnaps. Ich danke Christian Damböck für seine Genehmigung, die Quellen zu benutzen. Ein großer Teil des CBW ist online zugänglich über die VALEP-Datenbank der Universität Wien. Ich zitiere mit der (provisorischen) Dokumentnummer der Edition und dem Dateinamen in VALEP.

HSN (Heinrich-Scholz-Nachlass): Stücke aus dem Nachlass von Heinrich Scholz zitiere ich nach der Findliste der Universitätsbibliothek (WWU) der WWU Münster, Stand August 2022.

SBW (Schlick Briefwechsel): Eine Edition des Briefwechsels von Moritz Schlick wird im Rahmen der Moritz Schlick Gesamtausgabe vorbereitet in der Moritz-Schlick-Forschungsstelle der Universität Rostock. Ich danke Martin Lemke für seine Genehmigung, die Quellen zu benutzen. Die Originale befinden sich im Noord-Hollands Archif in Haarlem (https://noordhollandsarchief.nl/). Ich zitiere Briefpartner, Datum und (provisorische) Dokumentnummer der Rostocker Ausgabe.

Dokumente

Dok 1: HSN 124,039 [Lebenslauf ca. 1948]. Am Beginn des Textes steht die Überschrift „1. Personalia". Dank an Monja Reinhart für das neuerliche Auffinden dieses wichtigen biographischen Dokuments.

Dok 2: CBW 526. Rudolf Carnap an Olga Neurath 23.12.1931; VA-LEP: ASP Carnap Collection, box 29, folder 20, Neurath, Olga 1931-35, DSC 9895.

Dok 3: SBW 733. Moritz Schlick an Heinrich Scholz (Briefkonzept), 30.11.1931.

Dok 4: HSN 124,015 (Kapsel Lebensdokumente 1), „Charakteristik des philosophischen Standpunktes von Heinrich Scholz".

Dok 5: HSN, 114,005 bis 114,011 umfasst sechs Briefe von Mordechai Wajsberg an Heinrich Scholz (15.10.1935, 20.10.1935, 21.10.1935, 11.1.1936, 30.4.1937, 2.08.1939)

Dok 6: CTB 19.9.1935; Tagebuch Nr. 38: Dokument Nr. 691.

Dok 7: HSN, 114,041: Ernst Zermelo an Heinrich Scholz, 10.4.1936, (KO-03-0290).

Dok 8: HSN, 119,176: Heinrich Scholz an Turing 21.05.1952 (KO-0556); 119,152: Heinrich Scholz an A.A.K. Swannell, 15.07.1952 (KO-05-0571); 119,153: Heinrich Scholz an A.A.K. Swannell, 08.10.1952 (KO-05-0593); 113,054: A.A.K. Swannell an Heinrich Scholz, 5.11.1952 (KO-05-0598); 113,055: A.A.K. Swannell an Heinrich Scholz, 15.12.1952 (KO-05-0606); 119,154: A.A.K. Swannell an Heinrich Scholz, 18.12.1952 (KO-05-0607); 119,155: Heinrich Scholz an A.A.K. Swannell, 27.01.1953 (KO-05-0615): „wegen einer Erkrankung".

Dok 9: Zuse-Nachlass im Deutschen Museum in München, Signatur NL-207-0016.

Dok 10: HSN, 116,040: Heinrich Scholz an Rudolf Carnap, 30.4.1949 (KO-06-815).

Dok 11: HSN, 116,041: Heinrich Scholz an Rudolf Carnap, 9.3.1950 (KO-06-815).

Internet-Ressourcen

1. Die Beiträge zur Logik von Alois Riehl sind online verfügbar unter https://www.gleichsatz.de/b-u-t/begin/kant/riehl-log-d.html.

2. Informationen über Hans Kleinpeter finden sich unter https://www.deutsche-digitale-bibliothek.de/person/gnd/116218398.

3. Die 2. Auflage von Jevons/Kleinpeter (1913) ist verfügbar unter https://archive.org/details/jevons-leitfaden-der-logik.

4. Zum Turing-Sonderdruck in der ULB Münster: https://sammlungen.ulb.uni-muenster.de/urn/urn:nbn:de:hbz:6:1-85465 (ULB) https://ivv5hpp.uni-muenster.de/u/cl/ (Website seines Entdeckers Achim Clausing)

5. Zuse-Nachlass auf der Website des Deutschen Museums in München: https://www.deutsches-museum.de/forschung/forschungsinstitut/projekte/detailseite/konrad-zuse

6. The Stanford Encyclopedia of Philosophy (SEP): https://plato.stanford.edu

7. VALEP: https://wienerkreis.univie.ac.at/forschung/valep-virtual-archiv/

8. Findliste des Heinrich-Scholz-Nachlasses in der ULB Münster: https://repositorium.uni-muenster.de/document/midos/4dedd3d5-891a-45bd-93ed-e247b93ead03/findliste_scholz.pdf

SICHERE UND UNSICHERE QUELLEN DER LOGIKGESCHICHTE: DER FALL MOSES SCHÖNFINKEL

CHRISTIAN THIEL

Zusammenfassung

Obwohl Moses Schönfinkel als Begründer der kombinatorischen Logik eine prominente Gestalt in der Geschichte der Logik ist, sind biographische Daten über ihn dürftig – selbst über das Geburtsjahr und das Todesjahr kursieren heute mehrere Versionen. Der Beitrag konzentriert sich auf biographische und prosopographische Fragen, vor allem auf Schönfinkels Göttinger Zeit (1914-1924) und publiziert erstmals einen Brief seiner Schwägerin über Moses Schönfinkels Lebensumstände in diesem Zeitraum. Er integriert die wichtigsten neuen Funde Stephen Wolframs und gibt eine Vielzahl von Originalquellen zu unserem Bild von Schönfinkels Leben und Forschungen wieder. Den Abschluss bilden einige Folgerungen für die bio- und prosopographische Arbeit in der Geschichtsschreibung der Logik.

Der vorliegende Beitrag beschränkt sich auf Fragen zur Biographie Moses Schönfinkels und einige daran anknüpfende Bemerkungen zur allgemeinen Bio- und Prosopographik. Bewusst verzichte ich auf eine Einführung in Begrifflichkeit und Grundgedanken der kombinatorischen Logik, wie sie Schönfinkel und – weitgehend unabhängig – Haskell B. Curry konzipiert haben. Für ein volles Verständnis von Schönfinkels Beitrag zur Geschichte der Logik sind diese Grundlagen natürlich unverzichtbar, sie sind jedoch in der Standardliteratur problemlos zugänglich, wie sie z.B. der Artikel „Logik, kombinatorische" in der *Enzyklopädie Philosophie und Wissenschaftstheorie* (2013, 56 f.) verzeichnet, die inzwischen allerdings um das wichtige

Werk Stephen Wolframs von 2021 [Wolfram, 2020; Wolfram, 2021; Wolfram, 2021a] zu erweitern ist.

Das in Abb. 2 wiedergegebene Porträt Moses Schönfinkels hing, nachdem es den Mitgliedern des Forschungsprojekts „Fallstudien zur Begründung einer Sozialgeschichte der formalen Logik" beim Eröffnungskolloquium 1985 präsentiert worden war, lange Zeit in Postergröße und gerahmt im Zimmer der von Volker Peckhaus geleiteten Arbeitsgruppe des Erlanger Projekts. Still und beharrlich sollte es daran erinnern, dass der Porträtierte zu den bedeutendsten Logikern des 20. Jahrhunderts gehört (seine Abhandlung „Über die Bausteine der mathematischen Logik" ist eine der wenigen von Church in seiner bekannten *Bibliography* durch einen „asterisk" ausgezeichneten Quellen von „ideas which are held to be important"), dass über sein Leben jedoch irritierend wenig bekannt ist.

Das Fehlen biographischer Daten war mir allerdings schon weit vorher aufgefallen, nämlich bei der Vorbereitung meiner Vorlesung „Geschichte der Logik seit Leibniz" im Wintersemester 1976/77 an der RWTH Aachen. Ich schrieb aus diesem Anlass am 12. Mai 1977 an den Ko-Autor der zweiten gedruckten Arbeit Schönfinkels, Paul Bernays, den ich bereits auf mehreren der sog. Hermes-Schütte-Tagungen am Mathematischen Forschungsinstitut Oberwolfach kennengelernt hatte, und bat ihn, mir biographische Daten zu Schönfinkel und etwaige Erinnerungen aus der gemeinsamen Göttinger Zeit bei Hilbert mitzuteilen. Bernays antwortete am 3. Juni 1977, bestätigte, dass er Schönfinkel in Göttingen gekannt habe, dass dieser zu den beiden Arbeiten von 1924 und 1928 in der Göttinger Mathematischen Gesellschaft vorgetragen habe und dass Hilbert „seinen Untersuchungen Interesse gewidmet" habe. Unstimmig ist nur die weitere Mitteilung, dass Schönfinkel „während der Hitlerzeit" eine Position an einer russischen Universität angeboten bekommen, sie jedoch nicht angenommen habe, andererseits damals nicht in Göttingen bleiben konnte und nach Moskau zurückgekehrt sei (was 1924 geschah, so dass die genannte Berufung, wenn es sie denn gab und sie in Schönfinkels Göttinger Zeit fällt, nicht in der Hitlerzeit ausgesprochen worden sein kann).

Anfang des folgenden Jahres schrieb Lothar Kreiser an Gereon

Wolters (den ursprünglich vorgesehenen Autor des Artikels über Schönfinkel in der eingangs erwähnten Enzyklopädie), er habe von einem russischen Kollegen, der nicht genannt sein wolle, erfahren, dass Schönfinkel in einer Moskauer neurologischen Klinik verstorben sei, also an einem Nervenleiden gelitten haben müsste, „das aber nicht notwendig die Todesursache gewesen sein" müsse. Das dabei genannte Todesdatum 22.6.1941 ist dubios und wird weiter unten noch zu kommentieren sein. Der behauptete Klinikaufenthalt dagegen wurde mir in Gesprächen mit Stanisław Surma, Henry Hiż und Alexander Jessenin-Volpin auf dem Kongress der IUMPS in Hannover 1979 bestätigt, wobei letzterer hinsichtlich einer psychischen Erkrankung Schönfinkels allerdings Skepsis äußerte (er kommentierte sie aus eigener Erfahrung mit den Worten: „das sagen sie immer").

Die Vorarbeiten für das Erlanger Forschungsprojekt – es wurde im August 1984 bei der DFG beantragt – hatten begonnen, ohne dass sich meine Kenntnisse über die Biographie Schönfinkels bis dahin erweitert hätten. So schrieb ich in dieser Sache am 6.11.1983 an das Universitätsarchiv Göttingen, woraufhin ich vom damaligen Präsidenten der Universität, Norbert Kamp (an den meine Anfrage offenbar weitergeleitet worden war), am 4.12.1983 eine briefliche Antwort erhielt mit der Kopie einer am 18. März 1924 vom Universitätssekretär ausgestellten Bestätigung folgenden Wortlauts: „Dem russischen Privatdozenten der Mathematik, Herrn Scheinfinkel, wird hiermit bescheinigt, dass er zehn Jahre lang bei Herrn Prof. Hilbert in Göttingen in Mathematik gearbeitet hat". Es folgt eine handschriftliche Notiz „a[d] a[cta]. Gott sei Dank dass Sch. weg ist. 20/III", von Kamp trocken kommentiert mit der Bemerkung, dass Schönfinkel „der Verwaltung offenbar etwas zur Last gefallen ist". Links davon steht ein ebenfalls handschriftlicher, fast unleserlicher Zusatz, die Bestätigung sei an die Berner Adresse Bühlplatz 5 zu senden. Mit Datum vom 27.12.1983 folgte, wiederum vom Präsidenten, ein weiterer Brief mit der Ergänzung des Namens zu der genannten Adresse, entziffert als „Raine Neuberger". Diese Lesung ist nicht ganz korrekt, wie aus einem Brief des Staatsarchivs des Kantons Bern vom 18.1.1984 hervorgeht. Danach hat eine Raissa Neuburger (geb. 1900 in Libau/Lettland) vom Wintersemester 1919/20 bis zum Wintersemester 1924/25 an der Medizinischen Fakultät der Universität Bern studiert, dabei 7 verschiedene (explizit genannte) Privatanschriften gehabt und sich am 20. Oktober 1925 exmatrikuliert. Nicht dokumentiert zu sein scheint, dass Raissa Neuburger ihr Studium mit der Promotion abgeschlossen hat, doch enthalten die *Auszüge aus den Inauguraldissertationen der Medizinischen Fakultät der Universität Bern Wintersemester 1923/24, Sommersemester 1924* (Bern 1924, 1–2, gestempelte Blattzählung Nr. 84) den Titel und ein Abstract der Dissertation sowie das Datum der Promotion am 9. Juli 1924. Auf Anfrage teilte mir das Zivilstandsamt Bern-Mittelland am 11.3.2022 ergänzend mit, dass Raissa Scheinfinkel-Neuburger am 22.7.1924 geheiratet hat.

Noch im Jahr 1984, also vor Beginn des Erlanger Forschungsprojekts, erhielt ich eine Fülle von neuen, wenn auch nicht immer weiterführenden Daten. Die Bibliothek der ETH Zürich teilte mit, dass im Nachlass von Paul Bernays zwei zusammengehörige Hefte von Schönfinkel vorhanden seien, offenbar eine handschriftliche Vorfassung des auf ihn zurückgehenden (und im Druck vom Entwurf in den Heften stark abweichenden) Teils des von Bernays mit Schönfinkel als Ko-Autor verfassten Aufsatzes „Zum Entscheidungsproblem der mathematischen Logik" von 1928 (vgl. dort insbesondere 349 f.). Das Einwohnermeldeamt der Stadt Göttingen schickte eine Kopie des Meldeblattes mit Daten zu Moses Schönfinkel einschließlich seiner Göttinger Adressen in der Zeit zwischen seiner Ankunft in Göttingen im Juni 1914 und seiner Abreise im September 1924. Unter „Stand oder Gewerbe" ist „Student" angegeben, der Name „Schönfinkel" durchgestrichen und ersetzt durch den Eintrag „richtiger Scheinfinkel"; unter „Staatsangehörigkeit" ist das ursprüngliche Wort „Rußland" eingeklammert und durch ein unterstrichenes „Ukraine" ersetzt. Das Schweizer Konsulat in Nizza teilte mit, dass Moses Schönfinkels Bruder Natan Scheinfinkel am 5. Februar 1964 in Cannes verstorben sei und seine Witwe Raissa Scheinfinkel sich im Juli 1966 mit dem Ziel New York abgemeldet habe. Die hilfreichste Anregung kam von Beat Glaus von der ETH Zürich, der mir riet, mich wegen des Verbleibs von Raissa Scheinfinkel an das Generalkonsulat der Schweiz in New York zu wenden.

Diesem Ratschlag folgend schrieb ich am 16.4.1984 an das Schweizer

Sichere und unsichere Quellen der Logikgeschichte

Generalkonsulat in New York, schilderte mein Anliegen sowie die Auskünfte des Einwohnermeldeamts und des Stadtarchivs in Bern und bat um Mitteilung der Anschrift der Schwägerin von Moses Schönfinkel, über die ich im Februar 1984 vom Polizeiinspektorat der Stadt Bern erfahren hatte, dass sie in New York, dort nochmals verwitwet, im Februar 1980 einen Herrn Joseph Hoffman geheiratet habe. In einem sehr zuvorkommenden Schreiben vom 26.4.1984 erhielt ich von Konsul Brazerol die Antwort, Frau Hoffman wohne in der Tat nach wie vor in New York, die konsularischen Regeln erlaubten aber nicht, ihre Adresse ohne Einwilligung mitzuteilen. Ein weiteres Schreiben vom 8.5.1984 informierte mich, dass Frau Hoffman das Konsulat aufgrund meines ihr offenbar zugestellten Briefes habe wissen lassen, sie könne über Moses Schönfinkel leider keinerlei Auskunft geben. Ich bedankte mich in einem Brief vom 25.5.1984, legte aber einen unadressierten Brief an Raissa Hoffman mit kurzer Schilderung meiner bisher vergeblichen Suche und dem weiter bestehenden Informationsbedarf bei – mit der Bitte, den Brief wenn möglich an Frau Hoffman weiterzuleiten. Dies geschah dann ersichtlich, denn ich erhielt von Frau Dr. Hoffman den folgenden, vom 1.7.1984 datierten handschriftlichen Brief (der im Original in Abbildung 3–6 wiedergegeben ist):

> „Thank you for your letters that I received from Generalkonsul of Switzerland in New York. Since Professor Moses Scheinfinkel (my brother-in-law) left Germany we never got any letters from him and neither from the family in Moscau [sic]. I know only that Moses Scheinfinkel when he was about 30 years became Professor of Mathematics in Moskau. Only later we learned that Moses Sh. lived in poverty in Göttingen so we wrote to his family in Moscau.
>
> [A]nd by help of Professors of Mathematics Faculty in Moscau they applied for a visa for my brother-in-law.
>
> I just finished medical school in Bern and I went to Berlin to get a visa to Russia for my brother-in-law[.] I was myself very young 22 years old, inexperienced and it took me half a year to get the visa.

When I came to Göttingen my brother lives [sic] in poverty. I do not know why *nobody* helped him. I saw a lot of papers and I asked my brother-in-law what he wants to take with him, he answered „Don't leave them, I want them all". It would be impossible to take them so I took some, not knowing what is important[,] left all of them in his room.

For me then was more important to buy for him warm clothes and I went with him by train to Riga. From there he went to Moscau by himself.

I can only tell Moses Scheinfinkel was exceptional good man, kind, quiet smiling and being poor wanted always to help others. Even in the train he gave his seat to a woman and didn't mind standing for a long time.

If he would have a friend who would help him he would be a different man. He was from a good family[.] His father was an educated man a director of a bank, his mother Masha Maria was a fine delicate, educated person. His two brothers were professionals with high education and my husband in Switzerland was a normal Scientist. Yes, we struggled in life but we had a decent life and were honored and respected. We didn't strive for posses[s]ions but we had a comfortable life a respected life.

Since Moses went to Russia we never got any letters neither from him nor from the family.

I remember Moses very very clearly, he was very slender (when I saw him in Göttingen) thin, like not been nourished enough so that on that picture that you, dear Professor, have sent I do not recognize him at all it seams [sic] to me it is *another man*.

Many thanks, Vielen Dank und alles Gute[,] Erfolg bei Ihrer Arbeit, wünscht Ihnen Raissa Hoffman".

Der hier (bis auf Absender und Abfassungsdatum) vollständig wiedergegebene Brief ist das wichtigste in der umfassenden biographischen

Dokumentation bei Wolfram 2021a *nicht* enthaltene Zeugnis einer nahen Beteiligten am Schicksal Moses Schönfinkels. Das gegen Schluss erwähnte Bild ist ein fotografischer Abzug, der 1983 bei der Inspektion der Erstauflage der großen Sowjet-Enzyklopädie durch eine Berliner Freundin in der Berliner Staatsbibliothek aus einem der 1938 erschienenen Bände fiel. Wie und weshalb die (insgesamt fünf) Bilder dorthin gelangten, ist nicht bekannt, eine Verbindung zu Moses Schönfinkel nach Raissa Hoffmans Bekundung jedoch fast mit Sicherheit auszuschließen.

Bemerkenswert und damals neu sind aber einige andere Informationen. Erstens ist Moses Schönfinkel 1924 nicht direkt von Göttingen nach Moskau gereist, sondern mit seiner Schwägerin zunächst nach Riga und von dort mit dem Zug allein weiter nach Moskau gefahren. Dort gab es offenbar Familienangehörige Schönfinkels, was vielleicht der Anlass für Moskau als Zielort der Reise war. Der Brief dokumentiert auch, dass Schönfinkel in Göttingen weiterhin wissenschaftlich gearbeitet hatte, der bei seiner Abreise dort verbliebene Teil der Arbeiten aber verschollen sein dürfte. Schließlich verdienen einige authentische Äußerungen über Moses Schönfinkels Persönlichkeit Beachtung, ebenso wie die Andeutung seiner Lebensumstände in Göttingen. Er lebte dort ohne Freunde, nur mit einem Kanarienvogel, in ärmlichen Verhältnissen; Hans Lewy berichtet dies in seinem Brief an mich vom August 1984, in dem er einen gewissen „Szillard", ebenfalls Mathematiker, als einzigen Freund Schönfinkels in Göttingen nennt. Die richtige Schreibung sollte „Szilárd" sein, doch handelt es sich dabei nicht um den bekannten Physiker und Molekularbiologen Leo Szilárd, sondern um einen (ebenfalls aus Ungarn stammenden) Karl Szilárd, der von 1920 bis 1924 in Göttingen Mathematik und Physik studierte, die Pflichtexemplare seiner von Richard Courant betreuten Doktorarbeit aber aus finanziellen Gründen erst 1927 abliefern und damit das Promotionsverfahren abschließen konnte; er hat wohl keine wissenschaftliche Laufbahn eingeschlagen.

In den Nachforschungen zu Schönfinkels Biographie folgten dann zwei längere Pausen: die erste vom Ende des Erlanger Forschungsprojekts 1985 bis 1995, dem Jahr, in dem ich bei einem Symposium zur

Logikgeschichte, an dem auch Boris Birjukov und Ljubow Birjukova aus Moskau teilnahmen, zusammenfassend über unsere bis dahin erworbenen Kenntnisse zu Moses Schönfinkel und zum Kontext seiner Arbeit berichtete. Die beiden Pausen sind durch zwei neue Informationen getrennt. Zum einen unterrichtete mich mit einer Postkarte vom 12.3.1985 Herr Dr. Haenel von der StUB Göttingen darüber, dass das Geburtstagsalbum für David Hilbert eine gute Porträtaufnahme von Moses Schönfinkel enthalte. Es ist die mir bald darauf zugesandte, im vorliegenden Beitrag als Abb. 2 wiedergegebene Aufnahme, die ich erstmals als Illustration zu meinem Kurzbericht „Research on the History of Logic at Erlangen" beim „III. Symposium on the History of Logic" in Pamplona 1993 gezeigt und in dessen Proceedings veröffentlicht habe [Thiel, 1996]. Das einzige zuvor bekannte, qualitativ leider unzulängliche Porträt Schönfinkels stammt aus der Gruppenaufnahme vom 60. Geburtstag Hilberts, wiedergegeben u.a. auf S. 238 in Constance Reids Hilbert-Biographie [Reid, 1970], ein Ausschnitt daraus mit dem Porträt Moses Schönfinkels auch in einem Teil der übrigen Sekundärliteratur.

Zum anderen ist zu Raissa Hoffman nachzutragen, dass sie zwischen 1984 und 1991 verstorben sein muss, denn das Schweizer Generalkonsulat in New York schrieb mir am 20.3.1995: „Ein an Frau Raissa Hoffman gerichtetes Schreiben vom 26.8.1991 kam zurück mit dem Vermerk 'deceased' (verstorben). Das Todesdatum und der Todesort ist dieser Vertretung nicht bekannt". Die zweite genannte Pause (von 1995 bis 2015) beginnt mit einem für mich überraschenden Fund: Adelheid Hamacher-Hermes konnte 1995 in Göttingen die Kopie eines 46seitigen Skripts der von Hilbert im Sommersemester 1920 gehaltenen Vorlesung „Probleme der mathematischen Logik" beschaffen, laut Titelseite „ausgearbeitet von N. Schönfinkel und P. Bernays", wobei die den Vornamen abkürzende Initiale „N" bei Schönfinkel sicher als Tippfehler für „M" anzusehen ist, da der Vorname des weiter oben genannten Bruders von Moses Schönfinkel „Nat(h)an" ist, was zwar mit einem „N" beginnt, dieser Bruder aber nicht als einer der Bearbeiter des Skriptums in Frage kommt.

Über die Tätigkeit Moses Schönfinkels in Göttingen in den vorausgehenden Jahren 1914 bis 1920 ist nichts bekannt, mit zwei bemerkenswerten Ausnahmen. Die erste ist ein im Hilbert-Nachlass erhaltener zweiseitiger, handschriftlicher Brief Nathan Scheinfinkels an einen nicht namentlich genannten Professor (vermutlich Hilbert selbst). Der Brief ist undatiert, doch bezieht sich eine Stelle auf den bereits laufenden Krieg, so dass der Brief frühestens im Herbst 1914 geschrieben sein kann. Zum Inhalt müssen einige Auszüge genügen (mit stillschweigender Berichtigung der wenigen syntaktischen Ungenauigkeiten). „Ich habe von Herrn Rabbiner Dr. Behrens einen Brief erhalten, in dem er schreibt, dass mein Bruder Not leidet, dass er vollkommen unterernährt ist. [...] Mein Bruder ist hilflos & unpractisch in dieser materiellen Welt. Er ist ein Opfer seiner grossen Liebe zu der Wissenschaft". Moses Scheinfinkel habe ihm aus Göttingen einen begeisterten Brief geschrieben, in dem er u.a. mitteilt, er „habe mit Prof. Hilbert gesprochen". Nathan Scheinfinkels Brief schließt mit den Worten: „Ich bitte Sie, sehr geehrter Herr Professor, für einige Monate, bis die Verbindungen mit unserer Stadt wieder hergestellt sind, ihm zu helfen, in dem Sinne, dass Sie ihm eine passende (für seine Gesundheit nicht schädigende) Arbeit finden [...] N. Scheinfinkel cand. med.". (Dieser Brief ist mir erst durch Wolfram 2020 und Wolfram 2021a zur Kenntnis gelangt, Dr. Siegfried Behrens war von 1908 bis 1922 Rabbiner in Göttingen und dort Vorsitzender im Verein für jüdische Geschichte und Literatur; Lebensdaten 1908– um 1942). Die zweite Ausnahme betrifft einen 1915, also schon während des Krieges, in einem Brief an den Rektor Carl Runge von der Göttinger Studentenschaft erhobenen Protest gegen die Teilnahme dreier russischer Staatsbürger an einer angeblichen Seminarvorlesung Hilberts am 28.6.1915, die sich dann allerdings als ein Vortrag Albert Einsteins vor der Göttinger Mathematischen Gesellschaft herausstellte, zu der nur Mitglieder derselben eingeladen und zugelassen waren und die wegen des großen Andrangs (angesichts des prominenten Vortragenden) in einen Hörsaal verlegt worden war. Die Namen der drei Beschuldigten in dem sich noch länger hinziehenden Streit sind bekannt: es handelte sich um den Privatdozenten Dr. Freederickz, einen Dr. Grommer und „den Studenten Moses Schönfinkel" (der hier also sogar mit Namen genannt wird), sämtlich Mitglieder der

Mathematischen Gesellschaft (vgl. [Busse, 2008, 59 f.]; eine Quelle, auf die mich erst Helmut Altrichter im Februar 2021 hingewiesen hat).

Die zweite erwähnte Pause in den Fortschritten der Erlanger „Schönfinkel-Forschung" endete mit einer weiteren wichtigen Information: Noch 2015 erfuhr ich durch Richard Zach (University of Calgary) von einem Artikel über Schönfinkel in der russischen Wikipedia (Abb. 1), der bisher unbekannte Fakten aus Schönfinkels Studienzeit in Odessa enthalte sowie u.a. ein Porträtfoto aus dieser Zeit. Dieses Bild war in der Tat neu und ist bisher das einzige Porträt Schönfinkels außer den beiden schon erwähnten von Hilberts Geburtstagsfeier 1922 bzw. dem zugehörigen „Geburtstagsalbum". Das Bild stammt von 1909 oder 1910 und zeigt Schönfinkel in einer Uniform, von der ich bisher nicht weiß, ob es eine Kadettenuniform der kaiserlichen Armee ist oder eine vorgeschriebene Uniform der damals ebenfalls kaiserlichen Universität. Das Datum der Erstveröffentlichung des Artikels in der russischen Wikipedia ist mir bislang ebensowenig bekannt wie der (oder die) Verfasser; möglicherweise stammt der Artikel von S. Tropanets. Er enthält auch Informationen über die elterliche Familie Schönfinkels, auf die ich bei den Informationen aus Wolfram 2020 und 2021a noch zu sprechen komme.

Dazu ist freilich ein kurzer Vorspann nötig. Stephen Wolfram, ein Physiker und weltweit anerkannter Informationstheoretiker (und -praktiker!), bekannt aber vor allem als Entwickler der „Wolfram Language", plante und realisierte zur 100. Wiederkehr von Schönfinkels Vortrag „Elemente der Logik" vom 7.12.1920, der dessen Veröffentlichung „Über die Bausteine der mathematischen Logik" von 1924 zugrunde lag, für den 7. Dezember 2020 ein „Livestreamed Event. Combinators: A 100-Year Celebration". Da er durch Dana Scott von meinen Nachforschungen über Schönfinkels Leben erfahren hatte, lud er mich zur Teilnahme ein. Obwohl es dazu nicht kam, erhielt ich von Wolfram bald darauf zwei ausführliche Mails, in denen er seine eigenen, umfangreichen und dank hervorragender Beziehungen nach Russland und in die Ukraine erfolgreichen Recherchen an den Orten von Schönfinkels Aufenthalten und Tätigkeiten darlegt, bereichert durch eine Fülle von Illustrationen (Wolfram 2020, 2021), darunter auch heute im Staatsarchiv in Kiew aufbewahrte Dokumente aus Schönfinkels Studienzeit in Odessa und in zwei fast identischen Fassungen das erwähnte Porträtfoto von 1909/1910. Erfreulicherweise ist dieses wertvolle Material vollständig in die gedruckte Monographie Wolfram 2021a aufgenommen worden und so auch in nichtdigitaler Form vor der möglichen Vernichtung in den gegenwärtigen Kriegshandlungen gesichert.

Von den überaus reichen in Wolfram 2021 und 2021a dokumentierten Funden betreffen zwei unmittelbar die Biographie Moses Schönfinkels. Völlig unerwartet belegen drei offizielle Aufzeichnungen, dass Schönfinkels Geburtsjahr nicht 1889, sondern 1888 ist. Weshalb sich auf dem Meldeblatt der Stadt Göttingen als Geburtsjahr 1889 findet (weil es von Schönfinkel so genannt wurde, oder es auf seinem Pass vielleicht bereits so eingetragen war?), ist nicht bekannt. Vermutet wurde, dass sich Schönfinkel ein Jahr jünger gemacht habe, um einer Einberufung zum Militärdienst zu entgehen; Wolfram hält es allerdings für wahrscheinlich, dass Schönfinkel nach Abschluss seines Studiums vier Jahre in der kaiserlichen Armee gedient habe, bei Ausbruch des Ersten Weltkriegs jedoch bereits in Göttingen war und deshalb nicht mehr eingezogen wurde (Wolfram 2021a, 228). Das zweite biographisch relevante Dokument ist der oben erwähnte Brief Nathan Scheinfinkels von 1914. Mittelbar wichtig sind Wolframs Angaben über Moses Schönfinkels Familienhintergrund und hier vor allem der Nachweis, dass er außer Nathan noch zwei jüngere Brüder und eine Schwester hatte. Diese Daten und zahlreiche weitere samt Illustrationen machen Wolframs Darstellung, die Bazhanov in einer mail an mich vom Dezember 2020 mit Recht als „fantastic breakthrough" bezeichnet, zur wichtigsten Dokumentation des derzeitigen Standes unserer Kenntnisse über Moses Schönfinkels Lebensweg.

Nicht durchwegs neu, aber datiert und zusammenhängend präsentiert sind Belege über von Schönfinkel besuchte Vorlesungen bzw. Kurse und damit über einige seiner akademischen Lehrer in Odessa. Neben dem Mathematiker Kagan und dem polnisch-ukrainischen Logiker Sleszyński ist dabei vor allem Samuil Osipovič Šatunovskij zu nennen (vgl. Quelle 20 und meine daran anschließende Notiz). Bei ihm könnte Schönfinkel die schon damals umstrittenen Grundlagenprobleme der Mathematik kennengelernt sowie den Rat erhalten haben, seine mathematische Ausbildung bei Hilbert in Göttingen fortzusetzen. Ich kann lediglich vermuten, dass Hilbert Šatunovskijs Arbeit „Über den Rauminhalt der Polyeder" in Band 57 der *Mathematischen Annalen* (1903, 491–508; Hilbert war Mitherausgeber dieser damals führenden Fachzeitschrift) kannte, einen Schüler Šatunovskijs gern förderte und trotz fehlender Promotion als Mitglied der Göttinger Mathematischen Gesellschaft sowie als Gast bei der Feier seines 60. Geburtstags akzeptierte.

Trotz der eindrucksvollen Ergebnisse Wolframs drängt sich am Ende dieser ausführlichen Chronologie die Frage auf, wie es heute um unser Wissen von Schönfinkel und dem Kontext seiner Arbeit steht. Zweifellos wissen wir weit mehr als die Fachwelt in den 1960er Jahren, doch ist auch überdeutlich, dass wir von einer befriedigenden Kenntnis des logikgeschichtlich Relevanten noch weit entfernt sind. Für einen ersten Überblick empfiehlt es sich, die in der Überschrift dieses Beitrags angesprochene unterschiedliche Qualität der uns vorliegenden Quellen in den Blick zu nehmen. Wir müssen trennen zwischen den (in heutiger Perspektive) sicheren Daten und Berichten einerseits, den fragwürdigen und vielfach zu verwerfenden Überlieferungen andererseits. Erst dann lassen sich (quasi als Fazit) die weiterhin offenen und für die künftige bio- und prosopographische Forschung wichtigsten Fragen zusammenstellen.

Was die im Titel des vorliegenden Beitrags genannte Problematik angeht, so lassen sich die meisten der im Haupttext wiedergegebenen Informationen als „sicher" ansehen. Dazu gehören Moses Schönfinkels tatsächliches Geburtsjahr 1888, die dokumentierten Daten über seine Geschwister, die Episode des Einstein-Vortrags, das Anmelde- und Abmeldedatum bei der Stadt Göttingen, die Abreise nach Moskau über Riga, die beiden in revidierter Form gedruckten Arbeiten Schönfinkel 1924 bzw. Bernays/Schönfinkel 1928, die (freilich eher randständigen) Daten zu Nathan Scheinfinkel sowie einige in den „Quellen" dokumentierte Äußerungen von Personen, die Moses Schönfinkel persönlich begegnet sind (wobei vielfach offen bleiben muss, wie genau oder überhaupt zutreffend diese Erinnerungen sind).

Völlig ohne Beleg sind Gerüchte, Schönfinkel sei während seiner Moskauer Zeit nach 1924 politischer Verfolgung ausgesetzt gewesen; auch Bazhanov hat dafür keine Anhaltspunkte finden können. Was über Schönfinkels Interessen und seine Arbeit bekannt ist, scheint politisches Engagement bei ihm eher auszuschließen. Ebenso halte ich Gerüchte, dass er in die sog. Moskauer Prozesse von 1936/37 verwickelt gewesen sei, für unglaubwürdig (insbesondere das Gerücht, er habe sich dabei, unter Berufung auf eine gemeinsame Lagerzeit in Sibirien, vergeblich an Stalin gewandt). Dass die in den Prozessen zum Tode verurteilten und wohl auch hingerichteten Moses Lurie und Nathan Lurie zu Schönfinkels Verwandtschaft gehörten, ist denkbar (Moses Schönfinkels Mutter Mascha war eine geborene Lurie), aber in keiner Weise belegt. Auch dass Schönfinkels Einweisung in eine psychiatrische Klinik in Moskau ein Akt der politischen Repression gewesen sei, ist eher unwahrscheinlich trotz des in den Quellen Q10 und Q11 genannten angeblichen Todesdatums 22.6.1941, das mit dem Tag der deutschen Invasion Russlands zusammenfällt.

Zahlreiche Fragen sind jedoch offen und verlangen nach Klärung. Mehrfach beklagt wird das Fehlen eines von der Universität in Odessa ausgestellten Abschlusszeugnisses. Wolfram 2021a reproduziert auf S. 227 ein Schreiben Schönfinkels, in dem dieser um die Rückgabe von Dokumenten bittet und einleitend bestätigt, dass er die Bescheinigung über sein Studium erhalten habe; es ist aber unklar, ob es sich dabei um sein Belegbuch handelt und ob über dieses hinaus ein Abschlusszeugnis oder Diplom ausgestellt wurde. Wie bereits erwähnt, haben wir keinerlei Daten über die Zeit zwischen 1910 und 1914 und keine Aussage Schönfinkels über die Gründe seines Wechsels nach Göttingen. Auch über etwaige Beziehungen zur jüdischen Gemeinde in Göttingen ist bisher nichts bekannt. Wenig Hoffnung besteht, die Bezeichnung Schönfinkels als „Privatdozent" in der Göttinger Bestätigung vom 18. März 1924 und die Aussagen von Bernays in Quelle Q2, dass Moses Schönfinkel eine Professur in Russland angeboten worden sei, sowie die in dem von mir wiedergegebenen Brief von Raissa Hoffman, dass er eine Professur in Moskau innegehabt habe, einer Klärung zuzuführen.

Die größten Lücken betreffen Moses Schönfinkels Zeit in Moskau nach 1924. Seine Schwägerin schreibt in ihrem Brief, sie habe nach 1924 weder von Moses Schönfinkel noch von der Verwandtschaft in Moskau irgendeine Nachricht erhalten; auch Bernays sagt, er habe nach Schönfinkels Abreise aus Göttingen nichts mehr von ihm gehört. Nach Aussage Ivins (in dem als Quelle Q20 wiedergegebenen Brief Wessels an Wolters) beteiligte sich Schönfinkel „in den 20er Jahren" an einem Arbeitskreis zur mathematischen Logik, der (wohl an der Moskauer Universität) von Novikov und Yanovskaya geleitet wurde; die Aussage klingt glaubwürdig, bedarf aber zweifellos weiterer Bestätigung. Das gleiche gilt vom Datum und den Umständen des Todes von Moses Schönfinkel. Obwohl solche Daten auch manipuliert sein können, wären hier Auskünfte aus Moskauer Archiven von Interesse, die aber nur Verwandten des Betreffenden erteilt werden. Schon deshalb bemüht sich Wolfram weiterhin, etwa noch lebende Verwandte Moses Schönfinkels aufzufinden, die Chancen scheinen heute freilich geringer denn je. Hinzu kommt, dass der Name „Scheinfinkel" in der jüdischen Gemeinschaft (zumindest Jekaterinoslavs oder Odessas) nicht selten gewesen zu sein scheint. Wolfram hat bei seinen Recherchen mehrere Scheinfinkels (sogar außerhalb Russlands) finden können, und bestätigt auch die Versicherung anderer, dass der in der dritten auflage der Großen Sowjetenzyklopädie genannte Vladimírov, dessen eigentlicher Familienname dort als „Scheinfinkel" angegeben wird, kein Verwandter von Moses Schönfinkel gewesen sei.

Obwohl das DFG-Projekt, in dem die Erlanger Nachforschungen zu Moses Schönfinkel durchgeführt wurden, ausdrücklich der „Begründung einer Sozialgeschichte der formalen Logik" dienen sollte, und eine Prosopographie definitionsgemäß gerade die sozialen Aspekte individuellen Handelns in den Blick nimmt, ist das über Moses Schönfinkel Herausgefundene in dieser Hinsicht dürftig. Über die Beziehungen Schönfinkels zur jüdischen Gemeinschaft in Göttingen wissen wir praktisch nichts, über seine Stellung in der Göttinger Mathematischen Gesellschaft und die Beziehungen zu Angehörigen des engeren Hilbert-Kreises wenig, und zu seiner Mitarbeit in dem von Novikov und der Yanovskaya geleiteten Arbeitskreis an der Moskauer Universität nach 1924 haben wir lediglich den erwähnten kurzen Bericht Ivins. Wir müssen zugeben, dass sich aus dem bisher über Moses Schönfinkel Vorliegenden für die logikgeschichtliche Arbeit unter prosopographischem Gesichtspunkt kaum etwas lernen lässt – es sei denn über die Grenzen dieses Zugangs, wenn es um weitgehend allein arbeitende Forschende in Sachgebieten wie Mathematik oder Logik geht.

Dennoch bedarf dieses Urteil einer vorsichtigen Einschränkung. Jeder Blick auf die Vita eines Menschen, der überhaupt einer literarischen Darstellung seines Lebens für würdig gehalten wird, zeigt, dass eine ernstzunehmende Biographie niemals ohne Einbeziehung prosopographischer Aspekte geschrieben werden kann. Zu diesen gehören schon die Einflüsse von Familie und Ausbildung (schulischer oder anderer Art), später der Einfluss älterer oder zeitgleicher Forschungen anderer und auch die Rezeption der eigenen Arbeit durch die sog. Fachwelt. Selbst die frühe Faszination durch bestimmte Themen (wie im Falle Moses Schönfinkels die fast monoman wirkende Besessenheit von mathematischen Sachverhalten) erlaubt die Betrachtung unter prosopographischem Gesichtswinkel. Vergleichbares Gewicht hat der Einfluss nicht nur des beruflichen Umfeldes, sondern auch partnerschaftlicher (z.B. ehelicher) Beziehungen und ggf. das Vorhandensein einer eigenen Familie auf die Arbeit eines Wissenschaftlers. Das weitgehende Fehlen solcher Kenntnisse im Falle Moses Schönfinkels widerspricht dem nicht, auch wenn Frauen in seiner uns bekannten Vita keine Rolle spielen und auch ein beruflicher Kontext völlig fehlt. Briefe Schönfinkels sind uns bisher nicht bekannt; innerhalb Göttingens waren sie für den kollegialen Kontakt nicht nötig, und der im Nachlass an der Bibliothek der ETH Zürich erhalten gebliebene Teil des Briefwechsels von Paul Bernays ist bisher nicht auf Briefpartner hin gesichtet.

Desiderate wie das zuletzt angedeutete dürfen jedoch den Blick auf die Notwendigkeit nicht verstellen, nach neuen Quellen zu suchen oder vorhandene Quellen unter biographischem oder prosopographischem Gesichtspunkt zu ergänzen. Gerade das im vorliegenden Beitrag vorgestellte Material zu Moses Schönfinkel zeigt, wie erfolgreich solche Suche sein kann – bei aller Unvollständigkeit und dem gelegentlichen Erfordernis, Details in zugänglichen Quellen zu überprüfen und manchmal auch zu korrigieren. Dabei ist vor allem zu beachten, dass Wert und Ergiebigkeit von Quellen stets ebenso vom gegenwärtigen Stand der (jeweiligen) Wissenschaft abhängig sind wie von der Einschätzung des betrachteten Kontextes: oft rücken Veränderungen des Kontextes oder Fortentwicklungen des Umfelds ganz neue Details in das Gesichtsfeld des Biographen oder des Wissenschaftshistorikers – man denke nur an Wolframs nicht unbedingt neue und doch überraschende Hervorhebung der Bedeutung von Schönfinkels kombinatorischer Denkweise für den allgemeinen Begriff der Berechenbarkeit, der in Freges ersten Ansätzen noch ebensowenig erkennbar ist wie in den anders orientierten Entdeckungen der Hilbertschen Beweistheorie.

Quellen

Q 1: Max Bense an CT, 12.4.1983:

„[...] Sie wissen vielleicht, dass ich von 1945–1947 (zuerst unter der amerikanischen, dann unter der russischen Militär-Regierung bis zu meiner Flucht nach Westen 1948) Kurator und Professor der Universität in Jena war. Ich lernte damals (als unseren akademischen Universitätsoffizier) den russ. Mathematiker Makarov kennen, der Logiker war und mir von Schönfinkel erzählte (Ende 1946). Er hatte ihn angeblich noch kurz bevor er als unser Uni-Offizier nach Jena kam gesehen. Er sei wieder von seiner Hirnerkrankung gesundet gewesen, lebe aber noch in einer Anstalt. Danach muss also Schönfinkel wohl noch bis Kriegsende mindestens gelebt haben".

Q 2: Bernays an CT, 3.6.1977:

„Was Herrn Moses Schönfinkel betrifft, so lernte ich ihn in Göttingen persönlich kennen" [...] „Ueber seine beiden Arbeiten hat Herr Schönfinkel in der Göttinger Mathematischen Gesellschaft vorgetragen, und Hilbert hat seinen Untersuchungen Interesse gewidmet" [...] „[Schönf.] war wohl zuvor in Russland gewesen. In der Hitlerzeit erhielt er eine Aufforderung für eine Professur in Russland, der er aber nicht Folge leistete. Andererseits aber konnte er damals seinen Göttinger Aufenthalt nicht beibehalten. Ich habe dann nichts mehr von ihm gehört".

Q 3: Virginia Curry an CT, 15.3.1984:

„[...] [Haskell] read about him [Schönfinkel] and consulted with two men in Princeton in 1927 – Hopf and Alexandroff – Swiss & Russian Mathematicians. They told Haskell that Schönfinkel went insane and was in a Mental Institution in Moscow".

Q 4: Dr. Beat Glaus (ETH Bibliothek) an CT, 2.4.1984:

„[...] Haben Sie schon Kontakt aufgenommen mit Scheinfinkels Witwe in Neuyork? Die Adresse müsste, wenn ich nicht irre, via die dortige Schweizer Botschaft aufzutreiben sein, da sie ja doch wohl die Zivilstandsänderung dort mitteilen musste".

Q 5: Carl G. Hempel in einem Brief an CT vom 17.7.84:

„Schönfinkel ja, ich sah ihn zuweilen in der Göttinger Universität. Er war m.W. nicht in der Behmannschen Vorlesung, die ich damals hörte. Er schien eine etwas verlorene Seele zu sein und ich glaube, er galt als ein bisschen sonderlich. Soweit ich mich erinnern kann, hab ich nie mit ihm gesprochen".

Q 6: Jessenin-Volpin, Hannover 24.8.1979 (mündlich; hs. Notiz von CT):

Nach seiner Erinnerung sei Schönfinkel (den er nicht persönlich kannte) 1924 wieder in Moskau gewesen. Möglich, daß er eine Position hatte und damit Schüler, aber kaum eine bezahlte Position (1924 sei er noch Student gewesen). Manche sagen, er sei verrückt gewesen: J.-V. glaubt es nicht; ‚das sagen sie immer'. Janovskaja hätte (1943/44 oder nach dem Krieg) nachgeforscht, ob es noch MSS gäbe. Es sei dann ein Mann zum Institut gekommen (Nachbar oder Hausmitbewohner), und habe berichtet, alle MSS von Sch. habe man in dem kalten Winter im Ofen verheizt.

Q 7: Norbert Kamp (Präsident Univ. Göttingen) an CT, 4.12.1983: Anlage = Fotokopie aus III D Nr. 335 (55) Math.phys, Sem. 1922–1926, „die einzige Spur, die sich von Schönfinkel (Scheinfinkel) hier gefunden hat. Die handschriftliche Notiz des Universitätssekretärs scheint darauf hinzudeuten, daß er der Verwaltung offenbar etwas zur Last gefallen ist, möglicherweise gerade, weil er als nicht eingeschriebener Student in Göttingen Probleme hatte, die für Studenten nicht bestanden".

„18. März 1924. Dem russischen Privatdozenten der Mathematik, Herrn Scheinfinkel, wird hiermit bescheinigt, dass er zehn Jahre lang bei Herrn Prof. Hilbert in Göttingen in Mathematik gearbeitet hat, [...] UniversitätsSekretär. [Hs.:] a a. [= ad acta] Gott sei Dank, daß Sch. weg ist. 20/III [G.]".

Q 8: Norbert Kamp (Präsident Univ. Göttingen) an CT, 27.12.1983:

Ergebnis der Überprüfung der zweiten hs. Notiz auf der „Bescheinigung" als „an Frl. Raine(!) Neuberger, Bern, Bühlplatz 5, ab 18.III" (richtig: Raissa Neuburger, s.u.). Daneben weiteres zu Gossmann.

Q 9: N. Kamp an CT., 17.5.1984:

Matrikel und Belegkartei haben für 1914–24 unter beiden Namensvarianten keinerlei Eintrag. Sonst könnte man die belegten Veranstaltungen feststellen. „Aber Sch. hat sich offenbar überhaupt nicht eingeschrieben, sondern den Status einer freien wissenschaftlichen Existenz vorgezogen".

Sichere und unsichere Quellen der Logikgeschichte

Q 10: Kreiser an Wolters 26.2.1978:

„[...] aus der Sowjetunion hat mir Prof. Dr. B. Birjukow folgendes mitgeteilt: Schönfinkel ist 1941 in Moskau gestorben. Er verstarb in einer neurologischen Klinik, müßte also demzufolge an einem Nervenleiden gelitten haben, das aber nicht notwendig die Todesursache gewesen sein muß. Er war fast unbekannt in Moskau, d.h. er hat offenbar sehr zurückgezogen gelebt. [...] Es heißt, dass er relativ jung gestorben sei. Prof. Dr. Birjukow meint, dass diese wenigen Daten der Grund sind, warum Schönfinkel in der sowjetischen ‚Enzyklopädie der Philosophie' nicht vertreten ist. Zur Zeit bemüht er sich, durch Prof. Kusitschew weitere Einzelheiten zu erfahren".

Q 11: Kreiser an Wolters hs. 17.8.1978:

„Leider kann ich Ihnen nichts Neues über Schönfinkel mitteilen. Es scheint eine Nachforschung auf erhebliche Schwierigkeiten zu stoßen. Prof. Birjukow schreibt mir davon, ja, er bittet Sie sogar, seinen Namen nicht zu erwähnen. Man sollte so etwa schreiben: Einer Mitteilung von Frau Prof. Dr. S. A. Janowskaja in einem ihrer Seminare zufolge soll Schönfinkel am 22.6.1941 in einem Moskauer Krankenhaus verstorben sein. Frau Prof. Janowskaja ist leider auch schon verstorben. Sie werden verstehen, dass ihm eine solche Bitte sicher nicht leicht gefallen ist".

Q 12: Hans Lewy an C.T., 5.8.1984:

„Ich erinnere mich an Herrn Scheinfinkel als einen Hörer in verschiedenen auch von mir besuchten Vorlesungen, eifrig in seine Hefte schreibend, und zwischen Stunden andre Studenten befragend und deren Diktate bezüglich von ihm nicht besuchten Vorlesungen aufschreibend.

> Er war offenbar auch nicht mehr im vollen Besitze seines Verstandes und Gegenstand von Verhöhnung und Belustigung der Studenten, was er aber nicht zu bemerken schien. Er lebte unter ärmlichsten Verhältnissen und völlig vereinsamt, bis auf seinen Kanarienvogel, wie mir später der einzige seiner Bekannten, der ihn befreundete, ein gewisser Szillard, auch Mathematiker, erzählt hat. Schliesslich erschien eines Tages seine Schwägerin und nahm ihn halb mit Gewalt nach Russland zurück. Irgendwie habe ich den Eindruck, dass er den folgenden Satz des Aussagenkalküls bewiesen hat: Wenn eine Formel, die keine Verneinung enthält, mit Einschluss des Verneinungsaxioms $(A \& \bar{A}) \rightarrow B$ bewiesen werden kann, dann kann sie auch ohne dieses bewiesen werden. Aber vielleicht täusche ich mich hier".

<Thiel:> Die letzte Bemerkung ist deshalb interessant, weil sie ein (wenngleich nicht sonderlich bedeutsames) Ergebnis Schönfinkels festhalten würde, das dieser nicht veröffentlicht hat und das in der Literatur anscheinend nirgends dokumentiert ist. Daß sich Schönfinkel mit Fragen dieser Art befaßt hat, wird durch eine Aussage im ersten Band des „Hilbert-Bernays" bestätigt: „Ein System von Ausgangsformeln, das zur Ableitung aller identisch wahren Implikationsformeln ausreicht, hat zuerst M. SCHÖNFINKEL aufgestellt" (Hilbert/Bernays 1934, 70 Anm.; 1968, 69). Diese Erwähnung war leicht zu übersehen, weil die 1. auflage kein Namenverzeichnis enthält.

Q 13: Consulat de Suisse, Nice, an C.T., 12.7.1984:

> „[...] teile ich Ihnen mit, dass Herr Professor Dr. med. Nathan Scheinfinkel seinerzeit nach seiner Rückkehr von Istanbul bei diesem Konsulat immatrikuliert war. Er ist an seinem Wohnort in Cannes am 5. Februar 1964 gestorben. Seine Ehefrau, Frau Raissa Scheinfinkel geb. Neuburger ist im Juli 1966 nach New York abgereist".

Q 14: Polizeiinspektorat Bern (Stempel der Kopie: 6.2.84):

Notiz des Stadtarchivs: R. Neuburger Heirat mit Natan Scheinfinkel, das Ehepaar wurde am 17.11.1932 eingebürgert. Angeheftet: (Kopie mit Stempel des PolizeiInspektorats; Auszug aus Bürgerregister) [R.H.] eingebürgert durch Einbürgerung; Ehemann bei der Heirat am 27.2.1980 ist Joseph Hoffman, geb. Minsk 20.8.1902, Bürger der USA, nicht dagegen von Bern, Ehefrau Raissa Diness, geb. Neuburger, Witwe des Irving Diness seit 19.2.1978, Schweizerbürgerrecht beibehalten.

Q 15: J. P. Seldin an I. Anellis, 3.5.1984:

„Enclosed is a photocopy of his [sc. Currys] notes on Schönfinkel's paper and the information about Schönfinkel he obtained from Alexandroff. These notes were filed under the date November 28, 1927, and were probably written on that date". [Aus den Aufzeichnungen:] „Alexandroff's report: On discovering of this paper I saw Prof. Veblen – . Schönfinkel's paper said 'in Moskau'. Accordingly we sought out Paul Alexandroff. The latter says Schönfinkel has since gone insane and is now in a sanatorium & [?] will probably not [be?] able to work any more".

Q 16: Carl Ludwig Siegel in einem hs. Brief an Tammo tom Dieck (re Anfrage durch Gereon Wolters) vom 13.11.78:

„Ich war in Göttingen von Mai 1919 bis August 1922, mit Unterbrechung durch meinen Hamburger Lehrauftrag im Wintersemester 1920/21, so dass ich also Schönfinkels Vortrag in der hiesigen Mathematischen Gesellschaft nicht gehört habe. Wann ich zuerst auf Schönfinkel aufmerksam geworden bin, vermag ich nicht genau zu sagen; es wird aber wohl im Sommer 1920 oder 1921 gewesen sein, als mir ein schon etwas älterer Mensch auffiel, mit Spitz- und Schnurrbart, der in alle Vorlesungen ging und dort eifrig mitschrieb. Dieser Mensch, nämlich Schönfinkel, ist vermutlich 1919 oder 1920 von Russland unter der Revolution weggegangen, und den Bart trug er wohl aus religiösen Gründen. Ich weiss nicht, wann er geboren ist, von wo er stammte und welche Vorbildung er schon hatte. Promoviert hatte er nicht und tat es auch nicht in Göttingen, denn sonst wäre sein Titel bekannt geworden. Da er im Dezember 1920 in unserer Mathematischen Gesellschaft vorgetragen hat, obwohl in damaliger Zeit dort nur Teilnehmer mit abgeschlossener Hochschulbildung zugelassen waren, so wird er wohl vorher mit Hilbert Kontakt bekommen haben, was aber nach meiner eigenen Erfahrung nicht so ganz einfach war. Die Verbindung zu Hilbert blieb dann bestehen, wie insbesondere daraus hervorgeht, dass Schönfinkel 1922 bei der Feier von Hilberts 60. Geburtstage in dessen Hause eingeladen war. Es gibt davon eine Photographie, die auch in dem Buche von Constance Reid über Hilbert reproduziert ist, und darauf ist der Verleger Ferdinand Springer der grosse, am weitesten links stehende Mann im Smoking, während rechts neben ihm Moses Schönfinkel, ebenfalls im Smoking, zu sehen ist. Ich bin übrigens auch auf dem Bilde, nämlich die ganz rechts herausragende Person.

Es ist mir rätselhaft geblieben, wovon Schönfinkel seinen Lebensunterhalt bestreiten konnte. Ich hörte, dass sein in der Schweiz lebender Bruder ihm ab und zu einen Dollar schickte, der zwar in der schlimmen Inflationszeit in Deutschland schon einen beträchtlichen Wert repräsentierte, aber doch nicht lange zum Leben ausreichte. Einmal sah ich Schönfinkel, als er aus der damals in der Theaterstrasse befindlichen Bäckerei Lust herauskam und eine Tüte in der Hand trug. Darauf sprachen ihn Kinder an, die ihn wohl kannten, und er schenkte ihnen die in der Tüte befindlichen Hörnchen. Vielleicht hatte er gerade vorher wieder einmal einen Dollar bekommen. Ich war im Frühjahr 1921 Courants Assistent geworden (in diesen geradezu prähistorischen Zeiten hatte selbst ein Ordinarius höchstens einen einzigen Assistenten, der noch dabei, wie in meinem Falle, ausserplanmässig sein konnte) und erfuhr von ihm gelegentlich auch Geschichten über Göttinger Ereignisse. Eine dieser Anekdoten ist die folgende.

Schönfinkel war seiner Wirtin die monatliche Miete schuldig geblieben und diese Hexe hatte ihn sodann bei der Polizei als lästigen Ausländer angezeigt. Dorthin wurde er vorgeladen und es wurde ihm erklärt, dass er weiterhin keine Aufenthaltserlaubnis bekäme; worauf er erwiderte, er müsse unter allen Umständen in Göttingen bleiben, weil sich hier das seit Jahrtausenden wichtigste der menschlichen Geschichte abspiele. Die Polizisten wurden ganz ängstlich, weil sie bisher so etwas in unserer stillen Stadt nicht bemerkt hatten, und fragten ihn, was denn dieses Wichtigste wäre. In seinem schlechten Deutsch antwortete er: ‚Chilbert, Loggikk'. Danach wurde er zu Hilbert geschickt, der offenbar eine günstige Auskunft gab, und man liess Schönfinkel unbehindert weiter in Göttingen bleiben. Nachher soll er aber – alles nach Courants Bericht – wegen seiner Geldknappheit bei Hilbert vorstellig geworden sein, worauf dieser ihm in seiner ostpreussischen Sprechweise gesagt hätte: ‚Nain, Härr Schäinfinkel, pinkeln Sie sich Ihre Schäine selber!'

Meine Bekanntschaft mit Schönfinkel war nur eine oberflächliche, und ich habe keine Erinnerung an ein wissenschaftliches Gespräch mit ihm. Als er im Sommer 1922 gehört hatte, dass ich auf ein Ordinariat nach Frankfurt a.M. berufen war, fragte er mich bei einer Begegnung, ob ich denn etwa aus Göttingen fortgehen würde. Ich erklärte ihm, in Zukunft würde ich schon um meines Gehaltes willen in Frankfurt sein müssen, weil meine Göttinger Assistentenstelle zu Ende ginge. Er aber sagte: ‚Bässär Gettingen ohne Gechalt als Frrankfuurt mit Gechalt', und so ist er in meinen Gedanken geblieben.

Ein paar Jahre danach erfuhr ich noch, dass 1923 oder 1924 eine Verwandte Schönfinkels ihn trotz Widerstrebens aus Göttingen abgeholt habe, worauf sie nach Russland zurückgingen. Ich weiss nicht, wie er dort später gelebt hat. Dass er zuletzt geisteskrank wurde und um 1940 in einem Moskauer Irrenhaus gestorben ist, habe ich schon vor längerer Zeit mitgeteilt bekommen, vermutlich durch P. Alexandroff, der 1958 als Gauss-Professor hier war. Da Schönfinkel ein sonderbarer Mensch war, wie auch aus obigen Anekdoten hervorgeht, und schon in seinen Göttinger Jahren einen überarbeiteten, ungesunden Eindruck machte, so halte ich es für wahrscheinlich, dass er schliesslich wirklich geisteskrank geworden ist und nicht durch staatliche Massnahmen ‚liquidiert' wurde (...)".

Q 17: Stadt Göttingen, Amt für öffentl. Ordnung, Einwohnermeldeabt. an CT, 2.4.1984:

„[...] [im] Melderegister unter dem Namen Moses Scheinfinkel verzeichnet. Er ist am 04.09.1889 in Ekaterinoslaw geboren. Als Berufsangabe ist „Student" vermerkt. Herr Scheinfinkel ist am 01.06.1914 aus der Ukraine in Göttingen zugezogen und hat bis zum 19.03.1924 in Göttingen unter verschiedenen Anschriften gewohnt. Am 18.03.1924 hat er sich nach Moskau abgemeldet". Anlage: 2 Kopien des Melderegisterblattes.

Q 18: Stadtarchiv Bern an CT., 24.4.1984:

Mitteilung, dass Nathan Scheinfinkel „vom 28. Februar 1914 bis 3. November 1914 und seit 2. Januar 1915 wieder ununterbrochen in Bern wohnhaft gewesen ist. Am 3. November 1914 hat er sich nach Genf abgemeldet. Wahrscheinlich hat er dort die zwei Monate verbracht".

Q 19: Surma zu CT., Hannover 29.8.1979 (mündl., hs. Notiz CT):

S. erhielt (wohl 1961, genauere Daten hat S. in Krakau) im Institut Besuch von einem Mann, der sich als Bruder Schönfinkels vorstellte. Sch. sei während des Krieges in Moskau gewesen, er [sc. der Bruder] wie die meisten an der Front. Sch. sei in einem strengen Winter verhungert oder erfroren. Nach dem Krieg habe der Bruder nach der Habe Sch.s geforscht und vom Hauswirt erfahren, daß man die Möbel [im gleichen oder einem anderen Jahr?] verheizt habe, auch alle Papiere, darunter sei ein vollständiges MS einer Monographie gewesen. Surma glaubt, sie sei in einer der beiden Arbeiten [Sch.s] erwähnt.

<Anmerkung C.T.: Bazhanov schrieb mir 1995, er habe von einem Schüler der Janowskaja <oder von Kuzichev, einem Schüler Kolmogoroffs?> erfahren, Janowskaja habe berichtet, Moses Schönfinkel sei in Moskau an Hunger gestorben, da er seine Lebensmittelkarten verloren hatte.>

Q 20: Kopie des Briefes von Horst Wessel an G. Wolters, 17.5.1984:

Ich übersetze Ihnen am besten die entsprechenden Passagen aus [Aleksandr Archipovič] Iwins Brief ungekürzt und Sie können sich dann aussuchen, was Sie gebrauchen können. Iwin schreibt: „Schwieriger verhält es sich mit der Sache Schönfinkel. Etwas habe ich von N.I. Stjajkin (Н.И. Стяжкин) erfahren, und er sagte mir, daß alle seine Versuche über diesen Logiker mehr zu erfahren, zu nichts führten. Seine Angaben stützen sich auf Gespräche mit Sofia Aleksandrowna Janowskaja (С.А. Яновская). Janowskaja ist schon lange gestorben, so daß man gegenwärtig über Schönfinkel höchstens in irgendwelchen Archiven noch etwas erfahren kann. Sein Name ist Moizes Schönfinkel (Мойзес Шейнфинкель). Sein Geburtsjahr ist unbekannt; in den letzten Lebensjahren litt er an einer psychischen Zerrüttung auf Grund von Übermüdung; er starb 1942 in der Psychiatrischen Klinik ‚Rannuschkina' (Раннушкина) in Moskau. Schönfinkel wurde in Moskau geboren, danach studierte er in Odessa bei dem bekannten russischen Mathematiker, Professor der Universität Samuil Osipowitch Schatunowskij (1859–1929). Schatunowskij ist insbesondere deshalb bekannt, weil er schon vor Brouwer die Idee vertrat, daß es unzulässig ist, die Gültigkeit des Gesetzes vom ausgeschlossenen Dritten auf unendliche Mengen und Prozesse auszudehnen. (Angaben hierzu sind enthalten in: Matematika v SSSR za 30 lat, Moskwa 1948; weiterhin in dem Buch: N.I. Stjajkin, W.D. Silakow, Kratkij otcherk istorii obschtschej i matematitscheskoj logiki v Rossii, Moskau 1962, S. 75/76).

In den 20er Jahren beteiligte sich Schönfinkel an der Arbeit eines Zirkels (Seminars) zur mathematischen Logik in Moskau, der (das) von S.A. Janowskaja und P.S. Nowikow geleitet wurde. Schönfinkel hatte Schwierigkeiten im Umgang mit anderen Menschen, er war verschlossen, ständig angespannt, äußerst viel Zeit beschäftigte er sich mit Logik und Mathematik. Er stellte solche Probleme, die er selbst und auch die anderen Teilnehmer des Seminars nicht genau formulieren und nicht beweisen oder widerlegen konnten. Er war ein ziemlich unzuverlässiger Mensch. Häufig mußten die Sitzungen des Zirkels verschoben werden, weil er es nicht schaffte, seinen Vortrag vorzubereiten. Während seiner Mitteilungen kam es vor, dass einige seiner Theoreme keinen oder einen unkorrekten Beweis hatten. Er war jedoch grundehrlich, selbstlos, nicht neidisch und, nach der Erinnerung von Janowskaja, verhielten sich die anderen Teilnehmer des Zirkels ihm gegenüber wohlwollend. Mitte der zwanziger Jahre weilte Schönfinkel zu einem wissenschaftlichen Aufenthalt in Deutschland, Göttingen. Hier war er mit P. Bernays näher bekannt, mit dem er auch zusammen einen Artikel publizierte (sh. N.I. Kondakov, Logitscheskij slovar. Spravotchnik, Moskva 1975, 671, nur in der russischen Ausgabe). Über das Leben Schön-

finkels in den 30er Jahren gibt es keinerlei Angaben. [...]
[Handschriftlich von Wessel ergänzt:] P.S. Die Angabe, daß
Schatunowski *vor* Brouwer $p \vee \neg p$ kritisiert habe, scheint
falsch zu sein. Die Arbeit von Schatunowskii stammt von
1917.

Abbildungsnachweis

Abb. 1: https://ru.wikipedia.org/w/index.php?title=Шейнфикель,_Моисей_Эльевич& oldid=69294443.

Abb. 2: https://owncloud.gwdg.de/index.php/s/1IBxAy4GKQHKITW
Cod. Ms. D. Hilbert 754 Bl. 22 Nr. 113, Niedersächsische Staats- und
Universitätsbibliothek Göttingen.

SCHÖNFINKEL

Sichere und unsichere Quellen der Logikgeschichte

Abb. 3–6: Privatbesitz Christian Thiel.

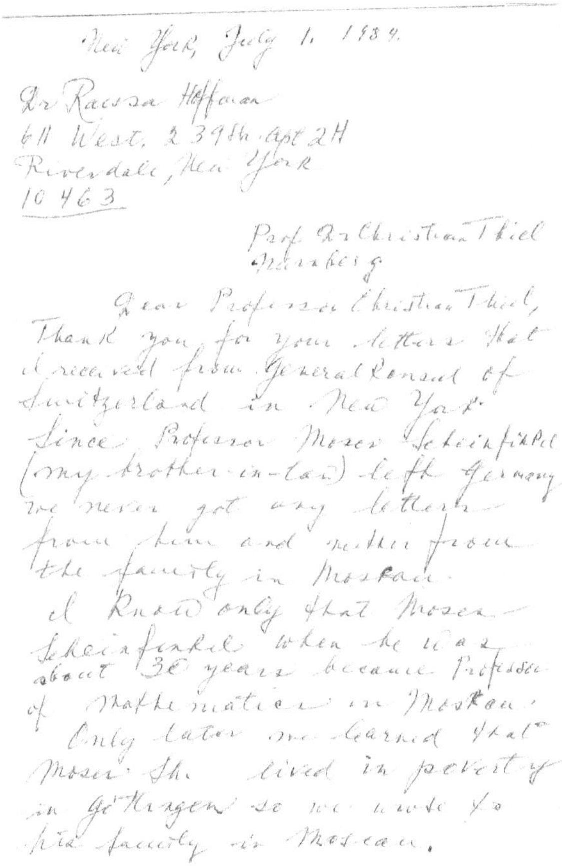

> New York, July 1, 1984.
>
> Dr Raissa Hoffman
> 611 West. 239th. Apt 2H
> Riverdale, New York
> 10463
>
> Prof. Dr Christian Thiel
> Nürnberg
>
> Dear Professor Christian Thiel,
> Thank you for your letters that I received from General Consul of Switzerland in New York. Since Professor Moses Scheinfinkel (my brother-in-law) left Germany, we never got any letters from him and neither from the family in Moskau.
> I know only that Moses Scheinfinkel when he was about 30 years became Professor of mathematics in Moskau. Only later we learned that Moses Sch. lived in poverty in Göttingen so we wrote to his family in Moskau.

all of them in this room. For me then was more important to buy for him warm clothes and I went with him by train to Riga. From there he went to Moscow by himself.

I can only tell Moses Scheinfinkel was exceptional good man, kind, quiet smiling and being poor wanted always to help others. Even in the train he gave his seat to a woman and didn't mind standing for a long time.

If he would have a friend who would help him he would be a different man. He was from a good family. His father was an educated man a director of a bank, his mother Basha Maria and by help of Professors of Mathematics Faculty in Moscow they applied for a visa for my brother-in-law.

I just finished medical school in Bern and I went to Berlin to get a visa to Russia for my brother-in-law. I was myself very young, 22 years old, inexperienced and it took me half a year to get the visa.

When I came to Göttingen my brother lives in poverty. I do not know why nobody helped him. I saw a lot of papers and I asked my brother-in-law what he wants to take with him, he answered "Don't leave them, I want them all". It would be impossible to take them so I took some, not knowing what is important, left was a fine delicate, educated person. His two brothers were professionals with high education and my husband in Switzerland was a normal scientist. Yes, we struggled in life but we had a decent life and were honored and respected. We didn't strive for possessions but we had a comfortable life, a respected life.

Since Moses went to Russia we never got any letters, neither from him nor from the family.

I remember Moses very very clearly, he was very slender (when I saw him in Göttingen) thin, like not been nourished enough so that on that picture that you, dear Professor, had sent I do not recognize him at all, it seems to me it is another man. Vielen Dank und alles Gute. Many thanks. Erfolg in Ihrer Arbeit, wünscht Ihnen Raissa Hoffman

Danksagung

Bei der Vorbereitung dieses Beitrags haben mich zahlreiche Personen und Institutionen unterstützt, denen ich großen Dank dafür schulde. An erster Stelle ist Volker Peckhaus zu nennen. Als einstiger wissenschaftlicher Mitarbeiter und später Lehrstuhlassistent hat er eigenständig viele Nachforschungen zu Logikern und Logikerinnen mit dürftiger biographischer Datenlage durchgeführt, darunter auch zu Moses Schönfinkel. Die enge, oft tägliche Zusammenarbeit in den Jahren 1984 bis 2002 war mir unentbehrlich. Athena Panteos habe ich für wertvolle linguistische und historische Unterstützung zu danken, Gereon Wolters für die Überlassung wichtigen Quellenmaterials, Stephen Wolfram für entscheidenden Informationsaustausch und die Einbeziehung in seine so überaus erfolgreiche Schönfinkelforschung, Valentin A. Bazhanov schließlich für die jahrelange freundschaftliche Kooperation in Sachen Logikgeschichte. Zu den Personen, denen ich mich darüber hinaus für vielfältigen Rat und Hilfe verpflichtet fühle, zählen Helmut Altrichter, Paul Bernays, Virginia Curry, Beat Glaus, Carl Gustav Hempel, Norbert Kamp, Lothar Kreiser, Henri Lauener, Hans Lewy, Richard M. Martin, Silvio Weidmann, Horst Wessel und Richard Zach. An Institutionen, die durch Detailinformationen und vielfältige Ratschläge zur Ergänzung des skizzierten Lebensbildes von Moses Schönfinkel beigetragen haben, sind hervorzuheben das Stadtarchiv und das PolizeiInspektorat der Stadt Bern, das Einwohnermeldeamt und das Universitätsarchiv Göttingen sowie die Schweizer Konsulate in New York und Nizza.

Literatur

[Anonym, 1971] Anonym. 1971. „Vladímirov (nast. fam. – Šejnfinkel'; part. prevd. – Ljova) Miron Konstantinovič". In *Bol'šaja Sovetskaja Ènciklopedija*, 3. aufl., Band 5. Moskva: Sovetskaja Ènciklopedija, 144b (mit Porträt, 144a). Englisch in: Great Soviet Encyclopedia. A Translation of the Third Edition, vol. 5. New York/London 1974, 534b–535a. [Die Nennung „Šejnfinkel'" nicht in der 1. Auflage 1930].

[Berka and Kreiser, 1971] Berka, K. und Kreiser, L. 1971. *Logik-Texte. Kommentierte Auswahl zur Geschichte der modernen Logik*, Berlin: Akademie-Verlag. 2. durchges. aufl. 1973, 3. erw. aufl. unter Mitarbeit von S. Gottwald und W. Stelzner 1983, 4. gegenüber der 3. [...] aufl. erw. aufl. 1986.

[Bernays and Schönfinkel, 1928] Bernays, P. und Schönfinkel, M. 1928. „Zum Entscheidungsproblem der mathematischen Logik". *Mathematische Annalen* 99, 342–372. Nachdruck des § 2 (im Original 350–355) in Berka & Kreiser (*op. cit.*), 304–309 der 1. und 2. aufl., 332–336 der 3. und 4. aufl.

[Busse, 2008] Busse, D. 2008. *Engagement oder Rückzug? Göttinger Naturwissenschaften im Ersten Weltkrieg*, Göttingen: Universitätsverlag Göttingen (*Schriften zur Göttinger Universitätsgeschichte*, Band 1). [Kapitel „Die Studierenden und der Krieg", 39–83; Schönfinkel auf 47 und 60 f.]

[Hilbert, 1920] Hilbert, D. Sommersemester 1920. *Probleme der mathematischen Logik*, Vorlesung von Prof. Hilbert. Ausgearbeitet von N. Schönfinkel und P. Bernays. TS 46 S. [Laut W. Sieg im Hilbert-Nachlaß in Göttingen. Die Vornamen-Initiale „N." bei Schönfinkel ist fragwürdig und sollte wohl „M." [für „Moses"] lauten; irritierend nur, weil ein Bruder von Moses Schönfinkel mit Vornamen „Nathan" hieß, aber Physiologe in Bern war und in Göttingen nie gearbeitet hat.]

[Hilbert and Bernays, 1934] Hilbert, D. und Bernays, P. 1934. *Grundlagen der Mathematik*, Erster Band, Berlin: Julius Springer. 2. aufl. Berlin/Heidelberg/New York 1968.

[Janovskaja, 1948] Janovskaja, S. A. 1948. „Osnovanija matematiki i matematičeskaja logika". In *Matematika v SSSR za tridcat' let 1917–1947*. Moskva/Leningrad: OGIZ, 9–50. [31: „M.I. Šejnfinkel' umer v Moskve v 1942 g."].

[Kondakov, 1971] Kondakov, N. I. „Šejnfinkel', M.I.". In ders., *Logičeskij Slovar'-Spravočnik* (Nauka: Moskva [2]1975), 671. [Noch nicht in der 1. Auflage 1971. Der Artikel enthält keinerlei Lebensdaten Schönfinkels]. [Kein Artikel „Schönfinkel" oder „Sheinfinkel" in der deutschen Übersetzung *Wörterbuch der Logik* (E. Albrecht & G. Asser (eds.), Leipzig: VEB Bibliographisches Institut 1983); = 2., neubearbeitete Auflage; 1. Auflage ibid. 1978 und Berlin West: Verlag das Europäische Buch 1978].

[Quine, 1936] Quine, W. V. O. 1936. "A Reinterpretation of Schönfinkel's Logical Operators." *Bulletin of the American Mathematical Society* 42, 87–89.

[Reid, 1970] Reid, C. 1970. *Hilbert. With an Appreciation of Hilbert's Mathematical Work by Hermann Weyl.* Berlin/Heidelberg/New York 1970: Springer.

[Thiel, 1996] Thiel, C. 1966. „Research on the History of Logic at Erlangen". In: *Studies on the History of Logic. Proceedings of the III Symposium on the History of Logic.* Ed. lgnacio Angelelli, Maria Cerezo (Berlin/New York 1996: Walter de Gruyter), 397–401. (Schönfinkel's portrait on Plate 7).

[Wolfram, 2020] Wolfram, S. 2020. https://writings.stephenwolfram.com/2020/12/where-did-combinators-come-from?-hunting-the-story-of-moses-schonfinkel/, In [Wolfram, 2021a] auf S. 213–277.

[Wolfram, 2021] Wolfram, S. 2021. https://writings.stephenwolfram.com/2021/03/a-little-closer-to-finding-what-became-of-moses-schonfinkel-inventor-of-combinators/, In [Wolfram, 2021a] auf S. 281–294.

[Wolfram, 2021a] Wolfram, S. 2021. *Combinators. A Centennial View*, Wolfram Media, Inc, 2021.

„IN VORZÜGLICHER HOCHACHTUNG": ÜBER DEN BRIEFWECHSEL ZWISCHEN ABRAHAM ADOLF FRAENKEL UND DEM VERLAG VON JULIUS SPRINGER

MATTHIAS WILLE

Abstract

Abraham Adolf Fraenkel entered the stage of set theory when Springer conquered the position of the leading publisher for mathematics worldwide. Supported by this company he became a mature and well-known author within a decade. In this case, the correspondence between author and his publisher has to be considered as far more than a source for a business relationship, dealing with contractual issues. More than 250 documents are witnessing an intellectual development of a young scholar and allowing thus a first detailed biographical account of his most eminent foundational years in Marburg. Here's a brief overview.

1 Nach Zermelo nun auch Fraenkel

Volker Peckhaus hat maßgeblich Anteil daran, dass das mengentheoretische Werk Ernst Zermelos in den zurückliegenden 20 Jahren eine substantielle Aufarbeitung und beachtliche historiographische Wertschätzung erfahren hat (Vgl. u.a. [Peckhaus, 2004], passim; ders. 2008, passim). Zermelo ist inzwischen gut erforscht. Nichts dergleichen gilt für das publizistisch ungleich umfangreichere Œuvre Abraham Adolf Fraenkels. Vor allem die mengentheoretischen Beiträge aus dessen Marburger Jahren als Dozent (1918—1928) haben in der Forschung wenig Beachtung erfahren. Dabei enthüllt gerade die rationale Genesis von Fraenkels Arbeit am mengentheoretischen System Zermelos die tieferen Vernunftgründe seines grundlagentheoretischen Weges.

Wer sich darauf einlässt, entdeckt eine intellektuelle Entwicklung über mehrere Jahre hinweg, die sich in philosophischer Behutsamkeit vor allem um die axiomatische Implementierung definiter Mengenbildungen sorgt. In dieser Zeit durchläuft Fraenkels charakteristischer Funktionsbegriff zur Beschreibung von Mengenbildungen verschiedene Stadien einer induktiven Definition, um schließlich systematisch elegant in die kanonische Lehrbuchfassung von 1928 Eingang zu finden. Es ist dies nichts anderes als die Entfaltungsgeschichte von Fraenkels Verständnis einer operativen Axiomatik. Begleitet wird Fraenkel auf diesem Weg nicht nur von kritischen Kollegen und einer wachsenden Anzahl an grundlagentheoretischen Publikationen, sondern auch von einem mathematischen Fachverlag, der den Autor in der Perfektionierung seiner schriftstellerischen Fertigkeiten entscheidend unterstützte. Gerade in der langjährigen Zusammenarbeit mit dem Verlag von Julius Springer geben sich bis dato unbekannte Facetten dieses außergewöhnlichen Mathematikers und mathematischen Lehrers zu erkennen.

2 Der Verlag als Baustein in der Autorenbiographie

Buchwissenschaftler schreiben Bücher, aber nicht nur diese. Wählt ein Autor das Format der Monographie, tritt damit in der Regel ein Verlag in dessen Leben und wird zu einem Baustein der akademischen Vita. Eine solche Kooperation kann oberflächlich und flüchtig erfolgen, sie kann als professionelle Geschäftsbeziehung von temporärer Relevanz ohne jede prägende Note vonstattengehen oder sie kann maßgeblich Einfluss nehmen auf die weitere Entwicklung des Autors, des Verlags oder beider. In jedem Fall umfassen Untersuchungen zu einem Autor immer auch Biografien seiner Werke und diese blieben unvollständig ohne eine Betrachtung der geburtshelfenden Verlage, der für Werk und Autor bürgt.

Das Verhältnis eines Autors zu seinem Verlag ist häufig nicht nur eine Geschäftsbeziehung, nicht nur ein vertraglich geregeltes Arrangement von Tantiemen, Auflagenhöhen, Übersetzungsrechten und Freiexemplaren. Es ist mehr. Es ist etwas ganz Besonderes — eine intellektuelle Symbiose, derer es bedarf, damit ein Werk wirken kann. Beide garantieren einander Qualität und wachsen in ihrem Wirken am schöpferischen Prozess des jeweils anderen. Der Autor am Verlag, weil er in dessen Obhut Kreativität kultivieren und zur intellektuellen Reife gelangen kann, und dieser an jenem, weil das Schaffen eines originellen Autors eine nahezu unerschöpfliche Energiequelle für den verlegerischen Stoffwechsel ist. Ebenso wie im Fall von Schriftstellern kann einem jungen wissenschaftlichen Autor eigentlich nichts Besseres widerfahren, als auf einen Verlag zu stoßen, der auf dem eigenen Gebiet erst zur Größe gelangen möchte, so dass man gemeinsam Großes vollbringt. Es sind diese geteilten Erfahrungen, die für den Autor „eine organische Lebensbedingung zwischen ihm, seinem Werk und der Welt" [Zweig, 1981, 184] schaffen.

Allein diese exponierte Funktion im Schaffen eines Wissenschaftlers versetzt den Verlag in die Rolle eines besonderen Charakters in dessen Biographie. Als Nebenrolle im Schaffen eines Autors besitzt der Verlag eine irreduzible Bedeutsamkeit und erweitert damit nicht zuletzt auch die historiographischen Möglichkeiten. Zu Beginn des 21. Jahrhunderts scheint bei vielen namhaften Gelehrten der formalexakten Wissenschaften die Suche nach neuen Archivalien erschöpft. Nach zum Teil Jahrzehnten der historischen Bearbeitung und nahezu vollständigen digitalen Erfassung erhält man zuweilen den Eindruck, ein Sättigungsgrad sei erreicht, neue Dokumente kaum noch aufzufinden. Von sporadischen, aber immer seltener werdenden Zufallsfunden einmal abgesehen bewegt man sich im Kontext bestens bekannter Quellenbestände. Wer sich jedoch zudem für die biographische Dimension der Rezeptions- und Wirkungsgeschichte einzelner Autoren zu begeistern weiß, sollte sich eingehend mit der Geschichte der verlegenden Verlage befassen. Fundorte sind dann nicht länger nur die Nachlässe der Autoren, Universitäts- oder Landesbibliotheken, Universitätsarchive und Sondersammlungen, sondern auch Landesarchive, Archive der Industrie- und Handelskammern, Stadt- sowie Unternehmensarchive.

Die Erfahrung zeigt, dass hierbei häufig neue Dokumente zutage treten, mit deren Hilfe bis dato unbekannte oder unterrepräsentierte Seiten im Leben eines Autors aufgezeigt werden können.

Ein einfaches Beispiel sei benannt. Seit Jahrzehnten wird in der Fregeforschung die Fußnote aus dem „Vorwort" zum ersten Band der *Grundgesetze der Arithmetik* zitiert, durch die eine „kühle Aufnahme" [Frege, 1893, XI] des Vorgängerwerks dokumentiert wird. An der besagten Stelle beklagt der Autor, dass man in „dem Jahrb. über die Fortschritte der Math. [...] meine Grundlagen der Arith. vergebens [sucht]. Forscher auf demselben Gebiete, die Herren Dedekind, Otto Stolz, v. Helmholtz scheinen meine Arbeiten nicht zu kennen. Auch Kronecker erwähnt sie in seinem Aufsatz über den Zahlbegriff nicht" [Frege, 1893, XI]. Dies dient als eindringlicher Beleg für die fehlende Rezeption und es trifft unzweifelhaft zu, dass Gottlob Freges zweite große Monographie nahezu kaum Spuren in den Jahren nach 1884 hinterlassen hat. Häufig wurde in der Forschung der Eindruck vermittelt, dass Frege als intellektueller Einzelgänger unerwähnt, weil unverstanden blieb. Gelesen, aber nicht zitiert. Gefunden und dennoch übergangen. Lange Zeit wurde indes überhaupt nicht die Frage gestellt, ob die Herren Dedekind, Stolz, von Helmholtz und Kronecker überhaupt die Möglichkeit zur Lektüre hatten. Man ging stets davon aus, dass Freges Buch *Die Grundlagen der Arithmetik* in den akademischen Buchhandlungen des Kaiserreiches auslagen oder doch zumindest als verfügbares Verlagswerk den Fachkollegen bekannt war. Allein es mangelte am Schritt zur eingehenden Lektüre. Neuere Untersuchungen stützen eher die Vermutung, dass dies gar nicht zutraf. Bezieht man den Verlag von Wilhelm Koebner als relevante biographische Dimension in Freges akademische Vita ein, so gelangt man zu der Einschätzung, dass Freges zweites Buch unerwähnt blieb, weil es für die relevante Zielgruppe unsichtbar war ([Wille, 2020], Kap. 2 u. 3; vor allem 57—127).

Im Fall der *Grundlagen* dürfte es schlicht Pech bei der Wahl des Verlages gewesen sein, der es nicht nur versäumte, die Redaktion des Jahrbuchs von der Existenz des Werkes in Kenntnis zu setzen und dem darüber hinaus von Seiten der Mathematiker keinerlei Aufmerksamkeit entgegengebracht wurde, weil er für diese Disziplin schlicht kein

Profil besaß. Freges *Grundlagen der Arithmetik* erschienen ohne jede propagandistische Unterstützung in einem Verlag, von dem kaum ein Mathematiker Notiz nahm. Es war damit nahezu unausweichlich, dass die eigentliche Zielgruppe von dem Werk kaum Notiz nehmen konnte. Die fehlende Erfassung im *Jahrbuch über die Fortschritte der Mathematik* — dem ansonsten eigentlich nichts entging — ist der schlagende Beweis hierfür. Freges enttäuscht-resignative Fußnotenbemerkung ist adressiert an einen Leserkreis, der sich keiner Schuld bewusst sein konnte. Die Herren Dedekind, Stolz, von Helmholtz und Kronecker erwähnten das Werk nicht, weil sie im fraglichen Zeitraum wahrscheinlich keinerlei Kenntnis von seiner Existenz besaßen.

Die inzwischen geschriebenen Geschichten der Verlage von Louis Nebert [Wille, 2018, 20–37] Wilhelm Koebner [Wille, 2020, 65–74 u. 84–98], Hermann Pohle [Wille, 2020, 170–218] und M. & H. Marcus [Wille, 2020, 76–80] haben die bekannte Biographie Freges um viele neue Facetten bereichert und der Fregeforschung vielversprechende Pfade aufgewiesen. Allerdings konnten durch die Untersuchungen zu den Verlagen der *Begriffsschrift*, der *Grundlagen* sowie der *Grundgesetze* keine neuen Originaldokumente von Frege entdeckt werden. Die Suche nach Verlagsverträgen und Korrespondenzstücken blieb hier ohne Erfolg. Ganz anders in einem anderen Fall.

3 Der Briefwechsel zwischen Abraham Adolf Fraenkel und dem Verlag von Julius Springer...

...setzt nicht nur in einer entscheidenden biographischen Phase des angehenden Buchautors ein, sondern ist zugleich Bestandteil einer grundlegenden Neuausrichtung des Unternehmens. Ferdinand Springer hatte bereits unmittelbar vor Ausbruch des Ersten Weltkrieges sein großes Interesse zu erkennen gegeben, einen eigenen mathematischen Verlag von internationalem Format auf- und auszubauen. Dabei spielten ihm die Entwicklungen des Leipziger Verlages von B. G. Teubner in die Hände, der sich nach 1916 nicht länger bereit sah, mathematische

Fachpublikationen als Schwerpunkt im Verlagsprogramm zu halten. Sein Interesse galt im Fall der Mathematik vornehmlich Schulbuchveröffentlichungen, mit deren Vertrieb größere Gewinnerwartungen einhergingen. Die Pflege und Kultivierung der mathematischen Publikationsvielfalt wurden auf die Formel der Rentabilität komprimiert. Geradezu symbolisch zeigte sich dies im erloschenen Interesse, die *Mathematischen Annalen* weiterhin zu verlegen. Für die Berliner Firma war dies ein Geschenk, das ihr unverhofft in den Schoss fiel. Beginnend mit dem Band 81 geht der Verlag der *Mathematischen Annalen* vom Hause B. G. Teubner an die Verlagsbuchhandlung von Julius Springer über und ebnet ihr damit den Weg, zu einem mathematischen Fachverlag von Weltrang aufzusteigen.

Alles, was von Teubner aufgegeben oder gar nicht mehr angenommen wurde, konnte bei Springer eine neue verlegerische Heimat finden. So auch Fraenkel, der sein erstes Buchmanuskript noch in Unkenntnis über die gewandelte Verlagspolitik zuerst Teubner anbot. Doch dieses kam „bald zurück mit einer ablehnenden und wenig einleuchtenden Begründung des mir unbekannt gebliebenen Fachberaters. Enttäuscht, doch nicht entmutigt, schickte ich es, wiederum aus dem Feld, nunmehr an den gerade um jene Zeit aufstrebenden naturwissenschaftlichen Verlag Julius Springer in Berlin, der wenige Jahre später auf dem Gebiete der Mathematik die Rolle von Teubner einnehmen sollte" [Fraenkel, 1967, 135]. Am 5. Mai 1918 setzt Fraenkel einen ersten, fast sieben Seiten umfassenden Brief an den Verlag auf und gestattet sich hierdurch „die Anfrage, ob Sie geneigt sind, eine gemeinverständliche Schrift zur Einführung in die Mengenlehre (im Umfang von etwa 6 Bogen Kleinoktav) für Ihren Verlag zu übernehmen".[1] Der Verlag bekundet sogleich sein „lebhaftes Interesse".[2] Wenngleich die Zusammenarbeit zwischen beiden noch unter den kriegsbedingten Einschränkungen zustande kam, so erwies sich der Zeitpunkt gleichwohl als günstig gewählt. Fraenkel sollte dank seiner beherzten Anfrage zu den ersten Autoren

---

[1] Fraenkel an den Springer Verlag in einem Brief vom 5. Mai 1918. Quelle: Akte „Fraenkel, Adolf B-F 120 I"; Zentral- und Landesbibliothek Berlin.

[2] Springer Verlag an Fraenkel in einem Brief vom 11. Mai 1918. Quelle: Akte „Fraenkel, Adolf B-F 120 I"; Zentral- und Landesbibliothek Berlin.

zählen, mit denen unmittelbar nach Kriegsende das mathematische Verlagsprogramm eine merkliche Erweiterung erfuhr. In der Geschichte von Fraenkels *Einleitung in die Mengenlehre* in ihrer ersten Auflage von 1919, ihrer überarbeiteten und erweiterten Auflage von 1923 sowie der deutlich erweiterten dritten Auflage von 1928 spiegelt sich immer auch Springers Verlagsentwicklung der Zeit wider.

Der Briefwechsel zwischen Autor und Verlag begann also am 5. Mai 1918 mit einem Brief des noch im Feld befindlichen Unteroffiziers und reichte mindestens bis zum 22. September 1952. In diesen über 34 Jahren der Korrespondenz wurden nahezu 250 Schriftstücke — Briefe, Feldpostkarten, Postkarten — im Gesamtumfang von mehr als 400 Blatt, mehrheitlich doppelseitig beschrieben, verfasst und stets verblieb man „in vorzüglicher Hochachtung" für den anderen. Die Korrespondenz befindet sich unter den Signaturen „Fraenkel, Adolf B-F 120 I" (Mai 1918 bis August 1934), „Fraenkel, Adolf B-F 120 II" (April 1935 bis August 1936), „C 257 Franke – Frant 1937–1961" (Dezember 1937 bis September 1952) sowie „E-29-1" (September 1951 bis September 1952) in den Berlin-Sammlungen der Zentral- und Landesbibliothek Berlin.[3] Der Briefwechsel gliedert sich dabei im Wesentlichen in vier Kapitel der Zusammenarbeit:

- Mai 1918 – Juni 1919: Arbeit an der Entstehung der ersten Auflage der *Einleitung in die Mengenlehre. Eine gemeinverständliche Einführung in das Reich der unendlichen Größen*. Mindestens 55 Briefe und Feldpostkarten in 13 Monaten.

- März 1922 – November 1923: Arbeit an der Entstehung der zweiten Auflage der *Einleitung in die Mengenlehre. Eine elementare Einführung in das Reich des Unendlichgrossen [= Grundlehren der mathematischen Wissenschaften in Einzeldarstellungen mit besonderer Berücksichtigung der Anwendungsgebiete. Band IX]*. Mindestens 75 Briefe und Postkarten in eineinhalb Jahren.

- August 1926 — Oktober 1928: Arbeit an der Entstehung der drit-

---

[3]Ich danke Frau Dipl.-Bibl. Anke Spille von den Berlin-Sammlungen der Zentral- und Landesbibliothek Berlin für ihre großartige Unterstützung in der Bereitstellung der Korrespondenz.

ten Auflage der *Einleitung in die Mengenlehre [= Grundlehren der mathematischen Wissenschaften in Einzeldarstellungen mit besonderer Berücksichtigung der Anwendungsgebiete*. Band IX]. Mindestens 83 Briefe und Postkarten in zwei Jahren. (In dieses Kapitel der Korrespondenz fällt zudem die Befassung mit der Frage, ob die 1927 bei B. G. Teubner erschienene Schrift *Zehn Vorlesungen über die Grundlegung der Mengenlehre [= Wissenschaft und Hypothese*. Band XXXI] eventuell einen Vertragsbruch gegenüber Springer darstellt. Mit wenigen Schreiben aus dem Oktober und November 1926 scheinen sämtliche Bedenken ausgeräumt.)

- April 1935 — September 1952: Korrespondenz über Honorarfragen, Verfügbarkeit des Buches, eine eventuelle vierte Auflage sowie eine mögliche englische Übersetzung der *Einleitung in die Mengenlehre*. Mindestens 32 Briefe in 17 Jahren.

Die gesamte Korrespondenz wurde inzwischen aufgearbeitet und fand narrativ Eingang in die Studie *Fraenkel. Mengen bilden*. Während Fraenkel Anfang der 1920er Jahre sein Verständnis von operativer Axiomatik entwickelte und zu einem professionellen Mengentheoretiker heranreifte, wurde er durch die intensive Kooperation mit dem Springer Verlag zu einem didaktisch versierten wissenschaftlichen Buchautor mit einem klaren pädagogischen Auftrag. Früh wuchs Springer für den Marburger Mathematiker in die Rolle eines umsichtigen Förderers hinein, der das Werk zur Marke werden ließ und maßgeblich zur einsetzenden Fraenkel-Rezeption beitrug. Springer platzierte Fraenkel in der ersten Reihe des akademischen Lehrbuchmarktes und ließ mit den Jahren aus dem populären Sachbuch ein akademisches Fachbuch werden. Doch ebenso wie die Biographie von Fraenkels Bestseller nicht ohne substantielle Bezüge auf den Verlag von Julius Springer geschrieben werden kann, wäre die Unternehmensgeschichte der Berliner Firma um ein faszinierendes Kapitel ärmer, würde man die Zusammenarbeit mit Fraenkel im Ungeschriebenen belassen. Beide Seiten profitierten voneinander und genossen die Erfahrung, „gemeinsam in Wirkung zu wachsen" [Zweig, 1981, 184].

Literatur

[Fraenkel, 1967] Fraenkel, A. A. 1967. *Lebenskreise. Aus den Erinnerungen eines jüdischen Mathematikers.* Stuttgart: Deutsche Verlags-Anstalt.

[Frege, 1893] Frege, G. 1893. *Grundgesetze der Arithmetik. Begriffsschriftlich abgeleitet*: I. Band, Jena: Verlag von Hermann Pohle; zit. n. Hildesheim u.a.: Olms 1998 (m. Erg. z. unv. Nachdr. v. 1893 v. Ch. Thiel).

[Peckhaus, 2004] Peckhaus, V. 2004. „,Aber vielleicht kommt noch eine Zeit, wo auch meine Arbeiten wieder entdeckt und gelesen werden': Die gescheiterte Karriere des Ernst Zermelo". In Mathematik im Fluß der Zeit. Tagung zur Geschichte der Mathematik in Attendorn/Neu-Listernohl (28.5. bis 1.6.2003) hrsg. v. W. Hein/P. Ullrich, Augsburg: ERV Dr. Erwin Rauner Verlag, 325–339.

[Peckhaus, 2008] Peckhaus, V. 2008. "Fixing Cantor's Paradise: The Prehistory of Ernst Zermelo's Axiomatization of Set Theory." In K. Robering (ed.) *New Approaches to Classes and Concepts.* London: College Publications, 11–22.

[Wille, 2018] Wille, M. 2018. *Gottlob Frege. Begriffsschrift, eine der arithmetischen nachgebildete Formelsprache des reinen Denkens.* Berlin/Heidelberg: Springer.

[Wille, 2020] Wille, M. 2020. *›alles in den Wind geschrieben‹. Gottlob Frege wider den Zeitgeist.* Paderborn: mentis.

[Wille, 2023] Wille, M. 2023. *Fraenkel. Mengen bilden.* Berlin/Heidelberg: Springer.

[Zweig, 1981] Zweig, S. 1941.*Die Welt von gestern. Erinnerungen eines Europäers.* Berlin/Weimar: Aufbau-Verlag [1981].

LIST OF AUTHORS

Christian Damböck is Postdoctoral Researcher at the Institute Vienna Circle, University of Vienna. His work focuses on the history of logical empiricism and in particular the philosophy of Rudolf Carnap.

Ulrich Felgner, born in 1941, is a Professor Emeritus of Mathematics at the University of Tübingen/Germany. He studied at the Universities of Gießen, Besancon and Frankfurt/M., received his doctorate in Tübingen in 1968 and habilitated in Heidelberg 1973. He worked as a professor at the Universities of Heidelberg, Freiburg i.Br. and Tübingen. His main areas of research are algebra, mathematical logic and foundations, history and philosophy of mathematics.

Massimo Ferrari is Professor Emeritus of History of Philosophy at the University of Turin. His main scientific researches are devoted to German Neo-Kantianism, Vienna Circle, and history of scientific philosophy. Among his publications: *Ernst Cassirer. Stationen einer philosophischen Biographie* (Hamburg 2003). He is editor in chief of the *Giornale critico della filosofia italiana*.

María Gabriela Fulugonio is Doctor and Professor at the University of Buenos Aires. She teaches at the Faculty of Economics and the Faculty of Philosophy and Arts. She has completed doctoral and post-doctoral research stays in Munich, Paderborn, Erlangen, Jena and Bern as a DAAD scholarship holder, as well as with the support of the Institut für Humanwissenschaften at the University of Paderborn, the Institut für Philosophie at the University of Erlangen-Nurnberg and the ASL. She has collaborated in numerous bilateral CONICET-DFG research projects and on one of her stays she has been Assistant Professor to Volker Peckhaus and developed a special interest in the Social History of Logic.

Leila Haaparanta is Professor Emerita of Philosophy at Tampere University and Docent of Theoretical Philosophy at the University of Helsinki. She has published on the history of logic, early twentieth century philosophy, epistemology, philosophy of mind and language, and philosophy of religion. She is the author of *Frege's Doctrine of Being* (1985), and the editor of *Mind, Meaning and Mathematics* (1994), *The Development of Modern Logic* (2009), and *Rearticulations of Reason* (2010). Her co-edited works include *Frege Synthesized* (with Jaakko Hintikka, 1986), *Analytic Philosophy in Finland* (with Ilkka Niiniluoto, 2003), and *Categories of Being: Essays on Metaphysics and Logic* (with Heikki J. Koskinen, 2012). Currently she focuses on theories of judgment and assertion, including suspension of judgment, epistemology, and early twentieth century philosophy.

Benedikt Löwe works at the *Universität Hamburg* and the University of Cambridge. In Hamburg, he is the Chairholder of the CIPSH Chair *"Diversity of Mathematical Research Cultures and Practices,"* and Professor for Mathematical Logic and Interdisciplinary Applications of Logic. In Cambridge, he is affiliated with Churchill College, Lucy Cavendish College, St Edmund's College, and the Department of Pure Mathematics and Mathematical Statistics. He served as President of the *"Deutsche Vereinigung für Mathematische Logik und für Grundlagenforschung der exakten Wissenschaften"* (DVMLG) from 2012 to 2022 and is a member of the *Académie Internationale de Philosophie des Sciences*, the *Academia Europaea*, and the *Akademie der Wissenschaften in Hamburg*, as well as a Fellow of the International Science Council.

Authors

Paolo Mancosu is Willis S. and Marion Slusser Professor of Philosophy at the University of California at Berkeley. He is the author of numerous articles and books in logic and philosophy of mathematics. He is also the author of four books on the editorial vicissitudes of Doctor Zhivago. During his career he has taught at Stanford, Oxford, and Yale. He has been a fellow of the Humboldt Stiftung, of the Wissenschaftskolleg zu Berlin, of the Institute for Advanced Study in Princeton, and of the Institut d'Études Avancées in Paris. He has received grants from the Guggenheim Foundation, the NSF, and the CNRS. In 2021-2022 he was a visiting professor at the Université de Paris 1 Panthéon-Sorbonne as Chaire d'excellence internationale Blaise Pascal.

Ingolf Max is a Professor Emeritus of Logic and Analytical Philosophy. He is still associated with the Faculty of Philosophy and Social Sciences at Leipzig University and an external member of the commission of linguistics at the Saxon Academy of Sciences and Humanities. Together with Jens Lemanski he is one of the editors-in-chief of the book series *Historia Logicae*, College Publications. He completed his doctorate at Martin Luther University Halle-Wittenberg in 1986 and his habilitation at Leipzig University in 1999. His interests include philosophy of language in general, philosophy of chess and music, multi-dimensional logics and their applications in linguistics, theory of science and theory of music. His philosophical investigations focus on the inspiring ideas of Wittgenstein, Frege, Peirce, Kant, Aristotle, Carnap, Schlick and Scholz.

Nikolay Milkov is a Supernumerary (Außerplanmäßiger) Professor at the University of Paderborn, Germany. He authored the books: *Kaleidoscopic Mind. An Essay in Post-Wittgensteinian Philosophy* (Rodopi, 1992); *Varieties of Understanding: English Philosophy After 1898* (2 vols., Peter Lang, 1997); *A Hundred Years of English Philosophy* (Kluwer, 2003); *Early Analytic Philosophy and the German Philosophical Tradition* (Bloomsbury, 2020); and *Hermann Lotze's Influence on Twentieth Century Philosophy* (De Gruyter, 2023). Milkov also edited *Ziele und Wege der heutigen Naturphilosophie,* by Hans Reichenbach (Felix Meiner, 2011, with Volker Peckhaus); *The Berlin Group and the Philosophy of Logical Empiricism* (Springer, 2013); *Die Berliner Gruppe* (Felix Meiner, 2015); Hermann Lotze's *Microcosm,* 3 vols. (Felix Meiner, 2017); and Hermann Lotze, *Medicinische Psychologie* (Springer-Spektrum 2021).

Roman Murawski is Profesor Emeritus at the Faculty of Mathematics and Computer Science of Adam Mickiewicz University in Poznan, Poland. He held the Chair of Mathematical Logic. He is member of Academia Europaea (London) und of the Polish Academy of Arts and Sciences. His work covers mathematical logic and the foundations of mathematics (especially of arithmetic) as well as the philosophy of mathematics and the history of logic. He was a fellow of Alexander von Humboldt-Stiftung. He held visiting positions at the universities in Heidelberg, Erlangen and Hannover as well as in Brussel and Oxford.

Helmut Pulte is Chair of Philosophy and History of Science at Ruhr University Bochum. He was co-editor of *Historisches Wörterbuch der Philosophie* and is co-editor in chief of the *Journal for General Philosophy of Science.* His main research areas include current philosophy of science and mathematics, the history and philosophy of modern science, the history and philosophy of mathematics, and the history of modern philosophy, especially Kant and the Kantian tradition.

Monja Reinhart is Research Associate at the Department of Philosophy at the University of Münster. She is co-editor of the Digital Edition of Heinrich Scholz's Collected Works. She received her doctorate from the University of Paderborn in 2024 under the supervision of Volker Peckhaus. Her research areas include formal logic, history and philosophy of mathematics, Leibniz, logical empiricism and philosophy of music.

Maja Schepelmann is Scientific Assistant at the BBAW (Berlin-Brandenburgische Akademie der Wissenschaften). She coordinates and supports the project of the New Edition of the Academy's Edition of Kant's Works. Also with regard to questions of philosophical research she concentrates on Kant's philosophy and on the epochs of enlightenment and early enlightenment. After completing a handcraft apprenticeship as a sculptor and after studying Philosophy, History and History of Arts in Heidelberg and Aachen, she received her doctorate at the University of Paderborn in 2016.

Dirk Schlimm is Associate Professor in the Department of Philosophy at McGill University in Montreal, Canada. He received his PhD from Carnegie Mellon University in 2005 and held visiting research positions in Bielefeld, Munich, Nancy, Paris, and Vienna. His research approach is interdisciplinary, falling mainly into the areas of history and philosophy of mathematics and science. In particular, he is interested in the developments in the 19th and early 20th century that led to the emergence of modern mathematics and logic, and in systematic investigations regarding axiomatics, mathematical reasoning, and the role of notations in mathematical practice.

Werner Stelzner studied Philosophy at the University of Leipzig and completed his doctorate in 1973 at Moscow State University on the subject of *Logical Problems of Discussion* (in Russian). In 1979, he habilitated in Leipzig with the thesis *Effektive Epistemische Logik*. From 1987 to 1993, he was a fFull Professor of Logic at the University of Jena. After a number of research stays of several months in the USA (Indiana University Bloomington, Stanford University, University of Pittsburgh), he worked from 1996 to 2001 and 2009 to 2011 at the Institute of Philosophy of the University Bremen. Since 2012 he is retired. His research focuses on non-classical logic, especially epistemic logic, deontic logic, modal logic and relevant logic. Another key area of his work is the history of logic in the 19th and early 20th centuries.

Michael Stöltzner has been Professor at the University of South Carolina since 2008. Born in Munich, he studied in Tübingen, Trieste, Vienna and Bielefeld and earned a Master of Science in Physics from the University of Vienna and a doctorate in Philosophy from the University of Bielefeld. He has held positions at the Universities of Salzburg, Bielefeld and Wuppertal and has been a visiting scholar at several universities, including the University of California at Irvine, the University of Notre Dame, the University of Bonn and the University of Stockholm. He is a founding member of the interdisciplinary DFG-FWF research group "Epistemology of the Large Hadron Collider" (2016-2023). In 2021 he was awarded the Russell Research Award for Humanities and Social Sciences from the University of South Carolina. Michael Stöltzner's research focuses on the philosophy and history of physics and applied mathematics, the philosophy of elementary particle physics, core principles of mathematical physics, including the principle of least action, the history of logical empiricism and related movements, the development of formal teleology, and the role of models in science.

Niko Strobach is a Professor of Logic and Philosophy of Language at the University of Münster. His PhD thesis was published as *The Moment of Change* in 1998. His publications include the book *Alternativen in der Raumzeit* (2007), a logic textbook, a commentary on book II of Aristotle's Prior Analytics, as well as several papers on Heinrich Scholz. His research areas are logic, metaphysics, ancient philosophy and the history of analytic philosophy.

Christian Thiel studied Philosophy, Mathematics, Psychology, and Sociology at Erlangen and Munich. Having obtained his Dr. phil. degree at Erlangen in 1965, he was a Postdoctoral Fellow at the University of Texas at Austin in 1966/67 and Assistant Professor ibidem. Having been granted the venia legendi for Philosophy in 1970 at Erlangen, and having substituted on Chairs for Philosophy at Konstanz and at Kiel, he held the Chair of Philosophy and Philosophy of Science at the RWTH Aachen from 1972 to 1982 and thereafter one in Philosophy at the University of Erlangen-Nürnberg from 1982 to his retirement as Professor Emeritus in 2005. He is a member of the Academie Internationale de Philosophie des Sciences (Brussels) and of the Deutsche Akademie der Naturforscher Leopoldina. His main areas of research are philosophy and the history of the formal sciences. A bibliography of his publications up to 2022 is contained in his *Fregeana. Zwölf Studien über Freges Logik* (ed. Volker Peckhaus, Paderborn 2022) on pp. 207–244.

David Waszek is Fixed-term Researcher at the École Normale Supérieure in Paris (France). He received his PhD in the History and Philosophy of Mathematics from Université Paris 1 Panthéon-Sorbonne in 2019 and held post-doctoral positions at McGill University (Montreal, Canada) and at the CNRS in Nancy, France. Broadly speaking, he is interested in the way mathematics (and logic) are expressed.

Matthias Wille is a teacher for maths and ethics at a secondary school in Thuringia. He completed his doctorate in Philosophy at the University of Duisburg-Essen in 2006, his habilitation thesis in Philosophy at the University of Münster in 2010, and his doctorate in Mathematics at the University of Siegen in 2022. He retired from university in 2019 but he is still doing research, mainly on Frege, Fraenkel and recently on the didadics of mathematics.

Richard Zach is Professor of Philosophy at the University of Calgary, Canada. His work covers the history and philosophy of logic, the history of early analytic philosophy, the philosophy of mathematics, as well as several topics in formal and mathematical logic (especially non-classical logics and proof theory). He has also taught at Stanford University and the Technical University of Vienna, and held visiting positions at the University of California, Irvine, McGill University, and the Université Paris 1 Panthéon-Sorbonne.

List of Editors

Anna-Sophie Heinemann studied Philosophy at the University of Jena, and received her PhD from the University of Paderborn in 2014. Her doctoral thesis was devoted to 19th Century Logic and had been supervised by Volker Peckhaus. From 2009 to 2020, she worked as Volker Peckhaus' research and teaching assistant. Since 2020, she has been in charge for the humanities in the office to the Academic Advisory Commission of Lower Saxony, located in Hanover, Germany.

Elena Ficara is Apl. Professor at Paderborn University. In 2018, 2019 and 2024 she was Feodor Lynen Fellow at the Graduate Center of the City University of New York and Visiting Scholar at the University of Pittsburgh. Her works include: The Form of Truth. Hegel's Philosophical Logic, Berlin New York: de Gruyter 2021; The Formalization of Dialectics (edited together with Graham Priest), London: Routledge 2023; Logic and Politics (edited together with Franca d'Agostini and Fabien Schang), Special Issue of History and Philosophy of Logic, 2024.

Julia Franke-Reddig earned her doctorate at the Institute of Philosophy at Leipzig University in the field of logic and philosophy of science. She is currently a lecturer at the Department of Mathematics at the University of Siegen and a postdoctoral researcher in the project "Origins of Contemporary European Thought 1837–1938" at the Department of Philosophy at the University of Geneva.

Andrea Reichenberger is currently PI of a DFG project on Grete Hermann and women in the history of quantum physics. Until recently, she was a substitute professor for the history of technology at the Technical University of Munich. Before coming to TUM, she was research group leader at the Department of Mathematics at the University of Siegen. She received her PhD from the University of Paderborn in 2014. Her doctoral thesis had been supervised by Volker Peckhaus and Ruth Hagengruber. Reichenberger's research focuses on integrating the history of science, philosophy, and technology.

www.ingramcontent.com/pod-product-compliance
Lightning Source LLC
Chambersburg PA
CBHW051801230426
43672CB00012B/2592